教育部人文社會科學重點研究基地
民俗典籍文字研究中心　**立項資助**

商周圖形文字編

崇羲 王心怡編

文物出版社

封面設計：張希廣
責任編輯：程同根
責任印製：王少華

圖書在版編目（CIP）數據

商周圖形文字編 / 王心怡編. —北京：文物出版社，2007.10
ISBN 978-7-5010-2155-0

I. 商… II. 王… III. 漢字：古文字－商周時代 IV. H121

中國版本圖書館 CIP 數據核字（2007）第 027920 號

商周圖形文字編

王心怡 編
高明 王寧 季旭昇 審訂

出版發行 文物出版社
北京市東直門内北小街2號樓
http://www.wenwu.com
E-mail:web@wenwu.com

製版印刷 北京美通印刷有限公司
經銷 新華書店

二〇〇七年十月第一版第一次印刷

定價：一八〇圓

787 × 1092 1/16 印張：52.5
ISBN 978-7-5010-2155-0

王寧序

商周銅器鑄刻的徽誌圖形文字，歷來爲考古、歷史和文字學界所重視，但是專門整理的工作很少有人去做，系統的研究也還很少有成果。我想，這是由於以下原因造成的：

首先是這種文字的性質。我們在這裏稱它爲「文字」，其實有違嚴格的「文字」定義。如果説，只有確認爲記録了語言的符號才能稱作「文字」的話，這批形體跟已經考證出的甲骨文與金文有一部份整體相當吻合，還有一部分與成熟的文字有着完全相同的部件，似乎不能不把它們與商周的文字同等看待，問題在於這些形體是否就具有那些文字的音與義。古文字學家的考證材料證明，有些形體反映出的確實是從文獻中可以查到的古代族名或村落名，特别是其中的雙字標識，有些考證幾乎難以推翻，如果説它們不是文字，很難令人置信。但是，這些可以成爲「鐵證」的考釋占的比例較少——由於這批形體在銅器上是單獨鑄刻或在銘文語句之外，没有語言環境幫助它確切識讀，它們的音與義實際上没有辦法證實；因此，説這批形體就是文字，把他們與殷商文字完全等同起來，在學術上又有一定的危險性；何況，還有另一部份形體有非常强的圖形性，與確定的商周文字是無法認同的。我們固然不能因爲少量的考釋可以成立，就連帶着把這一大部分形體也都看成文字；但也不能因爲多數形體無法考釋而否定考釋出的那部分甚至有待考釋的那部分就是文字。因爲定性不明，大部分音義不具備，文字學界和歷史考古學界意見不一，也都還没有動全面整理它的念頭。

其次，是這批形體極强的圖形性，使得他們難以進行編排。現在已經認讀了的古文字，一般按《説文解字》的次序編排，已經是削足適履——因爲文字是記録語言的，在不同的詞彙系統下來認同文字，如果把音義與職能的因素放進去，實際上無法整齊對應；同時，文字的構形系統也是發展的，即使不考慮音義，甲骨文與金文的形體標誌與《説文解字》形義兼顧的部首也難以牽合。所以，古文字的整理，首先遇到的是編排體例問題。這批圖形并不是典型的文字符號，就更難想一個周全的辦法去編排。編排體例其實是文字整理的思路，想要單獨整理這批圖形，不與其它古文字參合，那就更難打馬虎眼，而要想全面整理這批形體，編排的問題其實是繞不過去的。

王心怡的整理屬於這批圖形專門而且全面的整理，當屬開創性的工作，以上這兩個問題，她不會碰不到。可以説，解決這兩個問題没有現成的辦法，對於没有全面學習過古文字的她來説，難度是相當大的。但是，她憑着興趣、志向和毅力，在很多無私又内行的專家指導和幫助下，歷時十年，居然完成了，而且，我認爲，完成得很出色，上述兩個問題，她都解決得很恰當。

王心怡着力發掘的，是這批形體的文字研究價值與藝術價值的結合。這些形體介於符號和圖畫之間，啓功先生曾説，文字的風格有偏重圖畫性和偏重圖案性的兩種，這批形體恰恰在圖畫風格與圖案風格之間。從認識價值説，不論他們是否每一個都可稱爲「文字」，但總體看足以見到文字的端倪，對研究圖畫向文字符號的轉變，意義非常重大。從欣賞的價值説，這些形體似人、似物又非人非物，融白描與象徵於一形，繪物象與符號爲一體，既見其平易通俗，又不失其古樸典雅，漢字發展中的自然美化規律，體現得淋灕盡致。在這本形體彙編裏，爲了體現它的認識價值，王心怡通過電腦技術，忠實地掃描了它們的原貌，詳盡地注明了它們的出處，爲歷史考古和漢字研究提供了可靠的原始資料。爲了體現它的審美鑒賞價值，王心怡用流暢活潑的綫條，描摹了它們的樣式，創造了書寫的藝術，爲漢字書法增添了新的一頁。這本集子淡化了「是字非字」的論争，突出了「亦字亦畫」的事實，實在是十分得體的。

至於編排，她參考了以往的成果，采用了以構形爲中心、根據主要形體分類的原則，把主部件相同的形體歸納在一起，非常適合這批形體的特點，基本上實現了「分别部居，不相雜厠」。當然，本書在部首的設立和形體的歸部上，還有可以進一步斟酌與完善的地方，但是，有了類聚，便於研究，有了標誌，便於查檢，對於這樣一批特别的標誌符號來説，恐怕在大的思路上是一種相當優化的編排方法了。

《商周圖形文字編》是一部專業性很强的彙編，而編輯這部書的王心怡，剛剛萌生編輯本書念頭的時候，還是一個完全没有進入文字專業的業餘愛好者。很多先生的序裏，都陳述了她十年的艱苦努力過程。我算是親自跟踪她的工作最長的人了，有些話，也想在這裏説一説。

我在一九九七年去臺灣時初見心怡，是臺灣古籍書店的魏經理介紹我認識她的。魏經理當時正迷戀着《説文解字》，做了一個《説文》小篆形體構造繫聯的文件，從獨體字出發，將相關部件一層一層地繫聯起來，構想也有相當的專業性。那一次，我在臺灣中央研究院作《漢字結構的演進與漢字構形系統》和在臺灣師範大學作《説文解字的研究和應用》的公開演講，魏經理與王心怡本着對古文字濃厚的興趣去旁聽，心怡開始結識謝清俊先生、季旭昇先生等臺灣的資訊專家和漢字專家。同年冬天，我約王心怡來北京參加我們舉辦的「漢字學高級研討班」，她在這個班上又結交了很多漢字朋友，更有幸見到了啓功先生、高明先生、趙誠先生和秦永龍先生、蘇士澍先生等大陸的古文字專家和書法專家。從此，我們這裏有會她必到場，帶着誠摯的學習的熱情，積累了系統的、多學科的知識。十年來她用少有的勤奮不斷的寫和編，只要有一點小疵，她會把已經做得相當不錯的成品全部廢掉從頭來過。現在，這個放在大家面前的定稿已經是第幾次的改稿，恐怕連她自己也數不清了。看着她的「圖形文字書法」綫條日漸流暢，結字日趨緊密均衡，風格日漸形成，大家都可以知道，她在如何努力地追求着完美與精湛。她經歷過很多坎坷，道路是曲折的，但意志没有變過，行動没有停過，進步没有斷過。二〇〇三年，鑒於她的工作完全專業化了，我們同意這項研究在民俗典籍文字研究中心立項。

十年磨一書，心怡爲這個成果所作的努力和付出的鉅大代價總算圓滿地劃了一個句號，其中的冷暖甘苦，恐怕不是三言兩語説得盡的。在向讀者推薦這部書的時候，我覺得還應該向青年的學者們推薦心怡的志氣和毅力，她的成功説明，有了這種志氣和毅力，就不會有學不會的東西，也不會有做不成的事情。

二〇〇七年三月　王寧　序於北京師範大學

高明 序

在商代和西周早期的青銅器銘文中有一種介于圖畫與文字之間的圖形，沈兼士謂爲「文字畫」。郭沫若認爲「此等圖形文字乃古代國族之名號，蓋所謂圖騰之孑遺」。圖形文字常在商代銅器上單獨出現，或同「父丁」「祖乙」等先人廟號相組合，周初的銅器有時在長篇銘文之後附一圖形文字，似如郭氏所講，以示本族的名號即所謂「族徽」。其實圖形文字就是漢字的古體，更近于原始，在商代甲骨文中就有很多將圖形寫成簡易的字體，我曾撰有專文，此不贅述。

圖形文字在雕技和書藝方面與一般銘文殊異，它的形體秀美如畫，筆法渾厚整飭，佈列和諧有致，同爲一字表現不一，異彩紛呈。它不僅字形複雜本多變，資料也極其分散，將其全部收集整理困難甚多，至今還是一項空白。王心怡女士是台灣頗有成就的書法家，專工篆書，由她臨摹的許多周代大篇銘文，字迹凝重，筆態遒勁流暢，確爲臨古如古，頗具兩周金文餘韻。如她臨摹的中山王舋鼎全銘，恐難找到與其相匹的佳作。王女士對圖形文字有特殊的愛好，用了十年時間對其進行搜集、臨摹和研究，作出很大的成績也創作出許多佳品，頗得學界的讚譽。經她的辛勤勞作，編著成一部匯編型的巨著《商周圖形文字編》，將目前所見各種類型的圖形文字均囊括于一書，單體字形超過一千，異體重文近萬，由于圖形文字更多地保存了漢字古體，爲探索漢字起源和發展提供了非常重要的依據。該書不僅資料豐富，而且純真可靠。盡管書中在個別圖形隸定與字目安排方面略存不足，但不影響它應有的價值。該書出版，無疑是圖形文字研究中的新貢獻。

王心怡在編著此書過程中曾徵求過我的意見，書成後讓我爲該書寫篇序言。余甚感慚愧，書畫藝術離我甚遠，我只是在古文字方面作過一點研究，故對該書出版頗有感觸。非常敬佩她的治學精神和鍥而不捨的毅力，故略叙數語，恭疏短引以陳所見而爲之序。

二零零六年七月　高明　序於北京大學

謝清俊　序

王心怡女士要出書了，這可是值得慶祝的大事。可是，王女士向我索序，令我一時不知如何應對。我實在沒有資格爲王女士寫序，我既不是古文字專家，也不是書法家，這序怎寫？幾經婉辭，未能得到王女士的諒解，只好略述己見，聊以充序。

結識王女士是古籍出版社社長魏先生介紹的。由於多年來從事古籍數位化的研究，與古董、字畫結了些緣，以及自己喜歡書法，初見王女士的族徽書法，不由得眼睛一亮，驚喜萬分。想不到竟有人從事這麼冷僻字體的書法，而且表現得那麼雍容大方，沒有絲毫做作之氣。

王女士有如今獨樹一幟的成就，是多年來自己琢磨出來的。尤其難能可貴的是王女士並沒有受過正式的高等教育，她從習畫到習字，再從習字到習古文字的歷程，重點都是自修勤練。一般來説，沒有上過大學，就沒有機會接觸古文字；想獲得古文字的知識，真是難之又難。然而，王女士做到了，不止做到了，還出這本書！這不能不歸功於他長年來鍥而不捨的努力和他曖曖在内的才華。他的成功、他的故事，足以鼓舞現代的年輕人，作他們的榜樣、典範。

當我負責數位典藏國家型科技計劃的計劃辦公室時，曾規劃在網際網路上出版《國家數位典藏通訊》月刊。爲了平衡這刊物在人文與工程技術這兩方面的份量，煞費苦心。爲了此事，我向王女士求助，請問他可不可以爲此刊物每一期寫一幅古文字的書法，刊在卷首。此刊物迄今無支付稿酬的預算，當然更没有經費每期支付書法藝術的創作。所以，我對這請求並不抱很大的希望。没想到，出乎意料的，王女士竟慨然允諾，幾年來未曾一期脱稿。即使在我退出數位典藏的這三年來，仍然依舊。千金一諾，不過如斯；這也是王女士典型的風格。

漢字至少有三千多年的歷史。從認知的角度觀察，漢字是唯一現在還普遍使用的表意文字；其表意結構，用人工智慧的詞語來説，是爲人們設計的知識表達系統。世界上没有任何一種語言可以與漢字系統相提並論，它是值得我們珍惜、好好學習並發揚光大的世界文化奇蹟。王女士的大作，無疑對漢字的發揚作出了一定程度的貢獻。謹藉此機會，特爲之賀。

西元二〇〇六年七月一日 謝清俊 於南港·浄意居

季旭昇 序

心怡是我認識的奇人之一。他對書法、繪畫很有興趣，學習多年，但不知道什麼原因，他居然對金文族徽文字産生了濃厚的興趣。因此雖然投身商業多年，但他開始心繫金文族徽文字，從學習《説文》小篆開始，一步一步地踏進金文族徽文字繁花縟錦的園地。

用現在的政治術語來説，心怡可以算是「麻煩製造者」，他學習的動力非常强，所以持續不斷地找古文字學者的「麻煩」，我所知道被他找過「麻煩」的古文字學者數量相當多，但是奇怪的是，每一位古文字學者都願意讓他找「麻煩」，古人説：「天下無難事，只怕有心人。」心怡就是一位對金文族徽文字有興趣，想要徹底吸收學習的有心人。

在臺灣學得差不多之後，心怡還千里迢迢地到北京師範大學從王寧教授學習，同時也認識了很多古文字、書法界的名師，更擴大了他的視野。

此後，他開始搜集金文族徽文字的材料，又是一場鉅大工程的開始，這麼專業而龐大的工作，以心怡的能力，一開始實在是戛戛乎其難，但是，也是靠着「有心」，不怕難，有問題就請教，海峽兩岸的學者也都被他感動，不厭其煩地指導、鼓勵，甚至於幫忙，她居然一步一步地把這本書編成了，老實説，水準還不錯，因爲這部書吸納了太多海峽兩岸學者的心血啦。《後漢書·耿弇傳》説：「有志者事竟成。」臺灣俗諺説：「天公疼戇人。」其心怡之謂也。

二〇〇六年十月五日 季旭昇 序於臺北

凡例

（一）凡書中所收入的圖形文字均依原書拓本影印，然後再把全幅銘文的圖形文字切割出來剪貼完成初稿，最後經電腦科技處理時版面略有縮小。

（二）本書檢字目録分爲兩類，凡已有隸定爲文字的則用筆劃索引，難以隸定的圖形文字即按圖形内容分類，排列先後目次。

（三）圖形文字目，按其顯示内容，分成十三類，即：人體、自然物、植物、動物、衣著、建築、田域、車舟、器物、兵器、數字、册亞，凡形體奇特無法歸納者，而收入附録。

（四）本書編成後，又發現一些難以割捨而形體無法入正編，故設「補編」一目。

（五）書中收入的圖形文字主要是商與西周時代的銅器銘文，只有少數圖形是春秋戰國時代。

（六）本書所收圖形文字截至西元二千零五年前所發表的資料，只有且、父、母、女、子、作、婦、好、甲、乙、丙、丁、戊、已、庚、辛、壬、癸等字量甚多，故只收一部分典型做爲代表。

（七）圖形文字中合文甚多，爲便於參閲，則將合文拆分爲各個獨體圖形，分置各欄，並可互相參見。

（八）本書器名，均採用所引各書目原有名稱，從而使本書器名與引書器名一致，以便讀者查閲。

（九）圖形文字中有些同字異形，或異字同形等現象，如母、女兩個字甚難區分，本書根據具體情況分別處理。

（十）原器拓片中有些圖形模糊不清，故所有序號上的字頭均爲作者親自臨摹，以便讀者辨認。所寫文字加重文，字頭有一八四八個字，所用圖形文字爲一六五一個字形，所收圖形銘文拓片約八千餘幅。

（十一）本書引用資料均來自以下各書：「殷周金文集成」簡稱「成」、「金文總集」簡稱「總」、「新收殷周青銅器銘文暨器影匯編」簡稱「新」、「近出殷周金文集録」簡稱「録」、「三代吉金文存」簡稱「三代」及「商周金文圖録」、「金文编」、「中國法書選」，簡名後的數字，均爲各書器號，按號尋索，均可驗證。

目錄

196	195	194	193	192	191	190	189	188	187	186	185	184	183	182	181	180	179	178	177
		�	學	糞	奰	覉	與	亦	無	舞		交	效	文		逆	屰		
90	90	74	73	73	72	71	70	69	69	69	69	68	68	68	67	66	65	64	64

215	214	213	212	211	210	209	208	207	206	205	204	203	202	201	200	四·兩人部	199	198	197
		化	从			卿	鄉宁	鄉	並	北	北子	北單	北	玉珷			昆		
100	99	99	99	99	98	98	97	96	95	95	94	93	93	92	91		91	91	90

234	233	五·人與武器部	232	231	230	229	228	227	226	225	224	223	222	221	220	219	218	217	216
	何															鬥			
106	103		102	102	102	101	101	101	101	101	101	101	100	100	100	100	100	100	100

254	253	252	251	250	249	248	247	246	245	244	243	242	241	240	239	238	237	236	235
		肤	犾	烕	堯	獣	炆	鑶	伐	葵									車
114	114	114	113	112	110	110	109	109	109	108	108	108	107	107	107	107	106	106	106

274	273	272	271	270	269	268	267	266	265	264	263	262	261	260	259	258	257	256	255
	弋	㽷					蔑								㸚				
119	119	119	118	118	118	118	118	118	118	117	117	117	117	117	117	117	117	116	115

編號	字	頁碼
464	[illegible]	213
465	[illegible]	213
466	興	214
467	具	214
468	得	215
469	[illegible]	216
470	[illegible]	216
471	[illegible]	217
472	[illegible]	217
473	[illegible]	217
474	[illegible]	217
475	㒸	218
476	[illegible]	218
477	燮	218
478	父	219
479	畁	220
480	[illegible]	220
481	[illegible]	220
482	[illegible]	220
483	[illegible]	221
484	[illegible]	221
485	朕	221
486	爯	221
487	[illegible]	221
488	[illegible]	221
489	屖	221
490	[illegible]	221
491	[illegible]	222
492	[illegible]	222
493	敄	222
494	更	222
495	[illegible]	222
496	[illegible] 正	222
497	巽	222
498	[illegible]	223
499	[illegible]	223
500	[illegible]	223
501	[illegible]	223
502	[illegible]	223
503	[illegible]	223
504	[illegible]	223
505	叔	223
506	[illegible]	224
507	[illegible]	224
508	[illegible]	224
509	[illegible]	224
510	[illegible]	224
511	毆	224
512	[illegible]	225
513	[illegible]	225
514	[illegible]	225
515	[illegible]	225
516	[illegible]	225
517	[illegible]	225
518	[illegible]	225
519	[illegible]	225
520	[illegible]	226
521	[illegible]	226
522	[illegible]	226
523	典	227
524	弄	227
525	[illegible]	227
526	[illegible]	227
527	[illegible]	228
528	索	228
529	[illegible]	228
530	𤔲	228
531	[illegible]	229
532	[illegible]	229
533	妥	229

十七·足部

編號	字	頁碼
534	疋	230
535	止	230
536	[illegible]	230
537	址	230
538	步	231
539	[illegible]	231
540	[illegible]	231
541	出	232
542	[illegible] 正 [illegible]	232
543	正	232
544	[illegible]	233
545	[illegible]	233
546	[illegible]	233
547	[illegible]	233
548	逐	234
549	遽	234
550	過	234
551	[illegible]	235
552	夆	235
553	此	235
554	[illegible]	235
555	徙	236
556	[illegible]	237
557	[illegible]	237
558	正	237
559	[illegible]	238
560	[illegible] 紒	239
561	[illegible] 侯	239
562	足	239

編號	字	頁
1017	酉	429
1018	酋	430
1019		430
1020		430
1021	尊	431
1022	畐	431
1023		431
1024		431
1025		432
1026		434
1027		434
1028		435
1029		435
1030		435
1031		435
1032	壺	436
1033	斝	436
1034	爵	436
1035	爵	437
1036		437
三・水器部		
1037	皿	438
1038		438
1039	盃	438
1040	盂	439
1041	盟	439
1042	[illegible]	439
1043	[illegible]	439
1044		440
1045		440
1046		440
1047		441
1048		441
1049		441
1050		441
1051		442
1052		442
1053	勺	442
四・樂器部		
1054	壴	443
1055	鼓	443
1056	豐	443
1057	庚	444
1058	[illegible]	445
1059	[illegible]中	446
1060	康	446
1061	唐	447
1062	南	447
1063	于	447
1064		448
五・橐部		
1065	橐	448
1066		449
1067		449
1068		449
1069	東	449
1070	𣗥	450
1071		450
1072	專	450
1073	叀	451
1074		451
1075		451
1076		451
1077		452
1078		452
1079		452
1080		452
六・宁部		
1081	宁	453
1082	宁狽	454
1083	羜	454
1084	[illegible]	454
1085	貯	455
1086		455
1087		456
1088		457
1089		457
1090		457
1091		458
1092		458
1093		458
1094		458
1095		459
1096		461
1097		462
1098		462
1099		462
1100	曲	462
1101		462
1102		462
1103		462
七・中部		
1104	中	463
1105	仲	464
1106	串	464
1107		465
1108		465
1109		466
1110		466
1111		466

拾·兵器

1687	1686	1685	1684	1683	1682	1681	1680	1679	1678	1677	1676	1675	1674	1673	1672	1671	1670	1669	1668
719	719	719	719	719	719	719	718	718	718	718	718	718	718	718	717	717	717	717	717

1707	1706	1705	1704	1703	1702	1701	1700	1699	1698	1697	1696	1695	1694	1693	1692	1691	1690	1689	1688
723	722	722	721	721	721	721	721	721	721	721	720	720	720	720	720	720	720	720	719

1727	1726	1725	1724	1723	1722	1721	1720	1719	1718	1717	1716	1715	1714	1713	1712	1711	1710	1709	1708
748	748	747	747	747	747	746	746	745	745	745	744	738	737	737	737	736	736	735	734

1747	1746	1745	1744	1743	1742	1741	1740	1739	1738	1737	1736	1735	1734	1733	1732	1731	1730	1729	1728
762	762	762	762	761	761	760	759	759	759	759	758	758	758	758	757	752	749	748	748

1767	1766	1765	1764	1763	1762	1761	1760	1759	1758	1757	1756	1755	1754	1753	1752	1751	1750	1749	1748
765	764	764	764	764	764	764	764	763	763	763	763	763	763	763	763	762	762	762	762

1787	1786	1785	1784	1783	1782	1781	1780	1779	1778	1777	1776	1775	1774	1773	1772	1771	1770	1769	1768
768	767	767	767	767	767	767	767	767	766	766	766	766	766	766	766	766	765	765	765

1807	1806	1805	1804	1803	1802	1801	1800	1799	1798	1797	1796	1795	1794	1793	1792	1791	1790	1789	1788
771	770	770	770	770	769	769	769	769	769	769	769	769	768	768	768	768	768	768	768

1827	1826	1825	1824	1823	1822	1821	1820	1819	1818	1817	1816	1815	1814	1813	1812	1811	1810	1809	1808
776	776	775	775	775	775	774	774	774	774	773	773	773	773	772	772	772	772	771	771

1846	1845	1844	1843	1842	1841	1840	1839	1838	一	1837	1836	1835	1834	1833	1832	1831	1830	1829	1828
				齯	吴		仈	尸	·補										
780	780	780	780	780	780	779	779	779		778	778	778	778	777	777	777	777	776	776

1848	1847

780	780

人體 人部

1 人

斝

父癸爵

成 8672 殷

人矛

成 11411.2 殷

爵

成 7342 殷

斝

成 9108 殷

2 𫢌

禾𫢌殷

禾𫢌殷

成 3122 殷

3 

觶

觶

成 6032 殷

4 休	5 元	6 先	7 兒
 休爵	 作彝盉	 先鼎	 兒𣪘
 休爵 成 7386 殷・周早	 作彝盉 成 9368 周早	 先鼎 成 1030 殷	 兒鼎 成 1037 周中
		 先弓形器 成 11866 殷	 兒鼎 成 1038 周中
			 兒鼎 成 1039 周中
			 兒𣪘 成 2938 周中
			 兒𣪘 成 2939 周中
			 兒𣪘 成 2940 周中

保

保爵

觚

保鼎

保亼鼎

成 1350 殷

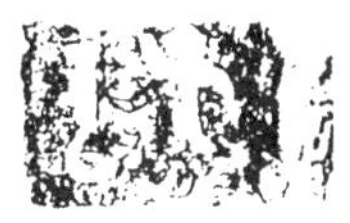

爵

成 7404 殷

保父己斝

成 9214 殷

保爵

成 8770 殷

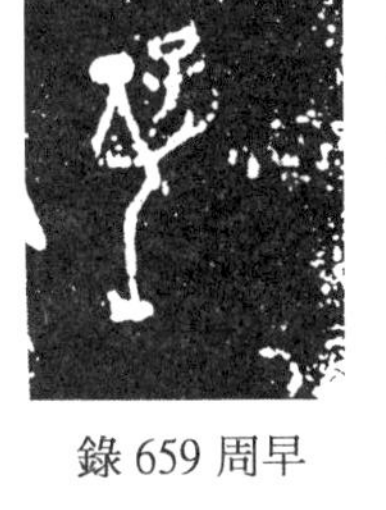

保父丁觶

錄 659 周早

保爵

成 7406 殷

保鼎

成 1001 殷

觚

總 5832

敓作父丁卣

成 5275 周早

保鼎

成 1002 殷

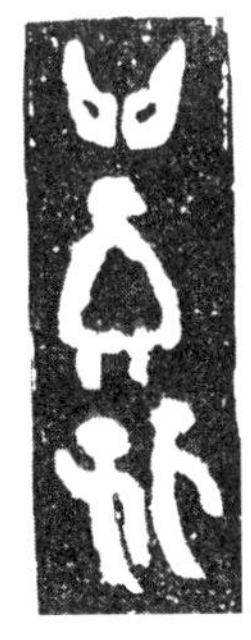

保爵

成 8769 殷

保十爵

成 8170 殷

保父丁段

成 3180 周早

子保觚

成 6909 殷

9

倂

僕父己盉

鼎

父己尊

錄 617 商晚

觚

成 6605 殷

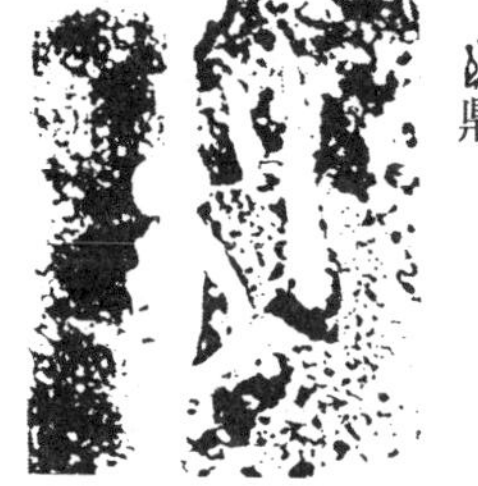

鼎

成 1018 殷

鼎

成 1017 殷

且乙爵

成 8311 殷·周早

爵

成 7363 殷

卣

成 4776 殷

𣪘

成 2931 殷

人貝爵

成 8802 殷

父甲丁觚

成 7221 殷

父乙卣

成 4918.1 殷

戈

成 10644 殷

伕父癸甗

成 823 周早

爵

成 7362 殷

成 4918.2 殷

𣪘

成 3064 殷

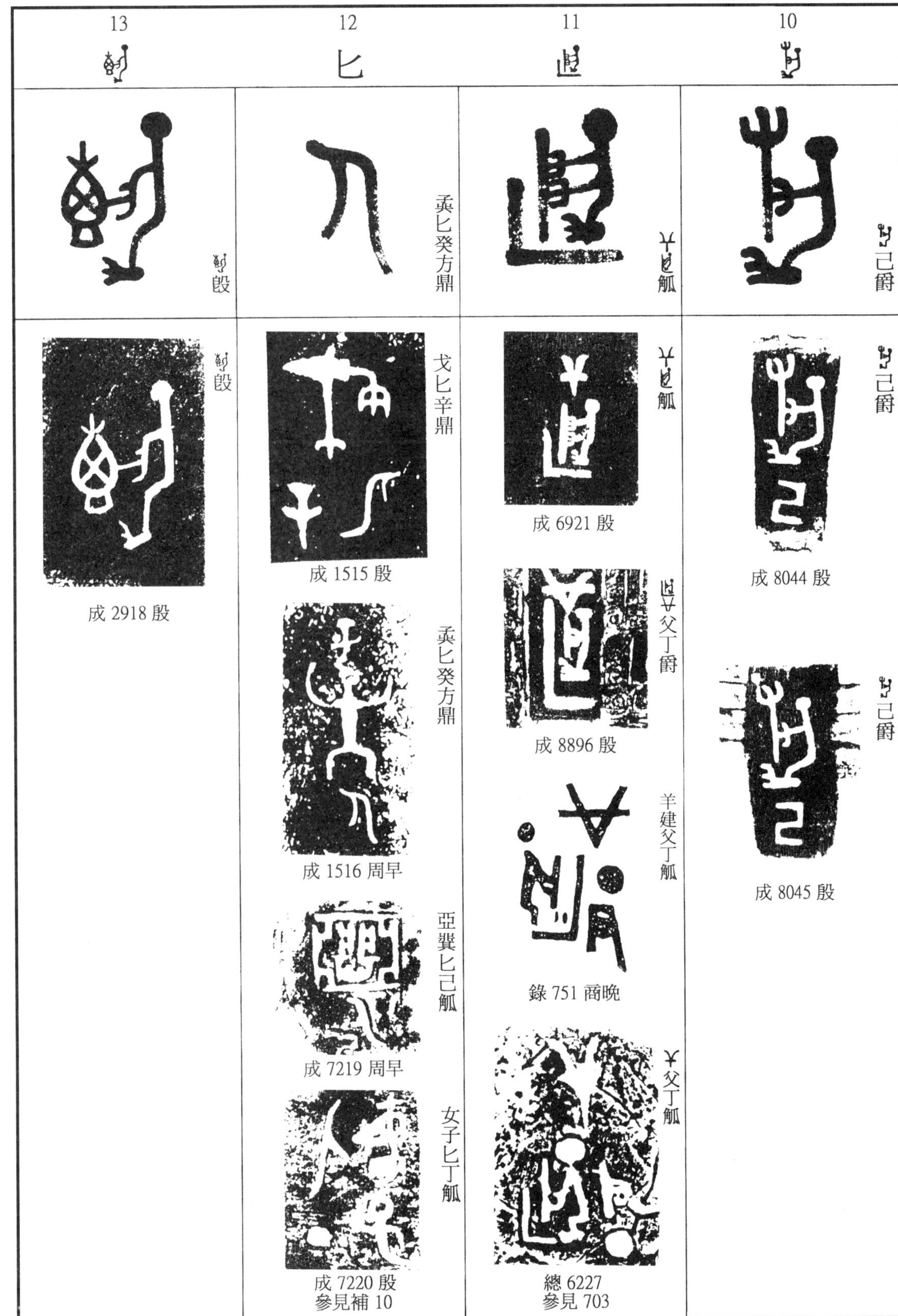
13
12
匕
11
10
己爵
成 8044 殷
己爵
成 8045 殷
觚
觚
成 6921 殷
父丁爵
成 8896 殷
羊建父丁觚
錄 751 商晚
父丁觚
總 6227
參見 703
龔匕癸方鼎
戈匕辛鼎
成 1515 殷
龔匕癸方鼎
成 1516 周早
亞龔匕己觚
成 7219 周早
女子匕丁觚
成 7220 殷
參見補 10
殷
殷
成 2918 殷

14

重

龟□父辛爵

重鼎

己重爵

成 8043 周早

重父丙觶

成 6249 殷

重𣪕

成 2927 殷

倲父丙鬲

成 478 殷

□父乙壺

總 5631

重觚

成 6569 殷

重父癸觶

成 6324 殷

重鼎

成 1003 殷

□觚

總 5851

癸重觚

成 6840 殷

重觚

成 6568 殷

重鼎

成 1004 殷

龟□父辛爵

成 8950 周早
參見 754

重父丙爵

成 8438 殷

重爵

成 7365 殷

重父癸觶

成 6325 殷

虎重父辛鼎

成 1885 周早

重爵

成 7367 殷

重爵

成 7366 殷

重父壬鼎

成 1666 殷

15

倗

爵

鼎

成 1005 殷

鼎

成 1006 殷

鼎

成 1007 殷

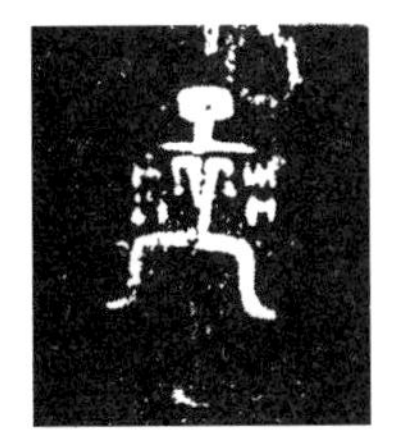

辛殷

成 3068 殷

且己殷

成 3140 周早

父乙卣

成 4911 周早

女鼎

總 0248

女鼎

總 0249

且癸爵

成 8361 殷

且癸爵

成 8362 殷

父癸爵

成 8677 殷

女鼎

成 1460 殷·周早

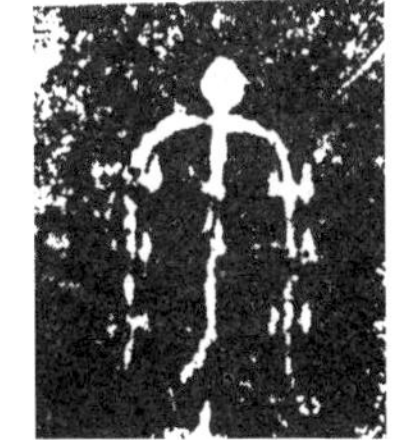

女鼎

成 1461 殷·周早

父乙殷

成 3151 殷

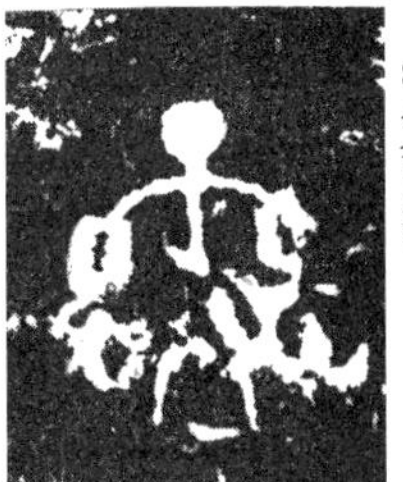

父己卣

成 4956.1 殷

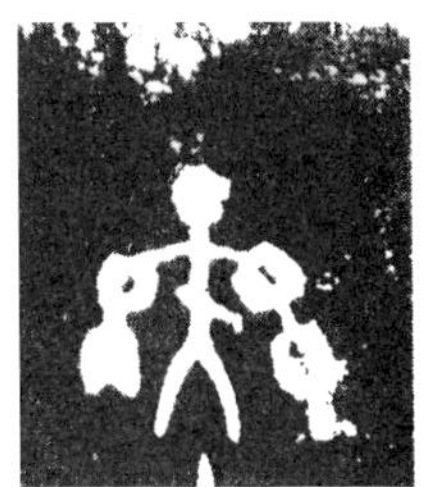

成 4956.2 殷

爵

成 7384 殷

倗

鼎

兄丁卣

成 5002.1 周早

成 5002.2 周早

兄丁卣

成 5003 周早

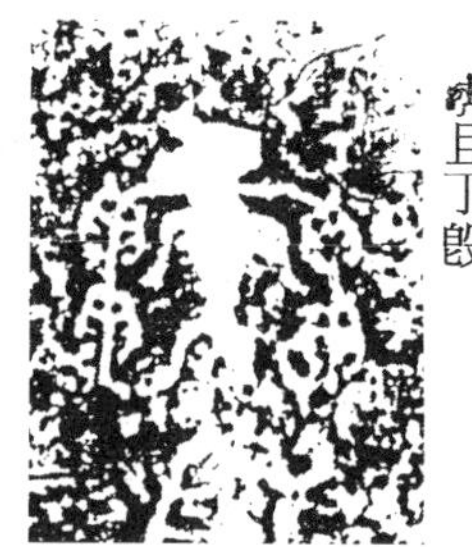

且丁殷

成 3138 周早

父丁盉

總 4374

父癸殷

成 3214 周早
參見補 01

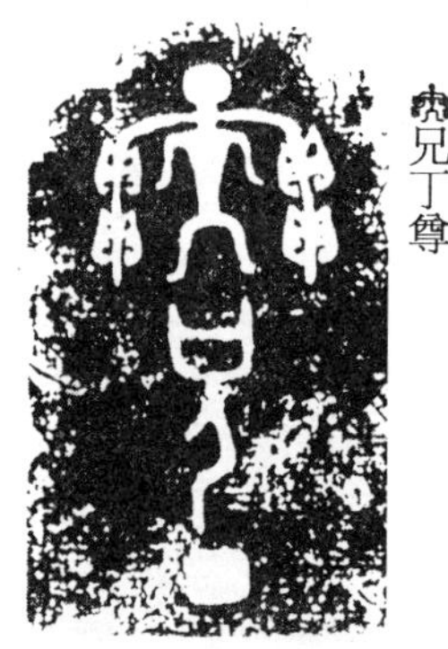

兄丁尊

成 5683 殷·周早

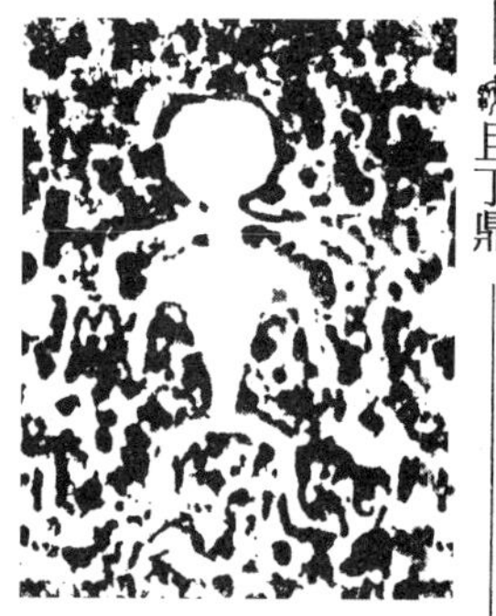

且丁鼎

成 1510 殷·周早

父丁盉

成 9350 殷·周早

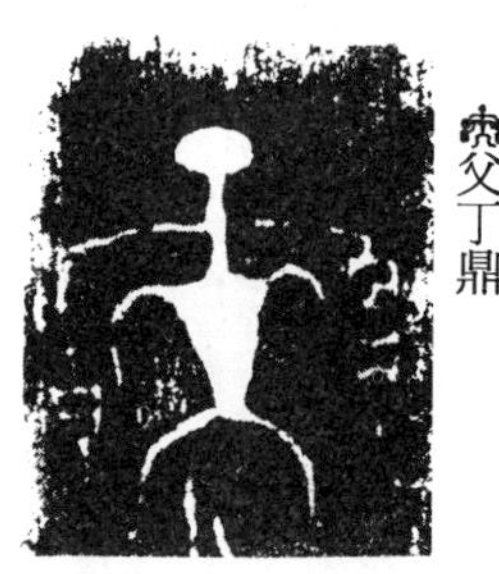

父丁鼎

成 1592 周早

父辛爵

成 8604 殷

父乙盤

成 10039 殷

倗觚

錄 684 商晚

倗觚

錄 685 商晚

倗鼎

新 1423 商晚

16

倗舟

舟鼎

倗舟矛

錄 1024 商晚

倗舟爵

錄 847 商晚

倗舟爵

錄 848 商晚

爵

成 8165 殷

爵

成 7385 殷

倗舟矛

成 11449.1 殷

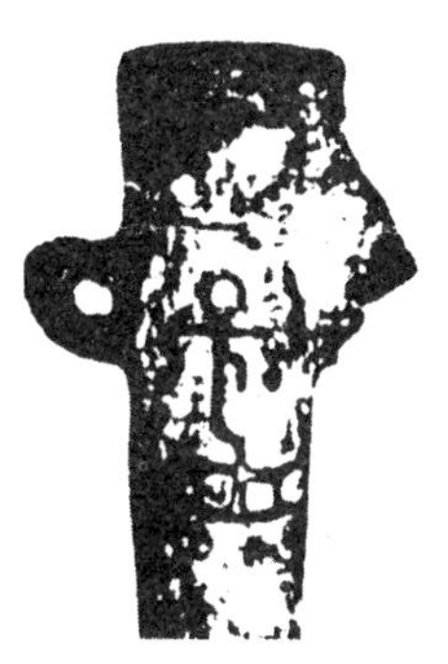

成 11449.2 殷

舟觶

成 6189 殷

倗舟觚

成 7039 殷

卣

成 4842 殷

舟鼎

成 1459 殷

父丁鼎

成 1838 殷

倗舟觚

成 7037 殷

倗舟觚

成 7038 殷

19	18		17
𡨦	㣃	㑩	㑩聑
𡨦兄日壬觶	㣃段	聑𦣝觚	𦣝聑觚
𡨦兄日壬觶 成6429段	㣃段 成2954.1西周	聑𦣝觚 成6928段	聑𦣝鼎 成1462段
子蝠𡨦觚 成7174段	成2954.2西周		𦣝段 成2920段
子蝠𡨦觚 成7173段	得且口鼎 總集0335		爵𦣝且丁爵 成8840段
			𦣝聑觚 成6929段

21 示	20
飲示鼎	癸卣

成 8159 毁 — 爵

新 135 商晚 — 飲示鼎

成 5089.1 毁 — 父辛卣

總 4510 — 尊

成 6566 毁 — 觚

成 6567 毁 — 觚

成 7389 毁 — 爵

成 5089.2 毁 — 父辛卣

成 4839.1 毁 — 癸卣

成 4839.2 毁

成 4840.1 毁 — 癸卣

成 4840.2 毁

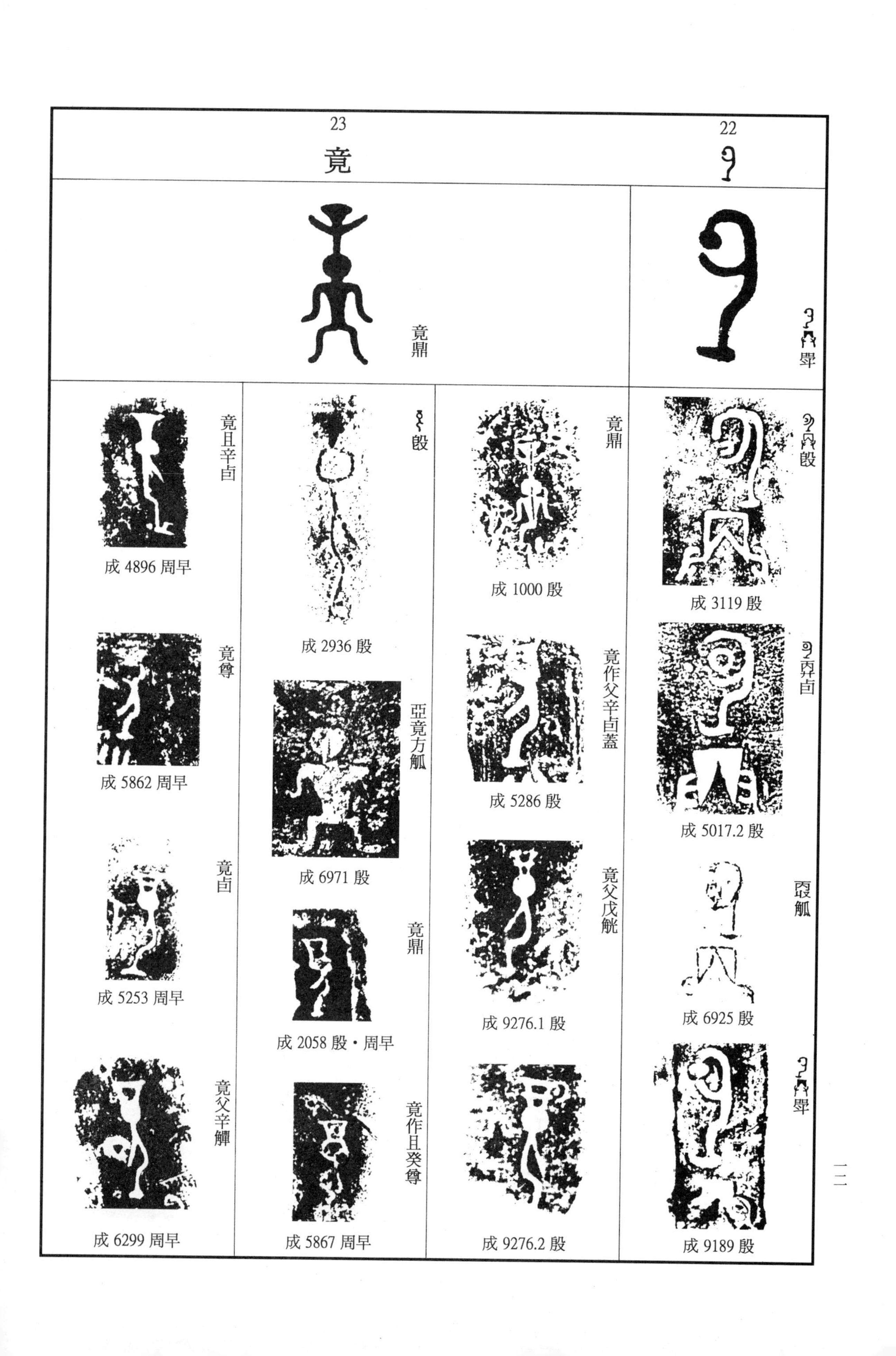

22

斝

殷

成 3119 殷

卣

成 5017.2 殷

㪅觚

成 6925 殷

斝

成 9189 殷

23

竟

竟鼎

竟鼎

成 1000 殷

竟作父辛卣蓋

成 5286 殷

竟父戊觥

成 9276.1 殷

成 9276.2 殷

殷

成 2936 殷

亞竟方觚

成 6971 殷

竟鼎

成 2058 殷・周早

竟作且癸尊

成 5867 周早

竟且辛卣

成 4896 周早

竟尊

成 5862 周早

竟卣

成 5253 周早

竟父辛觶

成 6299 周早

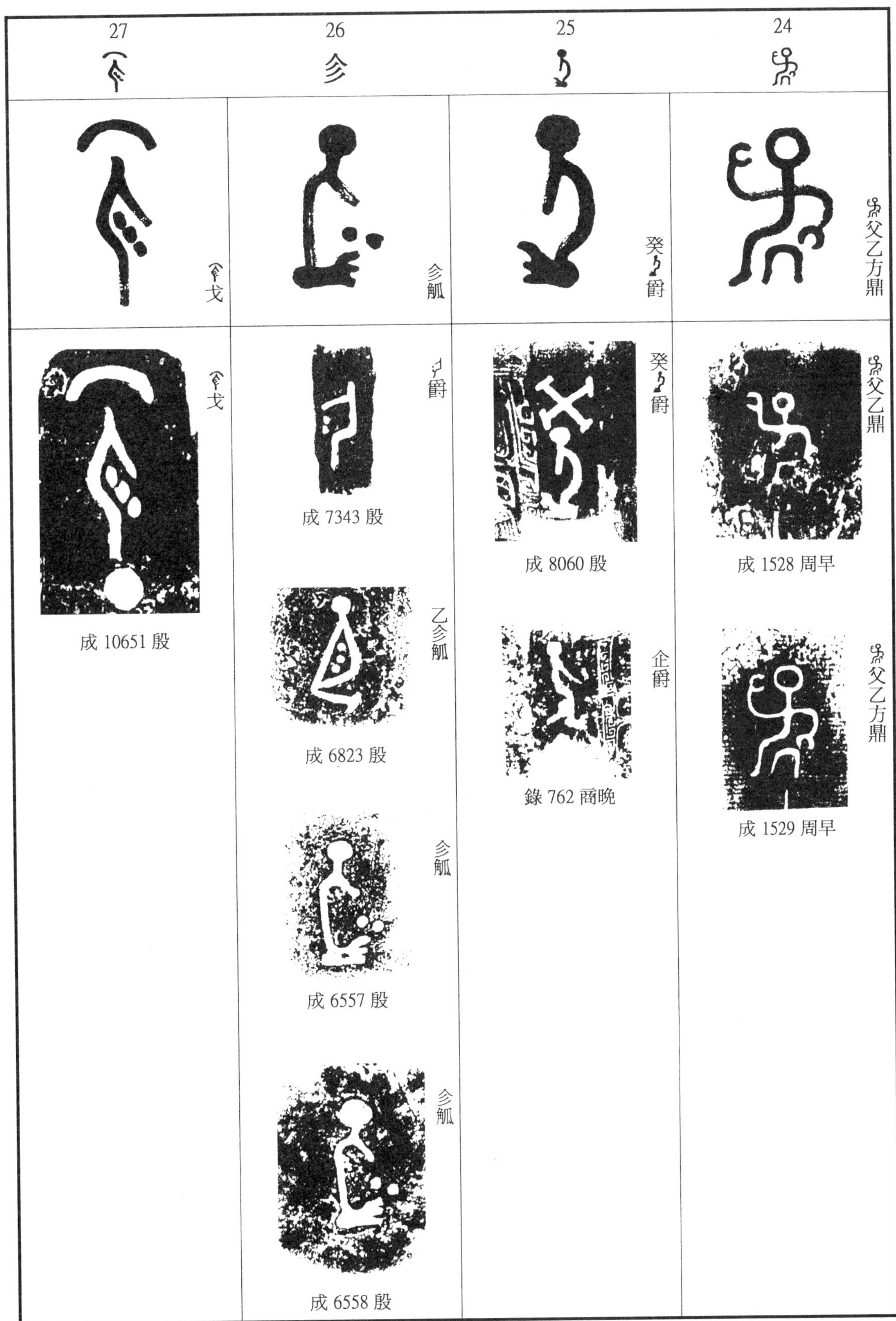
27
26
参
25
24
戈
参觚
癸爵
父乙方鼎
戈
成 10651 殷
爵
成 7343 殷
乙参觚
成 6823 殷
参觚
成 6557 殷
参觚
成 6558 殷
癸爵
成 8060 殷
企爵
錄 762 商晚
父乙鼎
成 1528 周早
父乙方鼎
成 1529 周早

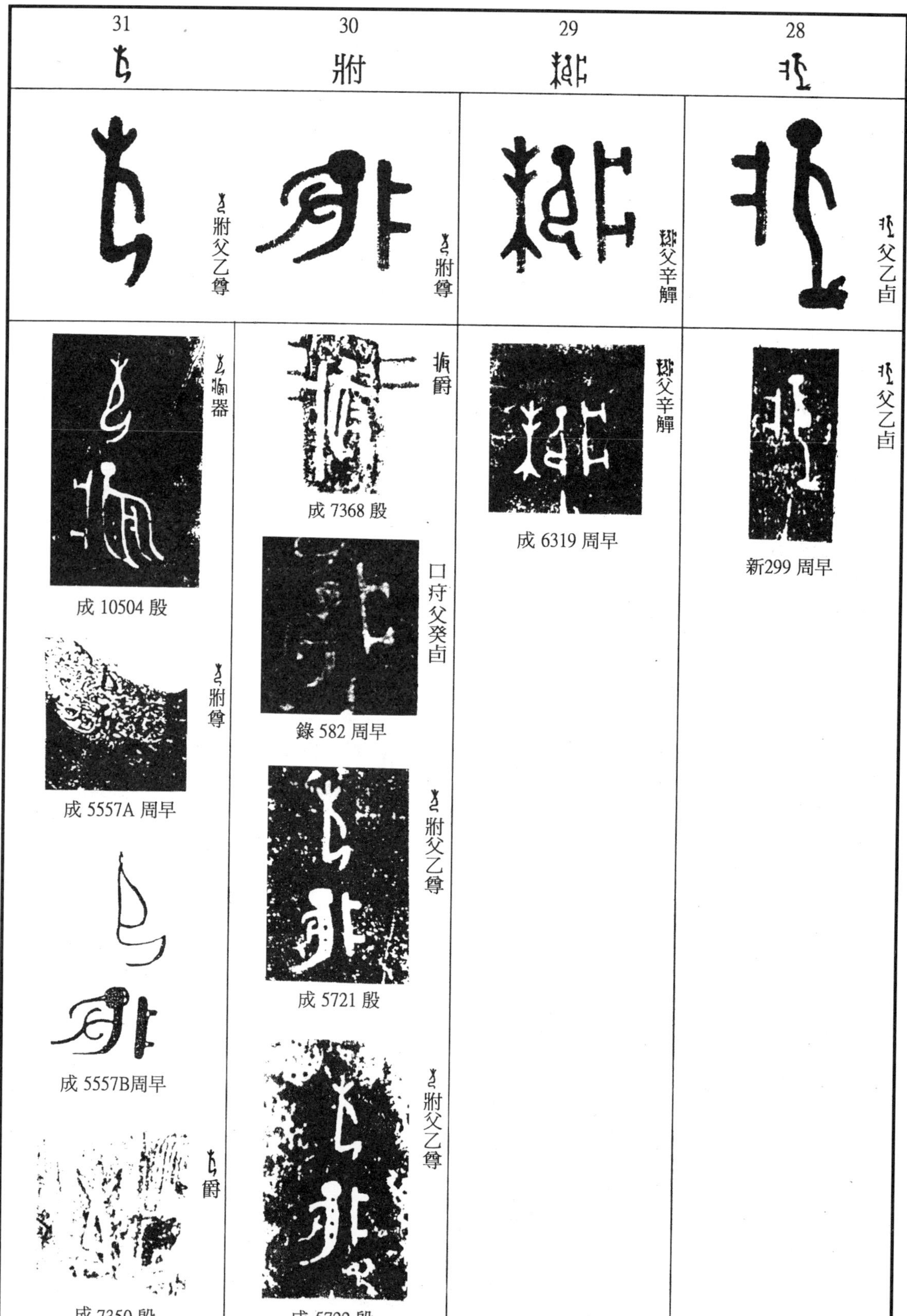

28
父乙卣
父乙卣
新299 周早
29
父辛觶
父辛觶
成 6319 周早
30
附尊
爵
成 7368 殷
口疛父癸卣
錄 582 周早
附父乙尊
成 5721 殷
附父乙尊
成 5722 殷
31
附父乙尊
器
成 10504 殷
附尊
成 5557A 周早
成 5557B周早
爵
成 7350 殷

32

𣪘見駒𣪕

爵

𣪘見駒𣪕

戈

成 10641.1 殷

成 10641.2 殷

觚

成 6551 殷

鼎

成 1028 殷·周早

𣪘見駒𣪕

成 3750 周早

父乙爵

成 8384 殷

觚

成 6550 殷

爵

成 7347 殷

斝

成 9109 殷

盉

錄 931 商晚

爵

成 7351 殷

爵

成 7348 殷·周早

葡壺

錄 947 商晚
參見 701·1257·補35

尊

成 5443 殷

觚

成 6549 殷

盉

成 9306 殷

爵

成 7349 殷

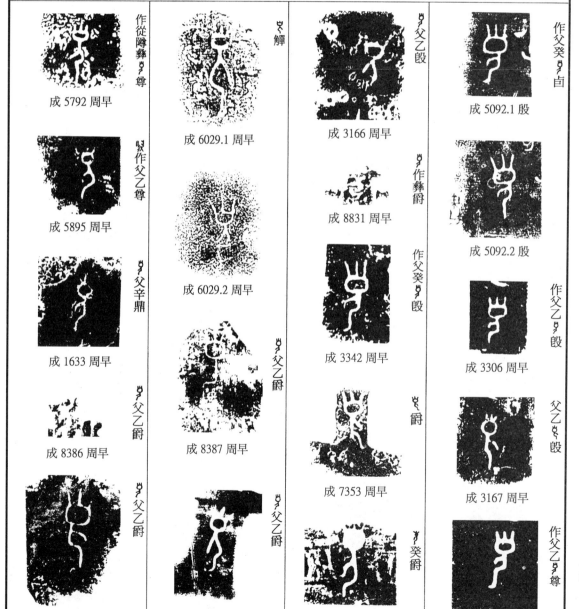

33

爵

作從隮彝尊

成 5792 周早

作父乙尊

成 5895 周早

父辛鼎

成 1633 周早

父乙爵

成 8386 周早

父乙爵

成 8388 周早

觶

成 6029.1 周早

成 6029.2 周早

父乙爵

成 8387 周早

父乙爵

成 8385 周早

父乙毁

成 3166 周早

作彝爵

成 8831 周早

作父癸毁

成 3342 周早

爵

成 7353 周早

癸爵

成 8066 周早

作父癸卣

成 5092.1 殷

成 5092.2 殷

作父乙毁

成 3306 周早

父乙毁

成 3167 周早

作父乙尊

成 5723 周早

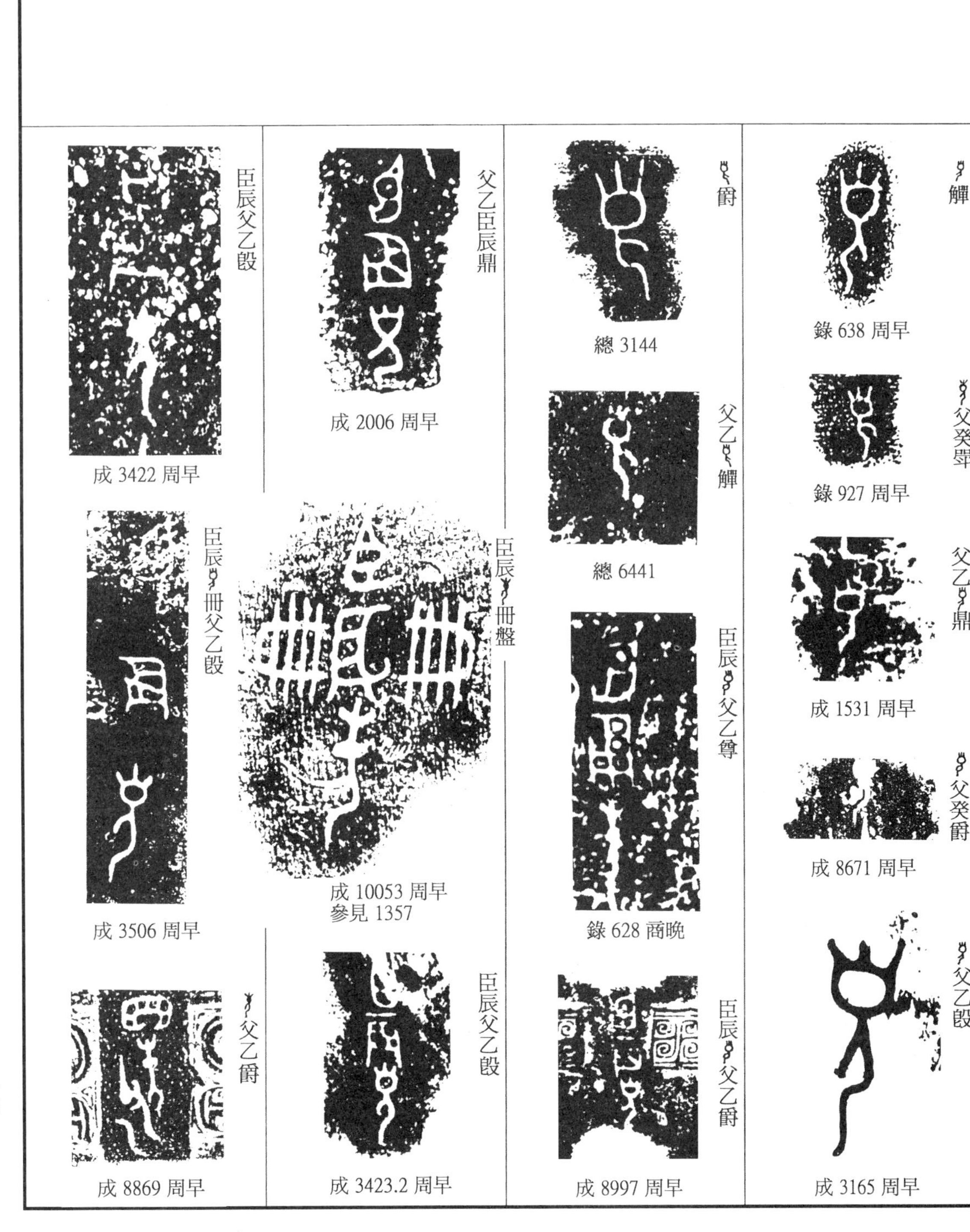

觶
錄 638 周早

父癸斝
錄 927 周早

父乙鼎
成 1531 周早

父癸爵
成 8671 周早

父乙𣪘
成 3165 周早

爵
總 3144

父乙觶
總 6441

臣辰父乙尊
錄 628 商晚

臣辰父乙爵
成 8997 周早

父乙臣辰鼎
成 2006 周早

臣辰冊盤
成 10053 周早
參見 1357

臣辰父乙𣪘
成 3423.2 周早

臣辰父乙𣪘
成 3422 周早

臣辰冊父乙𣪘
成 3506 周早

父乙爵
成 8869 周早

臣辰父乙尊

成 5795 周早

臣辰父乙毁

成 3424 周早

臣辰父辛觚

成 7267 周早

臣辰父辛觚

成 7268 周早

臣辰[illegible]父乙爵

成 8994 周早

臣辰[illegible]父乙爵

成 8995 周早

臣辰[illegible]父乙爵

成 8996 周早

臣辰父乙鼎

成 2003 周早

臣辰父乙鼎

成 2004 周早

臣辰父乙鼎

成 2005 周早

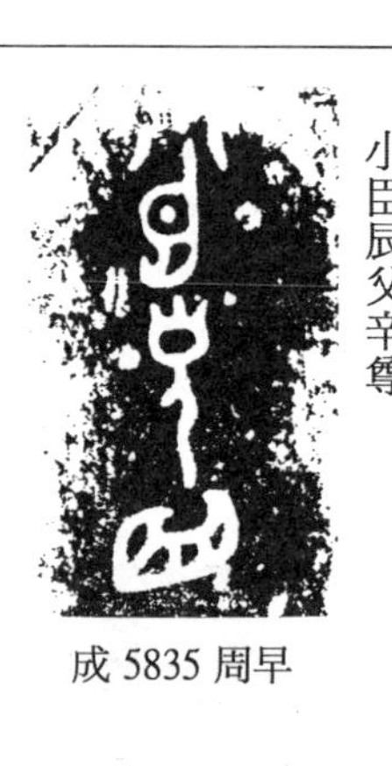
小臣辰父辛尊

成 5835 周早

臣辰父癸盉

成 9392 周早

父乙臣辰[illegible]卣

總 5290

37	36	35	34
丐			
父丁爵	庚且辛爵	鼎	父丁鬲
父丁爵 成 8473 周早	觚 成 6552 殷	鼎 成 1027 殷	作父乙毁 成 3510 周中
舟丐父丁卣 成 5073 殷	庚且辛爵 成 9047 周早	鼎 錄 172 商晚	作父乙毁 成 3511 周中
癸丐觚 成 7299 周早	未觚 成 6915 殷	父己毁 成 3198 周早	父丁鬲 總 1353
父辛爵 成 8945 周早			
爵父癸觥 成 9285 周早			

39 𠮛	38 侢	丏

丏

大丏觶

丏亞父丁甗
成 841 周早

大丏觶
成 6170 殷・周早

觥
成 9252.1 周早
參見 973

丏父丁鬲
成 499 殷

38 侢

中侢且己爵

中侢且己爵
成 8842 殷

中侢父癸爵
成 8973 殷

中侢父乙爵
成 8872 殷

宯孳鼎
新 924 商晚

中侢父己爵
成 8938 周早

中侢父甲爵
成 8849 周早

中侢父乙方罍
成 9795 周早

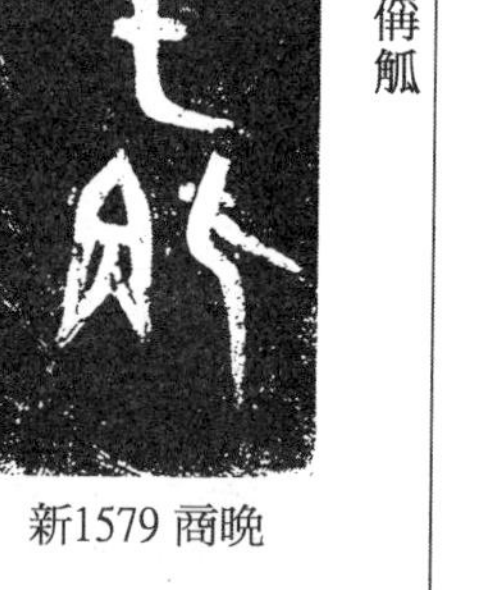
子侢觚
新1579 商晚

子侢觚
新1578 商晚

39 𠮛

冊𠮛宅鼎

冊𠮛宅鼎
成 1737 殷

亞𡨦鼎
成 2427 殷

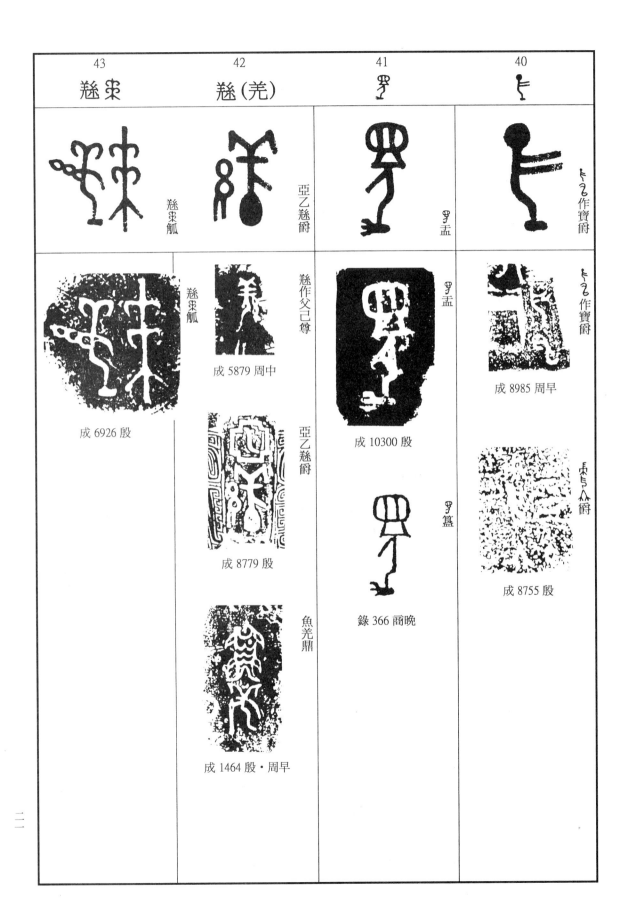

43	42	41	40
䍙	䍙(羌)		
 䍙𣎆觚	 亞乙䍙爵	 𠦪盂	 作寶爵
 䍙𣎆觚 成 6926 殷	 䍙作父己尊 成 5879 周中  亞乙䍙爵 成 8779 殷  魚羌鼎 成 1464 殷・周早	 𠦪盂 成 10300 殷  𠦪簋 錄 366 商晚	 作寶爵 成 8985 周早  爵 成 8755 殷

44

⿰彳⿺止𢆶

⿰彳⿺止𢆶卣

⿰彳⿺止𢆶父戊爵

成 8521 殷

⿰彳⿺止𢆶觚

成 6563 殷

⿰彳⿺止𢆶觚

成 6564 殷

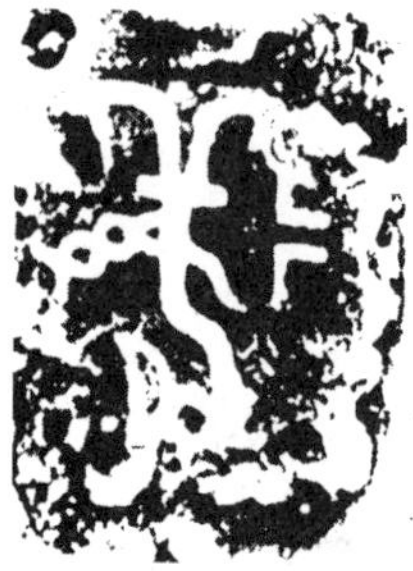

⿰彳⿺止𢆶方彝

成 9829 殷

⿰彳⿺止𢆶爵

成 7399 殷

⿰彳⿺止𢆶卣

成 4778 殷

[illegible]鼎

成 1029 殷

[illegible]戈

成 10650.1 殷

[illegible]戈

成 10649.1 殷

⿰彳⿺止𢆶觚

成 6562 殷

⿰彳⿺止𢆶段

成 2937 殷

成 10650.2 殷
參見補 08

成 10649.2 殷

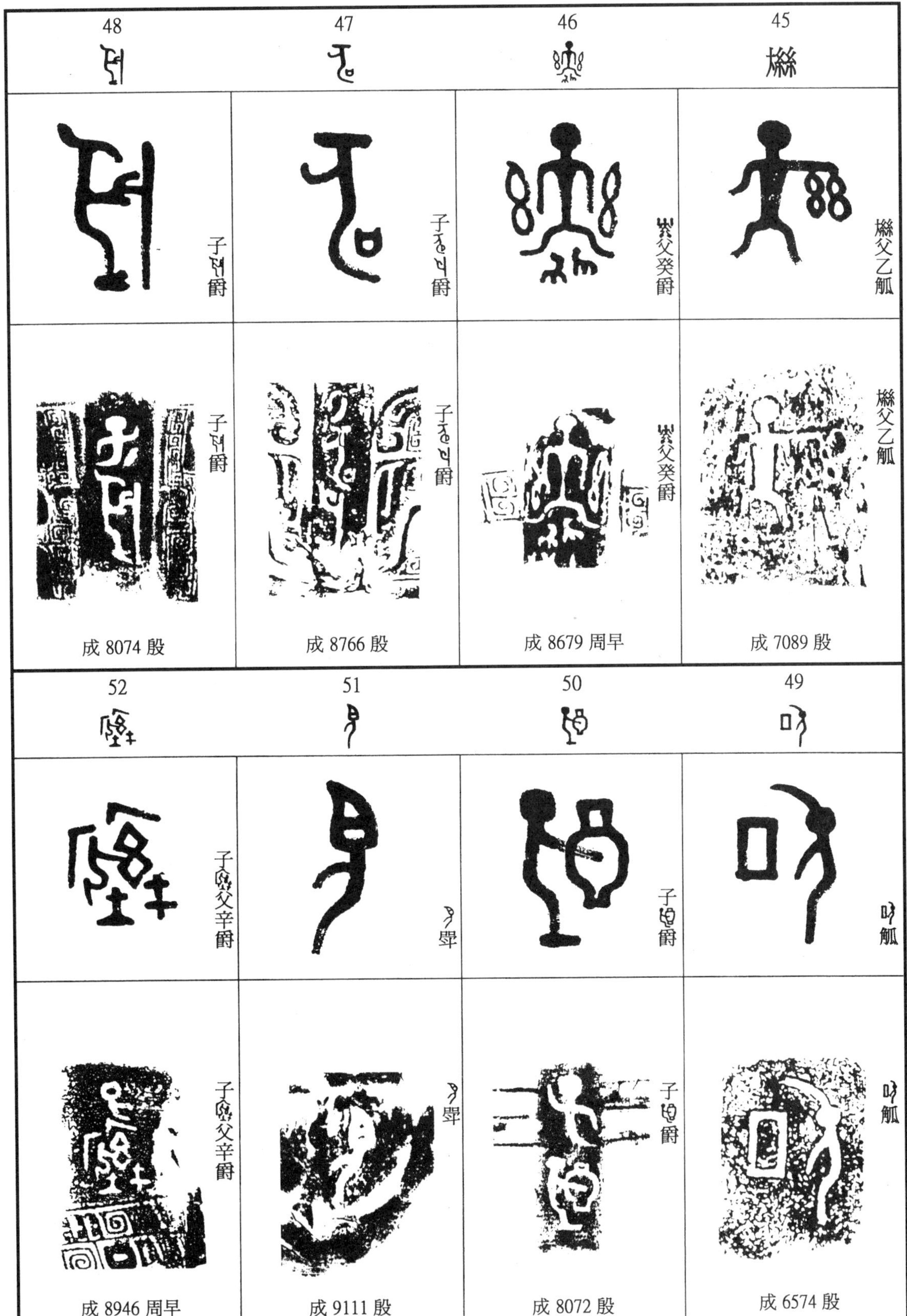
45
父乙觚
成 7089 殷
46
父癸爵
成 8679 周早
47
爵
成 8766 殷
48
子 爵
成 8074 殷
49
觚
成 6574 殷
50
子 爵
成 8072 殷
51
斝
成 9111 殷
52
子 父辛爵
成 8946 周早

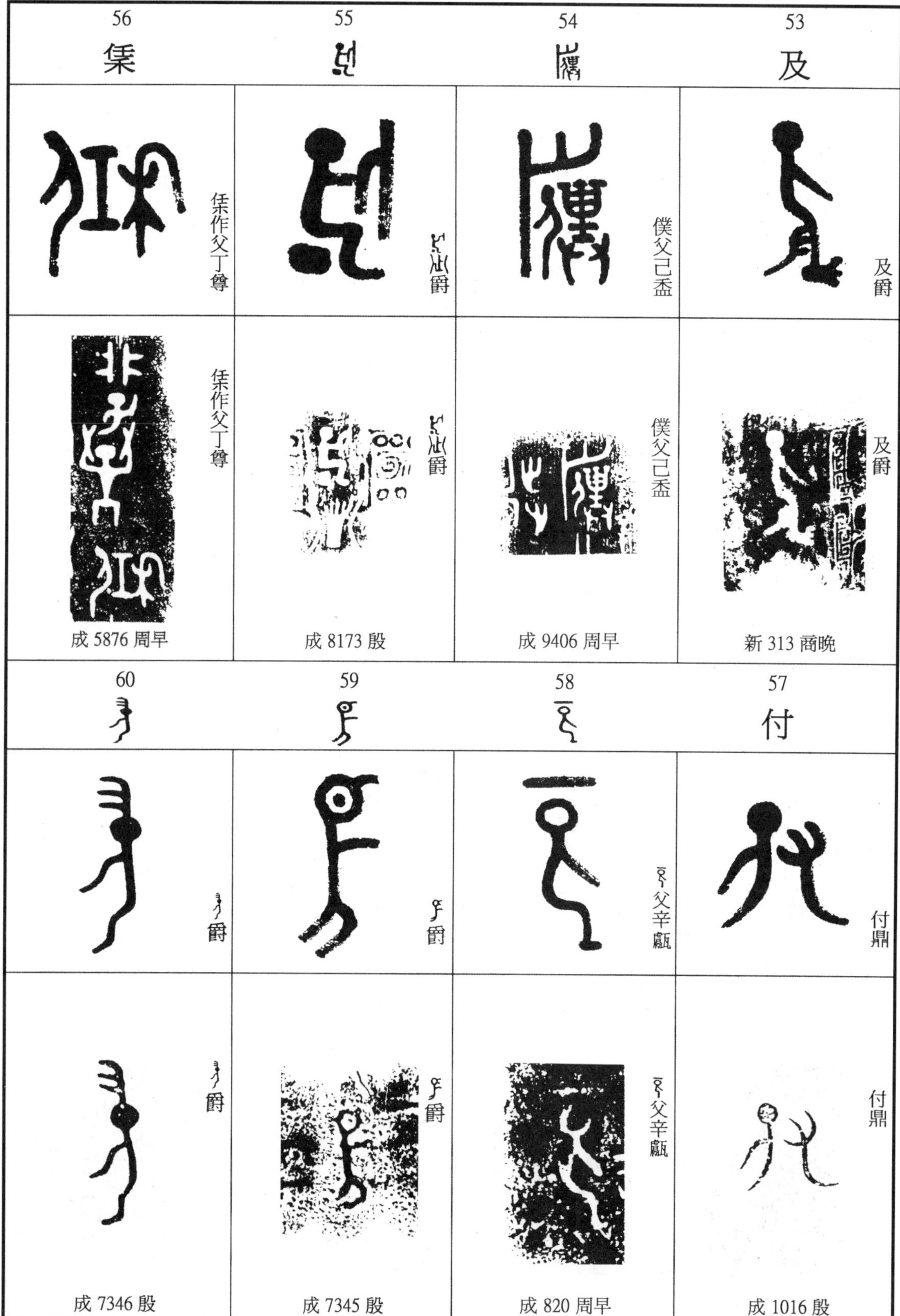
56
55
54
53
及
保作父丁尊
爵
僕父己盉
及爵
保作父丁尊
爵
僕父己盉
及爵
成 5876 周早
成 8173 殷
成 9406 周早
新 313 商晚
60
59
58
57
付
爵
爵
父辛甗
付鼎
爵
爵
父辛甗
付鼎
成 7346 殷
成 7345 殷
成 820 周早
成 1016 殷

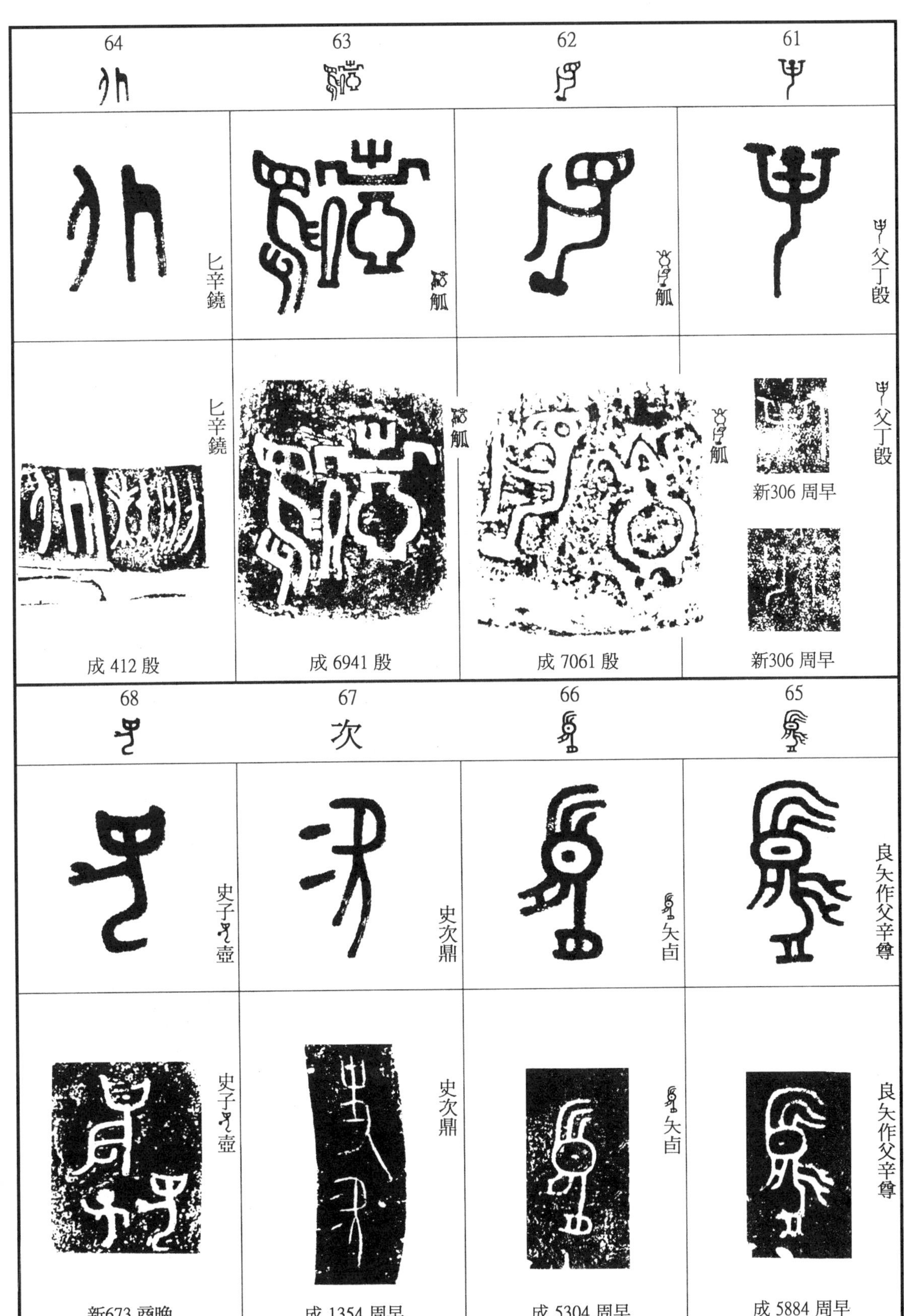

64
63
62
61
匕辛鐃
觚
觚
父丁段
成 412 段
成 6941 段
成 7061 段
新306 周早
新306 周早
68
67
次
66
65
史子壺
史次鼎
矢卣
良矢作父辛尊
新673 商晚
成 1354 周早
成 5304 周早
成 5884 周早

69

從

魚從觚

魚從尊
成 5588 周早・周中

遽從鼎
成 1493 周早

遽從鼎
成 1492 周早

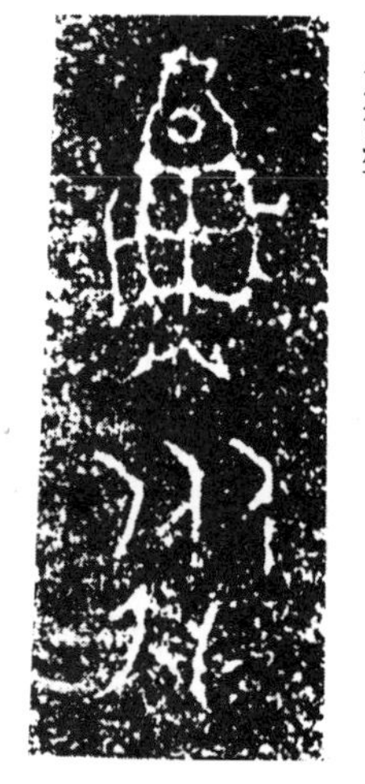
魚從盤
成 10036 周早

魚從觚
成 7057 周早

魚從毁
成 3129 殷

魚從鼎
成 1465 周早

魚從盉
成 9331 周早

魚從卣
成 4853.1 殷

成 4853.2 殷

魚從毁
成 3128 殷

卩部

遽從鼎
成 1494 周早

遽從盤
成 10037 周早

遽從殷
成 3132 周早

遽從鼎
成 1496 周早

遽從甗
成 803 周早

遽從鼎
成 1495 周早

72 匿	71 若	70 卩	
匿斝	若父己爵	卩鼎	
 匿爵 成 7373 殷	 若父己爵 成 8545 周早	卩㺸尊 成 5557B 周早	卩鼎 成 993 殷
匿鐃 成 365 殷		 卩興瓿 成 9949 殷	 卩爵 成 7359 殷
匿鐃 成 366 殷			 卩父丁爵 成 8448 殷
匿乙尊 成 5545 殷			 卩父己爵 成 8544 周早

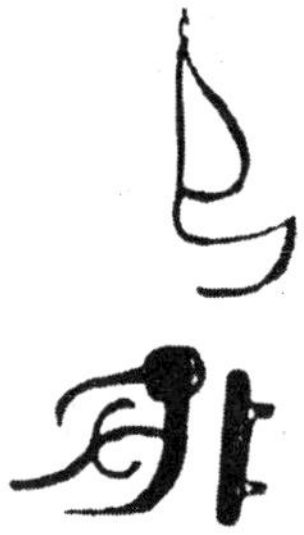

74 𡕒 73 兄

子𡕒爵

兄父己觶

兄冊爵

錄849商晚

兄父己觶

成6273周早

匿斝

成9114殷

匿爵

成7374殷

作冊兄鼎

錄253商晚

𢀛兄丁尊

成5683殷·周早
參見15

匿斝

成9115殷

匿爵

成7375殷

亞□兄丁爵

成8981周早

𢀛兄丁觶

成6353殷

匿爵

成7376殷

子𡕒爵

成8073殷

大兄日乙戈

成11392殷
參見補13

匿爵

成7377殷

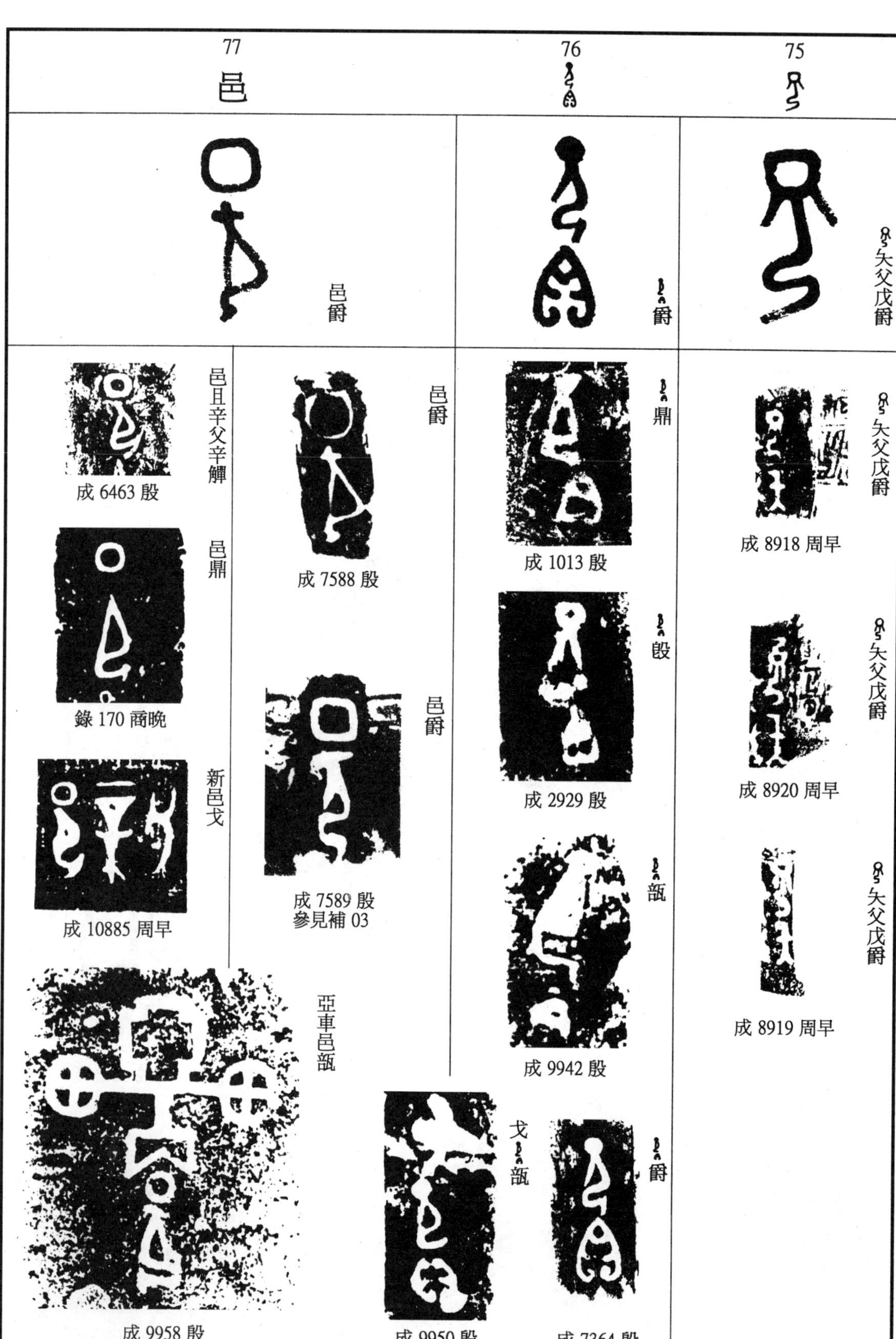

77
邑
76
75
邑
爵
爵
矢父戊爵
邑且辛父辛觶
成 6463 殷
邑
爵
鼎
成 1013 殷
矢父戊爵
成 8918 周早
邑
鼎
成 7588 殷
錄 170 商晚
殷
成 2929 殷
矢父戊爵
成 8920 周早
新邑戈
邑
爵
成 10885 周早
成 7589 殷
參見補 03
甗
成 9942 殷
矢父戊爵
成 8919 周早
亞車邑甗
戈
甗
爵
成 9958 殷
成 9950 殷
成 7364 殷

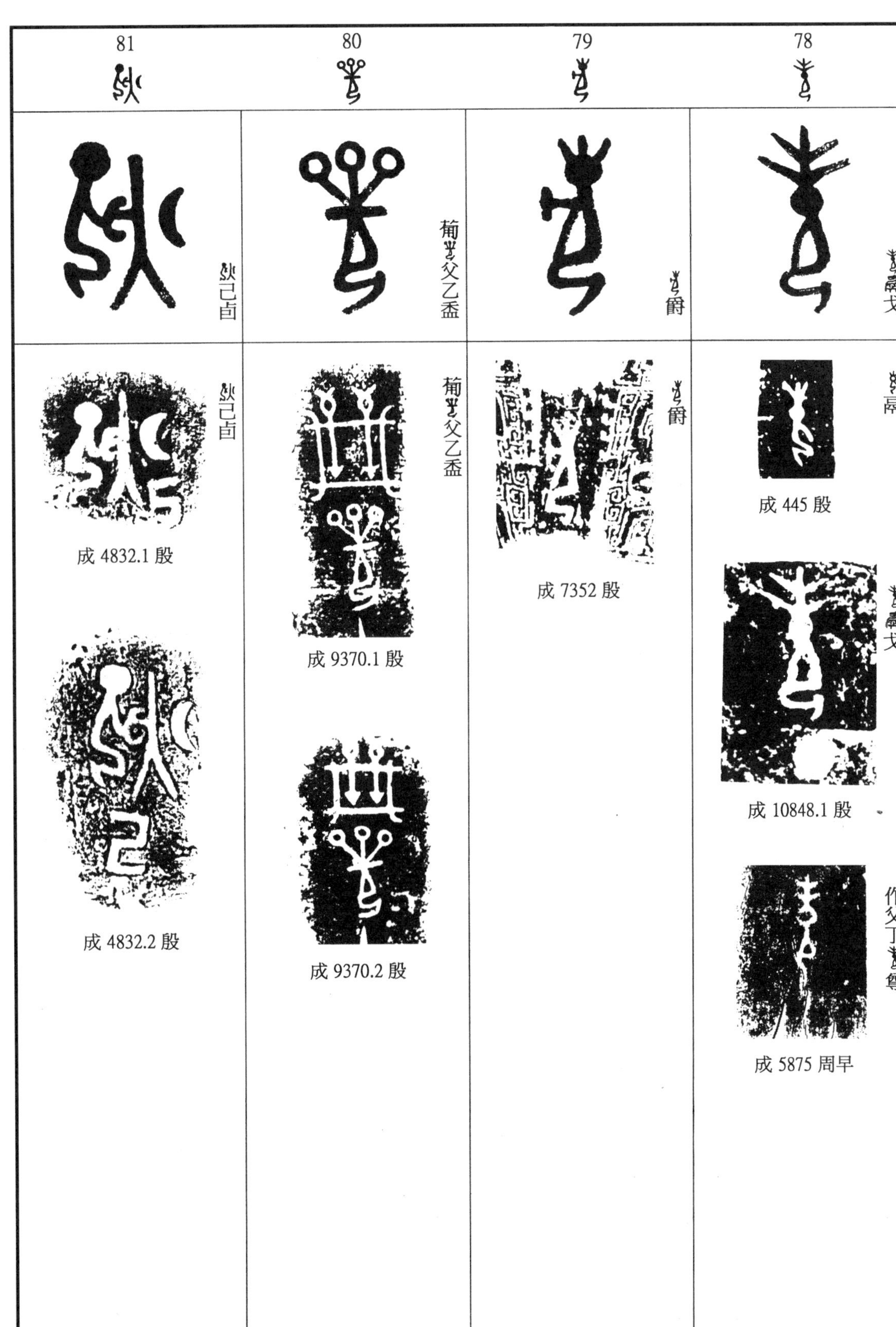
81
80
79
78
己卣
葡父乙盉
爵
戈
己卣
葡父乙盉
爵
鬲
成 445 殷
戈
成 4832.1 殷
成 9370.1 殷
成 7352 殷
成 10848.1 殷
作父丁尊
成 4832.2 殷
成 9370.2 殷
成 5875 周早

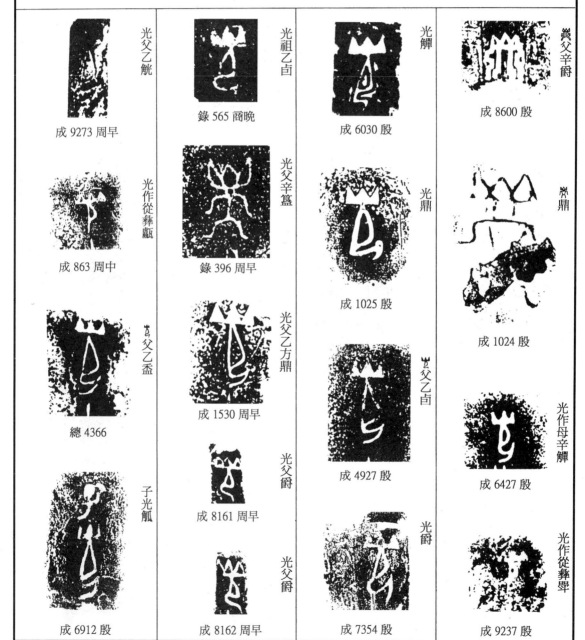

光

光鼎

光父乙觥

成 9273 周早

光作從彝甗

成 863 周中

父乙盉

總 4366

子光觚

成 6912 殷

光祖乙卣

錄 565 商晚

光父辛簋

錄 396 周早

光父乙方鼎

成 1530 周早

光父爵

成 8161 周早

光父爵

成 8162 周早

光觶

成 6030 殷

光鼎

成 1025 殷

父乙卣

成 4927 殷

光爵

成 7354 殷

父辛爵

成 8600 殷

鼎

成 1024 殷

光作母辛觶

成 6427 殷

光作從彝斝

成 9237 殷

84	83
𰀀	單光

冊光𣪕

單光觚

冊光𣪕

成 3109 𣪕

單光盉

成 9396.1 周早

成 9396.2 周早

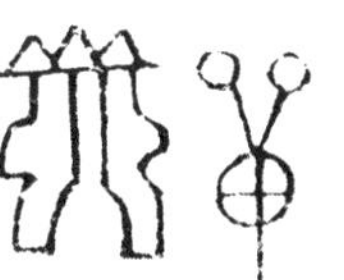

單光觚

成 7273 周早

單光方鼎

成 2056 周早

單光方鼎

成 2055 周早

單光觚

成 7018 𣪕

單光爵

成 8163 𣪕・周早

亯卣

成 5401.1 周早

成 5401.2 周早

西單光觚

成 7192 𣪕

西單光父乙鼎

成 2001 𣪕

85

戠

戠殷

戠殷
成 2933 周早

戠鼎
成 1026 周早

戠卣
成 4777.2 殷

作且戊殷
成 3501 周早

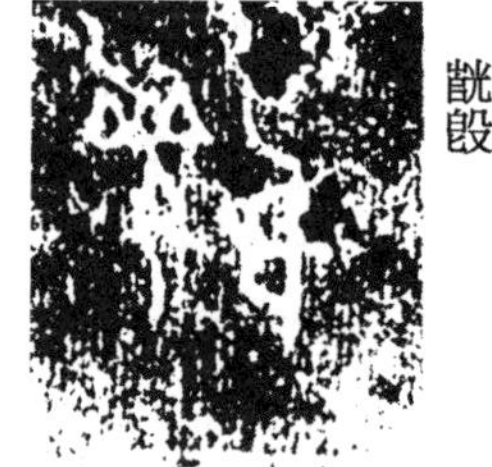
戠殷
成 2932 周早

戠作父戊卣
成 5214.1 周早

戠卣
成 4777.1 殷

戠爵
成 7356 周早

戠殷
成 2934 周早

成 5214.2 周早

戠禾作旅鼎
成 1976 周早

戠觶
成 6031 周早

作且戊殷
成 3500 周早

戠爵
成 7355 周早

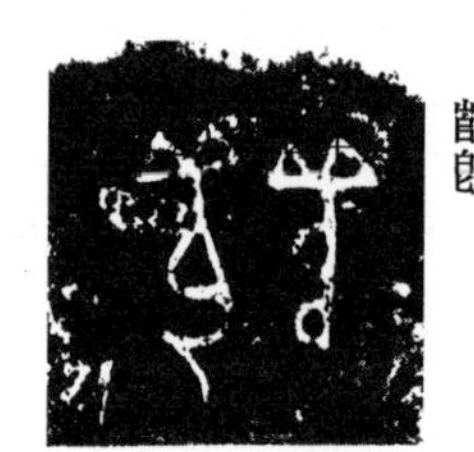
戠殷
成 2935 周早

86

令

父己甗

父己甗

成 815 殷

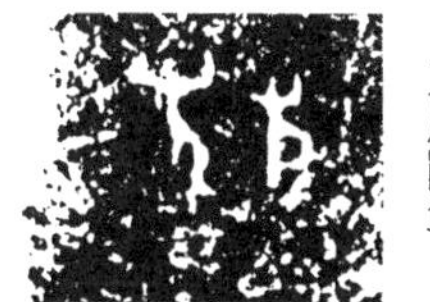
父庚䚷尊

成 5653 周早·周中

䚷父庚鼎

成 1630 周中

䖒作父戊尊

成 5899 周中

䚷作且戊卣

成 5200.1 周中

成 5200.2 周中

覒作父戊卣

成 5311.1 周早

成 5311.2 周早

䖒戊䚷爵

成 8332 周早

䚷作父戊盤

成 10052 周早

䖒作觚父戊

成 7295 周早

父庚䚷卣

成 4970.1 周早

成 4970.2 周早

䖒戊䚷爵

成 8331 周早

䖒作父戊觚

成 7294 周早

87

紟		令	
爵	鬲		爵
爵 成 7369 殷	鬲 總 1371	簋 總 1674	爵 成 7360 殷
紟父乙鼎 成 1538 周早		令父辛卣 成 5087.1 殷	令作父乙毁 成 3508 周早
		成 5087.2 殷	大保毁 成 4140 周早
			令斁鉞 錄 1248 周早

90 冟	89 瞚		88 𡕥
冟父乙爵	文瞚父丁𣪘		𡕥父癸卣
冟父乙爵 成 8418 𣪘	𤔲瞚父丁卣 成 5155.1 𣪘 成 5155.2 𣪘	文瞚父丁𣪘 成 3312.1 𣪘 成 3312.2 𣪘 𤔲瞚父丁簋 總 2000	𡕥父癸卣 成 4995.1 𣪘 成 4995.2 𣪘 𡕥父乙爵 成 8378 𣪘

92 𧡍	91 見		
𧡍毁	見鼎		
𧡍毁 成 3469 周早	見爻觚 成 6922 殷 𠧟見冊尊 成 5694 殷 參見 1340	見作甗 成 818 周早 見父己甗 成 819 周早 見尊 成 5812 周早 見作寶障彝卣 成 5196 周早 見作寶障毁 成 3390 周早	見鼎 成 994 殷 見爵 成 7357 殷 見爵 成 7358 殷 見簋 錄 367 商晚

93	94	95	96
[illegible]	丮	[illegible]	[illegible]
戈[illegible]父丁盉	丮卣	[illegible]作父戊鼎	[illegible]斝
戈[illegible]父丁盉 成 9404.1 殷	丮卣 成 4774.1 殷・周早	[illegible]作父戊鼎 新 932 周早	[illegible]觚 成 6573 殷
成 9404.2 殷	成 4774.2 殷・周早		[illegible]斝 成 9112 殷
[illegible]父丁斝 成 9240 殷・周早	丮冊觚 成 6995 殷		[illegible]天戈 成 10850.2 殷

97

埶(藝)

帆父辛卣

父己殷
成 3196 殷

帆父辛卣
成 4977.1 殷

戈
成 10849.2 殷

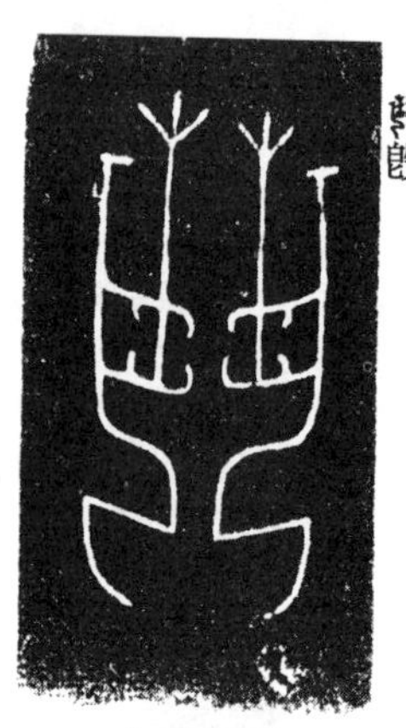
殷
成 2919 殷

戈帆父丁爵
成 8901 殷

成 4977.2 殷

父丁觚
成 7108 周早

帆父己觶
成 6282.1 殷

帆觚
成 6587 殷

徝父庚爵
成 9058 周早

帆作且癸觚
成 7301 周早

成 6282.2 殷

帆父辛殷
成 3206 周早
參見補 06

100	99	98
䵸	抐	埶公
𠭯且丁斝	作抐從彝觶	帆公父丁卣
𠭯且丁斝 成 9202 殷 𠭯乍尊彝𠭯簋 總 2140	𠑹作父辛殷 成 3518 周早 作抐從彝觶 成 6435.1 殷 成 6435.2 殷 作𠑹從彝盉 成 9384.1 周早 成 9384.2 周早	帆公父丁卣 成 5074.1 殷 參見 391 成 5074.2 殷

104 保𢦏爵 成 8172 殷

103 𤔲作父辛鼎 成 2255 周早

102 父爵 成 9040 周早

101 𢦏 𢦏父丁𣪘 成 3177 殷

107 𢀡 切甗 錄 155 商晚 參見補 04

106 𨛜 中父乙罍 成 9815.1 周早 成 9815.2 周早

105 尊 成 5444 殷

111
110
109
108
爵
量
戈
爵
爵
量
戈
爵
成 7381 殷
總 7862
成 10788 周早
成 7361 殷
115
114
113
112
癸爵
父戊觚
父丁爵
□爵
癸爵
父戊觚
父丁爵
□爵
成 8068 殷
成 7122 殷
成 8446 周早
成 8185 殷

No.	Character	Vessel	Source
116		父丁爵	成 8447 周早
117	卲	邵作寶彝殷	成 3382 周早
118		葡爵	成 8241 殷
119		戈	成 10642 殷
120		父己爵	成 8543 周早
121		觚	成 6792 殷
122	杏	杏爵	錄 764 商晚
123		鼎	成 1474 殷

127 御	126 𠨍	125 㞋	124 即
大御尊	寑印爵	㞋觶	即冊尊
天嘼御尊 錄 621 商晚	寑印爵 錄 854 商晚	㞋觶 成 6039 殷	即冊尊 錄 632 周早
大御尊 成 5687 周早	寑印爵 錄 856 商晚 參見 885	印觚 錄 686 商晚	晨簋 錄 455 周早
正𠨍爵 成 8201 周早	寑印爵 錄 853 商晚		企方彝蓋 錄 995 周早

大部

128

大

大御尊

大父己鼎

成 1602 殷

大父辛爵

成 8598 殷

大父癸鼎

成 1667 殷

大父癸觚

錄 746 商晚

大鼎

錄 167 商晚

大父丁鼎

成 1590 殷・周早

大爵

成 7328 周早

大父乙觶

成 6217 周早

大父癸爵

總 5975

大父癸爵

總 3935

大𣏟父癸爵

成 8956 殷

大中且己觚

成 7215 殷

大父乙觶

成 6374 周早

大御尊

成 5687 周早
參見 127

129

夸

夸爵

夸戈

成 10662 殷

夸戈

成 10663 殷

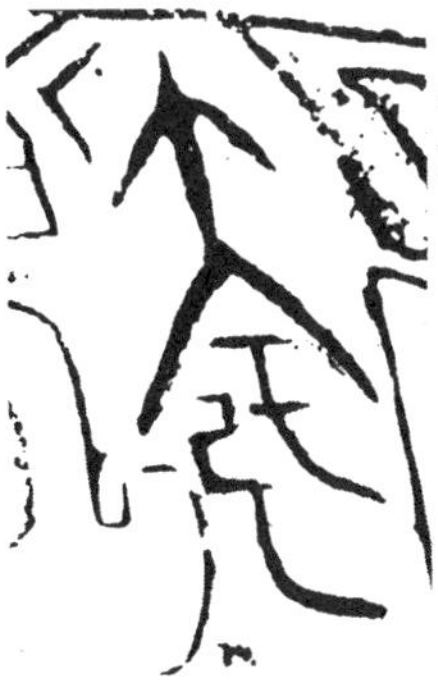

夸戈

成 10656 殷

夸戈

成 10659 殷

夸戈

成 10661 殷

夸戈

成 10664 殷

夸爵

成 7432 殷

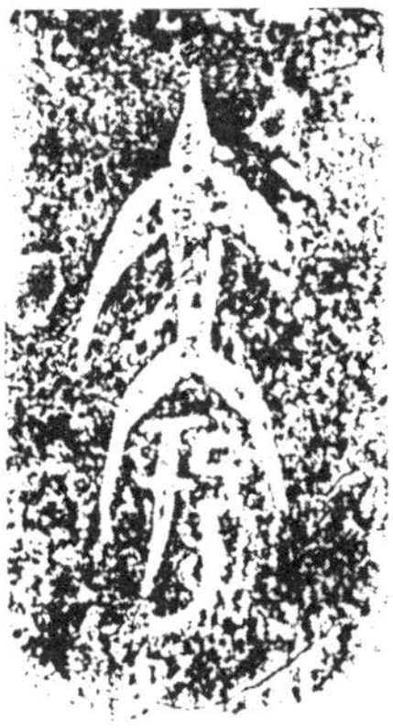

夸尊

成 5505 殷

夸爵

成 7433 殷

夸甗

成 790 殷

夸甗

成 791 殷

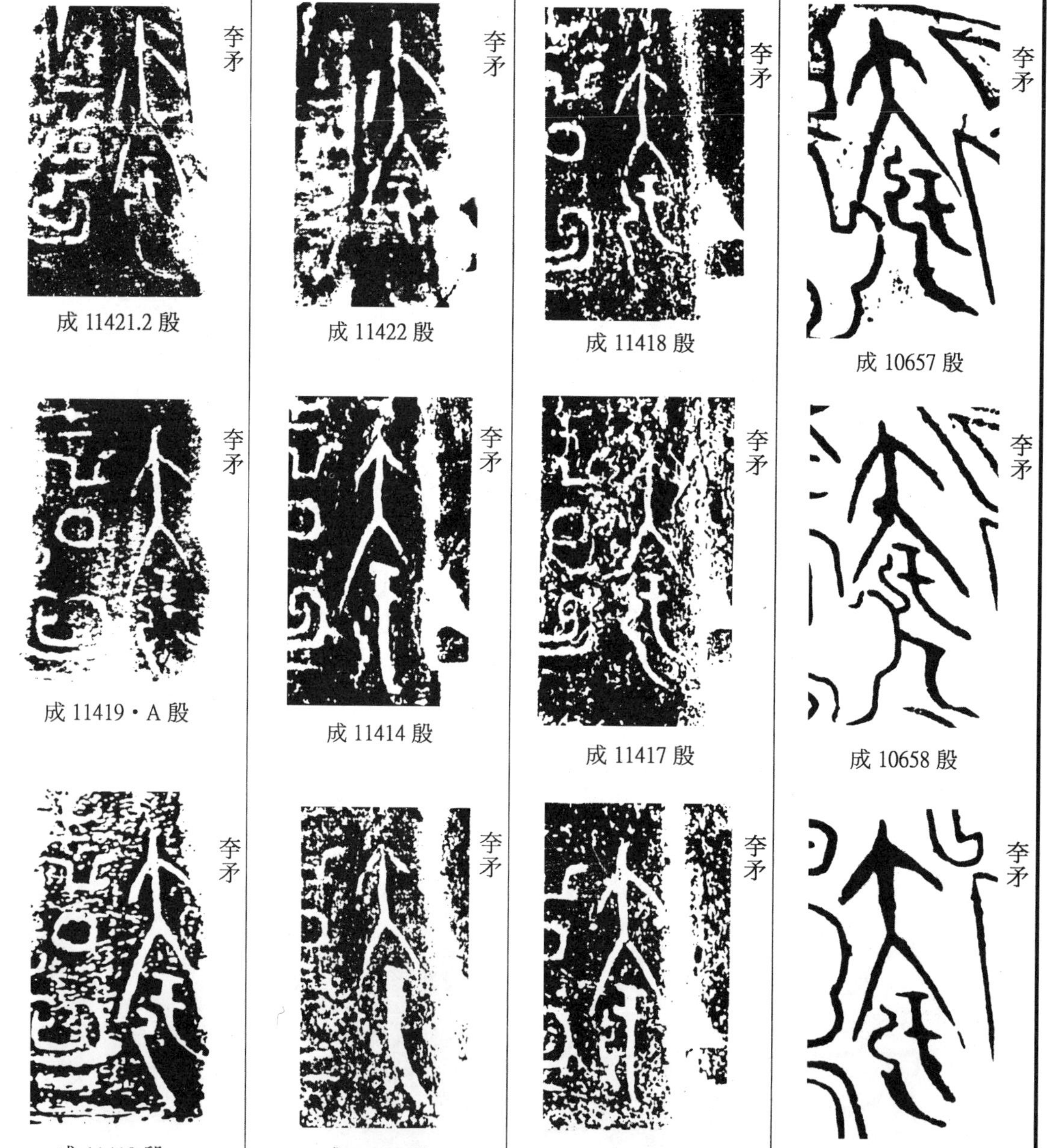

成 11421.2 殷

成 11422 殷

成 11418 殷

成 10657 殷

成 11419・A 殷

成 11414 殷

成 11417 殷

成 10658 殷

成 11419 殷

成 11415 殷

成 11416 殷

成 10660 殷

131

立

130

𡗜

立戈

𡗜觚

立𠬝毁

成 3115 毁

立父辛觶

成 6297 毁

立戈

成 10639 毁

立𠦪父丁卣

成 5065.1 毁

立𠦪父丁卣

成 5064.1 毁

成 5065.2 毁

成 5064.2 毁

𡗜觚

成 6572 毁

李矛

成 11420 毁

李矛

錄 1202 商晚

133

亢

亢爵

亢父癸尊

成 5808 殷

亢觚

成 6785 殷

亞亢觚

成 7184 殷

亢爵

成 7336 殷

亞高作父癸毁

成 3655 周早

亢戈

成 10777 殷

132

夫

夫觶

夫觚

成 6548 周早

夫觶

成 6025 殷

夫爵

成 7340 周早

夫尊

成 5442 殷・周早

夫爵

成 7341 周早

夫觚

成 6547 周早

134

天

天鼎

天戈

成 10629 殷

天卣

成 4772 殷

天鼎

成 991 殷

天父癸爵

成 8668 殷

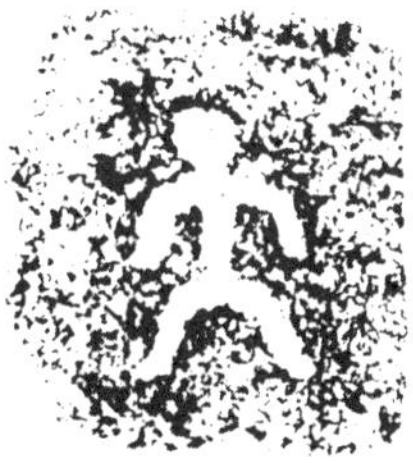

天觚

成 6545 殷

天戈

成 10850.1 殷

天觚

成 6544 殷

天爵

成 7323 殷

天父戊尊

成 5640 殷

天父乙卣

成 4908.1 殷

成 4908.2 殷

天尊

成 5441 殷

鼎

成 992 殷

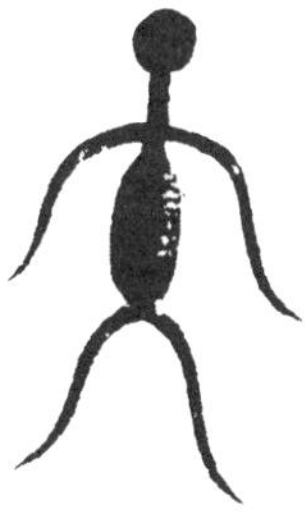

天己殷

成 3067 殷

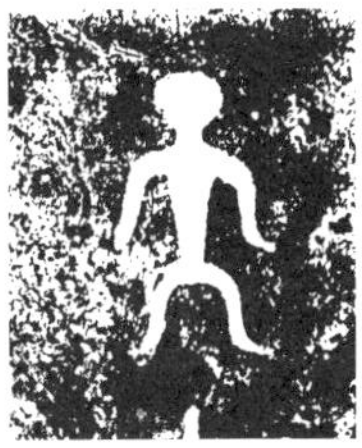

天父辛卣

成 4976.1 殷

成 4976.2 殷

天

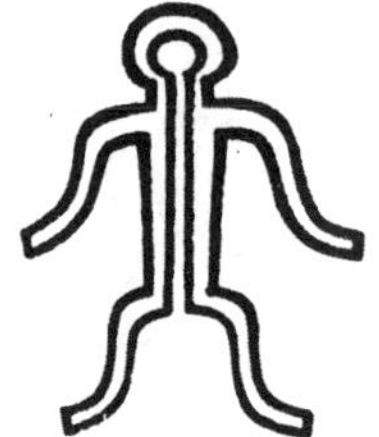

天爵

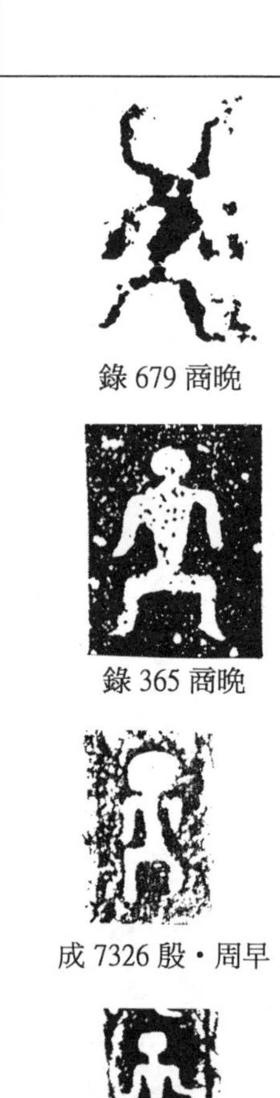

天觚

錄 679 商晚

天簋

錄 365 商晚

天爵

成 7326 殷・周早

乙天爵

新 798 商晚・周早

子天父丁罍

成 9798 殷

天𣪘

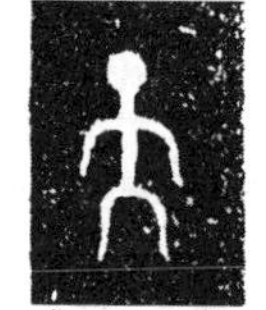

成 2912 殷

天卣

成 4769 殷

天𣪘

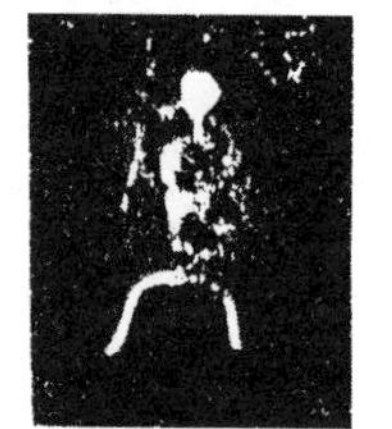

成 2913 殷

天𣪘

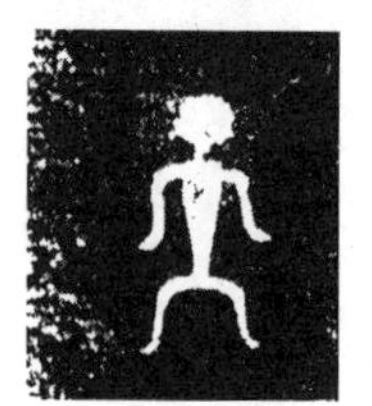

成 2914 殷

天父乙卣

成 4909 殷

天卣

成 4771 殷

天觚

成 6543 殷

天己丁𣪘

成 3233.1 殷

成 3233.2 殷

天爵

成 7324 殷

天父乙爵

成 8376 殷

天戈

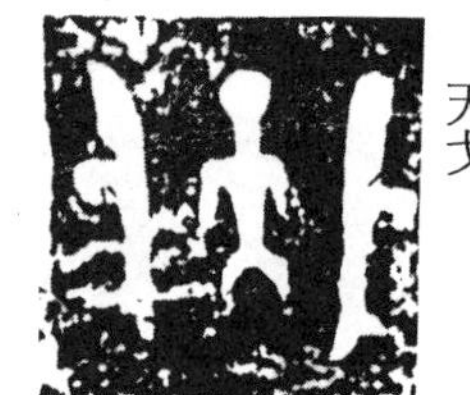

成 10630.1 殷

成 10630.2 殷

天戈

成 10631 殷

天父乙毁
成 3158 周早

天
成 7327 周早

天己尊
成 5554 周早

天父丁觥
成 9275 周早

天爵
成 7325 毁・周早

作文考日己方尊
成 5980 周中

文考日己方彝
成 9891.1 周中
成 9891.2 周中

天作从尊
成 5688 周中

天乙爵
録 821 周早

天父乙毁
成 3159 周早

天禾作父乙毁
成 3603 周早

天爵
成 8153 毁

文考日己觥
成 9302.1 周中
成 9302.2 周中
參見補 43

衎天父癸鼎
成 1896 毁
參見補11・991

天爵
成 8144 毁

戈天爵
成 8142 毁

天爵
成 8145 周早

135 需

父辛鼎

成 1635 殷 — 父辛鼎

成 1636 殷 — 父辛鼎

成 10847.1 殷 — 戈

成 10635.1 殷 — 戈

成 10635.2 殷

成 10636 殷 — 戈

136 奚

奚卣

成 4734.1 殷 — 奚卣

成 4734.2 殷

成 6561 殷 — 奚觚

成 9113 殷 — 奚斝

成 7334 殷 — 爵

成 9102.1 殷 — 葡亞作父癸角

成 9102.2 殷

成 7335 殷 — 爵

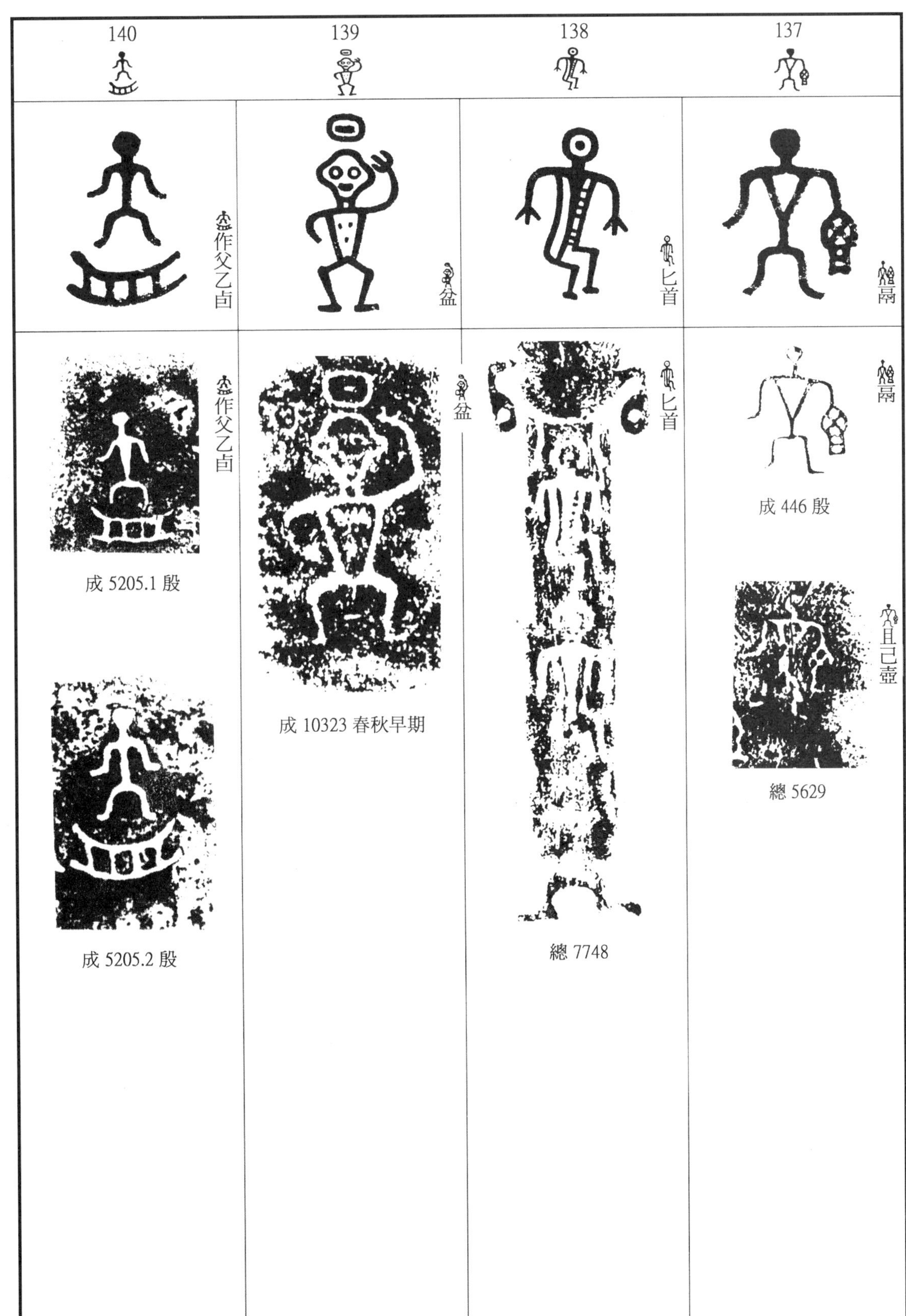

140
139
138
137
作父乙卣
盆
匕首
鬲
作父乙卣
成 5205.1 殷
成 5205.2 殷
盆
成 10323 春秋早期
匕首
總 7748
鬲
成 446 殷
且己壺
總 5629

143	142	141
吳辰	[glyph]	[glyph]
戊葡卣	隹[glyph]斝	尸作父己卣
戊葡卣 成 5101.2 殷	[glyph]斝 成 9191 周早 隹[glyph]斝  成 9192 周早	尸作父己卣  成 5280.1 殷 成 5280.2 殷

147	146	145	144
耿	旲	夊	兊
耿父癸尊	辰行旲父乙鼎	耳夊父丁鼎	盉
耿父癸尊 成 5670 殷	辰行旲父乙鼎 成 2002 殷	耳夊父丁鼎 成 1854 周早	盉 成 9305.1 殷 成 9305.2 殷

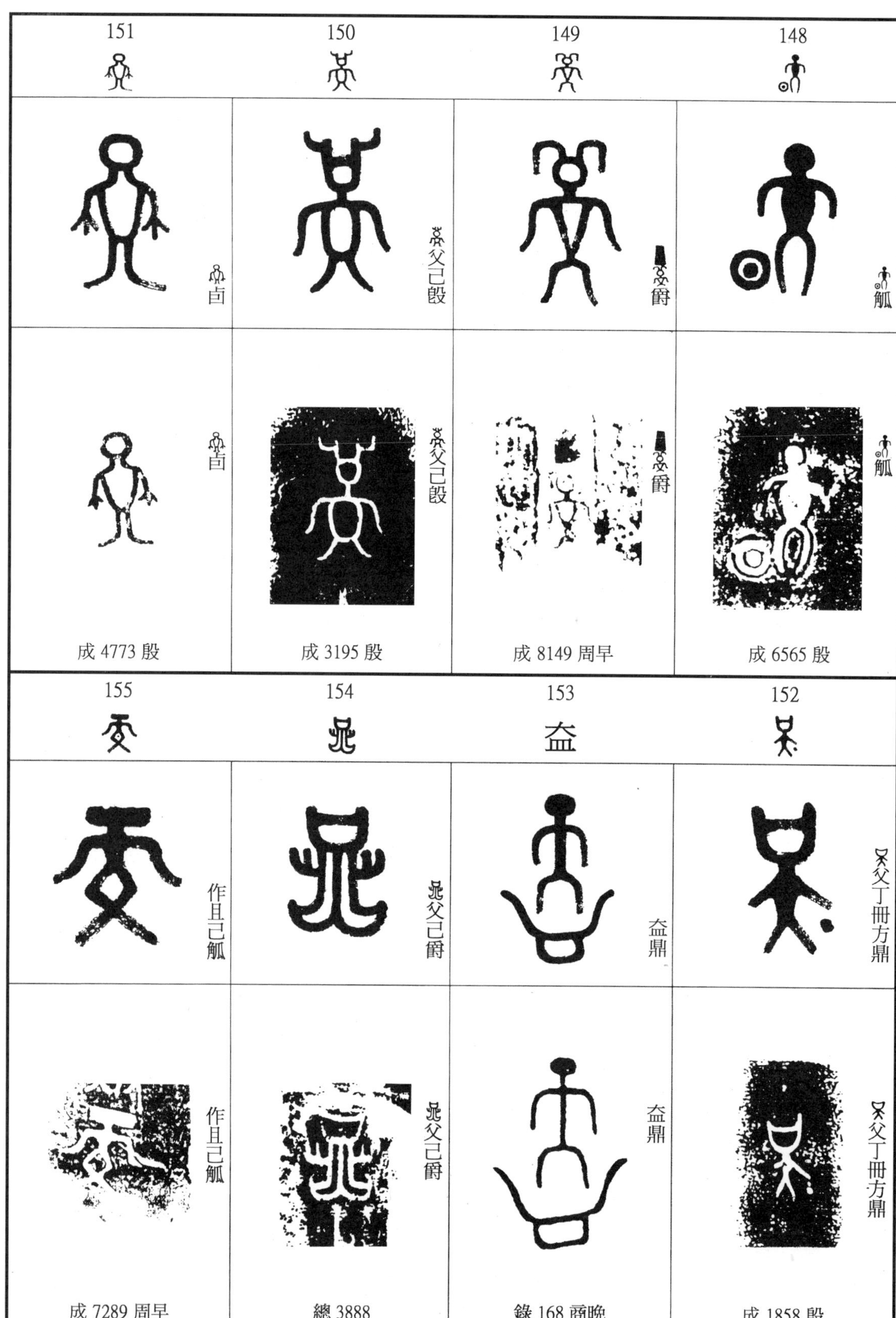

151 卣 成 4773 殷

150 父己殷 成 3195 殷

149 爵 成 8149 周早

148 觚 成 6565 殷

155 作且己觚 成 7289 周早

154 父己爵 總 3888

153 盉 盉鼎 錄 168 商晚

152 父丁冊方鼎 成 1858 殷

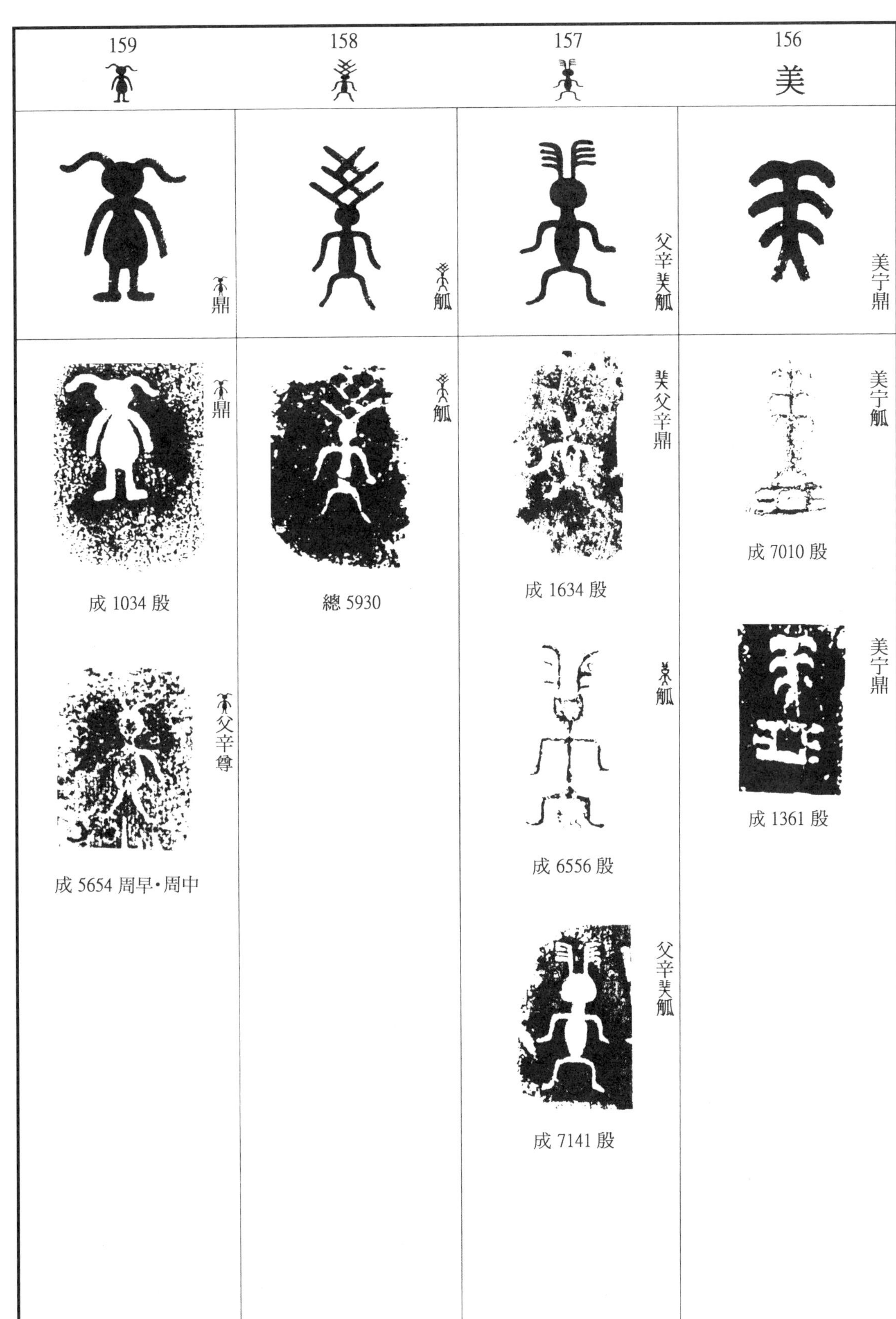

156
美
美宁鼎
美宁觚
成 7010 殷
美宁鼎
成 1361 殷
157
父辛觚
父辛鼎
成 1634 殷
觚
成 6556 殷
父辛觚
成 7141 殷
158
觚
觚
總 5930
159
鼎
鼎
成 1034 殷
父辛尊
成 5654 周早·周中

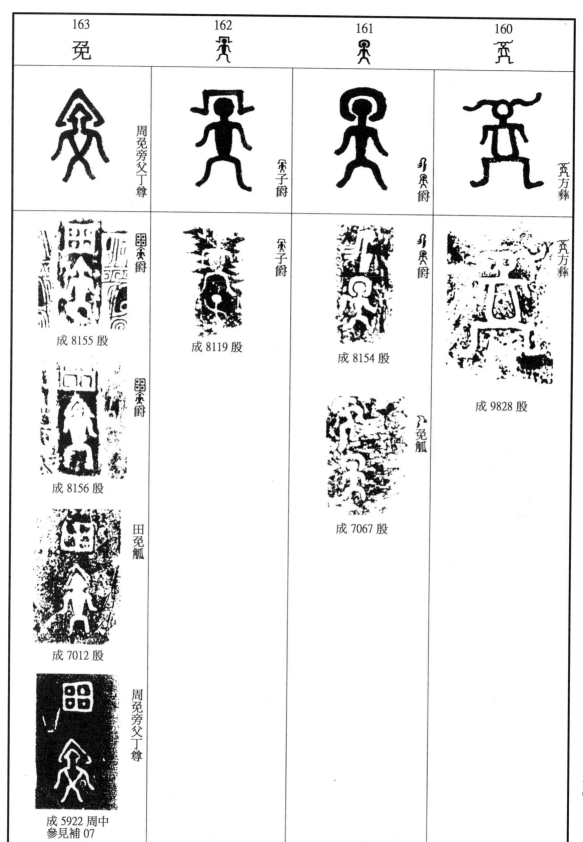

160	161	162	163
			免
方彝	爵	子爵	周免旁父丁尊
方彝 成 9828 殷	爵 成 8154 殷	子爵 成 8119 殷	爵 成 8155 殷
	免觚 成 7067 殷		爵 成 8156 殷
			田免觚 成 7012 殷
			周免旁父丁尊 成 5922 周中 參見補 07

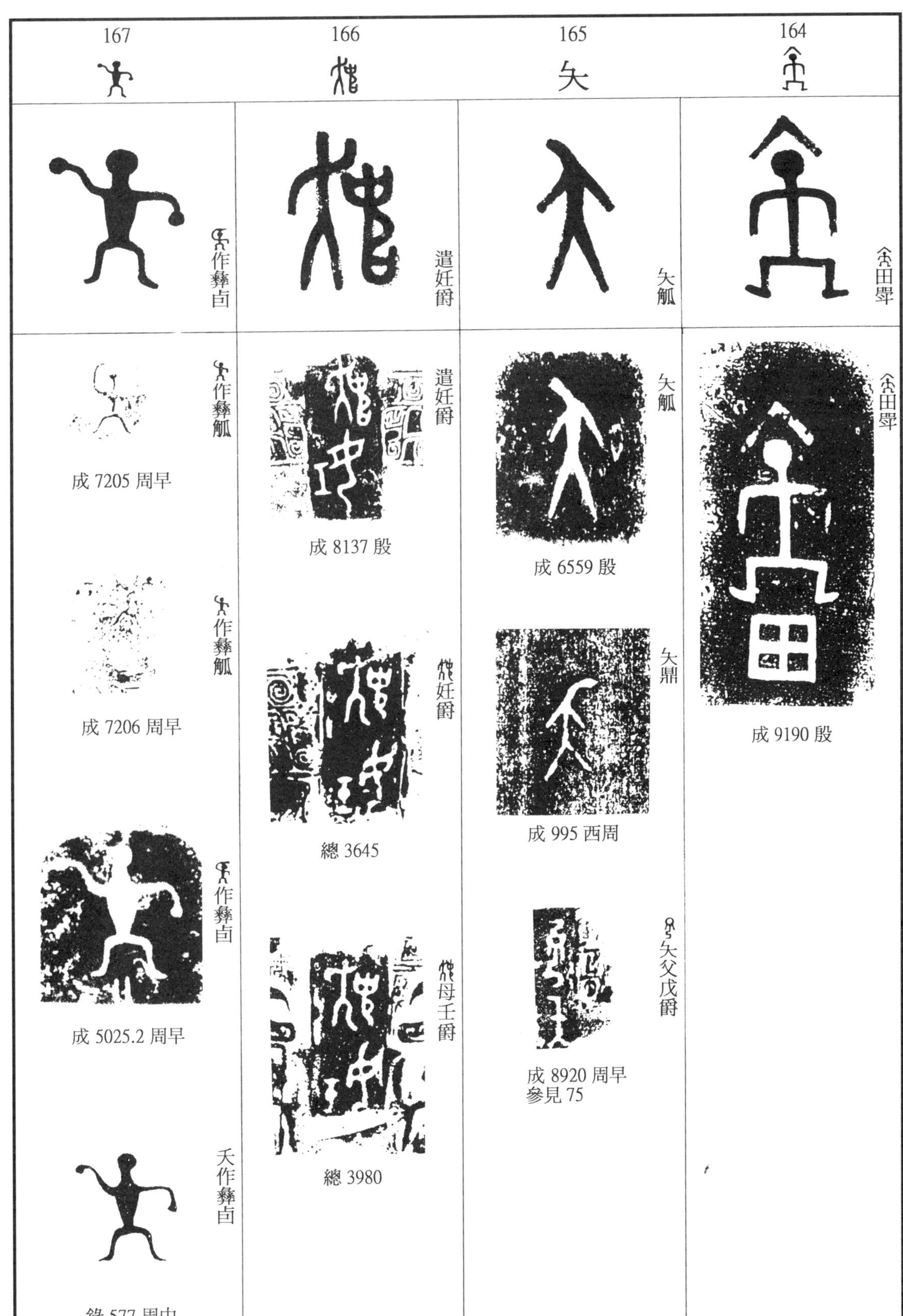
164
田斝
田斝
成 9190 殷
165
矢
矢觚
矢觚
成 6559 殷
矢鼎
成 995 西周
矢父戊爵
成 8920 周早
參見 75
166
遣妊爵
遣妊爵
成 8137 殷
妊爵
總 3645
母壬爵
總 3980
167
作彝卣
作彝觚
成 7205 周早
作彝觚
成 7206 周早
作彝卣
成 5025.2 周早
天作彝卣
錄 577 周中

171	170	169	168
方鼎	觚	觚	觚
方鼎 成 996 殷•周早 吴父癸鼎 新 1936 商晚•周早 𪚴駿觥蓋 成 9300 周早 𪚴駿段 成 3976 周中 齊陳曼鼎蓋 總 1163	觚 成 6554 殷	觚 成 6553 殷	觚 成 6555 殷

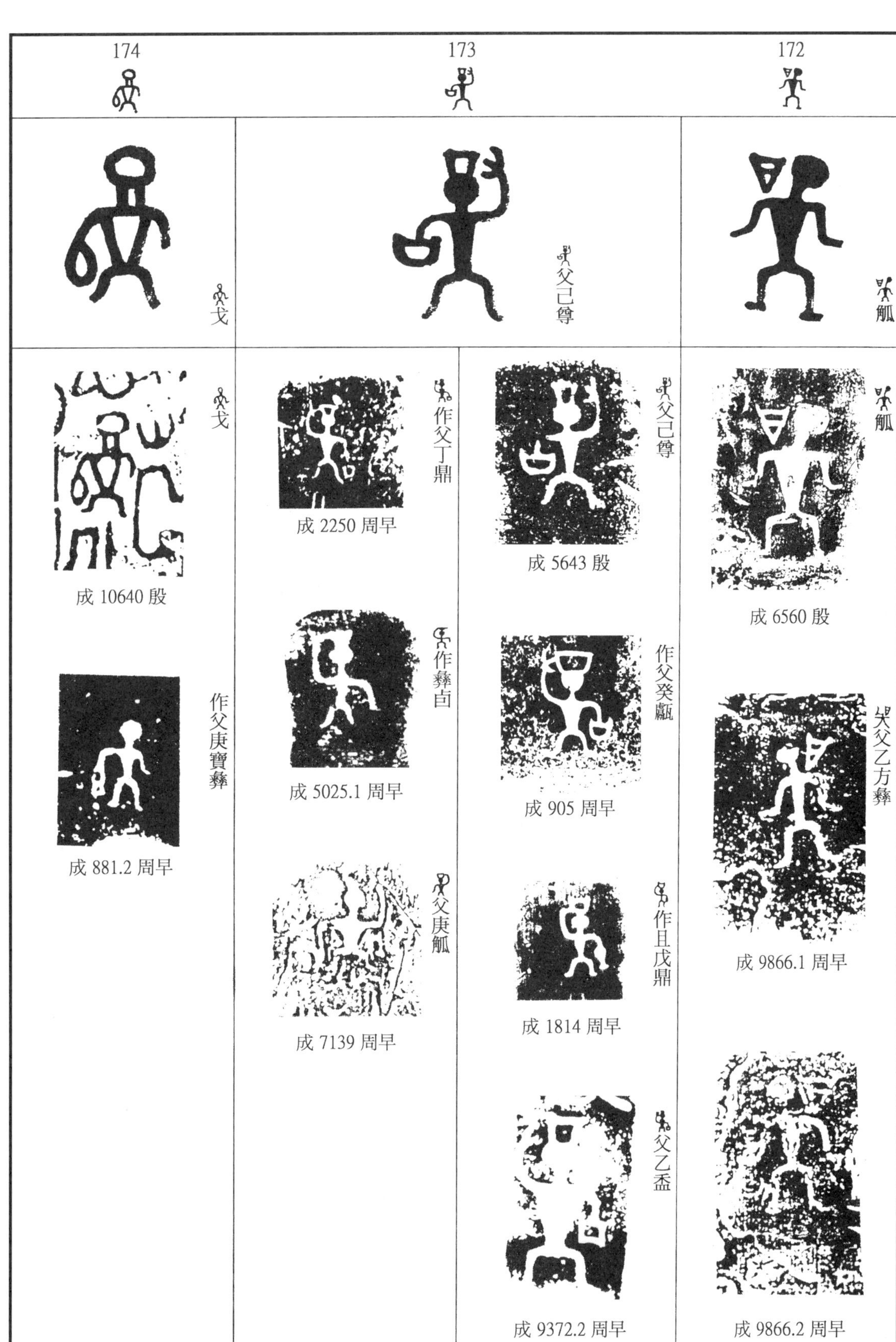
172
觚
觚
成 6560 殷
父乙方彝
成 9866.1 周早
成 9866.2 周早
173
父己尊
父己尊
成 5643 殷
作父癸甗
成 905 周早
作且戊鼎
成 1814 周早
父乙盉
成 9372.2 周早
作父丁鼎
成 2250 周早
作彝卣
成 5025.1 周早
父庚觚
成 7139 周早
174
戈
戈
成 10640 殷
作父庚寶彝
成 881.2 周早

178
177
176
175
成 8519 周早
成 6542 殷
成 777 殷
成 8777 殷

179

屰

屰鼎

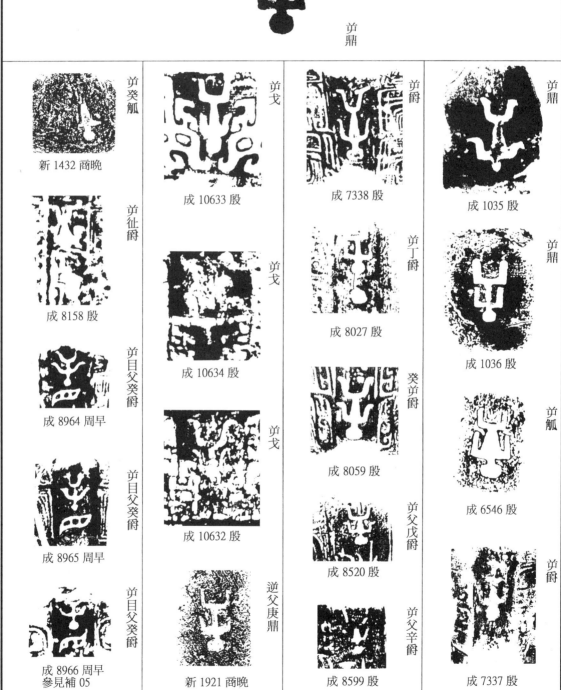

屰癸觚

新 1432 商晚

屰祉爵

成 8158 殷

屰目父癸爵

成 8964 周早

屰目父癸爵

成 8965 周早

屰目父癸爵

成 8966 周早
參見補 05

屰戈

成 10633 殷

屰戈

成 10634 殷

屰戈

成 10632 殷

逆父庚鼎

新 1921 商晚

屰爵

成 7338 殷

屰丁爵

成 8027 殷

癸屰爵

成 8059 殷

屰父戊爵

成 8520 殷

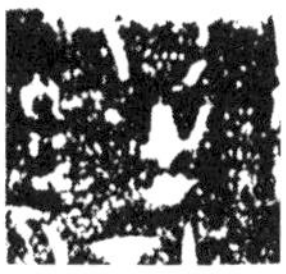

屰父辛爵

成 8599 殷

屰鼎

成 1035 殷

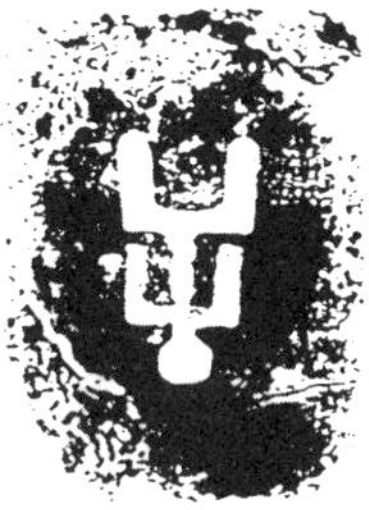

屰鼎

成 1036 殷

屰觚

成 6546 殷

屰爵

成 7337 殷

180

逆

逆父觶

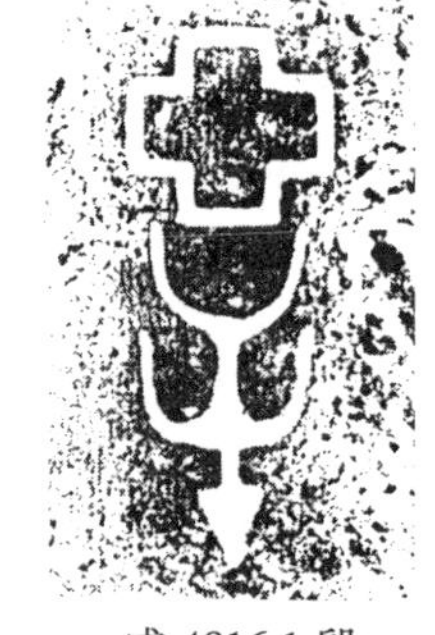

逆爵

成 7339 殷

逆[illegible]父辛鼎

成 1888 周早

逆[illegible]父辛觶

成 6416 周早

逆父觶

成 6133 周早

亞屰卣

成 4816.1 殷

亞屰爵

成 7795 殷

登屰罍

成 9771 殷

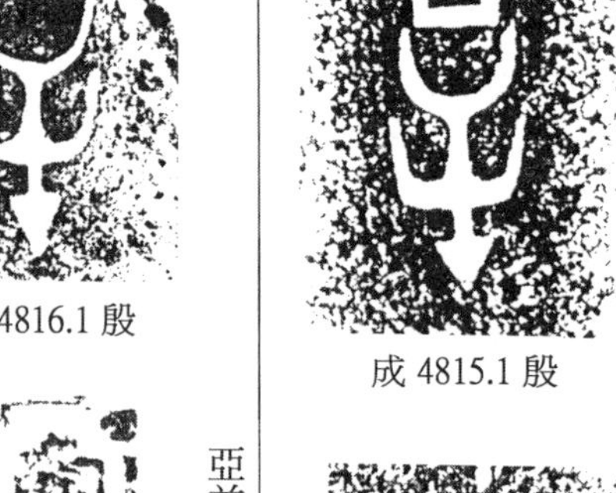

亞屰卣

成 4815.1 殷

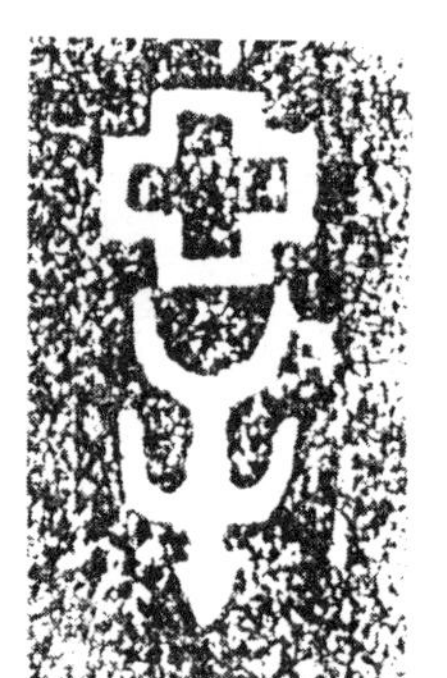

成 4815.2 殷

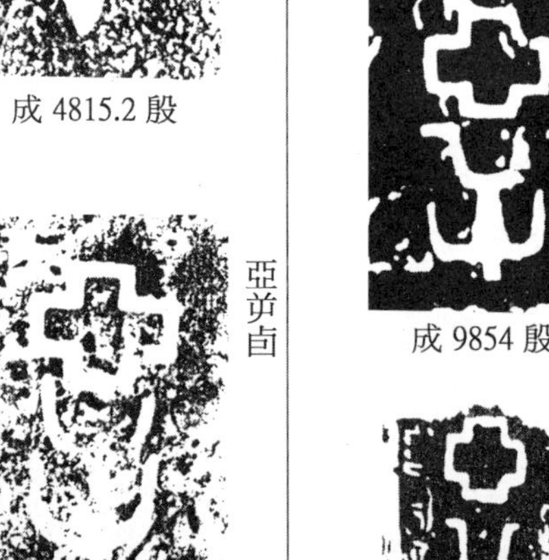

亞屰卣

成 4816.2 殷

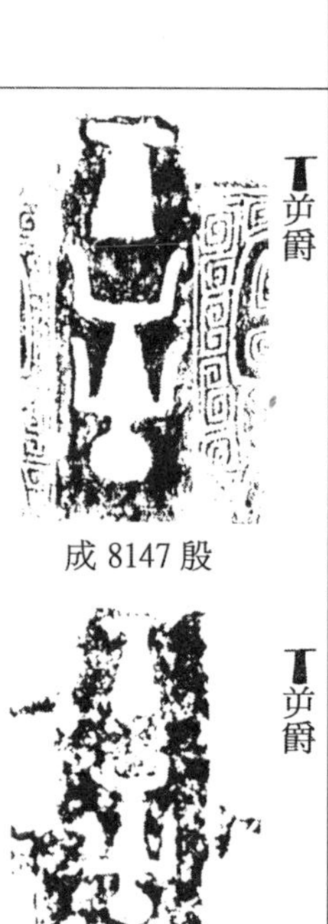

丁屰爵

成 8147 殷

丁屰爵

成 8148 殷

亞屰方彝

成 9854 殷

亞屰爵

成 7796 殷

181

文鼎

㚒父丁爵

成 8507 周早

文䀏父丁毁

成 3312.1 殷
參見 89

父乙卯婦如簋

總 2156

文觶

成 6027 殷·周早

文父丁觚

成 7107 殷

㚒爵

成 7743 殷

文且丙觶

成 6203 周早

文鼎

成 1015 殷·周早

文父乙毁

成 3502 殷

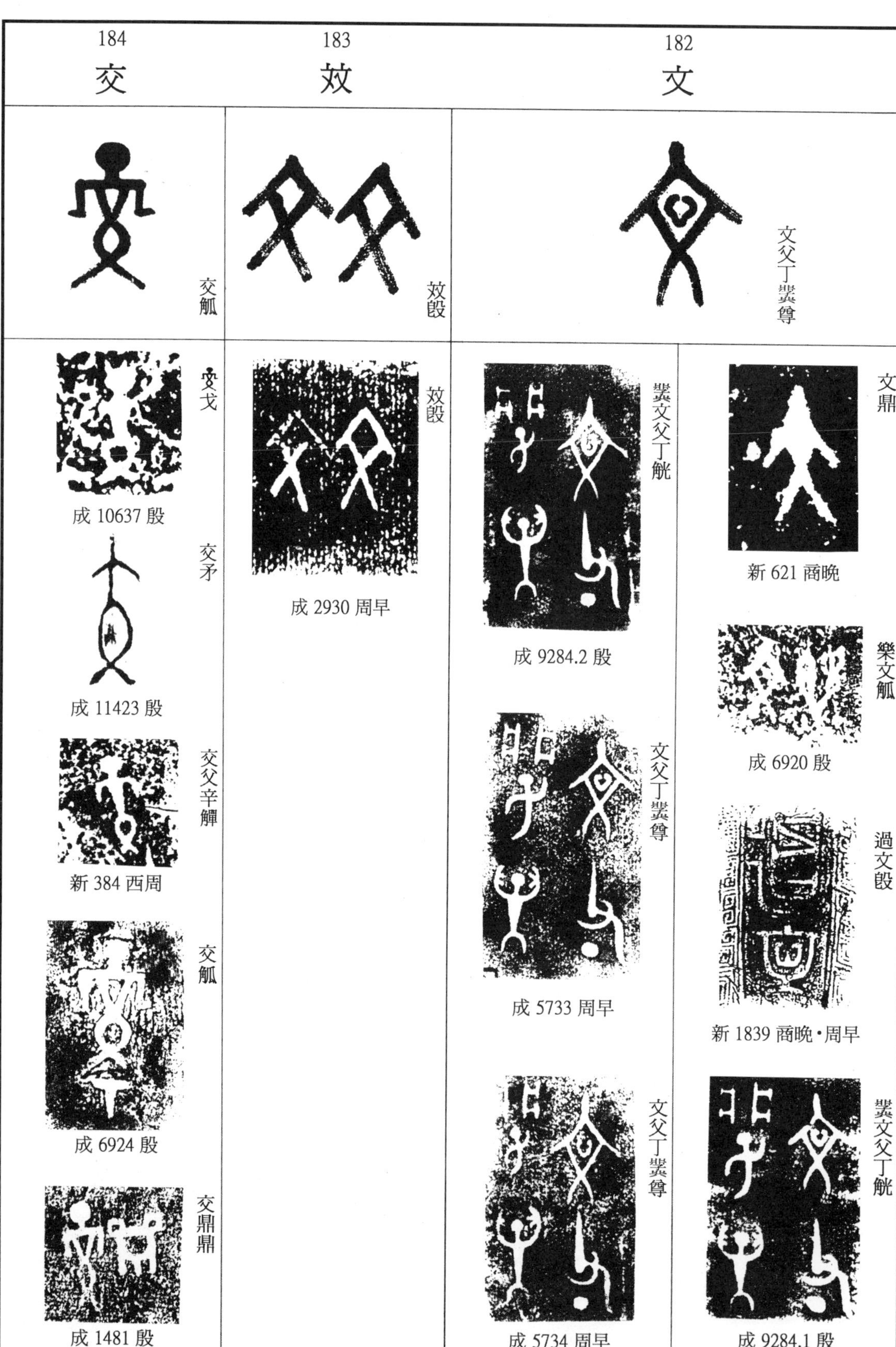
182
文
文父丁㠱尊
文鼎
新 621 商晚
㠱文父丁觥
成 9284.2 殷
欒文觚
成 6920 殷
文父丁㠱尊
成 5733 周早
過文毁
新 1839 商晚·周早
文父丁㠱尊
成 5734 周早
㠱文父丁觥
成 9284.1 殷
183
效
效毁
效毁
成 2930 周早
184
交
交觚
交戈
成 10637 殷
交矛
成 11423 殷
交父辛觶
新 384 西周
交觚
成 6924 殷
交鼎鼎
成 1481 殷

188	187	186	185
亦	無	舞	𡗜
亦車矛	無戞作父丁卣	匽侯銅泡	𡗜戈
亦車矛 成 11447.2 殷 亦車矛 成 11448.1 殷 亦車矛 成 10865.1 殷 參見 985	無戞作父丁卣 成 5309.2 周早 參見 698	匽侯銅泡 成 11861 周早 匽侯銅泡 成 11860 周早	𡗜戈 成 10638 殷

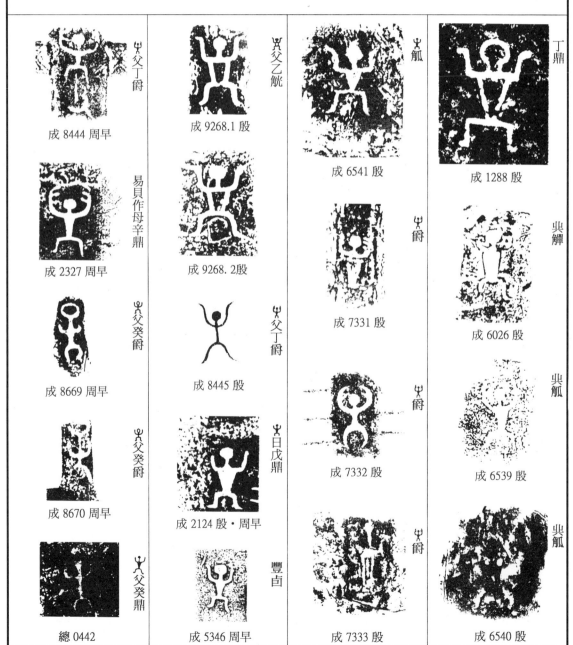

189

丠

丠北子甗

父丁爵

成 8444 周早

易貝作母辛鼎

成 2327 周早

父癸爵

成 8669 周早

父癸爵

成 8670 周早

父癸鼎

總 0442

父乙觥

成 9268.1 殷

成 9268. 2殷

父丁爵

成 8445 殷

日戊鼎

成 2124 殷・周早

豐卣

成 5346 周早

觚

成 6541 殷

爵

成 7331 殷

爵

成 7332 殷

爵

成 7333 殷

丁鼎

成 1288 殷

丠觶

成 6026 殷

丠觚

成 6539 殷

丠觚

成 6540 殷

190
巽

巽父辛觶

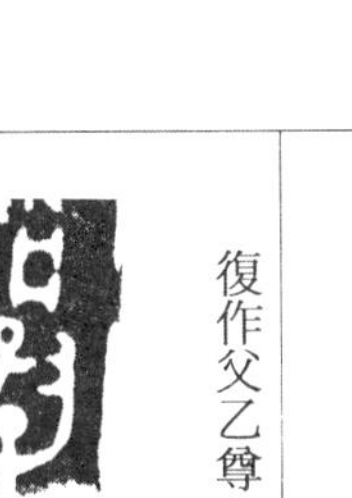
復作父乙尊
成 5978 周早

巽己爵
成 8042 周早

巽父丁鬲
成 479 周早

巽父癸爵
成 8674 殷

巽父辛觶
成 6301 殷

巽父癸卣
成 4998 殷

巽觶
成 6022 殷

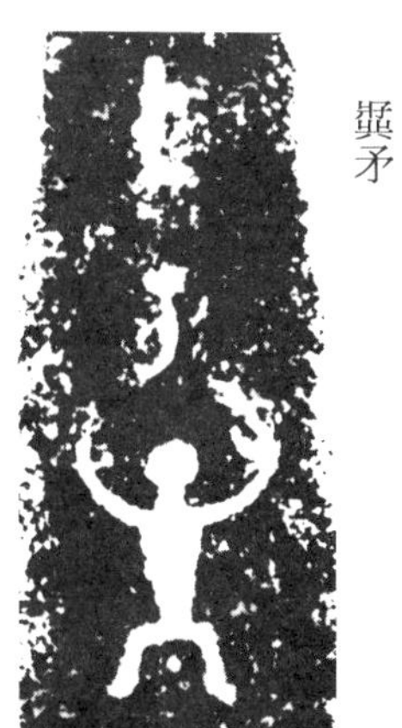
巽矛
成 11413.1殷

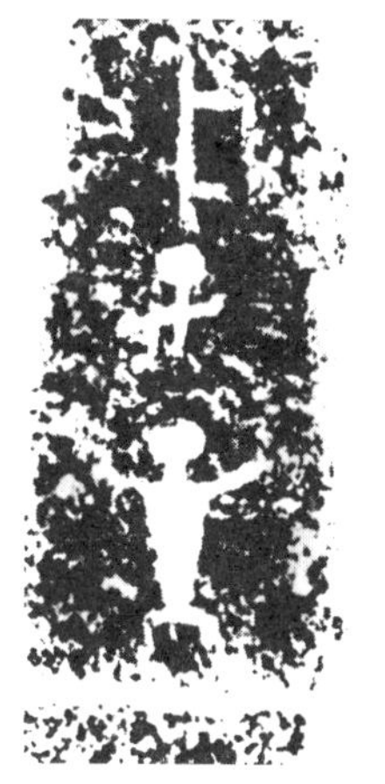
成 11413.2 殷

[illegible]父己爵
成 8537 殷

[illegible]行爵
成 8150 周早

[illegible]北子甗
成 847 周早

191

⿱子共

⿱子共戈

⿱子共爵

成 7418 殷

⿱子共戈

成 10647 殷

⿱子共戈

成 10648 殷

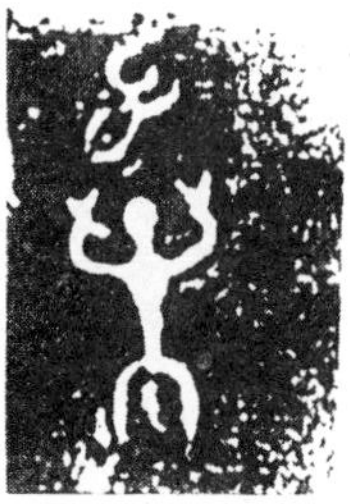

⿱子共父癸尊

成 5665 周早

⿱子共𣪘

成 2941 殷

⿱子共鐃

成 379 殷

⿱子共尊

成 5446 殷

⿱子共觚

成 6538 殷

⿱子共父癸方鼎

成 1670 殷

⿱子共𣪘

成 2942 殷

⿱子共父庚爵

成 8587 殷

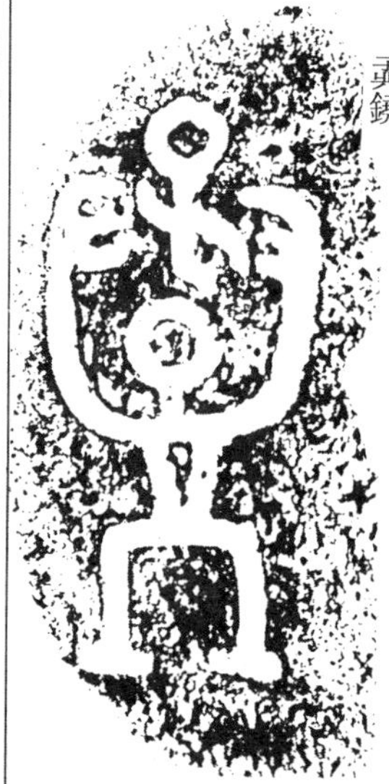

⿱子共鐃

成 377 殷

⿱子共鐃

成 378 殷

193

學

學鼎

學鼎

成 1049 周早

學父己鼎

成 1604 殷

192

𦥑

𦥑爵

𦥑爵

成 7419 殷

𦥑木辛爵

成 8799 殷

齊婦鬲

成 486 殷

𦥑婦甗

成 795 殷

𦥑匕乙爵

成 8739 周早

𦥑父癸爵

成 8676 周早

作口寶尊彝鼎

成 2182 周早

𦥑父乙鬲

成 474 周早

𦥑戈

總 7243

194

𦍠

𦍠母辛𣪘

𦍠父乙𣪘
成 3145 𣪘

且辛禹方鼎
成 2112 𣪘

𦍠母辛𣪘
成 3224 𣪘

婦闟卣
成 5350.1 𣪘

成 5350.2 𣪘

小子省卣
成 5394.1 𣪘

成 5394.2 𣪘

且辛禹方鼎
成 2111 𣪘
參見 1437

𦍠婦卣
成 4844.1 𣪘

成 4844.2 𣪘

𦍠卣
成 4759.1 𣪘

成 4759.2 𣪘

𦍠觶
成 6023 𣪘

冀父辛觚

成 7140 殷

冀父辛觶

成 6300 殷

冀父癸觶

成 6326 殷

冀父癸爵

成 8673 殷

冀且癸卣

成 4900.1 殷

成 4900.2 殷

冀父癸爵

成 8675 殷

冀父辛角

成 8608 殷

冀父癸斝

成 9219 殷

冀且癸尊

成 5610 殷

冀父癸觶

成 6327 殷

冀父己卣

成 4961.1 殷

成 4961. 2 殷

冀尊

成 5447 殷

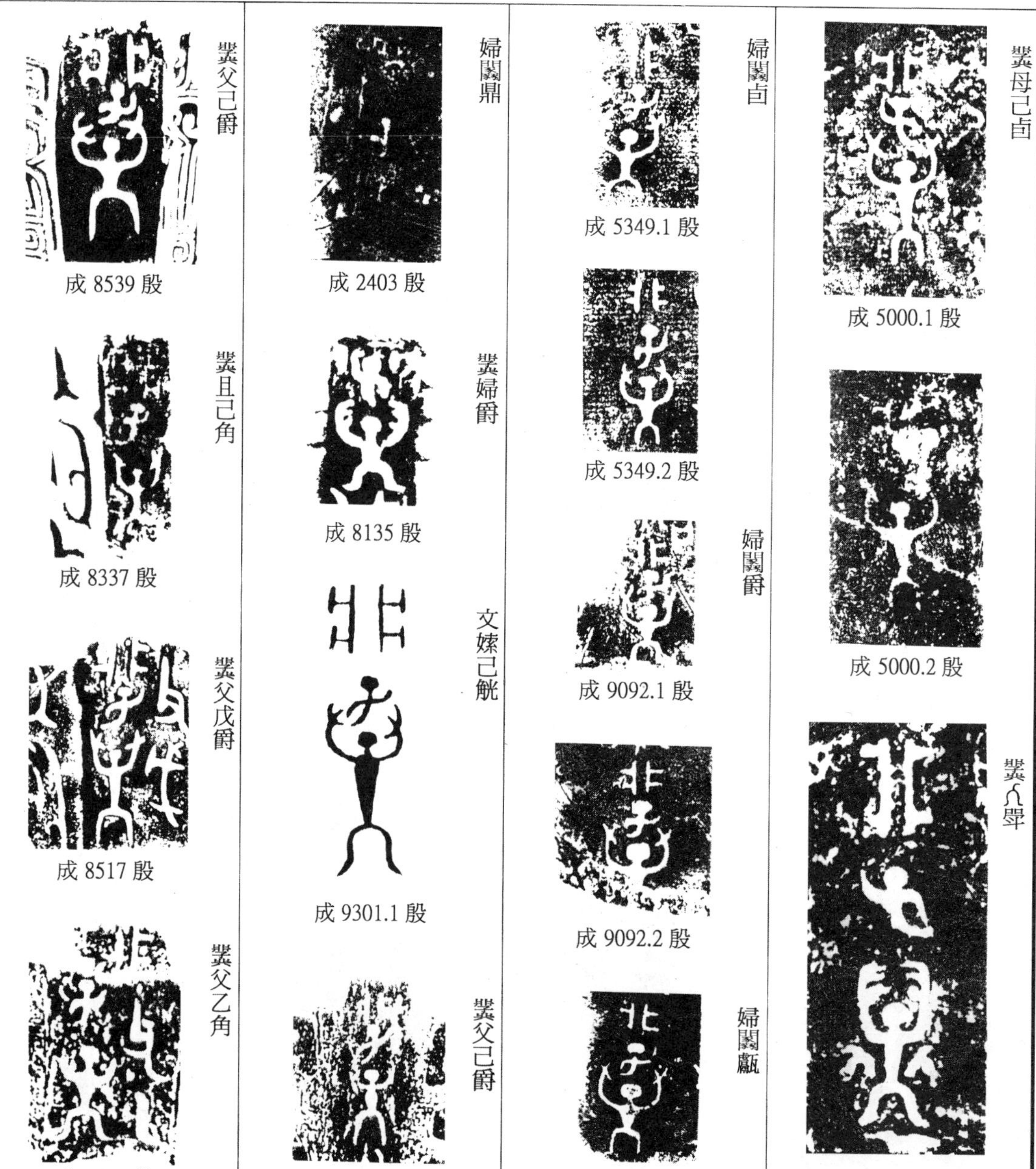

㠱母己卣 成 5000.1 殷
成 5000.2 殷
㠱几斝 成 9175 殷

婦闟卣 成 5349.1 殷
成 5349.2 殷
婦闟爵 成 9092.1 殷
成 9092.2 殷
婦闟甗 成 922 殷

婦闟鼎 成 2403 殷
㠱婦爵 成 8135 殷
文嫊己觥 成 9301.1 殷
㠱父己爵 成 8540 殷

㠱父己爵 成 8539 殷
㠱且己角 成 8337 殷
㠱父戊爵 成 8517 殷
㠱父乙角 成 8379 殷

小子[illegible]鼎

成 2648.1 殷

成 2648.2 殷

冀父丁卣

成 4939.1 殷

成 4939.2 殷

無敄鼎

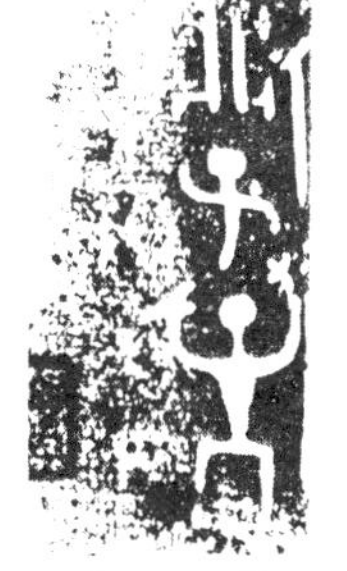

成 2432 殷

[illegible]作父辛尊

成 5965 殷

冀父丁殷

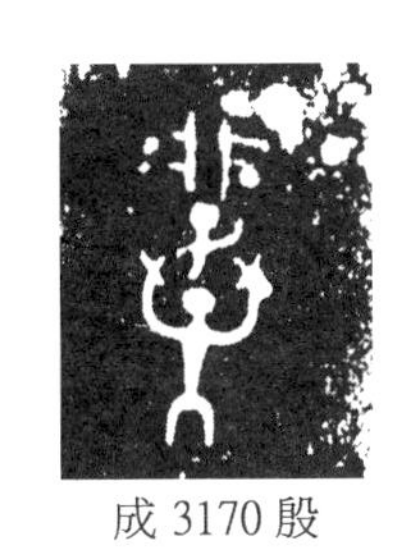

成 3170 殷

冀父乙觚

成 7093 殷

冀父乙觚

成 7094 殷

冀父乙角

成 8380 殷

小臣兒卣

成 5351 殷

冀父己卣

成 5281.1 殷

成 5281.2 殷

冀父乙角

成 8381 殷

㠱父乙殷

成 3146 殷

小子酙殷

成 3904 殷

㠱父乙殷

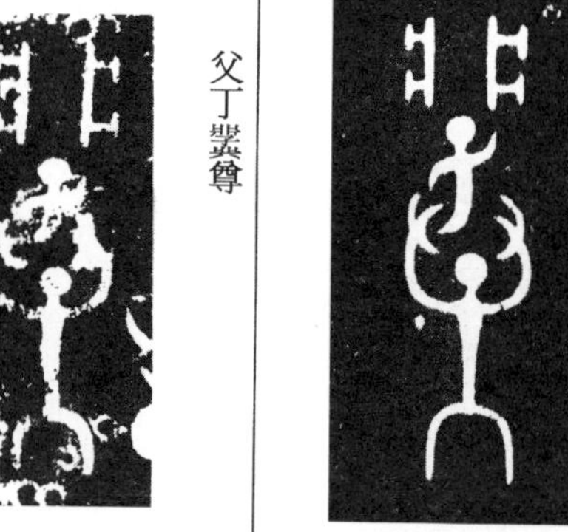

成 3148 殷

小子䝨殷

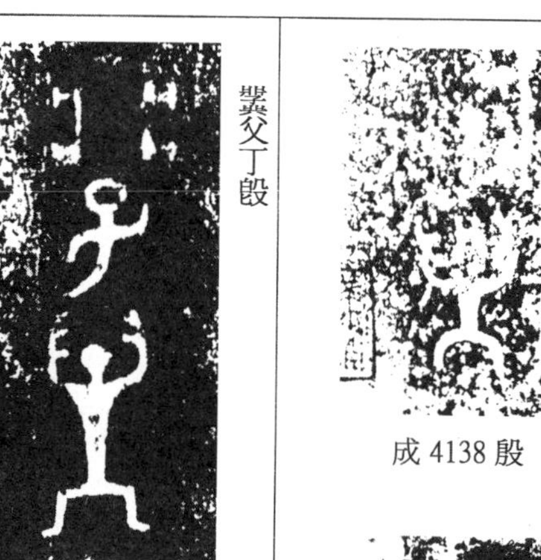

成 4138 殷

㠱父乙卣

成 4926 殷

父丁㠱尊

成 5629 殷

㠱父丁殷

成 3169 殷

㠱父丁卣

成 4938.1 殷

成 4938.2 殷

寃㠱作父癸卣

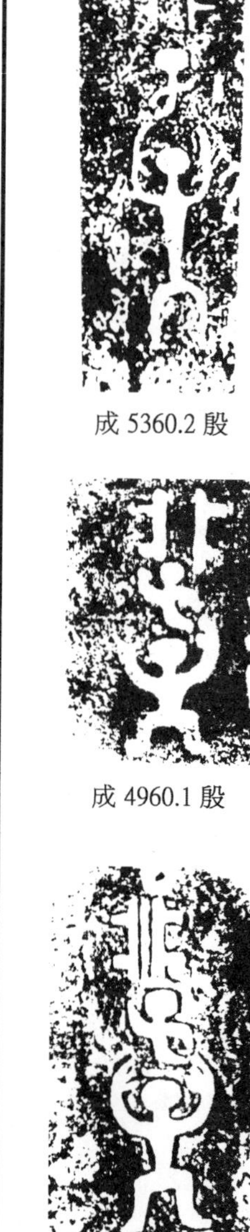

成 5360.2 殷

㠱父己卣

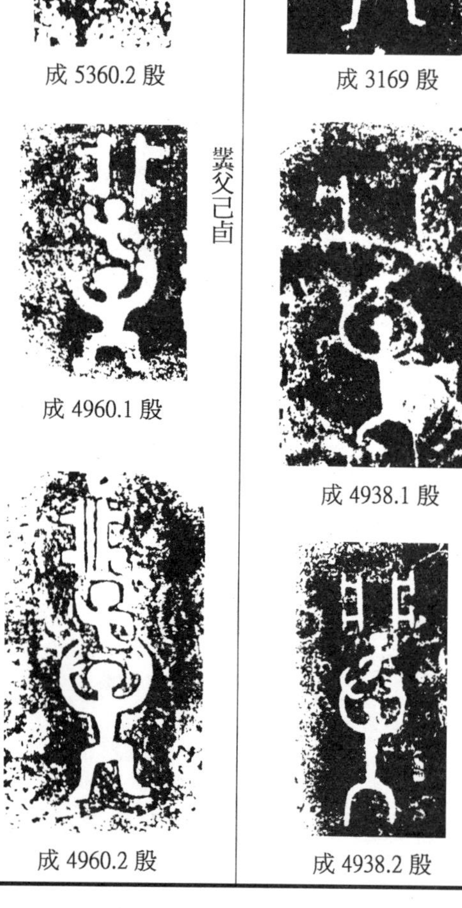

成 4960.1 殷

成 4960.2 殷

冀父戊觚

成 7121 殷

冀父乙觥

成 9269.1 殷

成 9269.2 殷

婦闆日癸斝

成 9247 殷

冀父乙觚

成 7092 殷

冀父乙觥

成 9270 殷

冀母辛觶

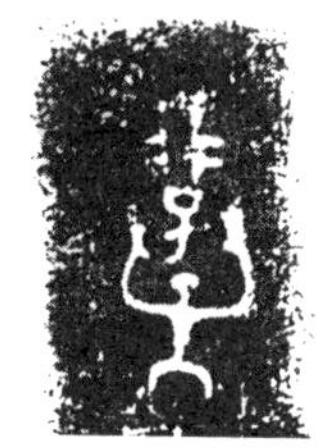

成 6345.1 殷

成 6345.2 殷

冀父丁觚

成 7109 殷

冀逐母丙爵

成 8977 殷

小子[illegible]卣

成 5417.2 殷

[illegible]卣

成 5362.1 殷

成 5362.2 殷

冀母鬲

成 461 殷

冀

冀觶

冀父甲鼎

成 1521 殷

冀父乙方鼎

成 1523 殷

冀父乙方鼎

成 1524 殷

冀父乙鼎

成 1526 殷

冀父乙鼎

成 1527 殷

冀父乙殷

成 3147 殷

冀父丁鼎

成 1572 殷

冀父丁方鼎

成 1573 殷

冀兄戊父癸

成 2019 殷

小臣缶方鼎

成 2653 殷

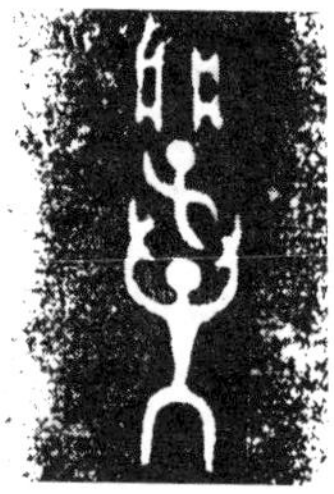

冀父庚卣

成 4967 殷

冀父辛卣蓋

成 4980 殷

冀父庚觚

成 7137 殷

冀父辛爵

成 8607 殷

冀作父辛卣

成 5171 殷

冀作父乙卣

成 5148.1 殷

成 5148.2 殷

冀父丁器

成 10520 殷

冀父己母癸卣蓋

成 5163 殷

冀叔父辛卣

成 5167.1 殷

冀叔父辛卣

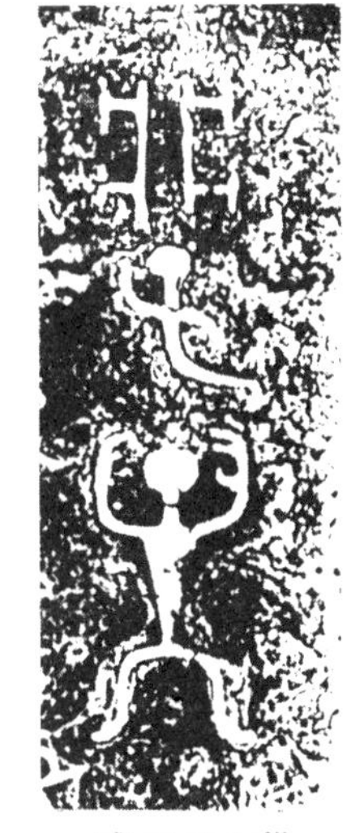

成 5167.2 殷

冀且辛罍

成 9806 殷

婦闋罍蓋

成 9820 殷

㝈冀作父癸卣

成 5360.1 殷

冀且辛卣

成 5201.1 殷

成 5201.2 殷

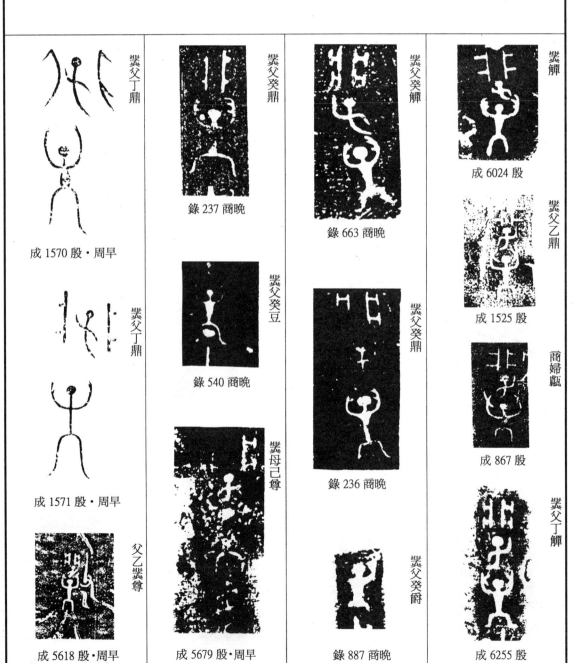

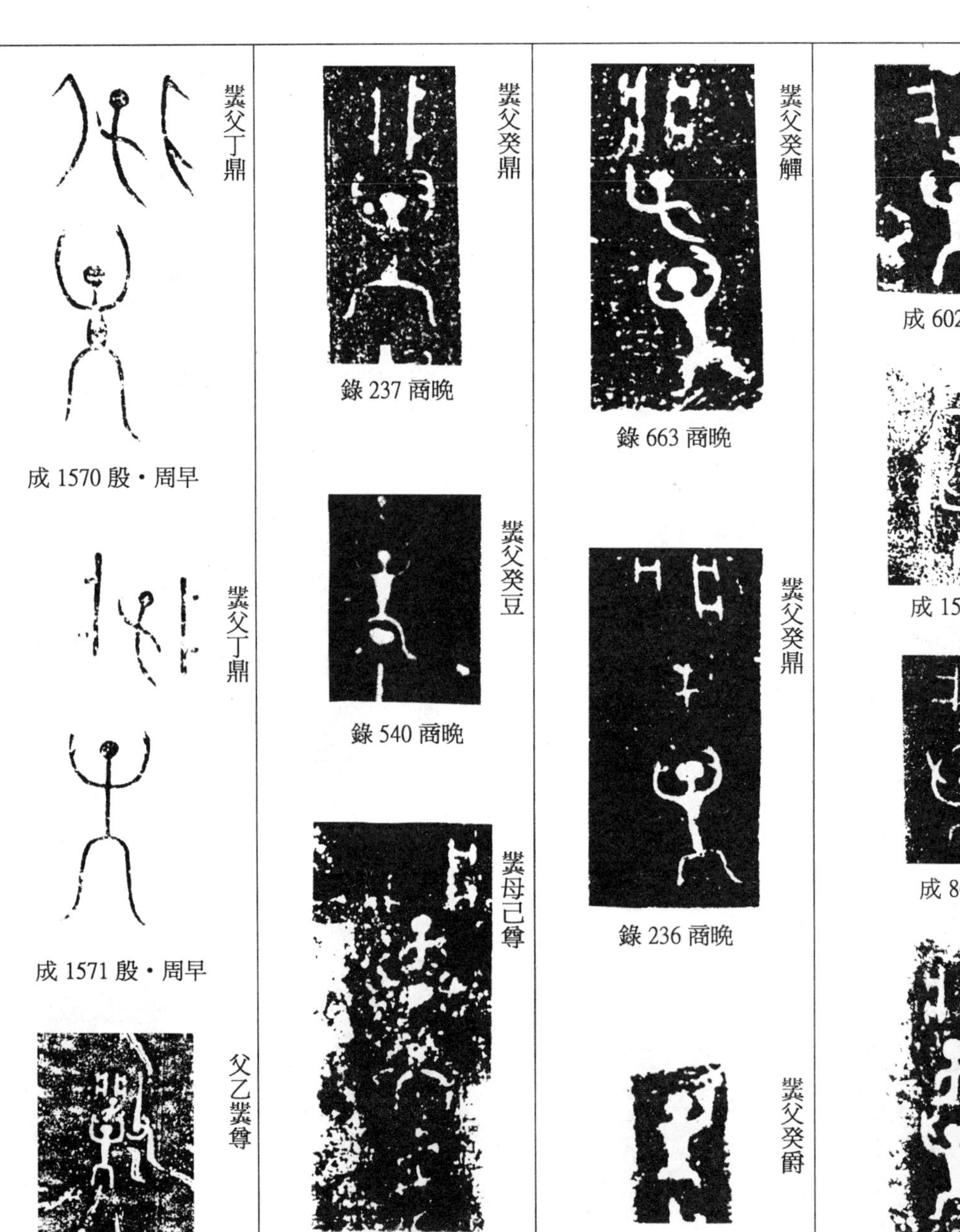

冀觶

成 6024 殷

冀父乙鼎

成 1525 殷

商婦甗

成 867 殷

冀父丁觶

成 6255 殷

冀父癸觶

錄 663 商晚

冀父癸鼎

錄 236 商晚

冀父癸爵

錄 887 商晚

冀父癸鼎

錄 237 商晚

冀父癸豆

錄 540 商晚

冀母己尊

成 5679 殷·周早

冀父丁鼎

成 1570 殷·周早

冀父丁鼎

成 1571 殷·周早

父乙冀尊

成 5618 殷·周早

⿱丵共父乙觶

成 6218 殷·周早

⿱丵共作且辛觶

成 6481 殷·周早

⿱丵共爵

成 7420 殷·周早

⿱丵共父己鼎

成 1603 殷·周早

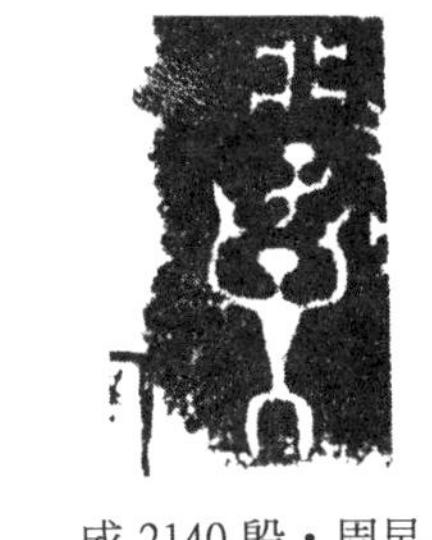

[illegible]婦方鼎

成 2140 殷·周早

⿱丵共盉

成 9304.1 周早

成 9304.2 周早

⿱丵共父乙角

成 8382 周早

⿱丵共父辛毁

成 3434 周早

⿱丵共毁

成 2943 周早

庚姬器

成 10576 周早

子⿱丵共作母辛尊

成 5910 周早

⿱丵共父癸甗

成 822 周早

鈙作且癸𣪘

成 3645 周早

詧夫作且丁甗

成 916 周早

作父丁冀觚

成 7235 周早

韋作父丁鼎

成 2120 周早

㞢作父癸鼎

成 2324 周早

向方鼎

成 2180 周早

作公丹鎣

成 9393 周早

向𣪘

成 3572 周早

冀父丁壺

錄 948 周早

旂鼎

成 2670 周早

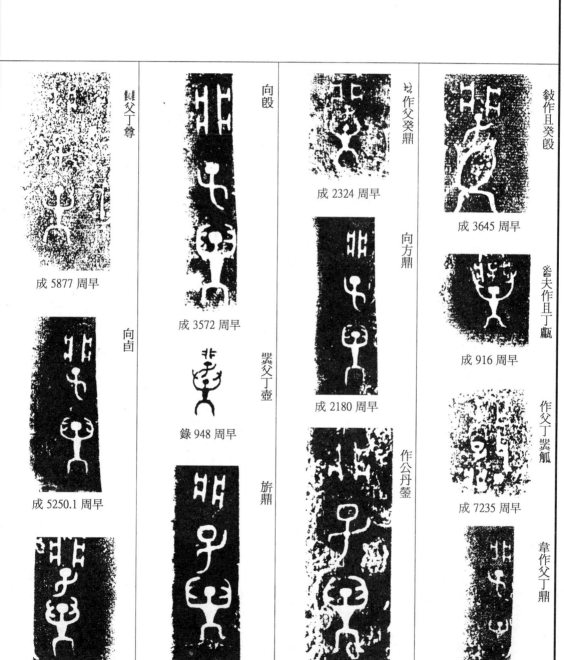

雔父丁尊

成 5877 周早

向卣

成 5250.1 周早

成 5250.2 周早

商尊

成 5997 周早

𦔻母己觶蓋

錄 664 周早

黿婦爵

成 9029 周早

黿婦爵

成 9030 周早

𦔻父丁爵

錄 876 周早

商卣

成 5404.1 周早

成 5404.2 周早

能匋尊

成 5984 周早

[illegible]作文父日丁𣪘

成 3606 周早

𦔻母乙𣪘

成 3220 周早

𦔻父乙觶

成 6219 周早

𦔻父丁鼎

新 590 周早

向器

成 10567 周早

𦔻父口鼎

新 545 周早

⿱非異

⿱非異父丁卣

⿱非異觶

總 6287

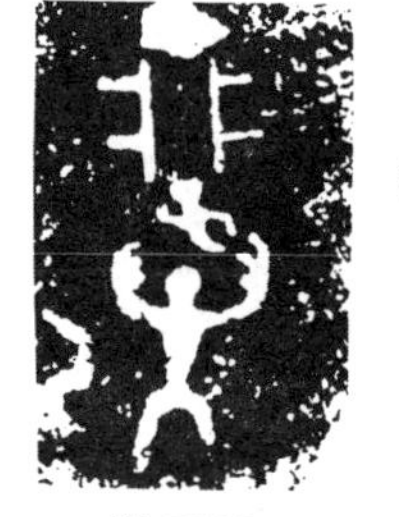

⿱非異鑵

總 7923

⿱非異父乙觶

成 6220 周中

⿱非異父甲盤

成 10038 周早

⿱非異父乙尊

總 4570

⿱非異父己盤

總 6688

⿱非異⿱宀乍伯鼎

錄 248 周中

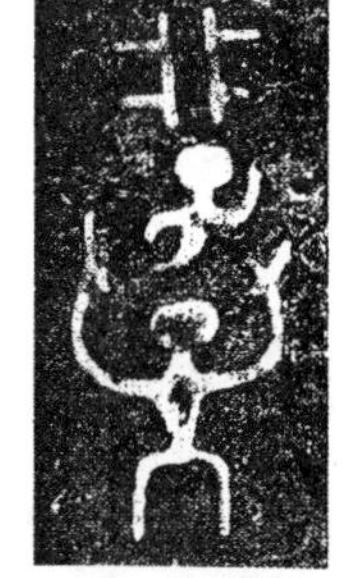

⿱非異父丁卣

新 1911 周早

⿱非異父乙觶

總 6444

⿱非異父戊爵

總 3849

員方鼎

成 2695 周中

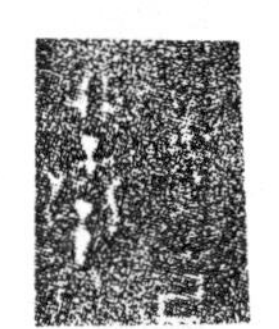

⿱非異母己觶蓋

新 1752 周早

⿱非異乍文父丁簋

總 2654

⿱非異庚姬乍[illegible]女簋

總 2322

⿱非異父乙鼎

總 0351

⿱非異罍

成 9737 周早

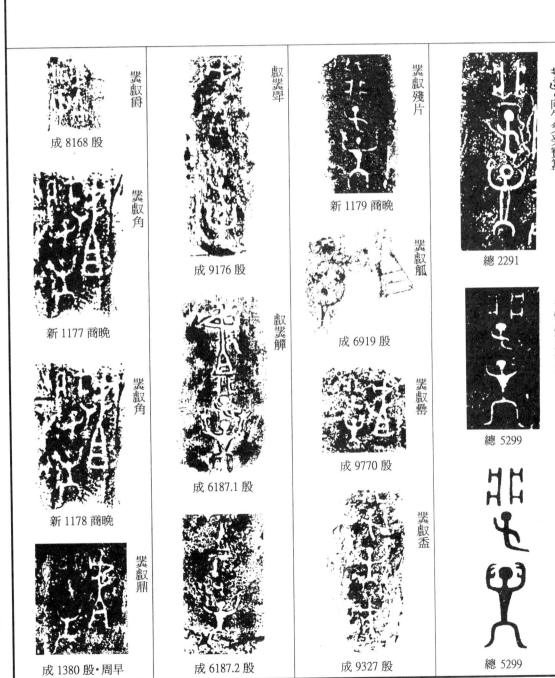

向乍父癸寶簋

總 2291

𠬪父辛卣

總 5299

總 5299

菐戲殘片

新 1179 商晚

菐戲觚

成 6919 殷

菐戲罍

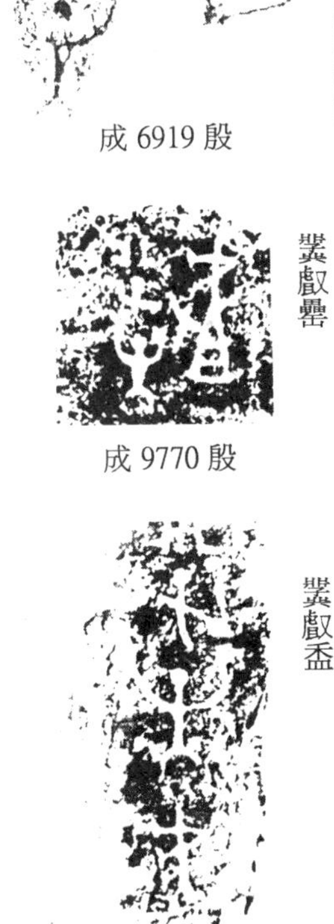

成 9770 殷

菐戲盉

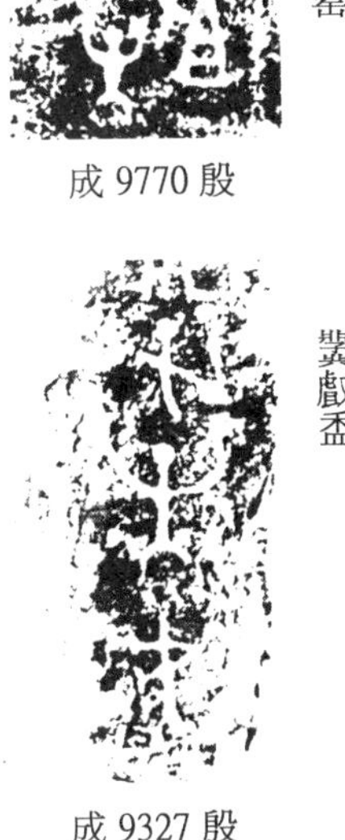

成 9327 殷

戲菐斝

成 9176 殷

戲菐觶

成 6187.1 殷

成 6187.2 殷

菐戲爵

成 8168 殷

菐戲角

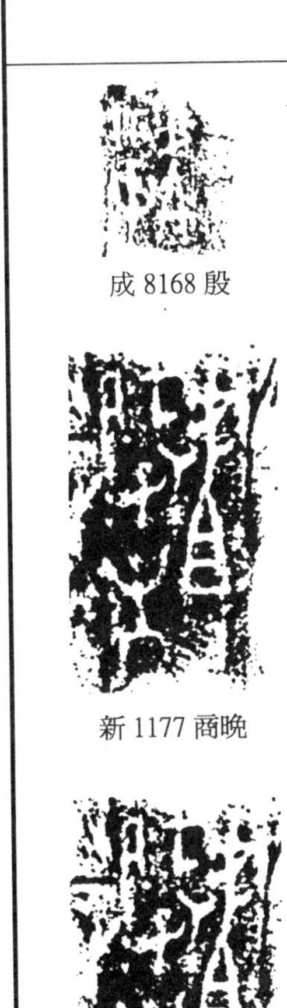

新 1177 商晚

菐戲角

新 1178 商晚

菐戲鼎

成 1380 殷·周早

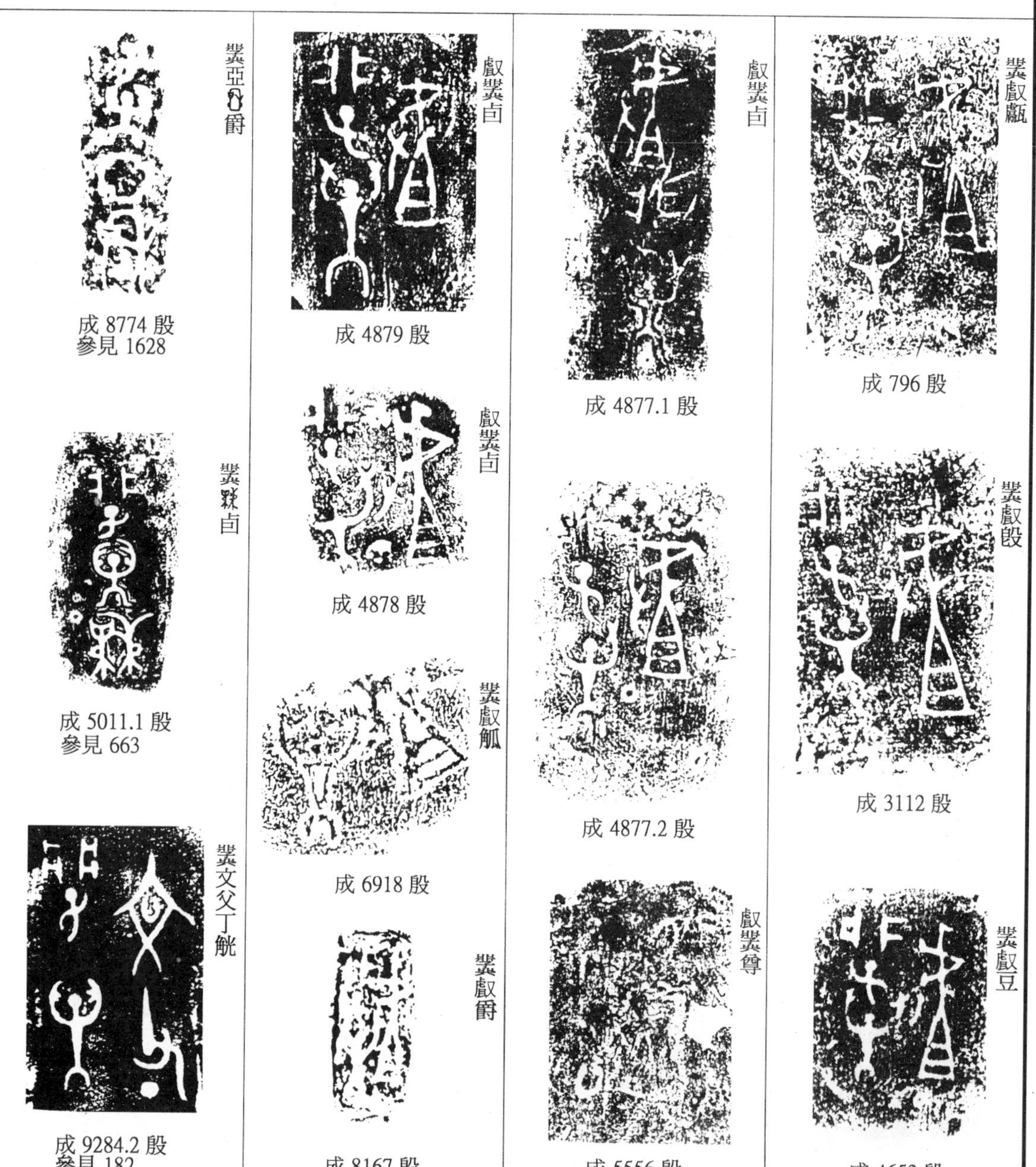

㠱亞[illegible]爵
成 8774 殷
參見 1628

㠱[illegible]卣
成 5011.1 殷
參見 663

㠱文父丁觥
成 9284.2 殷
參見 182

戲㠱卣
成 4879 殷

戲㠱卣
成 4878 殷

㠱戲觚
成 6918 殷

㠱戲爵
成 8167 殷

戲㠱卣
成 4877.1 殷

成 4877.2 殷

戲㠱尊
成 5556 殷

㠱戲甗
成 796 殷

㠱戲殷
成 3112 殷

㠱戲豆
成 4652 殷

冀㗁鐃

成 393 殷

冀㗁鐃

成 394 殷

冀亞次觚

成 7180 殷

𠈪作父丁尊

成 5876 周早

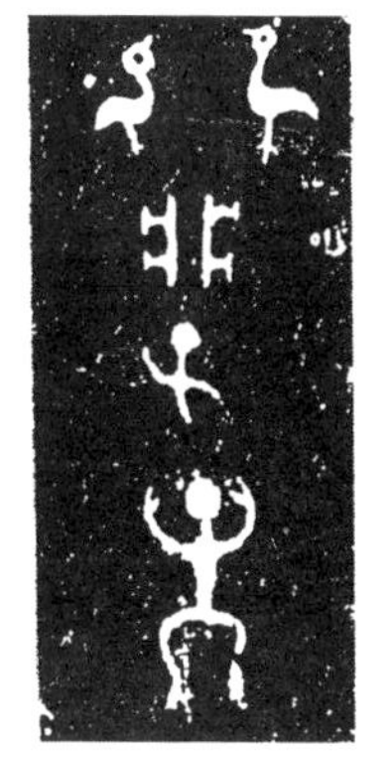
頌段

總 2334

徹鼎

成 1490 殷

冀徹卣

成 4876.1 殷

成 4876.2 殷

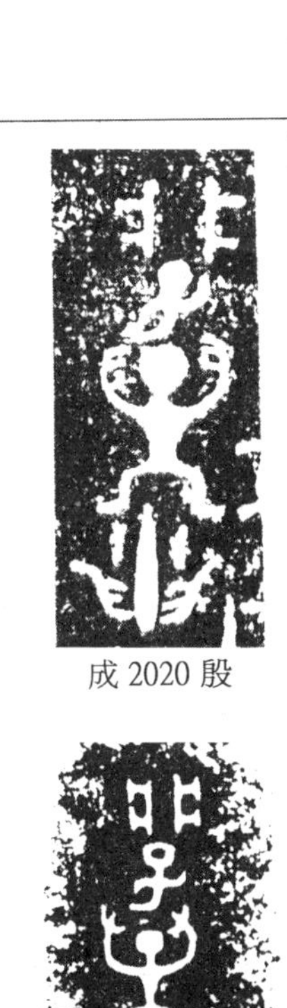
冀母卿父癸鼎

成 2020 殷

冀遙段

成 3113 殷

龚鼎

成 1491 周早

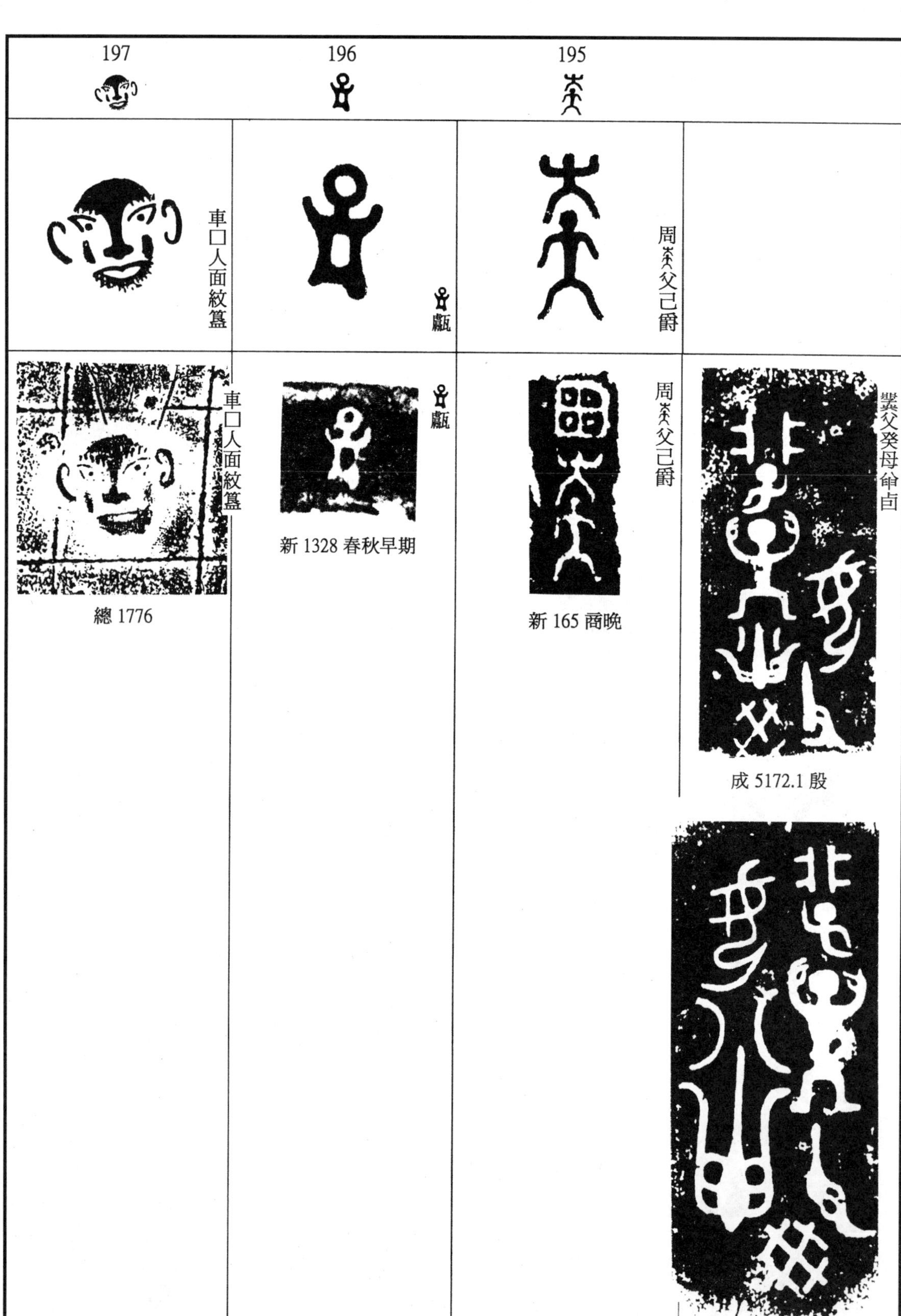

總 1776
新 1328 春秋早期
新 165 商晚
成 5172.1 殷
成 5172.2 殷

198

殷

新 1314 周中

殷

199

具

具觶

子具殷

成 3076 殷

具觶

新 1798 西周

兩人部

200

鼎

鼎

新 266 商晚

㸚	201 玉㸚
亞㠯㸚方彝	丰丮觚

亞㸚罍
新 261 商晚

亞㸚鼎
新 241 商晚

亞㠯㸚爵
新 257 商晚

亞㠯㸚方彝
新 262 商晚

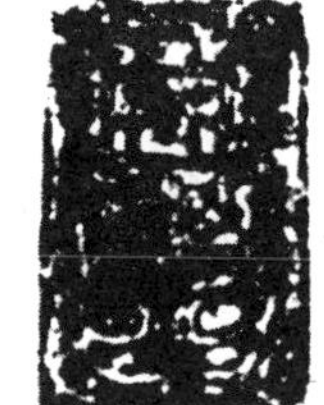
亞㸚尊
新 251 商晚

亞㸚鼎
新 243 商晚

亞㸚盤
新 263 商晚

亞㠯㸚方彝
新 262 商晚

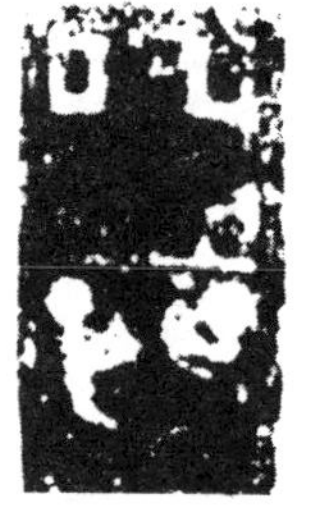
亞㸚尊
新 253 商晚

亞㸚鼎
新 242 商晚

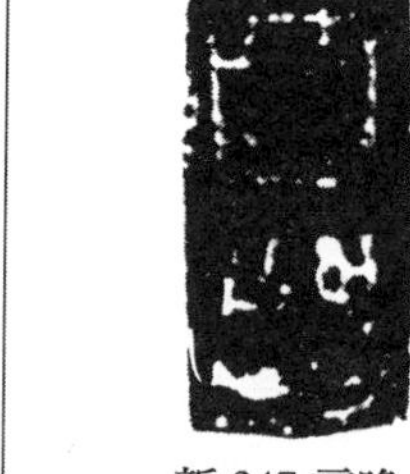
亞㸚段
新 247 商晚

亞㸚鼎
新 246 商晚

丰丮觚
成 6923 段

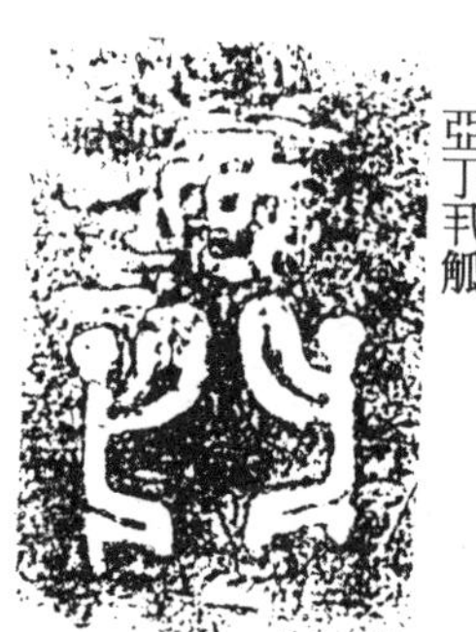
亞丁丮觚
成 7182 段

亞㸚卣
新 250 商晚

亞㸚鼎
新 245 商晚

202 北

北斝

北斝 成 9120 殷

爵 成 7402 殷・周早 參見補 32

北單鐃 成 388 殷

北單鐃 成 389 殷

北單𣪘 成 3120 殷

北單鐃 成 390 殷

北單爵 成 8178 殷

北單觶 成 6188 殷

203 北單

北單𣪘

北單觚 成 7017 殷

北單矛 成 11446 殷

北單矛 成 11445 殷

北單從鼎 成 2173 周早

爵 總 3263

北單戈爵 成 8807 殷

北單戈盤 成 10047 殷

204

北子

北子𠕁父辛卣

北單戈𣪕

成 3239 𣪕

北單戈鼎

成 1748 𣪕

北單戈觚

成 7195 𣪕

北單戈鼎

成 1750 𣪕

北單戈方彝

成 9868 𣪕

北單戈爵

成 8806 𣪕

北子𠕁父辛卣

成 5165.1 𣪕
參見補 32

北單戈父丁盉

成 9389 𣪕

北單戈鼎

成 1747 𣪕

205

北□

北□父己爵

北□父己殷

成 3324 殷

北酉父癸爵

成 8962 殷

北□父己爵

成 8934 周早

□父甲爵

總 3762

206

並

並爵

竝卣

成 4733.2 殷

竝卣

成 4733.1 殷

並斝

成 9119 殷

父辛竝觚

成 7142 殷

竝觚

成 6579 殷

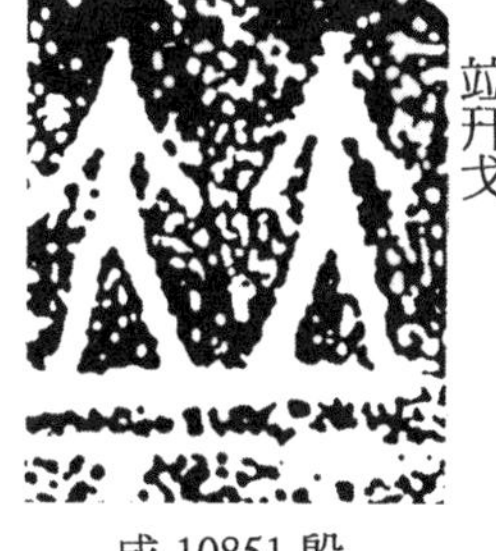

竝幵戈

成 10851 殷

並爵

成 7401 殷

己並父丁爵

成 8898 殷

己並父丁爵

成 8899 殷

己並爵

成 8030 殷

己並父丁爵

成 8900 殷

己並鼎

錄 209 商晚

207 鄉	並

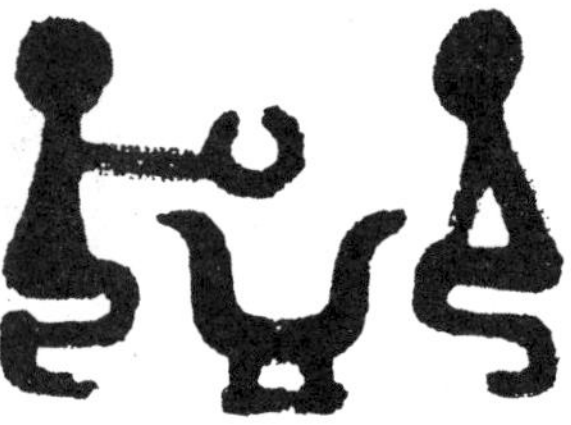
鄉鉞

並匕乙爵

鄉鉞
成 11732 器

鄉父癸宁毁
成 3337 器

鄉癸宁鼎
成 1701 器

亞熏鄉宁鼎
成 2362 器

辛鄉宁觚
成 7163 器

單並爵
成 8180 器

◇並爵
成 8181 器

並匕乙爵
成 8736 器

並方彝
成 9830 器

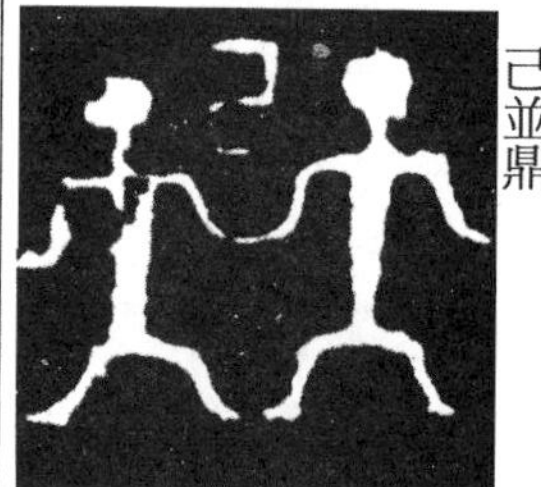
己並鼎
錄 208 商晚

並母戊爵
錄 893 商晚

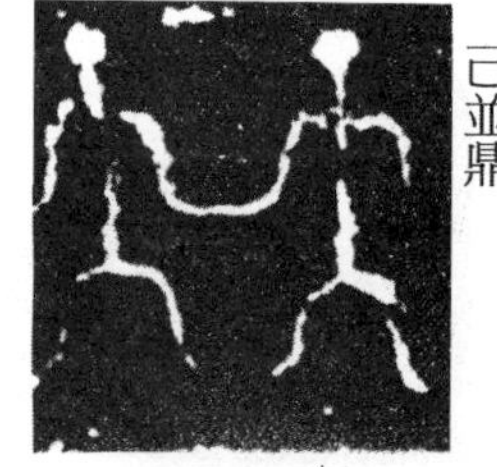
己並鼎
錄 207 商晚

208

鄉宁

鄉宁鼎

鄉宁爵 成 8177 殷

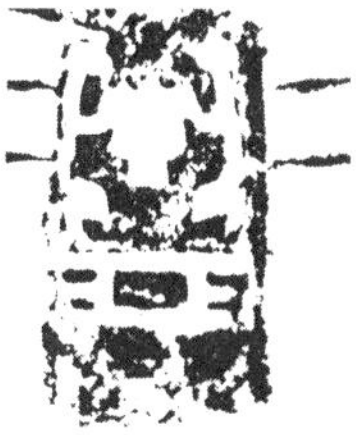

鄉宁爵 成 8176 殷

鄉宁鼎 成 1364 殷

鄉宁斝 成 9195 殷

鄉宁觚 成 7003 殷

宁鄉觚 成 7004 殷

己鄉宁觚 成 7162 殷

鄉宁爵 成 8175 殷

鄉乙宁鼎 成 1699 殷

鄉宁尊 成 5577 殷

鄉宁毁 成 3111 殷

鄉宁父乙觶 成 6382 殷

鄉宁鼎 成 1362 殷

鄉宁鼎 成 1363 殷

鄉宁癸方鼎 成 1700 殷

鄉宁父乙方鼎 成 1824 殷

210

209 卿

卿爵

父己鼎
成 1612 殷

鄉父丁爵
成 8452 周早

卿爵
成 7408 殷

卿尊
成 5889 周早

鄉宁方彝
成 9857 殷

鄉宁器
成 10502 殷

鄉宁戈
錄 1089 商晚

鄉宁父癸爵
成 8963 周早
參見補 09

鄉宁方彝
成 9856 殷

鄉宁方彝
成 9858.1 殷

成 9858.2 殷

辛鄉宁爵
成 8797 殷

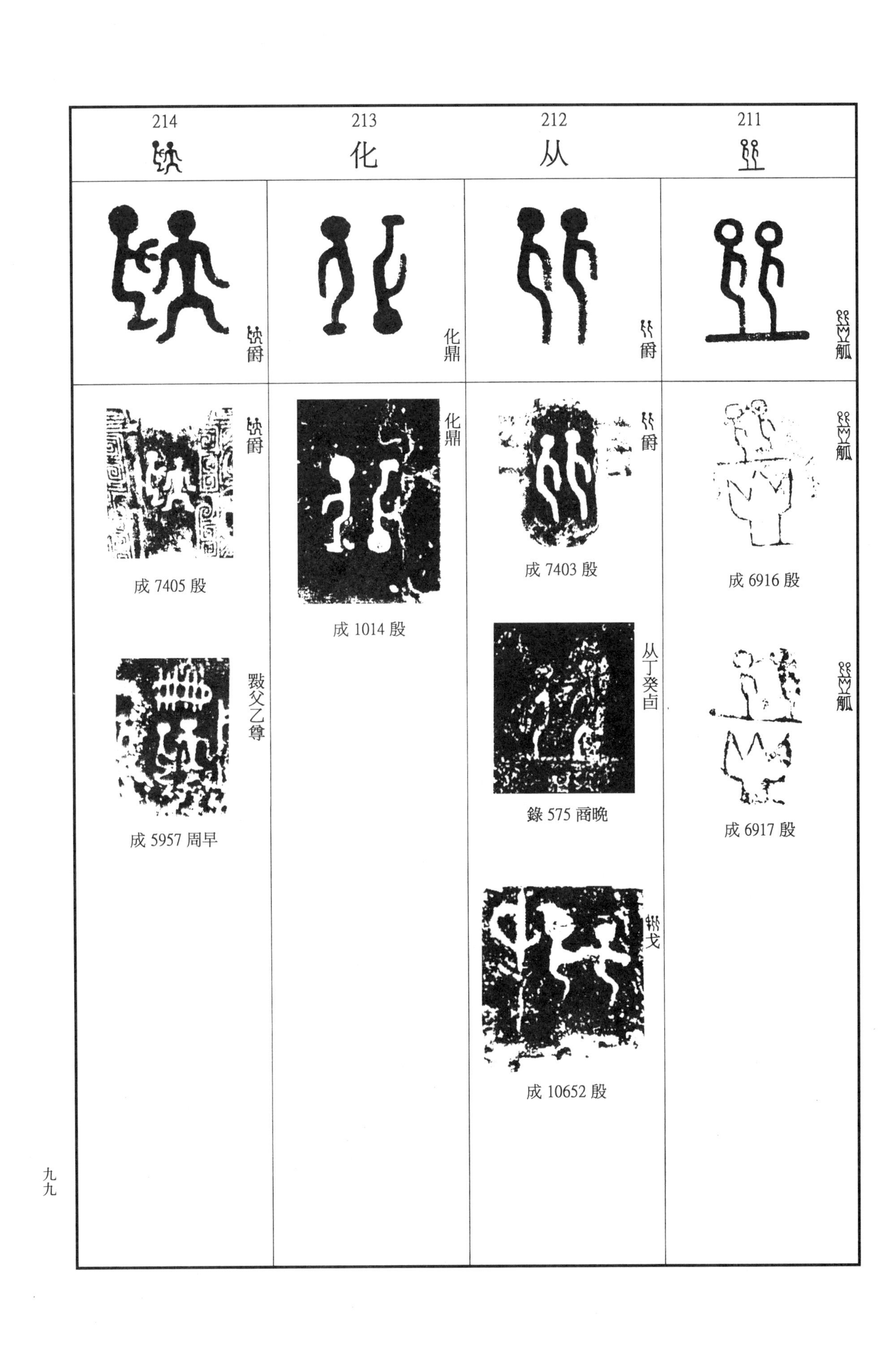

211	212	213	214
竝	从	化	[illegible]

211 竝

竝亞觚

竝亞觚

成 6916 殷

竝亞觚

成 6917 殷

212 从

从爵

从爵

成 7403 殷

从丁癸卣

錄 575 商晚

[illegible]戈

成 10652 殷

213 化

化鼎

化鼎

成 1014 殷

214 [illegible]

[illegible]爵

[illegible]爵

成 7405 殷

[illegible]父乙尊

成 5957 周早

218	217	216	215
亞向父戊爵	且丁觚	爵	父己尊
亞向父戊爵	且丁觚	爵	父己尊
成 9010 殷	成 7077 殷	總 3145	成 5644 周早

222	221	220	219
			鬥
父己爵	興父辛爵	父癸爵	守卣
父己爵	興父辛爵	父癸爵	守卣
成 8542 殷	成 8951 殷	成 8681 殷	錄 597 周早

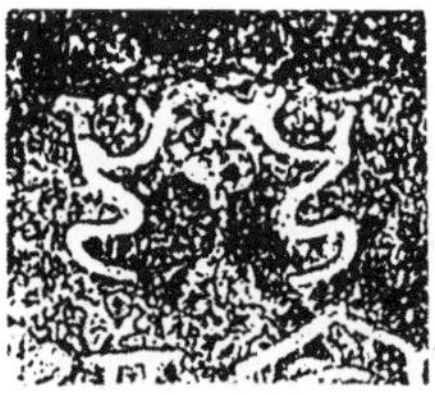

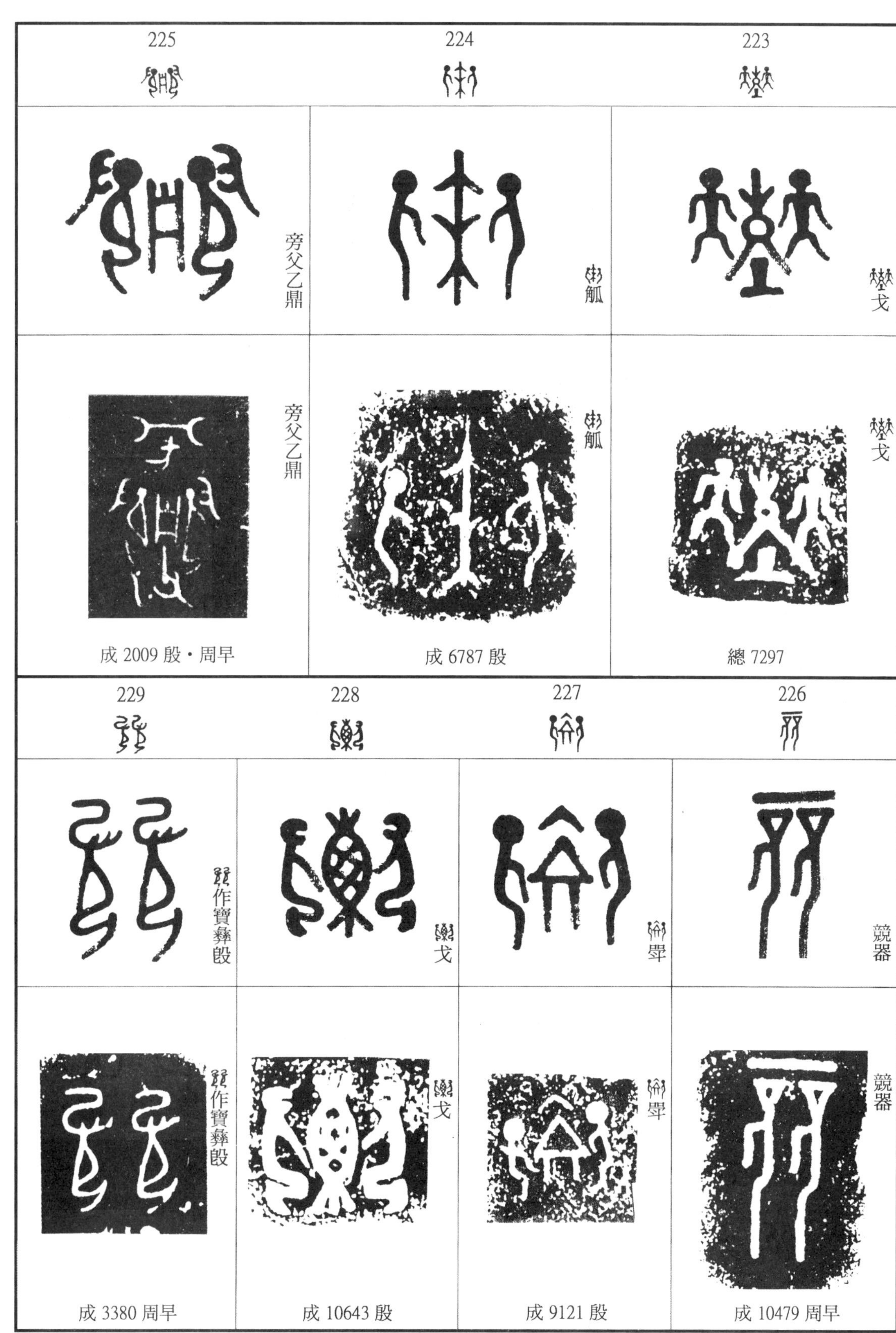

225	224	223
旁父乙鼎	觚	戈
旁父乙鼎	觚	戈
成 2009 殷・周早	成 6787 殷	總 7297

229	228	227	226
作寶彝殷	戈	斝	競器
作寶彝殷	戈	斝	競器
成 3380 周早	成 10643 殷	成 9121 殷	成 10479 周早

人與武器部

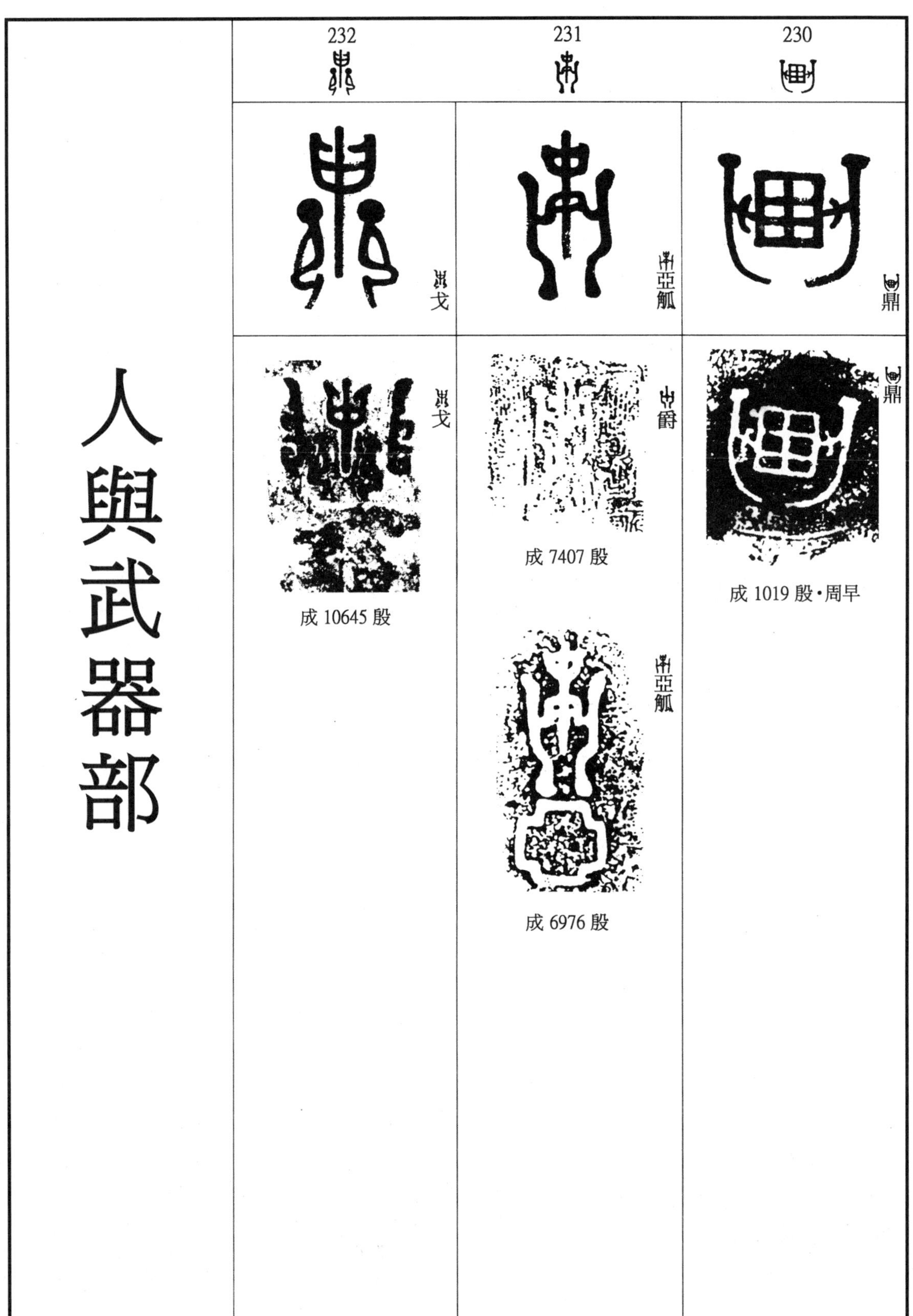

成 10645 殷

成 7407 殷

成 6976 殷

成 1019 殷·周早

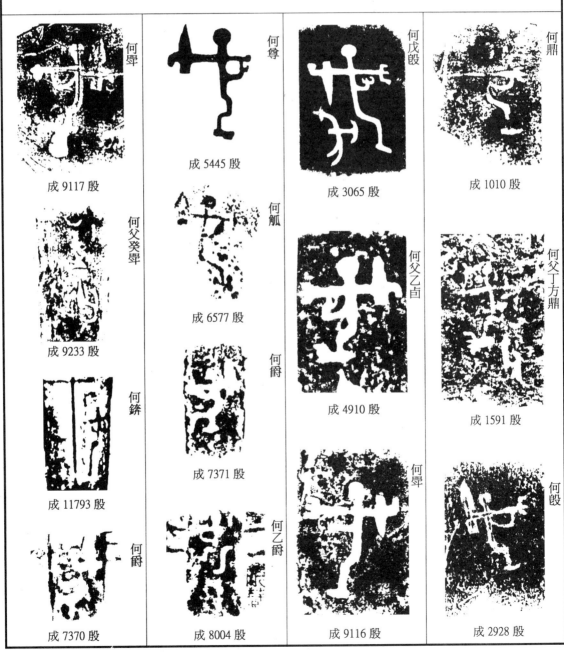

何

何斝

何斝

成 9117 殷

何父癸斝

成 9233 殷

何錛

成 11793 殷

何爵

成 7370 殷

何尊

成 5445 殷

何觚

成 6577 殷

何爵

成 7371 殷

何乙爵

成 8004 殷

何戊𣪘

成 3065 殷

何父乙卣

成 4910 殷

何斝

成 9116 殷

何鼎

成 1010 殷

何父丁方鼎

成 1591 殷

何𣪘

成 2928 殷

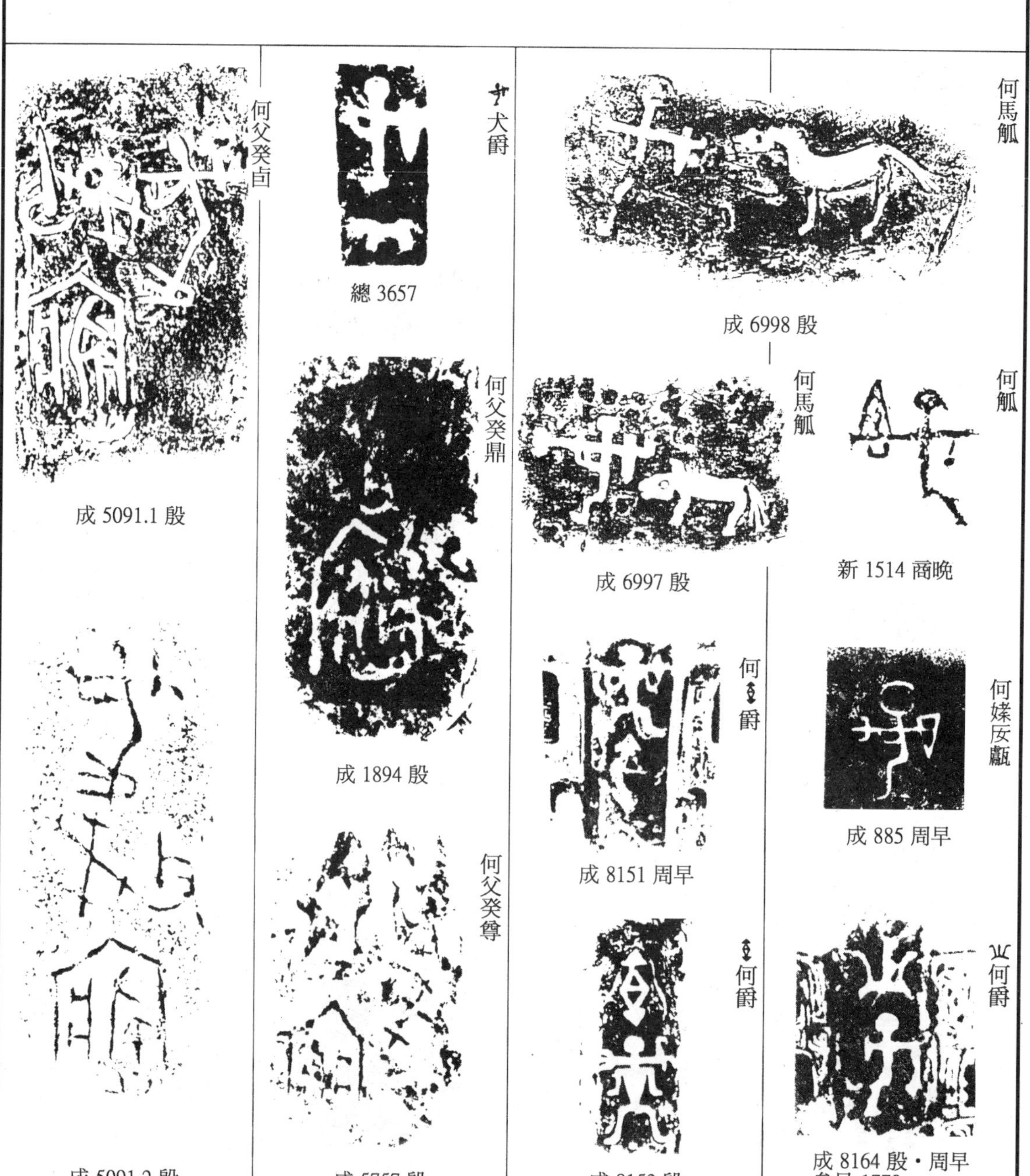

何父癸卣
成 5091.1 殷
成 5091.2 殷
犬爵
總 3657
何父癸鼎
成 1894 殷
何父癸尊
成 5757 殷
何馬觚
成 6998 殷
何馬觚
成 6997 殷
何爵
成 8151 周早
何爵
成 8152 殷
何觚
新 1514 商晚
何嫊㚲甗
成 885 周早
何爵
成 8164 殷・周早
參見 1770

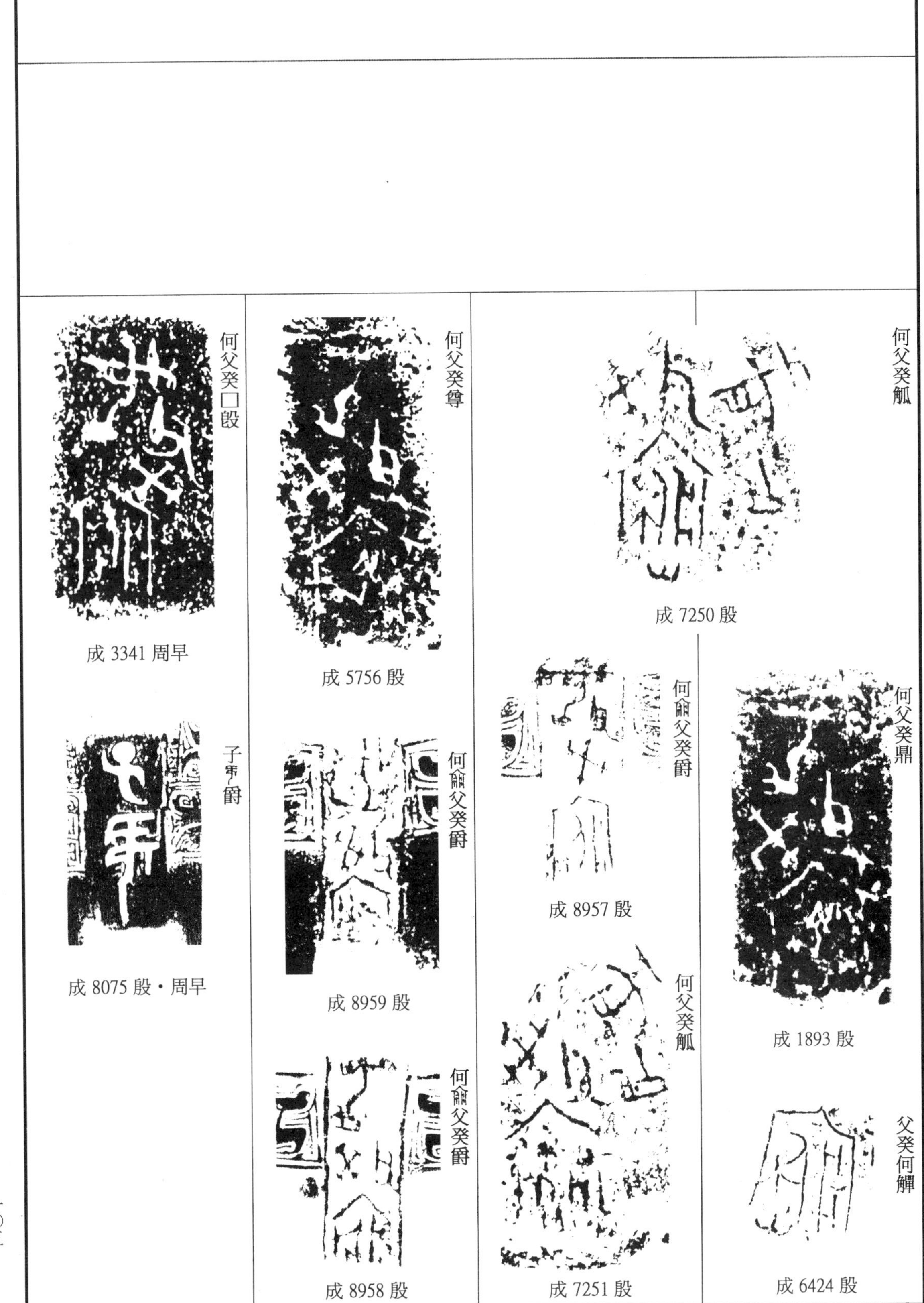

何父癸觚

成 7250 殷

何父癸鼎

成 1893 殷

父癸何觶

成 6424 殷

何俞父癸爵

成 8957 殷

何父癸觚

成 7251 殷

何父癸尊

成 5756 殷

何俞父癸爵

成 8959 殷

何俞父癸爵

成 8958 殷

何父癸□毁

成 3341 周早

子[illegible]爵

成 8075 殷・周早

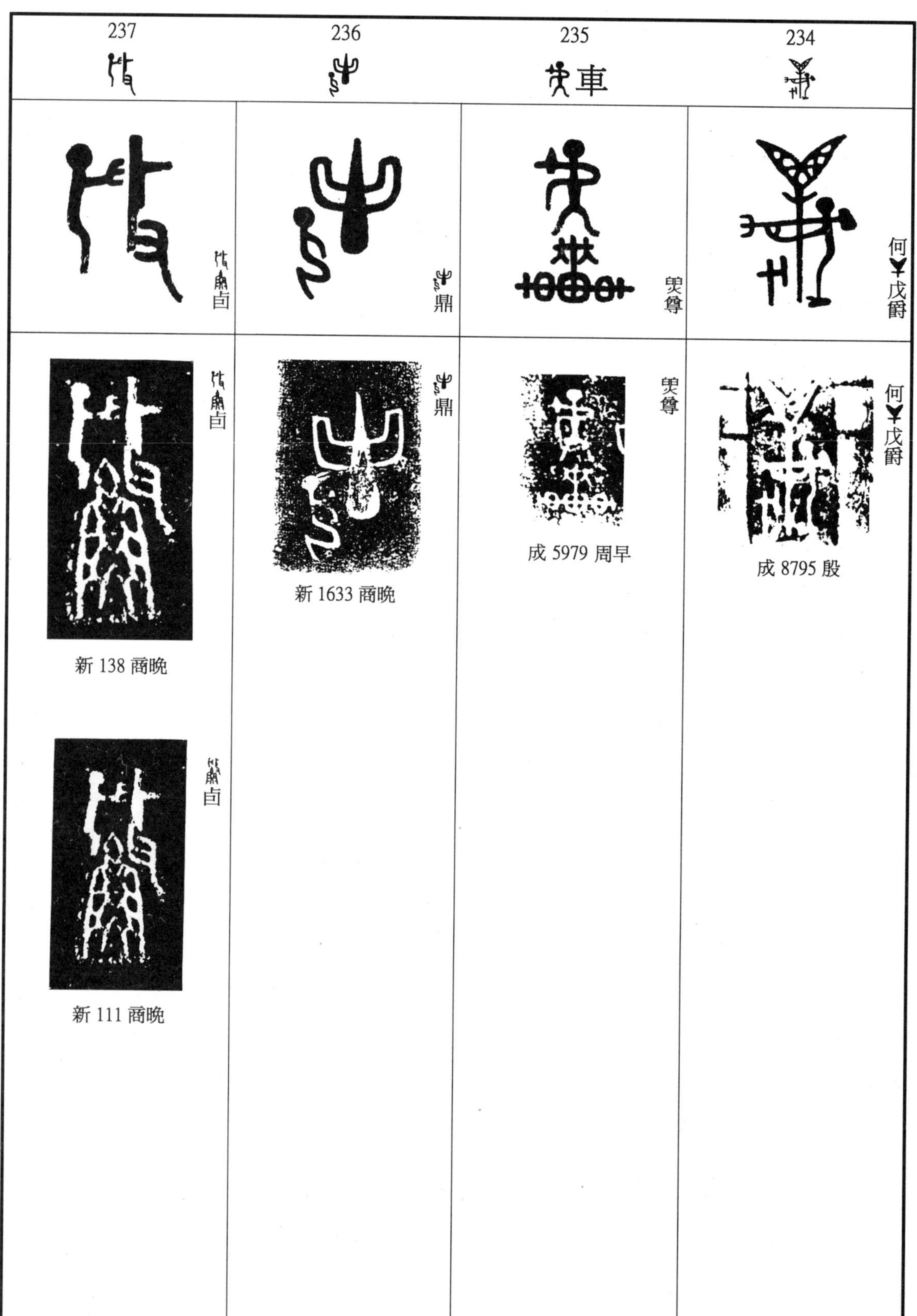

234
何戊爵
成 8795 殷
235
車
尊
成 5979 周早
236
鼎
新 1633 商晚
237
卣
新 138 商晚
新 111 商晚

241	240	239	238
卣	鐃	父辛觶	爵
卣 成 4775 殷	鐃 成 391 殷	父辛觶 成 6302 周早	爵 成 7372 殷

244	243	242	
𦍒	[illegible]	𡚱	
𦍒鼎	[illegible]父癸尊	𡚱爵	
𦍒鼎 成1012 殷	[illegible]父癸方鼎 成1677 殷	𡚱冊鼎 成1357 殷	𡚱爵 成7434 殷
𦍒父癸鼎 成1668 殷·周早	[illegible]父癸尊 總4610	𡨦史𡚱甗 成888 周早	𡚱觚 成6705 殷
𦍒父癸殷 成3215 周早			𡚱亞中爵 成8787 殷
𦍒父癸卣 成4996 周早			

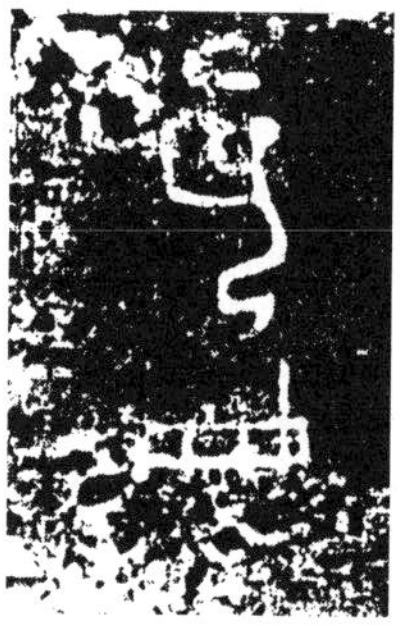

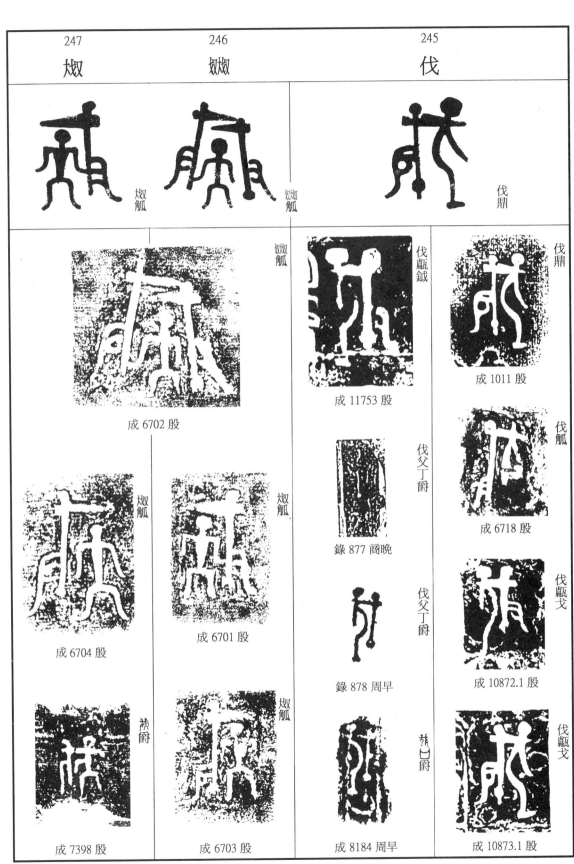

247	246	245
㩼	𠬝㩼	伐

㩼觚

𠬝㩼觚

伐鼎

𠬝㩼觚

成 6702 殷

伐甗鉞

成 11753 殷

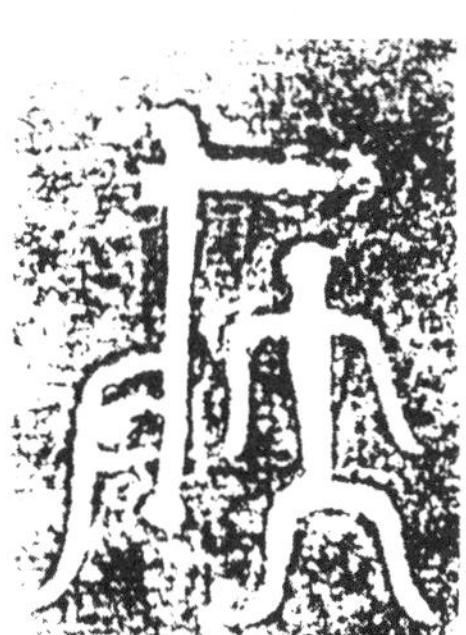

伐鼎

成 1011 殷

㩼觚

成 6704 殷

㩼觚

成 6701 殷

伐父丁爵

錄 877 商晚

伐觚

成 6718 殷

伐父丁爵

錄 878 周早

伐甗戈

成 10872.1 殷

㩼爵

成 7398 殷

㩼觚

成 6703 殷

旅□爵

成 8184 周早

伐甗戈

成 10873.1 殷

249	248
𢦏	𢦔

𢦏 爵

𢦔觚

𢦔觚

成 6716 觳

爵

成 7397 觳

𢦏鼎

成 1021 觳

𢦏父乙鼎

成 1536 觳

𢦏鼎

成 1023 觳

𢦏鼎

成 1022 觳

𢦏父己鼎

成 1605 觳

𢦏父癸鼎

成 1669 觳

𢦏鼎

成 1020 觳

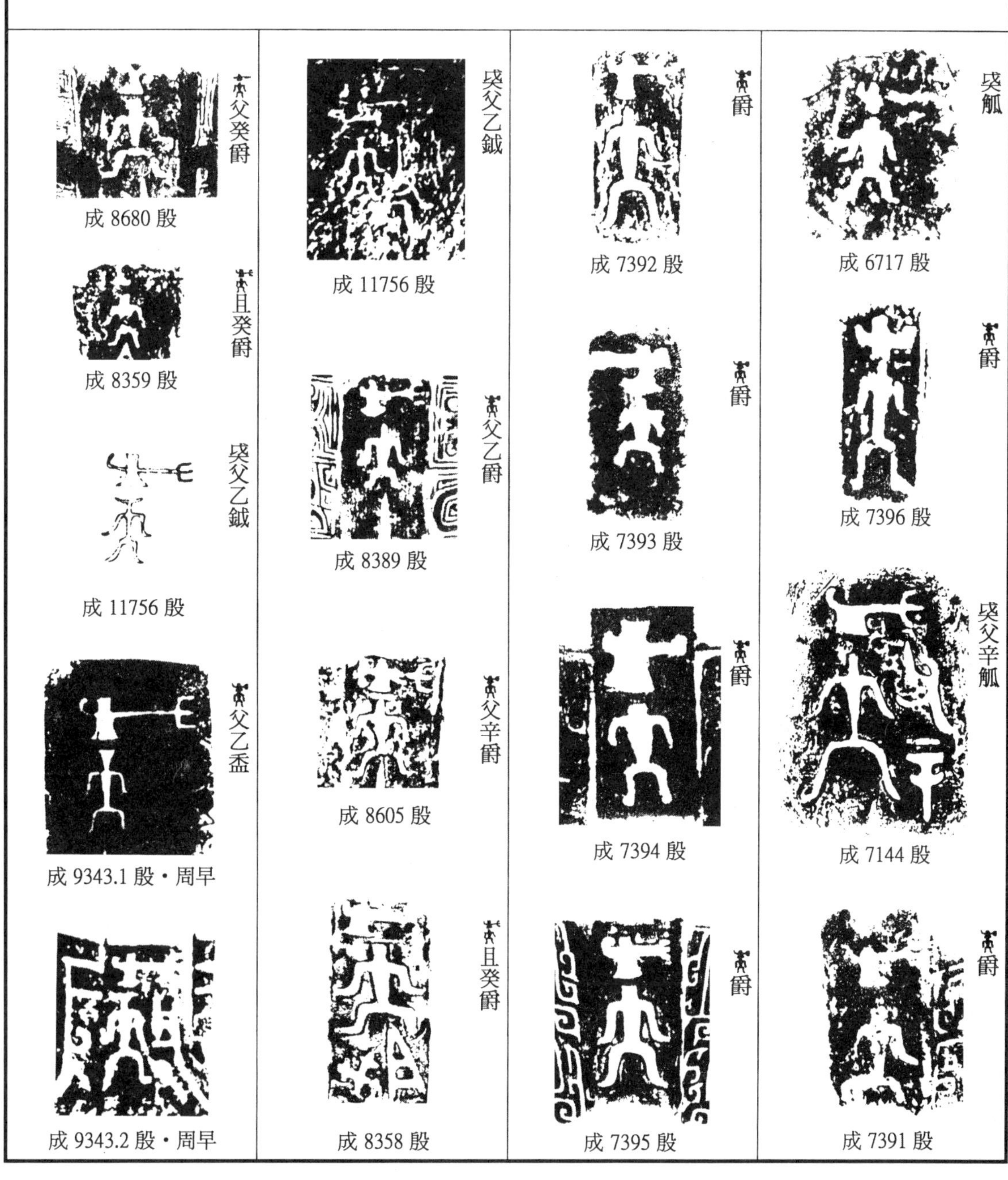

癸觚

成 6717 殷

爵

成 7396 殷

癸父辛觚

成 7144 殷

爵

成 7391 殷

爵

成 7392 殷

爵

成 7393 殷

爵

成 7394 殷

爵

成 7395 殷

癸父乙鉞

成 11756 殷

父乙爵

成 8389 殷

父辛爵

成 8605 殷

且癸爵

成 8358 殷

父癸爵

成 8680 殷

且癸爵

成 8359 殷

癸父乙鉞

成 11756 殷

父乙盉

成 9343.1 殷・周早

成 9343.2 殷・周早

250

𢦔

𢦔父乙觶

𢦔父乙觶

成 6222 周早

𢦔觚

成 7066 殷

𢦔丏觚

成 7299 周早

𢦔丁父辛爵

成 8945 周早

𢦔作父乙卣

成 5204.1 周早

成 5204.2 周早

作父丁𢦔尊

成 5826 周中

𢦔尊

成 5465 周中

𢦔父己尊

總 4593

𢦔觚

新 1650 商晚

𢦔鼎

新 1422 商晚

𢦔父辛鼎

成 1637 周早

𢦔且以爵

成 8312 周早

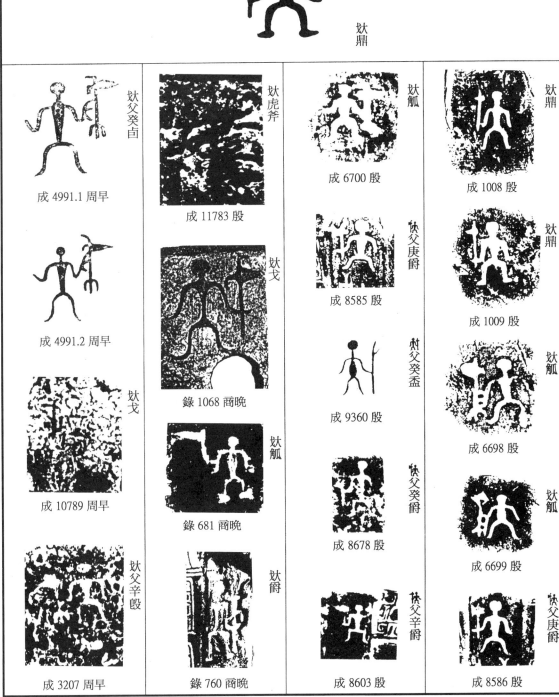

251

⿰弋大

⿰弋大鼎

⿰弋大父癸卣

成 4991.1 周早

成 4991.2 周早

⿰弋大戈

成 10789 周早

⿰弋大父辛𣪕

成 3207 周早

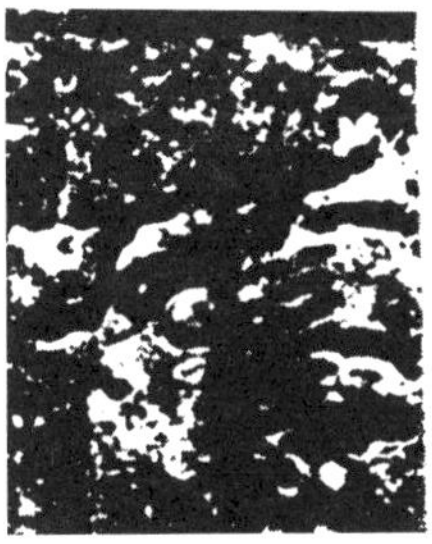

⿰弋大虎斧

成 11783 殷

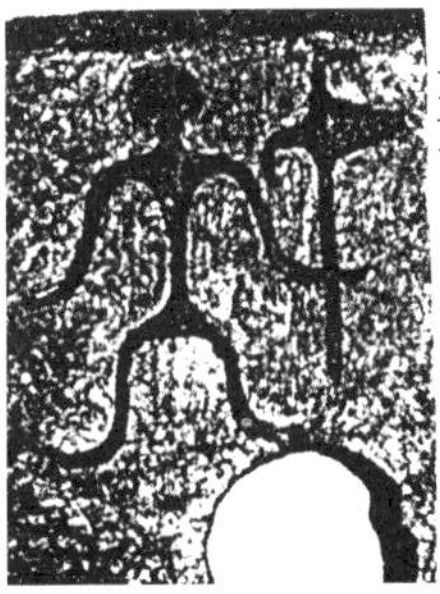

⿰弋大戈

錄 1068 商晚

⿰弋大觚

錄 681 商晚

⿰弋大爵

錄 760 商晚

⿰弋大觚

成 6700 殷

⿰弋大父庚爵

成 8585 殷

⿰弋大父癸盉

成 9360 殷

⿰弋大父癸爵

成 8678 殷

⿰弋大父辛爵

成 8603 殷

⿰弋大鼎

成 1008 殷

⿰弋大鼎

成 1009 殷

⿰弋大觚

成 6698 殷

⿰弋大觚

成 6699 殷

⿰弋大父庚爵

成 8586 殷

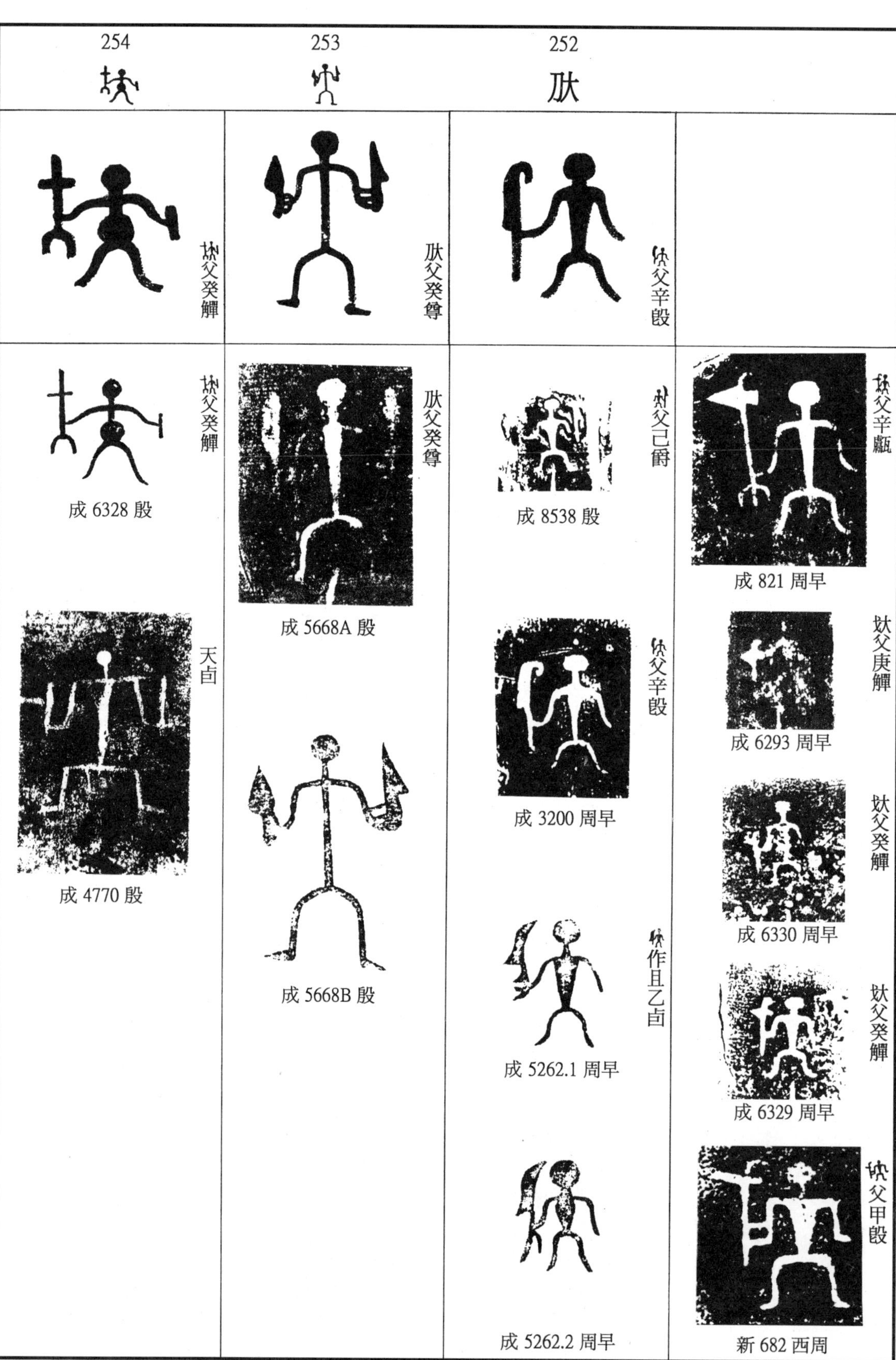
254
253
252
肰
父癸觶
肰父癸尊
父辛𣪘
父癸觶
成 6328 殷
天卣
成 4770 殷
肰父癸尊
成 5668A 殷
成 5668B 殷
父己爵
成 8538 殷
父辛𣪘
成 3200 周早
作且乙卣
成 5262.1 周早
成 5262.2 周早
父辛甗
成 821 周早
父庚觶
成 6293 周早
父癸觶
成 6330 周早
父癸觶
成 6329 周早
父甲𣪘
新 682 西周

且丁尊

觚

錄 682 商晚

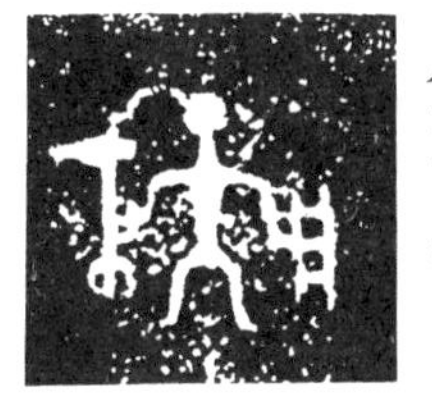

父乙鼎

新 139 商晚

且丁尊

成 5601 周早

劓亩作且戊殷

成 3684 周早

父乙爵

成 8377 周早

觚

成 6708 殷

且丙觚

成 7076 殷

父辛爵

成 8602 殷

父辛爵

成 8601 殷

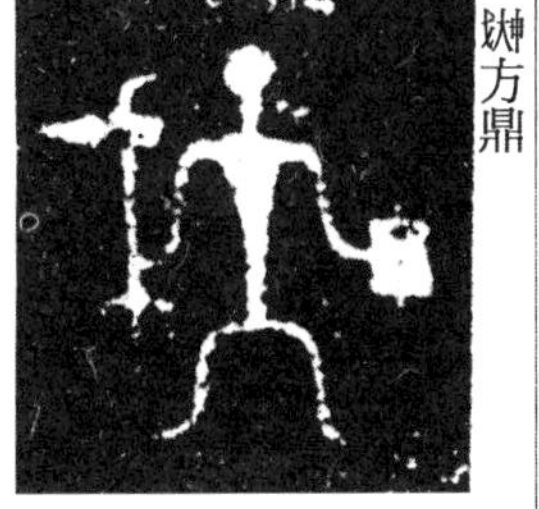

方鼎

錄 165 商晚

觚

成 6706 殷

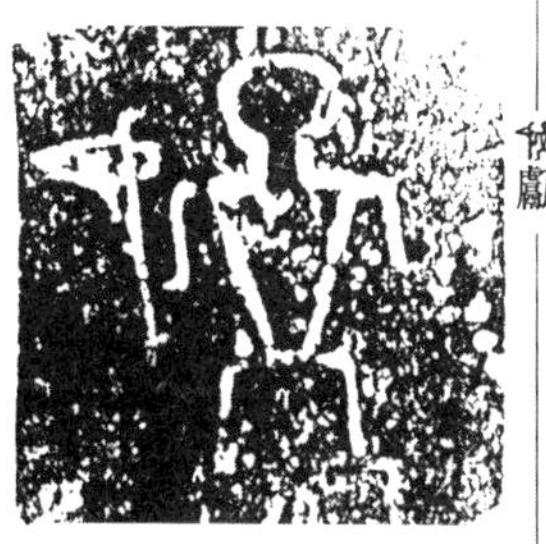

甗

成 784 殷

母己殷

成 3222 殷

且辛爵

成 8344 殷

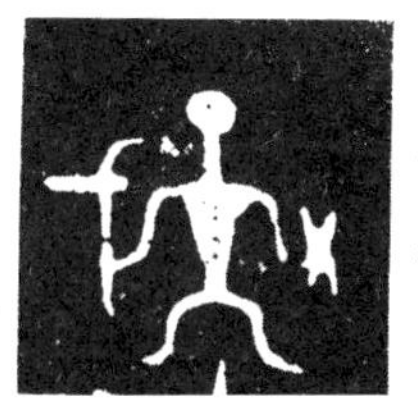

父乙鼎

成 1533 殷

觚

成 6707 殷

爵

成 7388 殷

256

大爵

大爵

成 7329 殷

大爵

成 7330 殷・周早

妋虎觚

成 7035 殷

父乙㚤虎觚

成 7223 殷

㚤鼎父乙尊

成 5731 殷

且己父己卣

成 5145.2 殷

且己父己卣

成 5145.1 殷

殷

成 2921 周早

㚤父乙觶

成 6221 周早

趩作日癸觚

成 7305 周早

殷

成 3625 殷

260	259	258	257
父辛卣	父己[illegible]觶	且辛卣	父辛觚
成 4975 殷	成 6401 殷	成 5264 周早	成 7143 周早

264	263	262	261
爵	觚	[illegible]作父乙毁	且癸爵
成 8166 殷	成 6575 殷	成 3305 周早	成 8360 殷

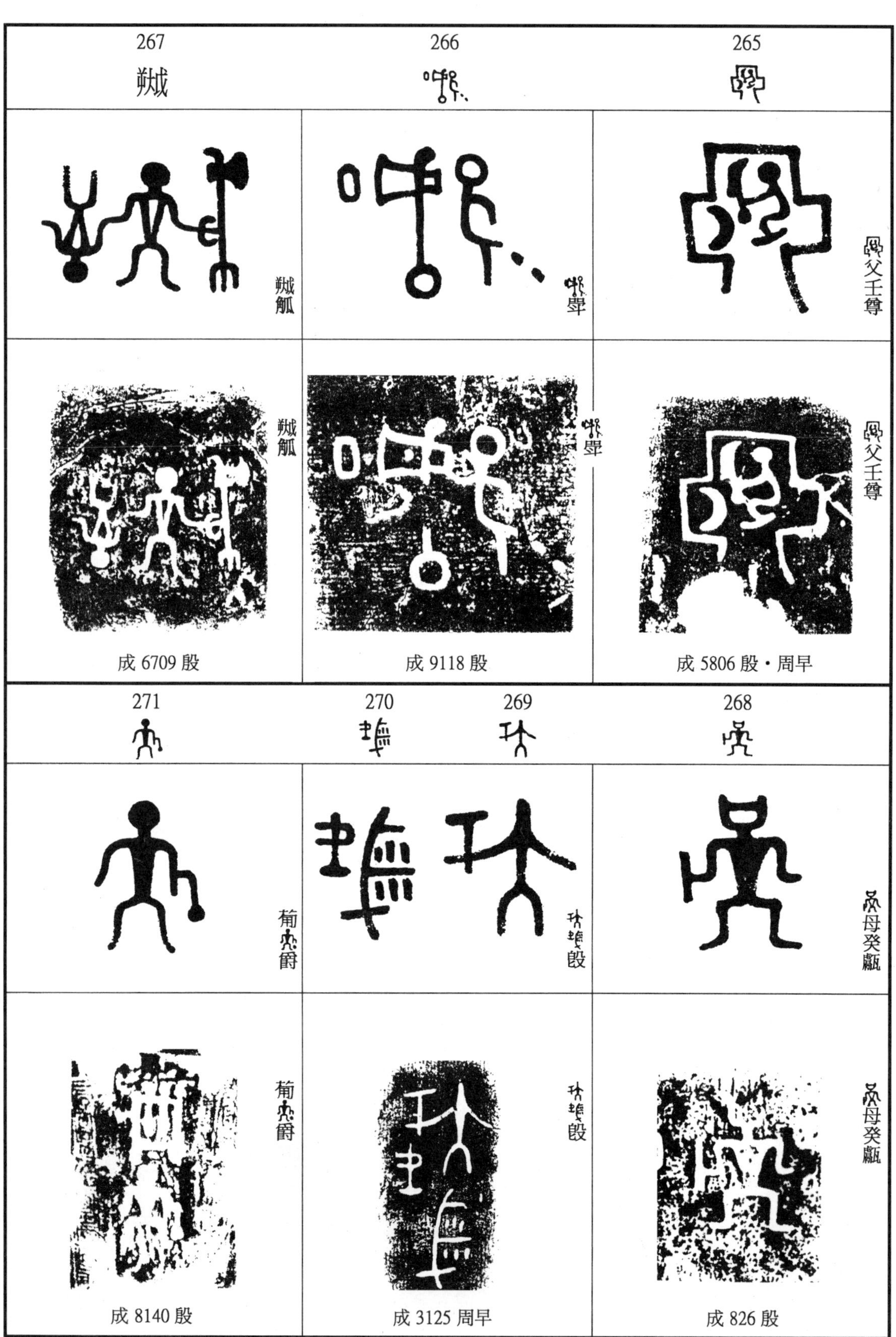

267	266	265
𣪘	𠻮	𡿧
𣪘觚	𠻮斝	𡿧父壬尊
成 6709 殷	成 9118 殷	成 5806 殷・周早

271	270	269	268
匍𡧊爵	𠦪𤰈殷	𠦪𤰈殷	𡿧母癸甗
成 8140 殷	成 3125 周早	成 3125 周早	成 826 殷

275	274	273	272
[illegible]	[illegible]	弜	㚽
且己卣	且爵	弜耳觚	㚽
且己卣 成 5048.1 殷	且爵 成 8810 殷	弜耳觚 成 6931 殷	殷 成 2916 殷
成 5048.2 殷	且爵 成 8811 殷	爵 成 7387 殷	殷 成 2917 殷
	且爵 成 8812 殷	弜爵 錄 759 商晚	父癸觶 成 6331 周早
	且丙爵 總 3733	耳乍父癸宗簋 總 2289	

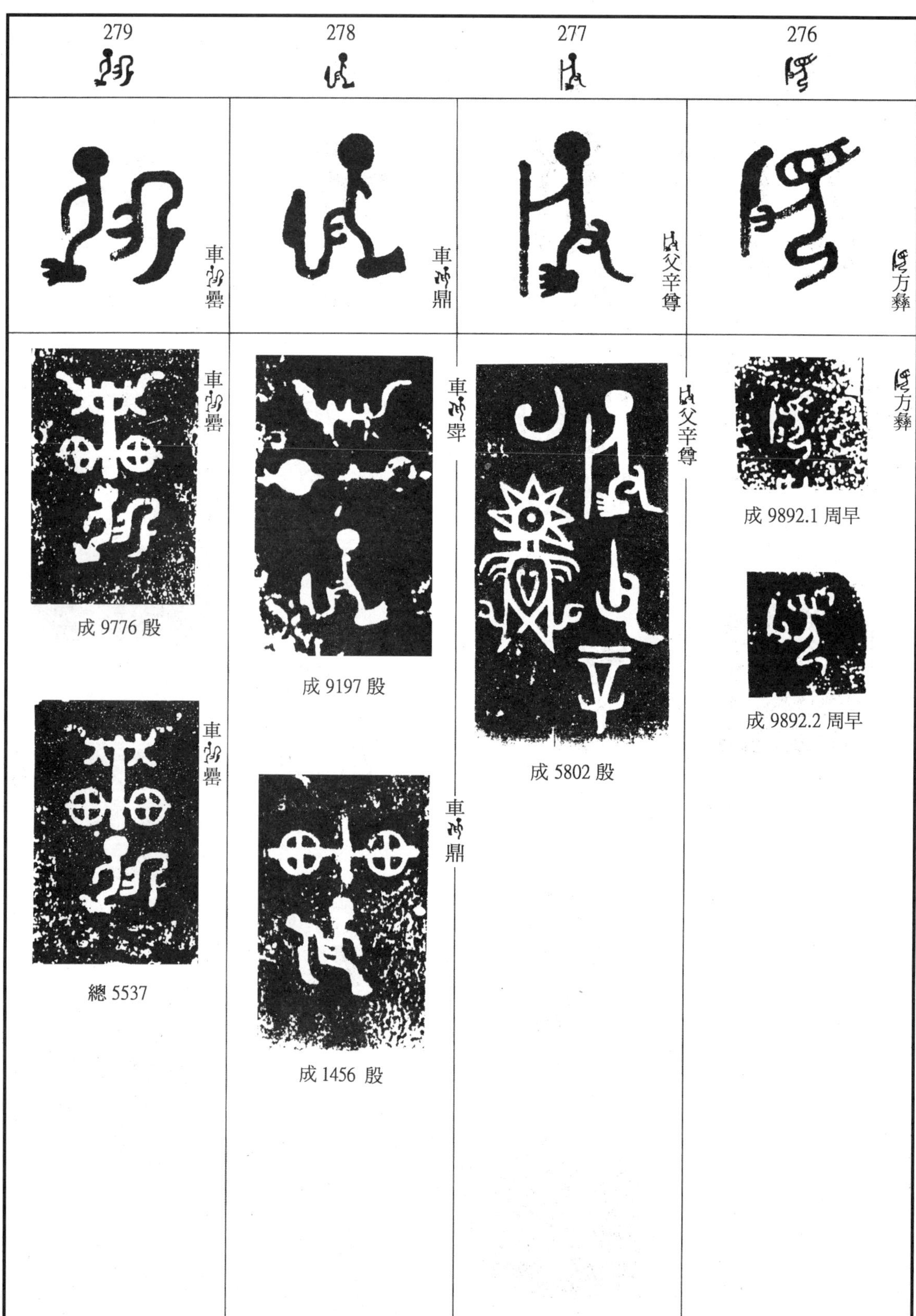

279
278
277
276
車𤔲罍
車𤔲鼎
父辛尊
方彝
車𤔲罍
車𤔲斝
父辛尊
方彝
成 9892.1 周早
成 9776 殷
成 9197 殷
車𤔲罍
成 5802 殷
成 9892.2 周早
車𤔲鼎
總 5537
成 1456 殷

283	282	281	280
咢	[illegible]	役	[illegible]
咢爵	[illegible]鉞	役觚	車[illegible]鼎
咢爵 成 7382 殷	[illegible]鉞 成 11730.1 殷	役觚 成 6576 殷	車觚 成 7041 殷
	成 11730.2 殷	[illegible]爵 成 7390 殷	車[illegible]鼎 成 1455 殷
	[illegible]爵 成 7383 殷		

女部

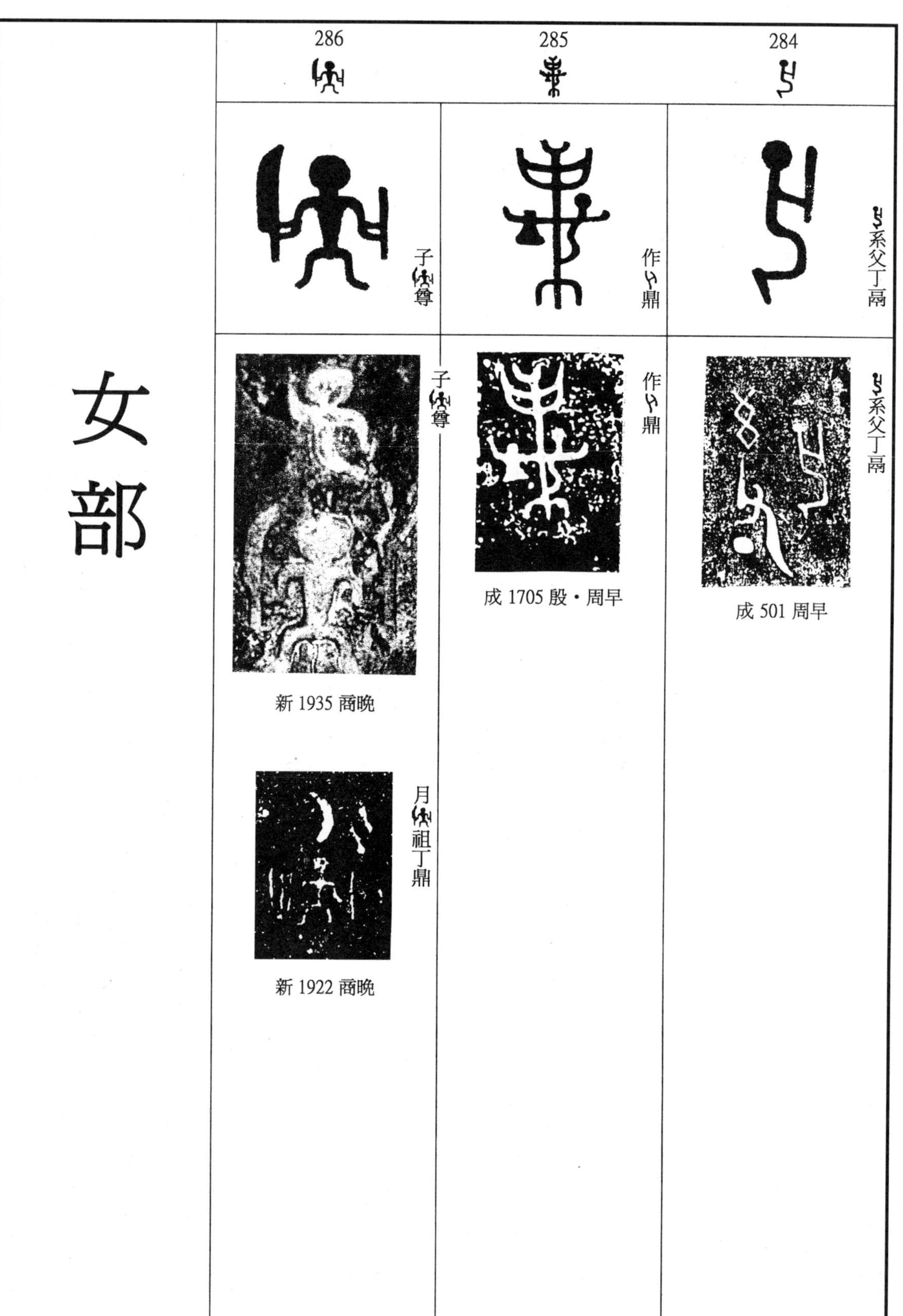

新 1935 商晚

成 1705 殷・周早

成 501 周早

新 1922 商晚

287
女

288
母

宔女觚

女爵

母戊觶

宔女觚
成 6873 殷

宔女觚
成 6872 殷

癸母鼎
成 1282 殷

女爵
成 7410 殷

女爵
成 7411 殷

女爵
成 7409 殷

女爵
成 7412 殷

母戊觶
成 6134 殷

母己爵
成 7992 殷

母父丁尊
成 5628 殷

母癸爵
成 7995 周早

母段
成 2926 周早

丁母觶
成 6135.1 周早

寧母鬲
成 462 周早
參見 899

藋母觶
成 6150 殷

母□□帚方彝

成 9873.2 殷
參見 891

朕女觚

成 6879 殷

子□女爵

成 8756 殷
參見 1262

㫃女鳶𣪘

成 3227 殷

甫母丁鼎

成 1704 周早

女朱戈觶

成 6348 周早

女益觚

成 6874 殷

倗母鼎

新 1417 西周

射女鼎

成 1378 殷
參見 1282

魚母乙卣

成 4999 周早

魚母觚

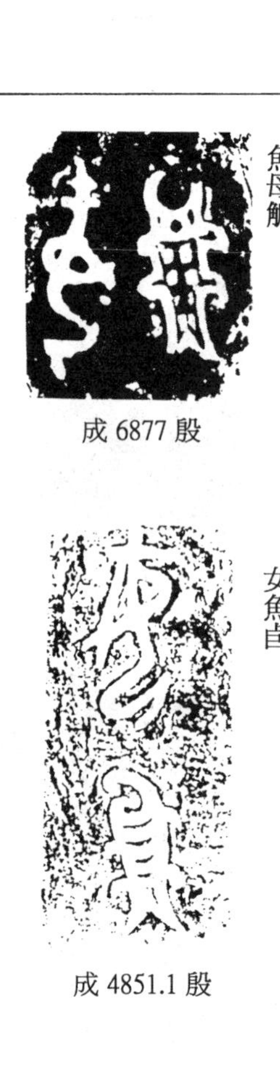

成 6877 殷

女魚卣

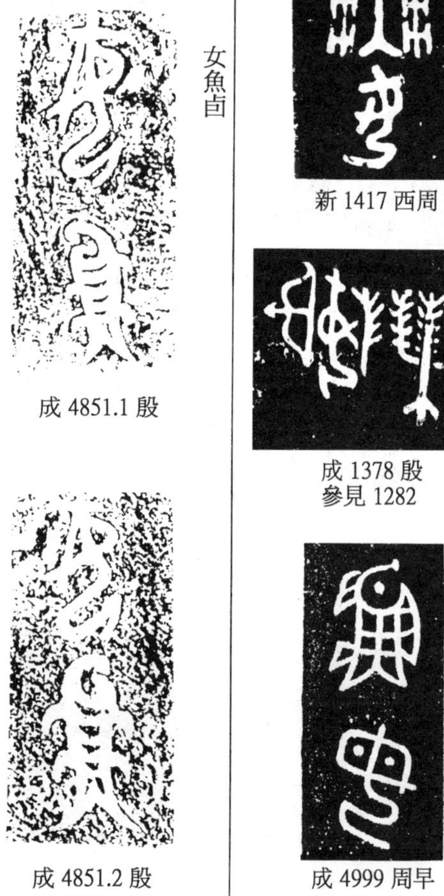

成 4851.1 殷

成 4851.2 殷

289

嬂

嬂鼎

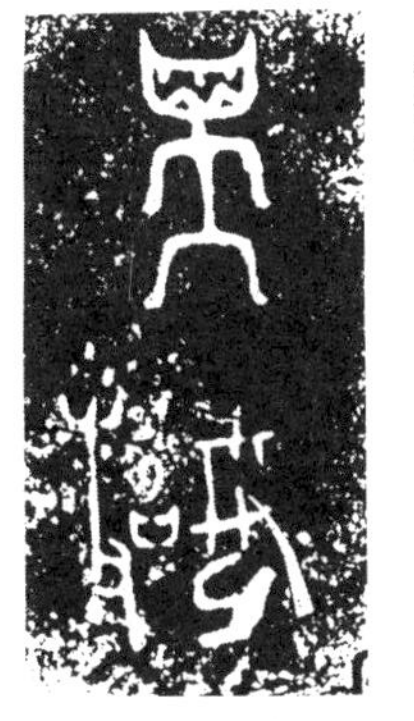

嬂鼎

成 1488 殷

司母辛觚

成 9281.2 殷
參見 398

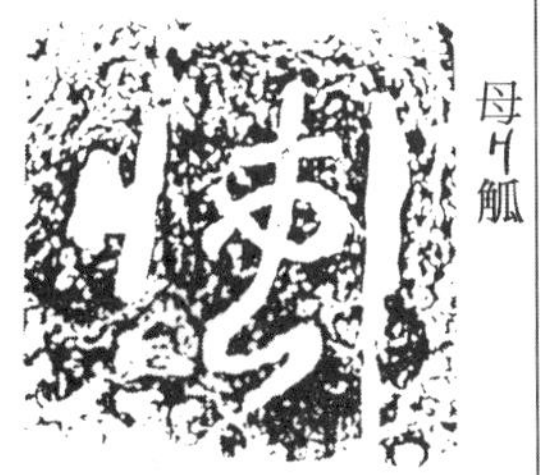

母丩觚

成 6875 殷

㠱母𠂤父癸鼎

成 2020 殷

㠱母己卣

成 5000.1 殷
參見 194

母鬲

成 461 殷

甲母觚

成 7164 周早
參見 868

司㛸觚

成 6882 殷
參見 757・758

女子匕丁觚

成 7220 殷

292	291	290	
⿰女羊	姃	每	
婦⿰女羊告鼎	冉婦姃鼎	⿱丞大每爵	
婦⿰女羊告鼎	冉婦姃鼎	子每爵	⿱丞大每爵
成 1710 毁	成 1709 毁·周早	成 8084 毁·周早	成 8134 毁

296	295	294	293
妊			
遣妊爵	匜文	又敉癸卣	奄帚方鼎
遣妊爵	匜文	又敉癸卣	奄帚方鼎
成 8137 毁 參見 166・補 18	金文編附錄上 573	成 5174.1 毁	成 1711 毁

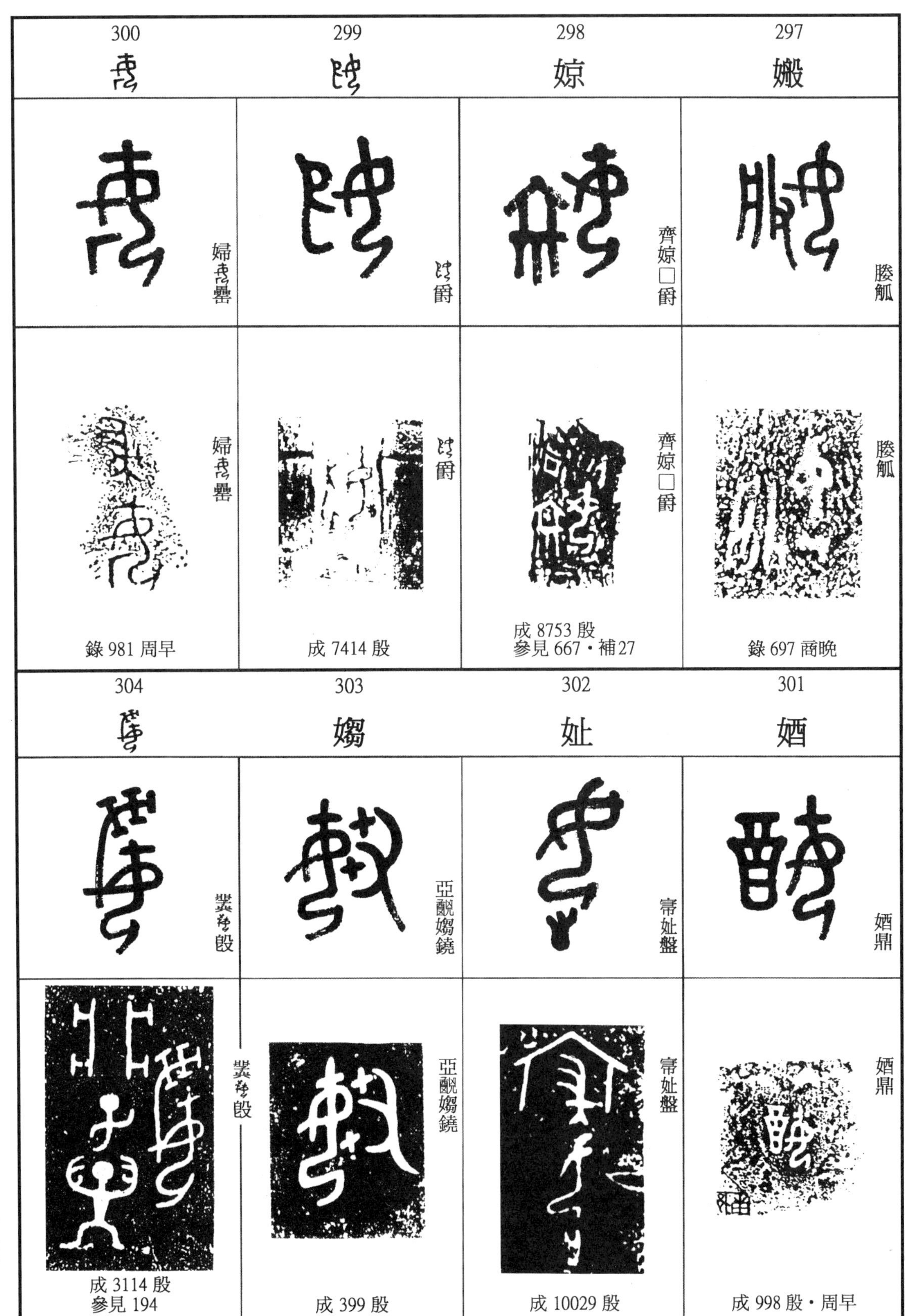

300	299	298	297
[illegible]	[illegible]	婛	媵
婦[illegible]罍	[illegible]爵	齊婛□爵	媵觚
婦[illegible]罍 錄 981 周早	[illegible]爵 成 7414 殷	齊婛□爵 成 8753 殷 參見 667・補 27	媵觚 錄 697 商晚

304	303	302	301
[illegible]	嫋	妣	婟
虆[illegible]殷	亞醜嫋鐃	寧妣盤	婟鼎
虆[illegible]殷 成 3114 殷 參見 194	亞醜嫋鐃 成 399 殷	寧妣盤 成 10029 殷	婟鼎 成 998 殷・周早

308 枚	307 媓	306 妃	305 嬉
冄串妹觚	媓爵	亞㠱妃盤	嬉卣
冄串妹觚 成7196殷	媓觚 成6523殷	亞㠱妃盤 成 10045周早	嬉器 成10480殷
冄串妹觚 成7197殷	媓爵 成7416殷		嬉卣蓋 成4762周早
			嬉卣 成4763周早

309
妶
秝妶父乙器
秝妶父乙器
成 10533 周早
弻妶父己尊
錄 623 周早

310
嬙
子木觚
子木觚
成 7270 殷

311
□
□殷
□殷
成 2925 殷
□母卣
成 4843 殷
女□爵
成 8133 殷

312
嗷
□嗷鐃
□嗷鐃
成 394 殷
□嗷鐃
成 393 殷

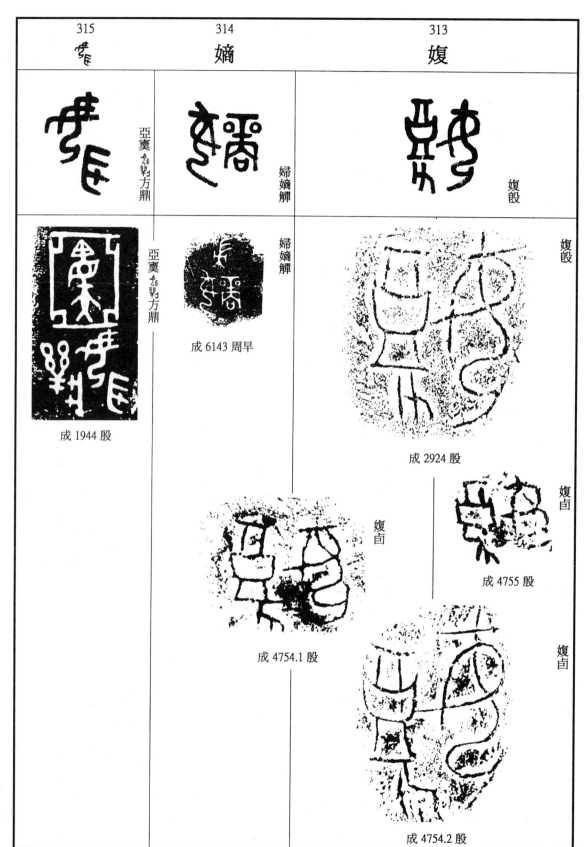

315	314	313
[illegible]	嫡	嫂
亞㝔[illegible]方鼎	婦嫡觶	嫂毁
亞㝔[illegible]方鼎 成 1944 毁	婦嫡觶 成 6143 周早	嫂毁 成 2924 毁
	嫂卣 成 4754.1 毁	嫂卣 成 4755 毁 嫂卣 成 4754.2 毁

媚

子要鼎

子媚爵
成 8082 殷

子媚爵
成 8076 殷

子要觶
成 6136.1 殷

媚爵
成 7413 殷

子媚爵
成 8083 殷

子媚爵
成 8079 殷

子要鼎
成 1309 殷

子要觚
成 6898 殷

子媚斝
成 9173 殷

子媚爵
成 8080 殷

子媚爵
成 8077 殷

子要觶
成 6136.2 殷

子媚罍
錄 980 周早

子媚爵
成 8081 殷

子媚爵
成 8078 殷

子要觚
成 6899 殷

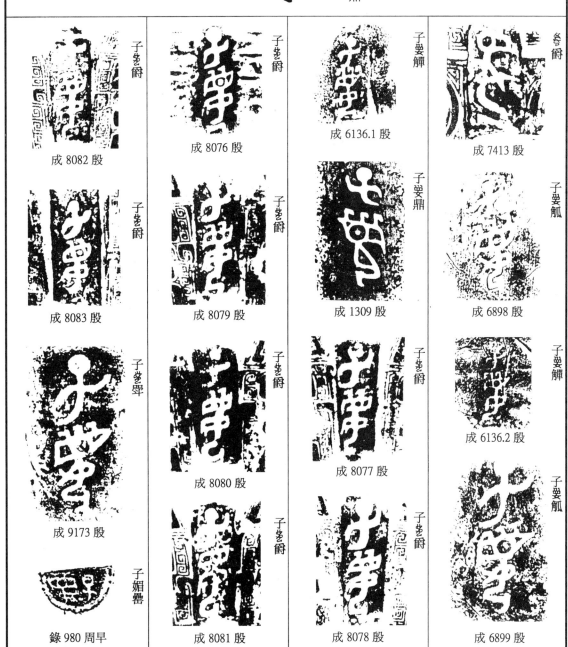

317

妥

子妥觚

子妥觚

成 6896 殷

子妥鼎

成 1303 殷

子妥鼎

成 1304 殷

□七妥爵

成 8752 殷

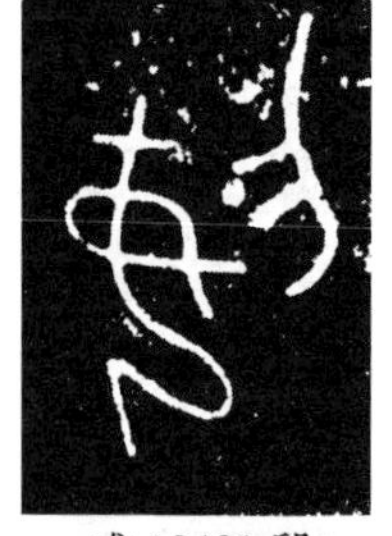

妥器

成 10481 殷

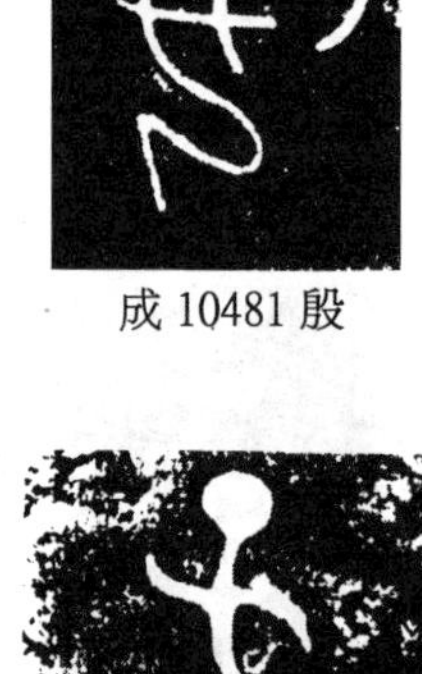

子妥鼎

成 1305 殷

子妥毁

成 3075 殷

妥鼎

成 1068 殷

子妥鼎

成 1302 殷

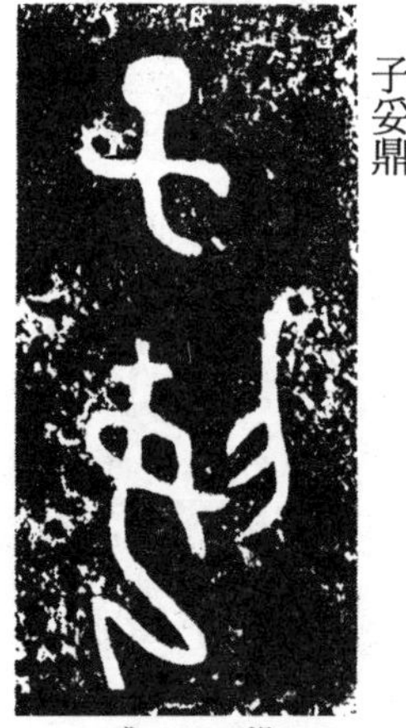

子妥鼎

成 1301 殷

子妥罍

成 9784.1 周早

成 9784.2 周早

319 帚	318 婦

婦聿奏卣

婦㲾

婦好鼎

成 1322 殷

甲婦爵

成 8136 殷

婦㲾

成 2922 殷

婦好盤

成 10028 殷

婦觚

成 6522 殷

婦好分體甗

成 794 殷

婦好觚

成 6847 殷

婦觥

成 9251.1 殷

婦好瓿

成 9952 殷

婦好鼎

成 1320 殷

婦好觶

成 6141 殷

成 9251.2 殷

守婦𣪘

成 3082 𣪘

㝉婦觶

成 6146 𣪘

㝉婦觶

成 6145 𣪘

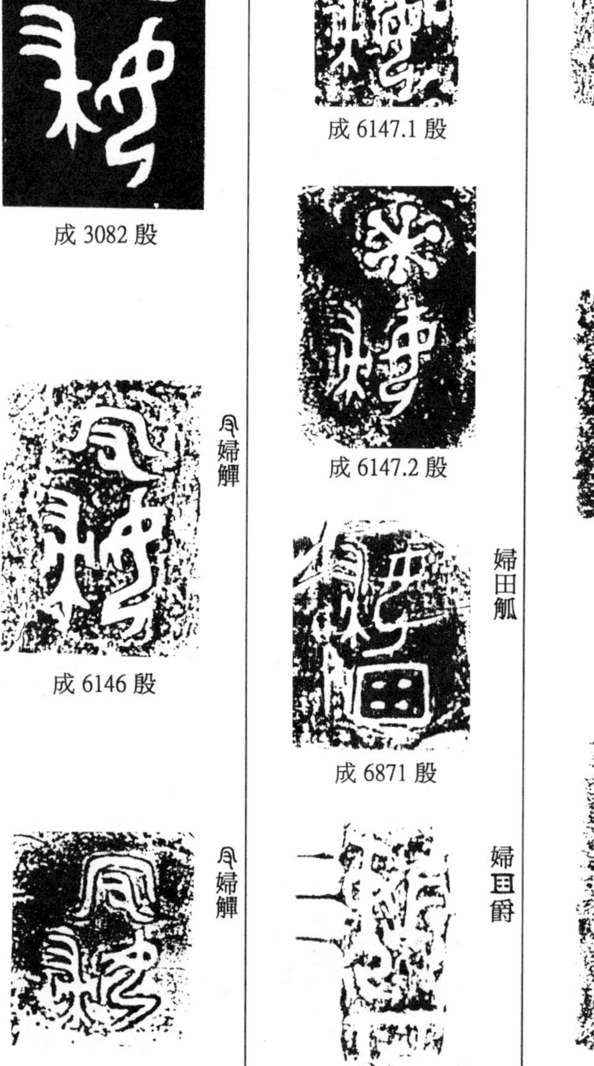

*婦觶

成 6147.1 𣪘

成 6147.2 𣪘

婦田觚

成 6871 𣪘

婦𤰔爵

成 8132 𣪘

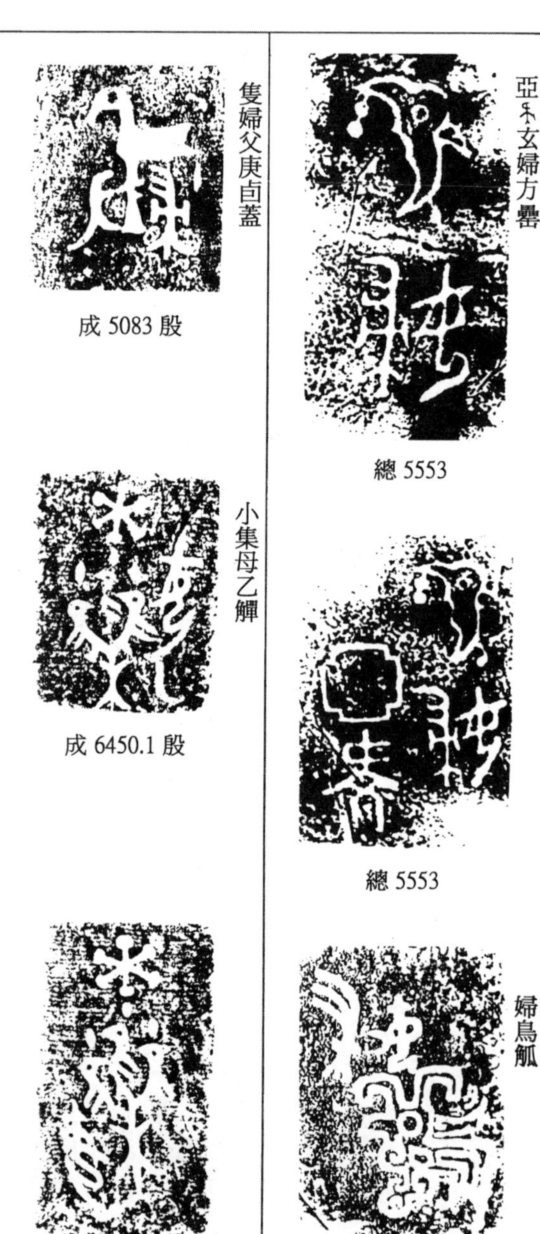

隻婦父庚卣蓋

成 5083 𣪘

小集母乙觶

成 6450.1 𣪘

成 6450.2 𣪘

亞禾玄婦方罍

總 5553

總 5553

婦鳥觚

成 6870 𣪘

320

婦旋

婦旋鼎

婦旋鼎
成 1340 殷

帚女旋殷
成 3228 殷

簋婦方鼎
成 2368 周早
參見 1130

山婦觶
成 6144 殷

婦聿旋卣
成 5099.1 殷

亞婦爵
成 8135 殷

婦聿旋卣
成 5099.2 殷

婦嫙觶
錄 653 商晚

婦冬觶
成 6142 殷

𫹉婦甗
成 867 殷

亞婦卣
成 4844.1 殷

321

好

好甗

婦好瓿

成 9953 殷

婦好鼎

成 1335 殷

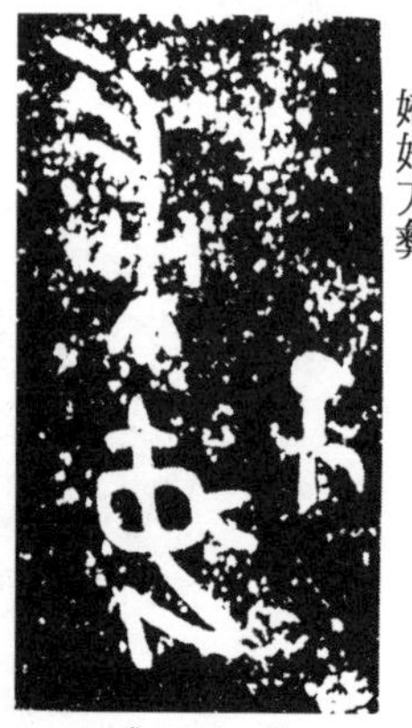
婦好方彝

成 9861 殷

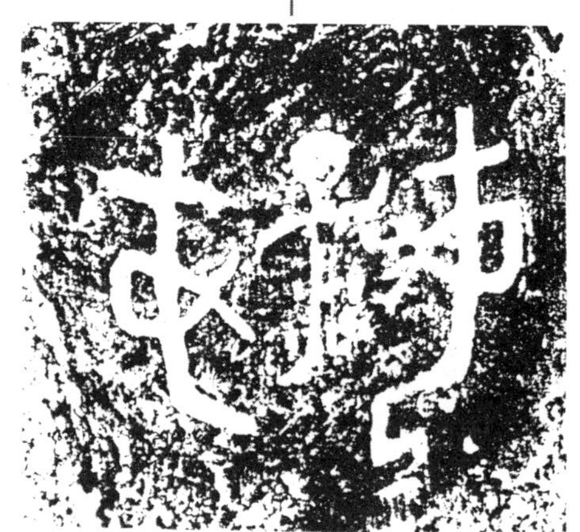
好甗

成 761 殷

婦好箕

成 10394 殷

好甗

成 762.1 殷

成 762.2 殷

好鼎

成 999 殷

好甗

成 763 殷

325 婦姦	324 ⿰女川	323 ⿰女⿱絲木	322 ⿰女絲
婦姦觶	帚⿰女川段	婦⿱夲丙冊觶	婦⿰女絲觚
婦姦觶 成 6148 殷	帚⿰女川段 成 3081 殷	婦⿱夲丙冊觶 成 6428 殷	婦⿰女絲觚 成 7172 殷
戸姦罍 成 9783 殷			婦⿰女絲觚 成 7171 殷

326

[illegible]

婦[illegible]觚

婦[illegible]觚

成 6869 殷・周早

婦[illegible]鼎

成 1343 殷・周早

婦[illegible]卣

成 4845.1 殷

婦[illegible]鬲

成 463 殷

[illegible]婦甗

成 795 殷

婦[illegible]鼎

成 1341 殷・周早

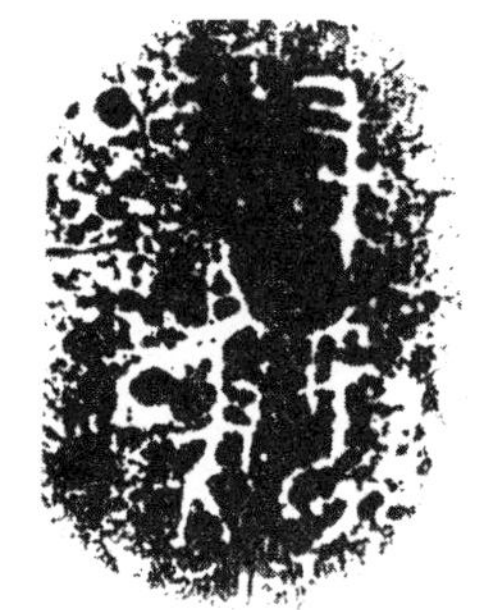

成 4845.2 殷

婦[illegible]卣

成 4846.1 殷

婦[illegible]觚

成 6868 殷・周早

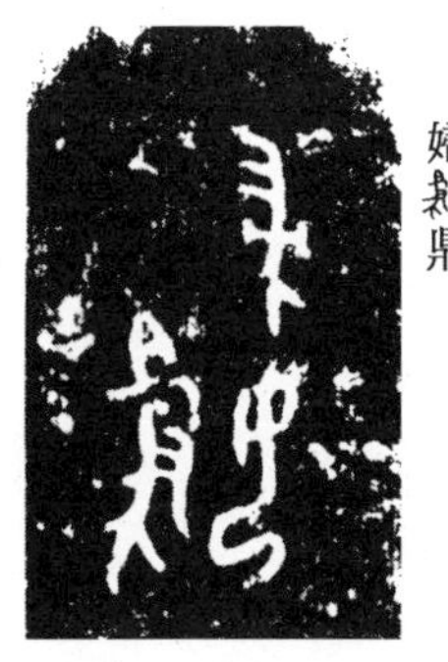

婦[illegible]鼎

成 1342 殷・周早

成 4846.2 殷

330	329	328	327
[illegible]	娍	[illegible]	[illegible]
婦酉咸段	鳳娍𠬝觶	每罍	琱𢀜婦娕角
婦酉咸段 成 3229 段	鳳娍𠬝觶 新 160 商晚 新 160 商晚	每罍 成 9738 段	琱𢀜婦娕角 成 8984.1 段 成 8984.2 段 參見 374

子部

331	332	333
[illegible]	妻	[illegible]
嬞作父庚鼎	[illegible]父丁罍	妻甗
嬞作父庚鼎 成 2578 殷・周早	[illegible]父丁罍 成 9811.1 周早 成 9811.2 周早	妻甗 錄 148 商晚

334

子

子卣

子𢍏鼎

成1319殷
參見1194

子𣎵爵

成8110殷

北子鼎

成1719周中
參見202

子爵

成7313殷

子戈

成10693.1殷

成10693.2殷

子爵

成7319周早

子簋

錄373周早

子觶

成6020殷

子卣

成4732殷

子爵

成7314殷

子侯卣

成4847.1殷

子[illegible]爵

成 8072 殷

子[illegible]爵

成 8073 殷

子[illegible]爵

成 8766 殷

子[illegible]爵

成 8074 殷・周早

子保觚

成 6909 殷

子[illegible]父辛爵

成 8946 周早

子光觚

成 6912 殷

子[illegible]爵

成 8075 殷・周早

子每爵

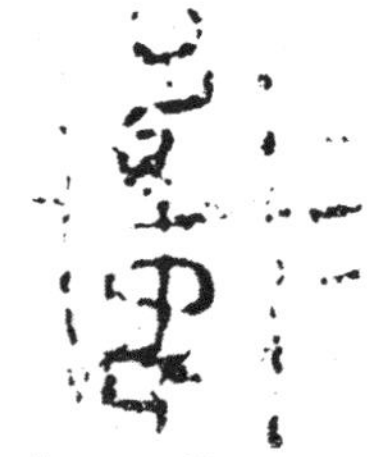

成 8084 殷・周早

子[illegible]觚

成 7175 殷

子嬰鼎

成 1309 殷
參見 316

眉子鬲

成 487 殷

子辛[illegible]卣

成 5004 殷

子妥觚

成 6896 殷
參見 317

子木觚

成 7270 殷

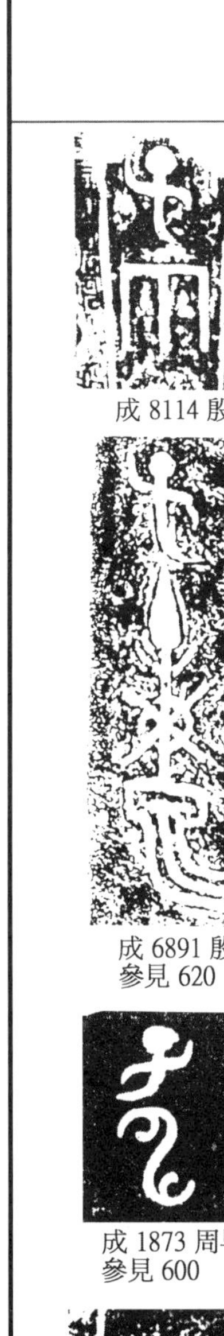
子雨爵
成 8114 殷

子曩觚
成 6891 殷
參見 620

子申父己鼎
成 1873 周早
參見 600

榮子戈
成 10888 周早

子⺈爵
成 8086 殷・周早

子壴鼎
成 1311 殷
參見 568

子妻段
成 3073 殷
參見 434

子禾爵
成 8109 殷

子父昇鼎
成 1697 殷・周早

子䰜父乙爵
成 9088.1 殷
參見 628

子䶂父乙鼎
成 1828 殷
參見 1002

子𠬝段
成 3076 殷

子𡿧父癸鼎
成 1891 殷

子𠙵觚
成 6911 殷

子守爵
成 8085 殷・周早

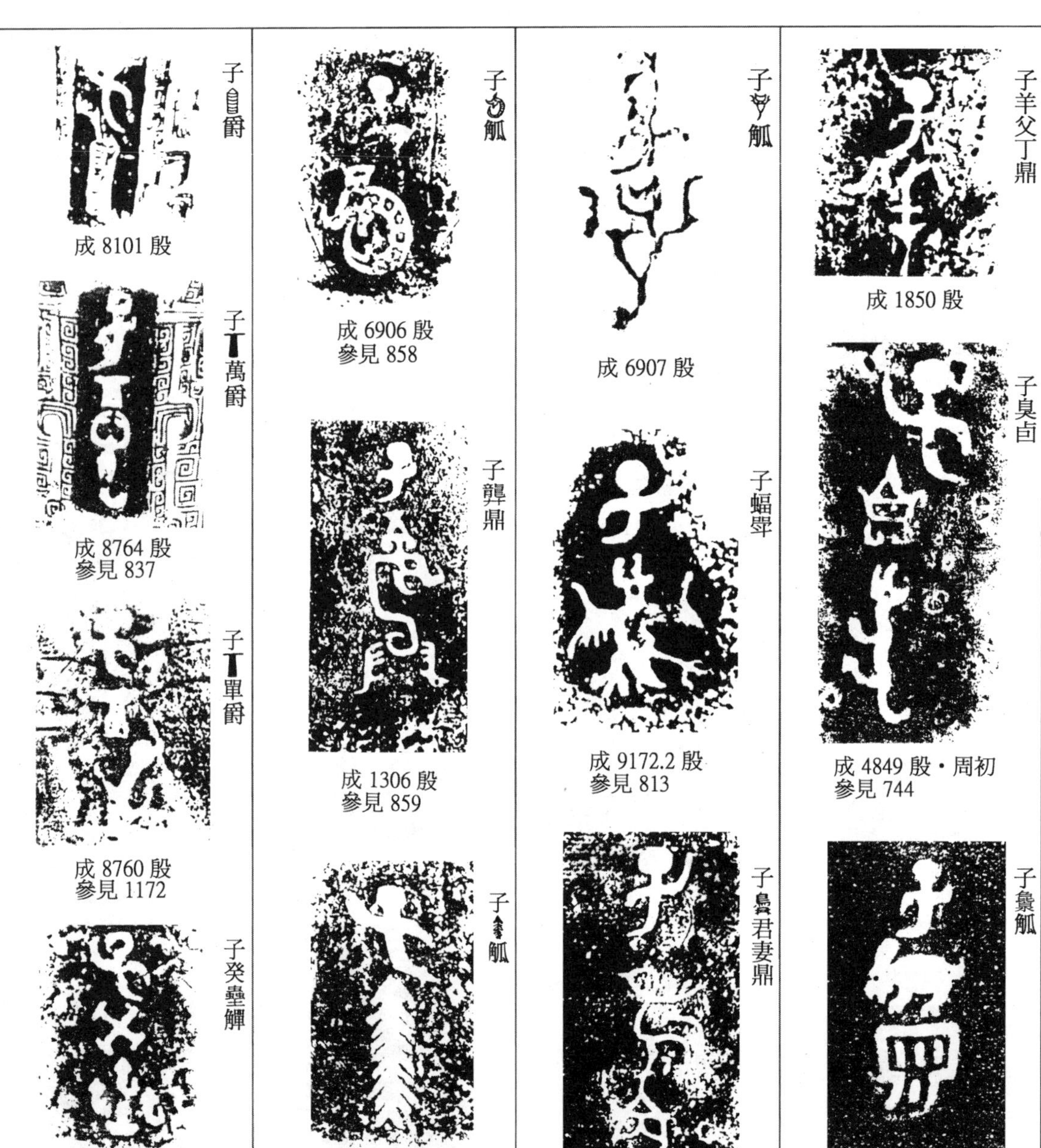

子自爵
成 8101 殷

子□萬爵
成 8764 殷
參見 837

子□單爵
成 8760 殷
參見 1172

子癸壘觶
成 6351.2 殷
參見 823

子□觚
成 6906 殷
參見 858

子龏鼎
成 1306 殷
參見 859

子□觚
成 6897 殷
參見 833

子□觚
成 6907 殷

子蝠斝
成 9172.2 殷
參見 813

子□君妻鼎
成 1910 殷・周早

子羊父丁鼎
成 1850 殷

子臭卣
成 4849 殷・周初
參見 744

子彙觚
成 6894 殷
參見 756

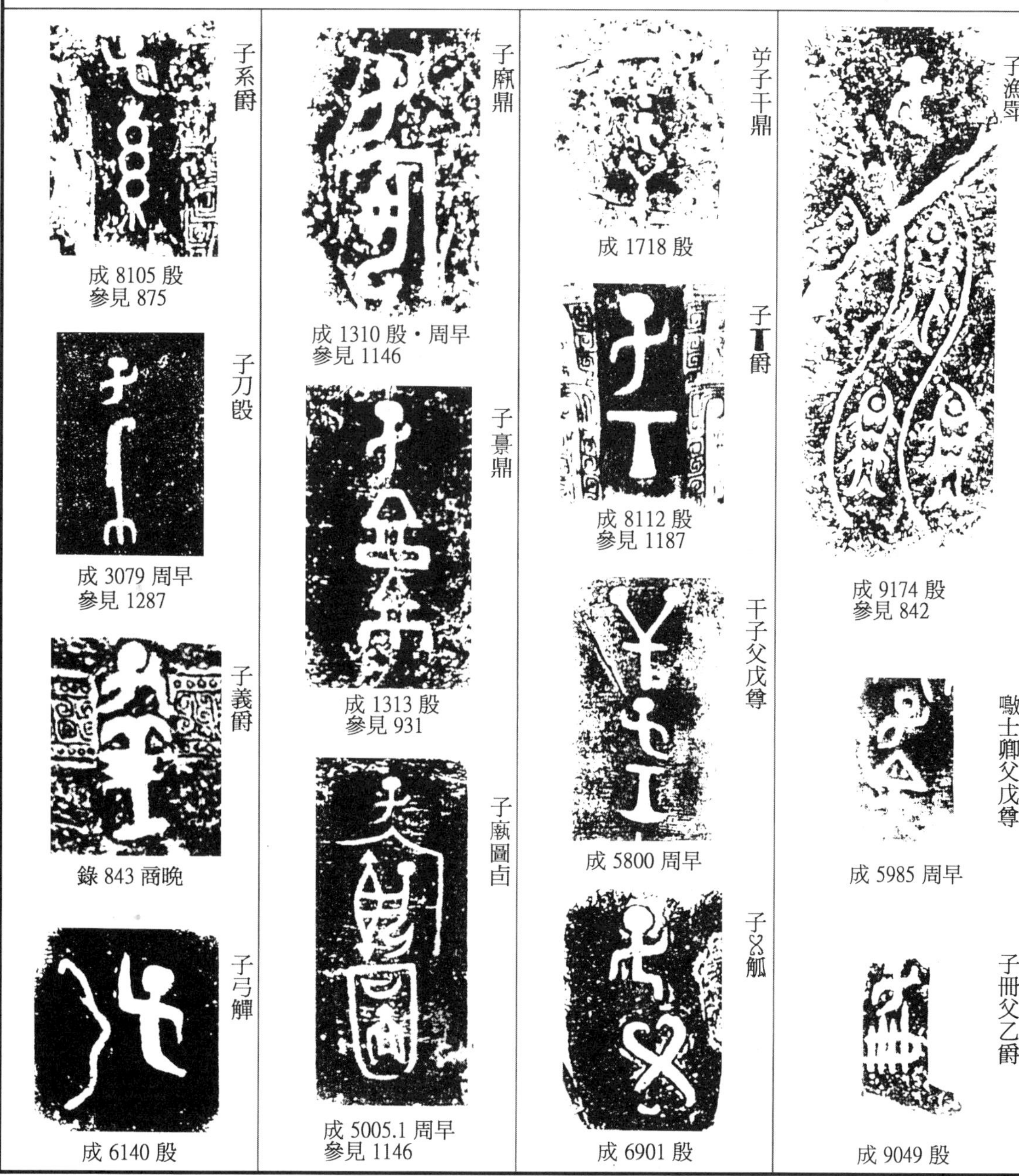

子漁斝

成 9174 殷
參見 842

嗍士卿父戊尊

成 5985 周早

子冊父乙爵

成 9049 殷

屰子干鼎

成 1718 殷

子□爵

成 8112 殷
參見 1187

干子父戊尊

成 5800 周早

子□觚

成 6901 殷

子廟鼎

成 1310 殷・周早
參見 1146

子亶鼎

成 1313 殷
參見 931

子廟圖卣

成 5005.1 周早
參見 1146

子系爵

成 8105 殷
參見 875

子刀殷

成 3079 周早
參見 1287

子義爵

錄 843 商晚

子弓觶

成 6140 殷

子口〓爵

成 8768 殷

子口爵

成 8118 殷

子〓器

成 10513 殷

子且癸觚

成 7085 殷

子父乙鼎

成 1534 周早

子父丙觚

成 7103 周早

子父丁卣

成 4943.2 殷

子戊鼎

成 1316 殷

子父己鼎

成 1621 殷・周早

子庚父觚

成 7138 殷

子父辛鼎

成 1661 殷

子癸殷

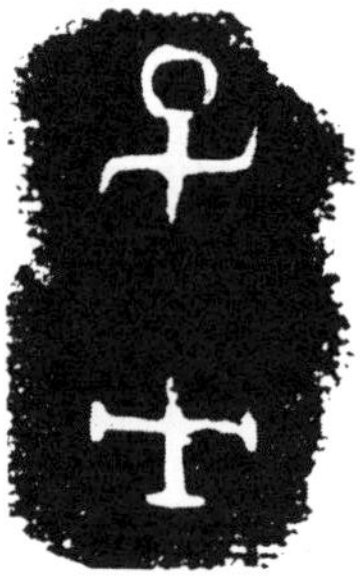

成 3071 殷

子〓女爵

成 8757 殷
參見 1262

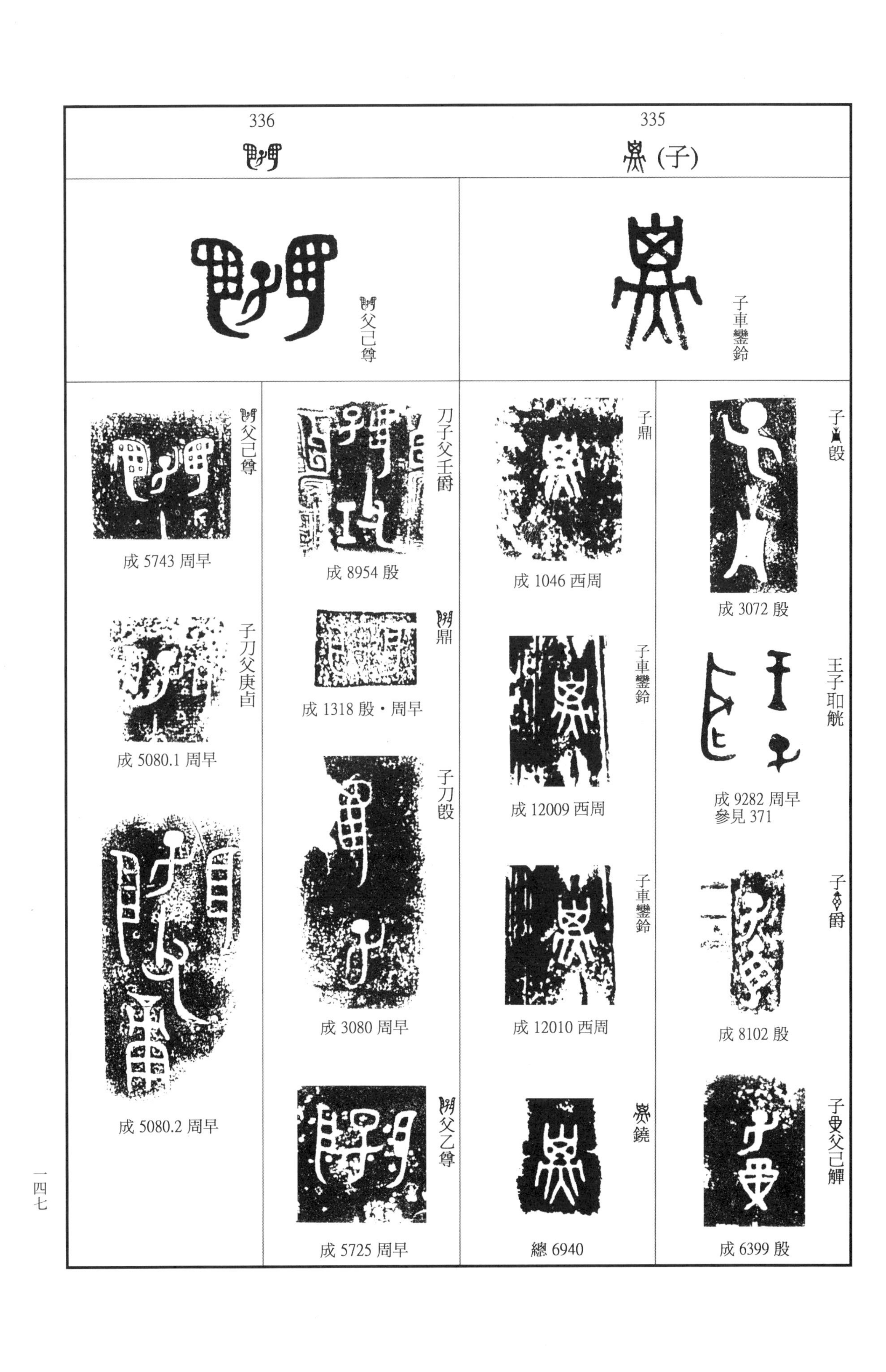

335

(子)

子車鑾鈴

子殷

成 3072 殷

王子耵觥

成 9282 周早
參見 371

子爵

成 8102 殷

子父己觶

成 6399 殷

子鼎

成 1046 西周

子車鑾鈴

成 12009 西周

子車鑾鈴

成 12010 西周

鐃

總 6940

336

父己尊

刀子父壬爵

成 8954 殷

鼎

成 1318 殷・周早

子刀殷

成 3080 周早

父乙尊

成 5725 周早

父己尊

成 5743 周早

子刀父庚卣

成 5080.1 周早

成 5080.2 周早

339	338	337
[illegible]	[illegible]	盂

337 盂

父乙盂觚

父乙盂觚

成 7099 殷

338 [illegible]

亞[illegible][illegible]罍

亞[illegible][illegible]罍

成 9793 殷
參見 1420

亞[illegible]父丁觚

成 7293 殷

339 [illegible]

亞[illegible]父丁卣

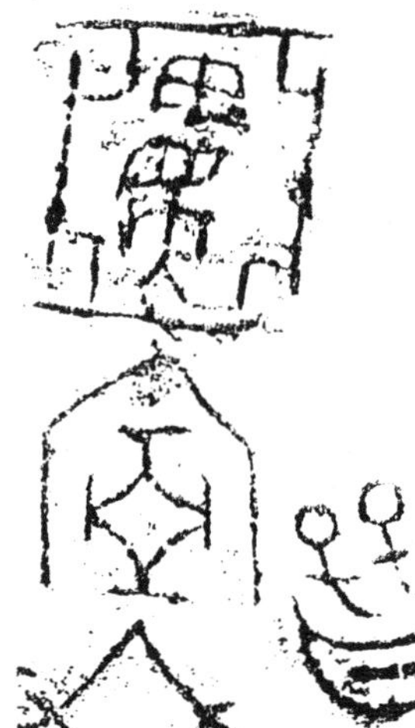
亞[illegible]父丁卣

成 5271.1 殷

[illegible][illegible]父丁罍

成 9810 周早

亞[illegible]父丁卣

成 5271.2殷

343 [illegible]	342 [illegible]	341 [illegible]	340 [illegible]
[illegible]父乙爵	[illegible]父丁爵	[illegible]爵	子[illegible]殷
[illegible]父乙爵	[illegible]父丁爵	[illegible]爵	子[illegible]殷
成 8393 周中	成 8443 殷	成 7322 殷・周早	成 3077 殷

目部

		344 孔
		孔作父癸鼎
		孔作父癸鼎
		成 2021 周中

一四九

346 臣	345 目
 敄亞又戈	 目爵

345 目

目方彝
成 9834 殷

學
成 9122 殷

目爵
成 7493 殷・周早

目爵
成 7494 周早

目父癸鼎
成 1691 周早
參見補 16

346 臣

臣戈
成 10665 殷

臣戈
成 10666 殷

臣戈
成 10667 殷

敄亞又戈
成 10949.2 殷

敄亞又戈
成 10948.2 殷

敄亞又戈
成 10946.2 殷

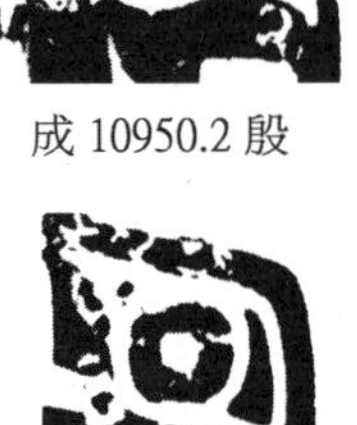
敄亞又戈
成 10950.2 殷

敄亞又戈
成 10947.2 殷

敄亞又戈
成 10951.2 殷

臣父乙爵
成 8998 周早

臣父乙爵
成 8999 周早

臣辰先父乙尊
新 1747 商晚

臣辰先冊父癸殷
成 3522.1 周早
參見 33

父乙臣辰鼎
成 2006 周早
參見 33

350
349
省
348
347
目宋
子辛卣
省作父丁觚
斝
目宋觚
子辛卣
成 5004 殷
省作父丁觚
成 7234 周早
省觶
成 6359 殷
參見 474
斝
成 9191 周早
目宋觚
成 7054 殷

351	352	353	354
[illegible]	[illegible]	眉	[illegible]
子[illegible]甗	眉子鬲	眉戈	[illegible]戈
子[illegible]甗 成 7175 殷	眉子鬲 成 487 殷	眉戈 錄 1072 商晚 眉鼎 新 1563 商晚	[illegible]戈 成 10668 殷

355	356	357	358
[illegible]	[illegible]	[illegible]	監
[illegible][illegible][illegible]爵	[illegible]且壬爵	[illegible]父己爵	監且丁觶
[illegible][illegible][illegible]爵 成 8815 殷	[illegible]且壬爵 成 8357 周早	[illegible]父己爵 成 8548 殷	監且丁觶 成 6207 殷

361	360	359
䀠子	⿲目丨目	䀠

䀠子弓箙卣

冊⿲目丨目且癸方彝

䀠觚

䀠子弓箙卣

成 5142 殷

冊⿲目丨目且癸方彝

成 9877 殷

䀠亞且癸鼎

成 1816 殷・周早

⿱䀠豕爵

成 7500 殷
參見 734

[illegible]斝

中國法書選1・金文5

䀠觚

成 6582 殷

䀠觚

新 1115 商晚

䀠作父癸鼎

成 2257 周早

[illegible]䀠作彝斝

成 9235 殷

⿱䀠𤔲

總 5550

363	362
目目𠂤	⺜⺝

目目𠂤觚

⺜⺝湆爵

目目𠂤觚

成 6933 段

⺜⺝甗

成 899 周早

湆伯逘尊

成 5954 周早

⺜⺝湆伯逘卣

成 5364.1 周早

成 5364.2 周早

⺜⺝湆伯逘卣

成 5363.1 周早

湆嗣土逘段

成 4059 周早

⺜⺝湆爵

成 8229 周早

⺜⺝湆爵

成 8231 周早

⺜⺝湆爵

成 8230 周早

年𠂤段

成 3579 周早

⺜⺝逘鼎

成 2178 周早

逊觶

成 6480.2 周早

晨作寶⺜⺝段

成 3366 周早

⺜⺝逘鼎

成 2177 周早

367
366
365
364
成 3417 殷
成 7495 殷・周早
成 6364 殷
成 8808 殷
成 9185 殷
成 6585 周早
成 4880 殷

⿱䀠又

⿱䀠又父己觚

⿱䀠又戈
成 10674.1 殷

⿱䀠又戈
成 10677.1 殷

⿱䀠又觚
成 6583 殷

成 10674.2 殷

成 10677.2 殷

⿱䀠又戈
成 10675.1 殷

⿱䀠又父己觚
成 7133 殷

⿱䀠又戈
成 10673.1 殷

成 10675.2 殷

⿱䀠又㝵
成 9123 殷

成 10673.2 殷

⿱䀠又觚
成 6584 殷

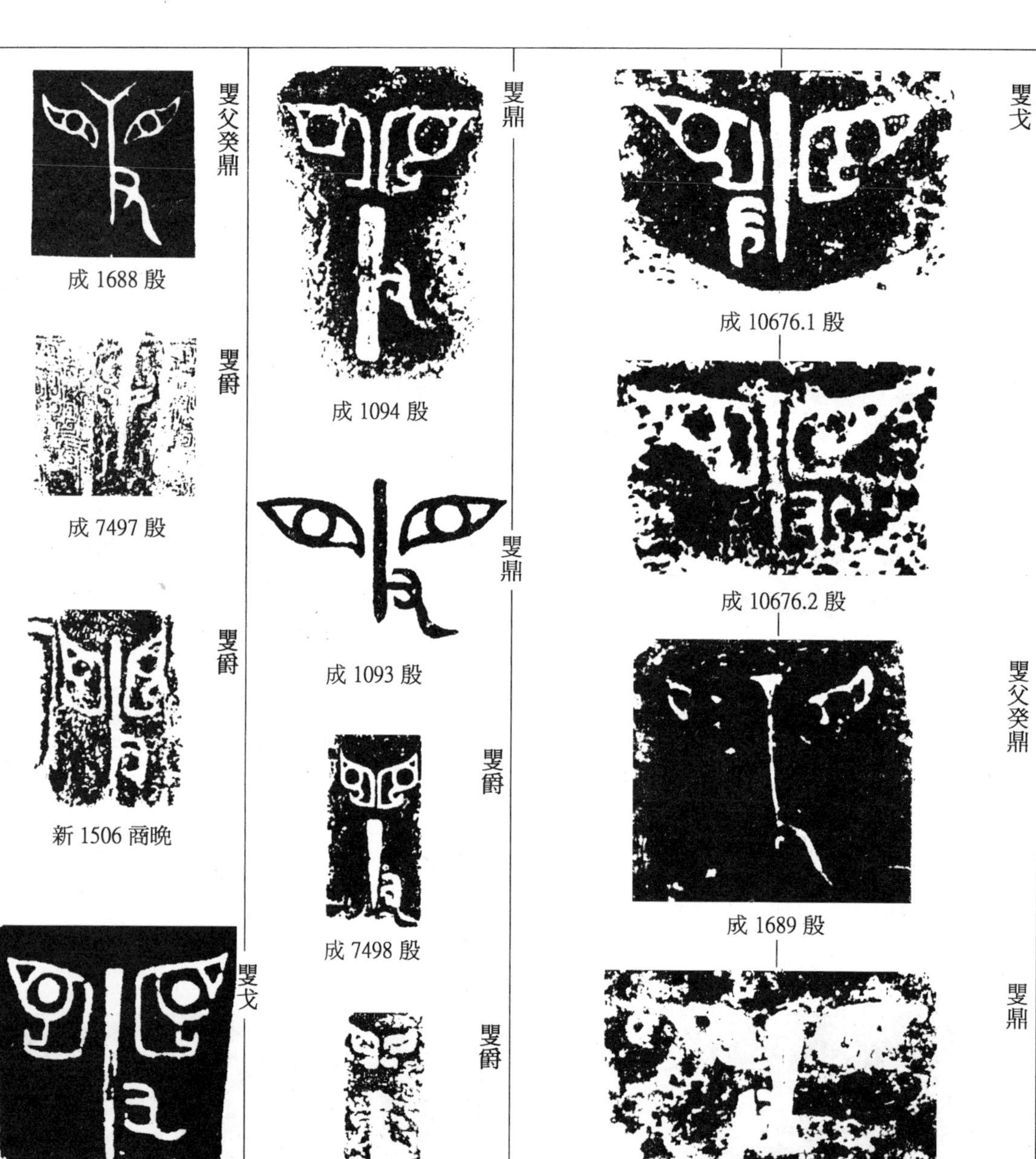

𥄎戈

成 10676.1 殷

成 10676.2 殷

𥄎父癸鼎

成 1689 殷

𥄎鼎

成 1095 殷

𥄎鼎

成 1094 殷

𥄎鼎

成 1093 殷

𥄎爵

成 7498 殷

𥄎爵

成 7499 周早

𥄎父癸鼎

成 1688 殷

𥄎爵

成 7497 殷

𥄎爵

新 1506 商晚

𥄎戈

新 1291 商晚

369

耳

耳戈

耳衔父丁鼎

成 1853 殷
参見 989

耳奚父丁鼎

成 1854 周早

耳弢丰殷

新 593 周早

耳戈

成 10672.1 殷

成 10672.2 殷

耳爵

成 7505 殷

耳戈

成 10671.1 殷

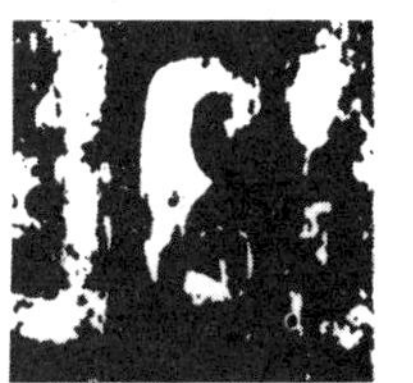

成 10671.2 殷
参見補 14

耳部

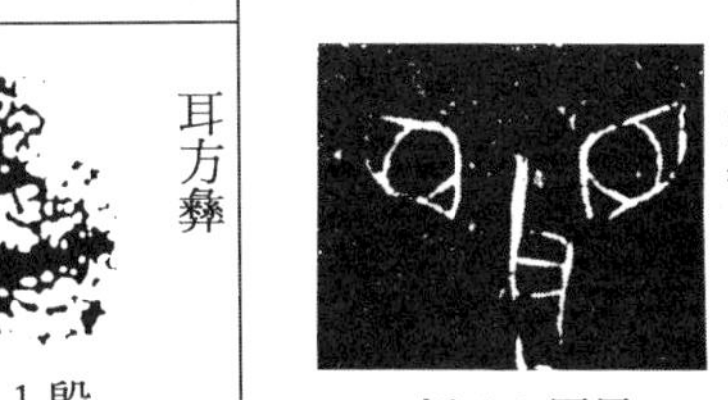

耳方彝

成 9835.1 殷

成 9835.2 殷

耳鼎

成 1222 殷

叟父乙鼎

新 1292 商晚

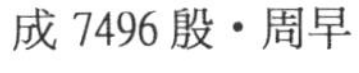

叟爵

成 7496 殷・周早

叟父丁卣

新 679 周早

叟觶

成 6043 周早

叟父癸鼎

成 1690 周早

372	371	370	
聑	耶(?)	耴(?)	
聑田戈	耶鼎	耴觚	
聑父辛鼎 成 1657 殷	耶鼎 成 1223 殷	耴觚 成 6586 殷	耳𠙵爵 成 8268 殷
聑田戈 成 10871.1 殷	王子耶鼎 錄 252 商晚		𠙵夕卣 成4867.1 殷
聑父丙爵 成 8440 殷	王子耶觥 成 9282 周早		成 4867.2 殷
聑爵 新 1646 商晚			𠙵耳尊 成 5558 殷
保[?]爵 成 8172 殷			

373 聑𠂤	聑
十聑鼎	聑父丙鼎

十聑鼎
成 1752 殷

耳𠂤爵
成 8267 殷

聑𠂤父乙卣
成 5058.1 殷

成 5058.2 殷

聑𠂤父乙觶
成 6385 殷

聑𠂤父乙方彝
成 9871 殷

耳竹爵
錄 861 商晚

聑嘼器
成 10507 殷

聑嘼殷
成 3124 殷
參見補 15

聑𠦪爵
成 8205 殷

聑竹觚
成 6932 殷

耳𠦪爵
成 8269 殷

聑𠦪爵
成 8206 殷

聑髭

聑髭觚

聑𦕒婦觚鼎

成 1904 殷

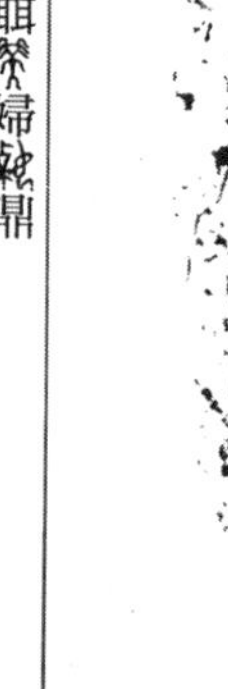

聑髭觚

成 6930 殷

聑𦕒婦𡚬卣

成 5098 殷

聑𦕒婦姝爵

成 8983 殷

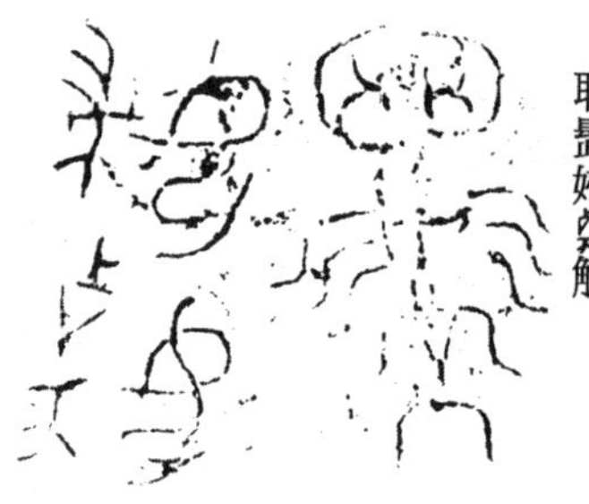
聑髭婦𡚬觚

成 7254 殷

聑𦕒婦姝爵

成 8982 殷

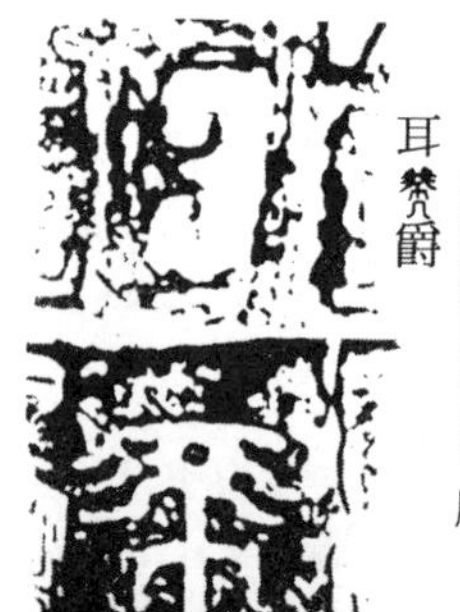
耳𦕒爵

成 8157 殷
參見 407

邐殷

成 3975 殷

聑𦕒婦姝角

成 8984.2 殷

聑𦕒婦𡚬爵

成 5760 殷

375

聑兕

聑兕觶

聑兕觶

成 6155 殷

376

聑倗

爵[illegible]且丁爵

爵[illegible]且丁爵

成 8840 殷

377

聑僩

聑[illegible]鼎

聑[illegible]鼎

成 6928 殷
參見 17

378

聑䰜

聑酉戈

聑酉戈

成 10869 殷

379

耳咠

耳咠

新 1582 商晚

自部

380

自

息父乙鼎

息父乙鼎

成 1535 殷

自爵

成 7751 殷

381

息

乙息觚

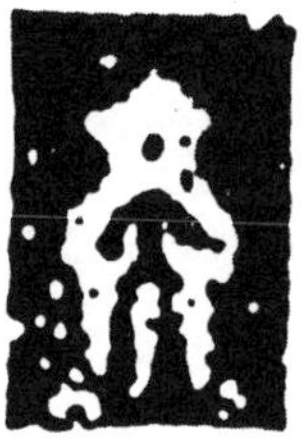

息戈

成 10723 殷

息鼎

成1226 殷

乙息觚

成 6824 殷

息矛

成 11425 殷

息戈

成 10724 殷

息

息鼎

息觶

錄 639 商

息父乙觚

錄 742 商晚

息辛爵

錄 824 商晚

息乙觚

錄 737 商晚

息爵

錄 785 商晚

息己爵

錄 822 商晚

息父辛鼎

錄 235 商晚

息爵

錄 784 商晚

息父口爵

新 612 商晚

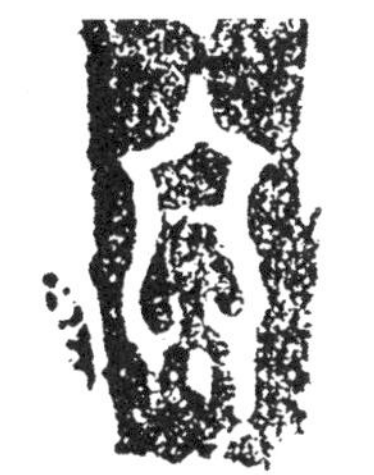

辛息爵

新 606 商晚

己父息觚

新 240 商晚

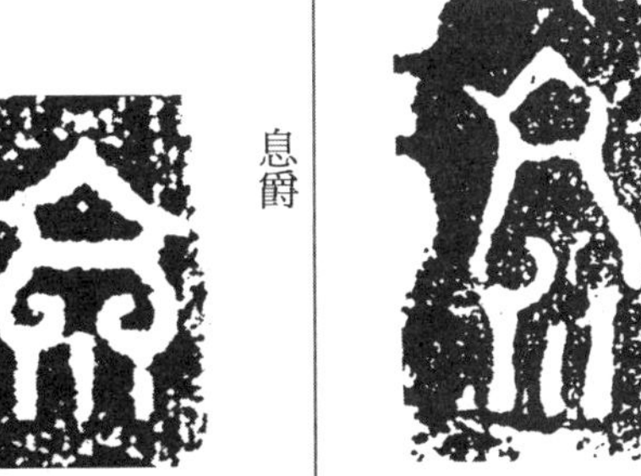

息爵

新 609 商晚

息鼎

成 1227 殷

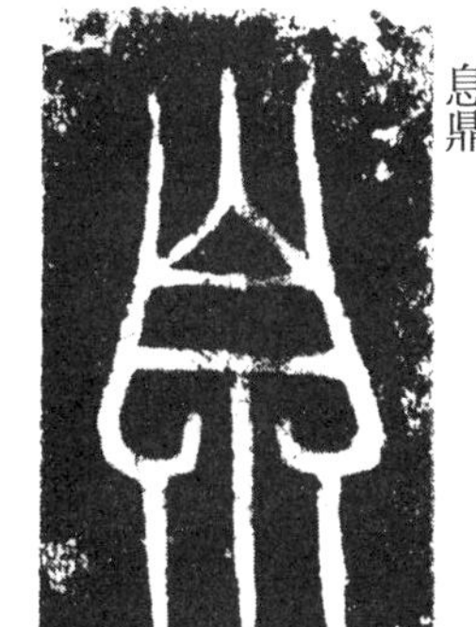

息鼎

成 1225 殷

息爵

新 618 商晚

息父乙觚

新 629 商晚

息戈

新 625 商晚

息庚爵

新 630 商晚

息母觚

錄 736 商晚

息父丁鼎

成 1598 周早

息父丁鼎

錄 231 周早

息父辛鼎

新 620 商晚

息斤尊

錄 614 商晚

口部

口尊

成 5452 殷

口父辛觚

成 7145 周早

父戊口爵

成 8530 周早

382

口

口尊

子口盉

新 565 周早

新 565 周早

子口鼎

新 544 周早

子口爵

錄 845 周早

長子口罍

新 566 周早

383

亞𠮛爵

告戈

成 10859.1 殷

亞𠮛爵

成 7828 殷

𠮛亞卣

成 4820 殷

長子口鼎

新 550 周早

長子口罍

新 566 周早

刀口爵

成 8247 殷

亞束口爵

成 8801 殷

長子口觥

新 563 周早

長子口卣

新 553 周早

長子口爵

新 561 周早

子口尊

新 558 周早

長子口觥

新 564 周早

新 564 周早

長子口尊

新 557 周早

長子口鼎

新 546 周早

384 吹

吹作樠妊鼎

吹作樠妊鼎

成 2179 周早

385 ⿰亻口

⿰亻口每爵

⿰亻口每爵

成 8138 殷

侣母爵

新 1427 商晚

386 舌

舌方鼎

舌鼎

成 1221 殷

舌父丁觶

成 6260.1 殷

成 6260.2 殷

舌父己爵

成 8553 殷

舌觚

成 6581 殷

舌卣

成 4768.1 殷

成 4768.2 殷

舌卣

成 4767 殷

舌方鼎

成 1220 殷

舍父己鼎
成 1616 殷
舌爵
成 7501 殷
舌觶
成 6033 殷
舌爵
成 7503 殷
舌父己觚
成 7132 殷
舌父己觚
成 8552 殷
舌觚
成 6580 殷
舌爵
成 7502 殷
舌鐃
成 376 殷
舌爵
成 7504 殷
父舌觚
新 1849 商晚
舌乙父尊
成 5616 周早
父己段
成 3197 周早
舌戊觚
成 7161 殷
艅舌盤
成 10035 殷
爵
總 3281
爵
成 8788 殷
舌作妣丁爵
成 8979 周早

389 告田	388 告宁	387 告
告田鼎	告宁鼎	告觚

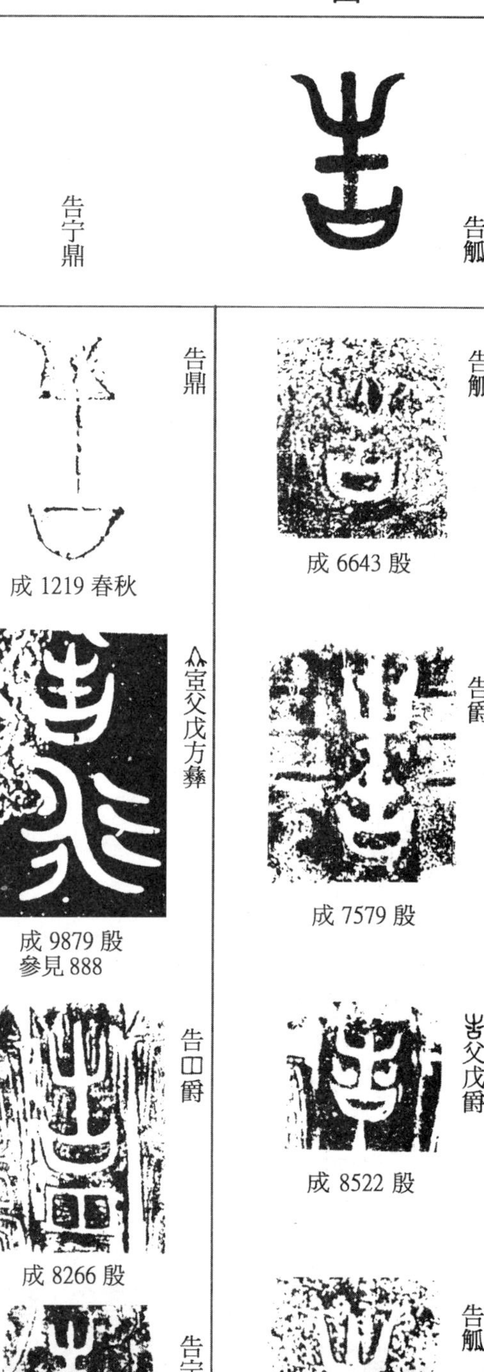

告田鼎 成 1482 殷

告田觥 成 9257.1 殷

成 9257.2 殷

告宁爵 成 8264 殷

告宁觚 成 7005 殷

告宁父戊觶 成 6398 殷

告宁鼎 成 1368 殷

告宁爵 成 8265 殷

告鼎 成 1219 春秋

宫父戊方彝 成 9879 殷 參見 888

告田爵 成 8266 殷

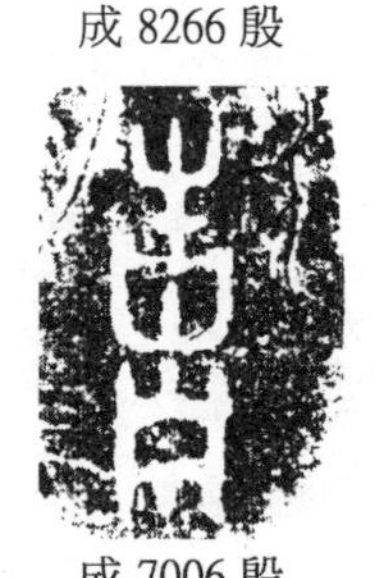

告宁觚 成 7006 殷

告觚 成 6643 殷

告爵 成 7579 殷

告父戊爵 成 8522 殷

告觚 成 6642 殷

田告

田告父丁器

田告母辛方鼎
成 2145.1 周早

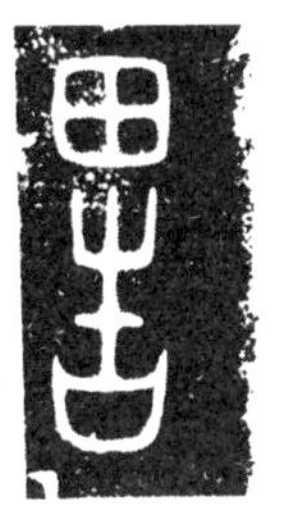
成 2145.2 周早

田告罍
成 9777 周早

田告父丁爵
成 8903 殷

田告父丁器
成 10536 殷

田告父丁鼎
成 1849 殷・周早

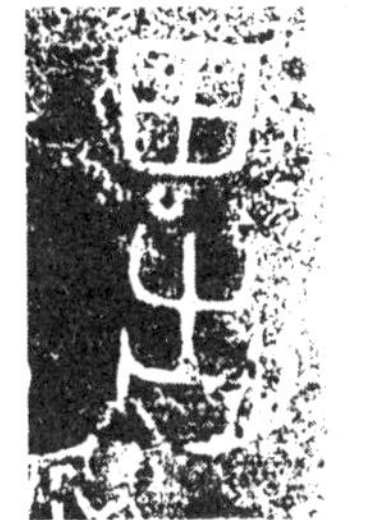
田告甗
成 889 周早

告田觶
成 6191 殷

告田觶
成 6192 周中

田告父乙卣
成 5056 殷

田告觚
成 7013 殷

告田鼎
成 1483 殷

父丁告田觶
成 6391 周早

告田觚
錄 929 周早

392	391	390	
凵	公	者	
凵鼎	雁公觶	者◇鼎	
凵鼎 成 1224 殷	雁公觶 成 6174 周早 應公鼎 新 1438 周早 帆公父丁卣 成 5074.1 殷	者◇鼎 成 1757 周早 六七六六◇者方鼎 錄 252 周早	田告父丁卣 成 5273.1 周早 成 5273.2 周早 冊告卣 成 4872 殷 亼宦父戊方彝 成 9879 殷 參見 888

395	394	393
𠼐	㕣	合
戈𠼐卣	㕣卣	合冑
戈𠼐卣 成 5112.1 周早 成 5112.2 周早	㕣卣 新 1005 商晚 新 1005 商晚	合冑 成 11882 殷 合冑 成 11883 殷 合冑 成 11884 殷 合冑 成 11881 殷 合冑 成 11880 殷

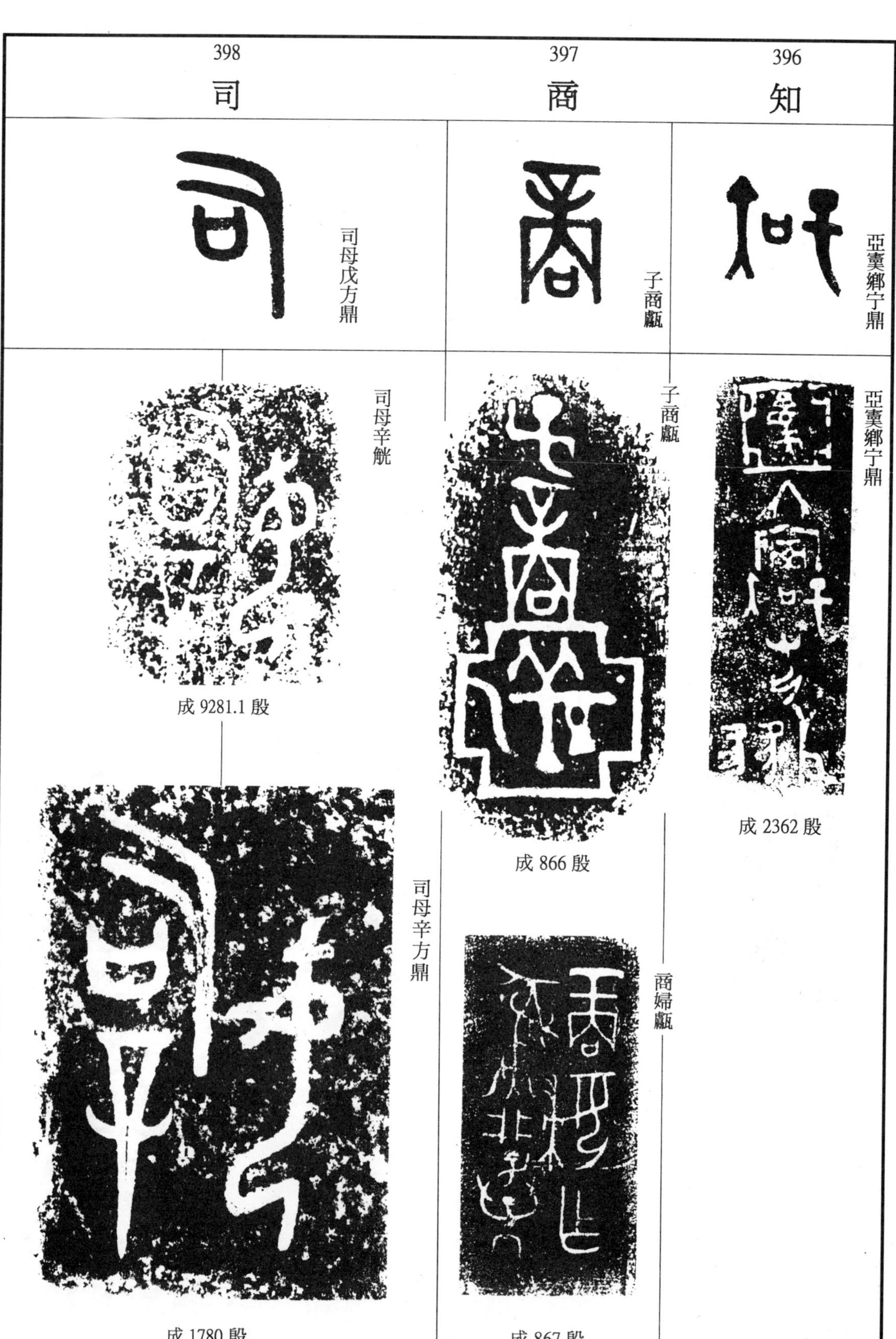

成 9281.1 殷

成 866 殷

成 2362 殷

成 1780 殷

成 867 殷

司母戊方鼎

成 1706 殷

司母辛方鼎

成 1707 殷

司母辛方形器

成 10345 殷

司㚸母器蓋

成 10346 殷
參見 757.758

司母辛觥

成 9280.2 殷

司母辛觥

成 9280.1 殷

司母辛觥

成 9281.2 殷

400	399
戊鼎	殷

399

殷
成 3034 西周

簋
總 1724

總 1724

400

戊鼎

戊鼎
成 1291 殷

父辛鼎
成 1658 殷

父丁鼎
錄 285 商晚

父丁鼎
成 1597 殷・周早

䀦卣
新 779 商晚・周早

尊
新 778 商晚・周早

父癸鼎
成 9364 周早

父庚觥
成 9277 周早

且辛爵
成 8348 周早

作父丁觚
成 7280 周早

作父丁觶
成 6471 周早

飫作父戊卣
成 5312.2 周早

尊
成 5453 周早

作父癸觶
成 6449 周早

父辛卣
成 5089.2 殷
參見 20

鹵部

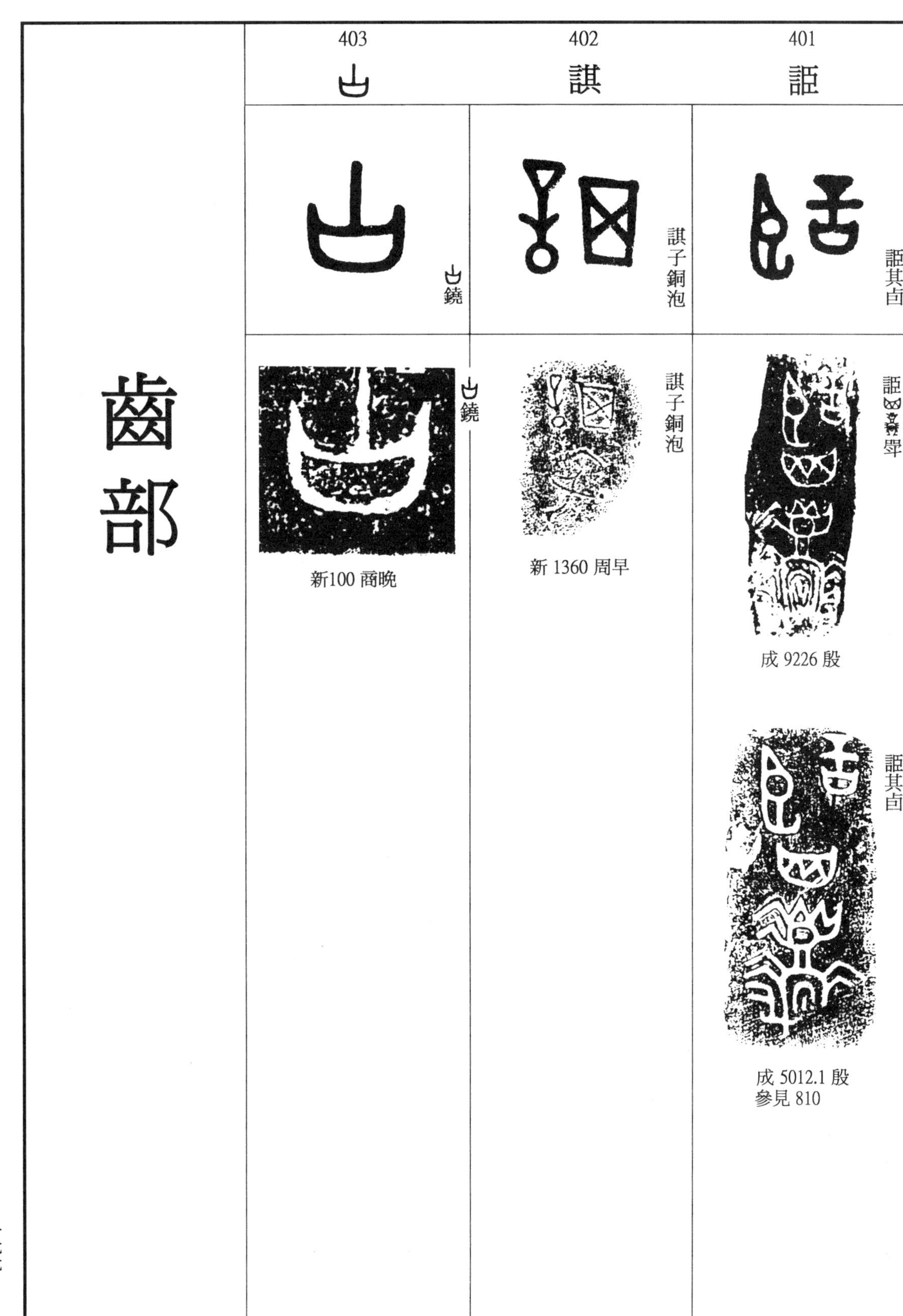

新100 商晚

新 1360 周早

成 9226 殷

成 5012.1 殷
參見 810

須𦣝部

405

⿱木𠚕

⿱木𠚕見冊鼎

⿱木𠚕見冊鼎

成 1762 殷
見 1340

404

⿱文𠚕

斝

戈

成 10769 殷

⿱文𠚕兄丁觶

成 6353 殷

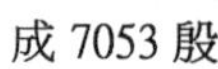

⿱文𠚕木觚

成 7053 殷

⿱文𠚕受且丁尊

成 5714 殷・周早

戊爵

成 8208 殷

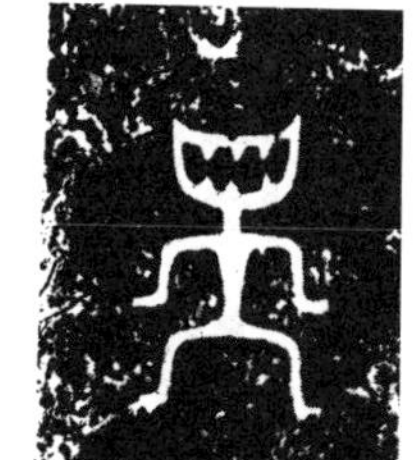

父己鬲

成 481 殷

斝

成 9107 殷

⿰女戠鼎

成 1488 殷

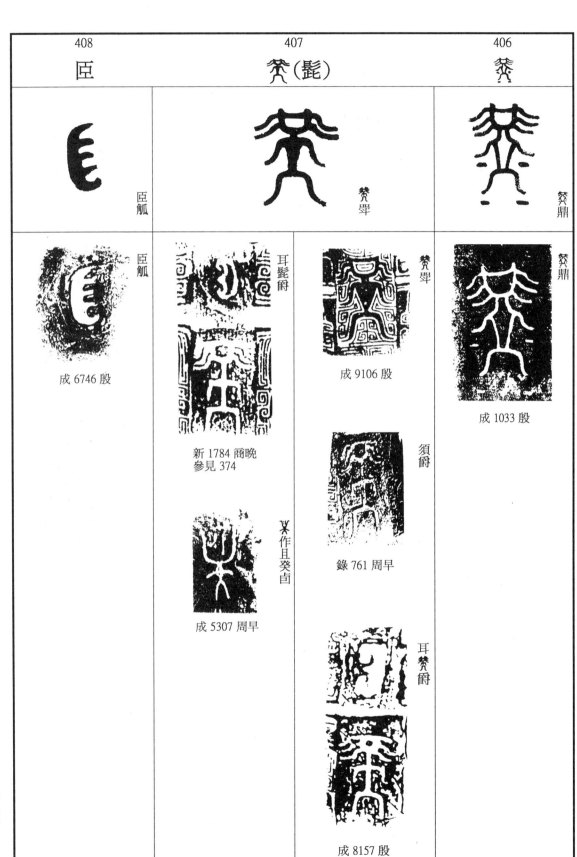

408	407		406
臣	𩑋(髭)		𩑋
臣觚	𩑋斝		𩑋鼎
臣觚 成 6746 殷	耳髭爵 新 1784 商晚 參見 374 𢓊作且癸卣 成 5307 周早	𩑋斝 成 9106 殷 須爵 錄 761 周早 耳𩑋爵 成 8157 殷	𩑋鼎 成 1033 殷

411 顯	410 頣		409 𤔲
顯卣	伯頣觶	頁部	𤔲父丁卣
顯卣 成 5389.1 周早 顯卣 成 5389.2 周早	伯頣觶 成 6175 周早		𤔲父丁卣 成 5067.1 周早 成 5067.2 周早

412

頡

頡卣

頡卣

成 5188.1 周早

成 51882.2 周早

413

頪

頪甗

頪甗

成 865 周中

心部

414

心

父己爵

父己爵

成 8554 殷

女心鼎

錄 226 商晚

女心鼎

新 1925 商晚

女心觶

錄 657 周早

415	416		417
		手部	左
亞忌匕	爵		左觚
亞忌匕 成 968 殷	爵 成 7506 殷・周早		左盉 成 9315 殷
念觚 錄 694 商晚	爵 成 7507 殷		左觚 成 6588 殷
	己觚 新 1910 商晚		亞䀎左鐃 成 403 殷

418

又

又尊

又尊

成 5450 殷

又方彝

成 9831 殷

右瓿

新802 商晚·周早

左右戈

成 10874.1 殷

又尊

成 5449 殷

又爵

成 7435 殷

右盉

成 9317 殷

子又爵

成 8086 殷·周早

左癸敉鼎

成 1738 殷
參見 446

左右戈

成 10874.2 殷

左鼎

成 1097 殷

成 1097 殷

左爵

新 1645 商晚

川又父乙觶

成 6387 周早

共鼎

錄 178 商晚

又救癸卣

成 5174.1 殷

又羖父己卣

成 5077.1 殷
參見 446

419 友

友羖父癸爵

友羖父癸爵

成 9084 殷

友羖父癸爵

成 9085 殷

友救父癸觚

成 7303 殷

420 𢍏

并觚

并觚

成 6597 殷

并尊

成 5451 殷

421 㲋

㲋己觚

㲋己觚

成 6845 殷

㲋己觚

成 6846 殷

424 叔	423 取	422 皀
叔爵	取父癸卣	皀觚
叔爵 成 7454 殷	取父癸卣 成 4994.1 殷	皀卣 成 4792 殷
	成 4994.2 殷	皀觚 成 6595 殷
		皀父癸觶 成 6338 殷
		皀父辛爵 成 8613 周早
		皀觚 成 6596 殷
		皀爵 錄 767 周中
		皀且丁爵 成 8328 殷
		皀父乙爵 成 8394 殷

425

敕

敕觥蓋

敕觥蓋

錄 928 商晚

426

秉

秉觚

秉觚

成 6606 殷

秉戈

成 10764 殷

秉父辛鼎

成 1809 周早

秉田戊觶

成 6357 殷

秉▣父乙爵

成 8871 殷

辛秉▣爵

成 8798 殷

秉田戈

成 10870.1 殷

成 10870.2 殷

秉田觚

成 7029 殷

秉▣爵

成 8249 殷

秉中殷

成 3121 殷

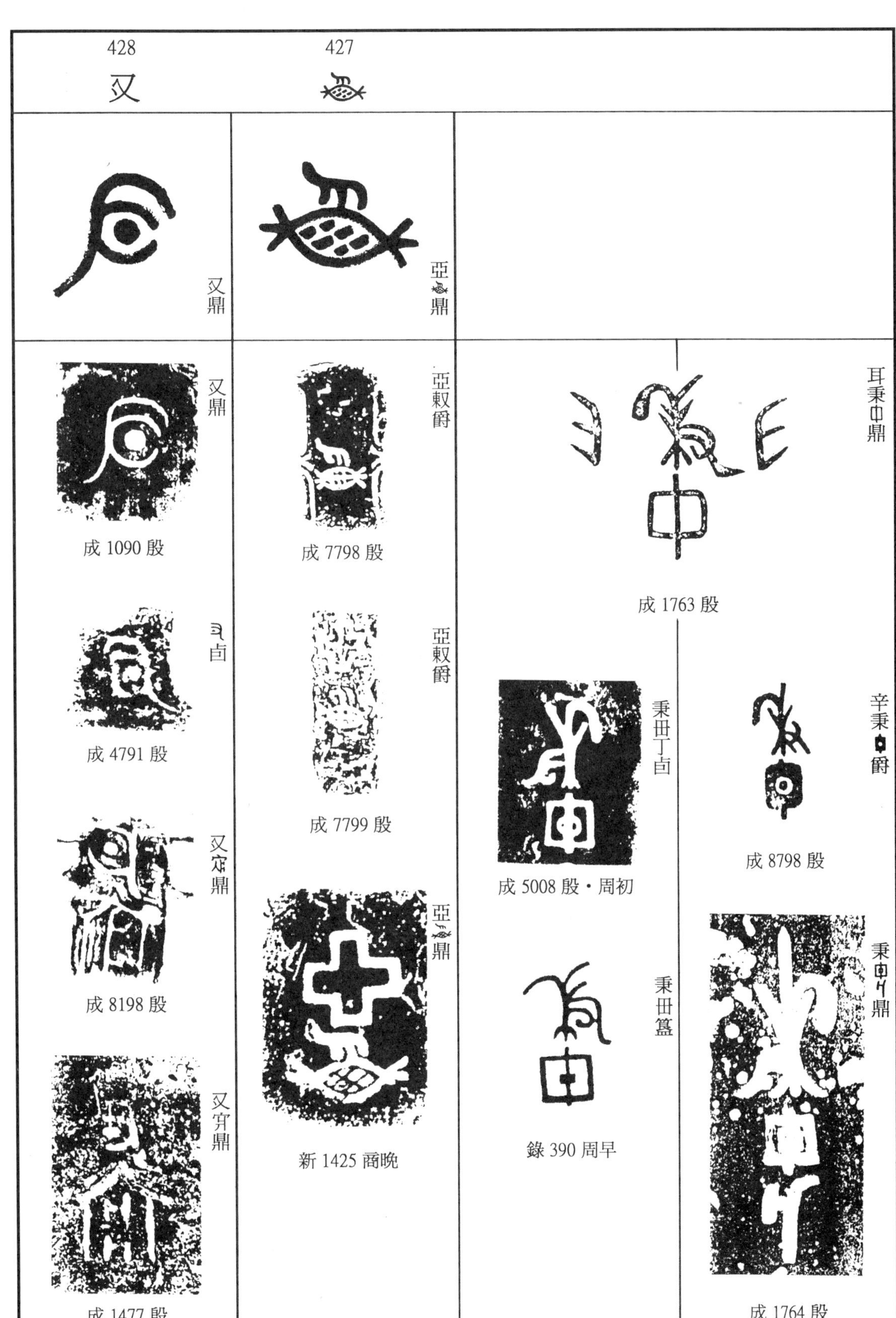

428 叉

427

叉鼎

亞鼎

叉鼎

成 1090 殷

亞叡爵

成 7798 殷

卣

成 4791 殷

亞叡爵

成 7799 殷

叉鼎

成 8198 殷

亞鼎

新 1425 商晚

叉鼎

成 1477 殷

耳秉中鼎

成 1763 殷

秉田丁卣

成 5008 殷・周初

秉田簋

錄 390 周早

辛秉爵

成 8798 殷

秉鼎

成 1764 殷

彐俞器

成 10505 殷

叉宥觚

成 6939 殷

彐俞器

成 10506 殷

叉宥觚

成 6938 殷

宥叉鼎

成 1478 殷

右宥觚

錄 733 商晚

429

臾

尹臾鼎

尹臾鼎

成 1351 周早

尹臾鼎

成 1352 周早

430

尹

尹父丁尊

尹箕

錄 1054 商晚

尹父丁尊

成 5630 周早

尹殷

成 3029 周早

尹作寶障殷

成 3391 周早

舟尹鼎

成 1457 周早·周中

431

尹舟

尹舟毁

尹舟父己毁
成 3325.1 毁

尹舟父己尊
成 5741 毁

尹舟毁
成 3106 毁

成 3325.2 毁

尹舟觚
成 6999 毁

尹舟父丁鼎
成 1857 毁

尹舟鼎
成 1458 毁

尹舟父癸爵
成 8967 毁

尹舟父癸觶
成 6422 毁

尹舟器
成 10508 毁

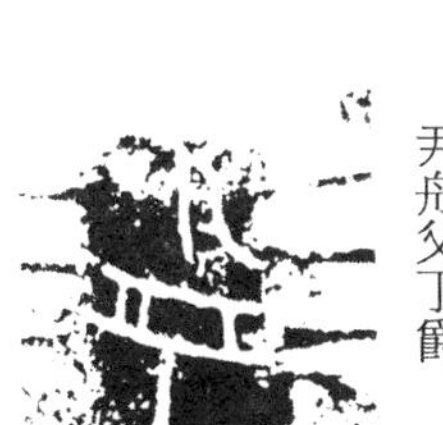
尹舟父丁爵
成 8902 毁

尹舟父丁觚
成 7236 毁

尹舟毁
成 3107 毁

432

聿

聿鼎

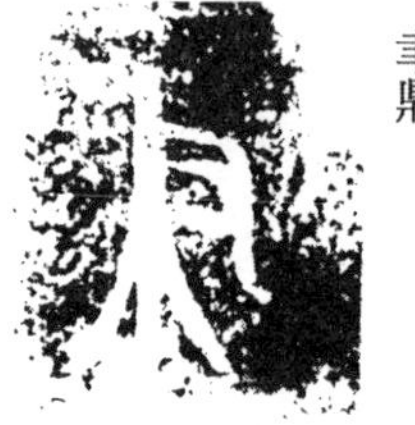
聿鼎
成 1099 殷

聿爵
成 7442 殷

聿爵
成 7441 殷

聿父戊斝
成 9213 殷

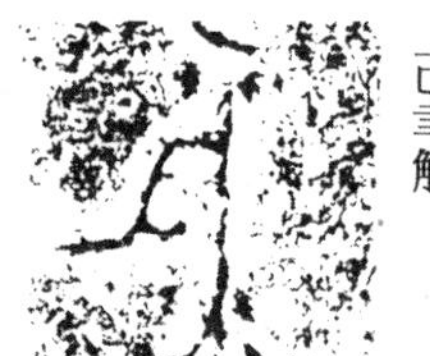
己聿觚
成 6837 殷

聿觶
成 6040.1 殷

成 6040.2 殷

聿爵
成 7443 殷

尹舟父己爵
成 8933 周早

尹舟父癸尊
成 5752 周早

尹舟父甲觶
錄 667 周早

尹舟觶
新 559 周早

𫝀父甲觶
總 6423

尹舟爵
錄 846 商晚

尹舟作兄癸卣
成 5296.1 周早

成 5296.2 周早

尹舟父丙觶
成 6388 周早

433

聿貝

聿貝父辛觶

聿貝父辛爵
成 8611 周早

聿貝父辛爵
成 8612 周早

聿貝作父癸卣
成 5290.1 周早

成 5290.2 周早

聿貝父戊爵
成 8528 周早

聿貝甲罍
成 9773 殷

聿貝父辛觶
成 6320 周早

聿貝引觚
成 7278 周早

聿貝作父辛尊
成 5883 周早

聿方彝
成 9832.1 殷

成 9832.2 殷

聿爵
成 7444 周早
參見 554・補 38

辛聿尊
成 5555 殷

聿爵
成 7440 殷

聿斝
成 9124 殷

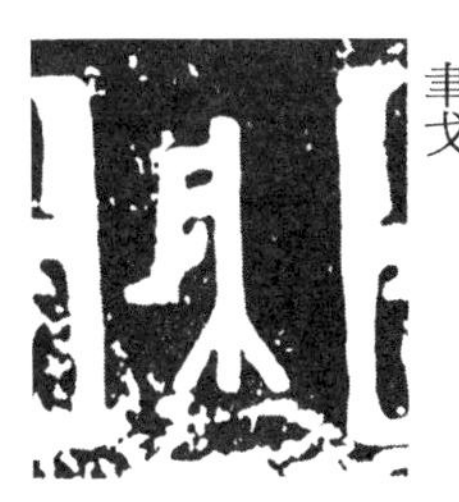
聿戈
成 10763.1 殷

成 10763.2 殷

賷弘觥

成 9288.1 殷

成 9288.2 殷

賷父辛卣

成 4971.1 周早

成 4971.2 周早

賷父辛殷

成 3209 周早

賷作父辛殷

成 3335 周早

賷作父辛卣

成 5283.1 周早

成 5283.2 周早

434

妻

子妻殷

子妻殷

成 3073 殷

子妻殷

成 3074 殷

子妻器

成 10514 殷
參見補 19

妻鼻父癸爵

成 8968 殷

435

史

史鼎

史鬲

成 448 殷

史鼎

成 1077 殷

史父庚鼎

成 1623 殷

□史己鼎

成 1736 殷

史

史鼎

史卣
成4721殷

史卣蓋
成4725殷

史尊
成5457殷

史殷
成2959殷

史殷
成2958殷

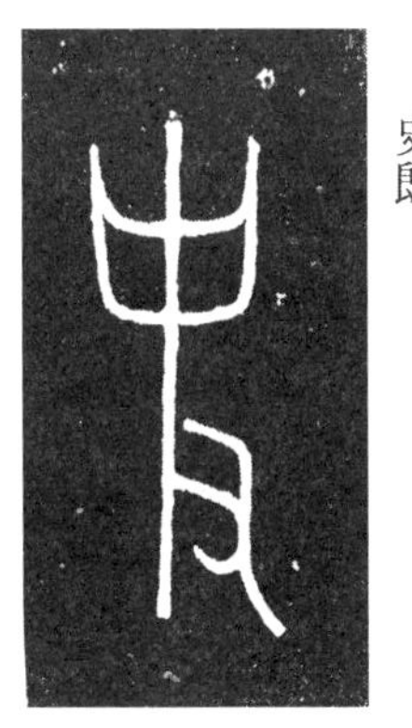
史殷
成2960殷

史殷
成2962殷

史鼎
成1086殷

史鼎
成1073殷

史鼎
成1075殷

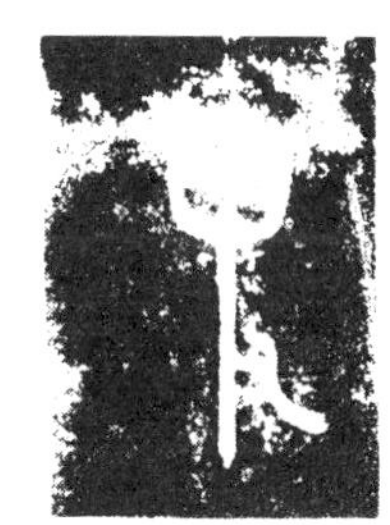
史鼎
成1079殷

史鼎
成1076殷

史鼎
成1078殷

史鼎
成1085殷

史尊

成 5456 殷

史殷

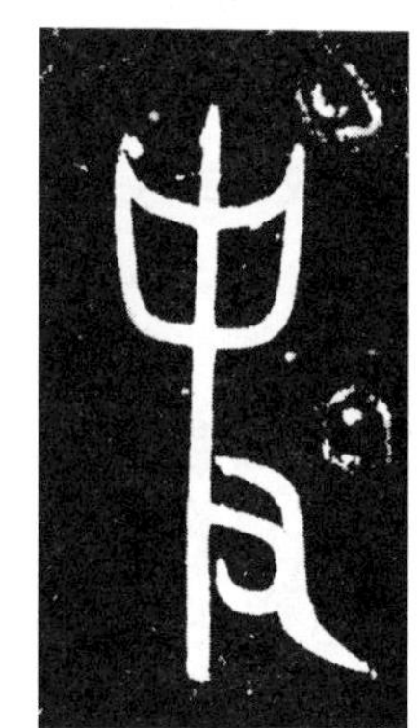

成 2961 殷

史尊

成 5455 殷

史卣

成 4722.1 殷

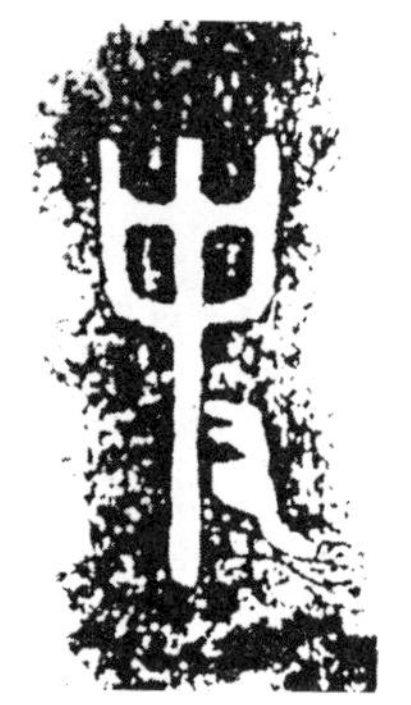

成 4722.2 殷

史尊

成 5458 殷

史卣

成 4723.1 殷

成 4723.2 殷

史觶

成 6046 殷

史觚

成 6608 殷

史卣

成 4724.1 殷

成 4724.2 殷

史觶

成 6045 殷

史觚

成 6607 殷

史觚
成 6618 殷

史觚
成 6615 殷

史觚
成 6611 殷

史觚
成 6609 殷

史觚
成 6614 殷

史觚
成 6619 殷

史觶
成 6047 殷

史殷
成 2957 殷

史觚
成 6623 殷

史觶蓋
成 6048 殷

史觚
成 6622 殷

史尊
成 5460 殷

史爵
成 7450 殷

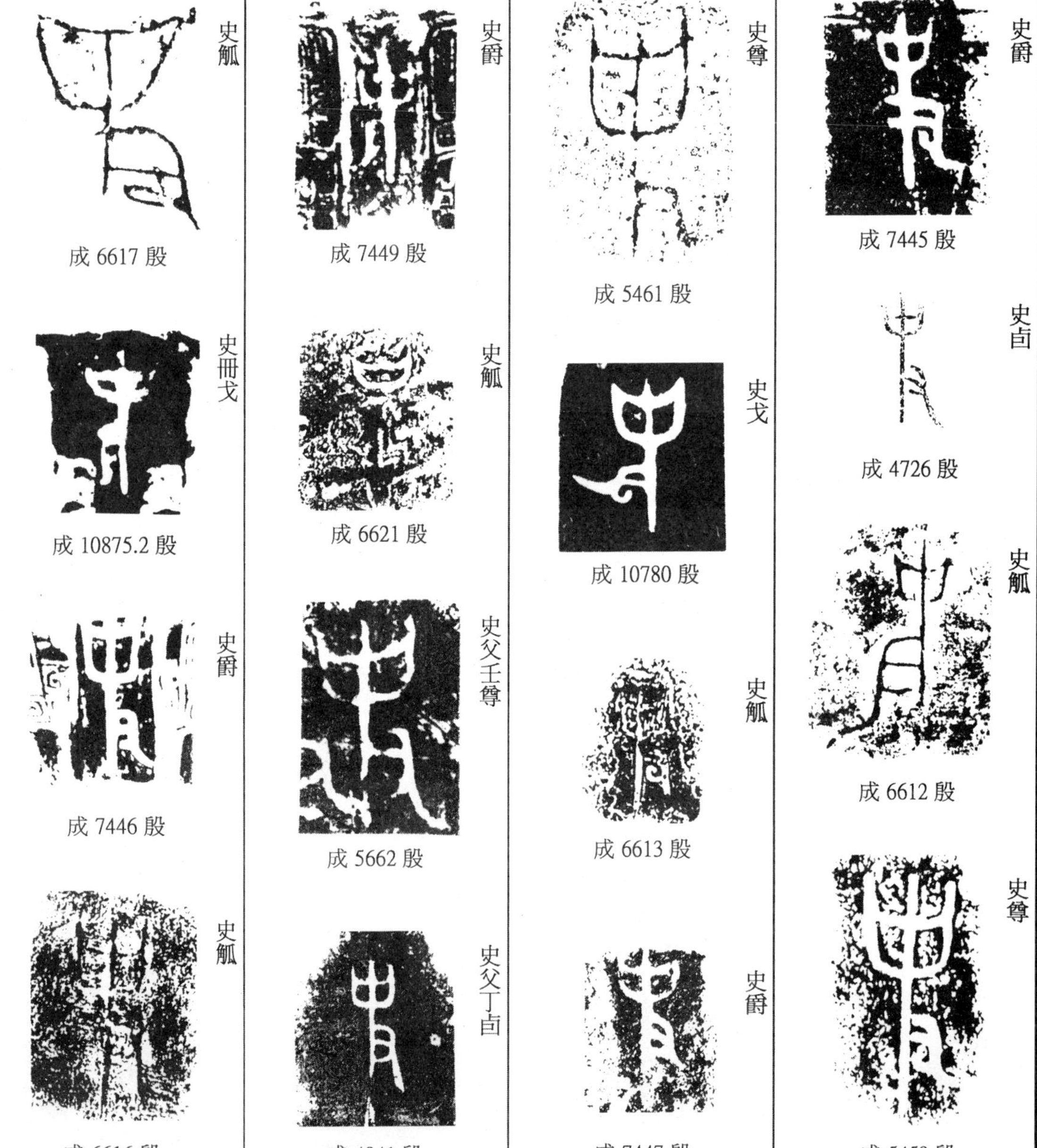

史爵
成 7445 殷
史卣
成 4726 殷
史觚
成 6612 殷
史尊
成 5459 殷
史尊
成 5461 殷
史戈
成 10780 殷
史觚
成 6613 殷
史爵
成 7447 殷
史爵
成 7449 殷
史觚
成 6621 殷
史父壬尊
成 5662 殷
史父丁卣
成 4941 殷
史觚
成 6617 殷
史冊戈
成 10875.2 殷
史爵
成 7446 殷
史觚
成 6616 殷

史觚
成 6620 殷

史觚
成 6610 殷

史斝
成 9125 殷

史父乙卣
成 4929 殷

史且乙觶
成 6200.1 殷

成 6200.2 殷

父丁史觚
成 7106 殷

史父丁爵
成 8453 殷

史父辛爵
成 8615 殷

史箕
成 10392 殷

史鼎
成 1074 殷

史鐃
成 372 殷

史鐃
成 373 殷

史方彝
成 9833 殷

史鼎

成 1088 殷

史鼎

成 1087 殷

史癸爵

成 8065 殷

史父己觶蓋

成 6272 殷

史父丁爵

錄 874 商晚

史爵

錄 783 商晚

史母癸觚

新 1039 商晚

史尊

新 1583 商晚

史鬲

新 1834 商晚

史鼎

新 1421 商晚

史爵

新 1114 商晚

史爵

新 1568 商晚

史爵

成 7448 殷·周早

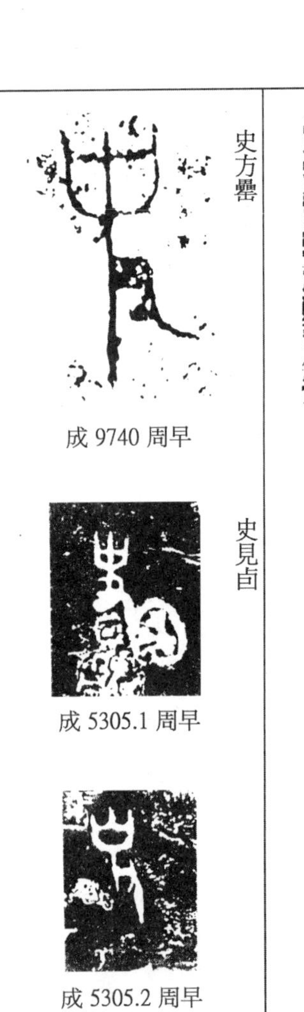

史方罍

成 9740 周早

史見卣

成 5305.1 周早

成 5305.2 周早

史尊

成 5462 周早

史父癸尊

成 5666 周早

史父庚鼎

成 1624 周早

父作彝方罍

錄 982 周早

史且庚卣蓋

成 4895周早

史父乙豆

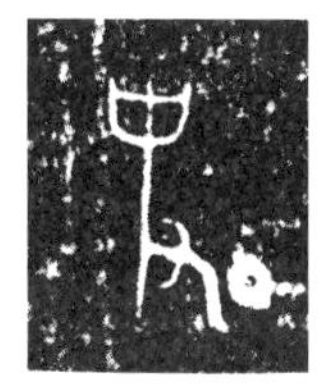

錄 539 周早

史父癸盉

成 9361.1 周早

成 9361.2 周早

史見觚

成 7279 周早

史觶

成 6049 周早

史父癸觶

成 6337 周早

史父丙觚

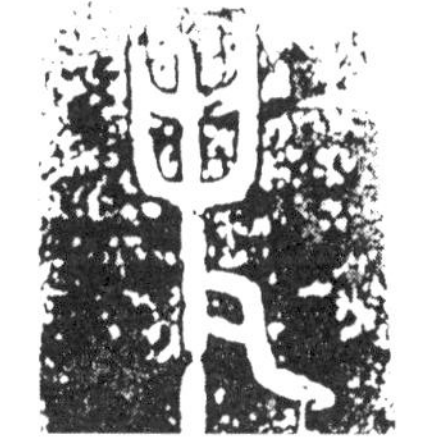

成 7102 周早

史父癸尊

成 5667 周早

史父癸卣

成 4990.1 周早

成 4990.2 周早

嬰父丁卣

新 679 周早

史見父甲尊

成 5868 周早

史戍作父壬卣

成 5288.1 周早

成 5288.2 周早

436

史史

史史爵

史史爵

成 8193 殷

史農觶

成 6169 周早

史次鼎

成 1354 周早

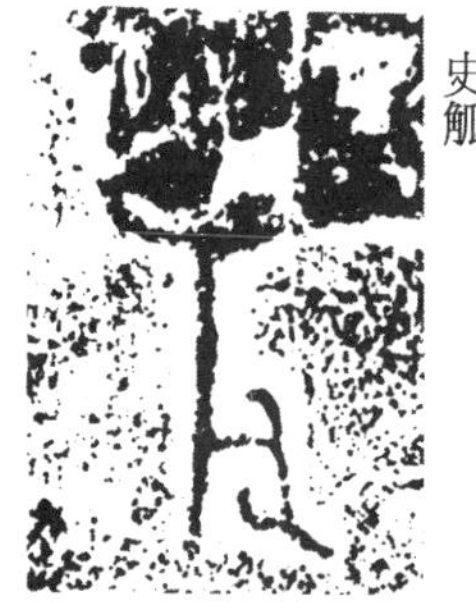
史觚

總 5861

史癸爵

總 3717

史尊

總 4453
參見補 33

史犬觶

成 6168 周早

史殷

成 2963 周早

史父辛鼎

新 592 周早

史簋

總 1702

史父丁觶

總 6463

440	439	438	437
咢川	叜	𠦝攴	彳叜
咢川觚	叜鼎	𠦝作父癸毀	彳叜斧
咢川觚 成 6936 毀	叜鼎 成 1101 毀	攴𠦝爵 成 8189 毀	彳叜斧 錄 1240 周早
	叜鼎 新 179 商晚	𠦝作父癸毀 成 3521 周早	彳叜斧 新 1760 周早
	父辛卣 成 4984 周早	工攴父己罍 錄 985 周早	

441

叉帚

叉帚觚

叉帚觚

成 6934 殷

叉帚觚

成 6935 殷

442

爰

爰卣

爰卣

成 4738.1 殷

成 4738.2 殷

[glyph]斝

成 9126 殷

爰戈

成 10684 殷

[glyph]爵

成 7459 殷

爰父癸甗

成 824 殷

爰鐃

錄 112 商晚

爰方彝

新 145 商晚

新 145 商晚

爰鼎

錄 180 商晚

爰斝

新 1783 商晚

爰鼎

新154 商晚

爰鼎

新150 商晚

爰方鼎

錄 182 商晚

爰鐃

錄 111 商晚

爰鼎

錄 181 商晚

爰鐃

錄 113 商晚

爰觚

錄 689 商晚

爰斝

錄 915 商晚

爰簋

錄 368 商晚

爰罍

錄 973 商晚

爰鐃

新 157 商晚

爰觚

錄 690 商晚

443

受

受殷

受觚

成 6602 殷

受鐃

成 374 殷

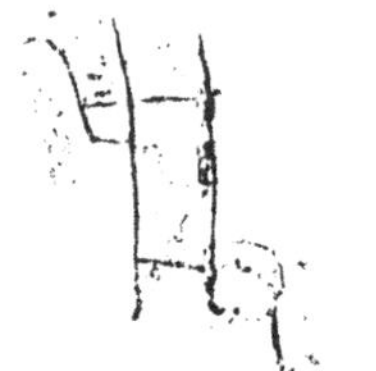
受卣

成 4737 殷

受觶

成 6041 殷

受父乙觶

成 6229.1 殷

成 6229.2 殷

受觚

成 6601 殷

受父己卣

成 4958.1 殷

成 4958.2 殷

受殷

成 3031 殷

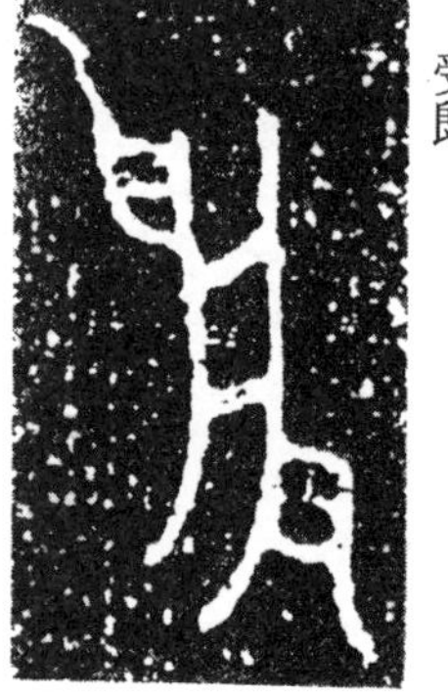
受殷

成 3030 殷

受觚

成 6603 殷

亞受戈

成 10843.1 殷

[illegible]觚

總 5951

[illegible]斝

總 4274

受[illegible]觶

成 6180 殷

444

攴(啓)

啓爵

䏌父己爵
成 8549 周早

啓宁父戊爵
成 9014 殷

丁啓爵
成 8274 殷

亞䏌方彝
成 9847.1 殷
見1453

攴觚
成 6594 殷

攴觚
成 6593 殷

啓爵
成 7455 殷

辛父攴觚
成 7152 殷

䏌殷
成 3041 殷

亞受方鼎
成 1740 殷

卤受且丁尊
成 5714 殷·周早

亚受爵
錄 830 周早
參見 1456

受父辛祖己殷
新 1927 商晚

受爵
總 3205

串父辛尊
總 4706

445

徹

徹鼎

徹鼎

成 1490 殷
參見 194

446

⿰扌攵

左⿰扌攵鼎

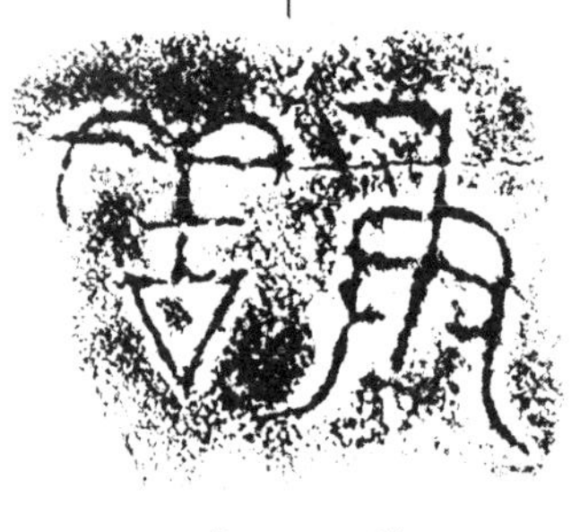

⿰扌攵卣

成 4753.2 殷

⿰扌攵觚

成 6662 殷

⿰扌攵卣

成 4753.1 殷

⿰扌攵父乙卣

成 4931.1 殷

又⿰扌攵父己卣

成 5077.1 殷

⿰扌攵父癸觶

成 6344 殷

成 4931.2 殷

成 5077.2 殷

⿰扌攵觚

成 6663 殷

⿰扌攵鬲

成 444 殷

又⿰扌攵父己尊

成 5740 殷

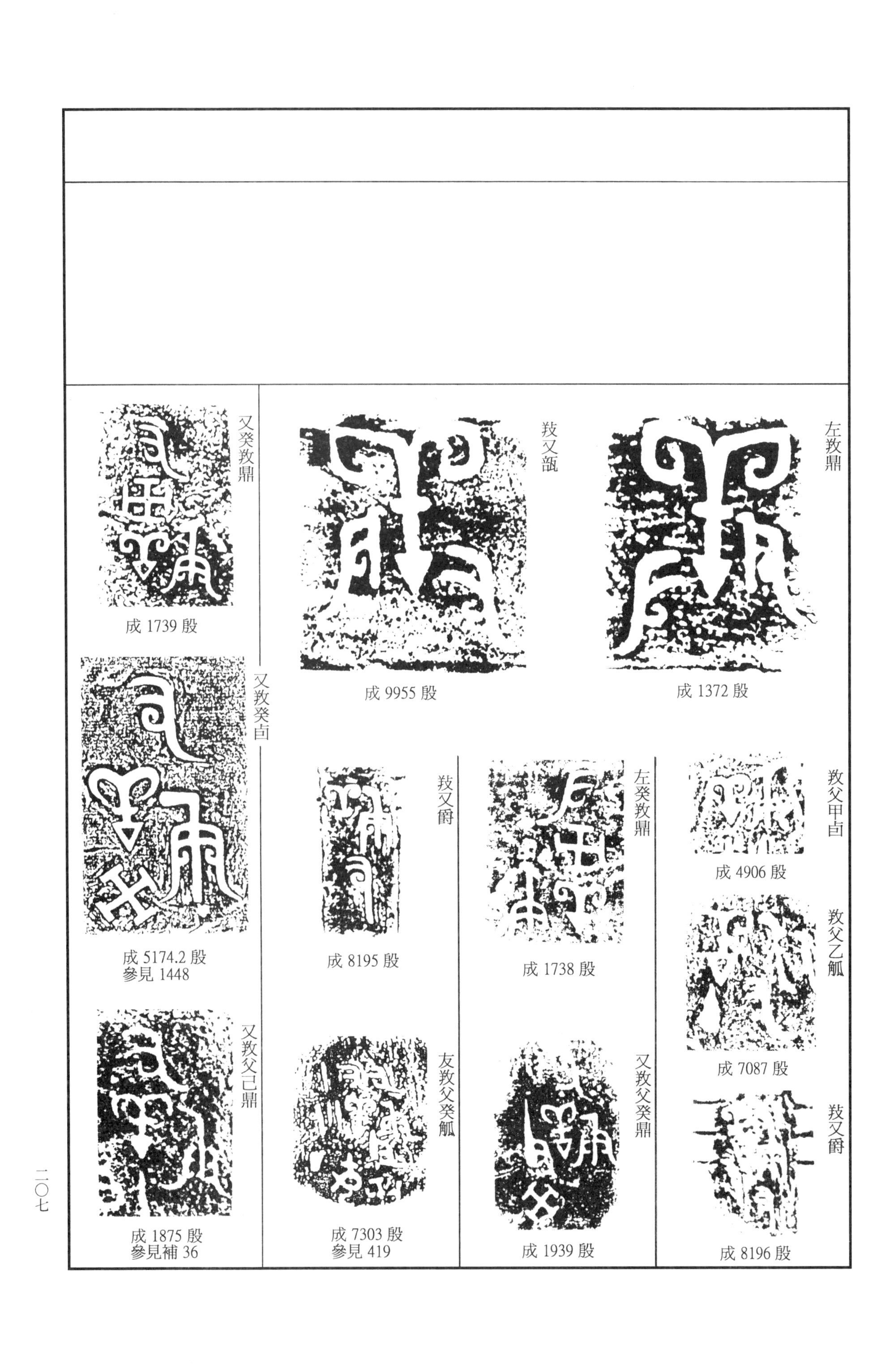

左敄鼎

成 1372 殷

敄又瓿

成 9955 殷

又癸敄鼎

成 1739 殷

又敄癸卣

成 5174.2 殷
參見 1448

敄父甲卣

成 4906 殷

敄父乙觚

成 7087 殷

敄又爵

成 8196 殷

左癸敄鼎

成 1738 殷

又敄父癸鼎

成 1939 殷

敄又爵

成 8195 殷

友敄父癸觚

成 7303 殷
參見 419

又敄父己鼎

成 1875 殷
參見補 36

447	448	449	450
㞢	牧	牧𥁕	𣪠
㞢敄爵	牧父乙觶	牧正尊	子𣪠父癸鼎
㞢敄爵 成 8197 殷	牧父乙觶 成 6226 殷	牧正尊 成 5575 周早	子𣪠父癸鼎 成 1891 殷
	牧丙爵 成 8016 殷 參見 1449	父癸告正尊 成 5755 周早	
	敄父丙觚 成 7104 殷	牧正父己觶 成 6406 周早	
	牧父丙卣 成 4937 殷		

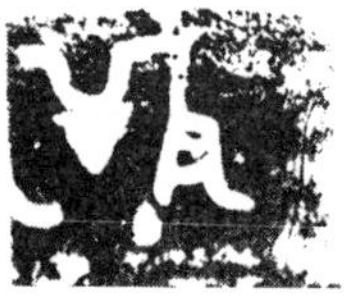

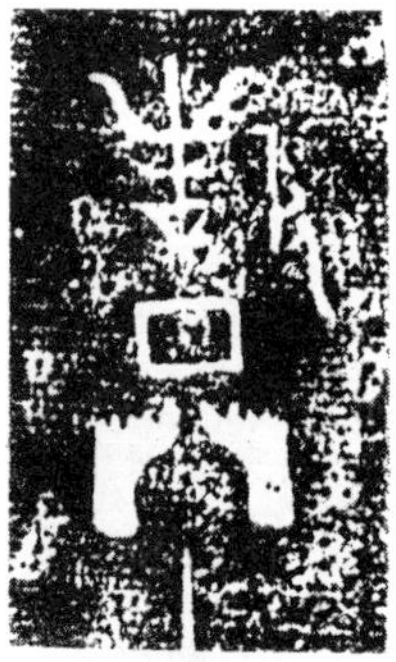

453	452	451
豋	豍	登
𣶃刀豋𣪘	豍鼎；豍爵	卬父𣪘
𣶃刀豋𣪘 成3241𣪘；新269商晚；新270商晚	豍鼎 成1491周早；豍爵 成7478𣪘；登㚘罍 成9771𣪘；登串父丁觶 成6443𣪘	卬父𣪘 成3464周早

454	455	456	457
𠬜	収	丞	共
亞𠬜戈	収鼎	皀丞卣	日辛共爵
亞𠬜戈	収鼎	皀丞卣	日辛共爵
成 10842.1 殷	成 1091 殷・周早	成 5318.1 周早	成 8800 殷
成 10842.2 殷		成 5318.2 周早	[illegible]鼎
			成 1098 殷

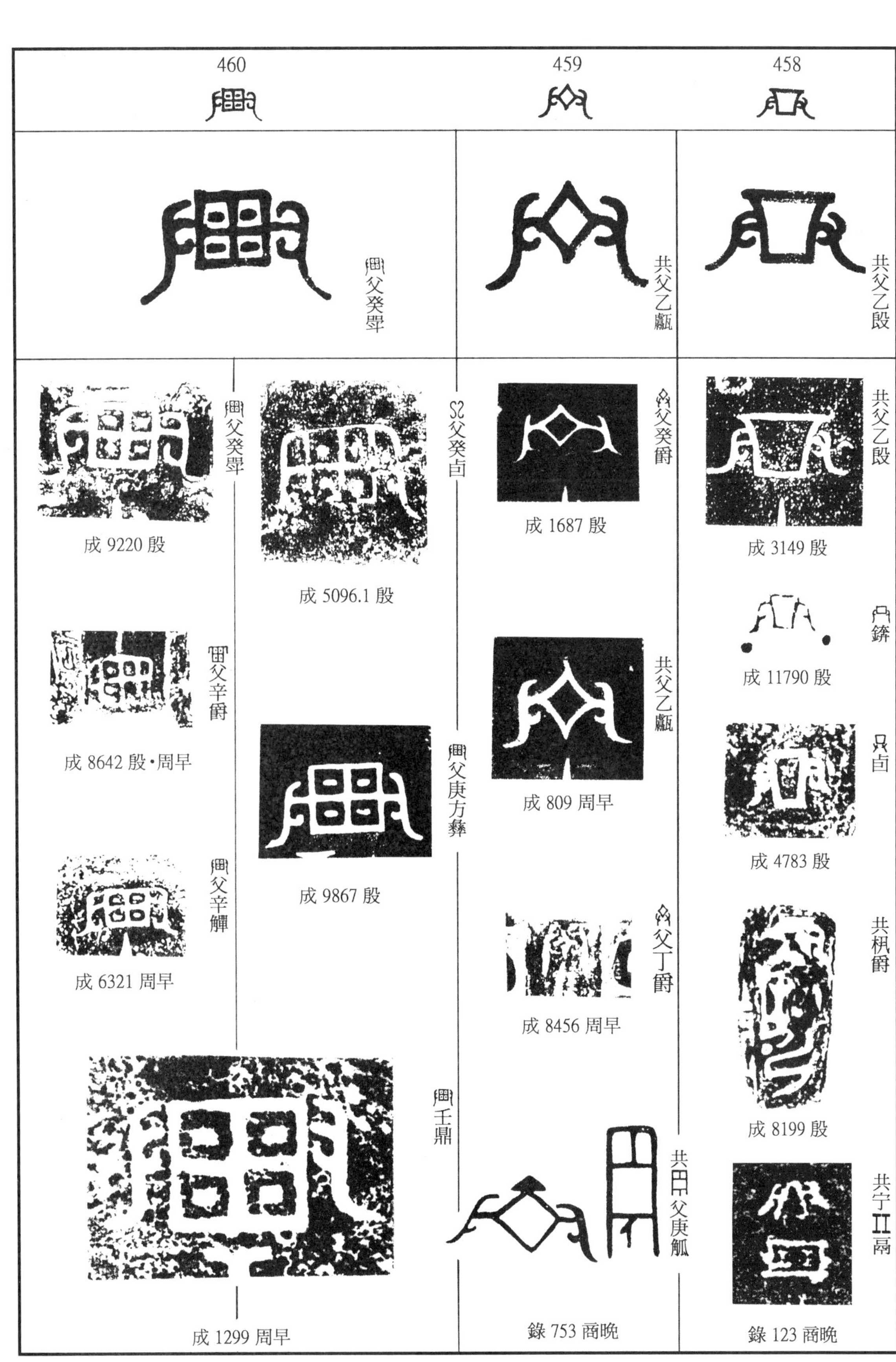
460
459
458
父癸斝
共父乙甗
共父乙段
父癸斝
父癸卣
父癸爵
共父乙段
成 9220 殷
成 5096.1 殷
成 1687 殷
成 3149 殷
鎍
成 11790 殷
父辛爵
成 8642 殷·周早
父庚方彝
共父乙甗
卣
成 809 周早
成 4783 殷
父辛觶
成 9867 殷
成 6321 周早
父丁爵
共枂爵
成 8456 周早
成 8199 殷
壬鼎
父庚觚
共宁
鬲
成 1299 周早
錄 753 商晚
錄 123 商晚

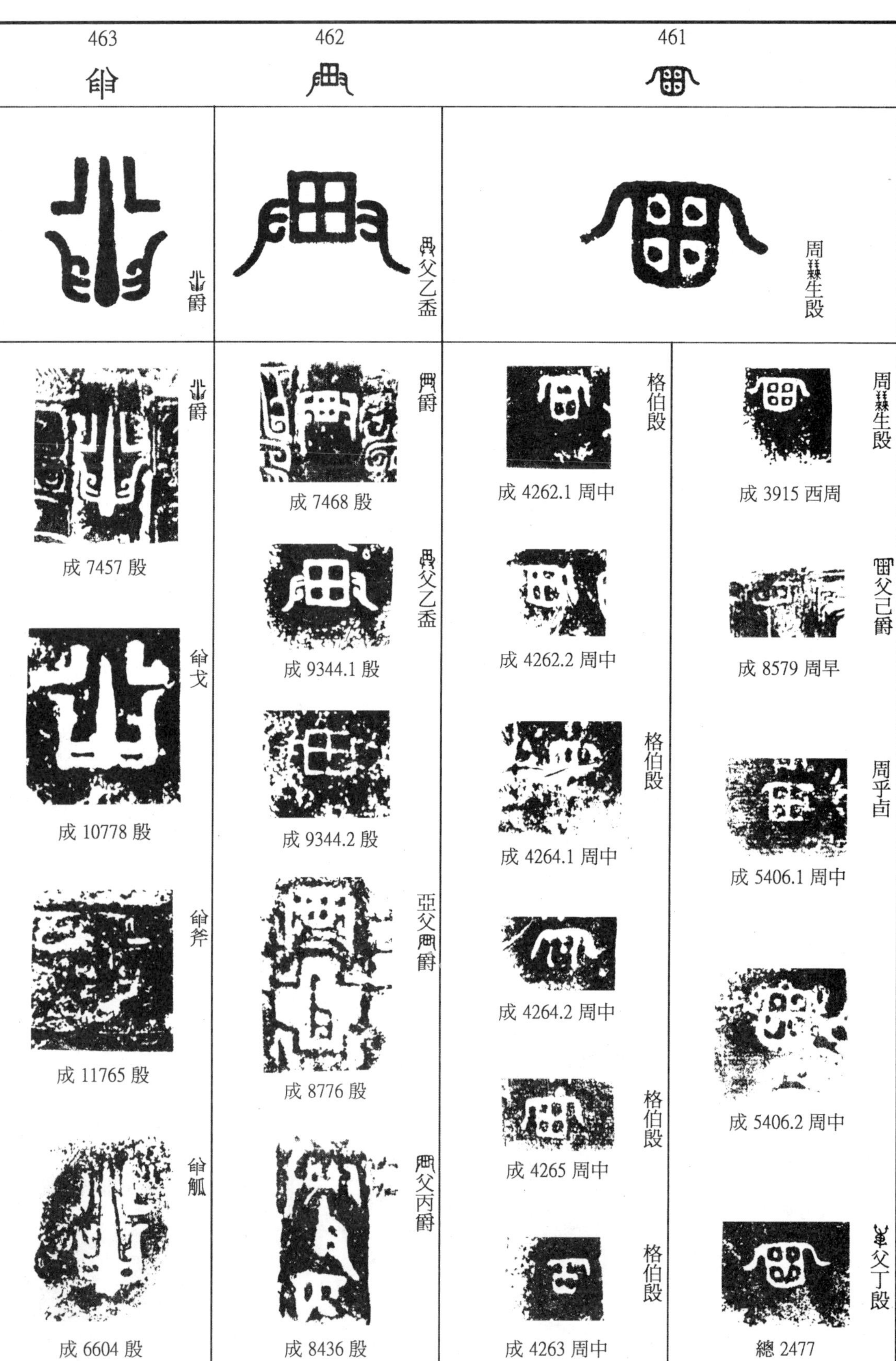
463
462
461
爵
父乙盉
周𩰬生殷
爵
成 7457 殷
戈
成 10778 殷
斧
成 11765 殷
觚
成 6604 殷
爵
成 7468 殷
父乙盉
成 9344.1 殷
成 9344.2 殷
亞父爵
成 8776 殷
父丙爵
成 8436 殷
格伯殷
成 4262.1 周中
成 4262.2 周中
格伯殷
成 4264.1 周中
成 4264.2 周中
格伯殷
成 4265 周中
格伯殷
成 4263 周中
周𩰬生殷
成 3915 西周
父己爵
成 8579 周早
周乎卣
成 5406.1 周中
成 5406.2 周中
父丁殷
總 2477

465	464	
□	□	□

冊□父甲觚

□爵

立□父丁卣

冊□父甲觚

成 7222 殷

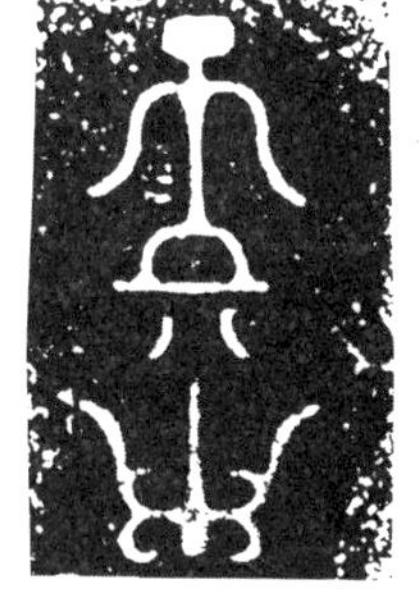
立□父丁卣

成 5065.1 殷
參見 131

𠫑父癸母□卣

成 5172.1 殷
參見 194

□爵

成 7456 殷

亞□爵

錄 829 商晚

□弓戈

成 10878.1 殷

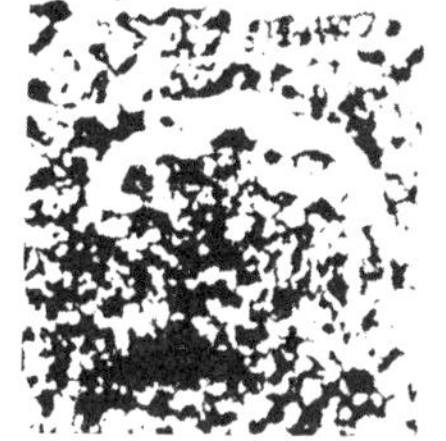
成 10878.2 殷

□斧

成 11764 殷

□觶

新 1433 商晚

□弓形器

成 11867 殷

□車飾

成 12003 殷

466

興

興斝

興斝

成 9129 殷

興鼎

成 7462 殷

興爵

成 7461 殷

興斝

成 9128 殷

興爵

成 7463 殷

興爵

成 7464 周早

興父辛爵

成 8616 周早

鼎觚

總 5869

興父辛爵

成 8951 殷

興瓿

成 9949 殷

467

具

具父乙鼎

具父乙鼎

成 1549 周早

得

得父乙觚

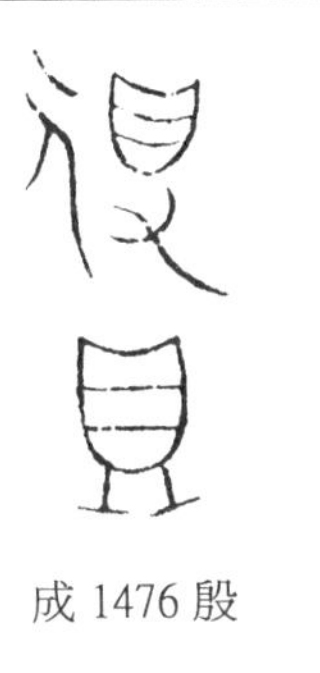
得鼎
成 1476 殷

得觚
成 6634 殷

得鼎
成 1066 殷

得卣
成 4795.1 殷

得父癸方鼎

錄 240 商晚

得罍
成 9742.1 殷

成 4795.2 殷

得爵
成 8187 殷

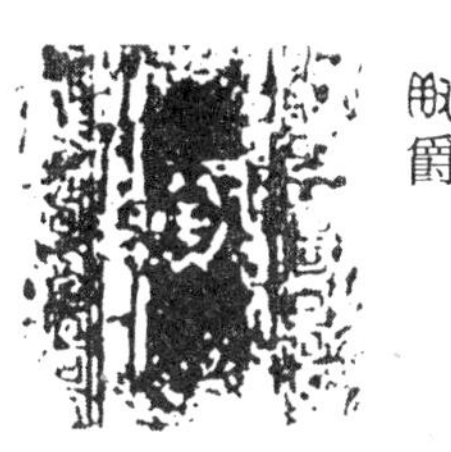
㝵爵
成 7439 殷

成 9742.2 殷

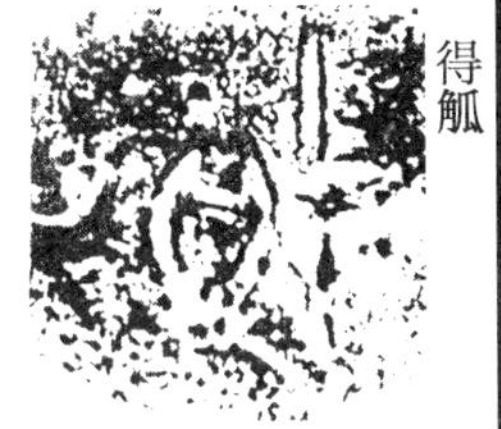
得觚
成 6635 殷

得爵
成 8186 殷

得觚
總 5957
參見補 44

得鼎
成 1067 殷

得父乙觚
成 7086 殷

470	469		
𠈅	𣪘		
𠈅 亞 鐃	𣪘 殷		
成 397.1 殷 𠈅亞鐃	成 6781 殷 𣪘觚	成 2971 殷 𣪘殷	成 7025 殷 田得觚
成 395.1 殷 𠈅亞鐃	錄 370 商晚 𣪘簋	成 6780 殷 𣪘觚	成 7026 殷 田得觚
成 396.1 殷 𠈅亞鐃	錄 688 商晚 𣪘觚	成 6782 殷 𣪘觚	成 9775.1 殷 得罍
成 10867.1 殷 𠈅亞戈			成 9775.2 殷 參見 1242

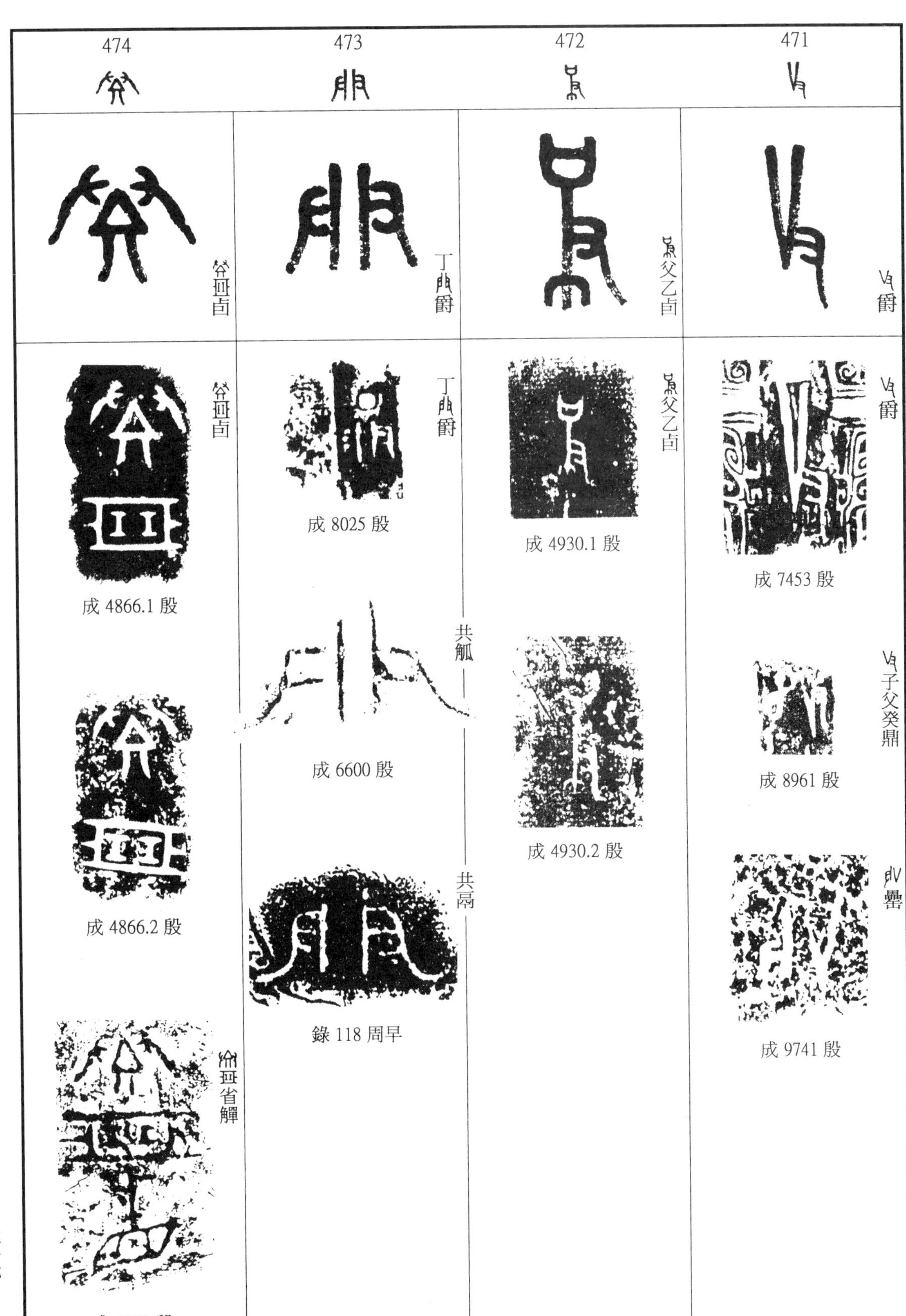
474
473
472
471
成 4866.1 殷
成 4866.2 殷
成 6359 殷
成 8025 殷
成 6600 殷
錄 118 周早
成 4930.1 殷
成 4930.2 殷
成 7453 殷
成 8961 殷
成 9741 殷
丁爵
共觚
共鬲
父乙卣
爵
子父癸鼎
罍
省觶

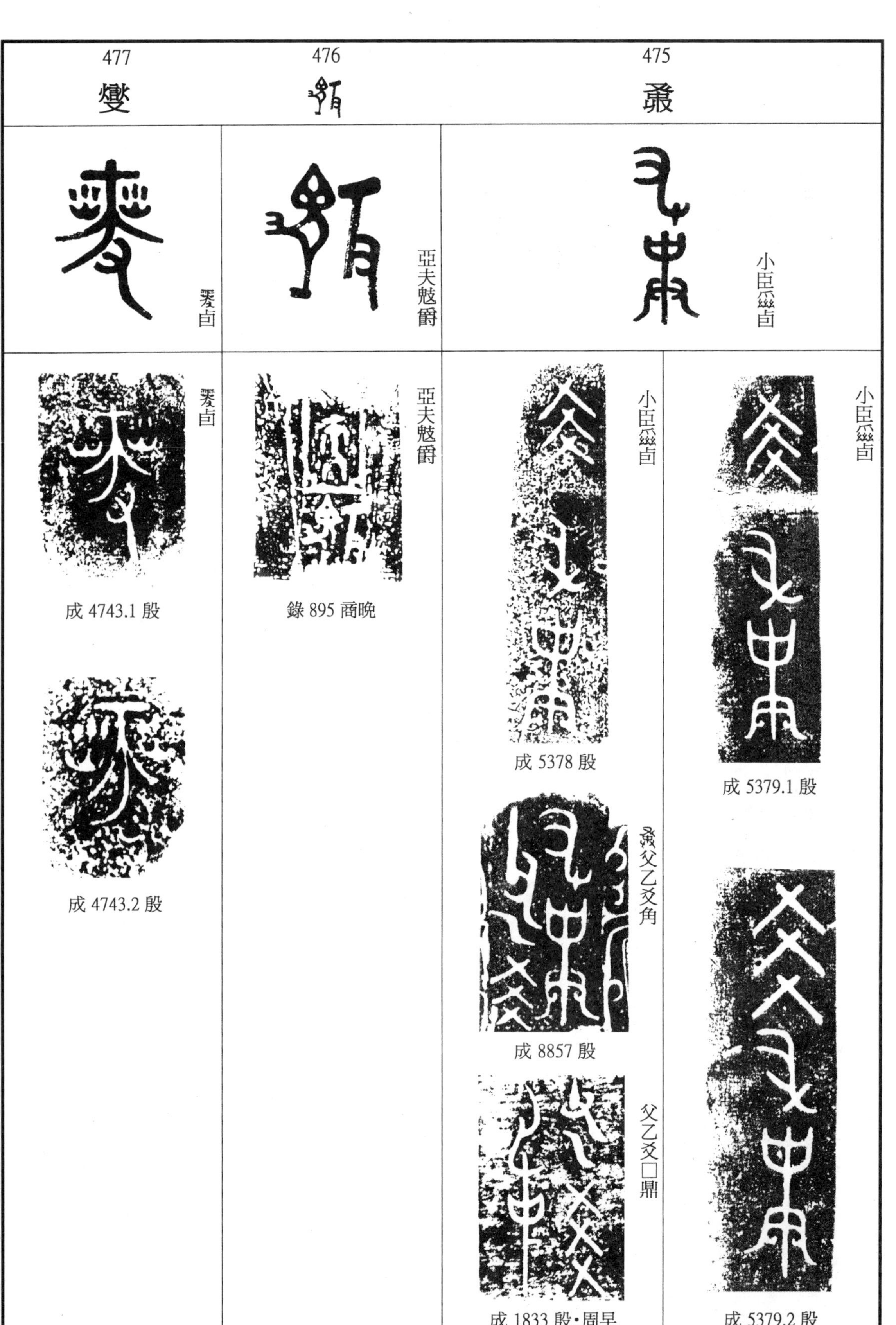

成 4743.1 𣪘
錄 895 商晚
成 5378 𣪘
成 5379.1 𣪘
成 4743.2 𣪘
成 8857 𣪘
成 1833 𣪘·周早
成 5379.2 𣪘

478

父

父辛尊

父辛尊

成 5531 殷

父戊尊

成 5525 周早

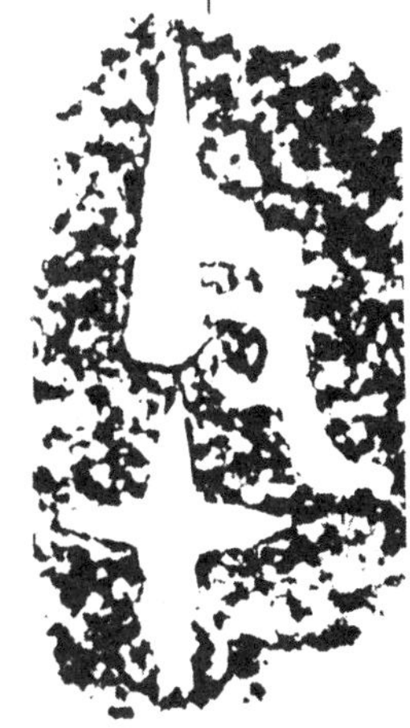
父甲盤

成 10024 殷

父壬爵

成 7971 殷

父己觶

成 6120 殷

父丙尊

成 5522 殷・周早

父甲爵

成 7875 殷

父癸爵

成 7976 殷

父庚斝

成 9169 殷

父丁爵

成 7903 殷・周早

父乙尊

成 5517 殷・周早

父癸尊

成 5534 周早

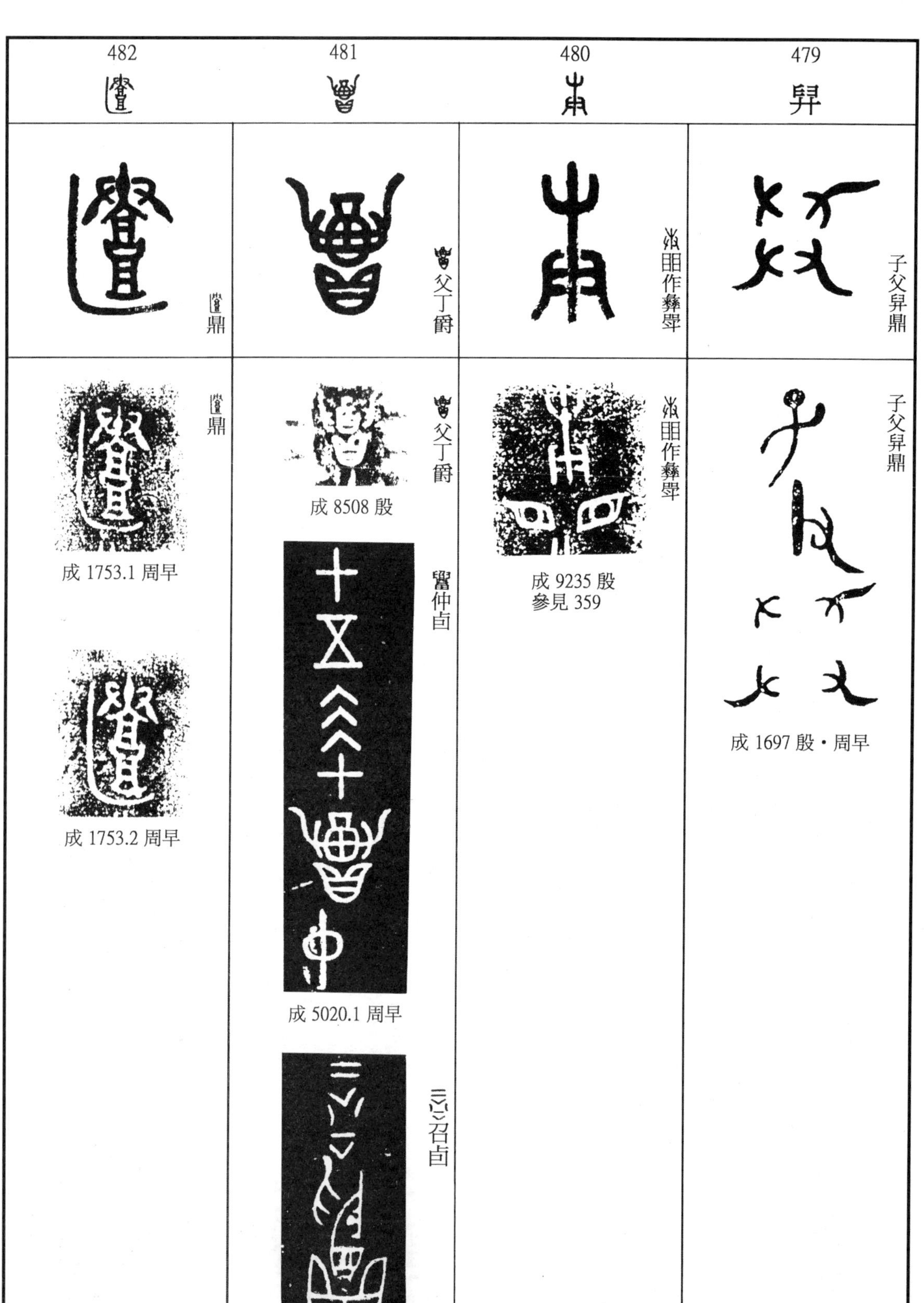

482	481	480	479
鼎	父丁爵	作彝斝	子父舁鼎
鼎 成 1753.1 周早	父丁爵 成 8508 殷	作彝斝 成 9235 殷 參見 359	子父舁鼎 成 1697 殷・周早
成 1753.2 周早	仲卣 成 5020.1 周早		
	召卣 成 4868 周早		

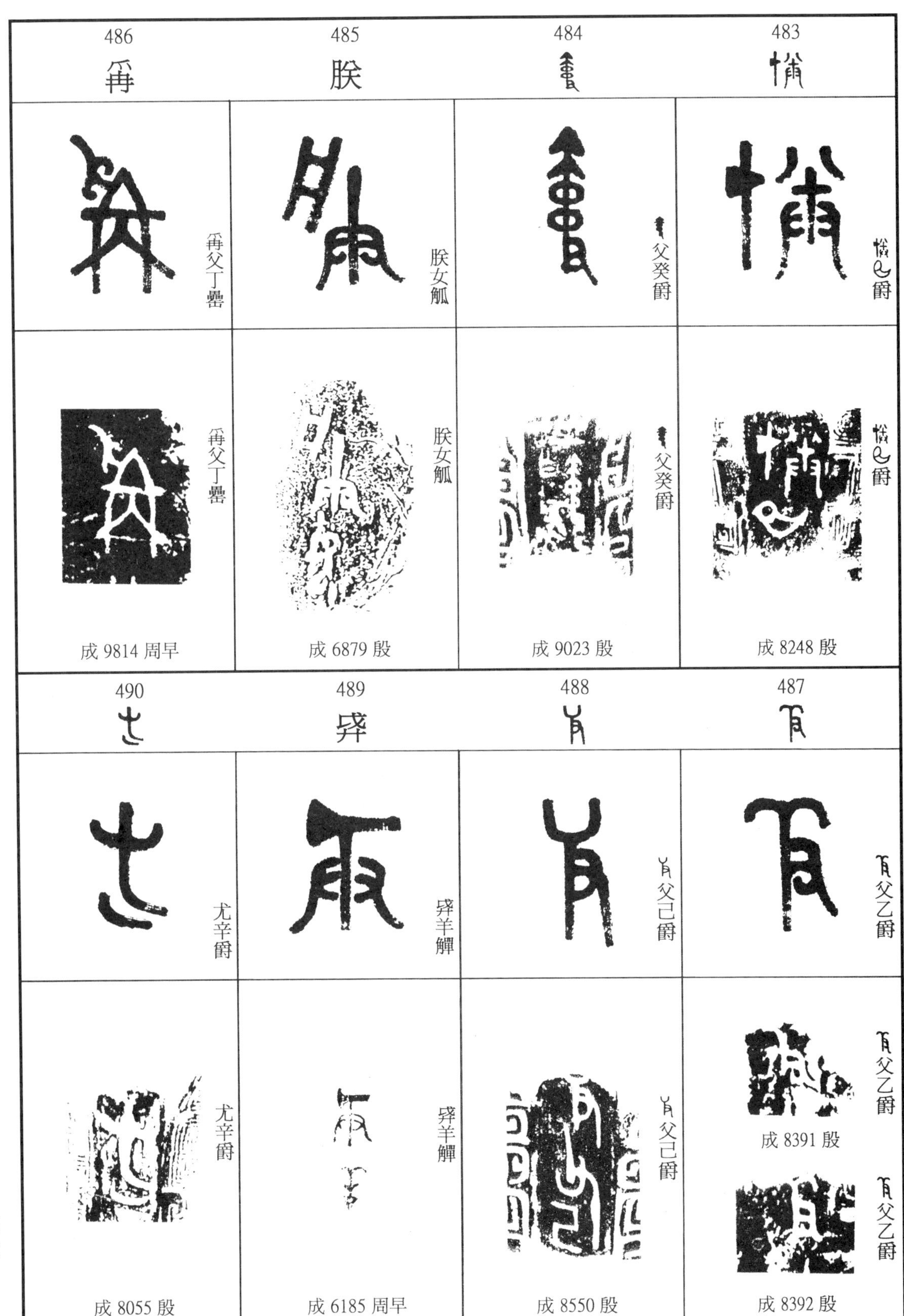
486
爯
爯父丁罍
爯父丁罍
成 9814 周早
485
朕
朕女觚
朕女觚
成 6879 殷
484
父癸爵
父癸爵
成 9023 殷
483
成 8248 殷
490
尤辛爵
尤辛爵
成 8055 殷
489
羊觶
羊觶
成 6185 周早
488
父己爵
父己爵
成 8550 殷
487
父乙爵
父乙爵
成 8391 殷
父乙爵
成 8392 殷

491 [illegible]

[illegible]父戊爵

[illegible]父戊爵

成 8529 殷

492 㲉

㲉鼎

㲉鼎

成 1489 周早

493 敄

敄作父癸觶

敄作父癸觶

成 6474 殷

494 更

更鼎

更鼎

成 1940 周早·周中

495 [illegible]

[illegible]乍尊彝[illegible]簋

[illegible]乍尊彝[illegible]簋

總 2140

496 [illegible]正

㞢正爵

㞢正爵

成 8200 殷

497 𢍰

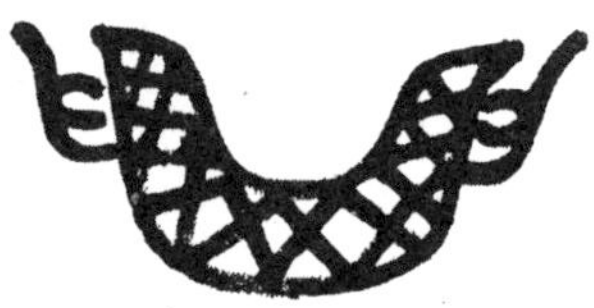

其𢍰

其𢍰

成 9127 殷

501	500	499	498
宁觚	父乙爵	父丁爵	爵
宁觚	父乙爵	父丁爵	爵
成 7070 殷・周早	成 8398 殷	成 8457 殷・周早	成 7458 殷

505	504	503	502
叔			
巽叔父辛卣	爵	盉	子觚
巽叔父辛卣 成 5167.1 殷 成 5167.2 殷	爵 成 8174 殷	盉 成 9307 殷	子觚 成 6911 殷

508
507
506
木𠔿爵
殷
觚
木𠔿爵
斝
殷
觚
成 8273 殷
成 9189 殷
參見 22
成 3119 殷
成 6793 殷
511
510
509
毆
父丁卣
爵
爵
父丁卣
爵
爵
成 5155.3 殷
參見補 18
成 7469 殷・周早
成 7467 殷

515
514
513
512
子[illegible]爵
[illegible]父乙爵
作[illegible]觶
厚且戊觶
成 8766 殷
成 8870 殷
成 6197 周早
成 6439 周早
519
518
517
516
[illegible]父丁爵
[illegible]爵
[illegible]卣
[illegible]戈
成 8455 周早
成 7466 殷
總 5105
成 10682 殷

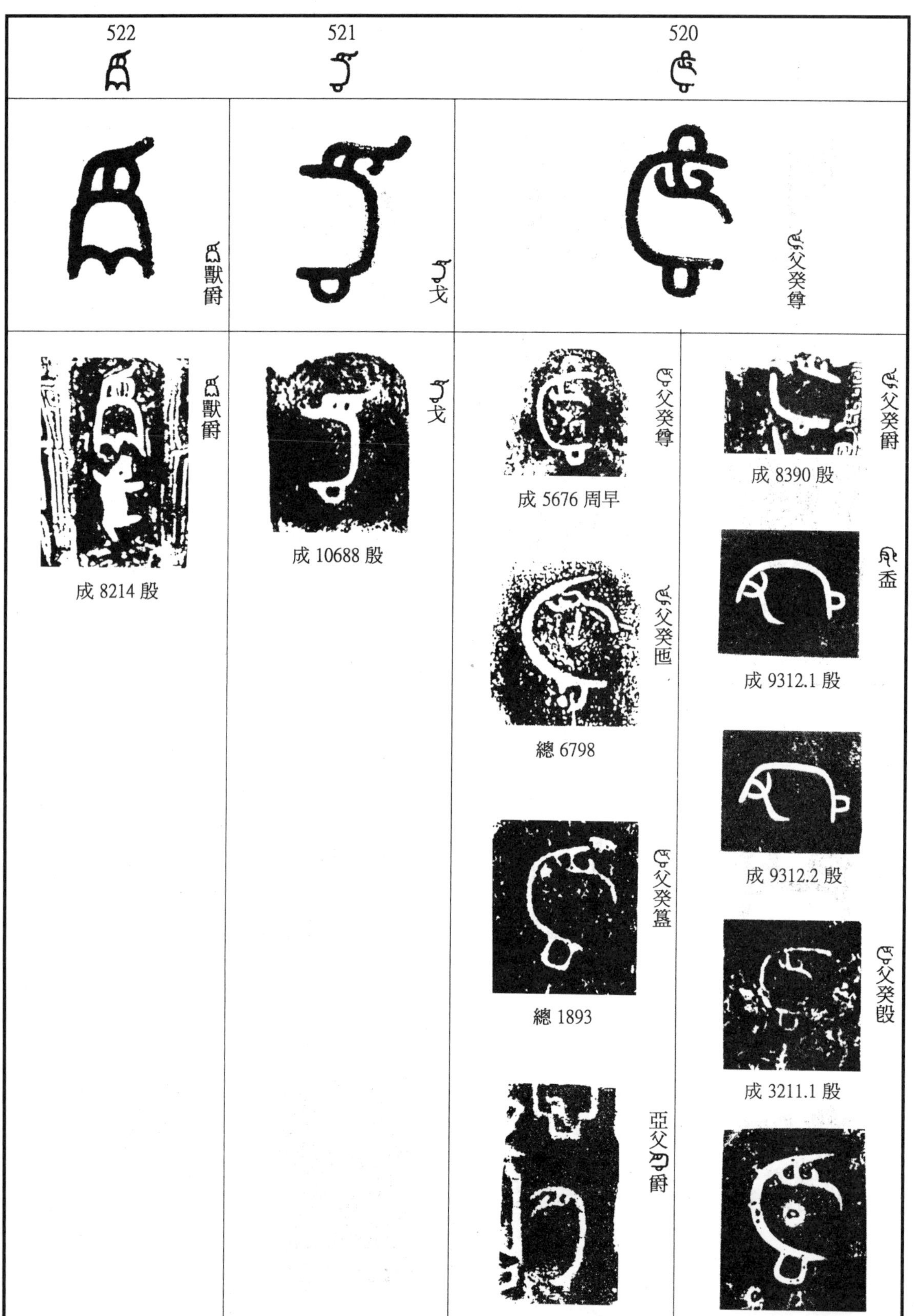
522
521
520
獸爵
戈
父癸尊
成 8214 殷
成 10688 殷
成 5676 周早
父癸尊
父癸爵
成 8390 殷
盉
成 9312.1 殷
總 6798
父癸卣
父癸簋
總 1893
成 9312.2 殷
父癸殷
成 3211.1 殷
亞父爵
成 8775 殷
成 3211.2 殷

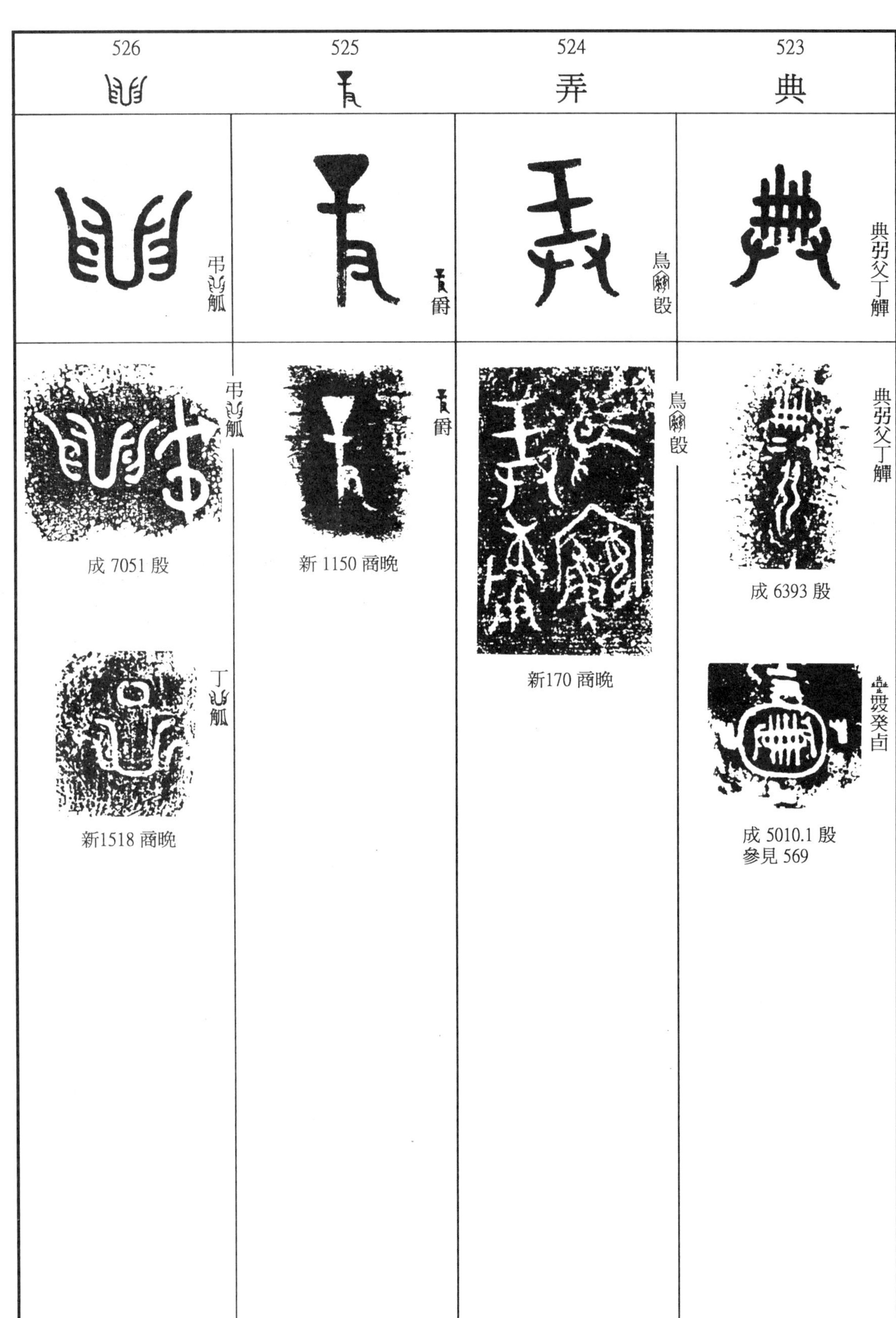
526
525
524
523
弄
典
弔𠤕觚
𣎆爵
鳥𣪘毁
典弜父丁觶
成 7051 毁
新 1150 商晚
新170 商晚
成 6393 毁
丁𠤕觚
嬰癸卣
新1518 商晚
成 5010.1 毁
參見 569

530	529	528	527
鬲司	剌	索	幾
 鬲司工丁爵	 剌匕乙爵	  夫索爵	 幾膚冊觚
 鬲司工丁爵 成 8792 周早	 剌匕乙爵 成 8735 殷 參見 12	  夫索爵 成 10847.2 殷	 幾膚冊觚 成 7177 殷

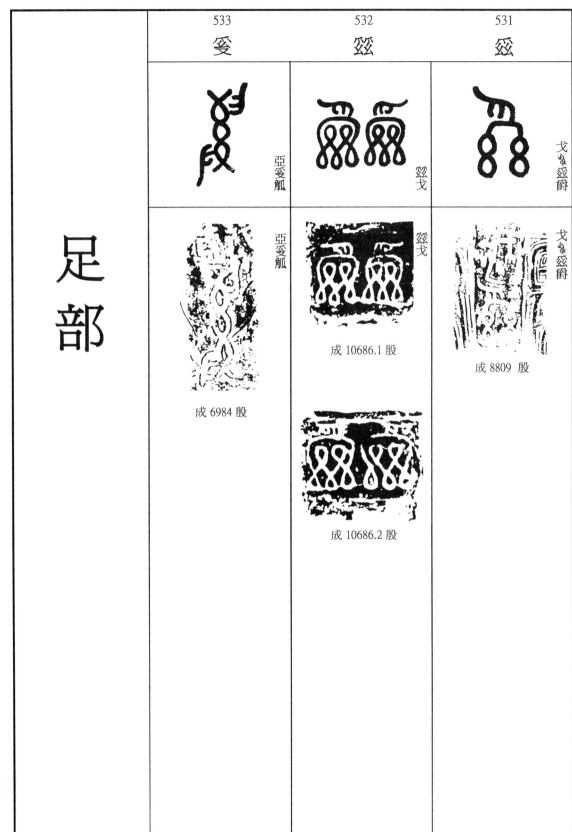

足部

533 妥	532 𨿅	531 𨿅
亞妥觚	𨿅戈	戈𠂤𨿅爵
亞妥觚 成 6984 殷	𨿅戈 成 10686.1 殷 成 10686.2 殷	戈𠂤𨿅爵 成 8809 殷

534	535	536	537
疋	止	𠂤	圵
父癸疋冊鼎	宅止癸爵	爵	圵亞方鼎
疋作父丙鼎 成 2118 殷	父癸爵 成 8691 周早	爵 成 7470 殷	圵亞方鼎 成 1759 周早
父癸疋冊鼎 成 1900 殷	宅止癸爵 新 1166 商晚		
疋未鼎 錄 218 商晚	新 1166 商晚		

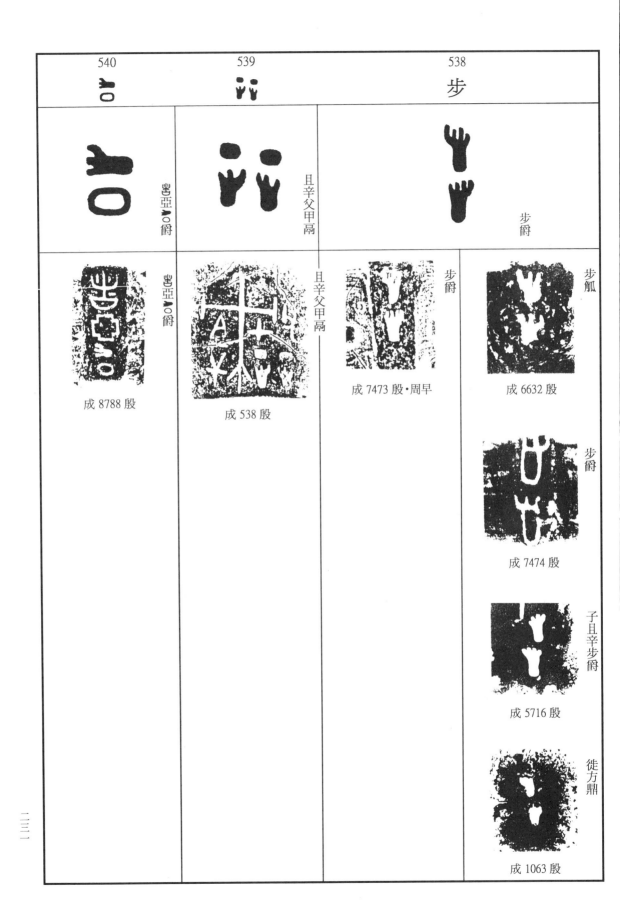

538 步		539	540
步爵		且辛父甲鬲	亞■爵
步觚 成 6632 殷 步爵 成 7474 殷 子且辛步爵 成 5716 殷 徙方鼎 成 1063 殷	步爵 成 7473 殷·周早	且辛父甲鬲 成 538 殷	亞■爵 成 8788 殷

541

出

宴出爵

出鼎

成 1050 殷

宴出爵

成 8295 殷

辰寢出殷

成 3238 殷

寢出爵

錄 852 商晚

辰寢出簋

錄 408 商晚

542

双疋

双疋尊

疋又罍

成 9790 殷·周早

双疋尊

成 5696 殷
參見補 42

543

疋

冊疋父乙觚

疋爵

成 8204 殷

冊疋父乙觚

成 7224 殷

父庚鼎

新 1564 商晚

鬲冊父庚疋觚

成 7266 殷

544	545	546	547
[illegible]	[illegible]	[illegible]	[illegible]
衡父癸鼎	[illegible]爵	冊[illegible]卣	[illegible]父己觶
衡父癸鼎 成 1692 殷・周早	[illegible]爵 成 8173 殷	冊[illegible]卣 成 4870.1 殷 成 4870.2 殷	[illegible]父己觶 成 6279 殷

550 過	549 遽		548 逐
過伯作彝爵	遽從𣪘		逐𣪘
過文𣪘 新 1839 商晚·周早 過伯作彝爵 成 8991 周早	遽從𣪘 成 3132 周早 參見 69	遽父己卣 成 4959.1 𣪘 成 4959.2 𣪘 遽觚 成 6640 周早 遽觚 成 6641 周早	逐𣪘 成 2972 周早

554	553	552	551
[illegible]	此	夆	[illegible]
婦聿賔卣	乜父丁鼎	夆盉	*觚
婦聿賔卣 成 5099.1 殷 成 5099.2 殷	乜父丁鼎 成 1595 殷·周早 此勺 新 1652 商晚	夆盤 錄 996 周早 夆方鼎 錄 191 周早 夆觶 新 1158 周早 夆盉 錄 932 周早	*觚 成 6927 殷 *[illegible]觚 總 6283

徙

徙卣

徙爵
總 3372

徙尊
總 4463

車徙殷
成 3126 殷

[illegible]征爵
成 8158 殷

僕父己盉
成 9406 周早

徙斝
成 9133 殷

徙作且丁觶
成 6368 殷

徙觚
錄 693 商晚

徙父癸爵
成 8690 殷

徙殷
成 2950 殷

徙爵
成 7475 殷

徙觶
成 6038.1 殷

成 6038.2 殷

徙卣
成 4794.1 殷

成 4794.2 殷

徙觚
成 6633 殷

徙鼎
成 1062 殷

558 正		557 征	556 𧗟
魚正乙鐃		征中且觶	中𧗟爵
正𠂢爵 成8201 周早	乙正觚 成6821 殷	征斧 成11766 殷	中𧗟爵 成8202 殷·周早
魚正乙鐃 成408 殷	正爵 成7481 殷	征中且觶 成6213 殷	
魚正乙鐃 成409 殷	正戈 成10689 殷	甗征觚 成7019 殷	
魚正乙鐃 成410 殷	正爵 成7480 殷		
	乙正觚 成6822 殷		

559

⿱口⿰止止

正鴞尊

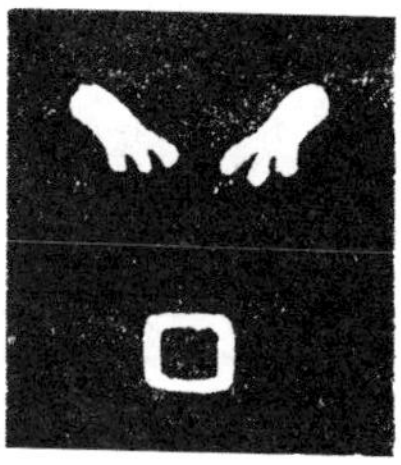

正鼎

成 1061 殷

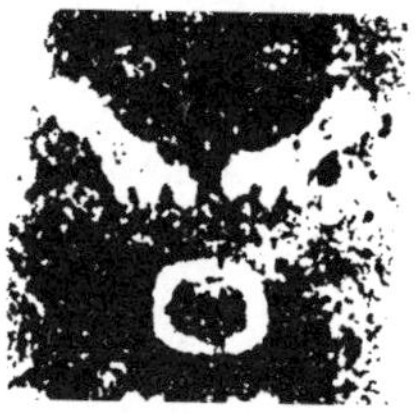

正癸鼎

成 1300 殷

⿱口⿰止止殷

成 2949 殷

正觚

成 6636 殷

皆爵

成 7484 殷

正冑

成 11877 殷

⿱口⿰止止甗

成 776 殷

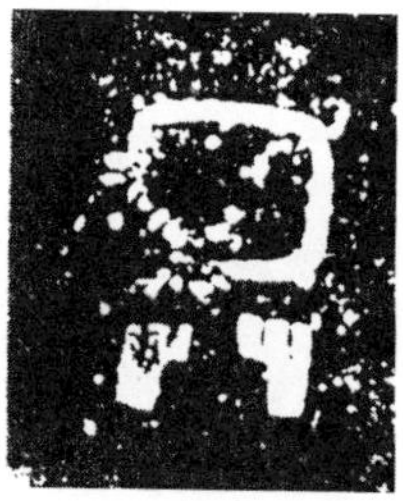

⿱口⿰止止斝

成 9130 殷

⿱口⿰止止殷

成 2948 殷

正鴞尊

成 5454 殷

正鼎

成 1060 殷

皆爵

成 7482 殷

⿱口⿰止止斝

成 9131 殷

皆爵

成 7483 周早

562 足	561 㱿侯	560 㱿紟	
足子卣	㱿侯㲃	正紟觚	
足子卣 總 5280	㱿侯㲃 成 3127 㲃	正紟觚 成 6942 㲃	作龍母尊 成 5809 周早
總 5280			田作父己器 成 10573 周早
帚子每觶 總 6601			戍人正甗 錄 156 周早
總 6601			㱿爵 總 3357
			牧正尊 成 5575 周早 參見 449

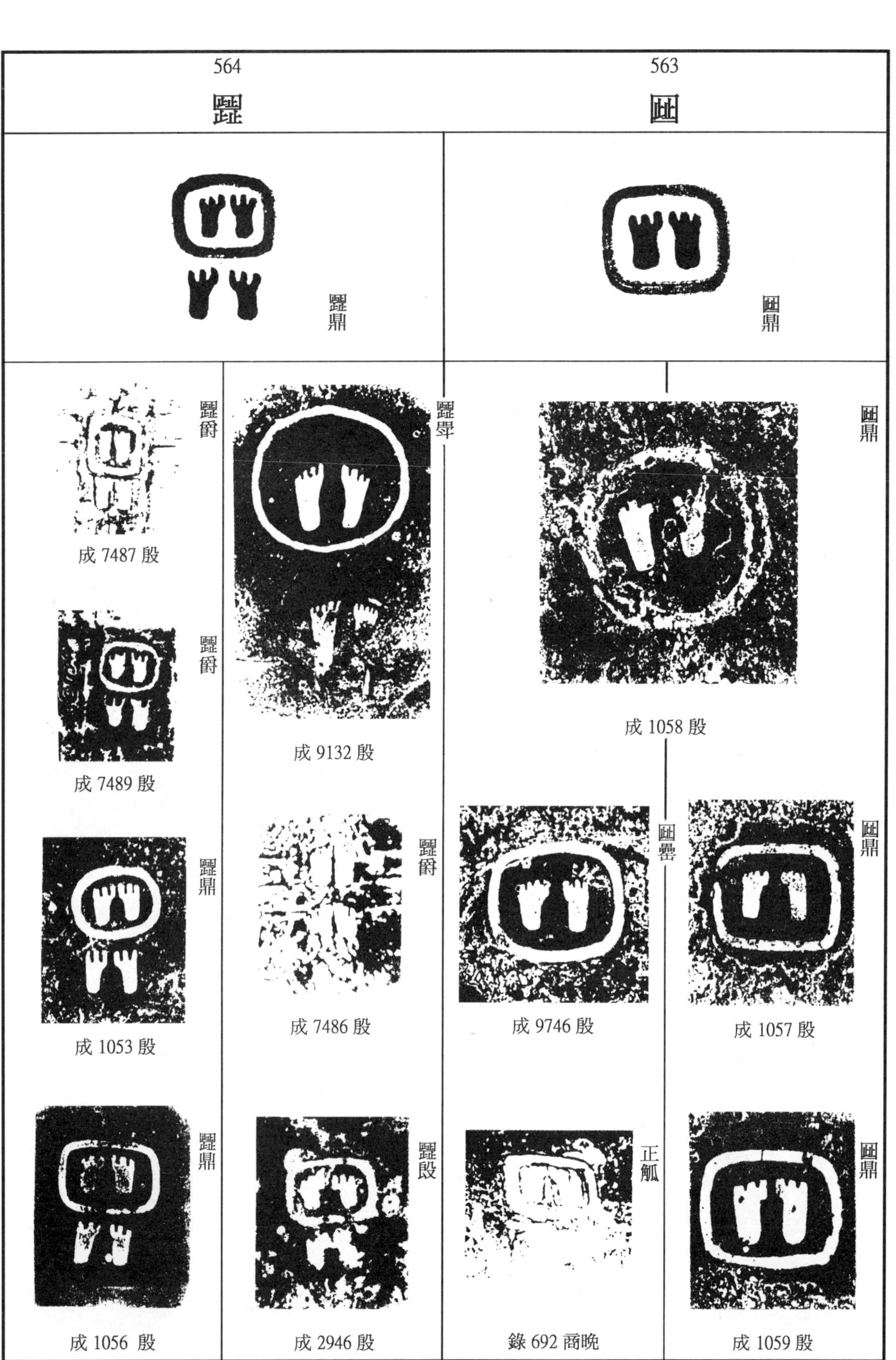

成 7487 𣪘
成 7489 𣪘
成 1053 𣪘
成 1056 𣪘
成 9132 𣪘
成 7486 𣪘
成 2946 𣪘
成 1058 𣪘
成 9746 𣪘
成 1057 𣪘
錄 692 商晚
成 1059 𣪘

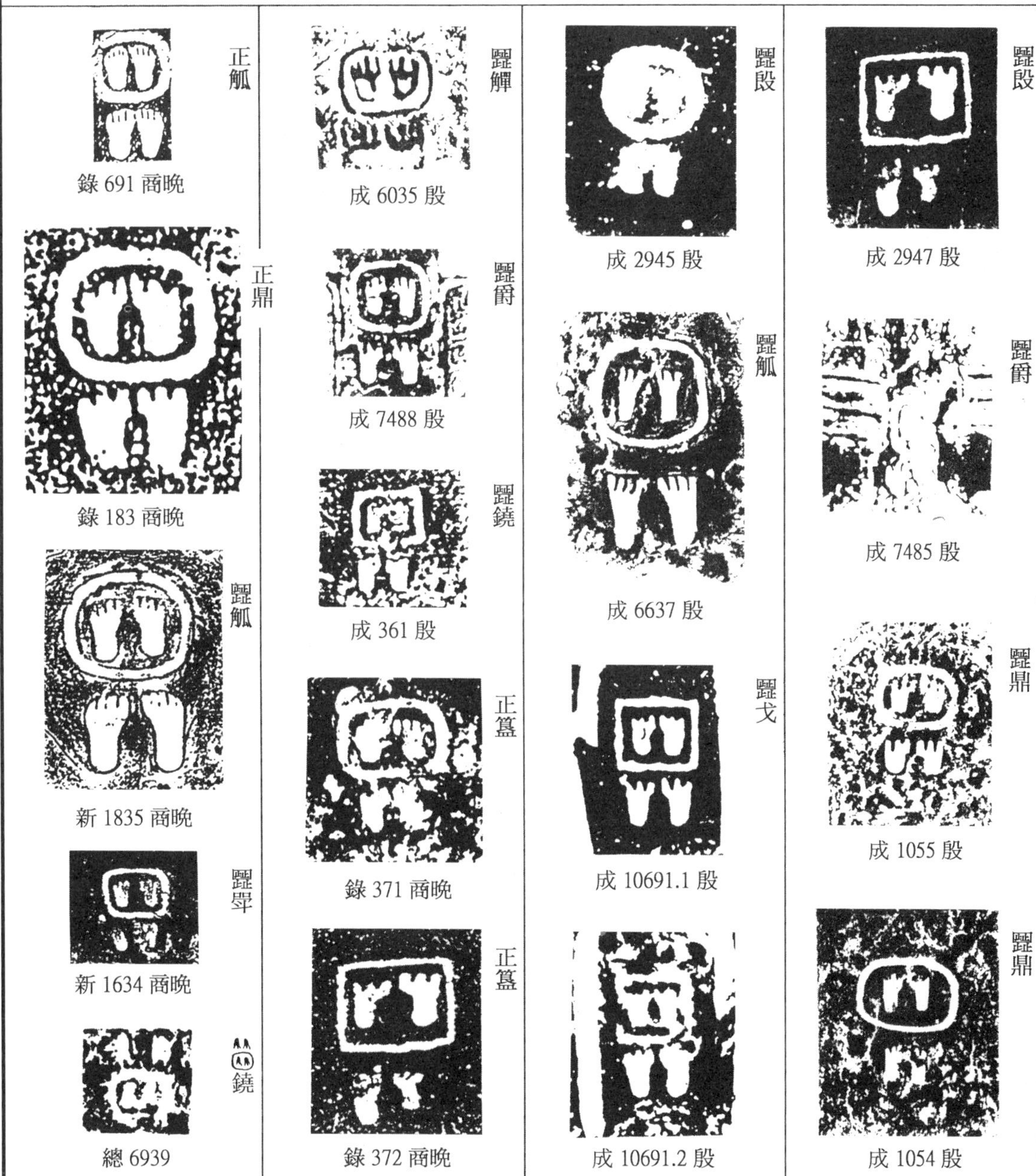

⿱口⿰正正殷 成 2947 殷

⿱口⿰正正爵 成 7485 殷

⿱口⿰正正鼎 成 1055 殷

⿱口⿰正正鼎 成 1054 殷

⿱口⿰正正殷 成 2945 殷

⿱口⿰正正觚 成 6637 殷

⿱口⿰正正戈 成 10691.1 殷

成 10691.2 殷

⿱口⿰正正觶 成 6035 殷

⿱口⿰正正爵 成 7488 殷

⿱口⿰正正鐃 成 361 殷

正簋 錄 371 商晚

正簋 錄 372 商晚

正觚 錄 691 商晚

正鼎 錄 183 商晚

⿱口⿰正正觚 新 1835 商晚

⿱口⿰正正斝 新 1634 商晚

鐃 總 6939

二四一

⿳止口止(韋)

⿳止口止戈

⿳止口止父丁尊

成 5631 殷

⿳止口止癸爵

成 8063 殷

⿳止口止爵

成 7490 殷

⿳止口止父丁爵

成 8458 殷

⿳止口止父己尊

成 5646 殷

⿳止口止觚

成 6639 殷

⿳止口止鼎

成 1052 殷

⿳止口止觚

成 6638 殷

⿳止口止爵

成 7491 殷

⿳止口止殷

成 2944 殷

⿳止口止鉞

成 11727 殷

⿳止口止父丁鼎

成 1594 殷

⿳止口止戈

成 10690 殷

567	566
堊辰	衛

堊辰尊

衛作父庚𣪘

堊辰尊
成 5580 殷

堊㠯父己爵
成 8930 殷

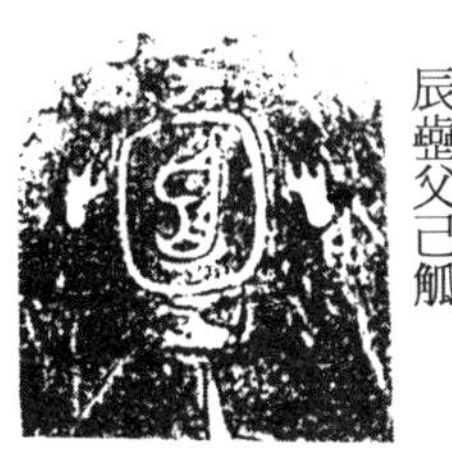
辰堊父己觚
成 7242 殷

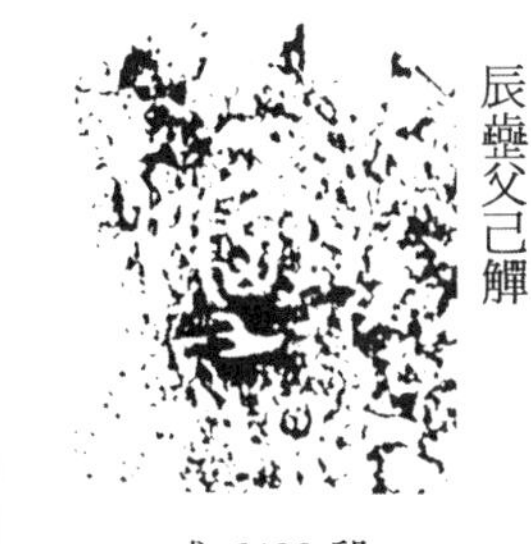
辰堊父己觶
成 6400 殷

衛作父庚𣪘
成 3612 周早

衛師盾飾
成 11839 周早

堊爵
成 7492 周早

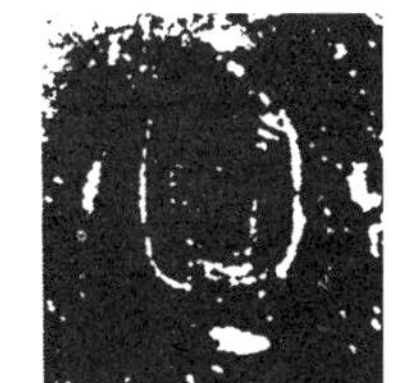
[illegible]父己尊
新 272 商晚

弓堊觚
成 7068 殷

弓堊且己爵
成 8843 殷

堊葡父辛尊
成 5748 殷

弓堊父庚爵
成 8939 周早

工堊爵
成 8203 殷•周早

壘子

子壘觚

子圍父己爵

新 373 周早

子壘父癸觶

成 6420 殷

子壘觚

成 6905 殷

子壘觚

成 6902 殷

子壘觚

成 6903 殷

子壘觚

成 6904 殷

子壘鼎

成 1312 殷

子壘鼎

成 1311 殷

壘子器

成 10515 殷

子壘爵

成 8088 殷

子壘爵

成 8087 殷

冊韋爵

新 1723 商晚

子圍鼎

新 142 商晚

子壘爵

成 8090 殷

子壘爵

成 8089 殷

𧉧典

𧉧𢦏卣

父乙𧉧𢦏卣
成 5051 㲃

𧉧𢦏卣
成 4873 㲃

𧉧𢦏鼎
成 1358 㲃

𧉧𢦏癸卣
成 5010.1 㲃

成 5010.2 㲃

𧉧冊𣄰箕
成 10395 㲃

𧉧典𣄰盤
成 10046 㲃

圍冊觚
新 167 商晚

𧉧冊父癸卣
成 5095 周早

570 彃

彃作父庚尊

彃作父庚尊

成 5958 周早·周中

571 ⿸尸⿱彐止

⿸尸⿱彐止觶蓋

⿸尸⿱彐止觶蓋

成 6037 殷

⿸尸⿱彐止觶蓋

成 6036 殷

572 ⿱⿵冂止一

⿱⿵冂止一卣

⿱⿵冂止一卣

成 4744.1 殷

成 4744.2 殷

⿱⿵冂止一爵

成 7476 殷

573 匜

乙且匜觚

乙且匜觚

成 7075 殷

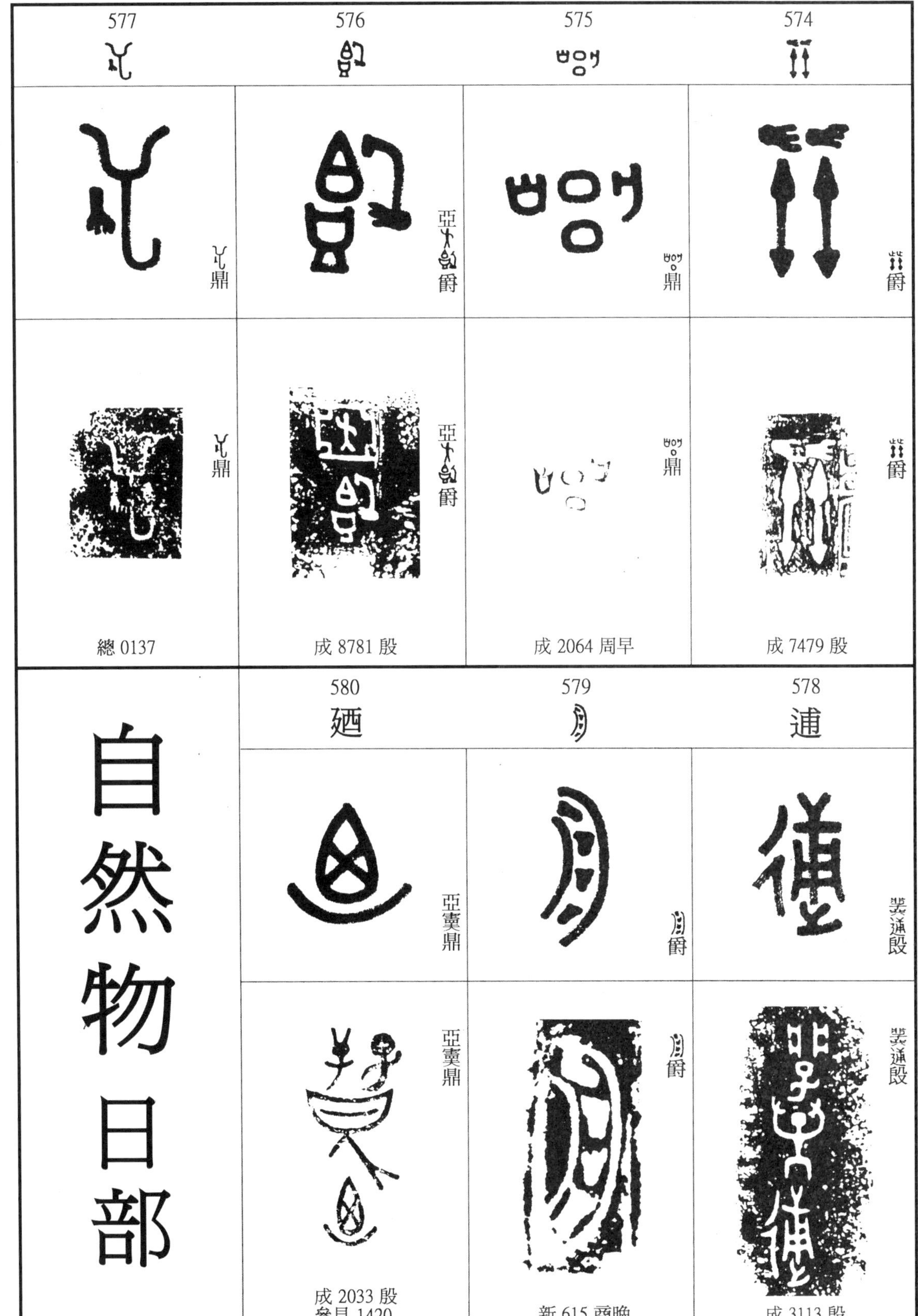

577
576
575
574
亞大𠤎爵
鼎
爵
鼎
亞大𠤎爵
鼎
爵
總 0137
成 8781 殷
成 2064 周早
成 7479 殷
580
579
578
迺
逋
自然物日部
亞㠱鼎
爵
𢍰逋殷
亞㠱鼎
爵
𢍰逋殷
成 2033 殷
參見 1420
新 615 商晚
成 3113 殷

584	583 春	582	581 日
鬲	春爵	鼎	日且壬爵
鬲 成 447 商二里岡時期	春爵 錄 794 周早	鼎 成 1243 周早	日且壬爵 成 8354 殷 日辛共爵 成 8800 殷 弓日囝觚 成 7189 殷 弓日囝觚 成 7190 殷

月部

587 明	586 [glyph]	585 月
明亞乙鼎	宁[glyph]卣	[glyph]己爵
明亞乙鼎 錄 241 商晚	宁[glyph]卣 新 1092 商晚 新 1092 商晚	[glyph]己爵 成 8031 殷 [glyph]己爵 成 8032 殷 月[glyph]祖丁鼎 新 1922 商晚

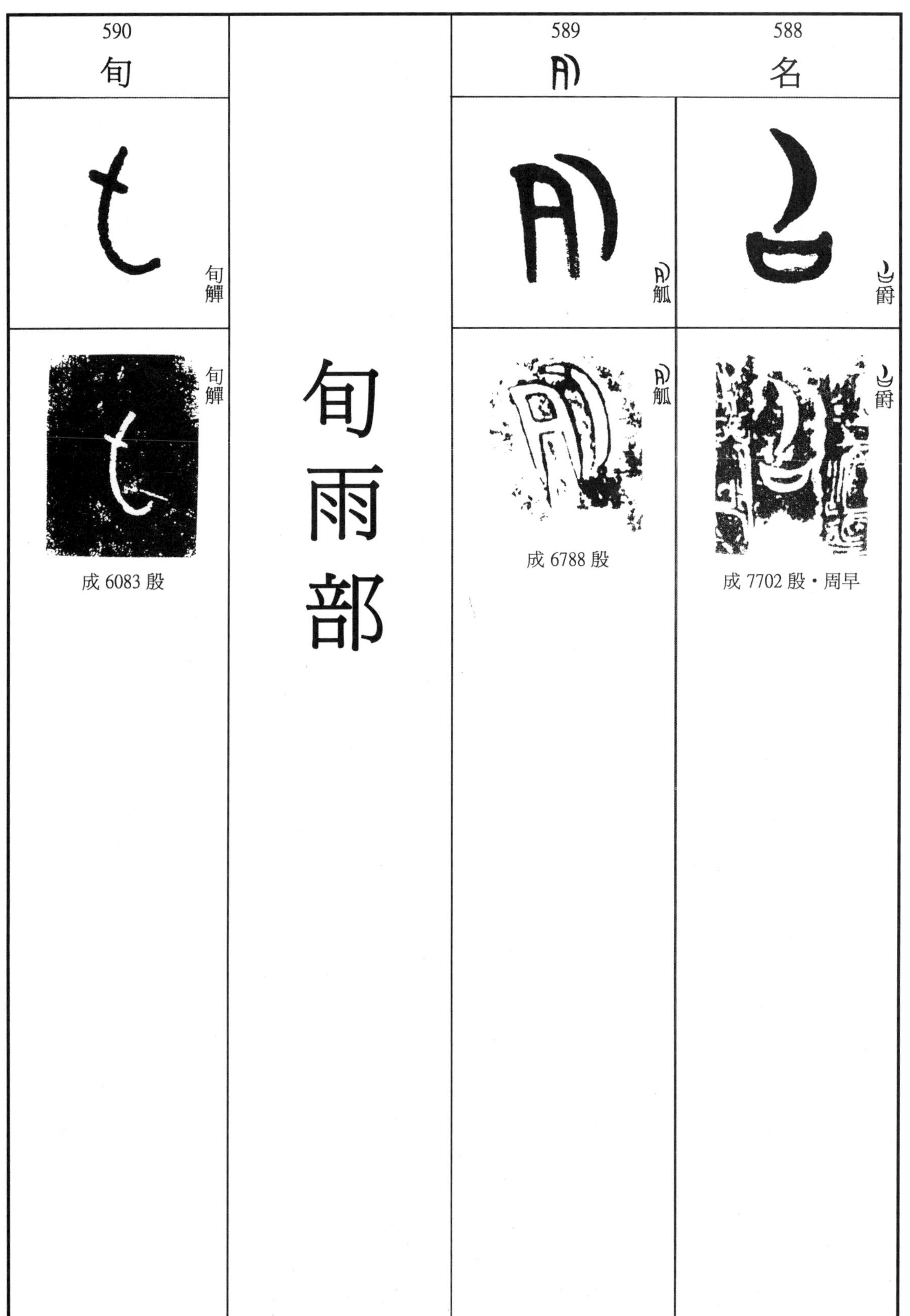

590 旬		589 𠣬	588 名
旬觶	旬雨部	𠣬觚	名爵
旬觶 成 6083 殷		𠣬觚 成 6788 殷	名爵 成 7702 殷・周早

591 勻

勻作寶彝段

勻作寶彝段 成 3381 周早

592 雩

雩觚

雩觚 成 6783 段

守雩鼎 成 1475 段

雩爵 成 7746 段

593 霝

霝鼎

霝卣 成 4798.1 段

成 4798.2 段

霝鼎 成 1229 段

霝鼎 成 1288 段

霝器 成 10493 段

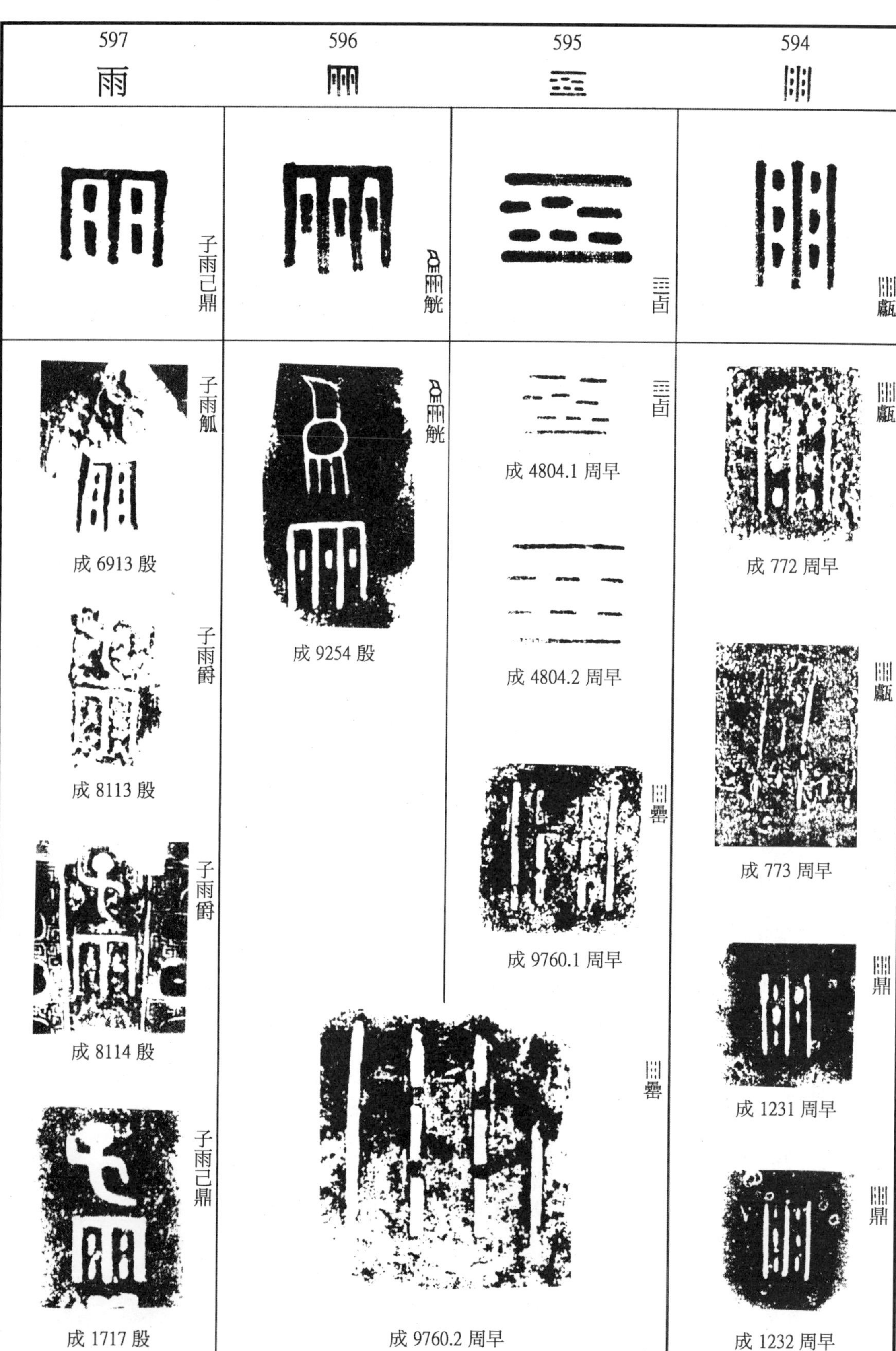
597
雨
596
595
594
子雨己鼎
子雨觚
子雨爵
子雨爵
子雨己鼎
成 6913 殷
成 8113 殷
成 8114 殷
成 1717 殷
成 9254 殷
成 9760.2 周早
成 4804.1 周早
成 4804.2 周早
成 9760.1 周早
成 772 周早
成 773 周早
成 1231 周早
成 1232 周早

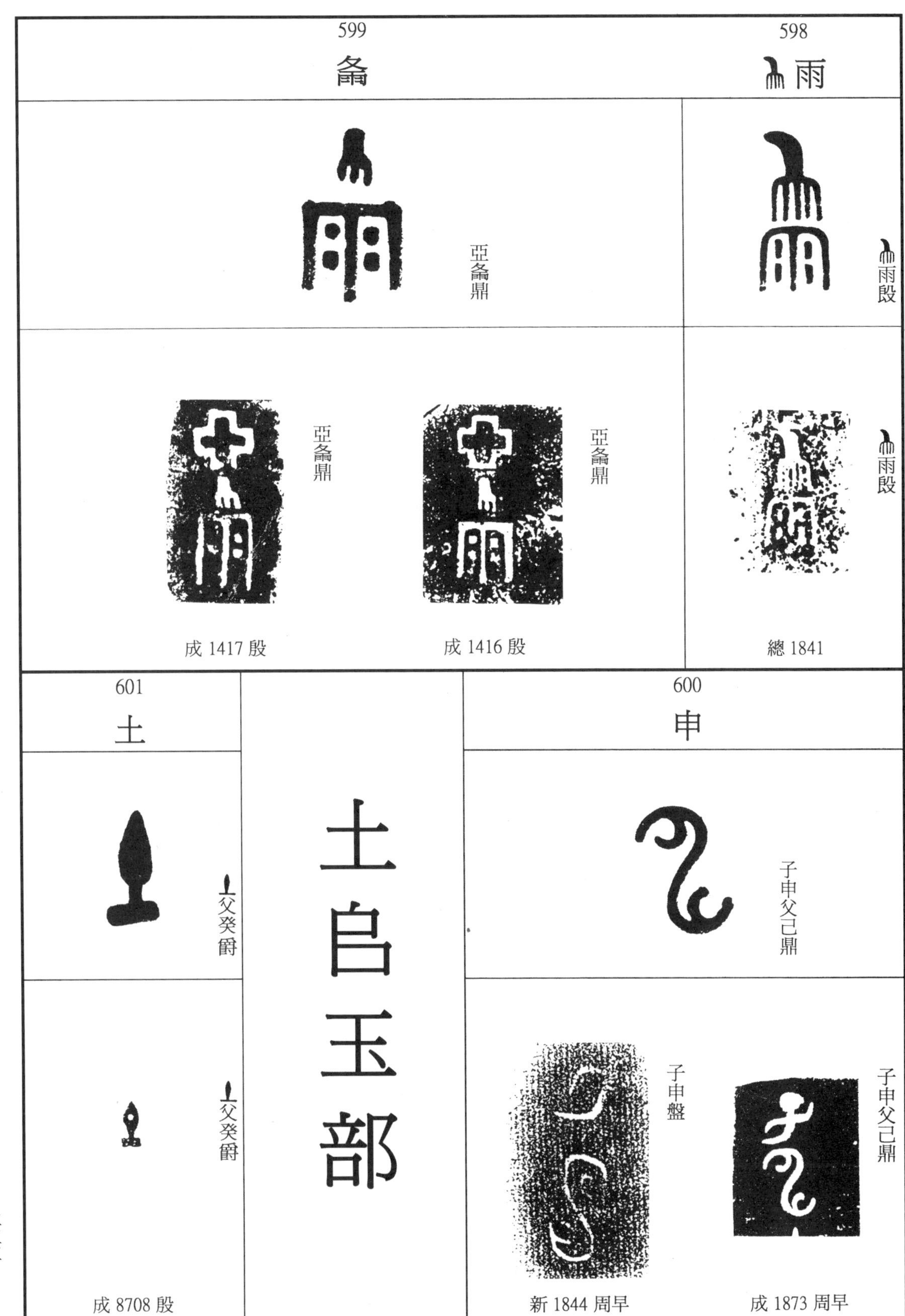
598
雨
雨段
雨段
總 1841
599
𩂣
亞𩂣鼎
亞𩂣鼎
亞𩂣鼎
成 1417 段
成 1416 段
600
申
子申父己鼎
子申父己鼎
子申盤
成 1873 周早
新 1844 周早
土自玉部
601
土
父癸爵
父癸爵
成 8708 段

604 陸	603 𠂤	602 𠂤
陸冊父乙卣	𠂤鼎	✦衛𠂤觚
陸冊父甲卣 成 5050 殷 陸冊鼎 成 1359 殷·周早 陸父甲角 成 8372 殷 陸冊父乙爵 成 8874 殷 陸冊父乙卣 成 5052.1 殷 成 5052.2 殷	𠂤鼎 成 1244 殷 𠂤父丁觶 成 6264 殷 𠂤父丁盉 成 9353.1 周早 𠂤丞卣 成 5318.1 周早 參見 456	𠂤鼎 新 268 商晚 𠂤父丁爵 成 8498 周早 ✦衛𠂤觚 成 7187 殷

山部

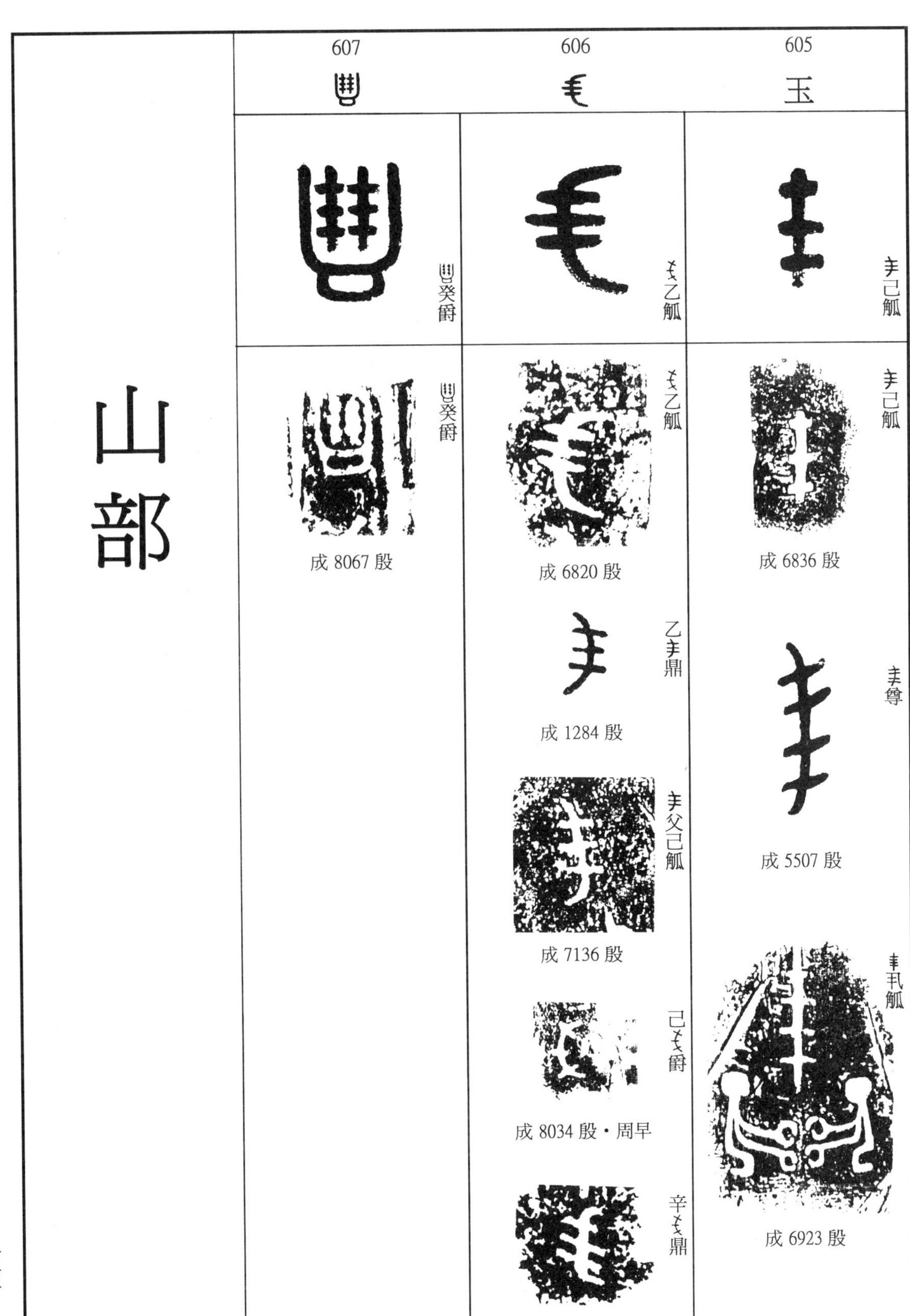

607
606
605
玉
癸爵
乙觚
己觚
癸爵
成 8067 殷
乙觚
成 6820 殷
己觚
成 6836 殷
乙鼎
成 1284 殷
尊
成 5507 殷
父己觚
成 7136 殷
觚
己爵
成 8034 殷・周早
成 6923 殷
辛鼎
總 0244

608

山

山且庚觥

山爵
成 7654 周早

山父丁尊
總 4572

山父乙簋
總 1851

獸山父乙爵
成 8866 殷

山凵父辛斝
成 9232 殷

山殷
成 3032 周早

山爵
成 7653 周早

山父乙鼎
成 1561 周早

山且丁爵
成 8324 周早

癸山殷
成 3070 周早

山父丁觥
成 7117 殷

山父乙尊
成 5614 殷

山丁爵
成 8017 殷

山父丁觚
成 7116 殷

山父丁觶
成 6261 周早

山父戊尊
成 5642 殷

山且壬爵
成 8356 殷

山父乙觥
成 9271 殷

山且庚觥
成 7081 殷

山父丁觚
成 7115 殷

山父乙斝
成 9210 殷

609	610	611	612
父壬尊	戈	父鉞	戈
父壬尊 成 5664 殷	戈 成 10767.1 殷 成 10767.2 殷	父鉞 成 11750 殷	戈 成 10768.1 殷 戈 成 10768.2 殷

水部

613 涉

車涉觚

車涉觚

成 7040 殷

涉作父丁鼎

成 2123 西周

戈[illegible][illegible]爵

成 8809 殷

614 涾

朋涾爵

朋涾爵

成 8230 周早
參見 362

615 被

被觚

被觚

成 6779 殷

永[illegible]觚

成 6937 殷

618 冬刃		617 沚	616 永
冬刃鼎		𣳾爵	馬永卣
冬刃觚 成 7023 殷	冬刃鼎 成 1450 殷	𣳾爵 成 7472 殷	馬永卣 成 4885 周早
爵 成 7611 殷	冬刃鼎 成 1451 殷	𣳾爵 成 7471 殷	宗父戊方彝 成 9878 殷 參見888
爵 成 7612 殷	冬刃鼎 成 1452 殷	𣳾爵 錄 770 周早	宗父戊方彝 成 9879 殷
冬刃戈 成 10881 殷	冬刃觚 成 7024 殷		

619

泉

束泉爵

束泉爵

成 8285 殷

㬎觚

成 6775 殷

㬎觚

成 6774 殷

束泉爵

成 8290 殷

束泉爵

成 8287 殷

㬎觚

成 6777 殷

束泉爵

成 8292 殷

束泉爵

成 8289 殷

㬎觚

成 6773 殷

束泉爵

成 8291 殷

束泉爵

成 8288 殷

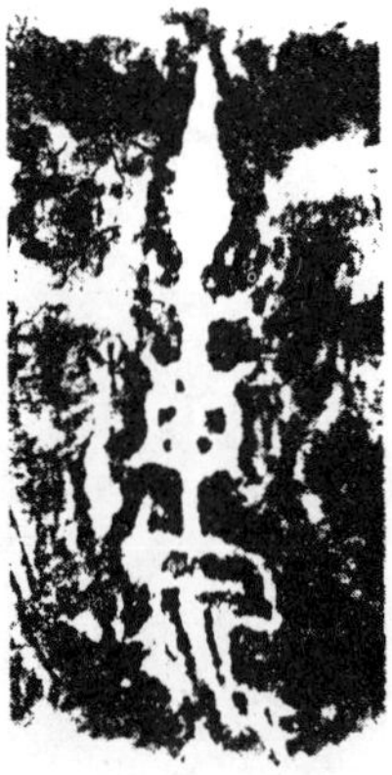

束泉爵

成 8284 殷

620

㬥

子㬥觚

子束泉斝

成 9224 殷

子㬥尊

成 5541 殷

子㬥尊

成 5540 殷

㬥觚

成 6776 殷

束泉爵

成 8286 殷

子㬥觚

成 6891 殷

子㬥觚

成 6892 殷

子㬥觚

成 6893 殷

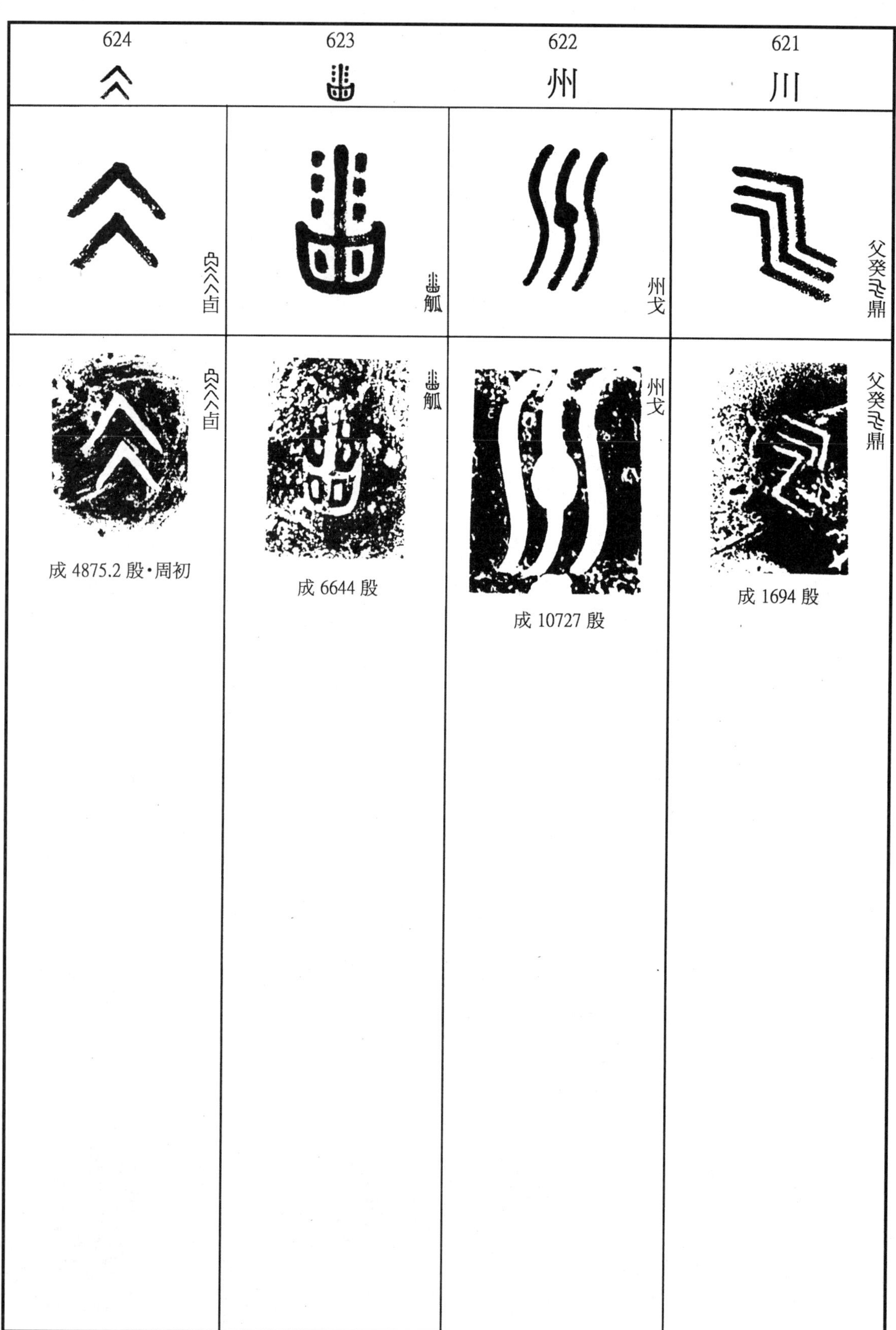
621
川
父癸鼎
成 1694 殷
622
州
州戈
成 10727 殷
623
觚
成 6644 殷
624
卣
成 4875.2 殷·周初

火部

625	626	627
[illegible]	回	乙
王罍	[illegible]回父丁鼎	父乙甗
王罍 成 9821 殷	[illegible]回父丁鼎 成 8906 周早	戈乙鼎 新 1207 商晚
		父乙甗 成 800 殷
		乙[illegible]車方鼎 成 1702 殷
		乙戎鼎 成 1287 殷

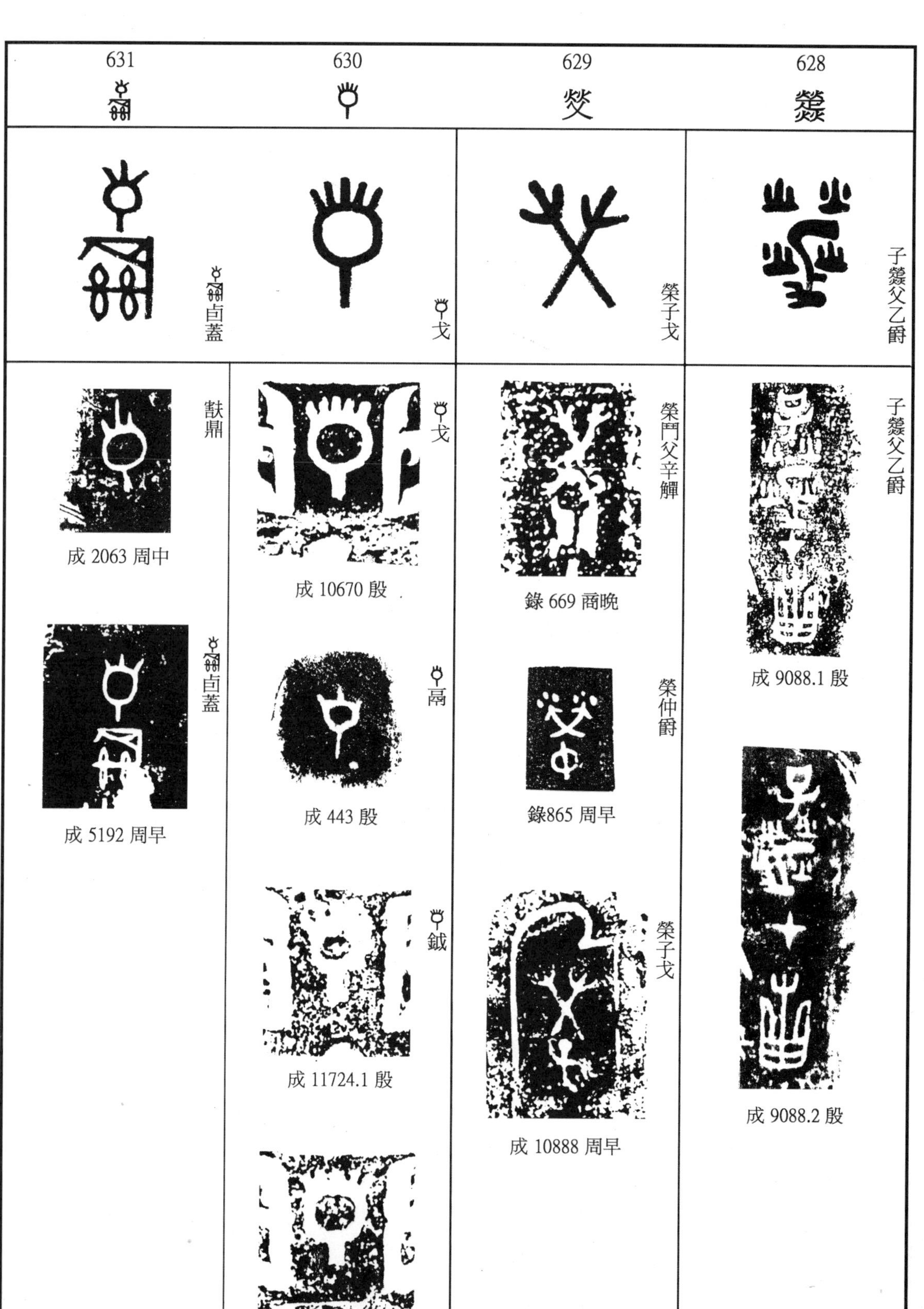

628 [illegible]
子[illegible]父乙爵
子[illegible]父乙爵
成 9088.1 殷
成 9088.2 殷

629 [illegible]
榮子戈
榮鬥父辛觶
錄 669 商晚
榮仲爵
錄865 周早
榮子戈
成 10888 周早

630 [illegible]
[illegible]戈
[illegible]戈
成 10670 殷
[illegible]鬲
成 443 殷
[illegible]鉞
成 11724.1 殷
成 11724.2 殷

631 [illegible]
[illegible]卣蓋
㝬鼎
成 2063 周中
[illegible]卣蓋
成 5192 周早

植物 屮部

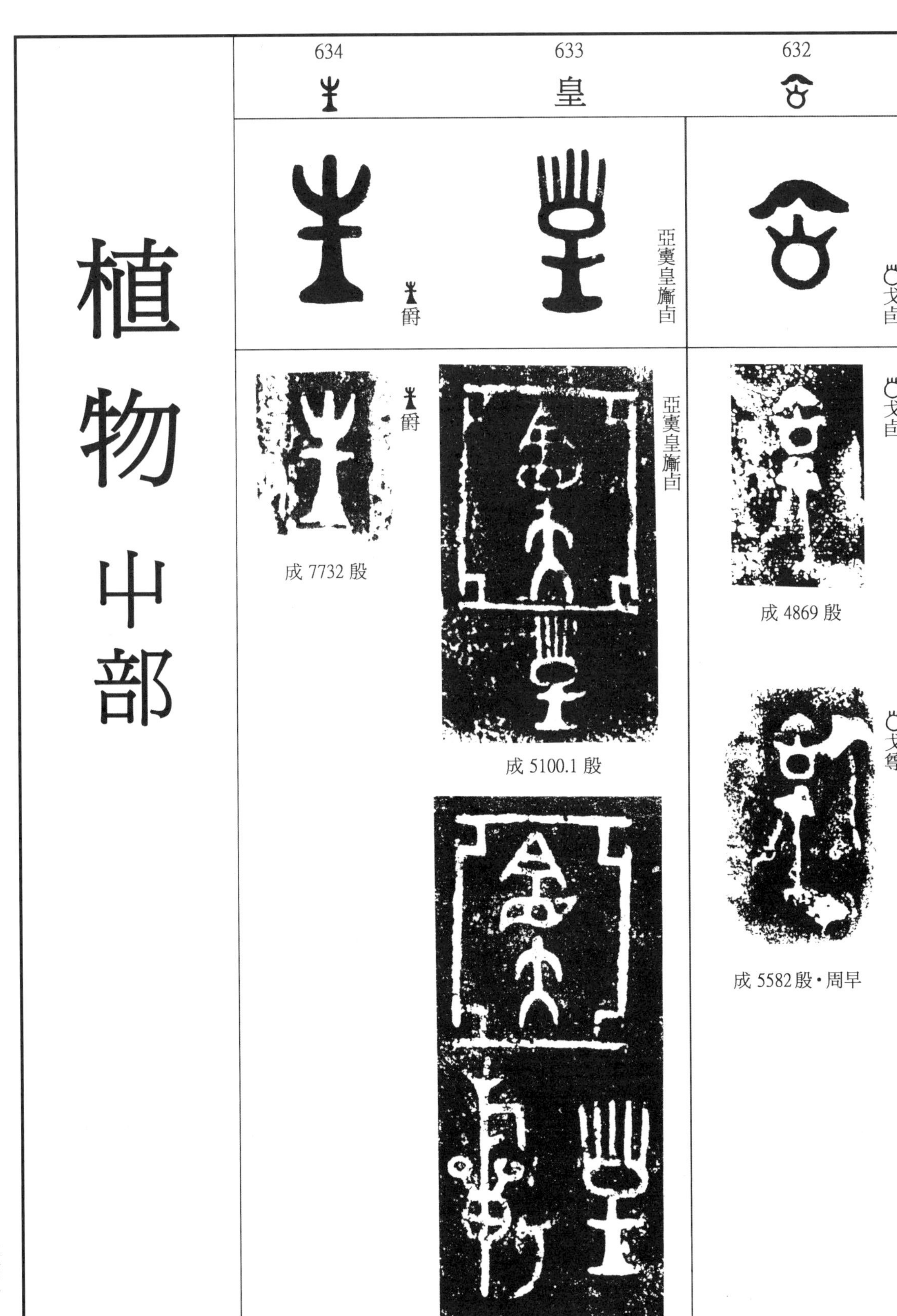

成 7732 殷

成 5100.1 殷

成 5100.2 殷

成 4869 殷

成 5582 殷·周早

638 丰	637 莫	636 艸	635 屮
丁丰卣	莫尊	艸甗	屮父己爵
丁丰卣 成 4825 殷	莫尊 成 5776 周早	艸甗 成 787 周早	屮父己爵 成 8547 殷
丰父甲卣 成 4905.1 殷	莫銅泡 成 11844 周早		屮戈 新 1549 商晚
成 4905.2 殷			屮作從彝盉 成 9383 周早
丰父辛盉 錄 937 周早			作父戊殷 成 3514 周早
			中草斧 成 11780 殷

639	640	641	642
		吉	
乙觚	鼎	且乙吉觶	爵
乙觚 成 6819 殷	鼎 成 1248 殷	且乙吉觶 成 6201 殷	爵 成 7741 殷
觚 新 1657 商晚			

646	645	644	643
生			
生爵	爵	卣	亞戈
生爵	爵	卣	亞戈
錄 790 周早	成 7731 殷	成 4749 殷	新 1535 商晚

650	649	648	647
		笝	茀
門父辛觶	天爵	夨笝銅泡	茀父丁爵
門父辛觶	天爵	夨笝銅泡	茀父丁爵
新 1165 商晚	成 8145 周早	成 11851 周早	成 8478 周早

禾部

651

竹

竹觚

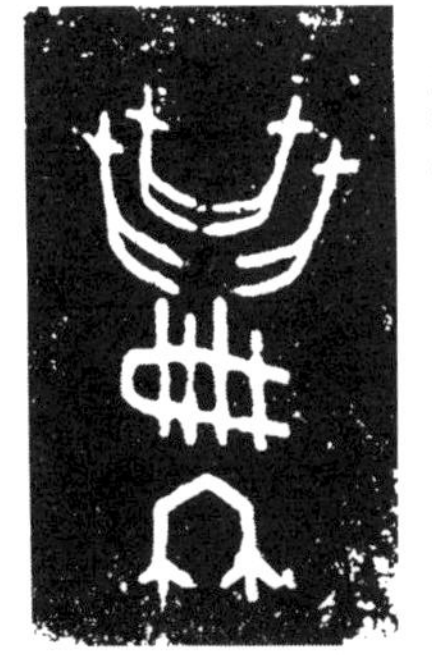

劦冊竹卣

成 5006.1 殷
參見1191.1349

竹宔父戊方彝

成 9878 殷
參見888

[illegible]竹爵

成 8755 殷

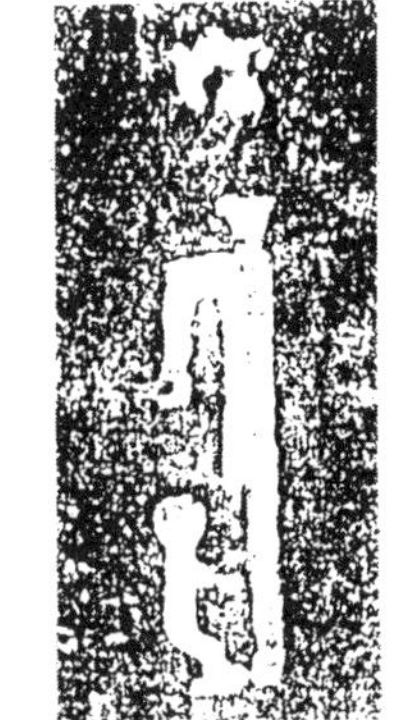

竹[illegible]卣

成 4852.1 殷
參見 1134

亞[illegible]父丁卣

成 5271.2 殷
參見 338.1420

竹觚

成 6741 殷

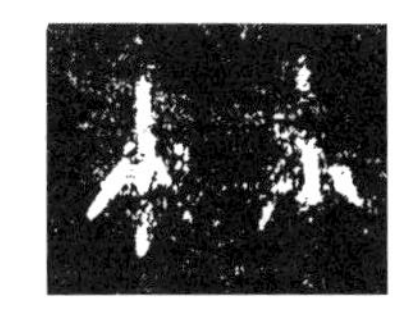

竹且丁毁

成 3137 殷
參見補 21

聑竹爵

成 8205 殷
參見 372

丄竹爵

成 8270 殷

653	652	
來田	禾	
來田觚	子禾爵	禾卣

653	652		
來田觚 成 7027 殷	禾又爵 成 8194 殷	子禾爵 成 8108 殷	禾卣 成 4750.1 殷
來田觚 成 7028 殷	禾子父癸爵 成 8960 周早	子禾爵 成 8109 殷	成 4750.2 殷
來田戈 成 10868 殷	天禾作父乙毁 成 3603 周早	禾保毁 成 3122 殷	禾爵 成 7725 殷
秉己鼎 錄 210 商晚		大禾方鼎 成 1472 殷	禾父丁爵 成 8476 周早

657	656	655	654
	棶		來
東禾觚	棶父己鼎	爵	般觥
東禾觚	棶父己鼎	爵	般觥
成 7052 殷	成 1619 周早	成 7726 殷	成 9299 周早

661	660	659	658
			秝
父庚爵	戈	爵	秝方彝
父庚爵 成 9056 殷 父庚爵	戈	爵	秝方彝
成 9057 殷	成 10776 殷	成 7727 殷	錄 992 商晚

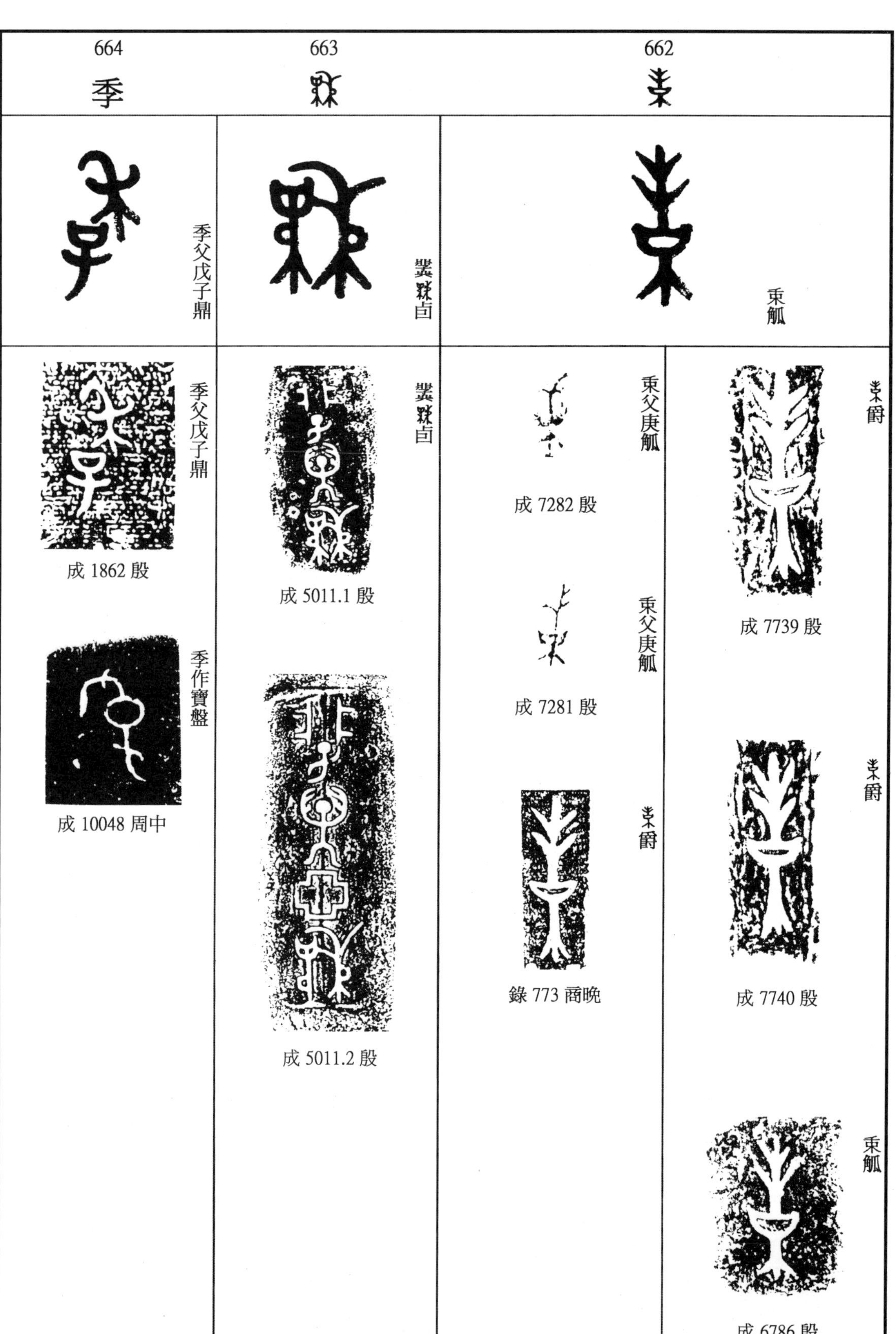
664
季
663
662
季父戊子鼎
㚇鉌卣
秉觚
季父戊子鼎
成1862 段
季作寶盤
成10048 周中
㚇鉌卣
成5011.1 段
成5011.2 段
秉父庚觚
成7282 段
秉父庚觚
成7281 段
秉爵
錄773 商晚
秉爵
成7739 段
秉爵
成7740 段
秉觚
成6786 段

木部

667 齊	666 [char]	665 盉
齊且辛爵	[char]壺	𢼸[char]般盉
[char]乍父乙卣 成 5202.1 殷	[char]器 成 10494 殷	𢼸[char]般盉 成 9386 周早
成 5202.2 殷	[char]壺 新 1930 商晚	仲自父盉 成 9410 周早
齊且辛爵 成 8345 周早	[char]壺 新 1044 春秋早期	
齊婞□爵 成 8754 殷 參見 298	新 1044 春秋早期	
𠂤犲父癸觶 成 6423 殷		
齊婦鬲 成 486 殷		

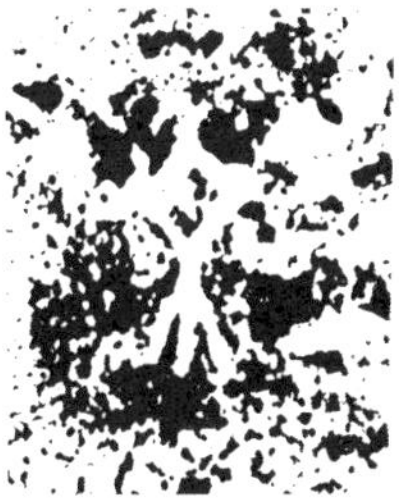

668

木

木父壬鼎

木父丁觚

成 7120 周早

木且辛爵

成 8350 周早

木父壬爵

成 8663 周早

木[illegible]爵

成 8273 殷

木並爵

成 8182 殷

木父辛爵

成 8633 殷

木父壬鼎

成 1665 殷

木父癸爵

成 8711 殷

木且辛父丙鼎

成 1997 殷·周早

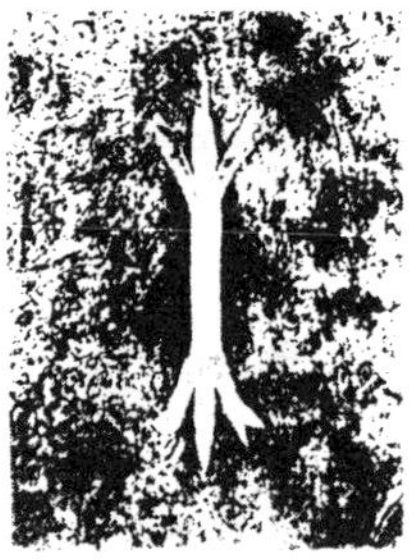

木觚

成 6743 殷

木父己觶

成 6280.1 殷

成 6280.2 殷

木父丁爵

成 8477 殷

木甗

成 781 殷

木觚

成 6742 殷

木父辛鼎

成 1654 殷

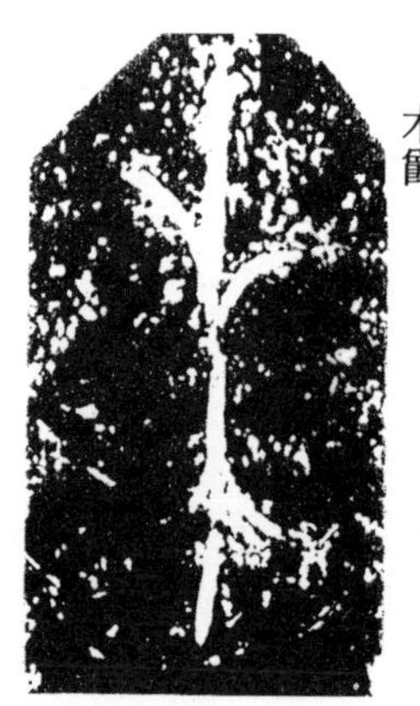

木爵

成 7736 殷

670
析

析弓形器

析斝

成 7742 殷·周早

枚家作父戊卣

成 5310 周早

析父乙鼎

成 1550 周早

析弓形器

成 11871 殷

枚父丙卣

成 4936 殷

669
林

林亞艅卣

林亞艅卣

成 5013.1 殷

成 5013.2 殷

卜木卣

成 4864.1 殷

成 4864.2 殷

戊木觚

成 6834 殷

亞父丁斝

成 9007 殷

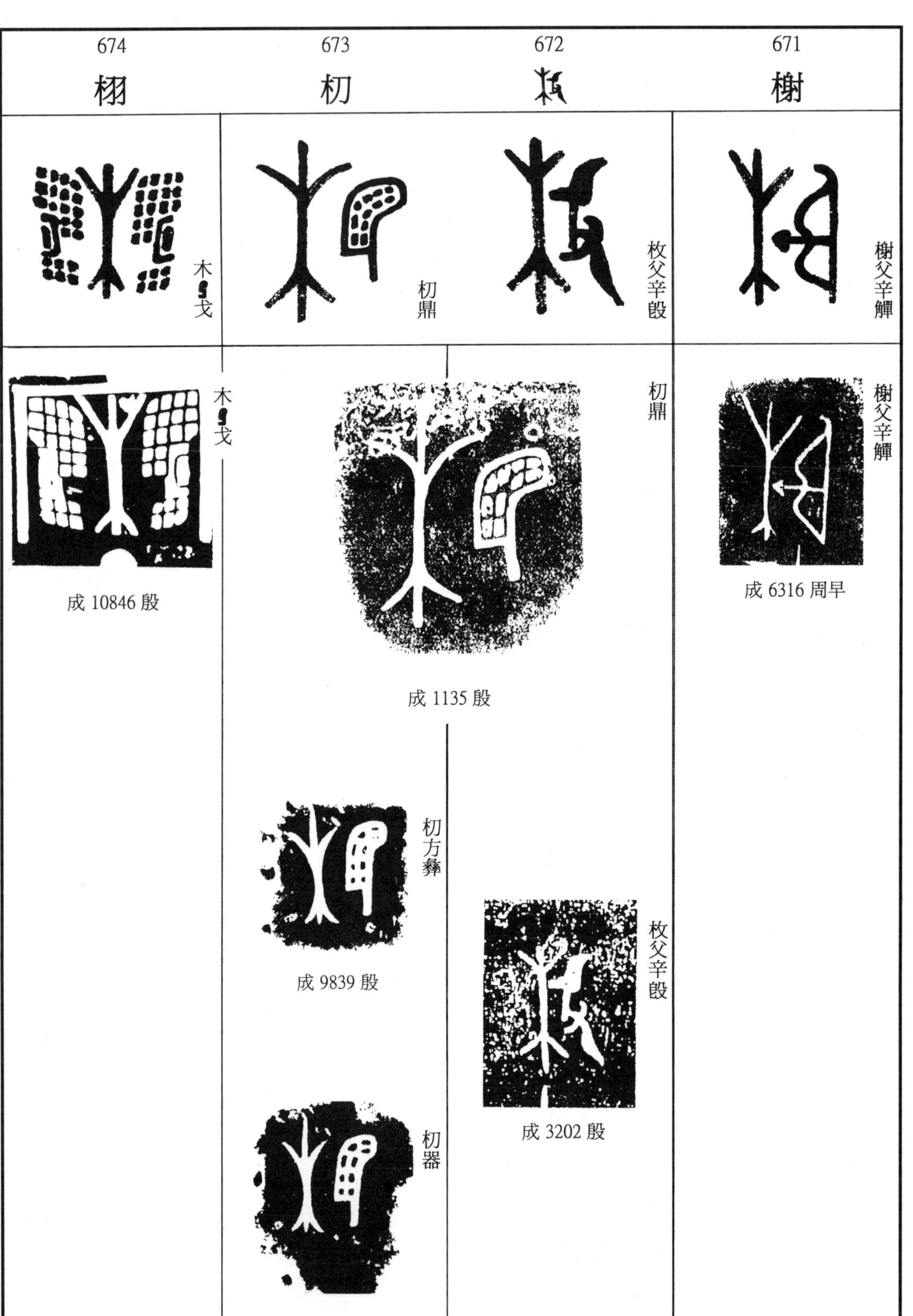
674
栩
673
朷
672
𣏌
671
樹
木戈
朷鼎
枚父辛毁
樹父辛觶
木戈
朷鼎
樹父辛觶
成 10846 殷
成 1135 殷
成 6316 周早
朷方彝
成 9839 殷
枚父辛毁
成 3202 殷
朷器
成 10490 殷

675
榝

~~婦𣪕~~

~~婦𣪕~~

成 3687 周早

士作父乙方鼎

成 2314 周早

676
柩

柩父乙卣

柩父乙卣

成 5147 殷

亞虎柩父乙壺

總 5662

677
杞

亞醜杞婦卣

亞醜杞婦卣

成 5097.1 殷
參見 1406

678
未

未戈

未戈

成 10762 殷

未父乙鼎

成 1562 周中

亞未口爵

成 8801 殷

戊未父己觚

成 7244 殷

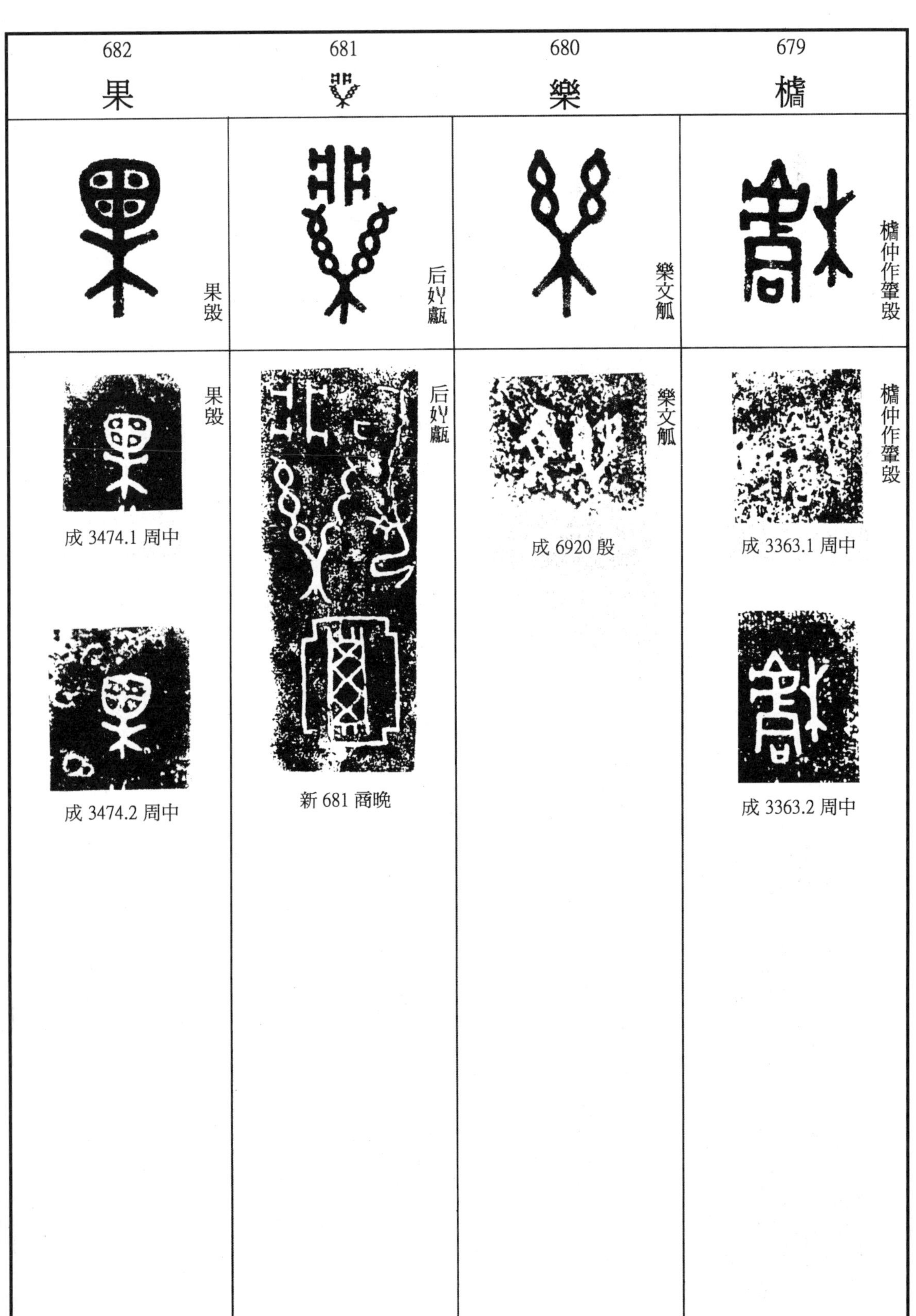

682	681	680	679
果		樂	槁
果毁	后[女丫]甗	樂文觚	槁仲作肇毁
果毁 成 3474.1 周中 成 3474.2 周中	后[女丫]甗 新 681 商晚	樂文觚 成 6920 殷	槁仲作肇毁 成 3363.1 周中 成 3363.2 周中

686
朱
女朱戈觶
成 6348 周早
685
父癸觚
成 7156 殷
684
匕辛鐃
成 412 殷
683
父辛爵
成 8635 周早
690
射女鼎
成 1379 殷
參見 1282
689
父丁盉
新 674 周早
688
獸爵
成 8213 殷
687
作父丁毁
成 3512 周早

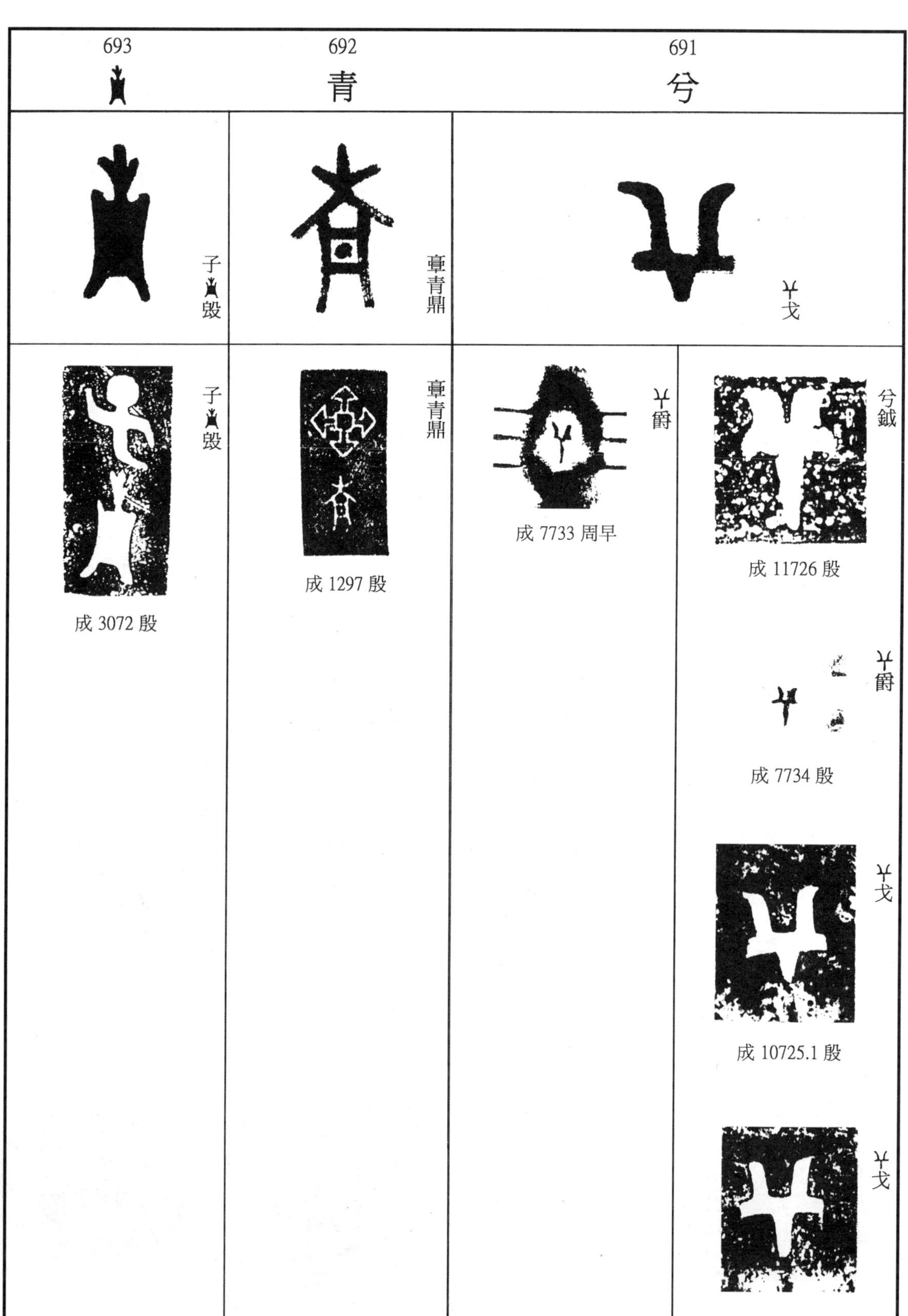
693
692
青
691
兮
子殷
𩰫青鼎
戈
子殷
𩰫青鼎
爵
兮鉞
成 3072 殷
成 1297 殷
成 7733 周早
成 11726 殷
爵
成 7734 殷
戈
成 10725.1 殷
戈
成 10725.2 殷

動物夔部

696 乇	695 甲	694 [illegible]
乇田舌卣	甲毀	子[illegible]爵
乇田舌卣 成 5019.1 殷	甲盉 成 9381 殷	子[illegible]爵 成 8110 殷
乇斧 成 11773.1 西周	甲胄 成 11876 殷	
成 11773.2 西周	甲胄 成 11874 殷	
	甲毀 成 2911 周早	
	甲虫爵 成 8000 殷·周早	

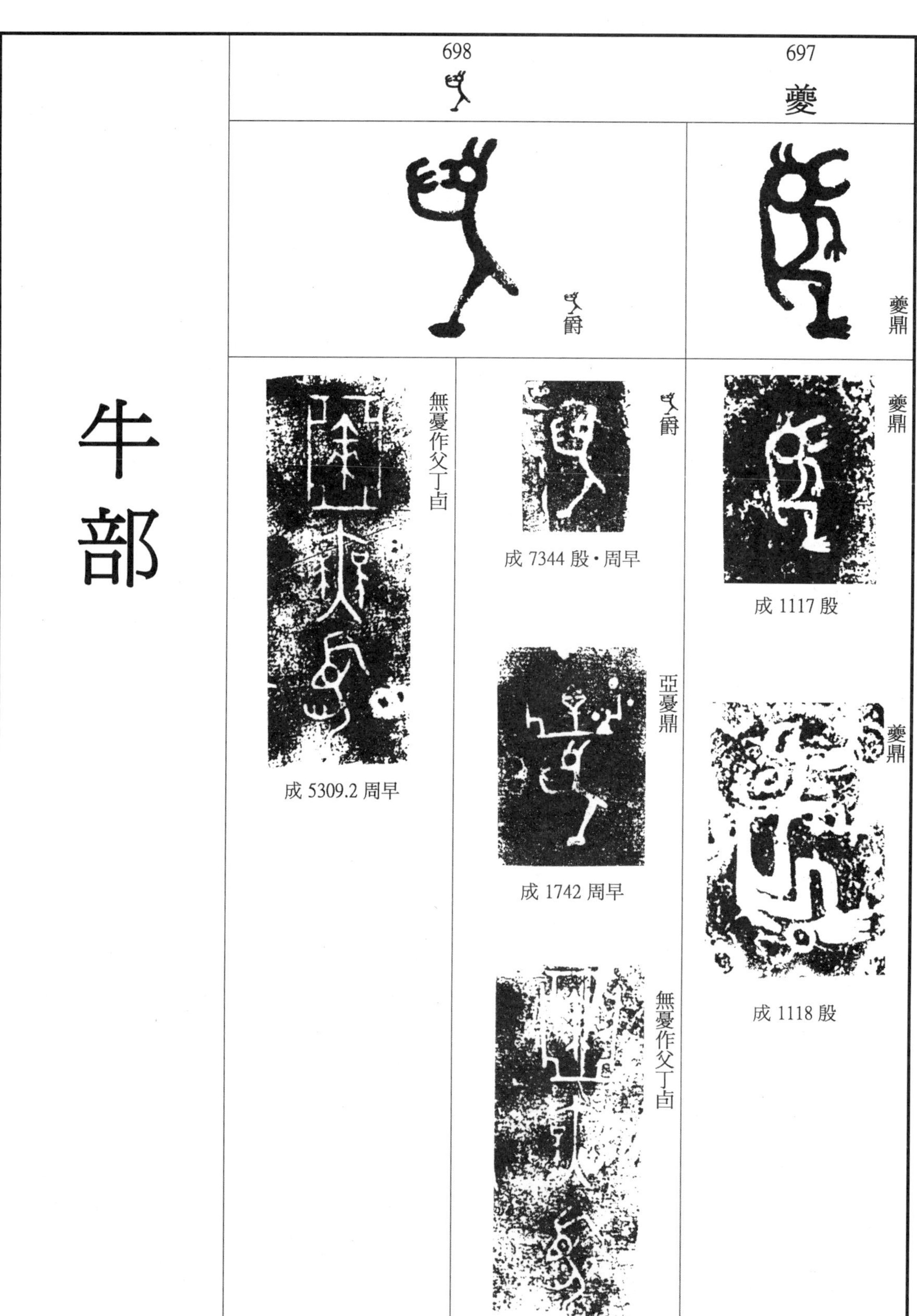

成 5309.2 周早
成 7344 𣪘·周早
成 1117 𣪘
成 1742 周早
成 1118 𣪘
成 5309.1 周早

699

牛

牛𣪘

牛方鼎

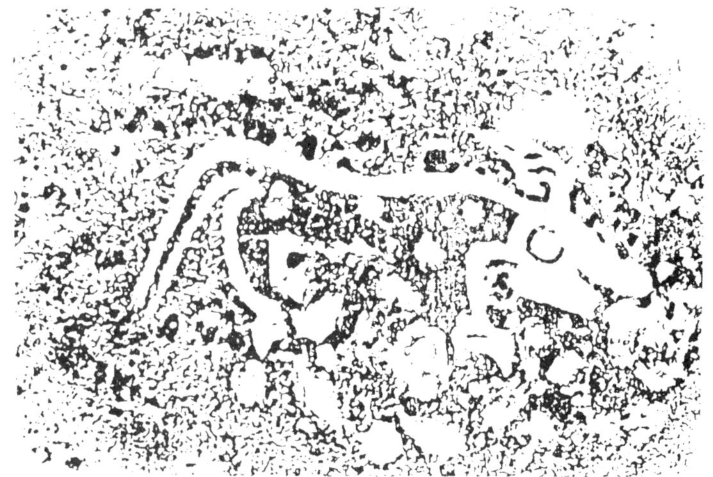

成 1102 殷

牛鼎

成 1104.2 周早

牛鼎

成 1103 殷·周早

獸面形銘觚

成 6669 殷

牛首形銘卣

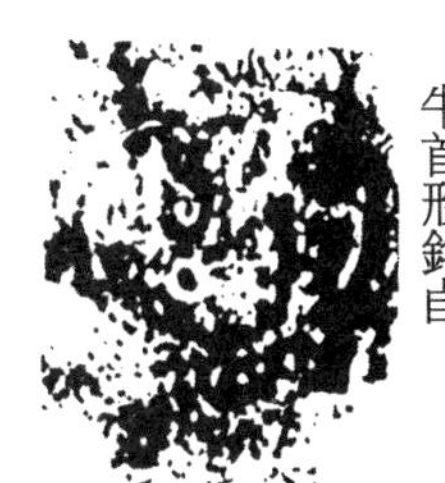

成 4970.1 殷

獸爵

成 8213 殷

牛鼎

成 1104.1 周早

牛𣪘

成 2973 殷

成 4970.2 殷

701 羊𢆶		700 𫹔	
羊𢆶鼎	羊部	戈	
羊𢆶鼎 成1463 殷		戈 總7289	戈 總7289
羊𢆶父觚 成7210 周早			
弓𢆶獸父丁爵 成9006 周早			
叚見駒毁 成3750 周早 參見補35			

702

羊

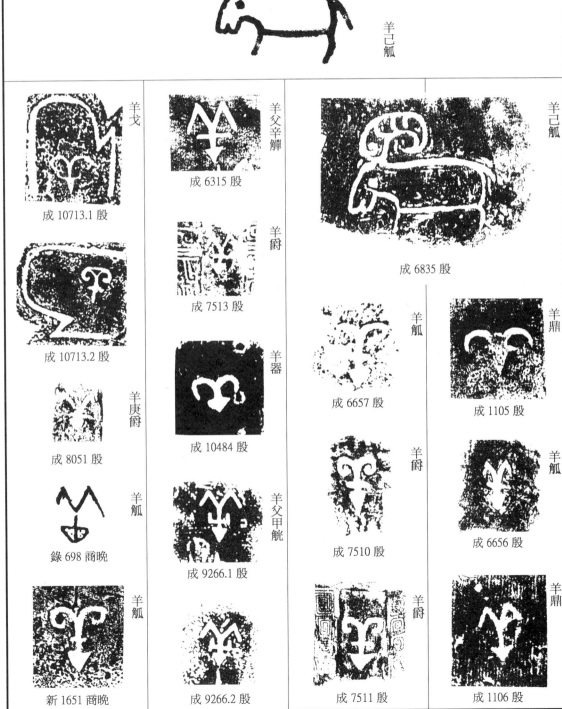

羊己觚

羊戈

成 10713.1 殷

成 10713.2 殷

羊庚爵

成 8051 殷

羊觚

錄 698 商晚

羊觚

新 1651 商晚

羊父辛觶

成 6315 殷

羊爵

成 7513 殷

羊器

成 10484 殷

羊父甲觥

成 9266.1 殷

成 9266.2 殷

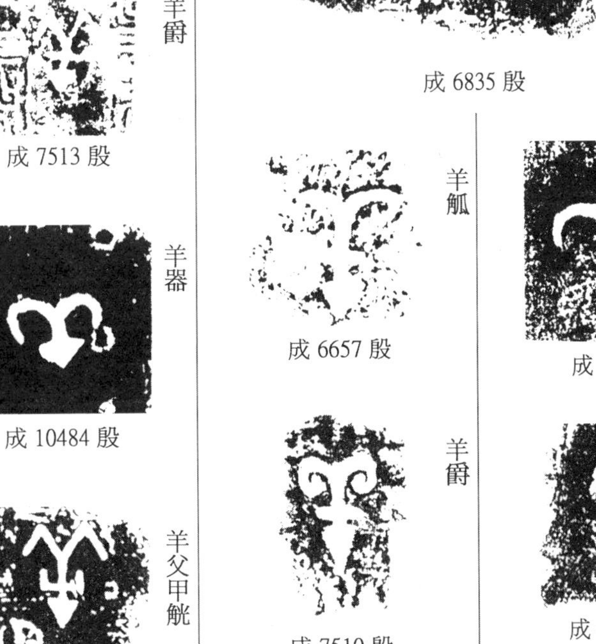

羊己觚

成 6835 殷

羊觚

成 6657 殷

羊爵

成 7510 殷

羊爵

成 7511 殷

羊鼎

成 1105 殷

羊觚

成 6656 殷

羊鼎

成 1106 殷

704 絴

703

羊箙鼎

父丁毁

羊箙鼎

新 161 商晚

父丁毁

成 3314 毁
參見 825

父丁觚

總 6227

父丁觚

中國法書選1·金文8
參見 11

子羊父丁鼎

成 1850 毁

㝉羊觶

成 6185 周早

宁羊父丙鼎

成 1836 周早

羊己父爵

成 8796 毁

木羊毁

新 1595 周早

羊爵

成 7512 毁·周早

羊作父乙卣

成 5267.1 周早

成 5267.2 周早
參見補 23

羊則車觚

成 7201 毁
參見 850

706 䍜	705 𡆪
䍜鼎	𡆪卣

䍜爵
成 7514 殷

䍜鼎
成 1107 殷

䍜爵
成 7515 殷

䍜鼎
成 1108 殷

亞䍜斝
新 99 商晚

䍜鼎
成 1109 殷

䍜父辛斝
成 9218 周早

䍜觚
成 6658 殷

羊𡆪尊
成 5585 殷·周早

羊日爵
成 8220 殷

羊日爵
成 8219 殷

羊𡆪觶
成 6184 殷

𡆪卣
新 1288 商晚

新 1288 商晚

709 宰	708 羞	707 ⿱𦍌月
宰爵	羞鼎	⿱𦍌月觚

709 宰	708 羞		707 ⿱𦍌月
宰爵 成 7516 殷	羞觶 成 6028.1 殷	羞鼎 成 1070 殷	⿱𦍌月觚 成 6659 殷
	成 6028.2 殷	羞鼎 成 1071 殷	⿱𦍌月觚 成 6660 殷
	成 6028.3 殷	羞方鼎 成 1072 殷	⿱𦍌月觚 成 6661 殷
	丁羞爵 成 8018 殷	羞鉞 成11731 殷	

虎部

710

虎

虎𣪕

虎𣪕
成 2974.1 周晚

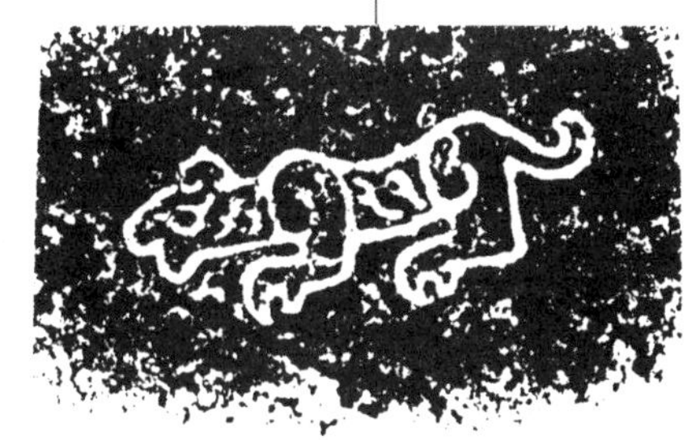
虎𣪕
成 2974.2 周晚

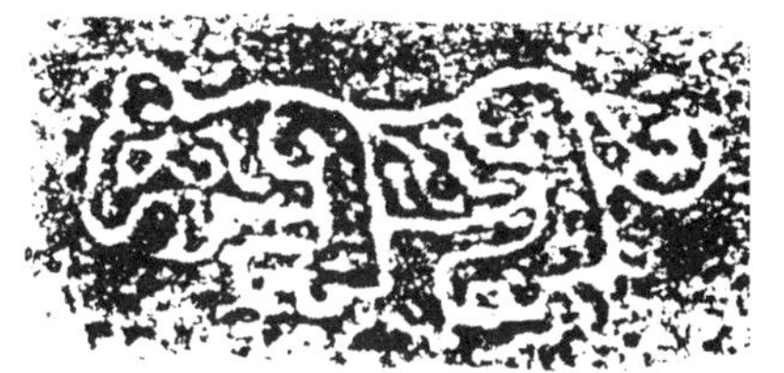
虎𣪕
成 2975.2 周晚

虎爵
成 7508 殷

虎父庚鼎
成 1629 西周

虎𣪕
成 2978 殷

虎𣪕
成 2975.1 周晚

711

[illegible]㚔卣

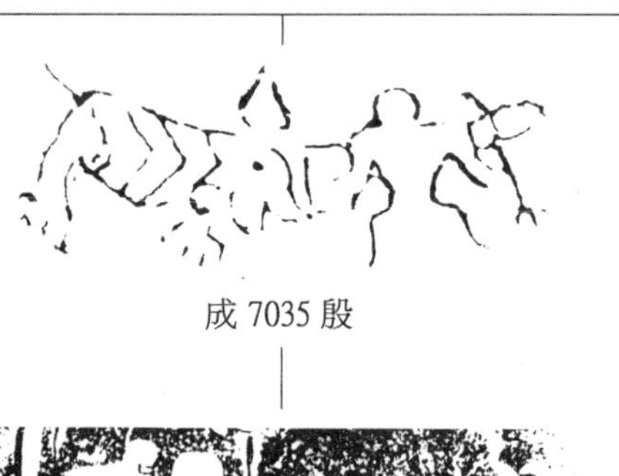

戓虎觚

成 7035 殷

父乙㚔虎觚

成 7223 殷

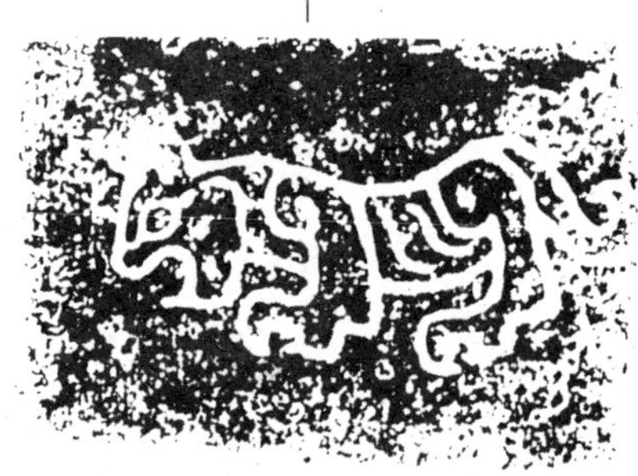

虎𣪕

成 2976.1 周晚

[illegible]戈

成 10821 春秋

虎重父辛鼎

成 1885 周早

[illegible]虎戈

成 10860.1 殷

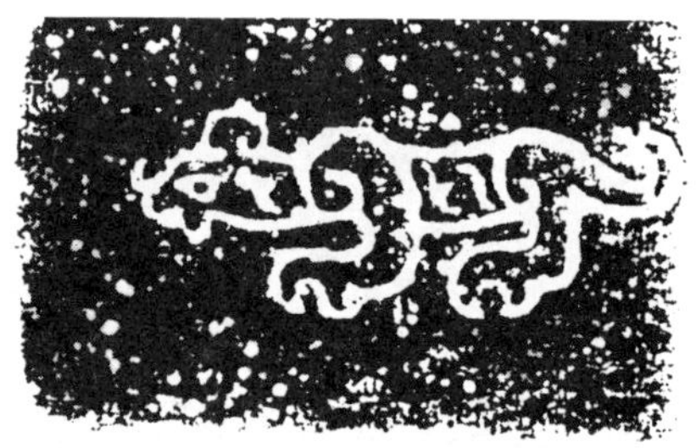

成 2976.2 周晚

[illegible]㚔卣

成 5193 周早

成10860.2 殷

虎𣪕蓋

成 2977 周晚

715	714	713	712
䖈	椃	C𧇼	虩
䖈父辛觚	椃父辛觚	仲鑠盨	車虩戈
䖈父辛觚 成 7150 殷	椃父辛觚 成 7146 殷 椃父辛爵 成 8637 周早	仲鑠盨 成 4399 周中	車虩戈 錄 1091 商晚

716	717	718	719
虢	鮭	虘	叡
虢父乙爵	鮭鳥形尊	虘作父辛爵	叡㠱卣
虢父乙爵 成 8379 殷	鮭鳥形尊 成 5477 殷	虘作父辛爵 成 8952 周早	叡㠱卣 成 4878 殷 參見 194
柜父乙卣 成 5147 殷 參見 676		虘作父辛𣪘 成 3520 周早	叡戊齜爵 成 8332 周早
			叡戊齜爵 成 8331 周早
			叡作父戊尊 成 5899 周中

豕部

722
721
720
南㲋爵
獸形銘觚
亞獸爵
南㲋爵
獸形銘觚
亞獸爵
新 1573 商晚
成 6688 殷
成 7802 殷
南㲋爵
亞獸方彝
新 1572 商晚
成 9851.1 殷
南㲋罍
成 9851.2 殷
新 1587 商晚

豕

豕戈

獸□父乙爵

成 8866 殷

豪卣

成 4789 殷

鳥豕爵

成 8222 殷

庚豕父乙爵

成 8865 殷

庚豕父乙觶

成 6381 殷

豕爵

成 7519 殷・周早

豕癸卣

成 4841.1 殷・周初

成 4841.2 殷・周初

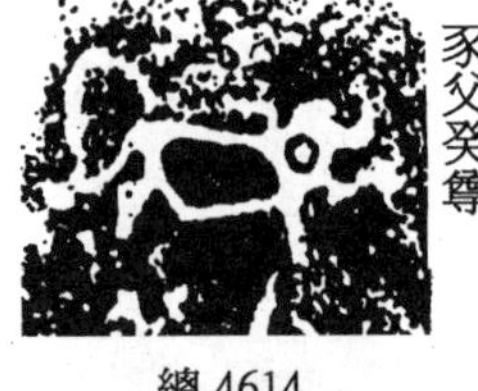

豕父癸尊

總 4614

□獸爵

成 8214 殷

豕戈

成10679 殷

豕乙爵

錄 819 商晚

豕爵

成 7520 殷・周早

豕爵

成 7518 殷・周早

豕爵

成 7517 殷

豕且乙爵

成 8315 殷

獸父辛爵

成 8617 殷

獸形銘鳥尊

成 5478 殷

724

庚豩

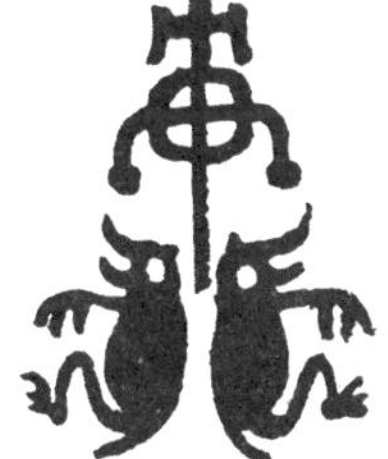

庚豩父丁方鼎

庚豕父乙觚

成 7263 殷

庚豕馬父乙殷

成 3418 殷

庚豕觶

成 6183 殷

庚豩父丁方鼎

成 1855 殷

725

㓹

㓹爵

㓹殷

成 2970 殷

⿰豕又父辛鼎

成 1644 殷

⿰豕又觚

成 6650 殷

㓹父丁爵

成 8464 殷

㓹爵

成 7527 殷

㓹父己爵

成 8563 殷

㓹尊

錄 607 商晚

㓹爵

成 7528 殷

726

彘

彘觚

成 6654 殷 彘觚

成 7530 殷 [illegible]爵

727

圂

圂觚

成 6652 殷 圂觚

成 6653 殷 圂觚

728

家

家且乙觚

成 7529 殷 家爵

成 7074 殷 家且乙觚

成 11736 殷 家鉞

成 10522 殷 家父辛器

成 5082.1 殷 家戈父庚卣

成 5082.2 殷

成 8235 殷 家戈爵

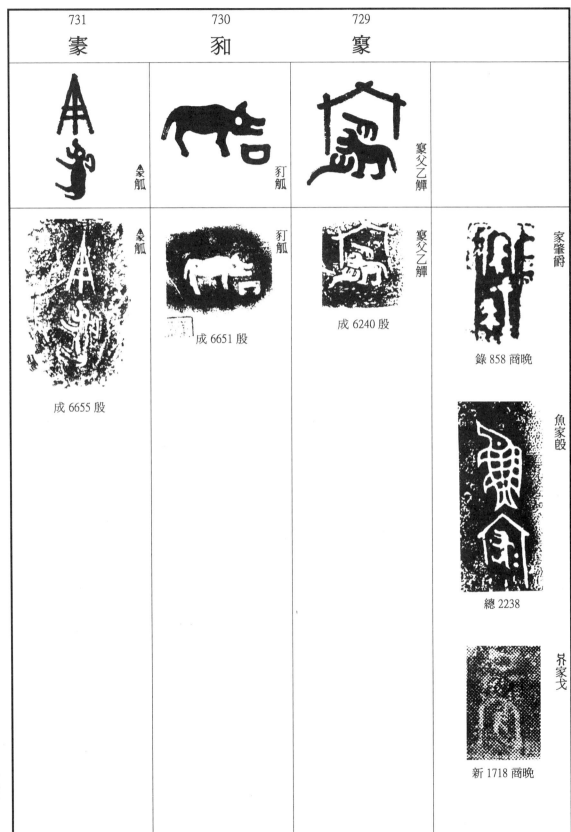

	729 ⿱宀冢	730 ⿰豕口	731 ⿱亠家
	⿱宀冢父乙觶	⿰豕丁觚	⿱亼家觚
家肇爵 錄 858 商晚 魚家𣪘 總 2238 ⿱𠂆介家戈 新 1718 商晚	⿱宀冢父乙觶 成 6240 殷	⿰豕丁觚 成 6651 殷	⿱亼家觚 成 6655 殷

732	733	734
[illegible]豩	啄	[illegible]
[illegible]豩觚	父辛[illegible]鼎	[illegible]爵
[illegible]豩觚 成 7055 殷	𠫑且戊卣 成 4892 殷	[illegible]戈 成 10678.1 殷
	父辛[illegible]鼎 成 1645 殷	成 10678.2 殷
	𤓰[illegible]父癸觶 成 6423 殷	[illegible]爵 成 7500 殷
		[illegible]父丁鼎 成 1600 殷 參見 1367

735

𠫑爵

𠫑觚 成 6649 殷	𠫑父丁尊 成 5638 殷	𠫑父丁鼎 成 1582 殷	𠫑鼎 成 1113 殷
𠫑爵 成 7430 殷	𠫑父丁尊 成 5637 殷	𠫑觚 成 6648 殷	𠫑鼎 成 1114 殷
𠫑爵 成 7431 殷	父乙𠫑觚 成 7091 殷	𠫑戈 成 10655 殷	𠫑鼎 成 1115 殷
	𠫑爵 成 7429 殷		

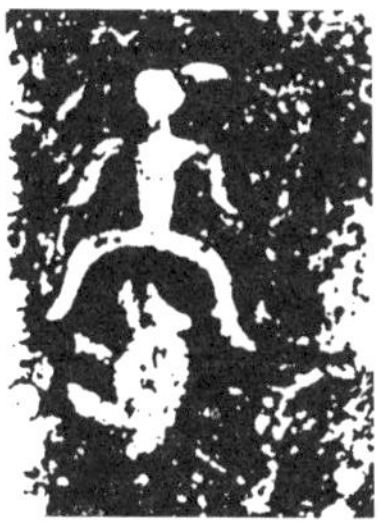

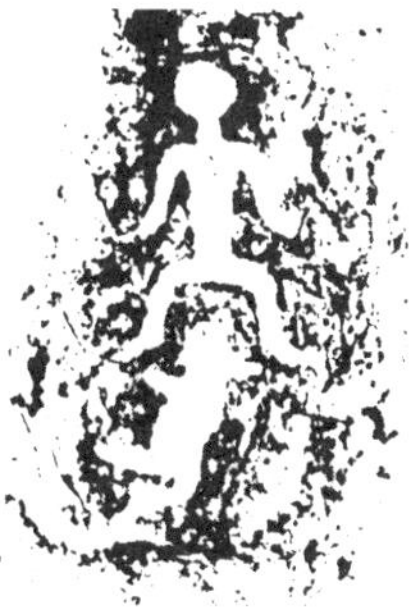

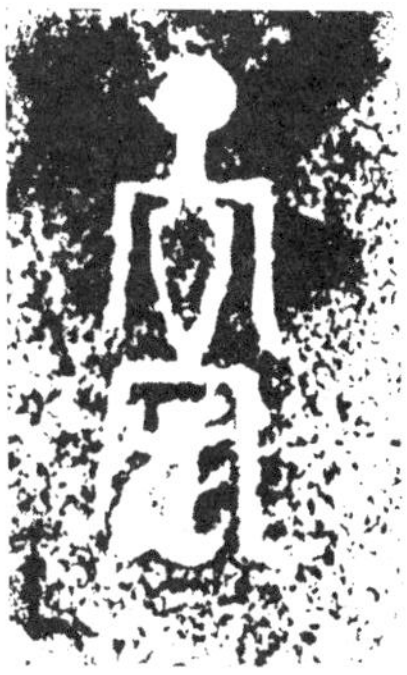

⿱大豕父甲斝

成 9204 殷

⿱大豕父乙觥

成 9272 殷

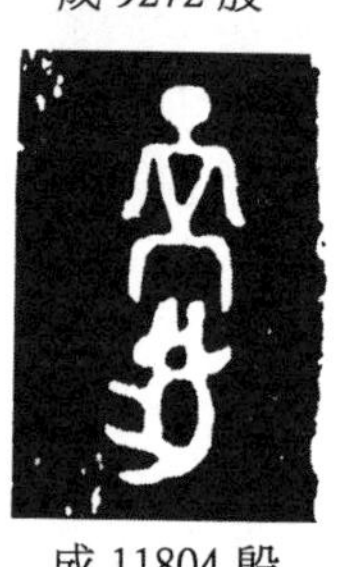

⿱大豕刀

成 11804 殷

⿱大豕器

成 10483 殷

⿱大豕鼎

成 1116 殷

⿱大豕鏟

成 11828 殷

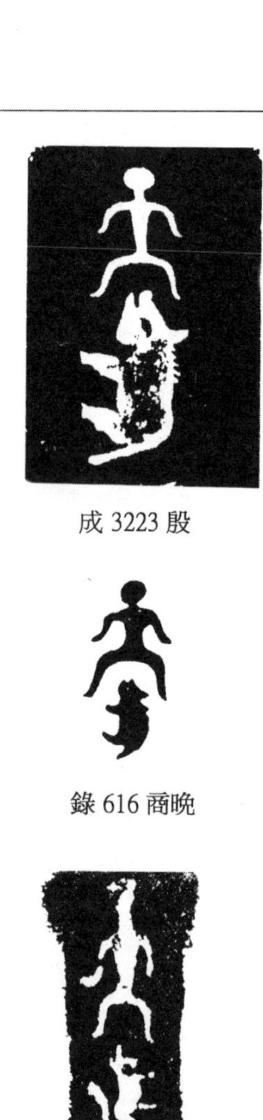

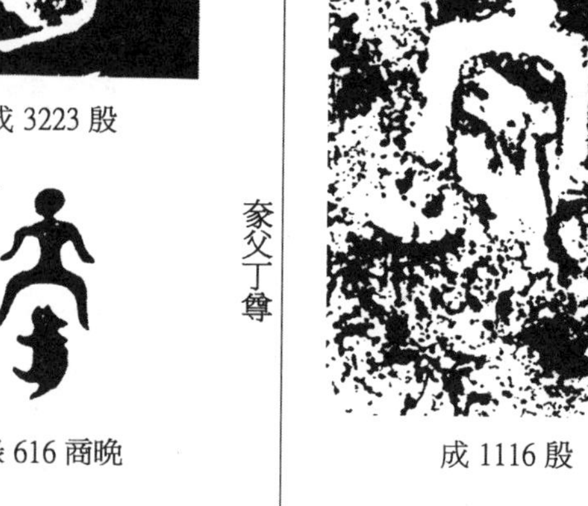

⿱大豕匕辛𣪘

成 3223 殷

⿱大豕父丁尊

錄 616 商晚

⿱大豕乙爵

錄 820 商晚

⿱大豕父丁爵

成 8451 周早

736

豪馬

豪馬父丁卣

成9796殷

豪馬父丁罍

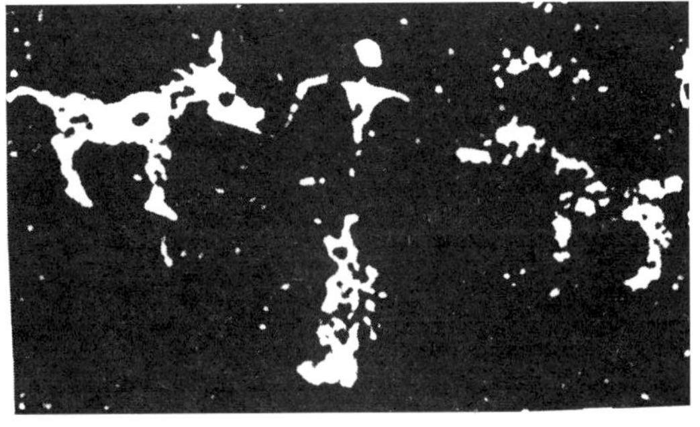

成9797殷

豪馬父乙罍

錄579商晚

豪馬父丁卣

馬部

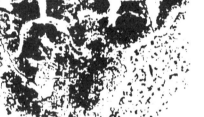

䝿父辛鼎

成 1889 殷

豖馬父乙尊

成 5729 殷

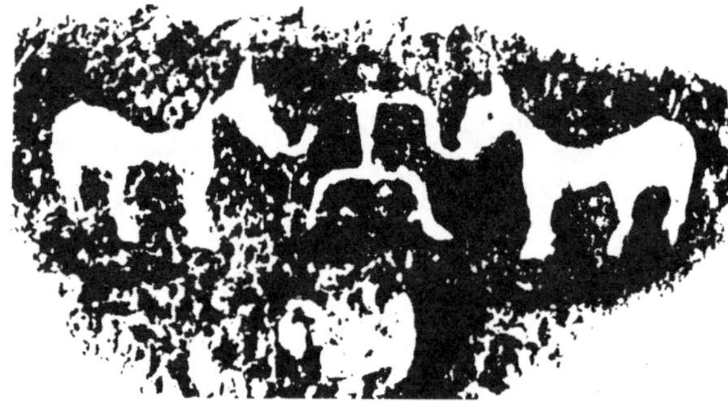

豖馬父丁尊

成 5737 殷・周早

豖馬父丁殷

成 3311 殷

豖馬殷

成 3458 周早

豖馬父丁方彝

成 9872 殷

辨作文父己毁

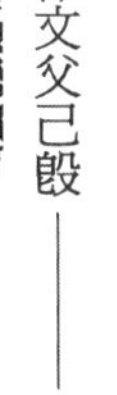

成 3715 周早

辨作文父己毁

成 3716 周早

屯作兄辛卣

成 5337.1 周早

成 5337.2 周早

屯尊

成 5932 周早・周中

父己豕馬觶

成 6408 周早

馬豕觶

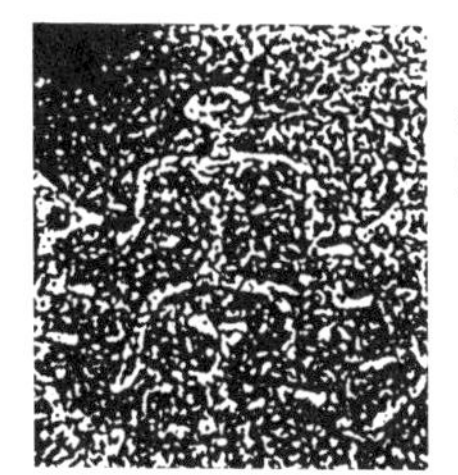

錄 655 周早

豕馬毁

成 3459 周早

豕馬父丁卣

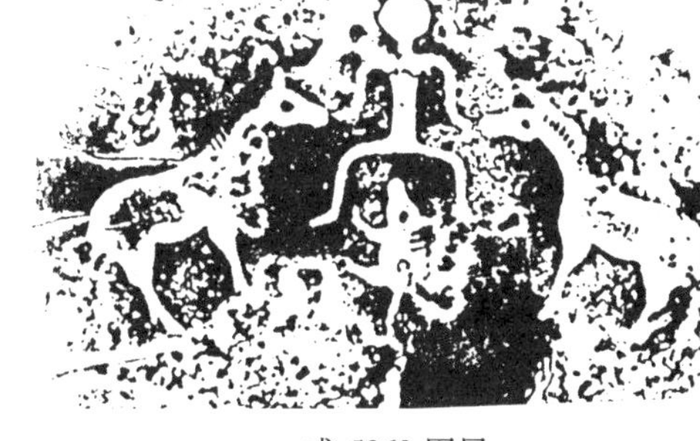

成 5063 周早

豕馬父丁卣

成 5062 周早

豕馬作父辛尊

成 5803 周早

737

馬

馬戈

馬羊𢆶父乙鼎

成 2000 殷

作父丁豖馬尊

成 5898 周中

馬觶

成 6068 周早

馬戈

成 10857.1 殷

屯鼎

成 2509 周中

屯鼎

成 2510 周中

何馬觚

成 6997 殷

馬戈

成 10858.1 殷

亞𢆶馬豖斝

何馬觚

成 6998 殷

己父尊

成 5651 殷

成 9234 殷

739 738

騾

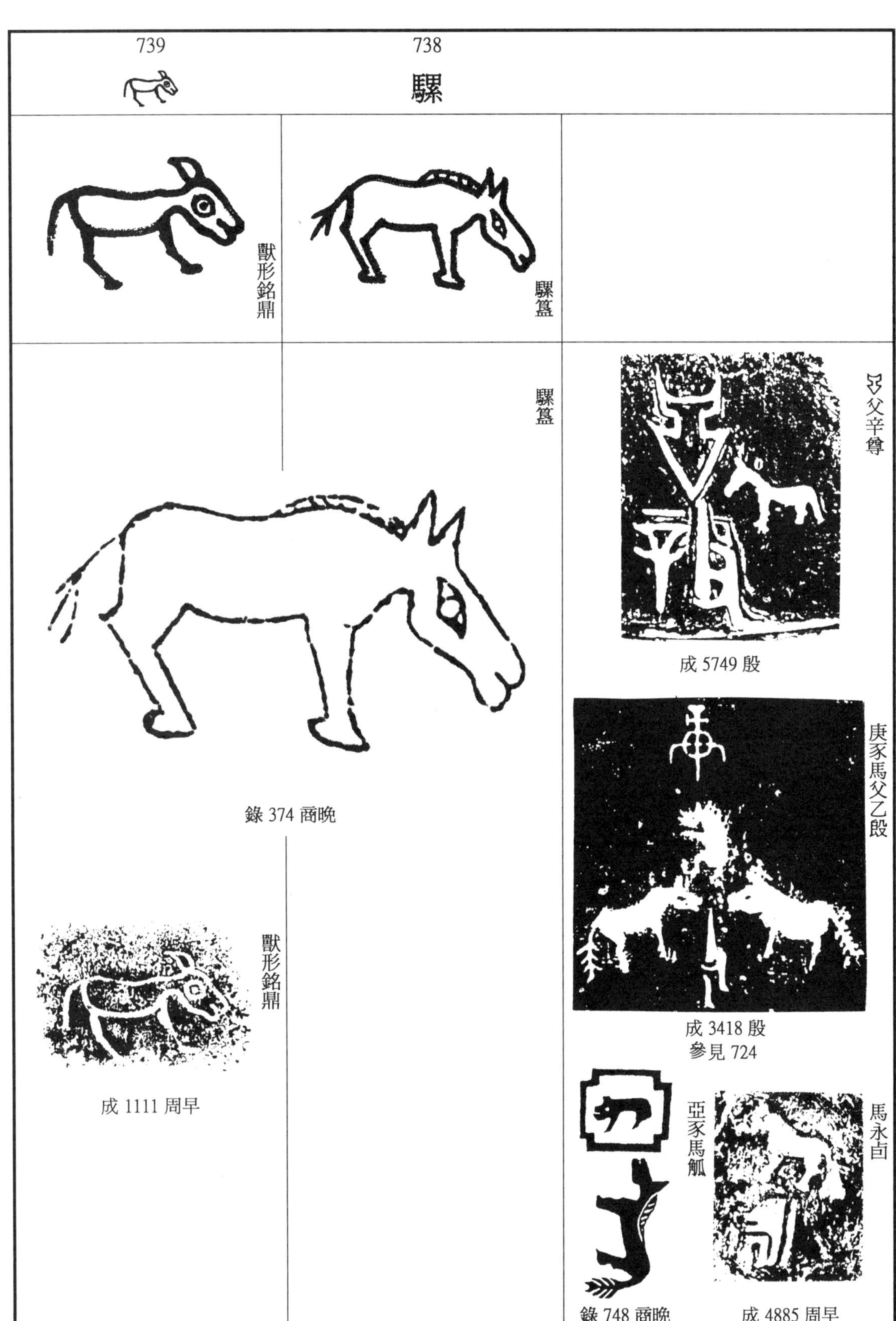

獸形銘鼎
騾簋
騾簋
錄 374 商晚
獸形銘鼎
成 1111 周早
父辛尊
成 5749 殷
庚豕馬父乙殷
成 3418 殷
參見 724
亞豕馬觚
馬永卣
錄 748 商晚
成 4885 周早

犬部

740

獸

獸父癸毁

獸父癸毁

成 3212 殷

獸父癸爵

成8692 周早

獸觚

成 6670 殷

741

犬王犬

王且甲方鼎

𩰲父辛鼎

成 1640 殷

𩰲父辛鼎

成 1641 殷・周早

王且甲方鼎

成 1811 周早

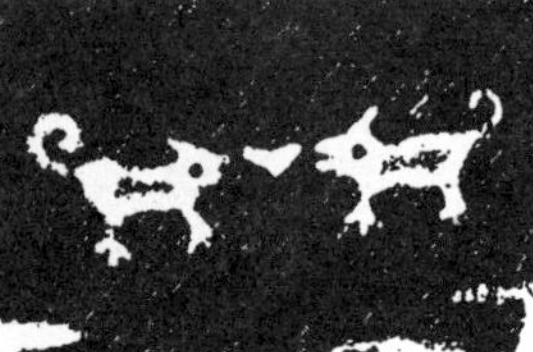

戈

總 7274

□父辛鼎

總 0683

丁犬卣

成 4826.1 殷

成 4826.2 殷

犬父己卣

成 4957.1 殷

成 4957.2 殷

犬爵

成 7526 殷

742

犬

犬父丙鼎

犬父丙鼎
成 1565 殷

犬觚
成 6647 殷

犬爵
成 7524 殷

犬爵
成 7525 殷
參見補 24

子父乙甗
成 838 殷

尹獸爵
成 8188 殷

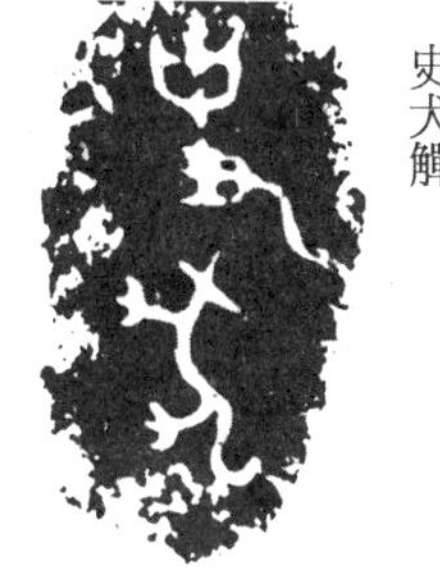
史犬觶
成 6168 周早

車犬爵
錄 864 商晚

亞卩觚
成 7179 殷

网獸父乙爵
成 8867 殷

車犬父戊爵
成 8921 周早
參見 984

𠂇犬爵
總 3657

743

京犬犬

京犬犬魚父乙鼎

犬且辛且癸鼎
成 2113 殷

犬且辛且癸卣
總 5355

京犬犬魚父乙鼎
成 2117 殷

746	745	744
[glyph]	狽	臭
乍母鼎	狽元作父戊卣	子臭卣
乍母鼎 總 0663	宁狽父丁斝 成 9242 周早 狽鉞 錄 1247 商晚 狽元作父戊卣 成 5278.1 殷·周初 成 5278.2 殷·周初 凡作父乙觶 成 6492 殷·周早 狽作寶隩彝卣蓋 成 5197 周早	子臭卣 成 4849 殷·周初 子自犬卣 總 5182

748
象
象觚
象祖辛卣
錄 566 周早
象觚
成 6667 殷
象且辛尊
成 5609 周早
象爵
錄 771 商晚
象祖辛卣
錄 566 周早
象爵
象且辛鼎
總 0331
新 1848 商晚
敎象鼎
錄 220 商晚
象部
象爵
成 7509 殷
象且辛鼎
成 1512 殷
747
猸
猸斗
猸斗
錄 1027 周早

749

鹿

鹿方鼎

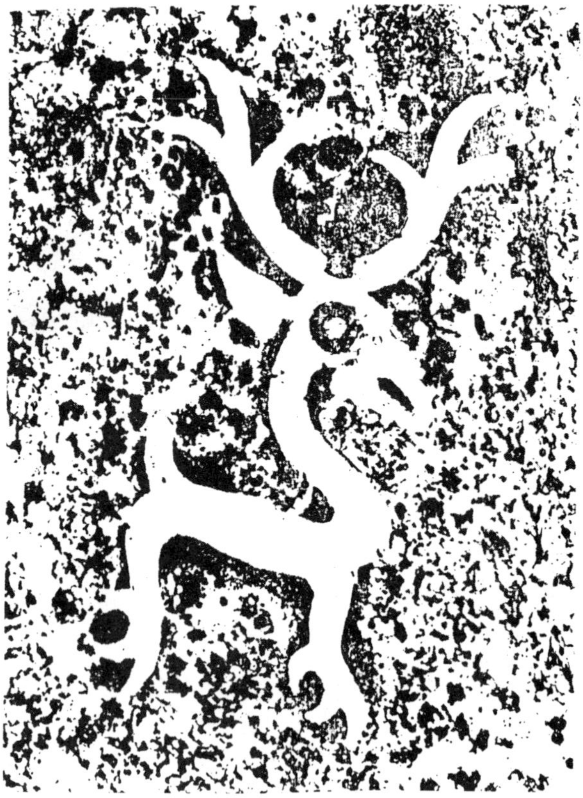

鹿方鼎

成 1110 殷

鹿甗

成 6666 殷

鹿部

752
751
750
爵
卒父辛卣蓋
鼎
爵
成 7523 𣪘
卒父辛卣蓋
成 5084 𣪘
父辛尊
總 4661
觚
成 6665 𣪘
鼎
成 1143 𣪘
爵
成 7522 𣪘
罍
成 9745 𣪘
戈
成 10712 𣪘
爵
成 7521 𣪘
𪗪癸爵
錄 826 商晚
癸觚
成 6842 𣪘

753

成 8813 殷

𡖊夫𢀈爵

錄 901 周中

𩍐癸爵

龟部

754

龟

亞龟鴞尊

成 8949 周早

龟𡚱父辛爵

成 8950 周早

龟𡚱父辛爵

成 5565.2 殷
參見 1520

亞龟鴞尊

755

(兔)

獸冊爵

成 8211 殷

獸冊爵

成 8212 殷

獸冊爵

錄 1069 商晚

龟戈

757	756		
粤	㚔		
司𡚬尊	子㚔觚		
司粤母爵 成 8743 殷	㚔父癸觚 總 6168	子㚔觶 成 6138 殷	㚔爵 成 7531 殷
司粤母爵 成 8744 殷	子㚔觶 總 6378	子㚔觚 成 6895 殷	子㚔觶 成 6137 殷
司粤母爵 成 8745 殷		子㚔爵 成 8115 殷	子㚔觚 成 6894 殷

粵

司粵母爵

司粵母甗

成 825 段

司⿰女粵尊

成 5539 段

司粵母斝

成 9223 段

司⿰女粵尊

成 5538 段

司粵母爵

成 8749 段

司粵母爵

成 8750 段

司粵母爵

成 8751 段

司粵母爵

成 8746 段

司粵母爵

成 8747 段

司粵母爵

成 8748 段

嫀

司嫀觚

司嫀觚

成 6885 殷

司嫀觚

成 6889 殷

司嫀觚

成 688 殷
參見 398

司嫀母斝

成 9222 殷

司嫀觚

成 6880 殷

司嫀觚

成 6886 殷

司嫀癸方尊

司嫀癸方尊

司嫀觚

成 6884 殷

司嫀觚

成 6881 殷

成 5681 殷

成 5680 殷

759

亞㝨鄉宁鼎

㺿𣪘

成 3626 周早

㺿𣪘

成 3627 周早

亞㝨鄉宁鼎

成 2362 𣪘

獸部

司䴉鉞

成 11741 𣪘

司䴉觚

成 6882 𣪘

司䴉觚

成 6887 𣪘

司䴉觚

成 6883 𣪘

760	761	762	763
羽	鶇		
羽戈	鶇觶	亞獸戈	獸形銘鼎
羽戈 成 10680 殷	鶇觶 新 819 周早	亞獸戈 成 10841.1 殷	獸形銘鼎 成 1112 殷•周早
羽父寶殷 成 3231 周早			亞獸爵 成 7807 殷
子羽父丁殷 成 3322 周早			

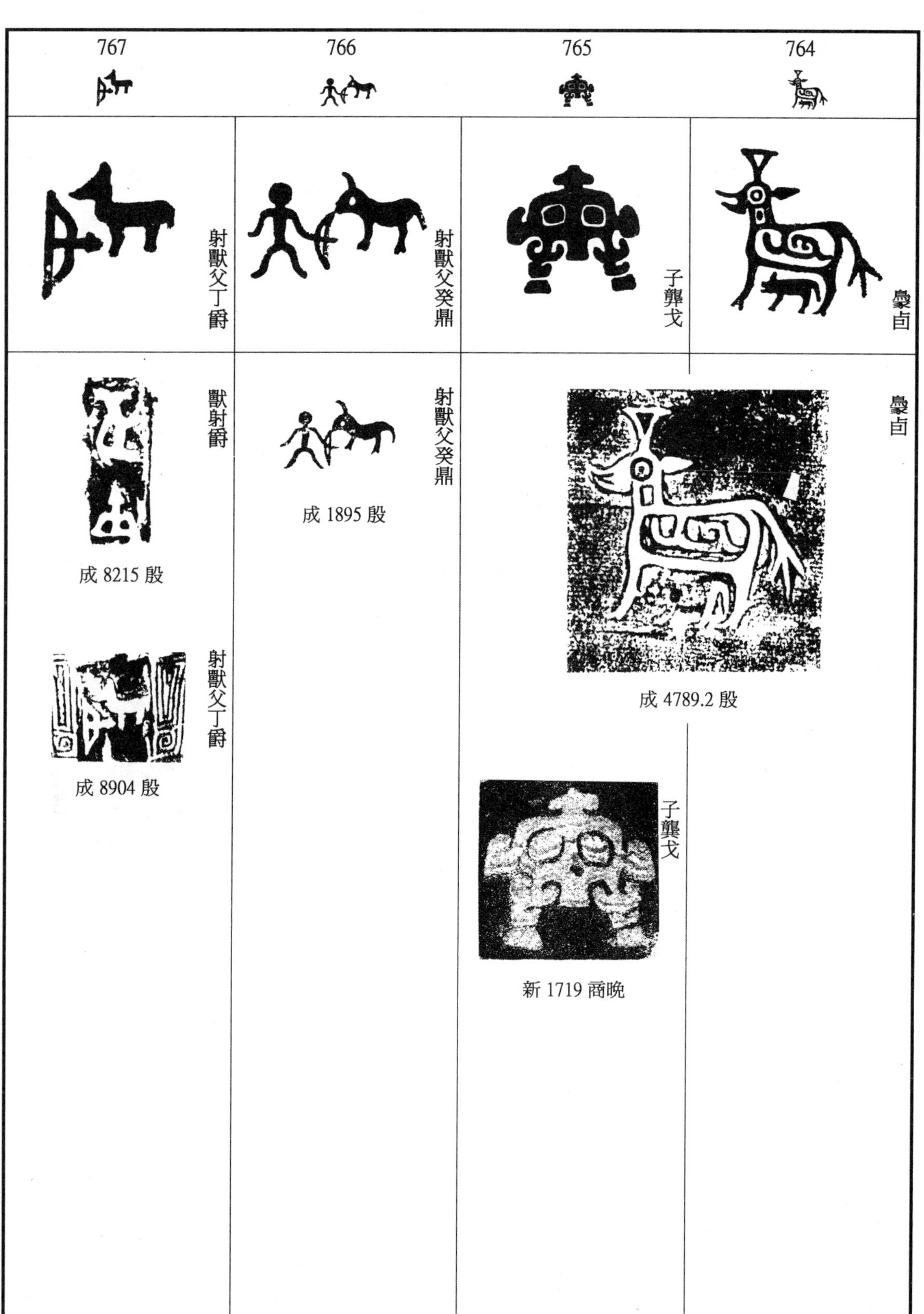

764
亳卣
亳卣
成 4789.2 殷
765
子龏戈
子龔戈
新 1719 商晚
766
射獸父癸鼎
射獸父癸鼎
成 1895 殷
767
射獸父丁爵
獸射爵
成 8215 殷
射獸父丁爵
成 8904 殷

769	768
牽牲形銘觚	子𡿪觚
牽牲形銘觚	子𡿪觚
成 6578 殷	成 6907 殷

772	771	770
犧形銘觶	戈	戈
犧形銘觶	戈	戈
成 6069 殷	成 10848.2 殷	成 10781 周早

776
亞獸爵
亞獸爵
成 7805 殷
775
宁
獸宁爵
獸宁爵
成 8210 殷
774
嬴
且丁爵
且丁爵
成 9045 周早
773
觚
觚
成 6664 殷
禽鳥部
779
且乙觶
且乙觶
總 6547
778
獸觚
獸觚
成 6671 殷
777
大
大段
大段
成 3118 殷

780	781		782
隹	雔		⿱隹止
隹[illegible]斝	雔父癸爵		⿱隹止觚
隹[illegible]斝 成 9192 周早	雔父癸爵 成 8698 殷	頌毁 總 2334	⿱隹止觚 成 6679 殷
貝隹昜父乙爵 成 9050.1 殷 參見 846	雔父己觚 成 7134 殷	□父辛簋 總 1892	
隹卣 新 1800 西周 參見 1032	雔父辛觶 成 6314 周早		
	雔父丁觶 成 6258 周早		
	𠨍作母戊甗 成 907 周早		

783

奞

鬲奞爵

兄丁奞觶

成 6354.1 殷

成 6354.2 殷

甗奞甗

成 7020 殷

鬲奞爵

成 8283 殷

784

集

集觚

集觚

錄 700 商晚

集屑作父癸毁

成 3656.2 周早

集作父癸卣

成 5218.1 周早

成 5218.2 周早

集屑作父癸毁

成 3658 周早

集屑作父癸毁

成 3657 周早

集父癸爵

成 8696 周早

小集母乙觶

成 6450.1 殷

成 6450.2 殷

785

雚

雚母觶

雚母觶

成 6150 殷

788	787	786
西	西單隻	隻
己西爵	西隻單卣	隻父癸爵

788 西

己西爵

西隻單卣 成 5007.2 殷

己西爵 成 8036 殷

西單己觚 成 7193 殷

787 西單隻

西隻單卣

隻婦父庚卣蓋 成 5083 殷

西隻單毁 成 3243 殷

西隻單卣 成 5007.1 殷

786 隻

隻父癸爵

隻父癸爵 成 8697 殷

隻鼎 錄 184 商晚

矢伯隻作父癸卣 成 5291.1 周早

成 5291.2 周早

仲隻父毁 成 3543 周早

隻鼎 成 1122 殷

隻父癸觚 成 7154 殷

隻卣 成 4788.1 殷

成 4788.2 殷

789

西單

西單己觚

西單父丁斝

成 9230 周早

爵

總 3254

西單亯爵

成 8808 殷

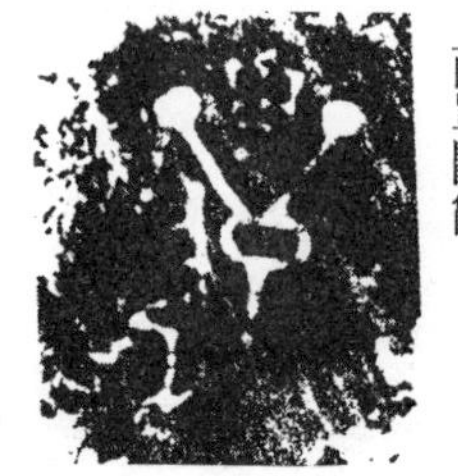

西單亯爵

成 6364 殷

西單爵

成 8259 殷

西單父丙爵

成 8884 殷

西單觚

成 7194.1 殷

西單斝

成 9200 殷

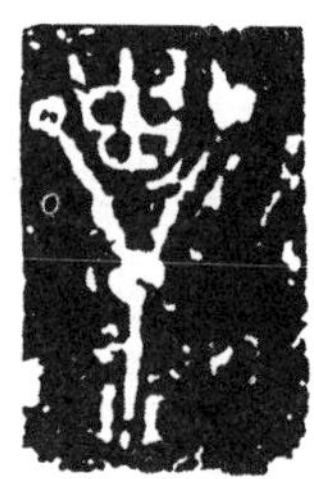

西單觚

成 7016 殷

西單己觚

成 7193 殷

西單爵

成 8257 殷

西單爵

成 8258 殷

西單父乙觶

成 6384.1 殷

成 6384.2 殷

西單父丁觶

成 6396 殷

西單觚

成 7015 殷

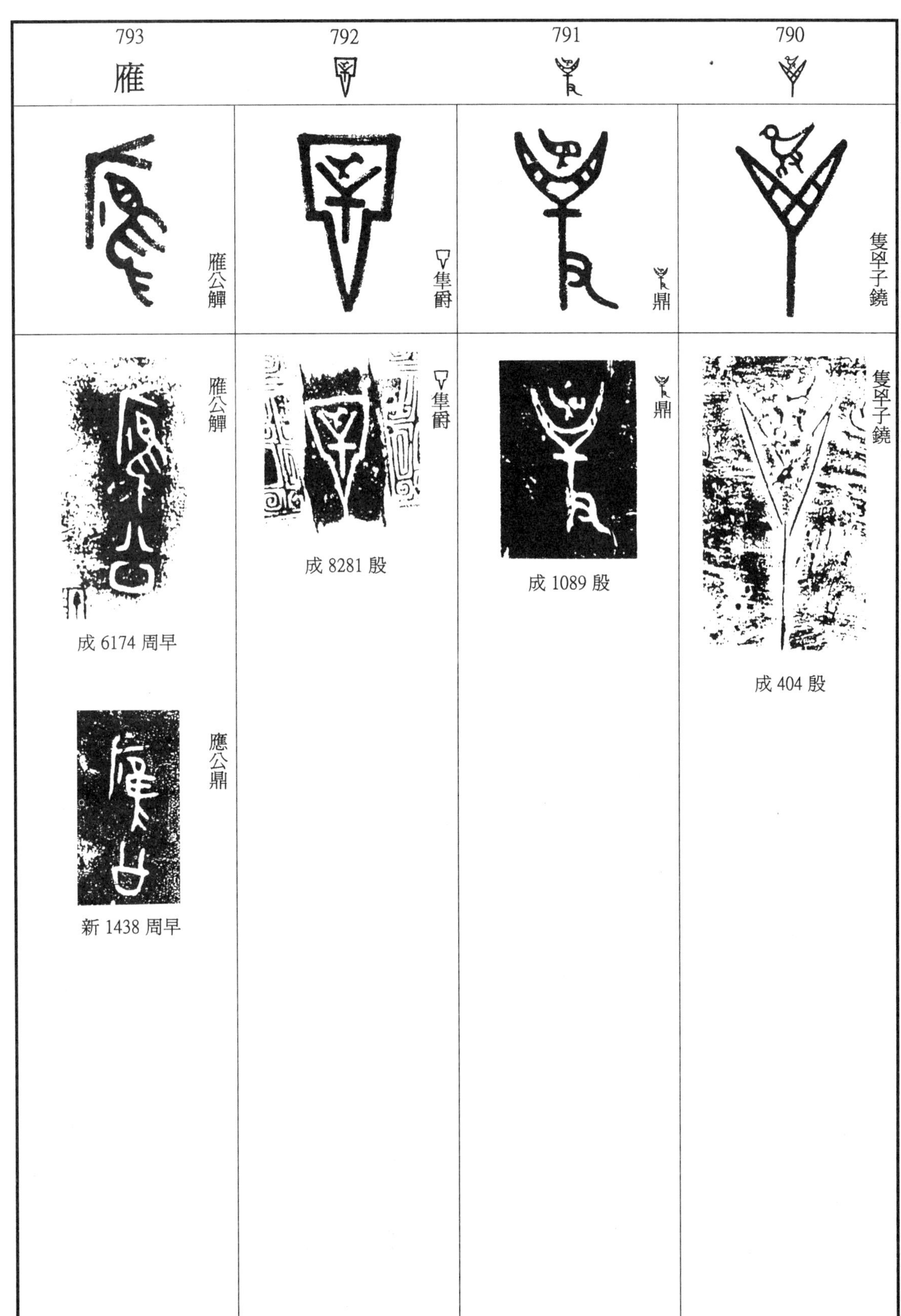

793
雁
792
791
790
雁公觶
隼爵
鼎
隻卒子鐃
雁公觶
成 6174 周早
應公鼎
新 1438 周早
隼爵
成 8281 殷
鼎
成 1089 殷
隻卒子鐃
成 404 殷

794

鳥

鳥形銘鼎

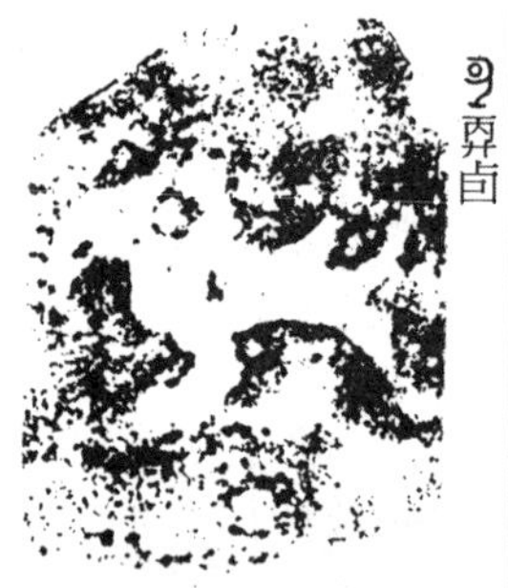

㠯𢍰卣

成 5017.1 殷

鳥且癸爵

成 8363 殷

鳥父癸爵

成 8694 殷

鳥觚

成 6672 殷

鳥父乙鬲

成 476 殷

父乙告田卣

成 5347.2 殷

鳥且甲卣

成 4889.1 殷

成 4889.2 殷

鳥觚

成 6673 殷

鳥觚

成 6674 殷

鳥爵

成 7572 殷

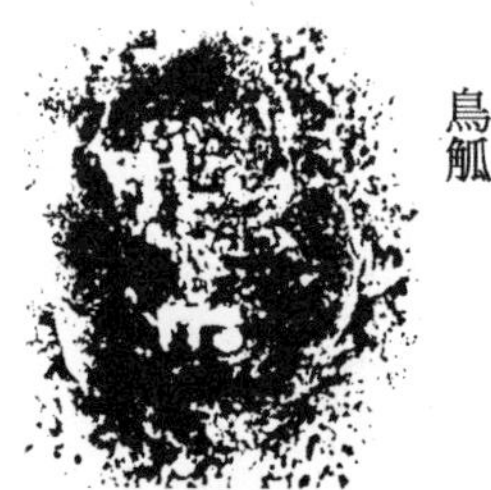

鳥觚

成 6675 殷

鳥形銘鼎

成 1120 殷

鳥形銘鼎

成 1121 殷

鳥爵

成 7571 殷

鳥斝

成 9135 殷

鳥

鳥且犧尊

鳥父甲卣
成 4920 殷

鳥父辛觶
錄 662 周早

鳥壬侜鼎
成 2176 周早

鳥𣪘
新 1724 西周

尙作父乙觶
成 6466 周中

鳥父癸爵
成 8695 殷

鳥形銘鼎
成 2979 周早

鳥形銘𣪘
成 2980 周早

鳥父癸鼎
成 1685 殷

鳥爵
成 7569 殷

鳥父乙觚
成 7088 殷

鳥父辛盤
成 10044 殷

鳥爵
成 7570 殷

鳥且犧尊
成 5514 殷

鳥父癸尊
成 5677 殷

鳥戈
成 10711 殷

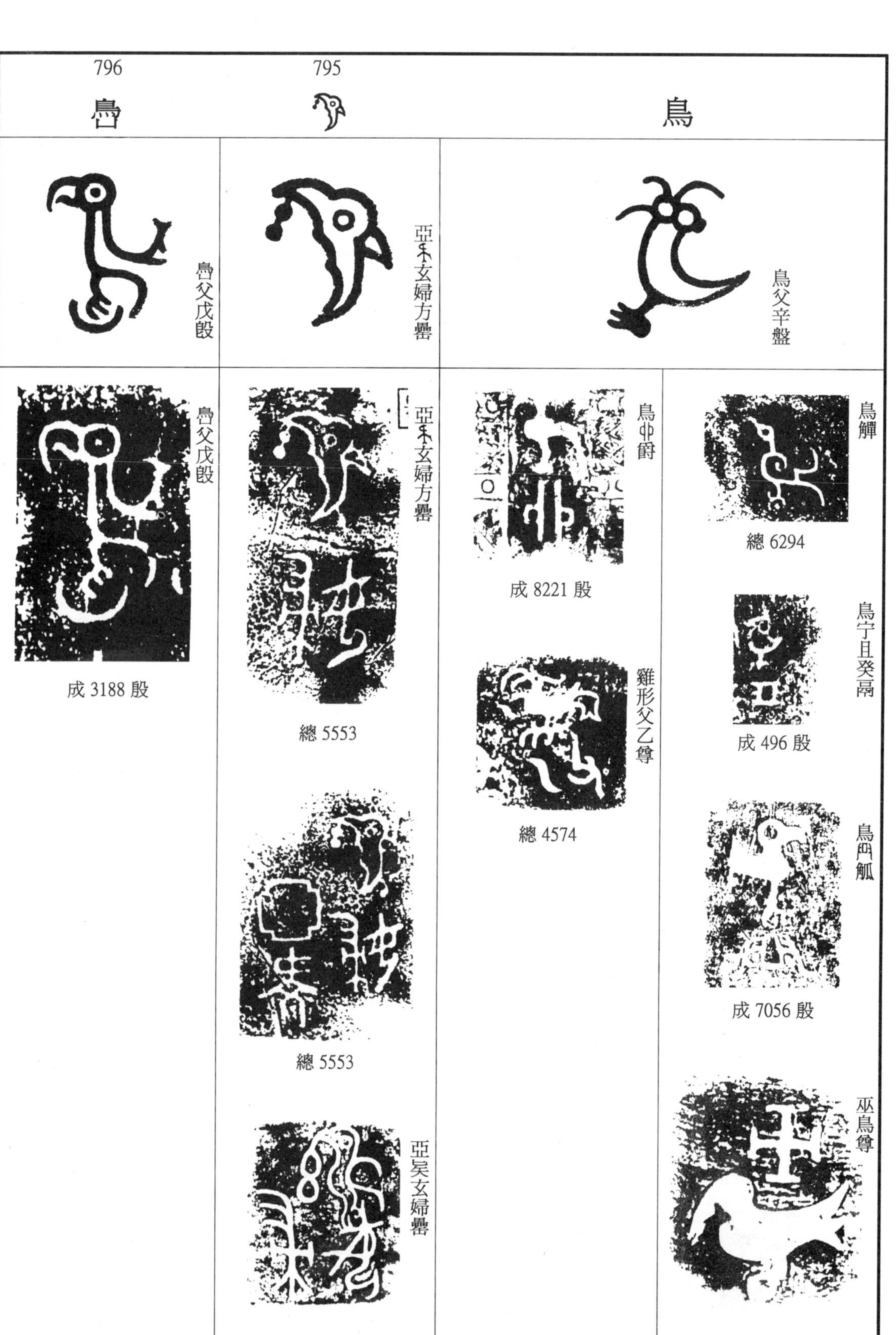
796
795
鳥
父戊殷
亞𠬪玄婦方罍
鳥父辛盤
父戊殷
成 3188 殷
亞𠬪玄婦方罍
總 5553
總 5553
亞㚖玄婦罍
成 9794.1 殷
鳥屮爵
成 8221 殷
雞形父乙尊
總 4574
鳥觶
總 6294
鳥宁且癸鬲
成 496 殷
鳥觚
成 7056 殷
巫鳥尊
成 5586 周早

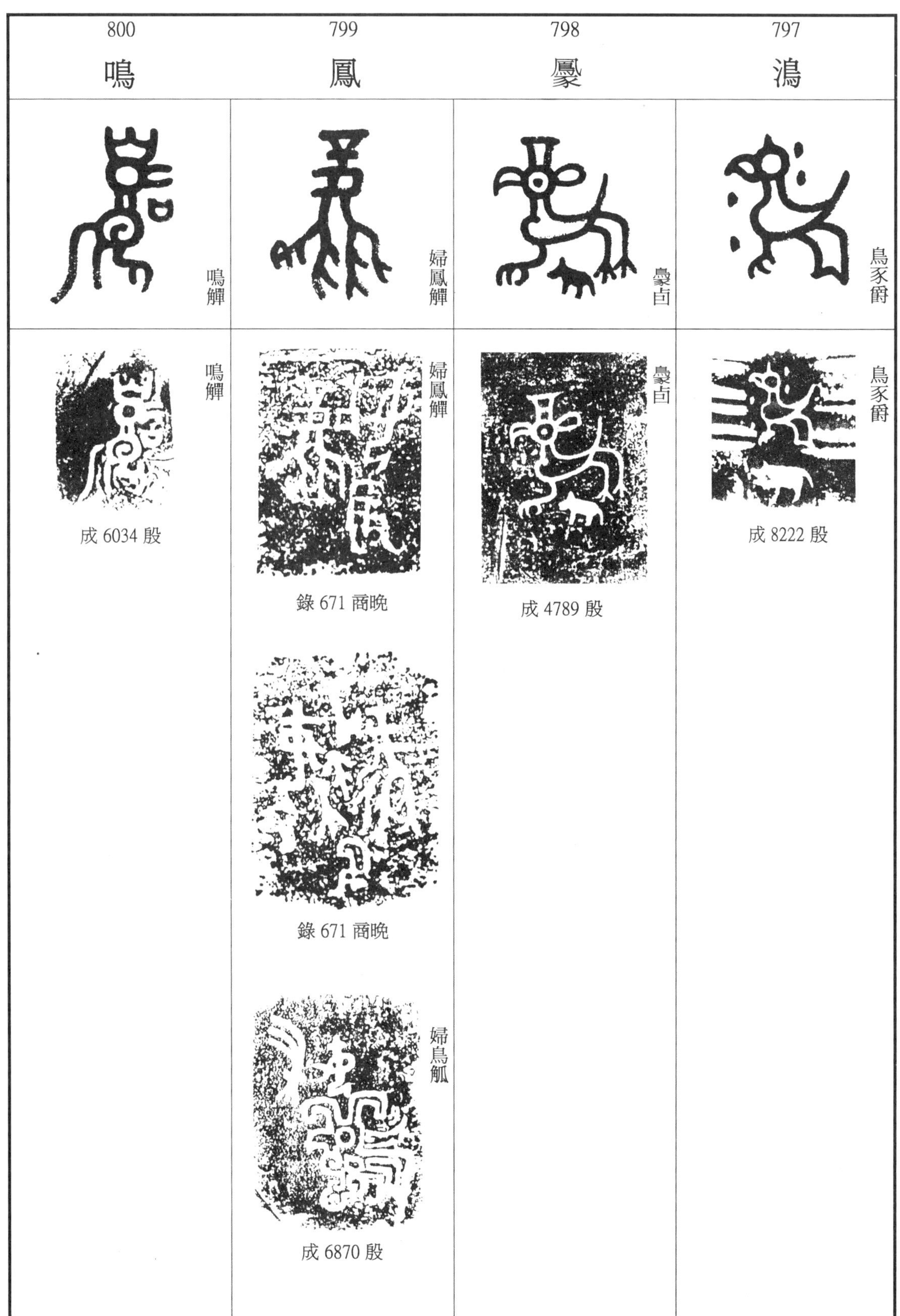

800
鳴
鳴觶
799
鳳
婦鳳觶
798
鸒
鸒卣
797
鳿
鳥豖爵
鳴觶
成 6034 殷
婦鳳觶
錄 671 商晚
錄 671 商晚
婦鳥觚
成 6870 殷
鸒卣
成 4789 殷
鳥豖爵
成 8222 殷

801	802	803	804
鶾	⿱鳥厶		
鶾宊父鼎	⿱鳥厶且己觚	戈	父辛矢鼎
鶾宊父鼎 成 2205 西周	⿱鳥厶且己觚 成 7079 殷	戈 成 10710 殷	父辛矢鼎 成 1890 周早

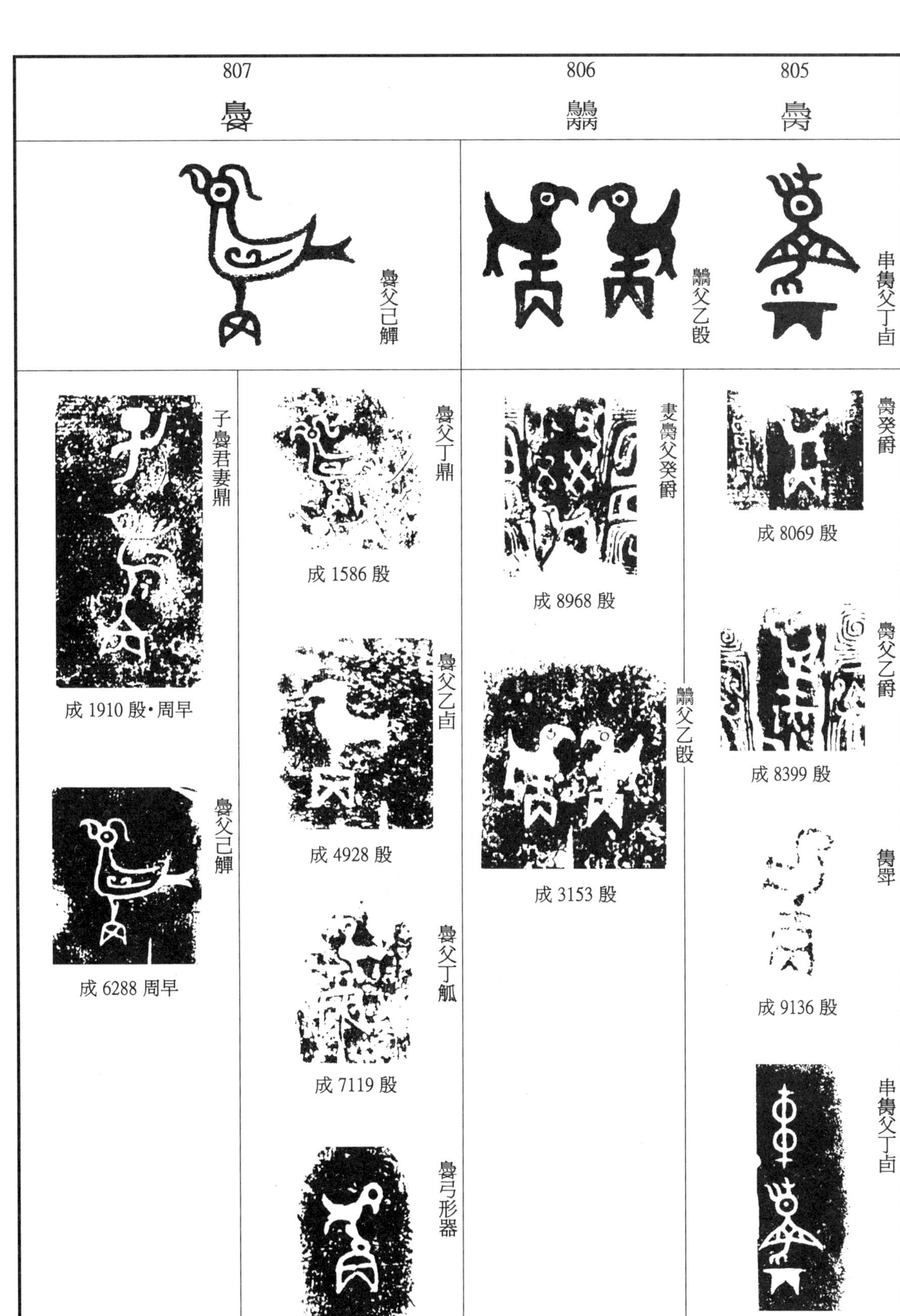

807
⿱鳥㐫
806
⿰⿱鳥丙⿱鳥丙
805
⿱鳥丙
⿱鳥㐫父己觶
⿰⿱鳥丙⿱鳥丙父乙段
串雋父丁卣
子⿱鳥㐫君妻鼎
成 1910 殷·周早
⿱鳥㐫父己觶
成 6288 周早
⿱鳥㐫父丁鼎
成 1586 殷
⿱鳥㐫父乙卣
成 4928 殷
⿱鳥㐫父丁觚
成 7119 殷
⿱鳥㐫弓形器
成 11869 殷
妻⿱鳥丙父癸爵
成 8968 殷
⿰⿱鳥丙⿱鳥丙父乙段
成 3153 殷
⿱鳥丙癸爵
成 8069 殷
⿱鳥丙父乙爵
成 8399 殷
雋斝
成 9136 殷
串雋父丁卣
成 5069 殷

鳶

成 4897.1 殷

成 4897.2 殷

成 6676 殷

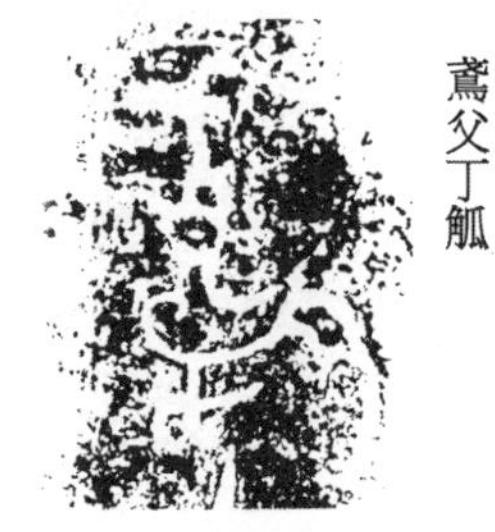

成 7118 殷

成 6072 殷

成 7574 殷

成 7573 殷

成 6677 殷

成 359 殷

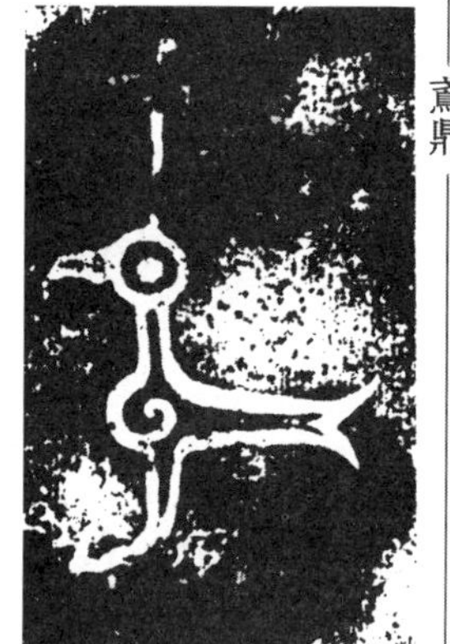

成 1123 殷

成 4787 殷

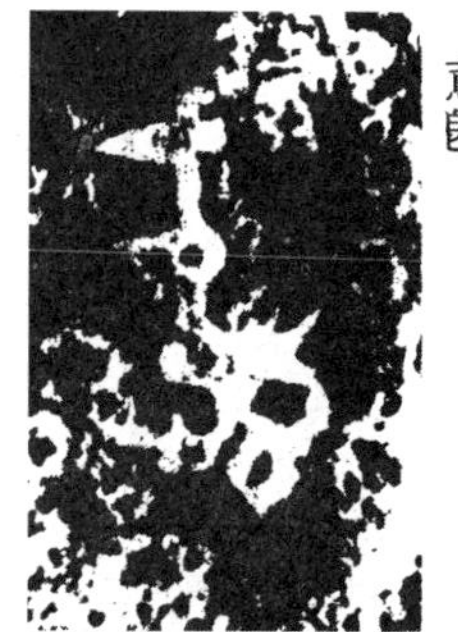

成 2981 殷

成 1124 殷

成 3201 殷

810	809
雞	鑊

鳶觚
成 6678 殷

鳶方彝
成 9836 殷

鳶方罍
錄 976 商晚

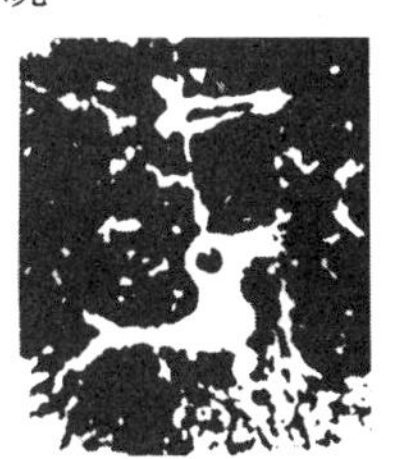
鳶罍
成 9747.1 殷

成 9747.2 殷

旅女鳶𣪕
成 3227 殷

仲子觥

仲子觥
成 9298.1 殷·周早

成 9298.2 殷·周早

䀀父丁鼎
成 1852 殷·周早

引作文父丁鼎
成 2318 殷

父辛尊

父辛尊
成 5802 殷

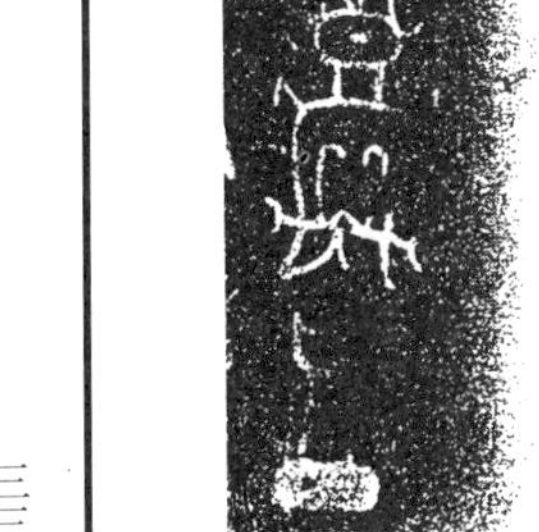
登鼎
新 1565 商晚

811

雞

成 1831 殷·周早

成 5012.1 殷

成 5012.2 殷

成 10861 殷

成 1959 殷

成 9226 殷

成 6443 殷

成 4658 殷

成 5068 殷

813 蝠	812 

子蝠斝

父丁殷

子蝠爵
成 8096 殷

子蝠鼎
新 1400 商晚

子蝠爵
成 8097 殷•周早

子蝠盉
成 9332 周早

子蝠爵
成 8094 殷

子蝠爵
成 8095 殷

子蝠斝
成 9172.1 殷

成 9172.2 殷

子蝠觚
成 6908 殷

子蝠爵
成 8091 殷

子蝠爵
成 8092 殷

子蝠爵
成 8093 殷

父丁殷
成 3315 周早

814

丙申角

丙申角

三代 16.47

蟲蛇部

子蝠冎觚

成 7174 毁

子蝠冎觚

成 7173 毁

子蝠何不祖癸觚

新 1708 商晚

子蝠方彝

成 9865.1 周早

成 9865.2 周早

子蝠形爵

總 3543

子蝠形觚

總 6035

作父乙毁

父丁卣

父丁鬲

成 500 周早

作父乙尊

成 5975 周早

巩作父乙鬲

成 568 周早

戈

錄 1071 商晚

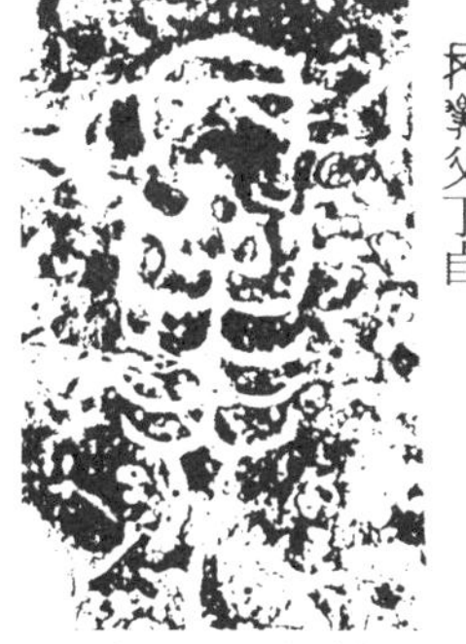

父丁卣

成 5072.1 周早

成 5072.2 周早

父丁卣

成 5071 周早

父乙觶

成 6383 殷

父乙鼎

成 1830 殷·周早

作父乙鼎

成 2247 周早

作父乙毁

成 3602.1 殷

成 3602.2 殷

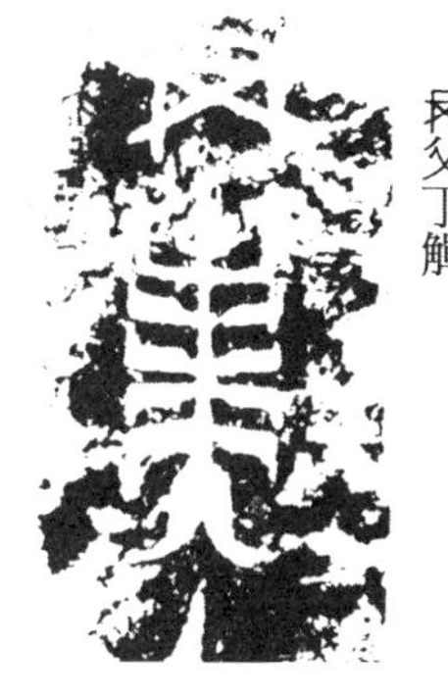

父丁觶

成 6394 殷

觚
成 6682 殷

冊 鼎
成 1356 殷

鼎
成 1384 殷

觥
成 9255 殷

卣
成 4856.1 殷

成 4856.2 殷

父丙觶
成 6389 殷

鼎
成 1382 殷

觶
成 6179.1 殷

成 6179.2殷

鼎
成 1383 殷

丁 卣
成 5009 殷

卣
成 4857.1 殷

成 4857.2 殷

父丁殷
成 3316 殷

816

父乙殷

鼎

成 1381 殷

方彝

成 9855 殷

父乙殷

成 3862 周早

817

卣

卣

成 4751.1 殷

成 4751.2 殷

戈

成 10707.1 殷

成 10707.2 殷

戈

成 10708.1 殷

成 10708.2 殷

戈

成 10709.1 殷

成 10709.2 殷

818

父己觶

父己觶

成 6285 殷

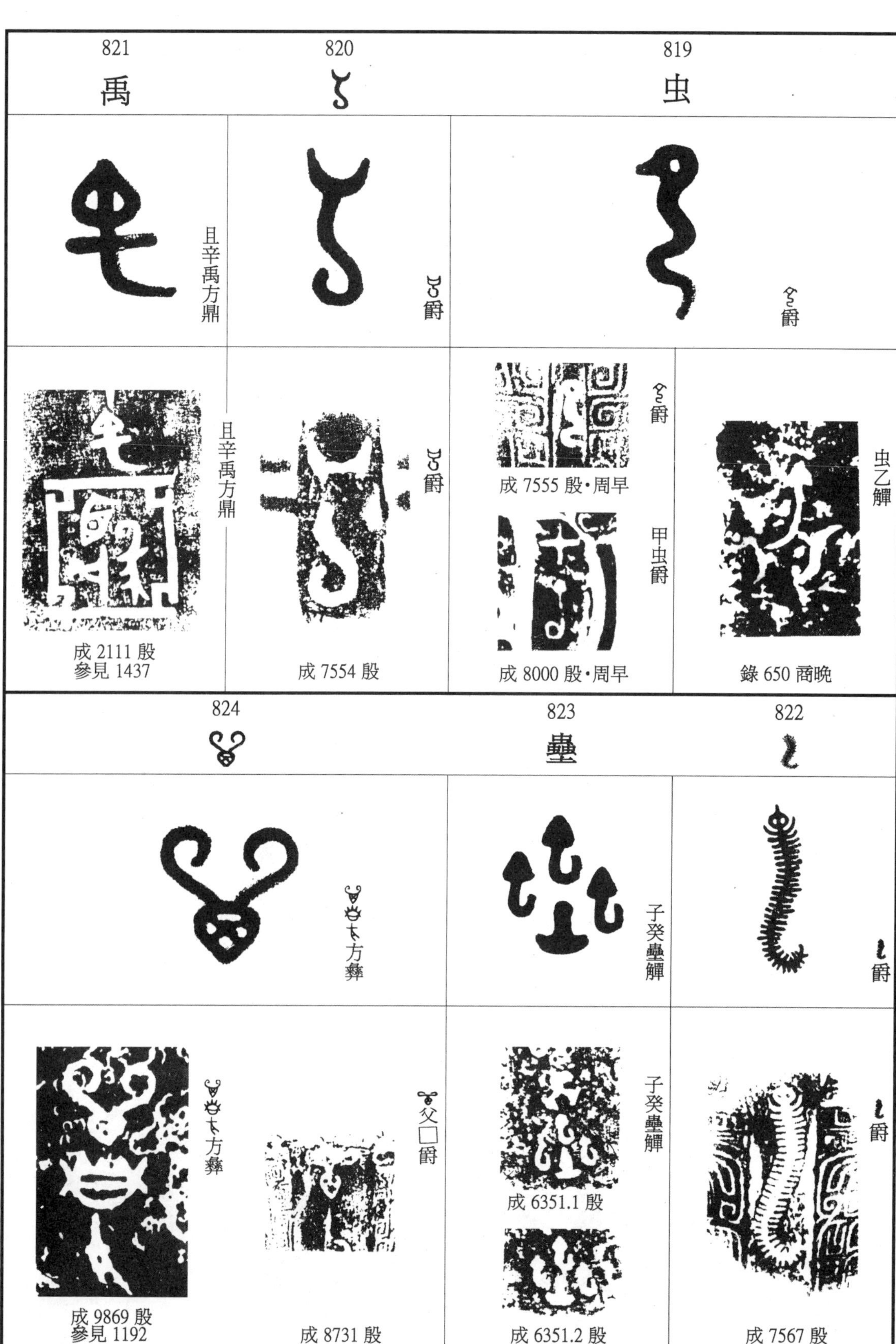
821
禹
820
819
虫
且辛禹方鼎
爵
爵
且辛禹方鼎
爵
爵
成 7555 殷•周早
甲虫爵
虫乙觶
成 2111 殷
參見 1437
成 7554 殷
成 8000 殷•周早
錄 650 商晚
824
823
蟲
822
方彝
子癸蟲觶
爵
方彝
父□爵
子癸蟲觶
爵
成 6351.1 殷
成 9869 殷
參見 1192
成 8731 殷
成 6351.2 殷
成 7567 殷

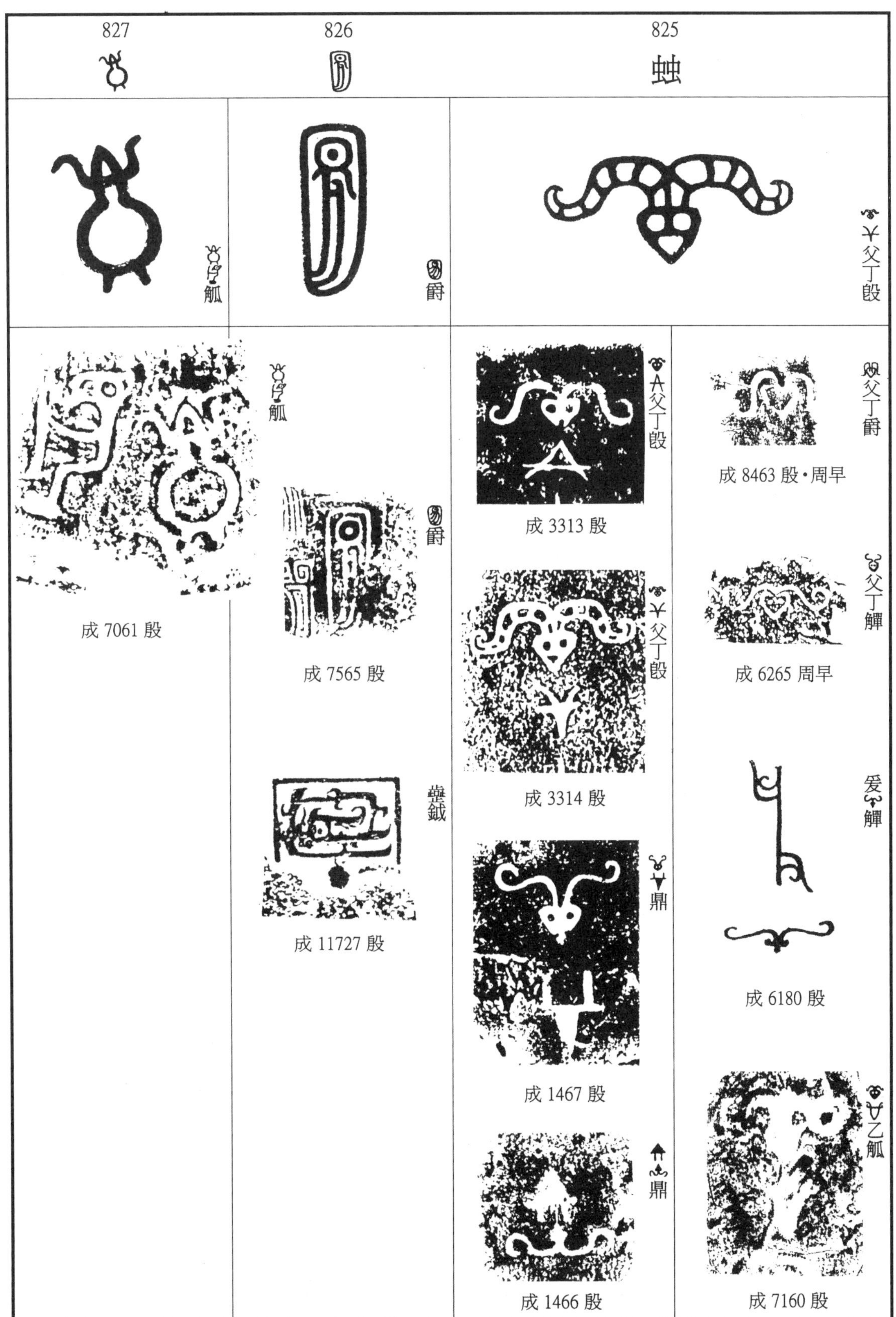
827
826
825
蚰
觚
爵
父丁殷
觚
成 7061 殷
爵
成 7565 殷
鉞
成 11727 殷
父丁殷
成 3313 殷
父丁殷
成 3314 殷
鼎
成 1467 殷
鼎
成 1466 殷
父丁爵
成 8463 殷·周早
父丁觶
成 6265 周早
觶
成 6180 殷
乙觚
成 7160 殷

828

弔

朿爵

叔器
成 10482 殷

弔丁觚
成 6833 殷·周早

叔作觶
成 6195 周早

弔觚
成 6571 周早

朿父丁爵
成 8462 殷

朿爵
成 7562 殷

朿爵
成 7561 殷

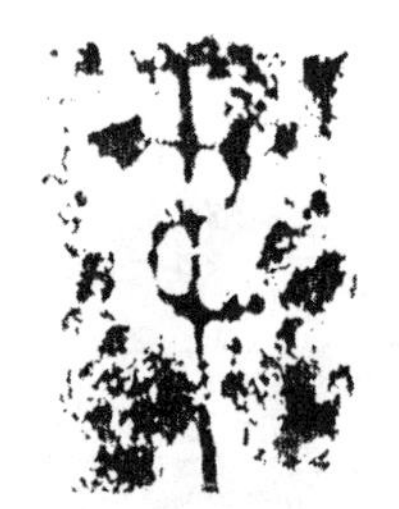
弔父辛觚
成 7147 殷

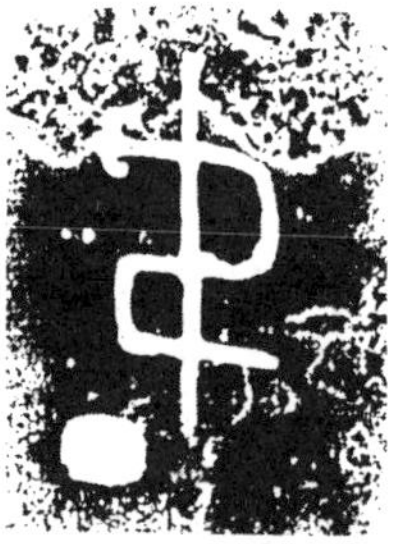
弔丁鼎
成 1290 殷

朿爵
成 7559 殷

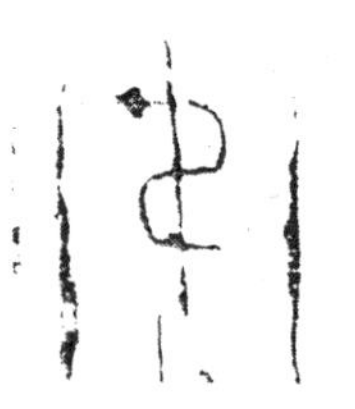
朿父辛爵
成 8621 殷

朿爵
成 7560 殷

弔卣
成 4786 殷

叔甗
成 782 殷

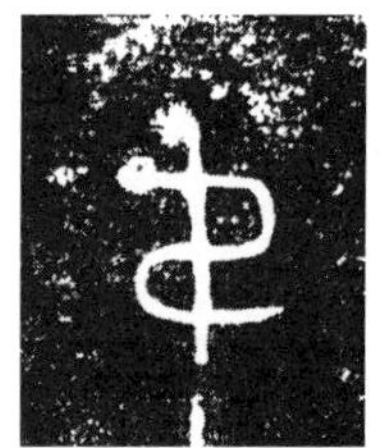
弔父辛卣
成 4981.1 殷

成 4981.2 殷

829

𢐗

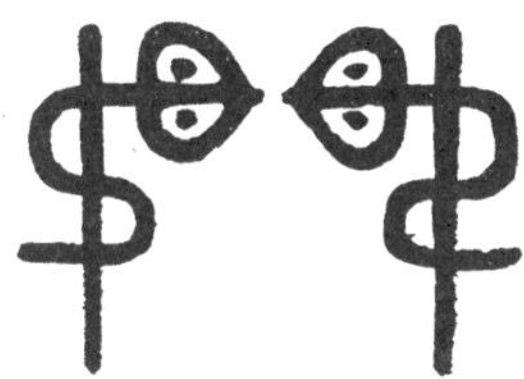
𬳿父丁𣪘

𢐗妶父己尊

錄 623 周早

𬳿母癸𣪘

成 3226 周早

𢐗父丙鼎

成 1568 周早

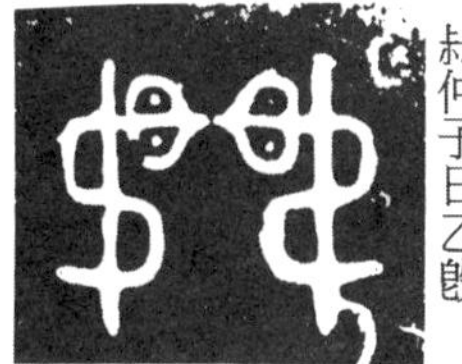
𬳿仲子日乙𣪘

成 3449 周早

𢐗父丁鼎

成 1587 周中

𬳿父丁盤

成 10041 殷

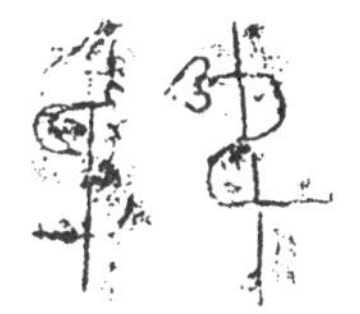
弔𣪘

新 1502 商晚

成 1502 商晚

𢐗父丁鼎

錄 232 商晚

作中子日乙卣

新 1913 西周

叔車爵

成 8253 殷

弔車觚

成 7049 殷

弔𡿨觚

成 7051 殷

𠂌叔鼎

成 1733 周早

弔觚

新 1511 商晚

叔方彝

成 9842.1 周早

成 9842.2 周早

弔尊

成 5479 周早・周中

亞弔觚

成 6988 殷

830

叔父癸鼎

弔觚

新 1512 商晚

叔父癸鼎

錄 238 商晚

叔父癸鬲

錄 120 商晚

弔觚

新 1575 商晚

髴父丁鼎

成 1588 周中

赫父丁毁

成 3183.1 周中

成 3183.2 周中

赫妶父乙器

成 10533 周早

赫父丁毁

成 3184.1 周中

成 3184.2 周中

叔父鬲

成 466 周中

髴父丁鼎

成 1589 周中

髴鼎

成 2075 周中

髴父丁鬲

成 480 周中

832	831	
𢎘	𢎘	

單爵 單戈 弔龜父丙段

單爵
成 7556 殷

單爵
成 7557 殷
參見補 26

單爵
成 7558 殷

弔龜鼎
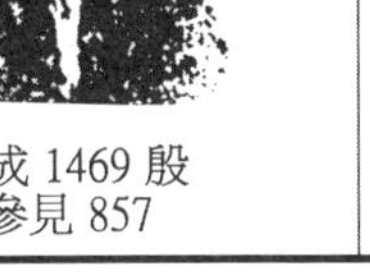
成 1469 殷
參見 857

單戈

成 10704 殷

弔觚

成 6570 殷

單戈

成 10706.1 殷

成 10706.2 殷

單戈

成 10703.1 殷

成 10703.2 殷

單戈

成 10702.1 殷

成 10702.2 殷

弔龜父丙段

成 3427 周早
參見 857

弔龜父丙段
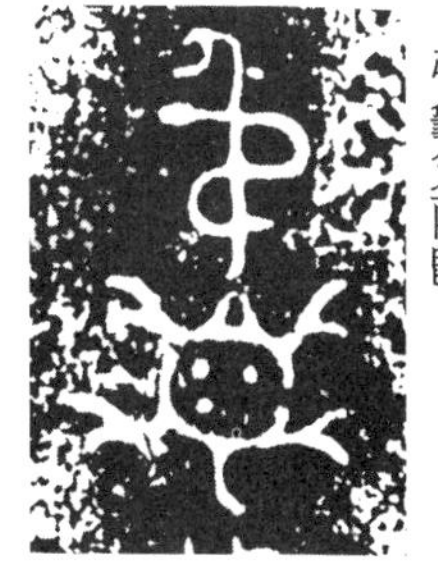
成 3426 周早

叔單段
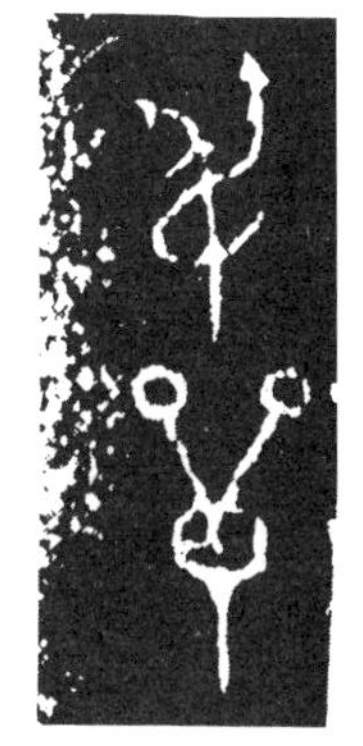
成 3624 周早
參見補 25

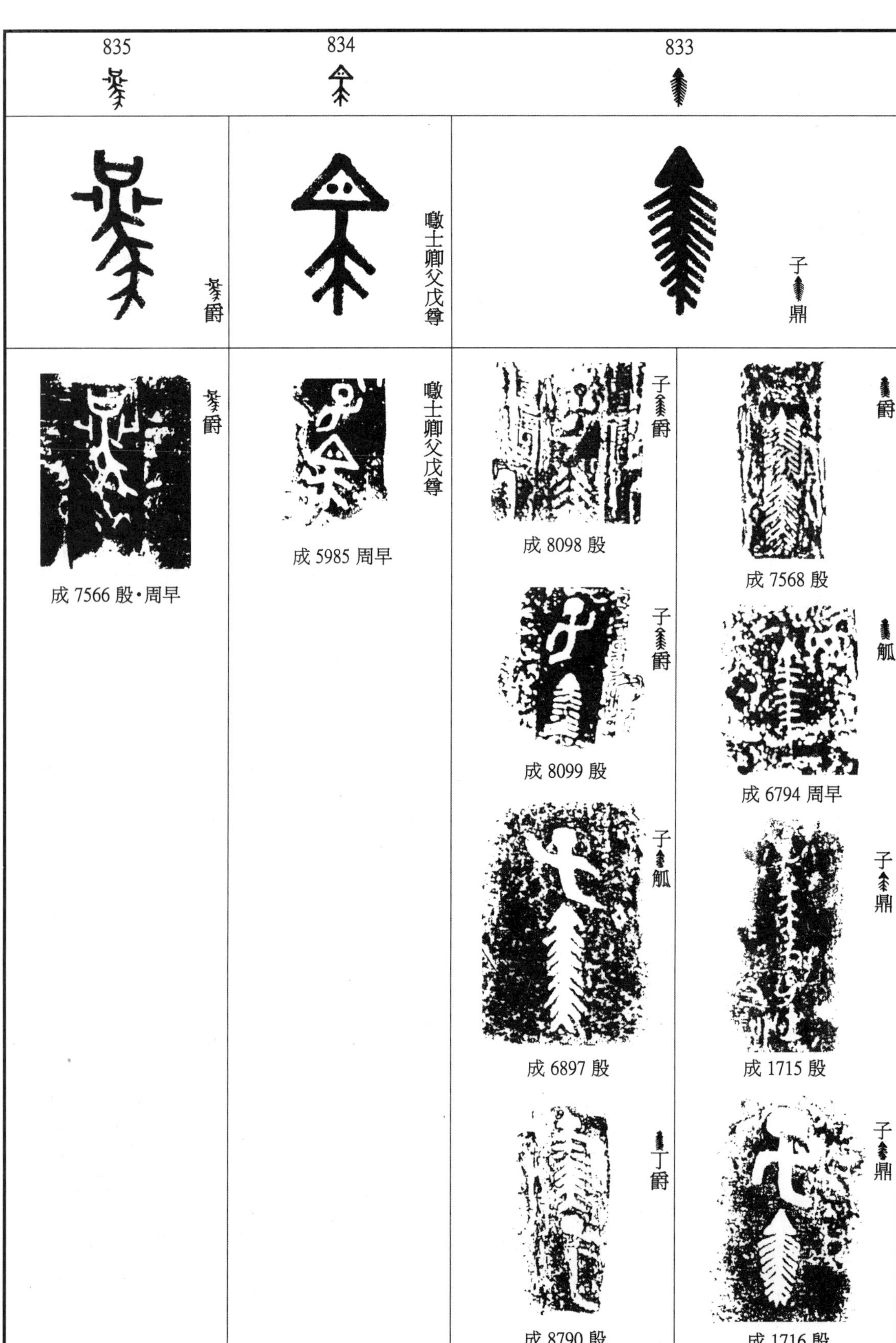

成 7566 殷·周早
成 5985 周早
成 8098 殷
成 7568 殷
成 8099 殷
成 6794 周早
成 6897 殷
成 1715 殷
成 8790 殷
成 1716 殷

836

蠆

蠆鼎

蠆鼎

成 1133 殷·周早

837

萬

萬爵

萬父辛爵

成 8619 殷

萬觶

成 6070 殷

萬爵

成 7550 殷

萬父丁觶

成 6257 殷

萬父己爵

成 8565 殷

萬戈

成 10697 殷

萬父己觶

成 6291.1 殷

成 6291.2 殷

萬父己爵

成 8564 殷

萬爵

成 7553 殷

萬爵

成 7551 殷

萬爵

成 7552 殷

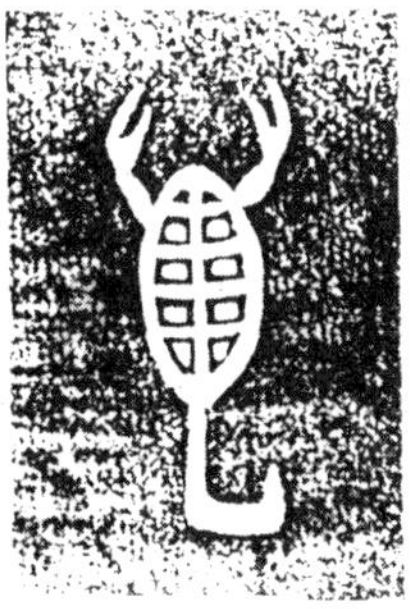

萬觚

成 6680 殷

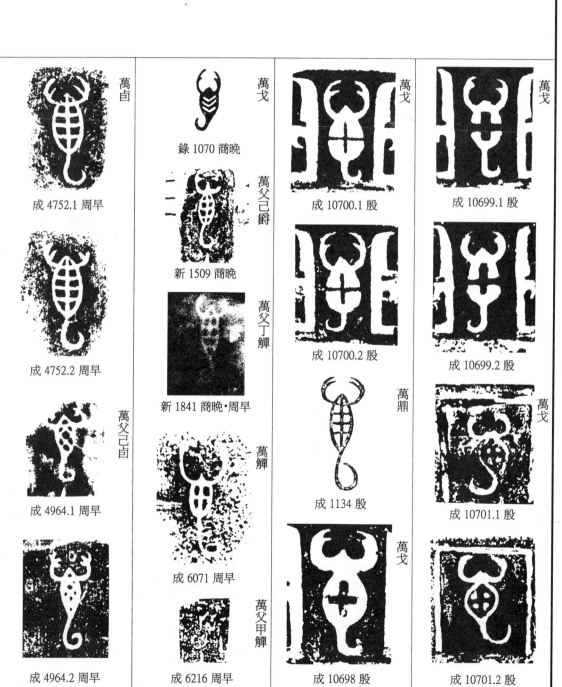

萬戈

成 10699.1 殷

成 10699.2 殷

萬戈

成 10701.1 殷

成 10701.2 殷

萬戈

成 10700.1 殷

成 10700.2 殷

萬鼎

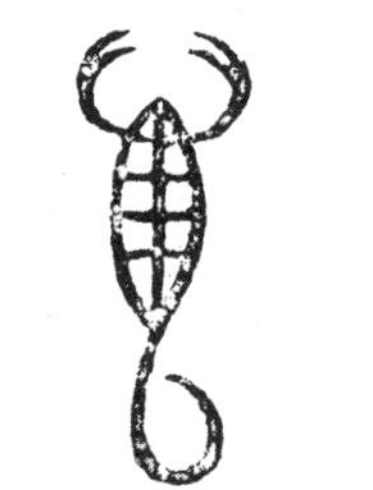
成 1134 殷

萬戈

成 10698 殷

萬戈

錄 1070 商晚

萬父己爵

新 1509 商晚

萬父丁觶

新 1841 商晚·周早

萬觶

成 6071 周早

萬父甲觶

成 6216 周早

萬卣

成 4752.1 周早

成 4752.2 周早

萬父己卣

成 4964.1 周早

成 4964.2 周早

魚龍部

838

[illegible]

爵

爵
成 7563 殷

爵
成 7564 殷

子丁萬爵
成 8764 殷

子丁萬爵
成 8763 殷

丁萬殷
成 3117 殷

丁萬盉
新 1435 商晚

新 1435 商晚

萬父甲爵
成 8373 周早

癸萬觥
成 9265 周早

萬父乙觶
總 6447

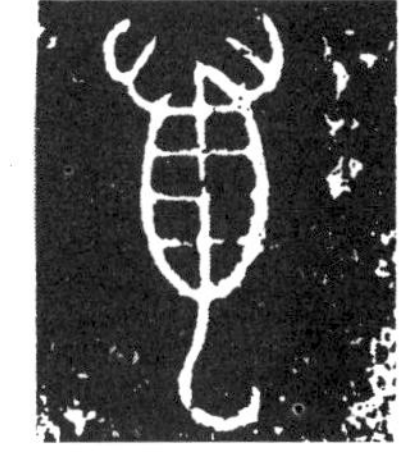
萬甗
總 1551

萬庚爵
成 8050 殷

839

魚

魚父乙鼎

魚爵 成 7537 殷	魚爵 成 7542 殷	魚卣 成 4740 殷	魚尊 成 5589 殷
魚爵 成 7541 殷	魚觚 成 6683 殷	魚鬲 成 441 殷	魚鼎 成 1126 殷
魚父乙鼎 成 1552 殷	魚爵 成 7538 殷	魚爵 成 7539 殷	魚鼎 成 1127 殷
魚觚 成 6684 殷	魚爵 成 7540 殷	魚爵 成 7544 殷	

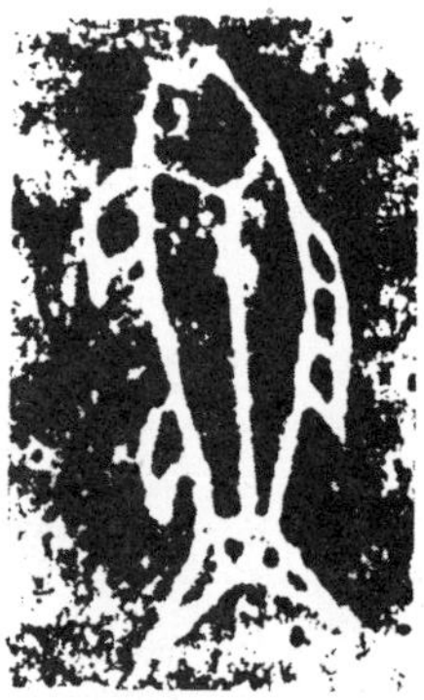

魚

魚父乙卣

父丁魚尊
成 5635 殷

魚父丙爵
成 8437 殷

魚父乙爵
成 8401 殷

魚父乙卣
成 4914 殷

魚父乙爵
成 8402 殷

魚父癸觶
成 6343 殷

乙魚斝
成 9186 殷

魚父丁爵
成 8460 殷

魚父乙卣
成 4917 殷

魚父乙卣
成 4915 殷

魚父癸卣
成 4997 殷

魚父乙爵
成 8400 殷

乙魚殷
成 3063 殷

魚父乙卣
成 4916.1 殷

成 4916.2 殷

女魚卣

成 4851.1 殷

成 4851.2 殷

魚母觚

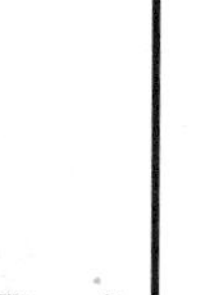

成 6877 殷

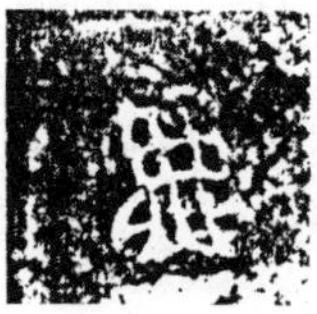

魚母乙觚

成 7166 殷

魚母觚

成 6876 殷

魚父口爵

錄 891 商晚

魚父丁鼎

成 1585 周早

魚父辛鼎

成 1643 周早

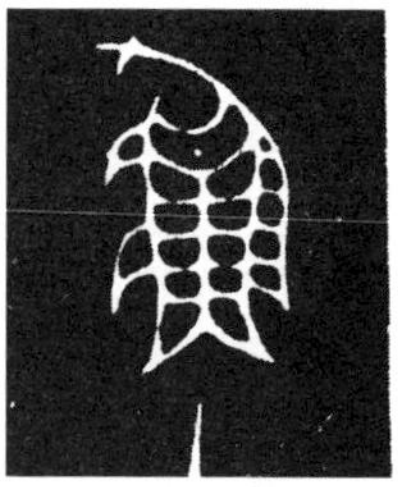

魚父癸方鼎

成 1686 周早

魚父乙段

成 3162 周早

魚父乙段

成 3161 周早

魚父丁鼎

成 8461 周早

魚父乙鼎

成 1553 周早

魚段

成 2982 周早

魚父癸段

成 3216 周早

魚父乙鼎
成 1551 周早

魚父乙觶
成 6243 周早

魚父庚尊
成 5801 周早

魚作父己尊
成 5880 周早

魚爵
成 7545 周早

魚爵
成 7543 周早

伯魚簋
錄 428 周早

圉毁
成 3825.2 周早

魚作父庚尊
成 5833 周早

伯魚毁
成 3535.1 周早

成 3535.2 周早

魚父乙爵
成 8403 周早

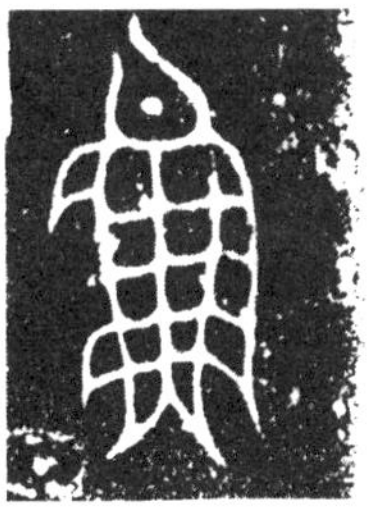

伯魚毁
成 3534 周早

魚盉
成 9311.1 周早

成 9311.2 周早

伯魚鼎
成 2168 周早

伯魚卣

成 5234.1 周早

成 5234.2 周早

魚父辛爵

錄 882 周早

魚盤

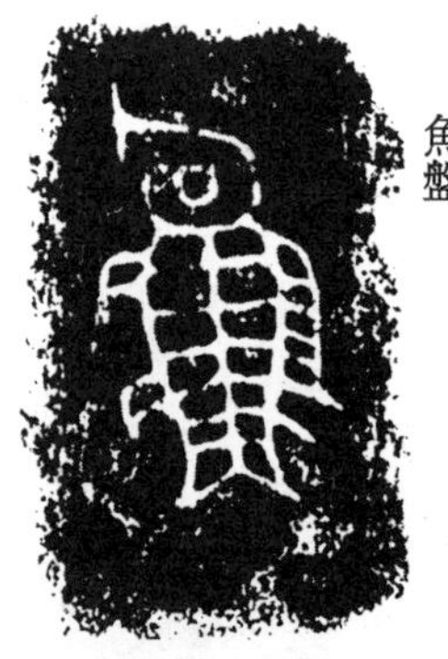

成 10018 周早

魚母乙卣

成 4999 周早

魚父辛爵

錄 883 周早

魚𣪘

成 2984 周中

父癸魚尊

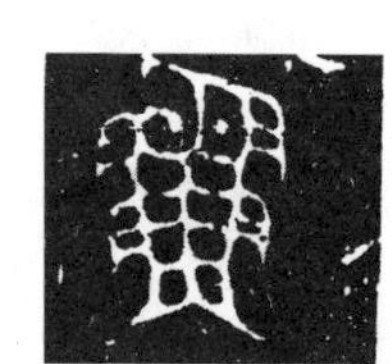

總 4613

魚𣪘

成 2983 周中

魚鉞

總 7765

父丁魚觚

總 6141

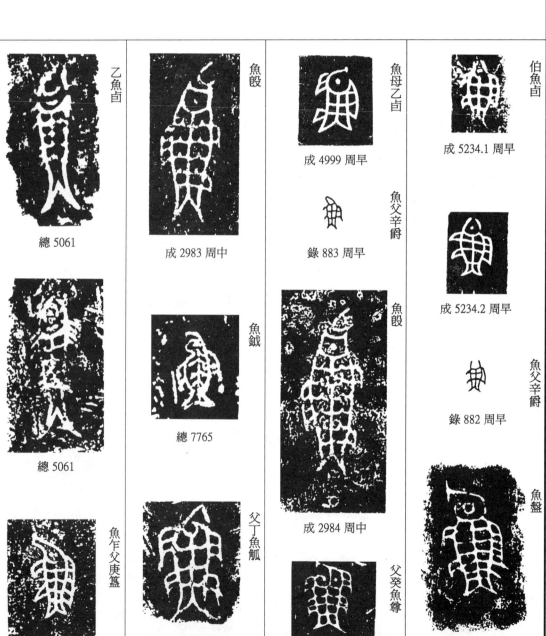

乙魚卣

總 5061

總 5061

魚乍父庚簋

總 2087

840

魚

鼎

月魚鼎

鼎

成 1128 殷

戉學鼎（戉嗣子鼎）

成 2708 殷

亞雀父己卣

成 5162.1 周早

魚家殷

總 2238
參見 1527

月魚鼎

成 1766 周早・周中

魚從觚

成 7057 周早
參見 69

魚正乙鐃

成 408 殷
參見 558

甗鼎

新 1566 商晚

魚祖己觚

新 1048 周早

魚罍

成 9791 周早

魚羌鼎

成 1464 殷・周早

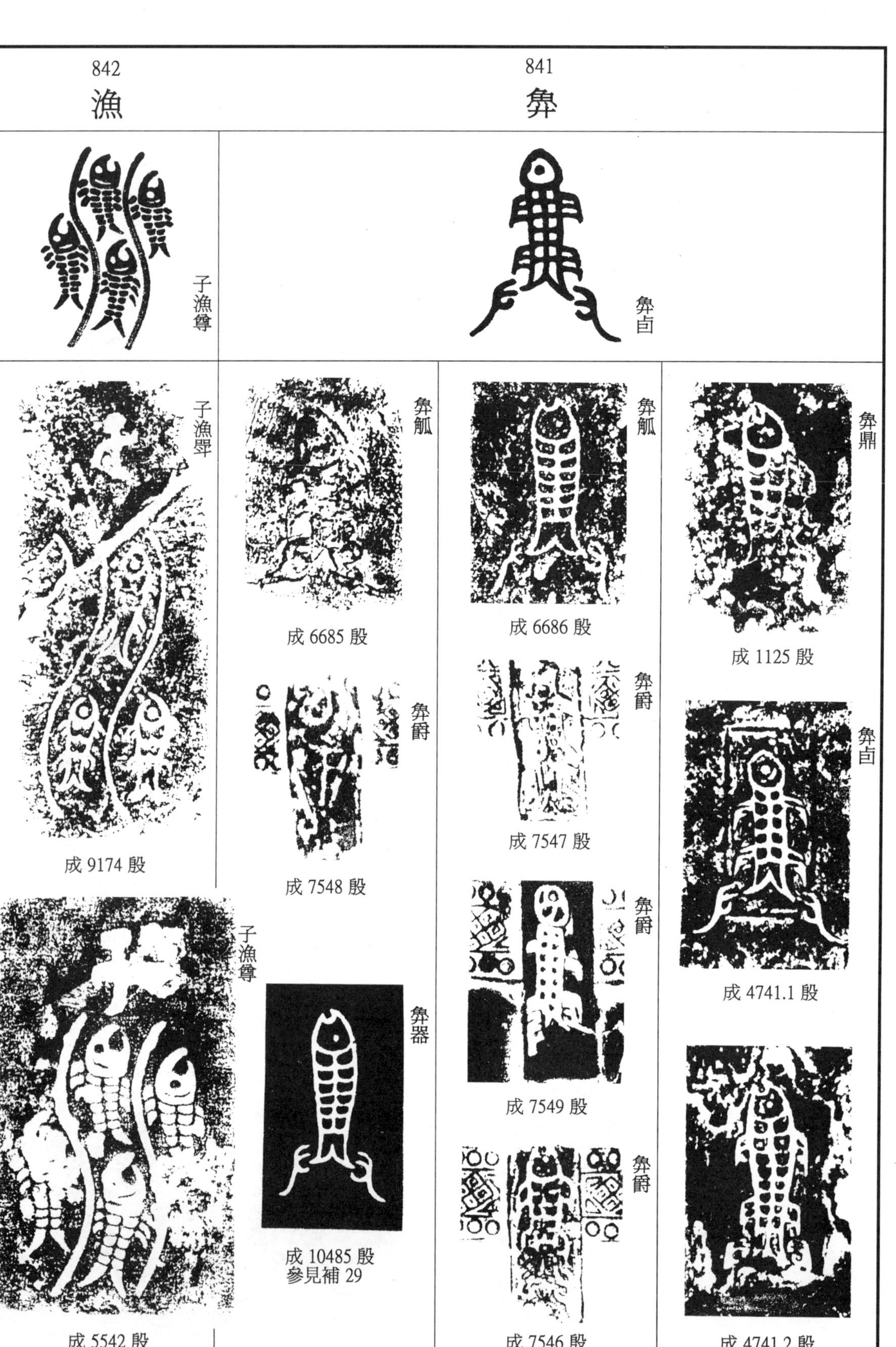

842
漁
841
𢍜
子漁尊
𢍜卣
子漁斝
成 9174 殷
𢍜觚
成 6685 殷
𢍜爵
成 7548 殷
𢍜觚
成 6686 殷
𢍜爵
成 7547 殷
𢍜爵
成 7549 殷
𢍜爵
成 7546 殷
𢍜鼎
成 1125 殷
𢍜卣
成 4741.1 殷
成 4741.2 殷
子漁尊
成 5542 殷
𢍜器
成 10485 殷
參見補 29

845	844	843
𪓸	𪓹	鱻

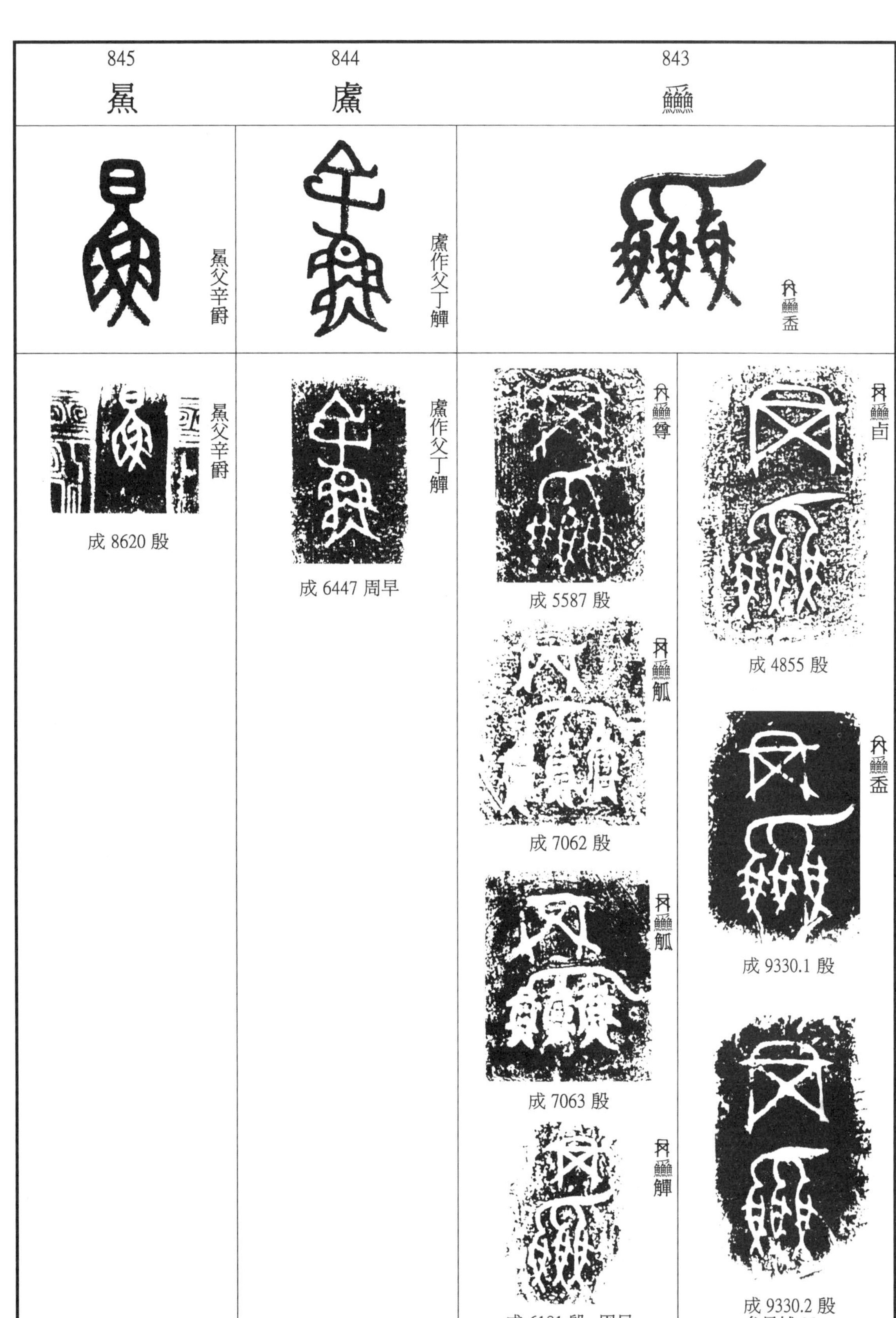

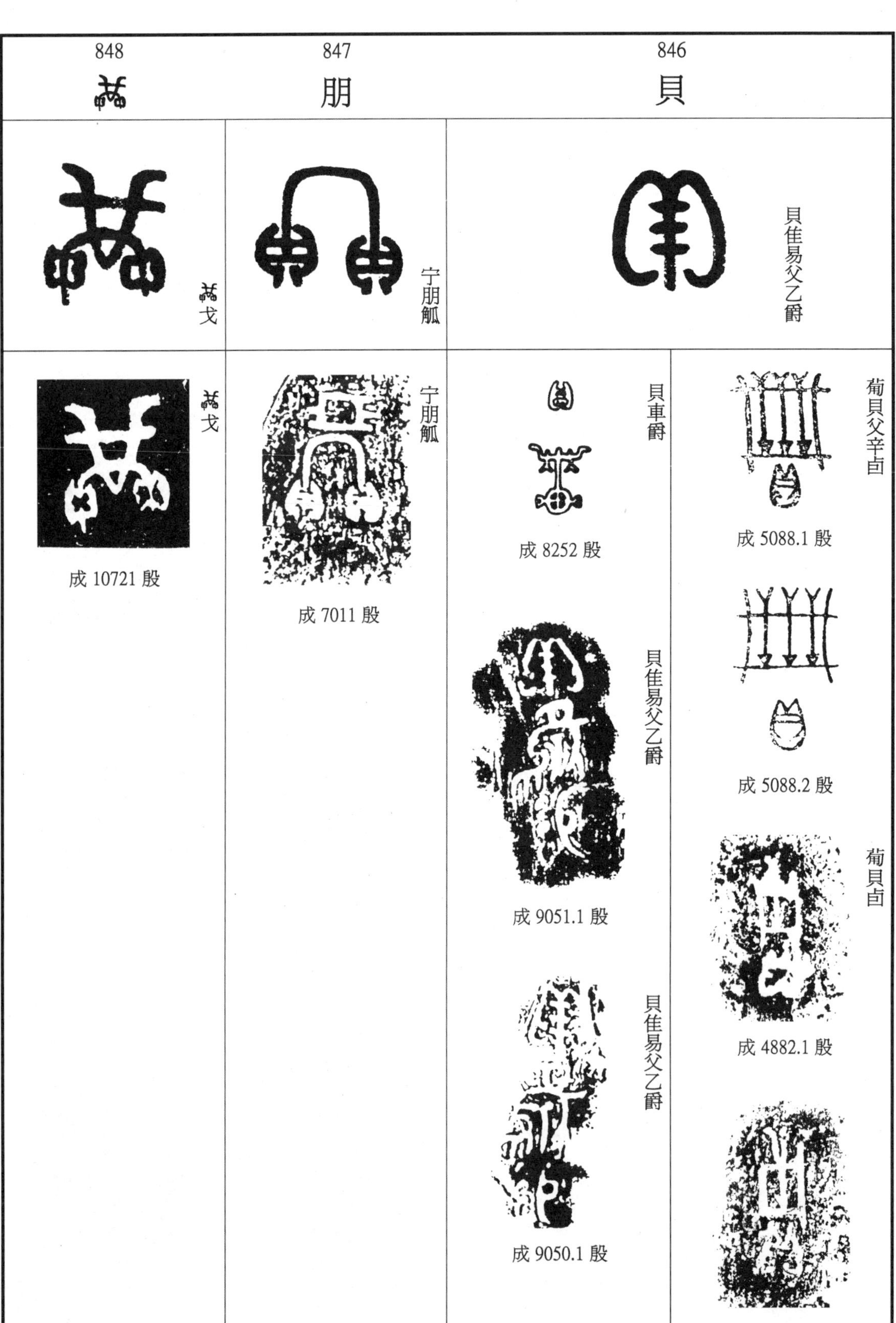
848
847
朋
846
貝
戈
宁朋觚
貝隹易父乙爵
戈
成 10721 殷
宁朋觚
成 7011 殷
貝車爵
成 8252 殷
貝隹易父乙爵
成 9051.1 殷
貝隹易父乙爵
成 9050.1 殷
葡貝父辛卣
成 5088.1 殷
成 5088.2 殷
葡貝卣
成 4882.1 殷
成 4882.2 殷

850

⿲丨貝丨

羊⿲丨貝丨車觚

羊⿲丨貝丨車觚

成 7201 殷

羊貝車爵

成 8804 殷

849

買

買鼎

買車卣

成 4847.1 殷

成 4847.2 殷

車買爵

成 8250 殷

買車尊

成 5590 殷

買車斝

成 9196 殷

買車觚

成 7048 殷

買鼎

成 1168 殷

買王卣

成 5252.1 周早

車買爵

成 8251 殷

853		852	851
黽		𠀬	亼
父辛黽卣		爵	卣
黽且乙觚 成 7073 殷	貝隹易父乙爵 成 9051.2 殷	戈 成 10722 殷	人貝爵 成 8802 殷
黽爵 成 7536 殷	黽作父辛甗 成 845 殷	爵 成 7652 殷	
黽父己觶 成 6290 周早	黽父丁鼎 成 1584 殷		
黽父丁鼎 成 1583 周早	黽罍 中國美術全集 5 商		
黽作婦姑斝 成 9243 周早	父辛黽卣 成 4979 殷		

854

奄黽

奄黽父癸鼎

奄黽父乙鼎

成 1558 殷

奄黽父乙鼎

成 1557 殷

奄黽盉

成 9310.1 殷

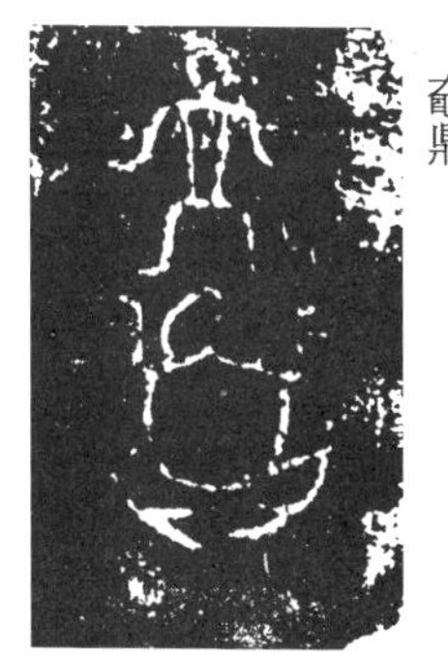
奄黽鼎

成 1131 殷

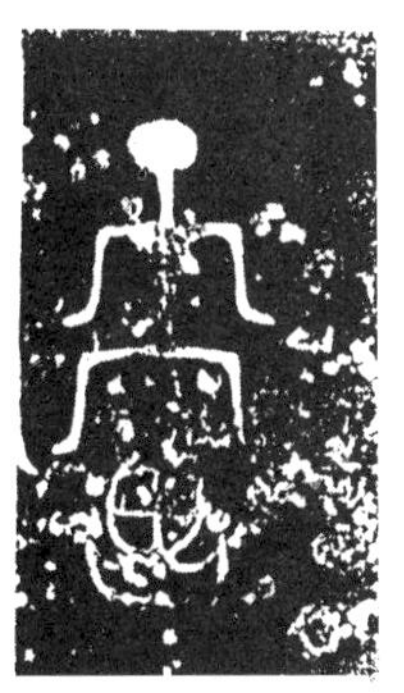
奄黽父乙毁

成 3155 殷

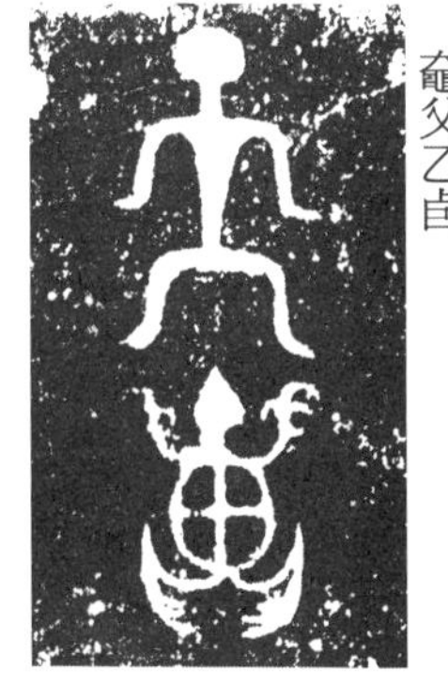
奄黽父乙卣

成 4922.1 殷

奄黽父乙器

成 10516 殷

奄黽鼎

成 1132 殷

奄黽父癸卣

成 4993 殷

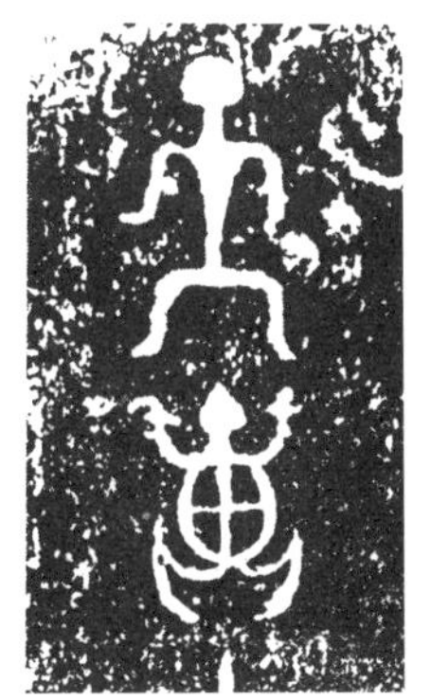

成 4922.2 殷

奄黽父癸鼎

成 1683 殷

奄黽父乙鼎

成 1556 殷

奄父乙卣

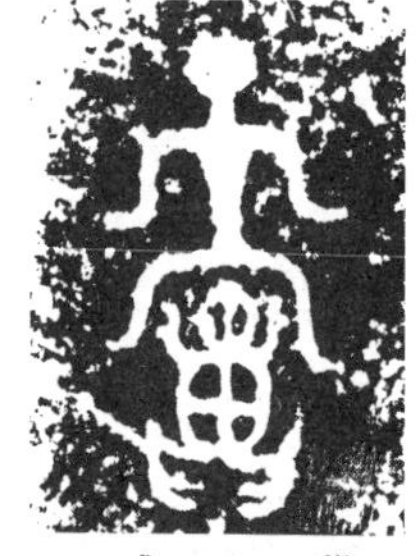

成 4923.1 殷

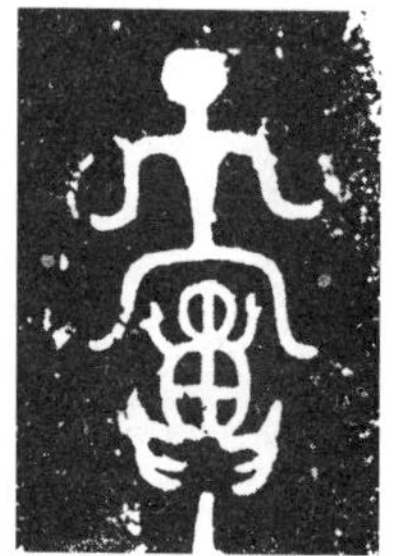

成 4923.2 殷

奄父乙角

成 8396 殷

奄父乙觶

成 6245 殷

奄父辛尊

成 5655 殷

奄父乙卣

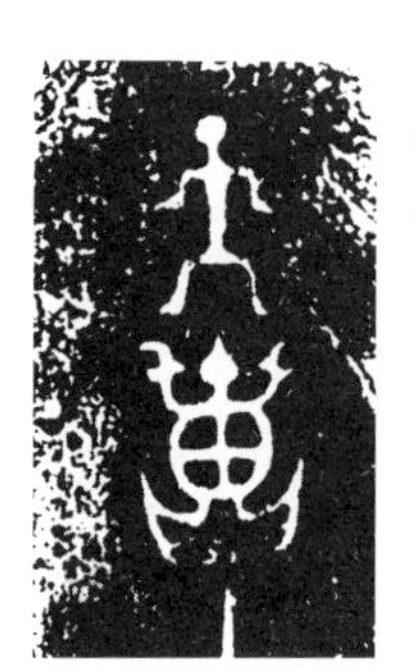

成 4924.1 殷

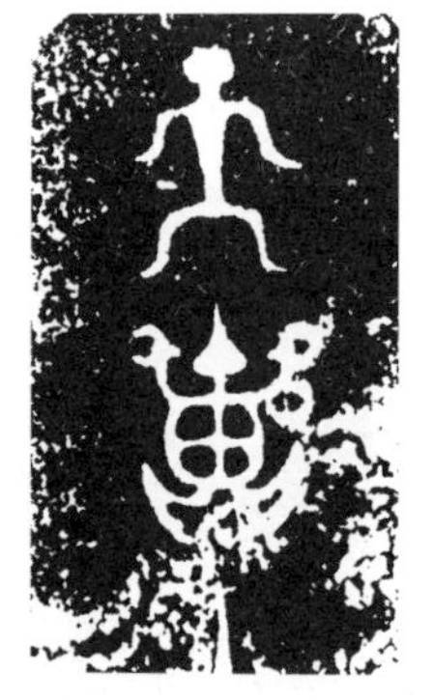

成 4924.2 殷

奄卣

成 4760.1 殷

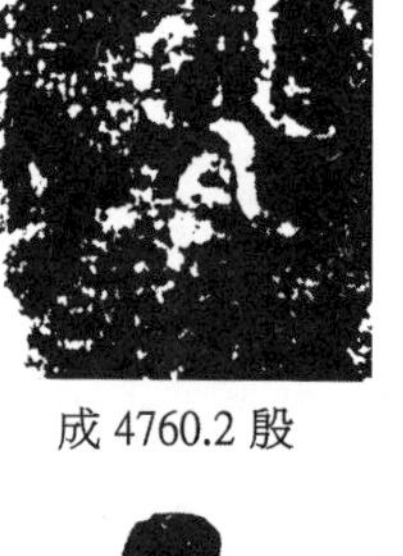

成 4760.2 殷

奄父戊爵

成 8518 殷

奄父乙觚

成 7095 殷

奄且乙尊

成 5598 殷

奄父辛卣

成 4978.1 殷

成 4978.2 殷

奄父癸尊

成 5678 殷

父戊黿𣪘

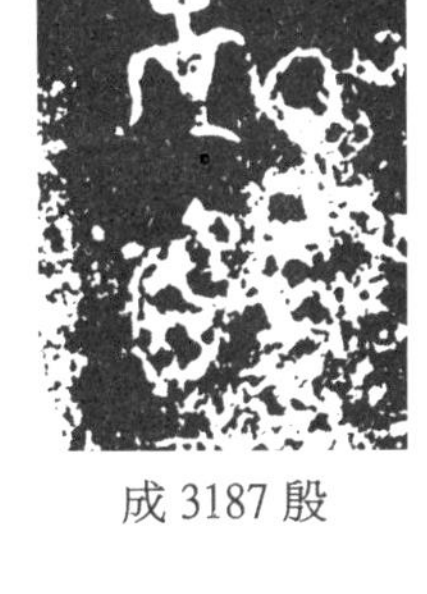

成 3187 殷

黿父丁𣪘

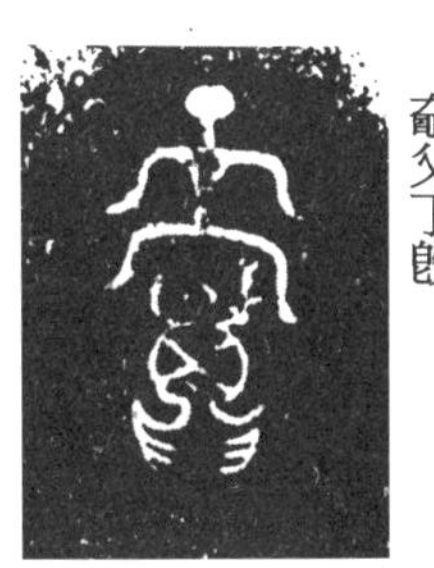

成 3179 殷

黿作婦姑甗

成 891 殷

黿婦姑方鼎

成 2138 殷

黿卣

成 4761.1 殷

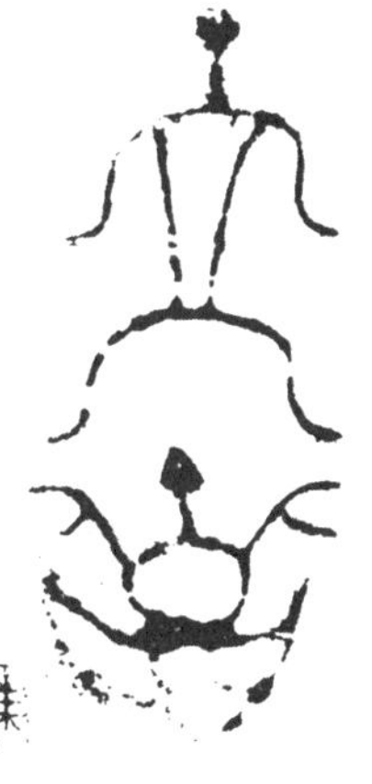

成 4761.2 殷

黿父戊卣

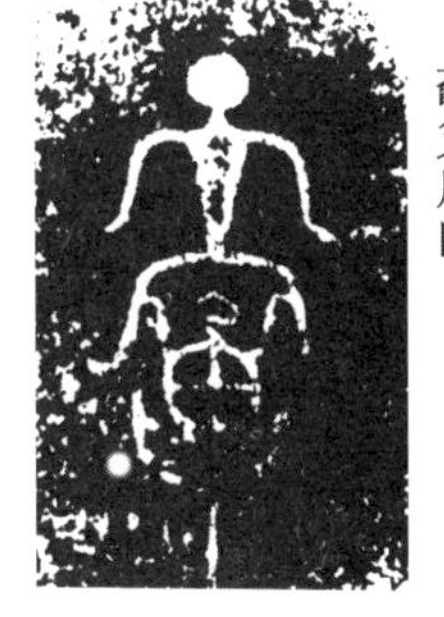

成 4950 殷

黿婦姑鼎

成 2137 殷

黿觚

成 6681 殷

黿父己觶

成 6289 殷

黿父庚角

成 8589 殷

黿爵

成 7428 殷

黿父乙觚

成 7096 殷

黿斝

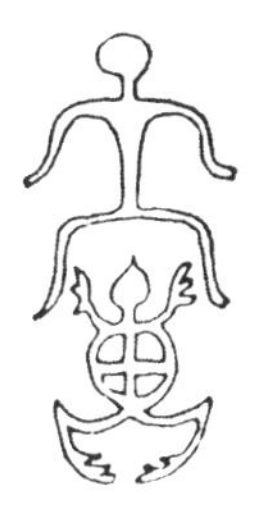

成 9134 殷

黿父癸爵

成 8693 殷

黿父癸盉

成 9359 殷

黿父癸鼎

成 1682 殷

黿父口爵

錄 892 商晚

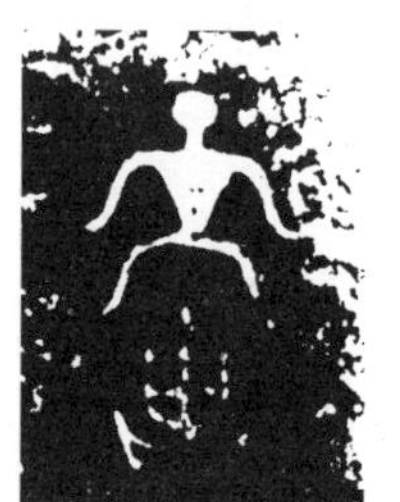

黿父乙鼎

成 1555 殷•周早

作丁玐卣

成 5211.1 殷

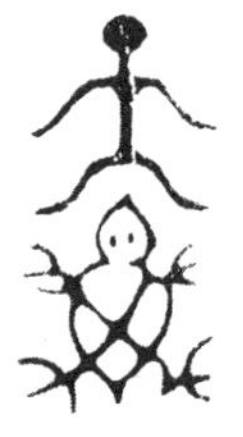

成 5211.2 殷

黿父戊盉

成 9354.1 殷

成 9354.2 殷

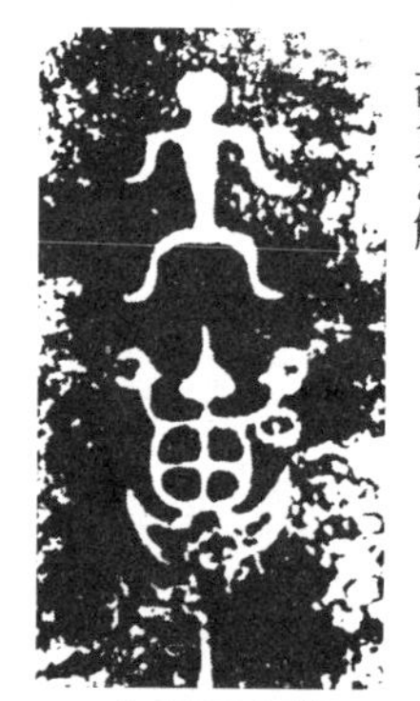

黿父乙觥

成 9267.1 殷

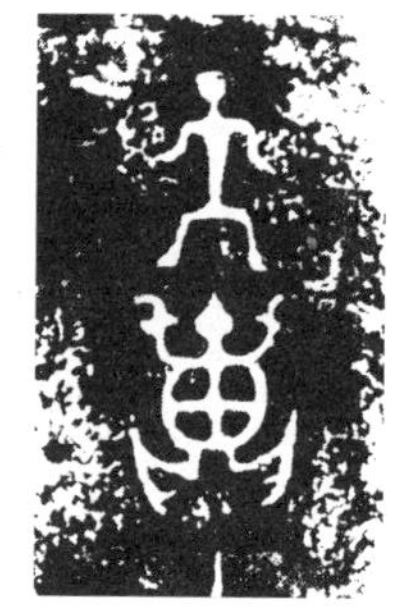

成 9267.2 殷

黿父乙斝

成 9209 殷

貝隹易父乙爵

成 9050.2 殷

黿父癸觥

成 9279 殷

戟作父癸角

成 9100 殷

黿戈

成 10654 殷

奄黽

奄黽作從彝尊

奄黽作從彝尊
成 5766 周早

征人鼎
成 2674 周早

亞此卣
成 5355.1 周早

成 5355.2 周早

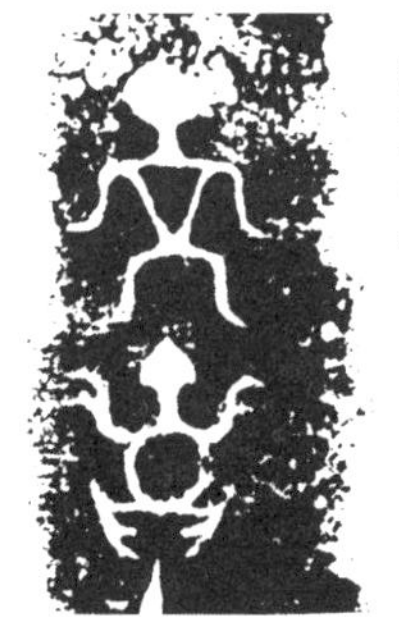
奄黽父乙鼎
成 1554 周早

奄黽父癸方鼎
成 1684 周早

奄黽甗
成 764 周早

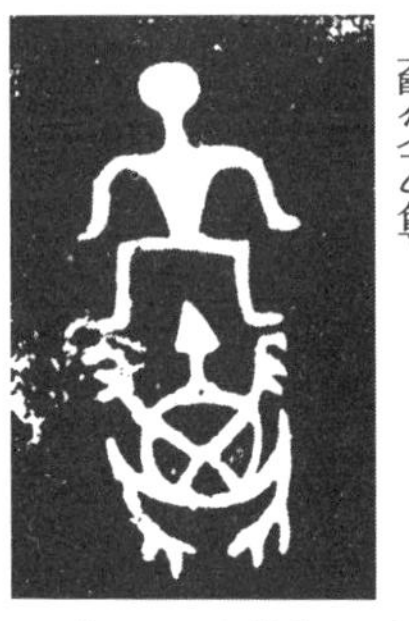
奄黽父乙尊
成 5623 周早

奄黽父丁尊
成 5636 周早

作丮障彝角
成 9042.2 周早

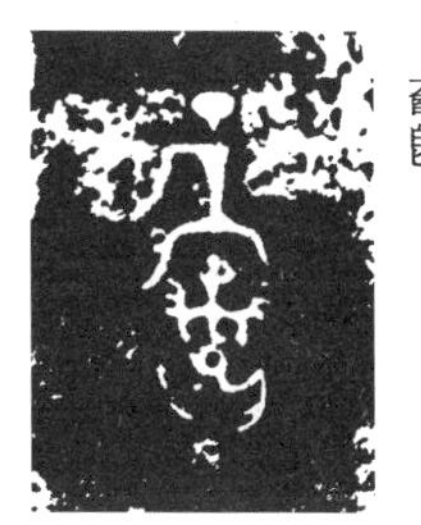
奄黽段
成 2985 周早

奄黽作父戊方鼎
成 2013 殷·周早

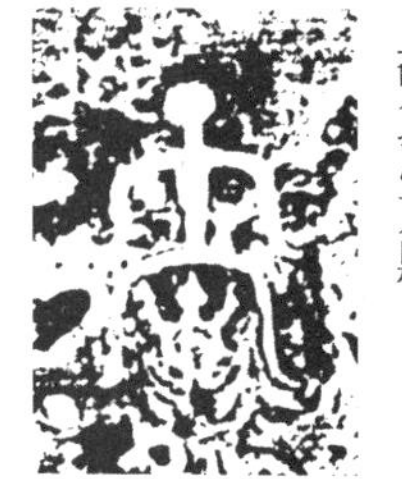
奄黽父乙方鼎
成 1559.1 周早

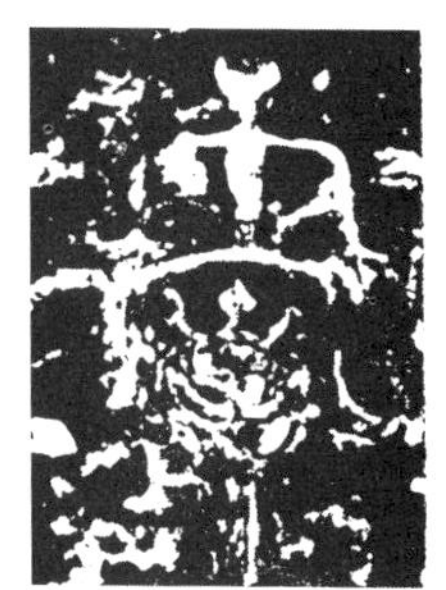
成 1559.2 周早

玔方鼎
成 2613 周早

天君段

成 4020 周早

謚作父辛卣蓋

成 5361.1 周早

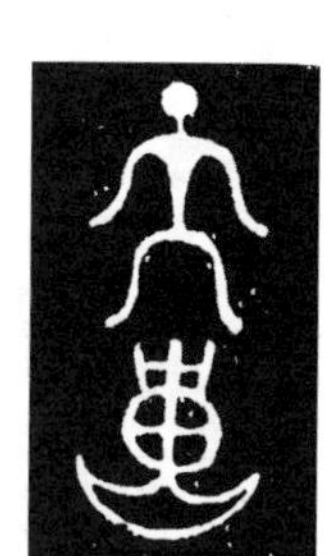

成 5361.2 周早

奄父庚爵

成 8588 周早

奄父乙觶

成 6244 周早

奄父癸觚

成 7153 周早

奄父乙爵

成 8395 周早

殁父乙尊

成 5973 周早

甗侯鼎

成 2627 周早

奄母庚爵

成 8740 周早

玥方鼎

成 2612 周早

奄鬳作父辛鼎

成 2254 周早

甗侯鼎

成 2626 周早

奄父乙盉

成 9342.1 周早

成 9342.2 周早

貝父乙觚

成 7310.1 周早

成 7310.2 周早

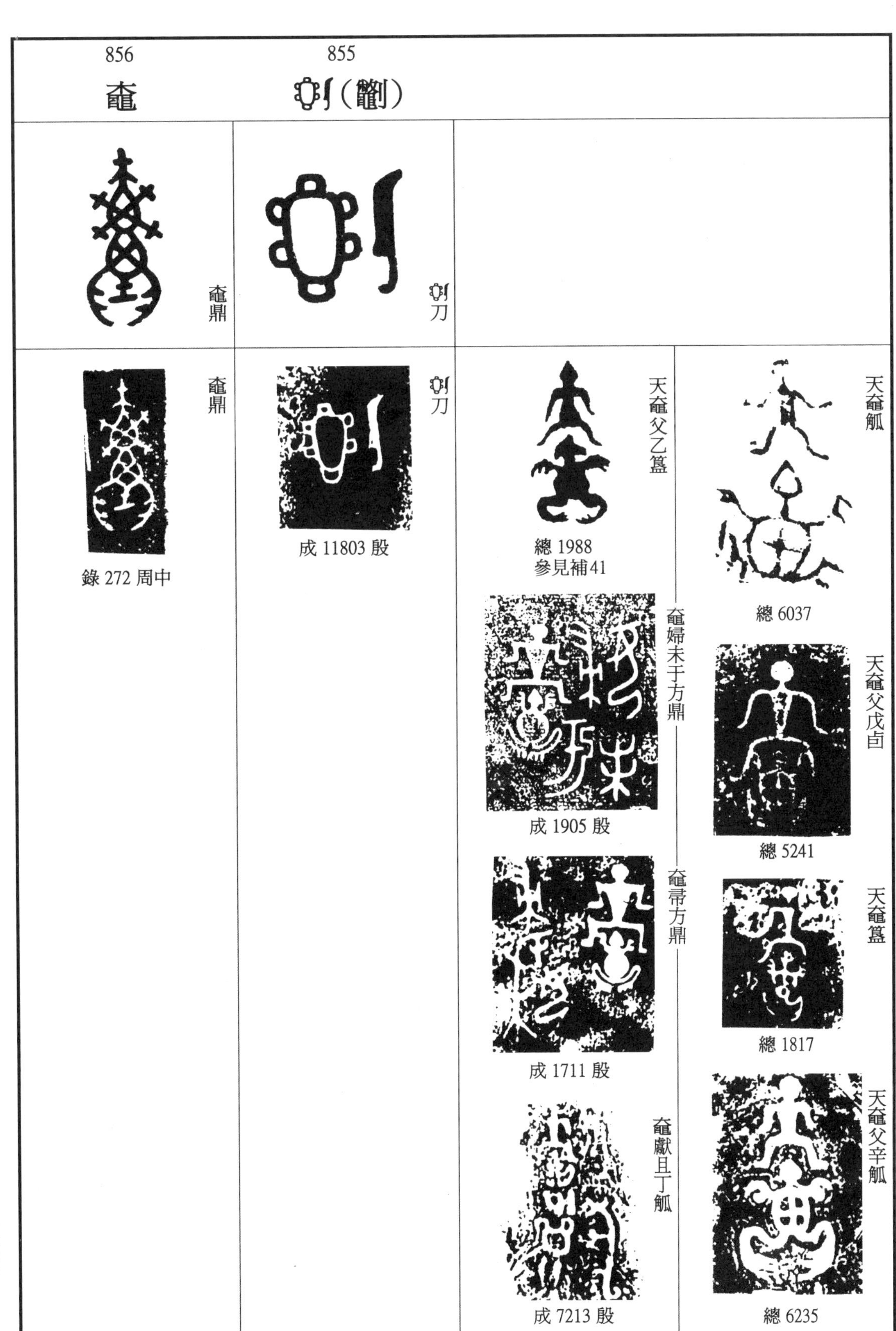

856
䵡
855
䵡鼎
刀
䵡鼎
錄 272 周中
刀
成 11803 殷
天䵡父乙簋
總 1988
參見補41
天䵡觚
總 6037
䵡婦未于方鼎
成 1905 殷
天䵡父戊卣
總 5241
䵡帚方鼎
成 1711 殷
天䵡簋
總 1817
䵡獻且丁觚
成 7213 殷
天䵡父辛觚
總 6235

857

龜

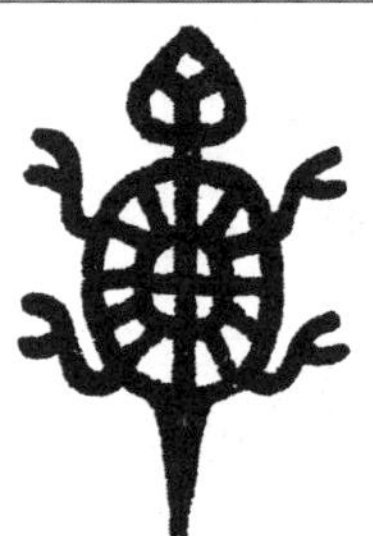

弔龜鼎

弔龜爵

成 8227 殷

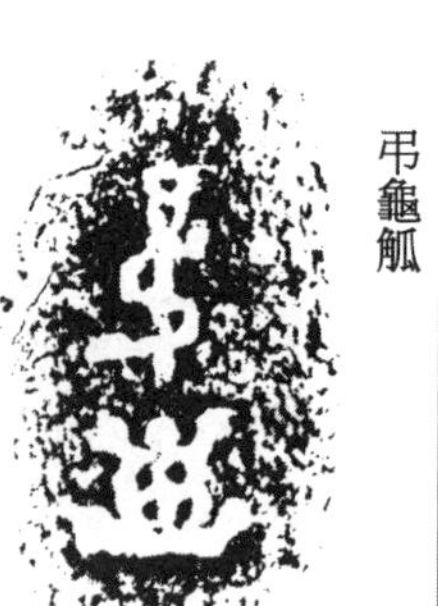

弔龜觚

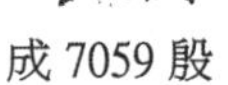

成 7059 殷

弔龜斝

成 9193 殷

弔龜鼎

成 1469 殷

弔龜爵

成 8228 殷

弔龜觚

成 7060 殷

龜形銘鼎

成 1130 殷

弔龜且癸觚

成 7218 殷

弔龜鼎

成 1468 殷

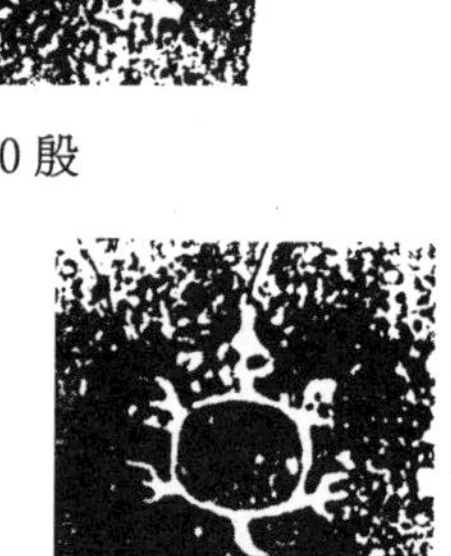

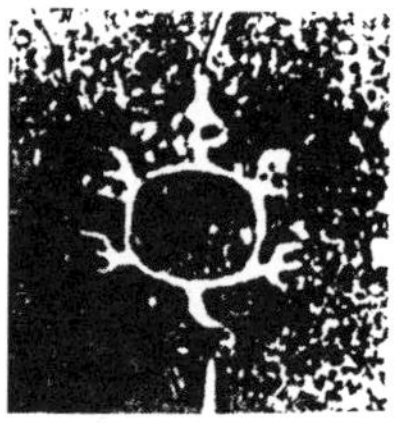

龜父丙鼎

成 1569 殷

龜爵

成 7535 殷

龜父丁爵

成 8459 周早

龜

弔龜父丙殷

弔龜𣪕

成 3116 殷

弔龜爵

成 8224 殷

弔龜父丙𣪕

成 3427 周早
參見 830

弔龜觶

成 6182 殷

弔龜戈

成 10862 殷

弔龜爵

成 8225 殷

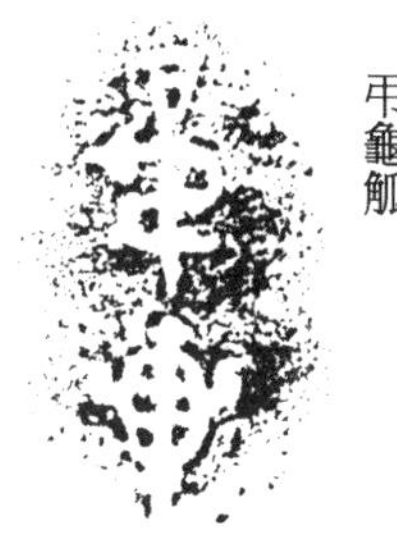

弔龜觚

成 7058 殷

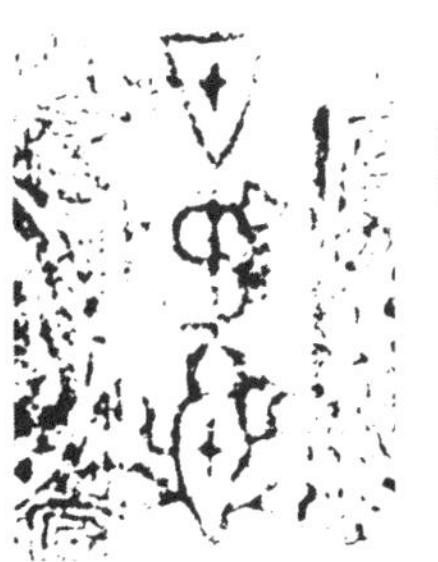

弔龜爵

成 8226 殷

弔龜瓿

成 9951 殷

弔龜斧

成 11782 殷

弔龜斧

成 11781.1 殷

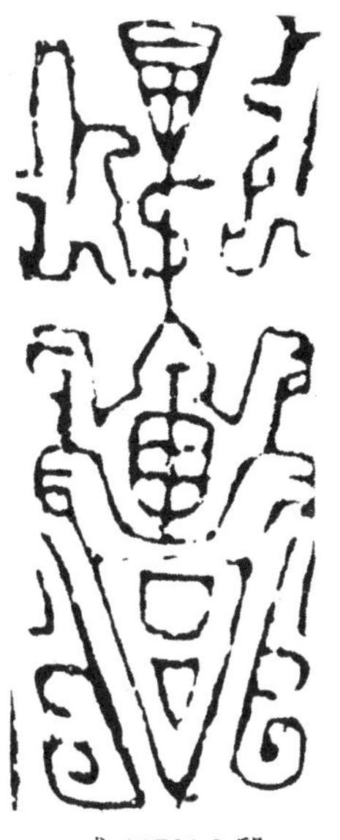

成 11781.2 殷

859 龔	858 龍		
龔卣	龍爵		
龔女子觶 成6349.1 殷	子龍爵 成8100 殷	龍爵 成7534 周早	龍爵 成7532 殷
成6349.2 殷	工龍爵 成8223 殷	龍爵 成7533 周早	龍器 成10486 殷
龔卣 成4742.1 殷		龍作旅彝甗 成861 周早	龍鼎 成1119 殷·周早
成4742.2 殷		子龍觚 成6906 殷	

龏

龏女𣪘

龏子𣪘

成 3078 𣪘

龏子觚

成 6914 𣪘

龏女𣪘

成 3083 𣪘

龔父觚

總 6086

子龏鼎

成 1308 𣪘

子龏鼎

成 1306 𣪘

龏孝觶

成 6152 𣪘

子龏尊

成 5543 𣪘

龔子觚

錄 732 商晚

骨羽毛部

860

卣

卣

成 4784 殷

龔子卣

新 1838 商晚

I龔觚

成 6940 殷

龔作又母辛鬲

成 688 周早

子龔鼎

成 1307 殷

龔子鉞

成 11751.1 殷

成 11751.2 殷

子龔戈

新 1719 商晚

861	862	863	864
角	[illegible]	解	W（冎）
角戊父字鼎	[illegible]觚	[illegible]子甗	W父□斝
角戊父字鼎 成 1864 殷	[illegible]觚 成 6804 殷	[illegible]子甗 成 874 周早	W父□斝 成 9221 殷
角丁方彝 成 9860 殷	[illegible][illegible]戈 成 10849.1 殷		

衣著
衣系部

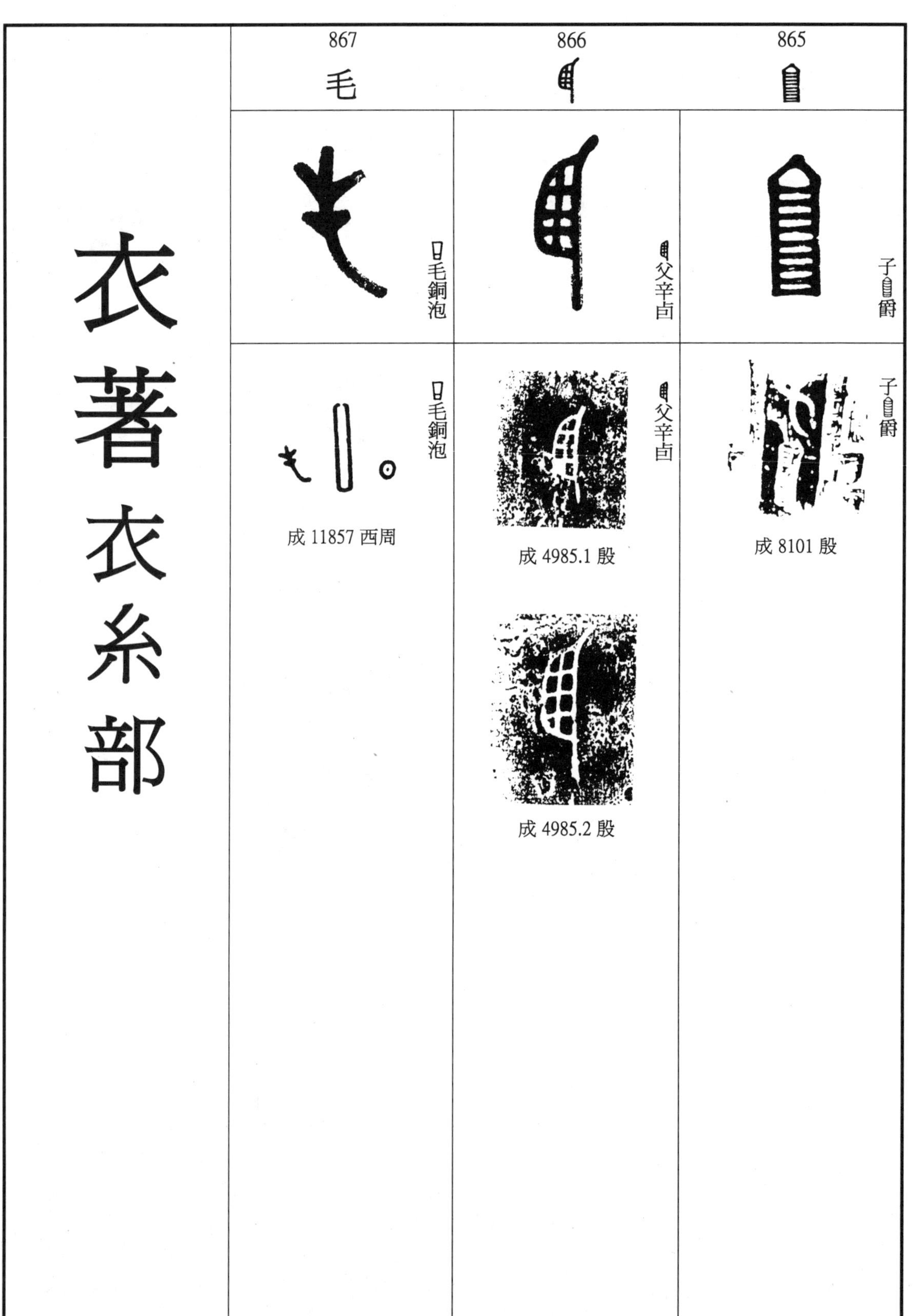

867 毛	866	865
□毛銅泡	□父辛卣	子□爵
□毛銅泡 成 11857 西周	□父辛卣 成 4985.1 殷 成 4985.2 殷	子□爵 成 8101 殷

871	870	869	868
巾	𠮛	祺	礿
巾斧	西單𠮛觚	祺父乙鼎	甲母觚
巾斧 成 11772 周早	𠮛𠮛 成 9145 殷 西單𠮛觚 成 7194.2 殷	祺父乙鼎 成 1563 周早	甲母觚 成 7165 殷 甲母觚 成 7164 殷

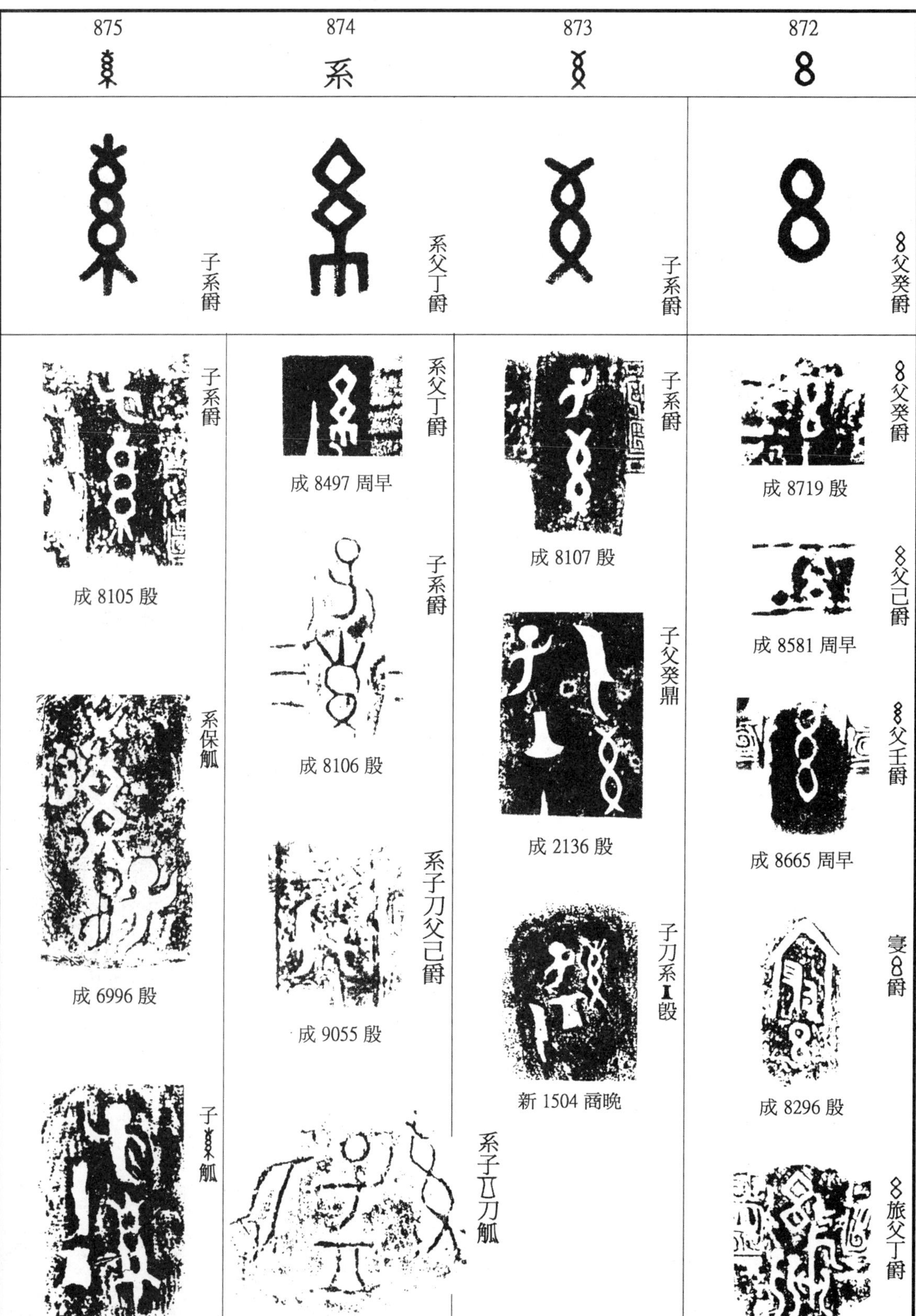
875
874
系
873
872
子系爵
系父丁爵
子系爵
父癸爵
子系爵
成 8105 殷
系父丁爵
成 8497 周早
子系爵
成 8107 殷
父癸爵
成 8719 殷
父己爵
成 8581 周早
子系爵
成 8106 殷
子父癸鼎
成 2136 殷
父壬爵
成 8665 周早
系保觚
成 6996 殷
系子刀父己爵
成 9055 殷
子刀系殷
新 1504 商晚
爵
成 8296 殷
子觚
總 6029
系子刀觚
成 7255 殷
旅父丁爵
成 8897 周早

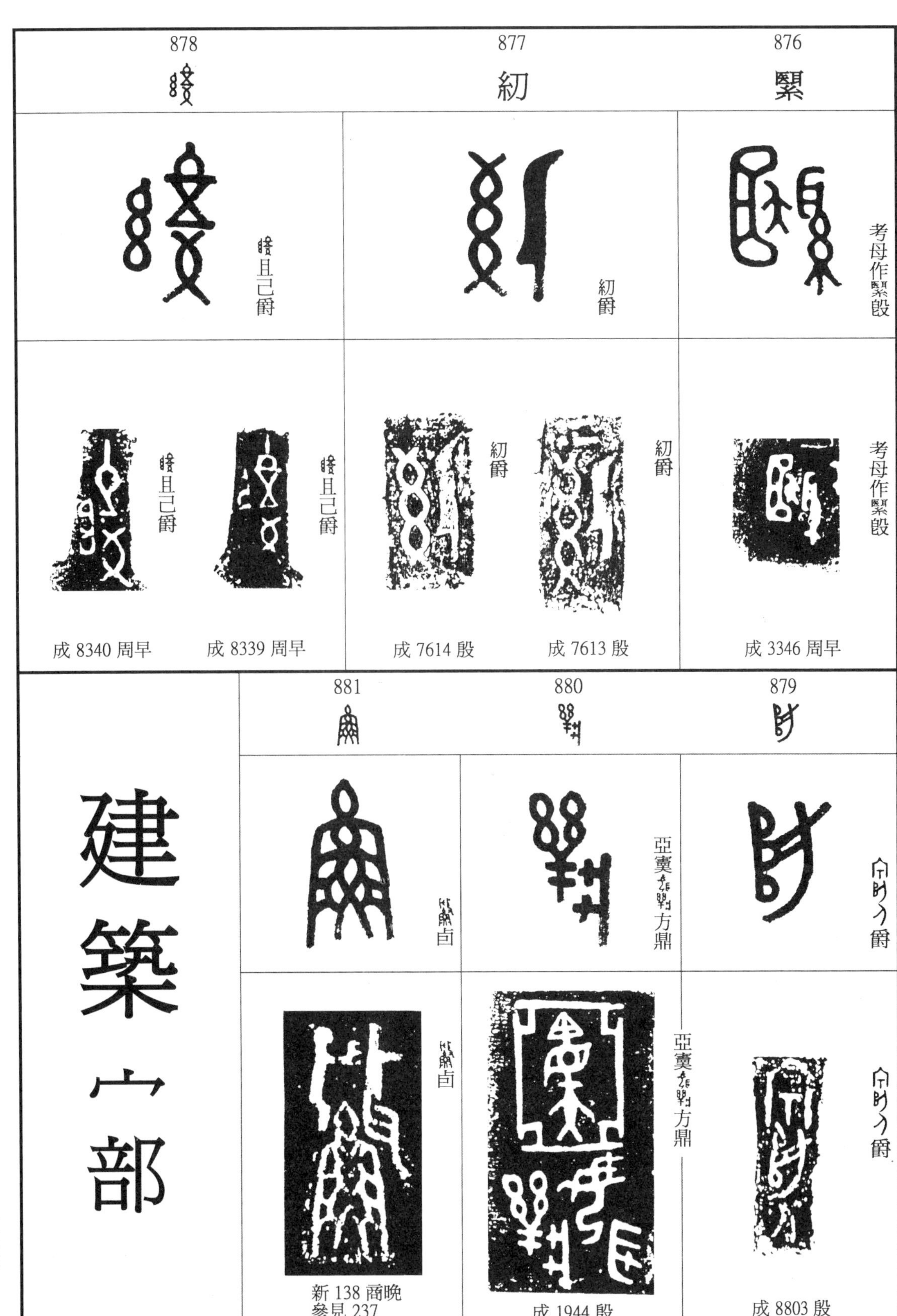

878	877	876
	紉	繄
且己爵	紉爵	考母作繄毁
成 8340 周早；成 8339 周早	成 7614 殷；成 7613 殷	成 3346 周早

881	880	879
卣	亞㚔方鼎	爵
新 138 商晚 參見 237	成 1944 殷	成 8803 殷

建築宀部

882 宀

宀尊

宀尊

成 5501 殷

宀作父辛觶

成 6417 周早

883 守

守殷

守父丁甗

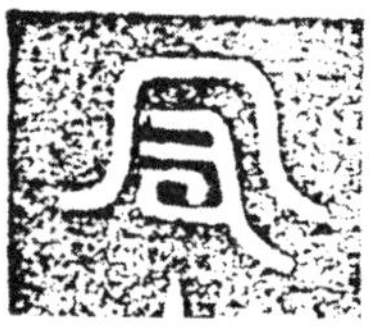

成 813 殷

守鼎

成 1096 殷

守殷

成 2968.1 殷

成 2968.2 殷

守父己觶

成 6287 殷

守觚

成 6590 殷

守爵

成 7438 殷

守殷

成 2967 殷

守觚

成 6591 殷

守觚

成 6592 殷

守觚

成 6589 殷

守爵

成 7437 殷

守乙爵

成 8012 殷

守戈

成 10687.1 殷

成 10687.2 殷

守卣

成 4739 殷

父己鼎

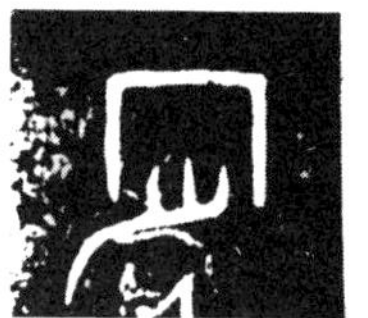

成 1617 殷

父己觶

成 6286 殷

父辛觶

成 6311 殷

守觚

錄 687 商晚

辛守鼎

錄 212 商晚

子守爵

成 8085 殷・周早

守作寶彝甗

成 855 周早

守父丁爵

成 8454 周早

亞尊

成 5566 殷

婦觶

成 6146 殷

守婦殷

成 3082 殷

婦觶

成 6145 殷

守冊父己爵

成 8935 周早

守冊父己爵

成 8936 周早

守戈爵

成 8236 殷

亞木守觚

成 7181 殷

亞木守觚

錄 749 商晚

886	885		884
室	㝲		宴
㝲小室盂	鼓㝲盤		宴8爵
㝲小室盂 成 10302 殷	鼓㝲盤 成 10031 殷 㝲竗盤 成 10029 殷	宴出爵 成 8295 殷 參見 541 辰寢出簋 錄 408 商晚 寢印爵 錄 855 商晚 參見 126	宴8爵 成 8296 殷

887

安

安卣

安卣

成 4881.1 毁

成 4881.2 毁

888

宧

宧父戊方彝

宧父戊方彝

成 9879 毁

宧父戊方彝

成 9878 毁

亞𡨦父丁卣

成 5271.2 毁
參見 339.338

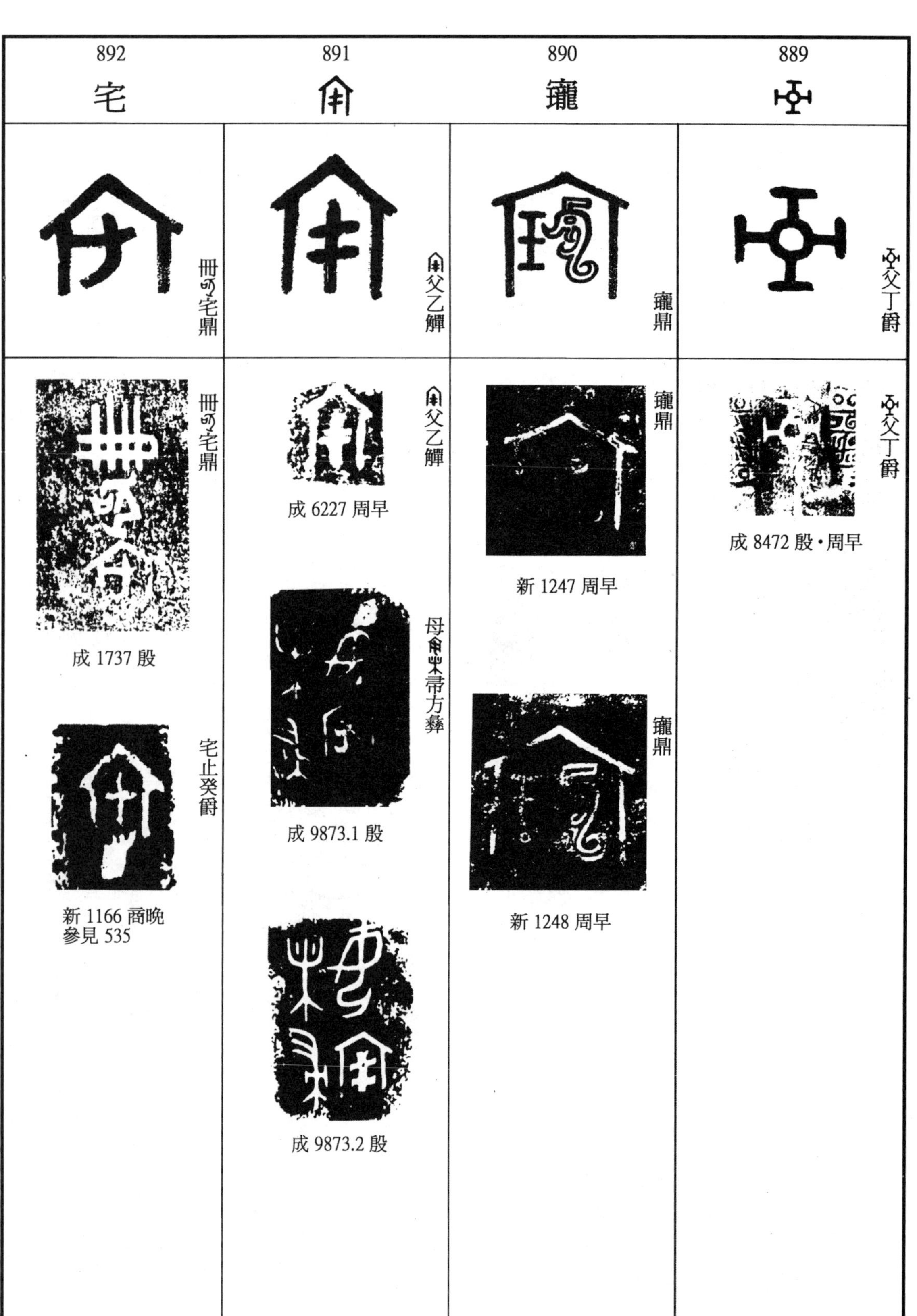

889
父丁爵
父丁爵
成 8472 殷·周早
890
竈
竈鼎
竈鼎
新 1247 周早
竈鼎
新 1248 周早
891
父乙觶
父乙觶
成 6227 周早
母帚方彝
成 9873.1 殷
成 9873.2 殷
892
宅
冊宅鼎
冊宅鼎
成 1737 殷
宅止癸爵
新 1166 商晚
參見 535

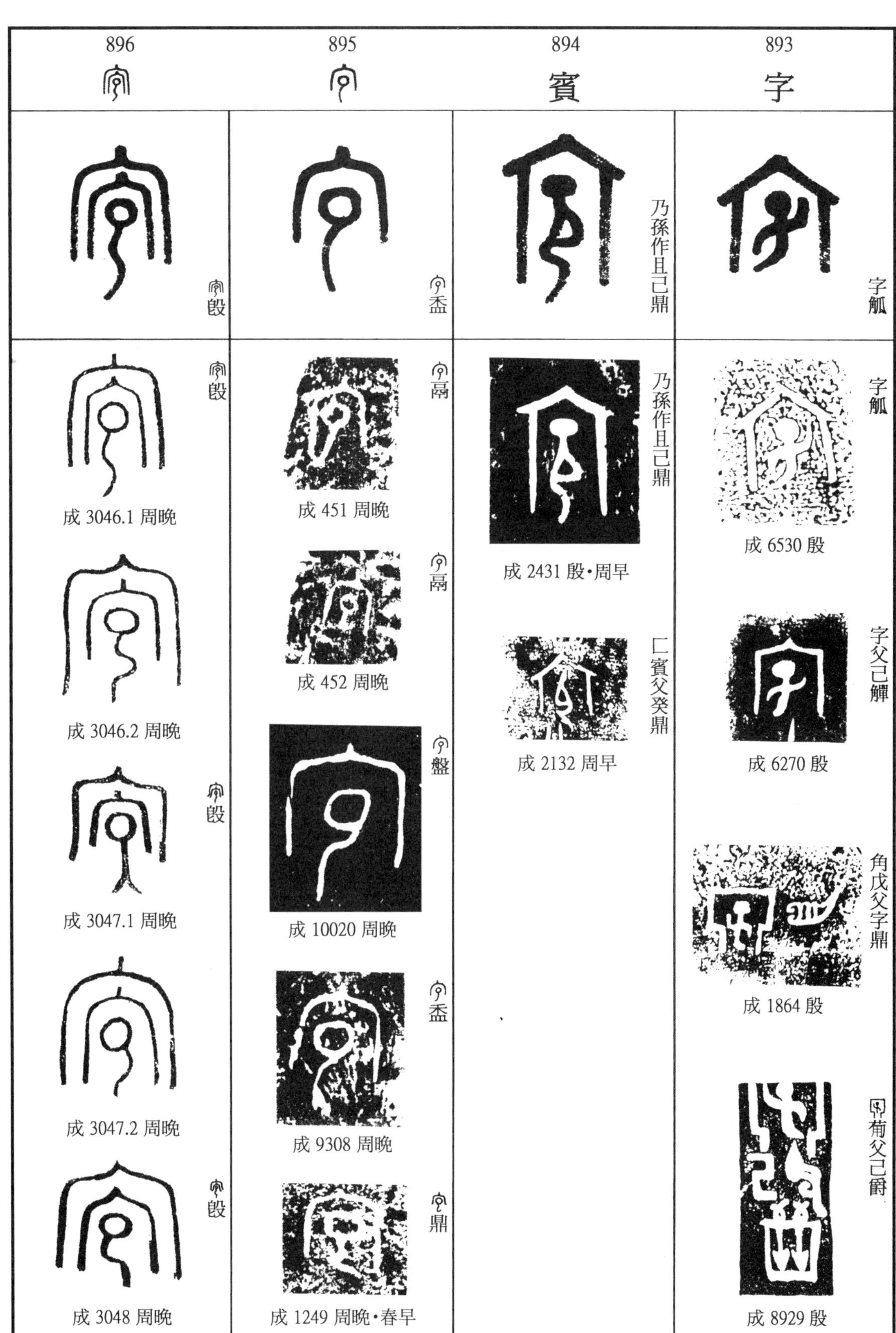
896
895
894
賓
893
字
段
盉
乃孫作且己鼎
字觚
段
成 3046.1 周晚
鬲
成 451 周晚
乃孫作且己鼎
成 2431 殷•周早
字觚
成 6530 殷
成 3046.2 周晚
鬲
成 452 周晚
匸賓父癸鼎
成 2132 周早
字父己觶
成 6270 殷
段
成 3047.1 周晚
盤
成 10020 周晚
角戊父字鼎
成 1864 殷
成 3047.2 周晚
盉
成 9308 周晚
荀父己爵
段
成 3048 周晚
鼎
成 1249 周晚•春早
成 8929 殷

900	899	898	897
嫥	寧	寪	定
女嫥祖丁角	寧女方鼎	寪卣	定女觚
女嫥祖丁角 錄 897 商晚	寧母父丁方鼎 成 1851 殷	寪卣 成 5353.1 殷	定女觚 成 6872 殷
母嫥日辛尊 新 1793 商晚	寧女方鼎 成 2107 周早	成 5353.2 殷	定女觚 成 6873 殷
	寧母鬲 成 462 周早		

904	903	902	901
⿱宀⿰鳥乙	⿱宀从	⿱宀⿰吾卩	⿱宀弓
鳥⿱宀⿰鳥乙𣪘	父癸何觶	⿱宀⿰吾卩父辛卣	⿱宀弓且戊卣
鳥⿱宀⿰鳥乙𣪘 新 170 商晚	父癸何觶 成 6424 觶	⿱宀⿰吾卩父辛卣 成 4972.1 卣	⿱宀弓且戊卣 成 4893.1 卣
鳥⿱宀⿰鳥乙𣪘 新 172 商晚	何父癸卣 成 5091.1 卣 參見 233	成 4972.2 卣	成 4893.2 卣

909	908	907	906	905
[宀川]	[宀弜]	[宀午]	[宀入]	宰
[宀川]戟	[宀弜]父癸爵	[宀午]口作父丁𣪘	[宀入]耳爵	宰女彝鼎
[宀川]戟 成 10802 周早	[宀弜]父癸爵 錄 886 商晚 [宀弜]父癸爵 成 8716 周早	[宀午]口作父丁𣪘 成 3608 周早	[宀入]耳爵 成 8207 殷	宰女彝鼎 成 1712 周早 宰儹宔父丁鼎 成 2010 周早

910
父丁爵
成 8499 殷

911
觚
成 6789 殷

912
尊
成 5778 周早

913
東父壬觚
錄 745 商晚

914
[illegible]
[illegible]叉鼎
成 1478 殷
參見 428

915
寀
穷寀父辛觶
成 6418 周早

916
耒冊父辛觚
成 7269 殷

917
襄奸
襄鼎
成 1498 殷

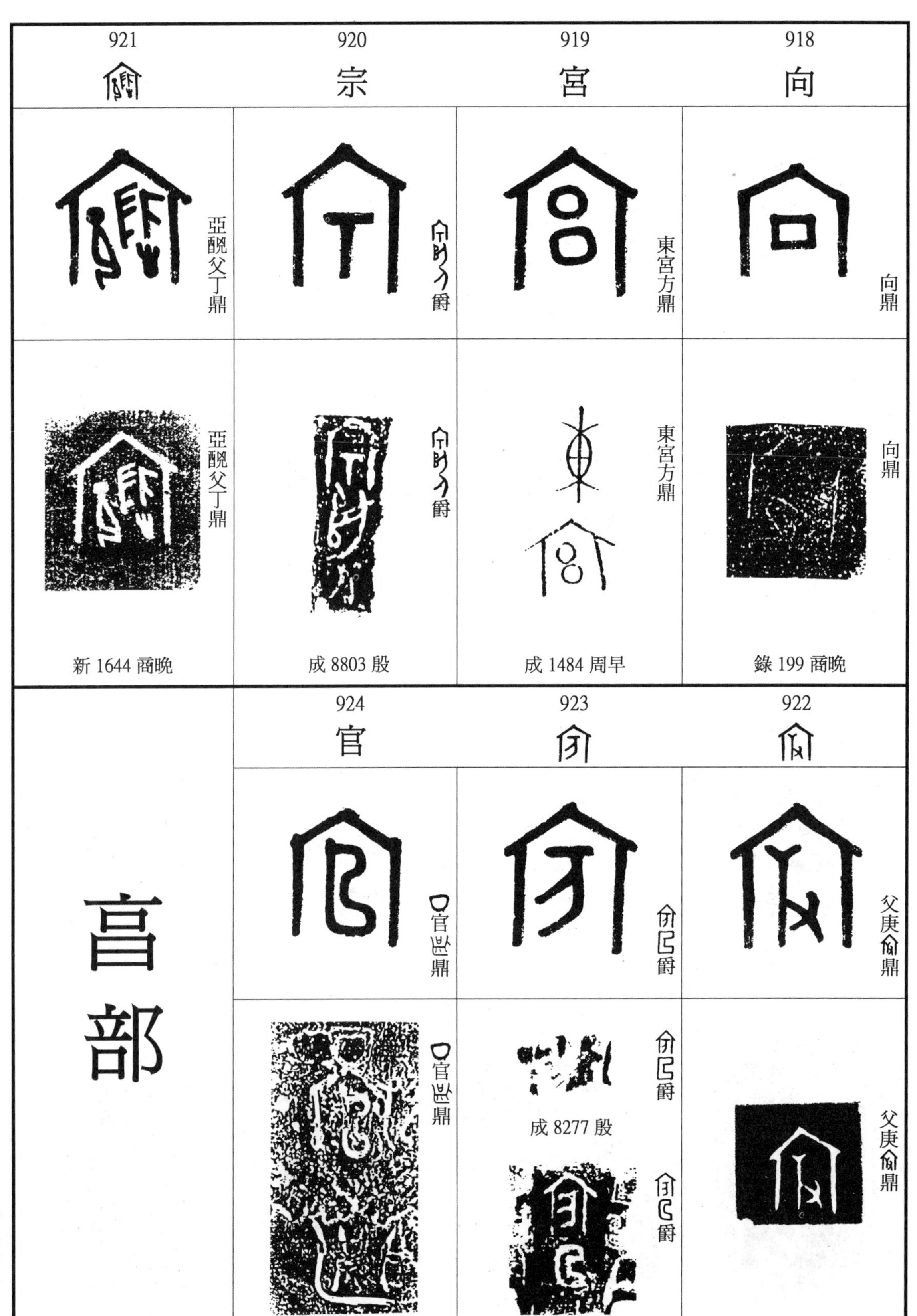
921
920 宗
919 宮
918 向
亞醜父丁鼎
東宮方鼎
向鼎
新 1644 商晚
成 8803 殷
成 1484 周早
錄 199 商晚
924 官
923
922
亯部
成 8277 殷
總 528
總 3656
成 1628 殷

925 亯

亯𣪘

亯爵

亯𣪘

成 2986 殷

[glyph]罍

成 9751 殷

亯𣪘

成 2987 周早

亯爵

錄 795 周早

亯父丁觶

成 6259 周早

父丁亯[glyph]尊

成 5738 周早

犬且辛且癸鼎

成 2113 殷
參見 742

[glyph]亯父乙器

成 10532 殷

冊亯般卣

錄 590 商晚

926 [glyph]

[glyph]觥

[glyph]觥

成 9262.1 殷

成 9262.2 殷

927 高

高作父乙觶

高作父乙觶

成 6441 周早

928
亳

亳冊戈

亳冊戈
成 10876.2 殷

亳冊戈父乙觚
成 7262 殷
參見 1350

929
[illegible]

[illegible]作母癸卣

[illegible]作母癸卣
成 5295.1 殷

成 5295.2 殷
參見 1418

930
[illegible]

[illegible]卣

[illegible]卣
成 4860.1 殷

[illegible]卣
成 4862.1 殷

成 4860.2 殷

成 4862.2 殷

[illegible]卣
成 4861.2 殷

[illegible]卣
成 4861.1 殷

932	931
⊕ (亞形族徽)	𩫖

辛䵼鼎

子𩫖方鼎

䵼戈

成 10745 殷

己䵼鼎

成 1292 殷

子𩫖尊

總 4542

子𩫖鼎

成 1313 殷

⊕爵

新 166 商晚

宁䵼甗

子𩫖方鼎

成 1314 殷

䵼青鼎

成 1297 殷

辛䵼鼎

成 1296 殷·周早

成 792 商中

子𩫖爵

成 8767 殷

京部

933 京

京父己毁

京父己毁
成 3193 殷

京觶
成 6090 周早

父丁盉
成 9351.1 殷

父丁盉
成 9351.2 殷

觚
成 6734 殷

兄辛觶
成 6355.1 殷

成 6355.2 殷

934

觚

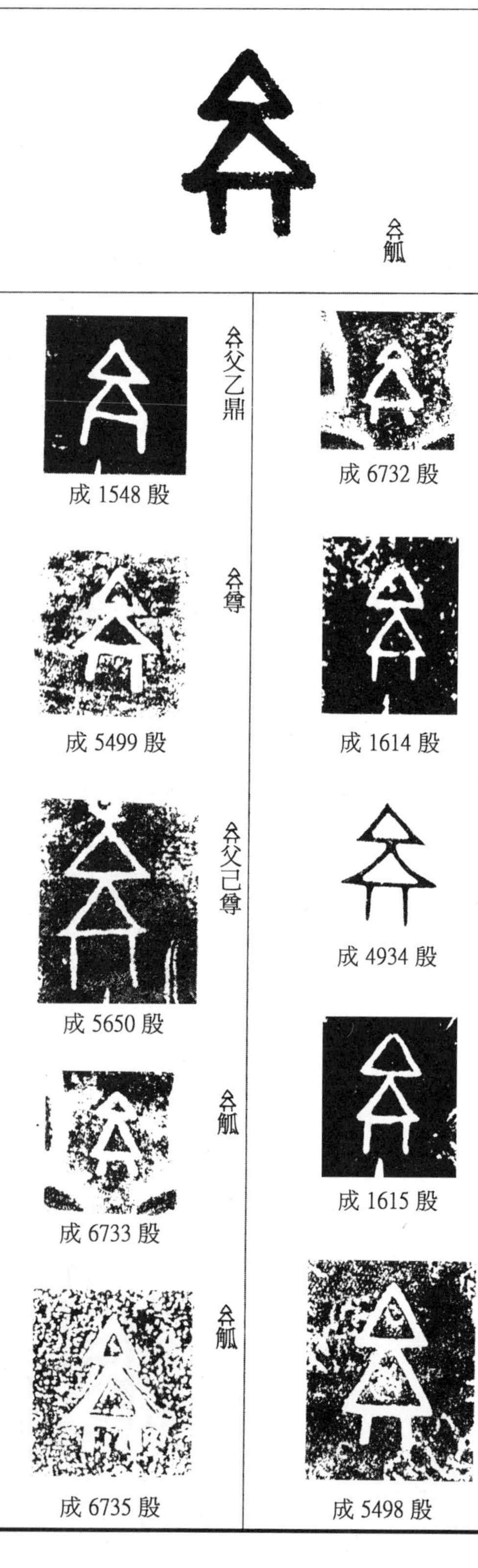
觚
成 6732 殷

父己鼎
成 1614 殷

父乙卣
成 4934 殷

父己鼎
成 1615 殷

尊
成 5498 殷

父乙鼎
成 1548 殷

尊
成 5499 殷

父己尊
成 5650 殷

觚
成 6733 殷

觚
成 6735 殷

爵

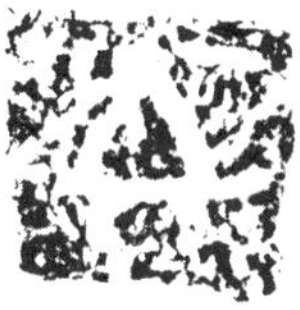

㥯鐃

成 397.2 殷

成 397.3 殷

觚

成 6728 殷

觚

成 6730 殷

觚

成 6729 殷

㥯鐃

成 395.2 殷

成 395.3 殷

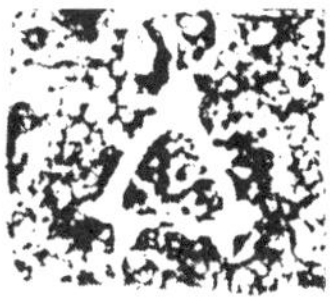

鐃

成 396.2 殷

成 396.3 殷

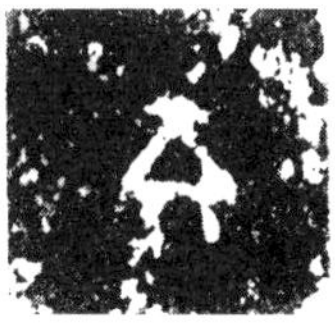

觚

成 6731 殷

爵

成 7582 殷

戈

成 10867.2 殷

辛器

成 10512 殷

爵

成 7581 殷

觚

成 6736 殷

觚

成 6737 殷

戈

成 10742 殷

且己觶

成 6370 殷

戈

成 10741 殷

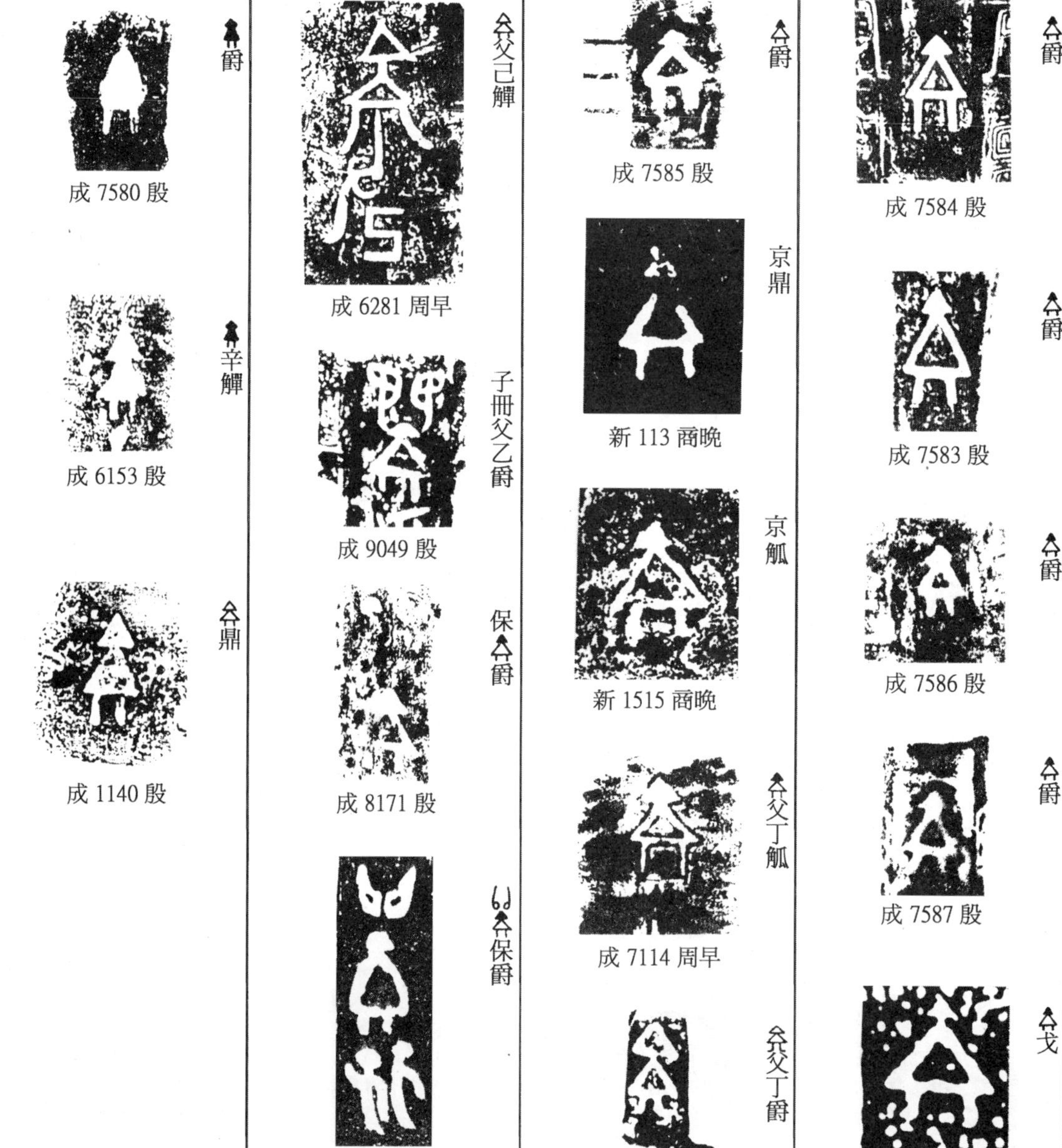

爵
成 7584 殷

爵
成 7583 殷

爵
成 7586 殷

爵
成 7587 殷

戈
成 10743 殷

爵
成 7585 殷

京鼎
新 113 商晚

京觚
新 1515 商晚

父丁觚
成 7114 周早

父丁爵
成 8500 周早

父己觶
成 6281 周早

子冊父乙爵
成 9049 殷

保爵
成 8171 殷

保爵
成 8769 殷
參見 8

爵
成 7580 殷

辛觶
成 6153 殷

鼎
成 1140 殷

935

稟

丁稟鼎

亼羊錡

總 7927

亼羊爵

成 8217 殷

稟鼎

成 1141 殷

丁稟鼎

成 1289 殷

亼羊爵

成 8216 殷

亼羊爵

成 8218 殷

稟卣

成 4758.1 殷

羊京觚

新 1858 商晚

亼羊器

成 10511 殷

稟觚

成 6740 殷

成 4758.2 殷

936

彃

弓䡈方鼎

弓䡈父丁方鼎

成 1859 殷

弓𠆭羊父丁爵

成 9005 周早

弓䡈父辛觶

成 6415 周早

弓𠆭羊爵

成 8821 殷

弓䡈方鼎

成 1449 殷

弓䡈父己鼎

成 1876 殷

弓𠆭羊父辛爵

成 9019 殷·周早

作公尊彝鼎

成 2181 周早

作公隮彝卣

成 5219.1 周早

成 5219.2 周早

且日庚簋

成 3991 周早

䡈車觚

成 7047 殷

䡈車觚

成 7046 殷

作公尊

成 5842 周早

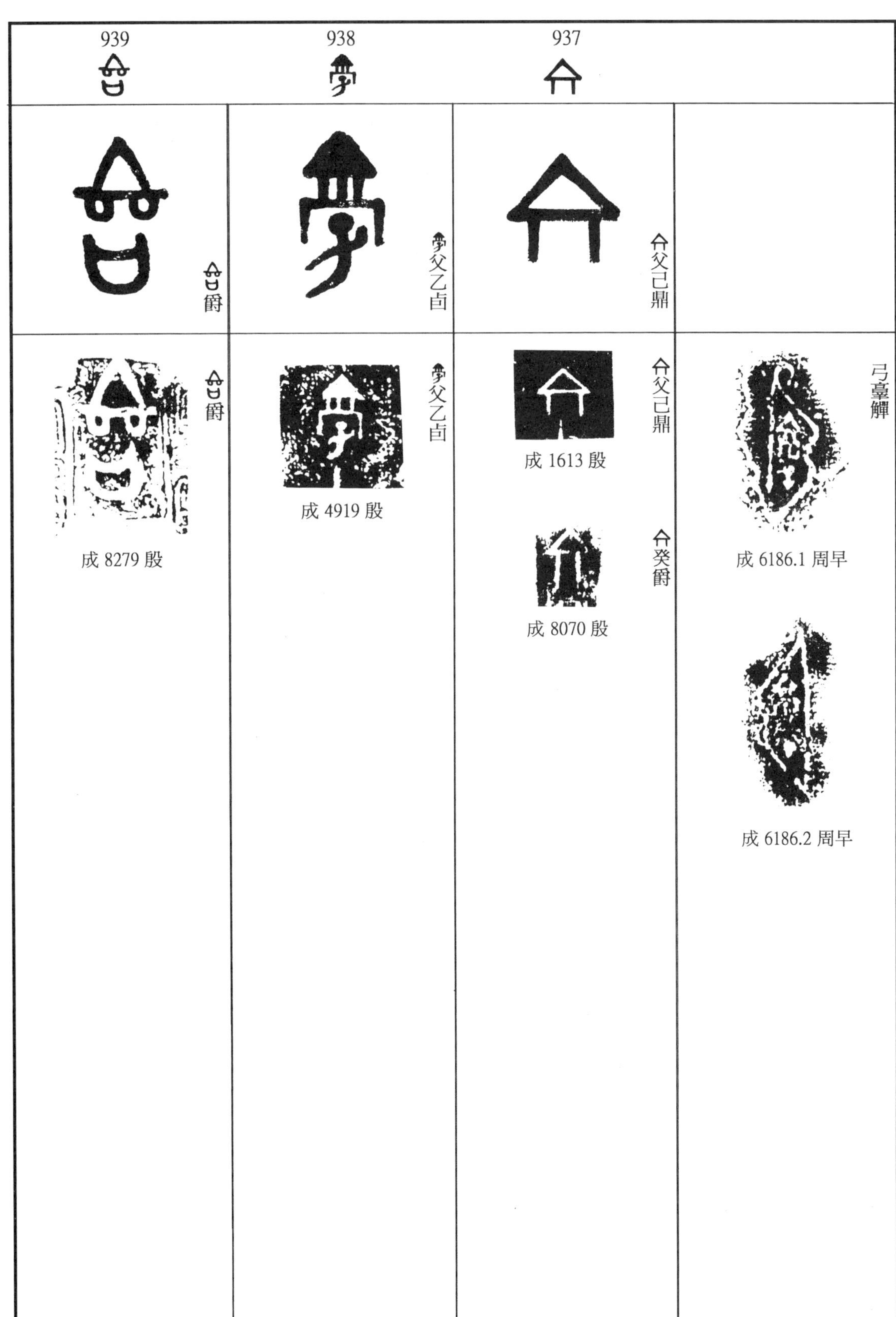

成 8279 殷

成 4919 殷

成 1613 殷

成 8070 殷

成 6186.1 周早

成 6186.2 周早

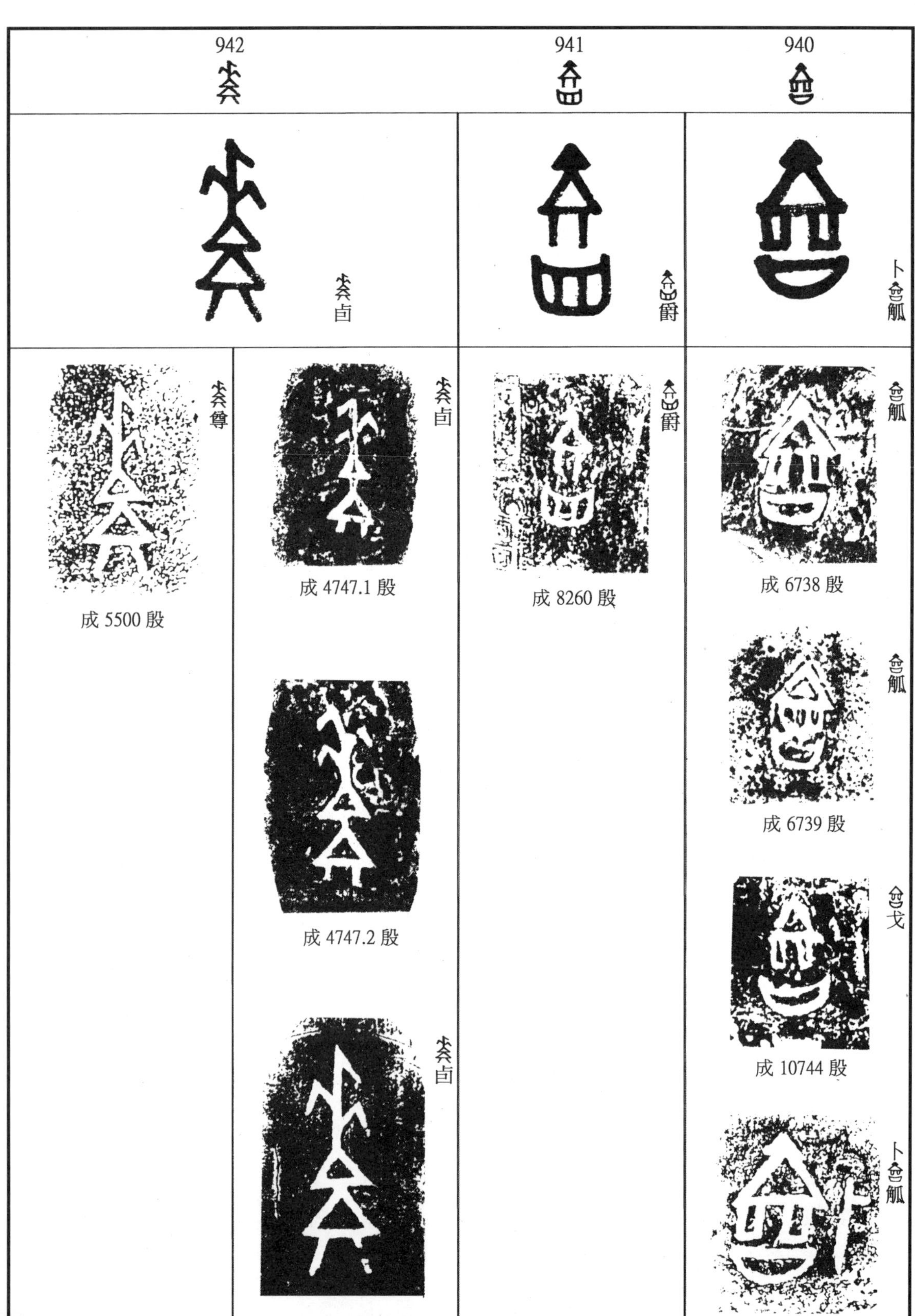
942
941
940
卣
爵
卜
觚
尊
卣
爵
觚
成 5500 殷
成 4747.1 殷
成 8260 殷
成 6738 殷
觚
成 6739 殷
戈
成 4747.2 殷
成 10744 殷
卣
卜
觚
成 4748 殷
成 7036 殷

946
945
944
943
宁工爵
且己尊
丙口爵
觚
錄 907 商晚
錄 908 商晚
成 5604 周早
新 943 周早
成 7050 殷
949
948
947
亯部
亯斝
鼎
父己甗
成 9146 殷
成 1454 殷
成 817 周早

井部

952 爵 成7729 周早

951 大御尊 成5687 周早 參見127

950 大父乙觶 成6374 周早 參見補30

955 卣 新275 商晚

954 父辛爵 錄903 周早

953 康鼎 成2786 周中•周晚；邢鼎 新691 周中；伯䢅父鼎 成2465 周晚；邢叔鼎 新690 周中

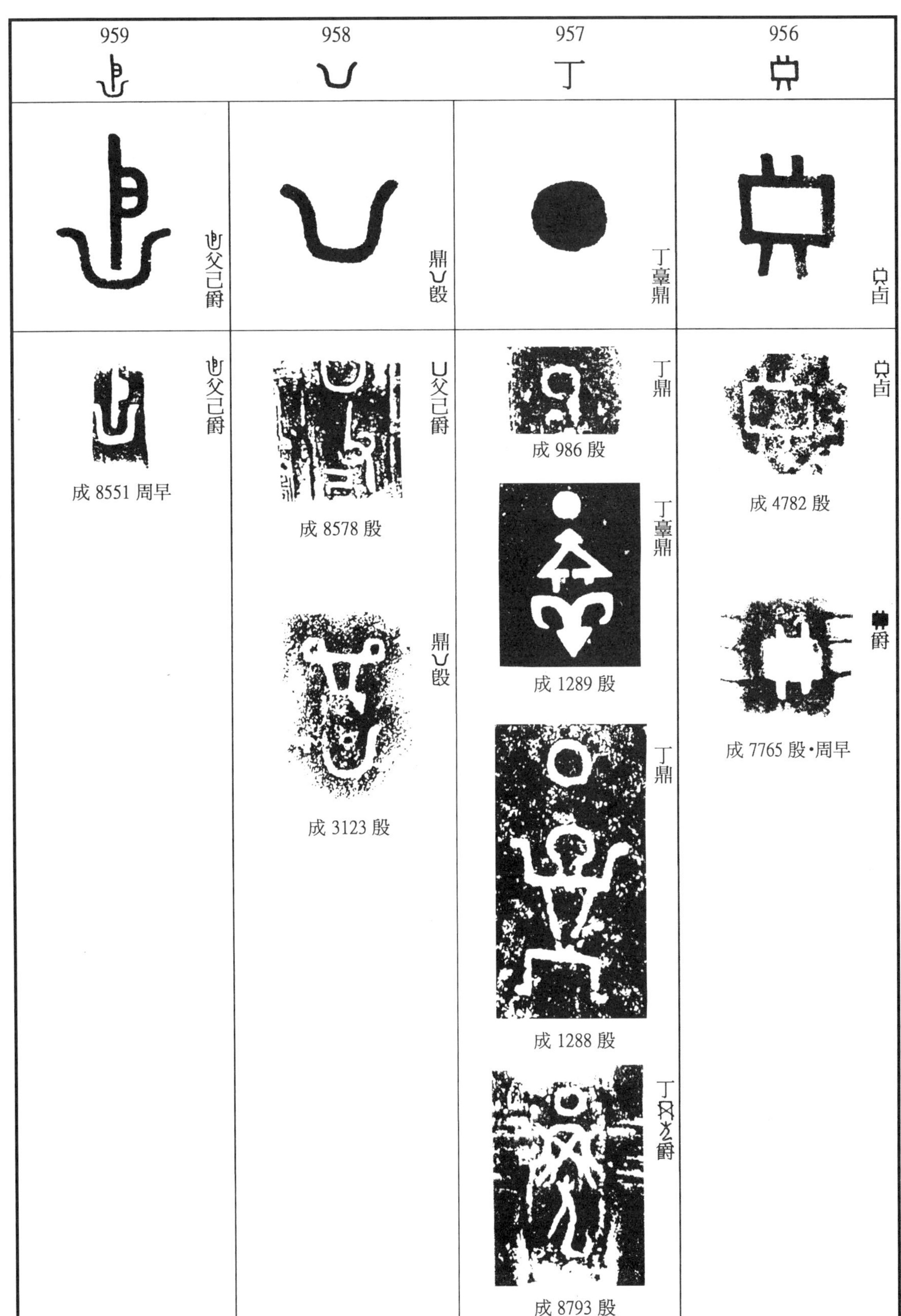

959	958	957	956
父己爵	鼎 殷	丁 亳鼎	卣
父己爵 成 8551 周早	父己爵 成 8578 殷	丁鼎 成 986 殷	卣 成 4782 殷
	鼎 殷 成 3123 殷	丁 亳鼎 成 1289 殷	爵 成 7765 殷·周早
		丁鼎 成 1288 殷	
		丁 爵 成 8793 殷	

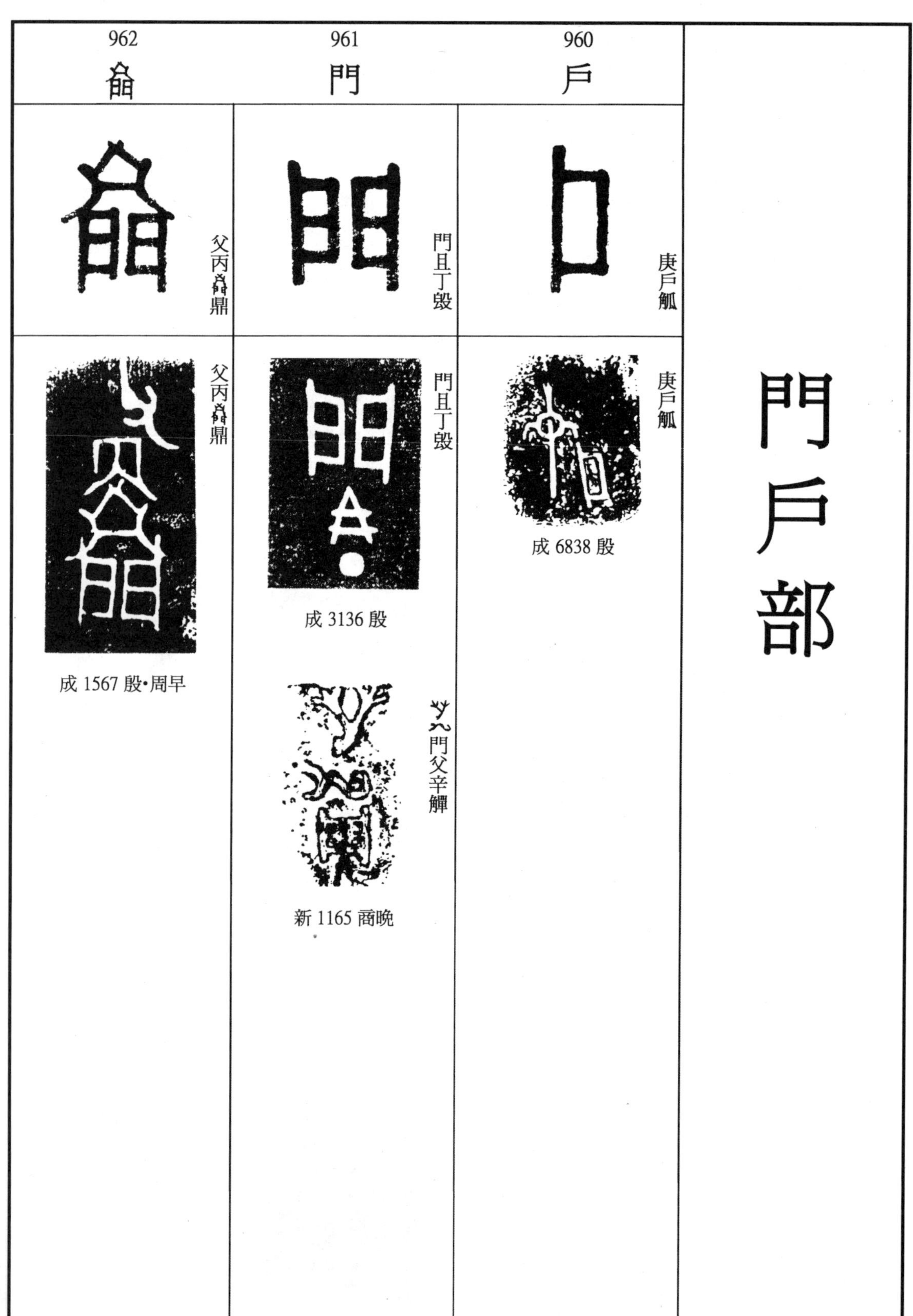

門戶部

962 䨂	961 門	960 戶
父丙䨂鼎	門且丁毁	庚戶觚
父丙䨂鼎 成 1567 毁·周早	門且丁毁 成 3136 毁 𡗗門父辛觶 新 1165 商晚	庚戶觚 成 6838 毁

966	965	964	963
囧	倉	闢	闟
◇囧鼎	倉鼎	劦闢父丁斝	闟作寶彝甗
◇囧鼎 成 1487 殷 戈夫辛鼎 成 2406 周早	倉鼎 成 1142 殷	劦闢父丁斝 成 9241 周早	闟作寶彝甗 成 854 周早

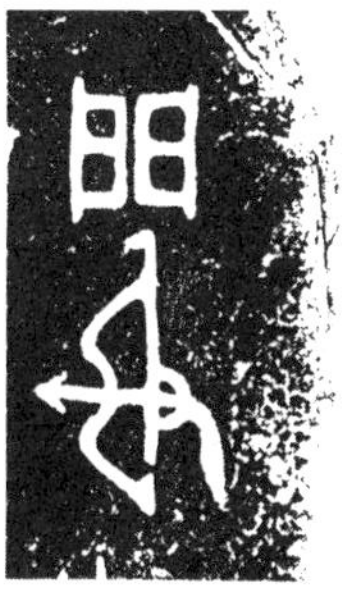

田域田口部

967

田

甲父田卣

田父甲段

成 3142 殷

田鉞

成 11735 殷

田鉞

成 11735 殷

田父辛方鼎

成 1642 殷

田戈

成 10738 殷

田爵

成 7700 殷

田父甲斝

成 9205.1 殷

成 9205.2 殷

田戈

成 10739 殷

田戈

成 10740.1 殷

成 10740.2 殷

田且甲爵

成 8368 殷

甲父田卣

成 4903.1 殷

成 4903.2 殷

968

農

田

史農觶

婦田觚

田農甗
成 890 周早

田農毁
成 3576 周早

史農觶
成 6169 周早

□田觚
錄 741 商晚

□田辛爵
新 110 商晚

匕田丫斝
成 9227 殷

婦田觚
成 6871 殷

□田斝
成 9190 殷

田兔觚
成 7012 殷
參見 163

田父甲罍
成 9785.1 殷

成 9785.2 殷

田當盧
成 12074 周早

田告父丁鼎
成 1849 殷•周早
參見 389

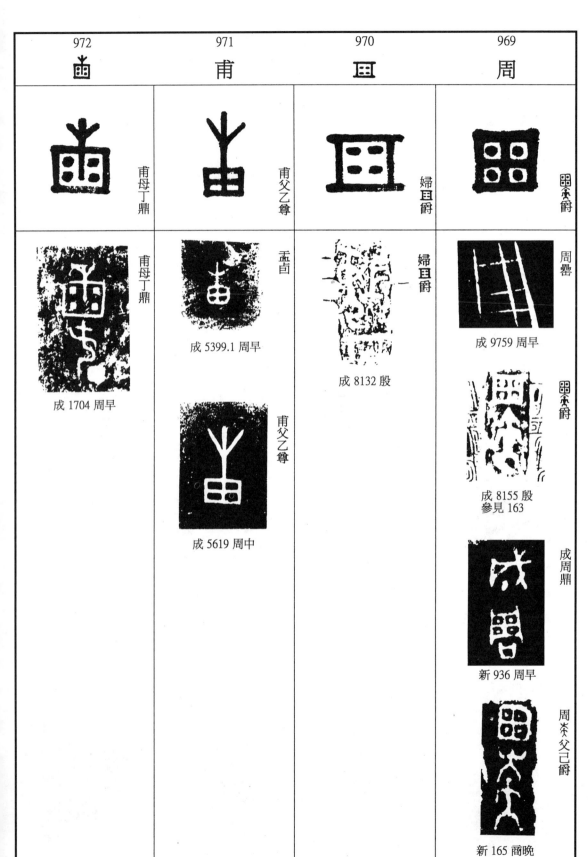

972	971	970	969
□	甫	□	周
甫母丁鼎	甫父乙尊	婦□爵	□□爵
甫母丁鼎 成 1704 周早	盂卣 成 5399.1 周早 甫父乙尊 成 5619 周中	婦□爵 成 8132 殷	周罍 成 9759 周早 □□爵 成 8155 殷 參見 163 成周鼎 新 936 周早 周□父己爵 新 165 商晚

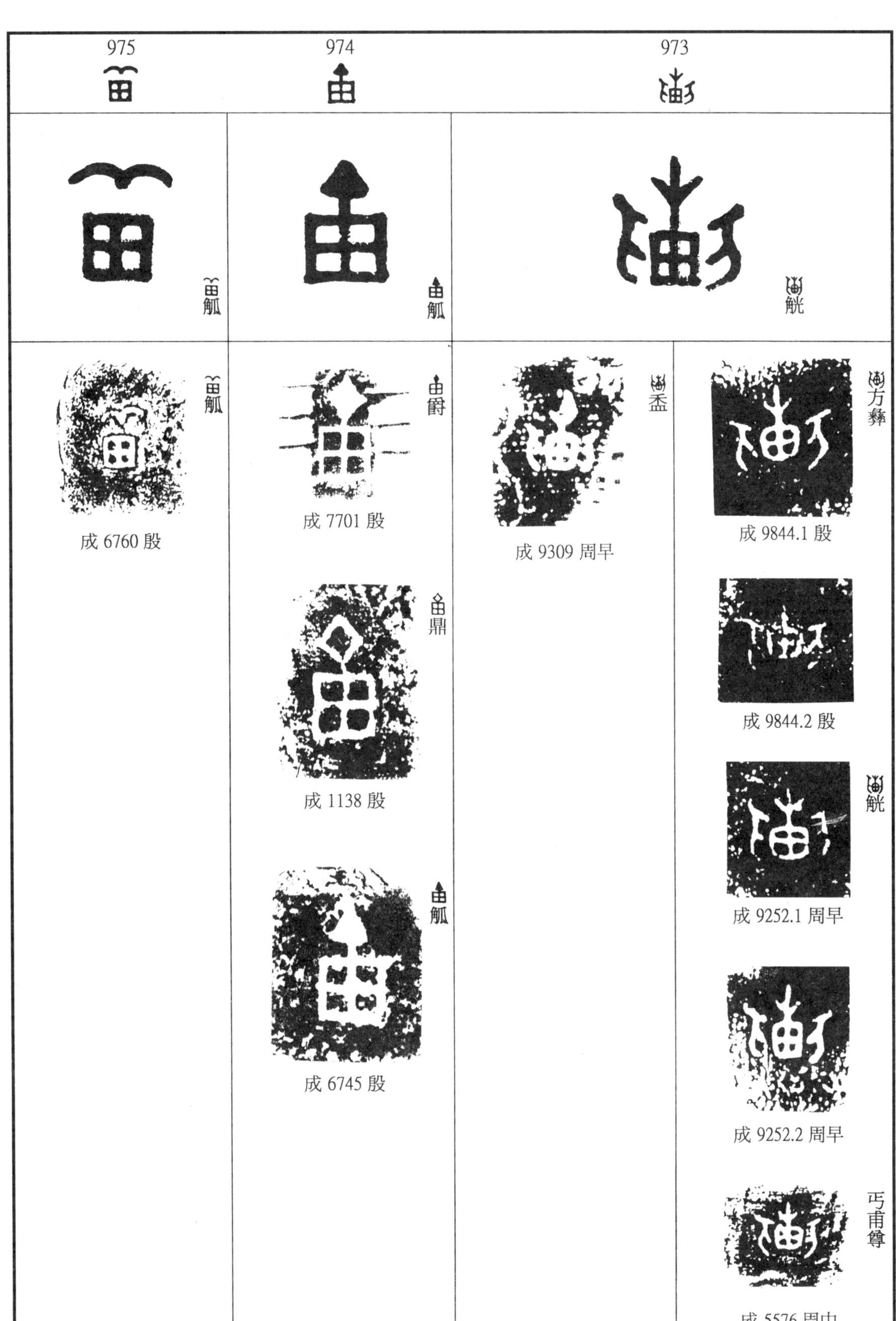
975
974
973
亞舟觚
亞舟爵
亞舟鼎
亞舟觚
盉
方彝
觥
丏甫尊
成 6760 殷
成 7701 殷
成 1138 殷
成 6745 殷
成 9309 周早
成 9844.1 殷
成 9844.2 殷
成 9252.1 周早
成 9252.2 周早
成 5576 周中

978	977	976
囝	圖	礓
囝鼎	子廟圖卣	田□父己觶
囝爵 錄 782 商晚 囝爵 成 7321 周早 囝父辛毁 成 3435 周早 囝鼎 成 1047 殷 囝鼎 成 1048 殷 囝觚 成 6531 殷 囝父辛爵 成 8597 殷 囝觚 錄 696 商晚	子廟圖卣 成 5005.1 周早 參見 1146	田□父己觶 成 6405 周早

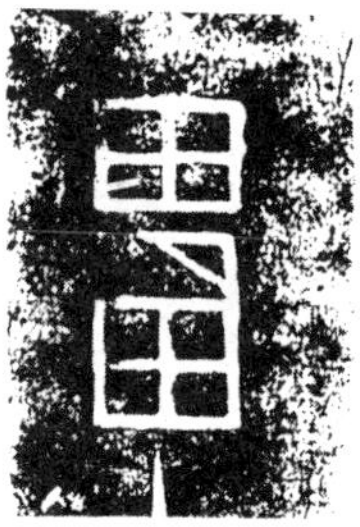

982	981	980	979
⿴囗旬	⿴囗[illegible]	⿴囗朱	困
⿴囗旬青	⿴囗[illegible]爵	⿴囗朱爵	困冊父丁爵
⿴囗旬青 成 11888 殷	⿴囗[illegible]爵 成 7754 殷 ⿴囗[illegible]爵 成 7753 殷	⿴囗朱爵 成 7737 周早 ⿴囗朱爵 成 7738 周早	困冊父丁爵 成 8909 殷

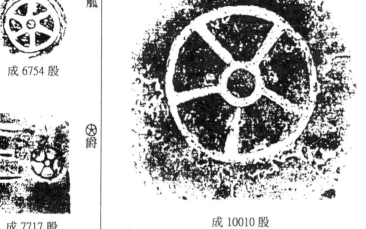

車舟

車部

983

(輪)

鼎

觚

成 6754 殷

爵

成 7717 殷

盤

成 10010 殷

斝

成 9148 殷

觚

成 6753 殷

鼎

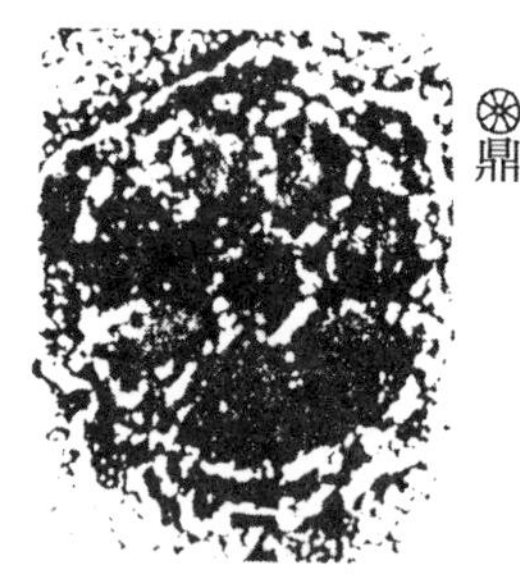

成 1152A 殷

簋

錄 376 商晚

戈

成 10746 殷

鼎

成 1151 殷

984

車

車鼎

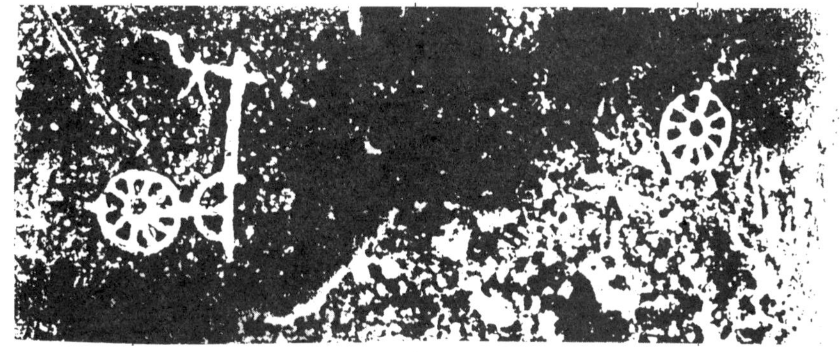

車鼎

成 1150 殷

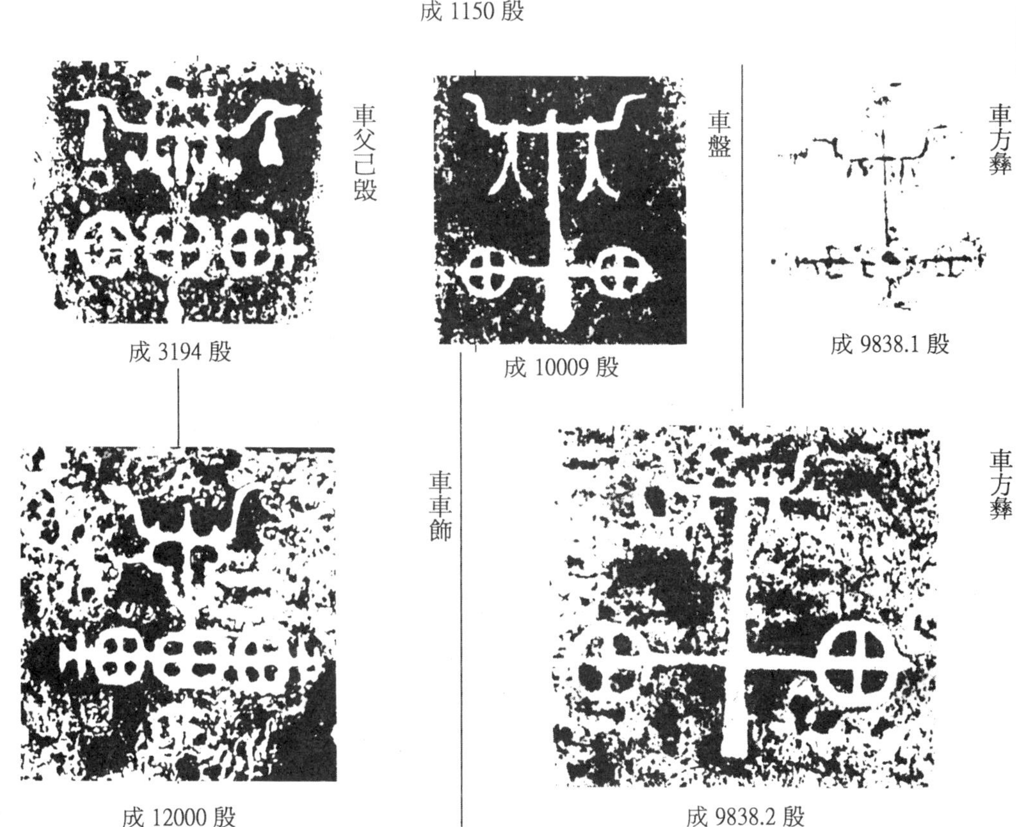

車父己殷

成 3194 殷

車盤

成 10009 殷

車方彝

成 9838.1 殷

車車飾

成 12000 殷

車方彝

成 9838.2 殷

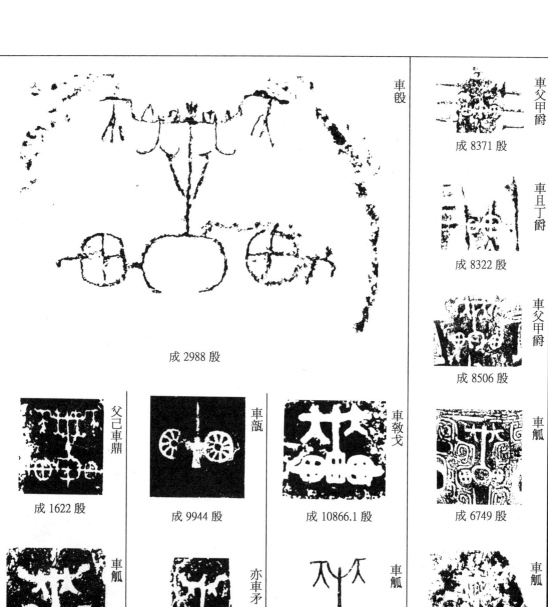

車父甲爵

成 8371 殷

車且丁爵

成 8322 殷

車父甲爵

成 8506 殷

車觚

成 6749 殷

車觚

成 6750 殷

車毁

成 2988 殷

父已車鼎

成 1622 殷

車甗

成 9944 殷

車敎戈

成 10866.1 殷

車觚

成 6752 殷

亦車矛

成 11448.2 殷

車觚

成 6751 殷

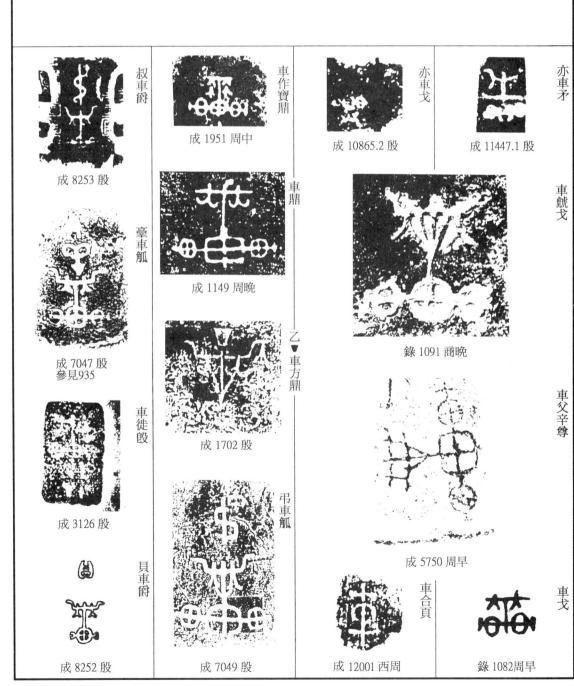

亦車矛

成 11447.1 殷

亦車戈

成 10865.2 殷

車虤戈

錄 1091 商晚

車父辛尊

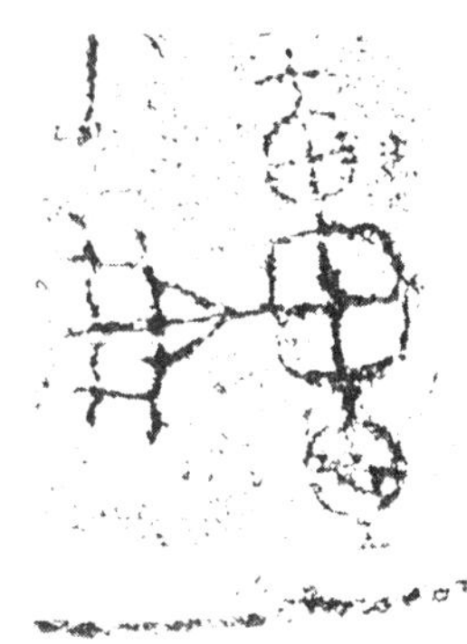

成 5750 周早

車戈

錄 1082周早

車合貝

成 12001 西周

車作寶鼎

成 1951 周中

車鼎

成 1149 周晚

乙▼車方鼎

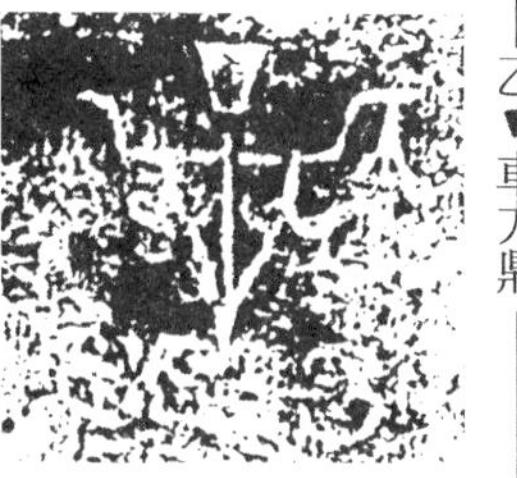

成 1702 殷

弔車觚

成 7049 殷

叔車爵

成 8253 殷

𦎫車觚

成 7047 殷
參見935

車徒毁

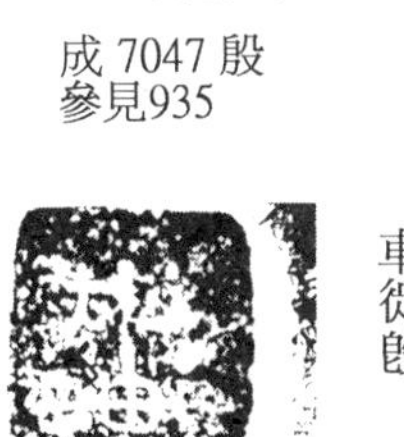

成 3126 殷

貝車爵

成 8252 殷

985

亦車　　　　車

亦車殷

買車尊

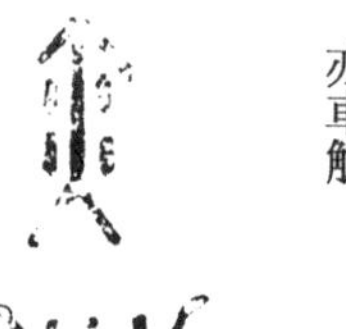

亦車觚

成 7042 殷

亦車殷

成 2989 殷

亦車觚

成 7044 殷

車罍

成 9776 殷
參見 279

車鼎

成 1456 殷
參見 278

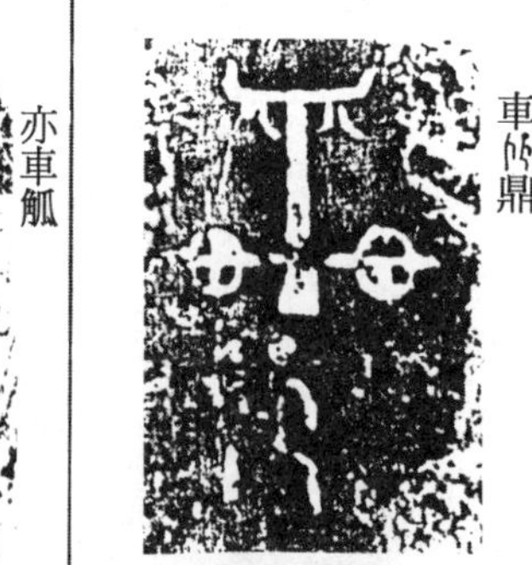

車鼎

成 1455 殷
參見 280

買車卣

成 4874.1 殷
參見 849

羊員車觚

成 7201 殷
參見 850

臾尊

成 5979 周早

車觶

成 6190 殷

車犬父戊爵

成 8921 周早

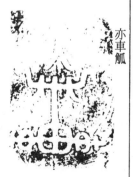

車犬父戊爵

成 8922 周早

車涉觚

成 7040 殷

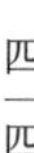

986

輦

987

⿱旅車

輦卣

旅車鑾鈴

⿱亦車爵

成 7719 殷

⿱亦車爵

成 7718 殷

亦車戈

成 10863.1 殷

成 10863.2 殷

亦車觚

成 7045 殷

亦車觚

成 7043 殷

亦車戈

成 10864 周早

亦車爵

總 3684

輦作妣癸卣

成 5266.1 殷

成 5266.2 殷

輦作匕癸尊

成 5893 殷

輦卣

成 5189 周早

旅車鑾鈴

成 12011 周早

旅彝卣

成 4888.1 周早

成 4888.2 周早

作旅卣

成 4887 西周

行部

作旅尊
成 5592 周早

作父乙旅尊
成 5732 周早

作旅觶
成 6198 周早

偖作父癸尊
成 5927 周早

屖作父癸卣
成 5334 周早

作旅彝尊
成 5699 周早

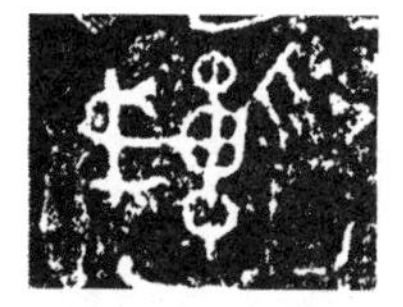
仲作旅彝甗
成 859 周早

作旅寶彝卣
成 5121.1 周早

成 5121.2 周早

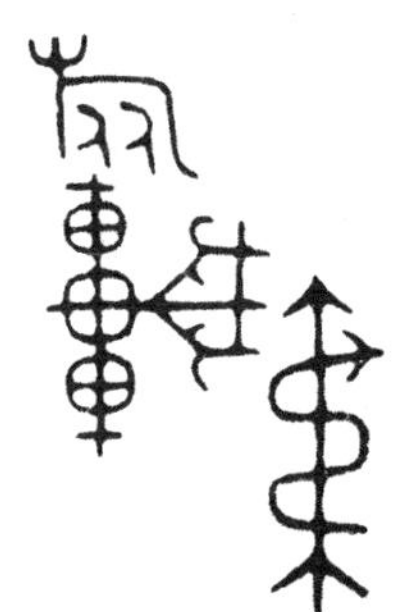
仲[illegible]尊
成 5854 周早

中作簟毁
成 3377 周中

檇仲作簟毁
成 3363.2 周中

988

行

行天父癸卣

行父辛觶

成 6305 周早

行父癸觚

成 7157 周早

行天父癸卣

成 5093.1 殷

成 5093.2 殷

辰行吳父乙鼎

成 2002 殷

行爵

成 8150 周早

989

衡

耳衡父乙鼎

耳衡父乙鼎

成 1835 殷

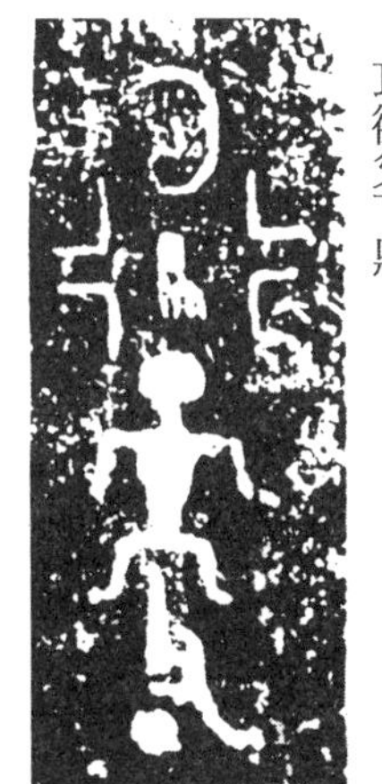

耳衡父丁鼎

成 1853 殷

耳衡父乙鼎

成 1834 殷

臼作衡觶

成 6360 殷

993	992	991	990
	⿲彳冋亍	⿲彳止亍	衐
遽父辛觶	⿲彳冋亍器	⿲彳止亍天父癸鼎	衐天父癸毁
遽父辛觶 成 6318 周早	⿲彳冋亍器 成 10488 殷	⿲彳止亍天父癸鼎 成 1896 殷 ⿲彳止亍天父庚爵 成 9074 殷 亞豈⿲彳止亍甗 成 827 周早 參見 1487	衐天父癸毁 成 3340 殷

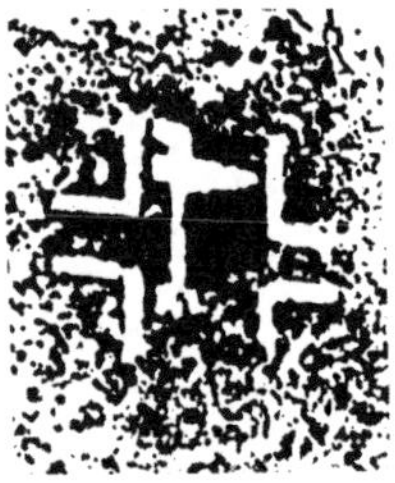

994

𢓊

𢓊母觚

𢓊母觚

錄 739 商晚

舟部

995

舟

舟父甲卣

爵

成 7744 殷

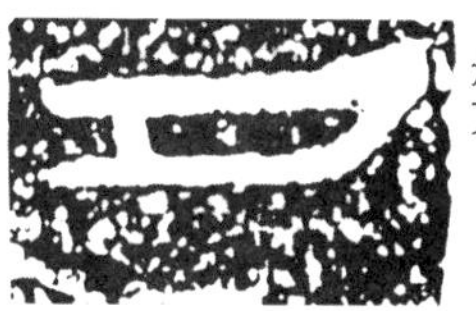

舟戈

成 10748 殷

辛鼎

成 1298 殷

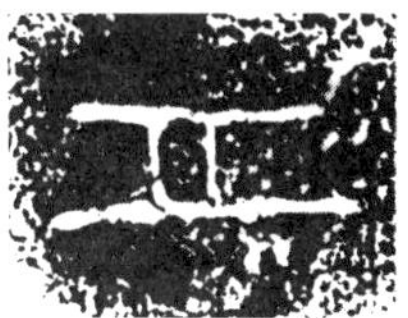

舟鼎

成 1148 殷

舟父己爵

成 8562 殷

舟胄

成 11890 殷

舟戈

成 10747 殷

舟父甲卣

成 4907 周早

舟父乙爵

成 8430 周早

舟父戊爵

成 9013 周早

洹秦段

成 3867.1 周中

成 3867.2 周中

器物部 食器部

舟作寶鼎
成 1953 周中

舟作寶鼎
成 1954 周中

舟丐父丁卣
成 5073 殷

尹舟鼎
成 1458 殷
參見 431

尹舟鼎
成 1457 周早·周中

996 ⿰舟欠

逆⿰舟欠父辛觶

逆⿰舟欠父辛觶
成 6416 周早

逆⿰舟欠父辛鼎
成 1888 周早

997 艅

艅伯尊

艅伯尊
成 5849 周早

艅伯卣
成 5222.1 周早

成 5222.2 周早

艅舌盤
成 10035 殷

998

甗

伐甗戈

伐甗戈

成 10873.2 殷

丁甗觚

成 7021 殷

伐甗戈

成 10872.2 殷

鬲雀爵

成 8283 殷
參見 783

甗鉞

成 11737 殷

甗征觚

成 7019 殷

伐甗鉞

成 11753.2 殷

爵

成 8204 殷

999

鼎

鼎卣

鼎鼎

成 1188 殷

鼎父己尊

成 5648 殷

鼎觚

成 6724 殷

鼎鼎

成 1190 殷

鼎胄

成 11878 殷

鼎𣪘

成 3015 殷

鼎鼎

成 1189 殷

鼎方彝

成 9837 殷

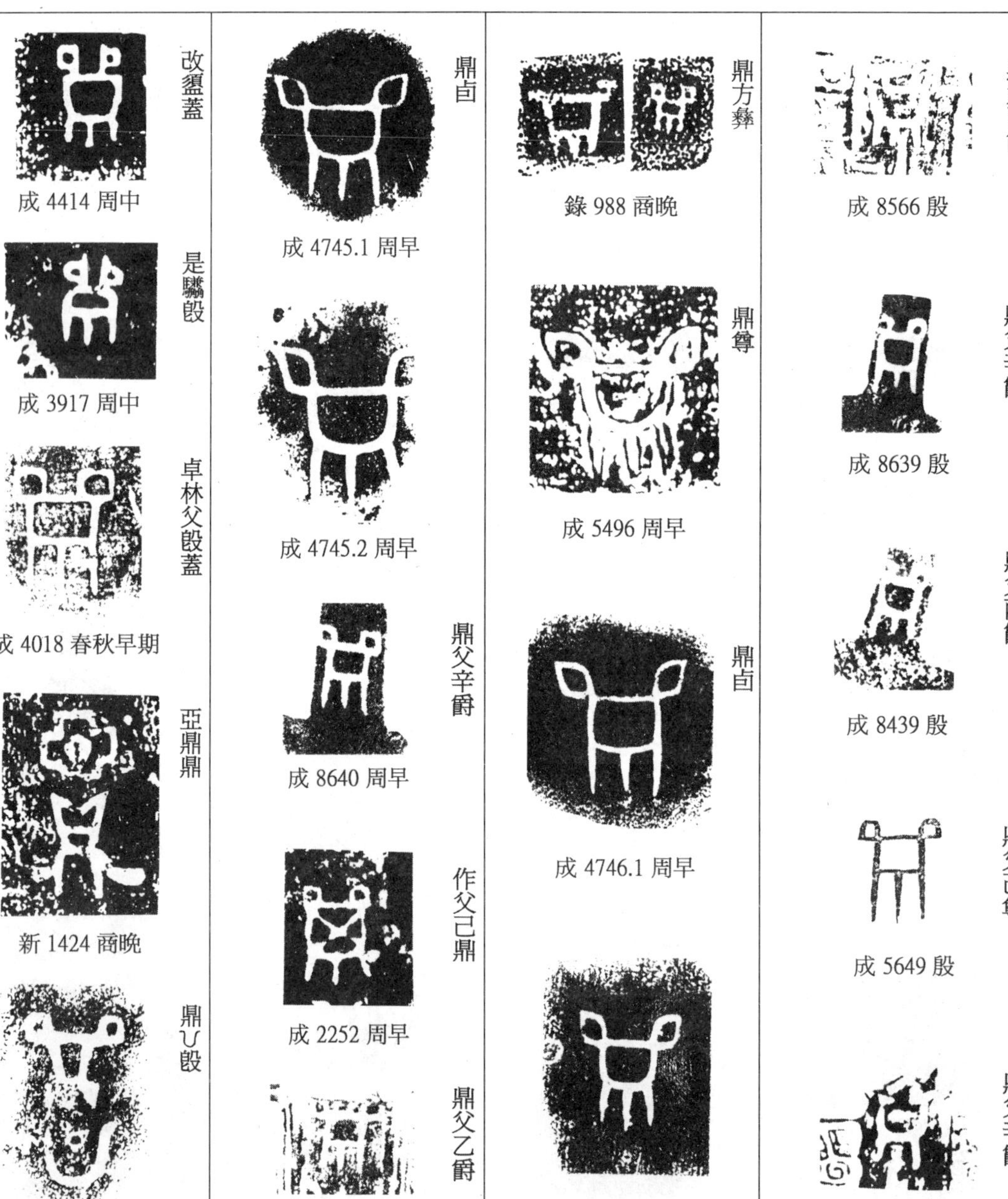

鼎父己爵
成 8566 殷
鼎父辛爵
成 8639 殷
鼎父丙爵
成 8439 殷
鼎父己尊
成 5649 殷
鼎父辛爵
成 8638 殷
鼎方彝
錄 988 商晚
鼎尊
成 5496 周早
鼎卣
成 4746.1 周早
成 4746.2 周早
鼎卣
成 4745.1 周早
成 4745.2 周早
鼎父辛爵
成 8640 周早
作父己鼎
成 2252 周早
鼎父乙爵
成 8420 周早
改盨蓋
成 4414 周中
是驫𣪘
成 3917 周中
卓林父𣪘蓋
成 4018 春秋早期
亞鼎鼎
新 1424 商晚
鼎𠃊𣪘
成 3123 殷

1002	1001	1000
鼎	齋	鼎劦
父乙鼎鼎	仲作齋鼎	鼎劦戈
鼎父癸簋 錄 398 周早；子鼎爵 成 8104 殷；子鼎爵 成 8103 殷；子鼎父乙鼎 成 1828 殷；鼎父乙爵 成 8422 殷；鼎父乙爵 成 8421 殷；父乙鼎方鼎 成 1546 殷；父乙鼎鼎 成 1547 殷；鼎父乙殷 新 1706 商晚	仲作齋鼎 成 1731 周早	鼎劦戈 成 10879.1 殷；成 10879.2 殷

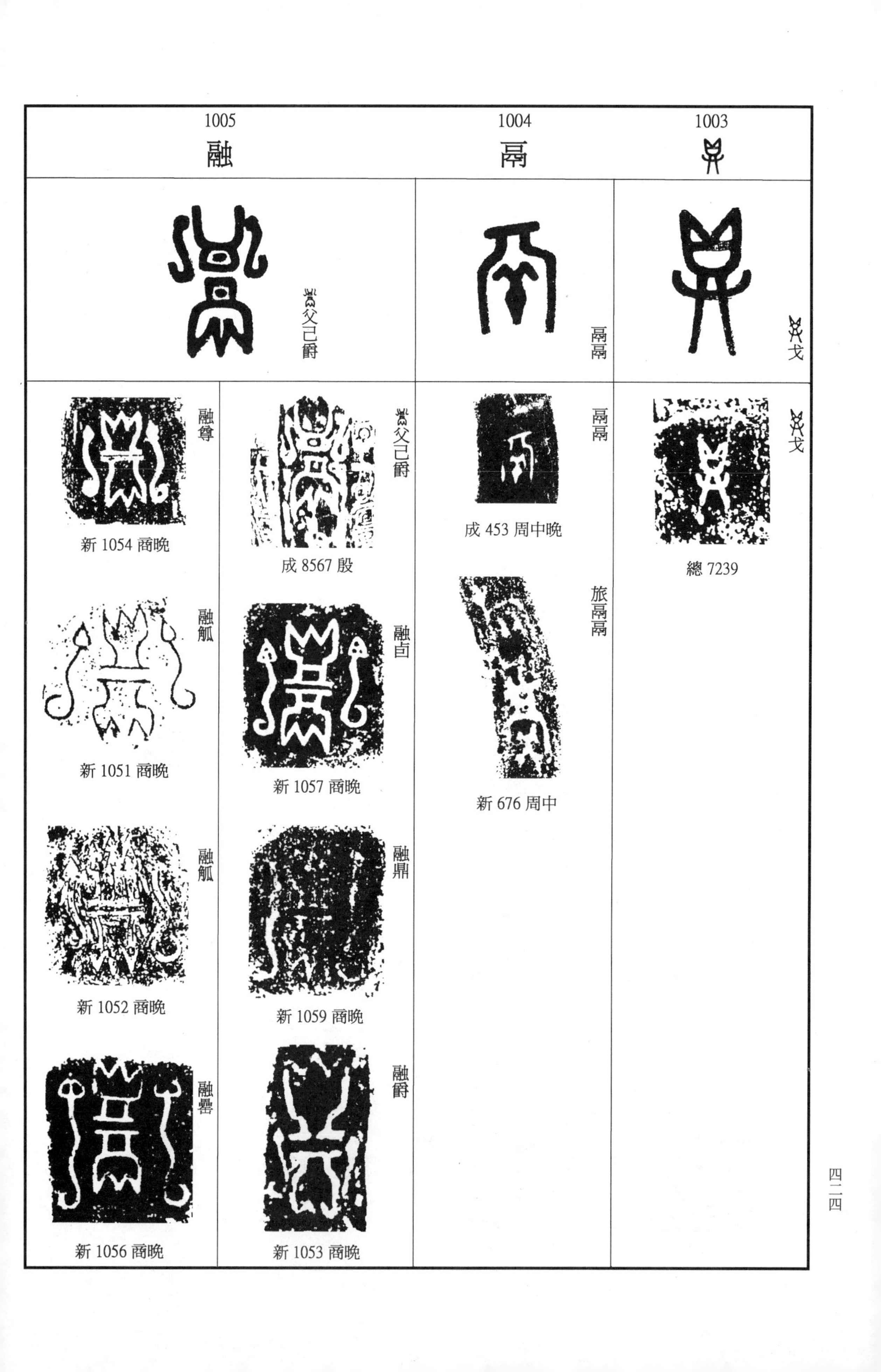

1003

戈

戈

總 7239

1004 鬲

鬲鬲

鬲鬲

成 453 周中晚

旅鬲鬲

新 676 周中

1005 融

父己爵

融尊

新 1054 商晚

父己爵

成 8567 殷

融觚

新 1051 商晚

融卣

新 1057 商晚

融觚

新 1052 商晚

融鼎

新 1059 商晚

融罍

新 1056 商晚

融爵

新 1053 商晚

1007
(鑄)
1006
融
大保方鼎
方鼎
融尊
大保方鼎
方鼎
融尊
成 1735 周早
中國法書選1·金文35
成 2702 周早
商代金文圖錄 47
新 1661 商晚
冊融鼎
融毁
新 1061 商晚
新 1058 商晚
冊融鼎
融觶
新 1060 商晚
新 1055 商晚

1011	1010	1009	1008
登鼎	觚	父己罍	彝爵
登鼎 新 1565 商晚	觚 成 6916 殷 參見 211	父己罍 成 9788 殷	彝爵 新 105 商晚 彝爵 新 106 商晚

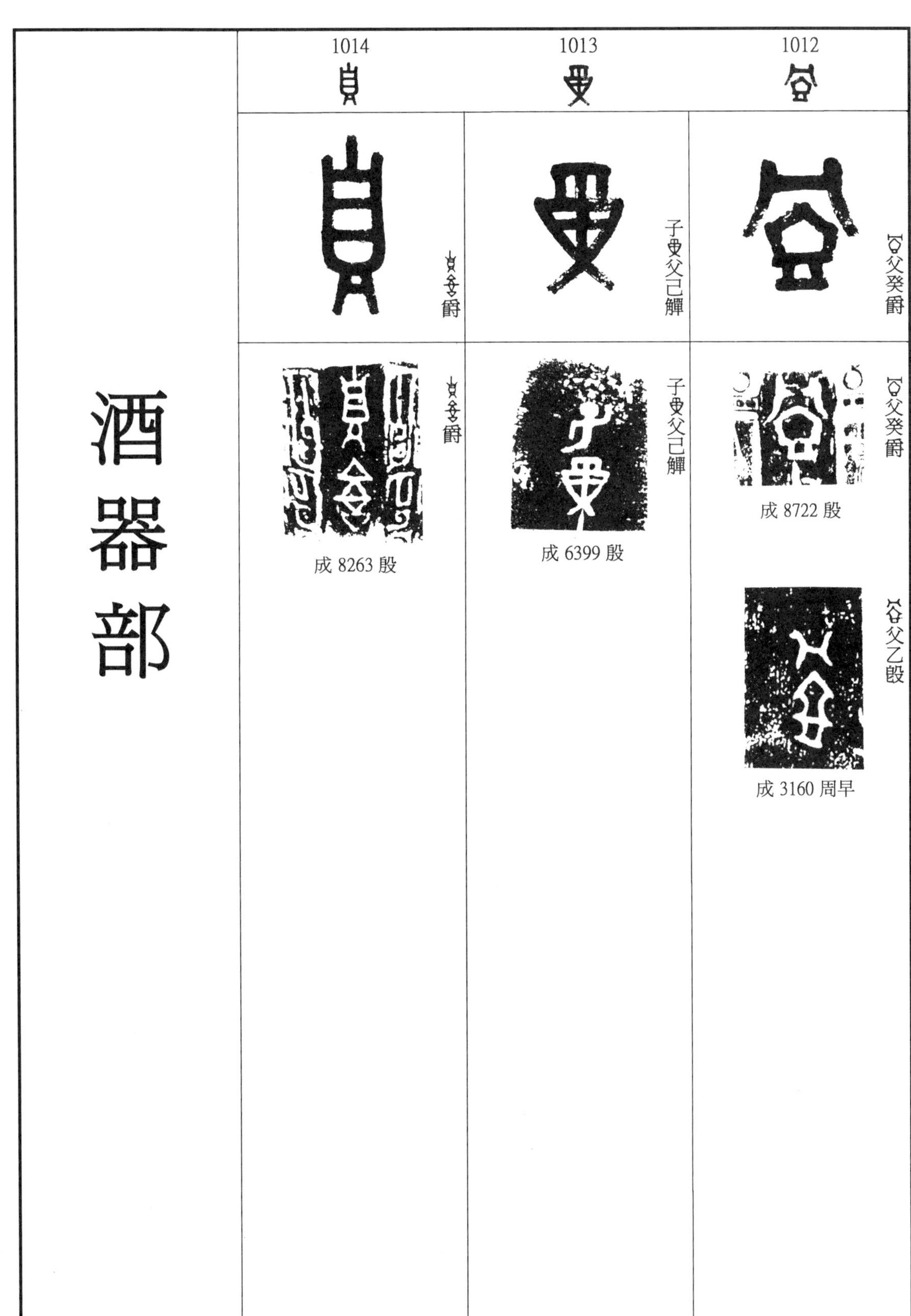
1014
1013
1012
酉器部
子<?>父己觶
成 8263 殷
成 6399 殷
成 8722 殷
成 3160 周早

1015

酉

父辛酉卣

酉父癸尊
總 4612

[illegible][illegible]爵
成 8275 殷

[illegible][illegible]爵
成 8276 殷

酉[illegible]戈
成 10880 殷

酉父辛爵
成 8623 周早

酉父己卣
成 4951 周早

酉作旅卣
成 5042 周早

酉鼎
新 1382 西周

酉父己卣
總 5150

酉乙鼎
成 1285 殷

酉爵
成 7590 殷

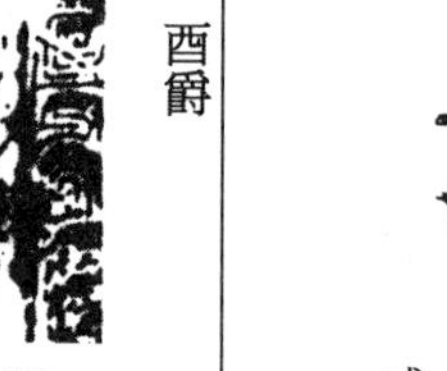
酉爵
成 7591 殷

酉父乙爵
成 8415 殷

父辛酉卣
成 4987 殷

酉父癸𣪕
成 3210 殷

酉父丁卣
成 4947.1 殷

成 4947.2 殷

酉父己卣
成 4952.1 殷

成 4952.2 殷

1016

覃

覃父己爵

覃父己爵

成 8577 殷

1017

酉

酉乙鼎

酉乙鼎

成 1286 殷

酉觚

成 6759 殷

酉父癸鼎

成 1679 殷

酉乙斝

成 9183 殷

酉乙斝

成 9182 殷

酉乙斝

成 9184.1 殷

成 9184.2 殷

酉尊

成 5492 殷

酉爵

成 7592 周早

酉鼎

新 1246 周早

酉爵

成 7593 周早

酉父甲觶

成 6215 周早

1020	1019	1018
己𠀀鼎	耳𠀀爵	𠀀卣
己𠀀鼎 成 1471 殷	耳𠀀爵 成 8268 殷	𠀀父戊盉 成 9357 殷・周早
𠀀己觶 總 6403		𠀀父丁爵 成 8490 殷
		𠀀卣 成 4756 殷・周初
		𠀀卣 成 4757.1 殷・周初
		成 4757.2 殷・周初
		𠀀父戊盉 成 9356 殷・周早

1024	1023	1022	1021
[illegible]	[illegible]	畐	尊
[illegible]父庚爵	[illegible]鼎	畐父辛爵	父丁尊觥
[illegible]父庚爵 成 8592 殷	[illegible]鼎 成 1129 殷	畐父辛爵 成 8628 殷 畐父辛爵 成 8627 殷 季[illegible]尊 成 5940 周早	尸作父己卣 成 5280 殷 參見 141 父丁尊觥 成 9274 周早 北伯[illegible]卣 成 5299 周早 [illegible]彝罍 新 1685 周早

1025

父丁方鼎

父丁方鼎
成 1578 殷

爵
成 7595 殷

戈
成 10750.1 殷

觚
成 6758 殷

父戊盤
成 10042 殷

爵
成 7594 殷

成 10750.2 殷

𣪘
成 3016 殷

戈
成 10751 殷

器
成 10496 殷

父丁鼎
成 1580 殷

鼎
成 1191 殷

父丁尊
成 5632 殷

父丁方鼎
成 1579 殷

爵
成 7596 殷

罍
成 9749 殷

觚

爵
錄 796 商晚

父丁甗
新 782 商晚·周早

爵
成 7598 殷·周早

父癸觶
成 6342 周早

爵
成 7599 周早

母鼎
成 2026 殷

匕
成 966 殷

爵
成 7600 殷

觚
成 6757 殷

父庚觶
成 6294 殷

癸觚
成 6841 殷

父癸方鼎
成 1680 殷

且丁爵
成 8326 殷

父丁爵
成 8488 殷

戈
成 10752 殷

爵
成 7597 殷

父丁卣
成 4949.1 殷

成 4949.2 殷

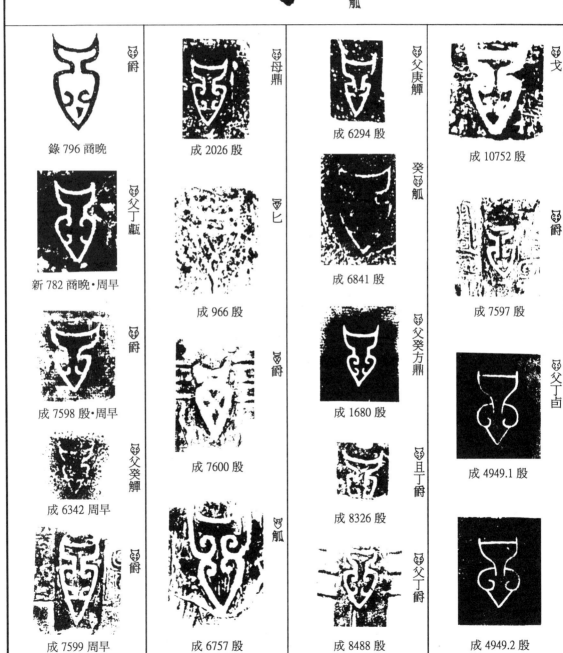

1026

丏父丁鬲

毁

成 3017 周早

父癸爵

成 8728 周早

父癸爵

新 826 周早

父丁爵

成 8489 周早

且辛鬲

新 383 西周

乍父丁鼎

總 1032
參見 補31

冊丁酉爵

成 8791 殷

冊爵

錄 862 商晚

丏父丁鬲

成 499 殷

1027

尊

尊

成 5491 殷

戈

成 10753 殷

戈

成 10754 殷

觚

錄 703 商晚

父丁鼎

成 1577 周早

父辛尊

成 5749 殷

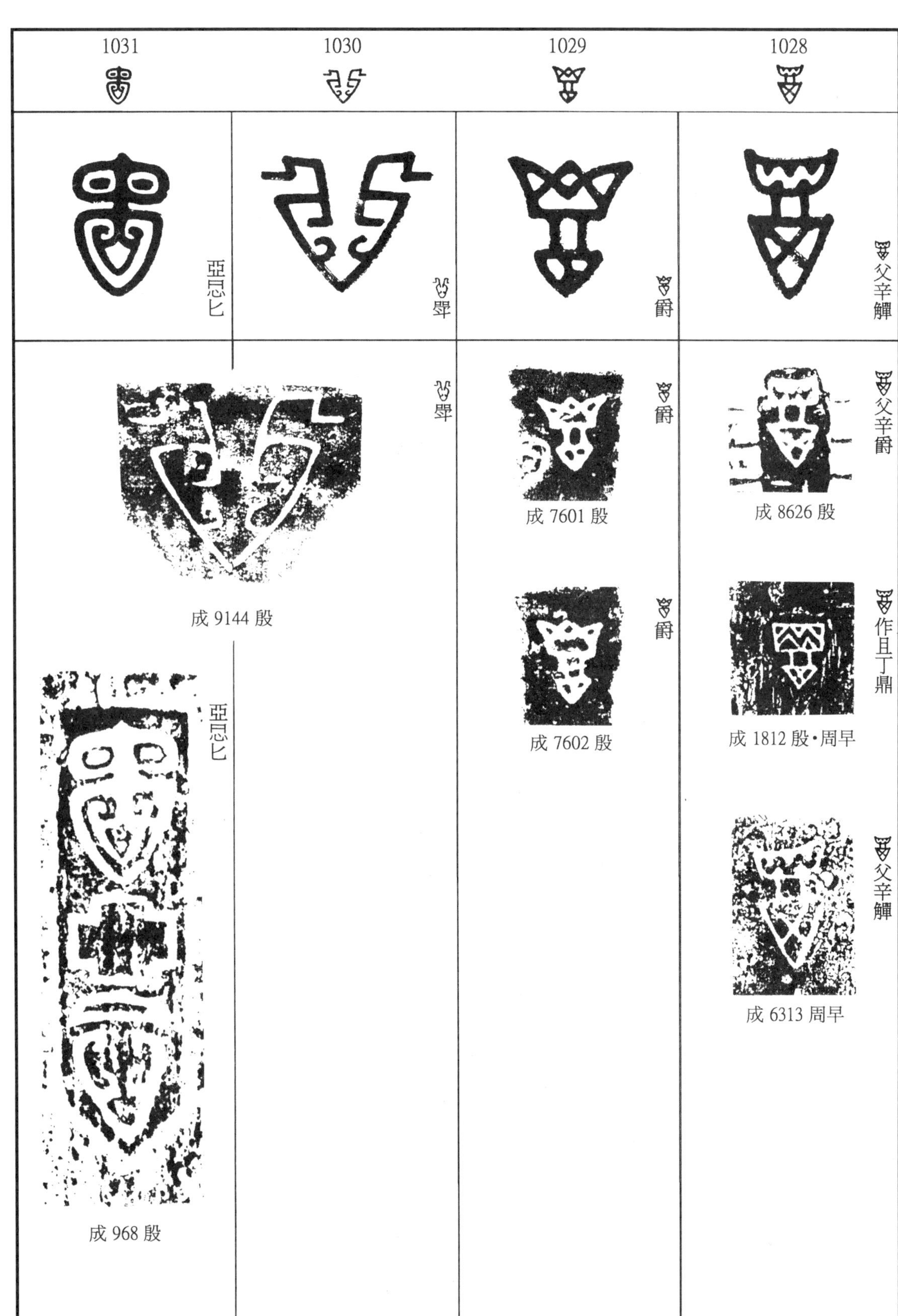
1028
父辛觶
父辛爵
成 8626 殷
作且丁鼎
成 1812 殷·周早
父辛觶
成 6313 周早
1029
爵
爵
成 7601 殷
爵
成 7602 殷
1030
斝
斝
成 9144 殷
1031
亞㠱匕
亞㠱匕
成 968 殷

1034 爵		1033 罤	1032 壺
爵父癸壺		罤器	壺觚
爵父癸尊 成 5675 周早	爵父癸卣蓋 成 4988 殷	罤器 成 10495 殷	壺觚 成 7031 殷
爵父癸壺 錄 950 周早	爵父丁卣 成 4942 周早		隹卣 新 1800 西周
爵寶彝爵 成 8822 周早	爵且丙尊 成 5599 周早		新 1800 西周
爵寶彝爵 成 8823 周早	爵父癸盉 成 9362.1 周早		
爵丁父癸觥 成 9285 周早	成 9362.2 周早		

水器部

1036 (glyph)	1035 爵	
(glyph)母卣	爵殷	
(glyph)母卣 成 4843 殷 參見 311	爵殷 成 3037 殷	爵(glyph)且丁爵 成 8840 殷

1039 盃	1038 𠂤皿	1037 皿
盃爵	冊犀毁	皿爵
盃爵 成 7606 殷 工盃弓形器 成 11870 殷	𠂤皿父己罍 成 9812 殷 冊犀毁 成 3438 周早 𠂤皿方彝蓋 成 9883 殷	皿爵 成 7604 殷 皿父辛爵 成 8625 殷 皿父丁爵 成 8475 殷 皿父丁爵 成 8474 殷 皿爵 成 7605 殷 皿毁 成 3003 周晚 皿毁 成 3004 周晚 作女皿毁 成 3240 殷

1043 盃	1042 [囗皿]	1041 盟	1040 盂
□爵	[囗皿]殷	□父丁罍	盂鼎
□父癸爵 成 8685 殷	[囗皿]殷 成 3006 周早	□父丁罍 成 9811.2 周早 參見 332	盂鼎 新 1244 周早
女盃觚 成 6874 殷	[囗皿]殷 成 3005 周早		盂鼎 新 1245 周早
㿽爵 成 7607 殷			宴小室盂 成 10302 殷 總 6891
盃□鼎 成 1479 殷			
□爵 成 8192 殷			

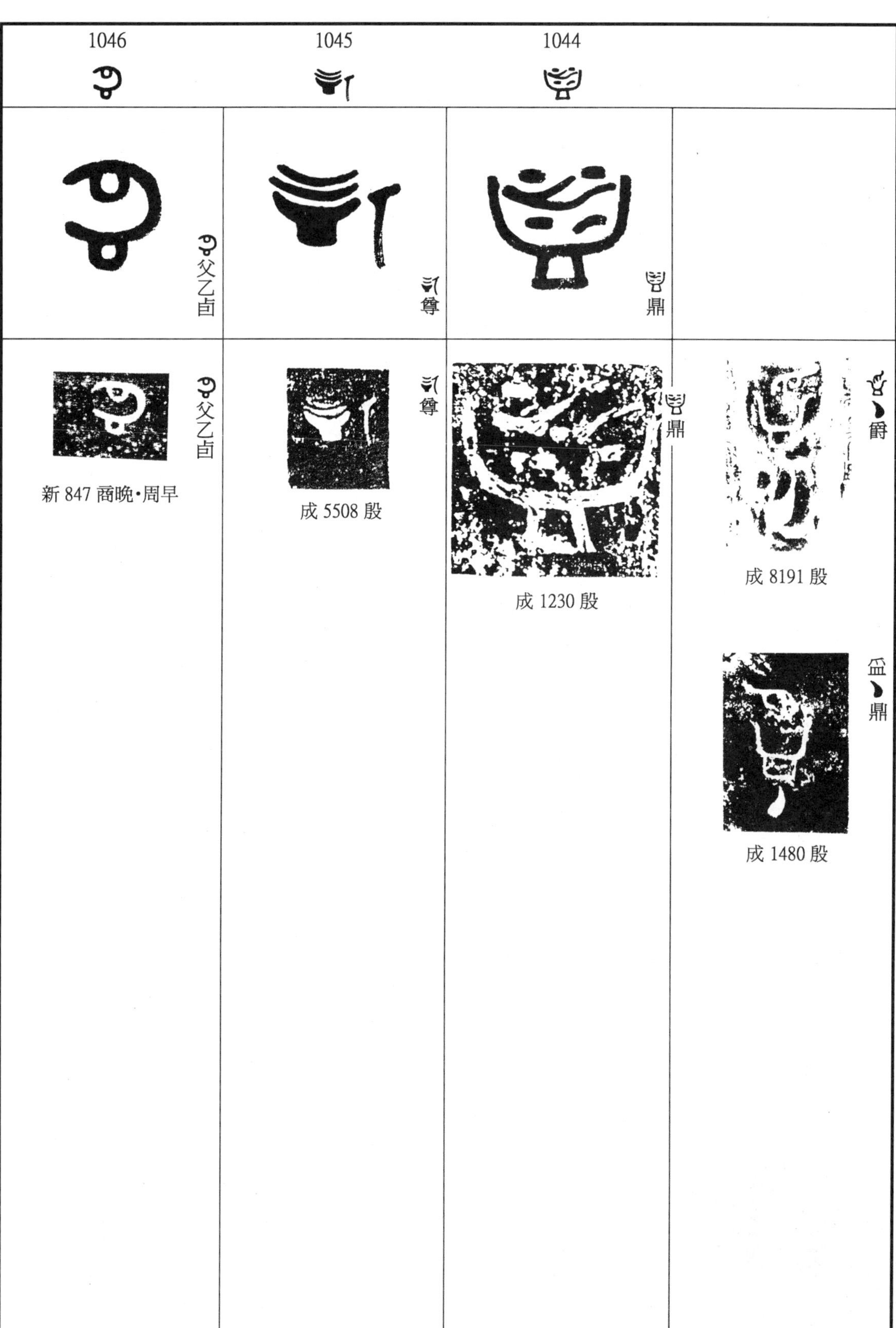

1046 父乙卣
新 847 商晚·周早

1045 尊
成 5508 殷

1044 鼎
成 1230 殷

爵
成 8191 殷

鼎
成 1480 殷

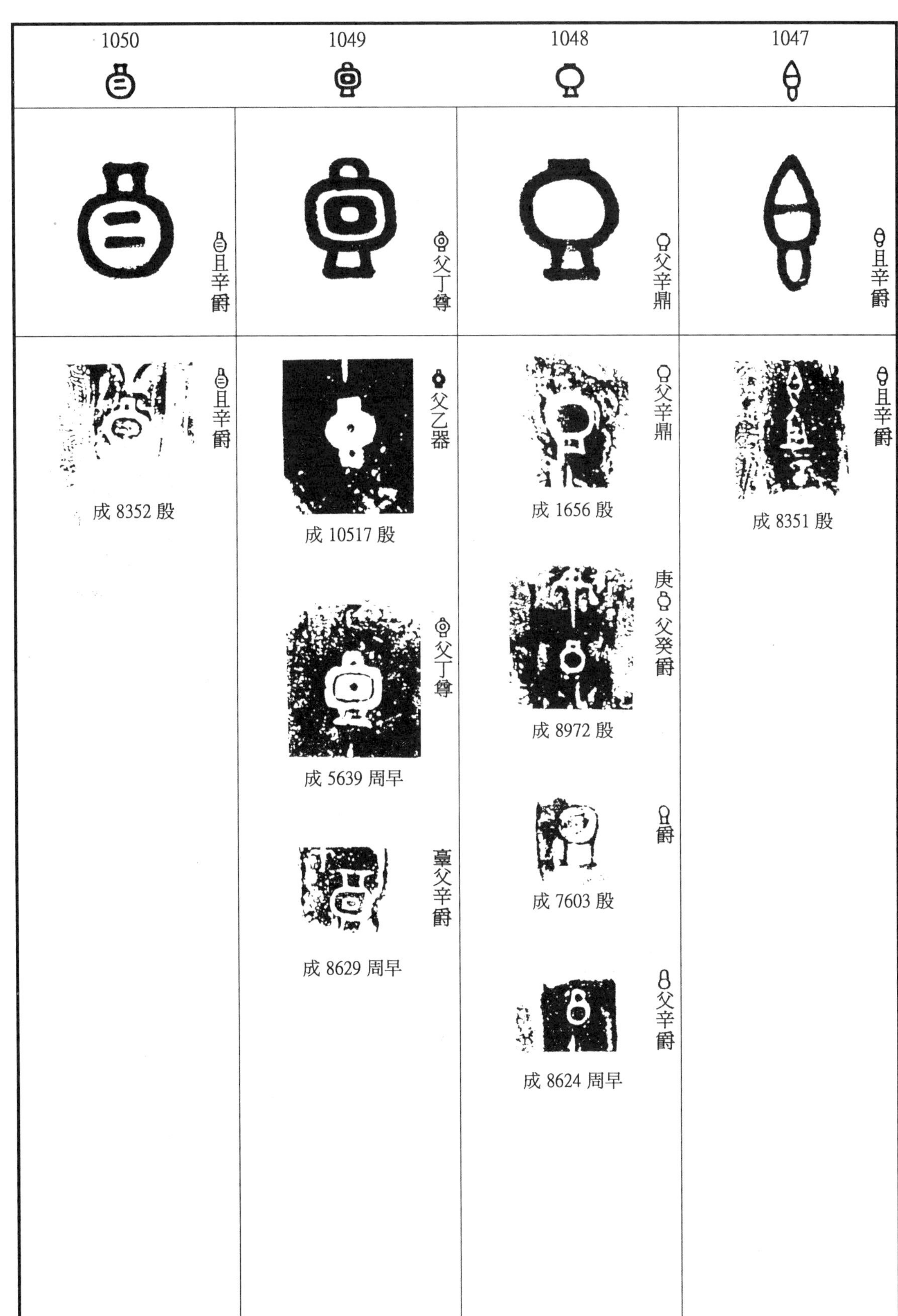

1050
1049
1048
1047
且辛爵
父丁尊
父辛鼎
且辛爵
且辛爵
成 8352 殷
父乙器
成 10517 殷
父丁尊
成 5639 周早
辜父辛爵
成 8629 周早
父辛鼎
成 1656 殷
庚父癸爵
成 8972 殷
爵
成 7603 殷
父辛爵
成 8624 周早
且辛爵
成 8351 殷

樂器部

1051	1052	1053
𠂤	沙	勹
𠂤𠂤卣	沙爵	勹方鼎
𠂤𠂤卣 成 4867.2 殷 參見 369	沙爵 成 7770 殷	勹方鼎 成 1193 殷
	貝隹易父乙爵 成 9051.1 殷 參見 846	口鼎 新 1924 商晚

1056 豐	1055 鼓		1054 壴
豐王斧	母鼓罍	鼓觶	壴鼎
豐銅泡 成 11846.B 周早 豐銅泡 成 11847.A 周早 豐銅泡 成 11845.B 周早 豐師當盧 新 648 西周	鼓斋盤 成 10031 殷	鼓觶 成 6044 殷 母鼓罍 成 9780.1 殷 成 9780.2 殷	壴鼎 成 1175 殷

1057

庚

庚戈斝

庚戶觚

成 6838 殷

庚䀉爵

成 8048 殷

庚𠂤父癸爵

成 8972 殷

庚戈斝

成 9187 殷

庚觚

成 6722 殷

父庚觚

成 6816 殷

庚爵

成 7669 殷

庚子爵

成 8049 殷

豐王銅泡

成 11849 周早

豐伯戈

成 11014 周早

豐王銅泡

成 11850 周早

豐王斧

成 11774 西周

豐王銅泡

成 11848 周早

1058

㝵

㝵瓿

㝵爵
新 1569 商晚

㝵爵
新 1530 商晚

㝵父辛殷
成 3208 周早

㝵父辛尊
成 5660 周早

㝵觚
成 6721 殷

㝵尊
新 1584 商晚

㝵爵
錄 777 商晚

㝵觚
新 1576 商晚

㝵鼎
成 988 殷

㝵父乙爵
成 8412 殷

㝵瓿
成 9947 殷

㝵爵
成 7670 殷

㝵父己甗
成 816 殷

寚卣
成 5353.1 殷

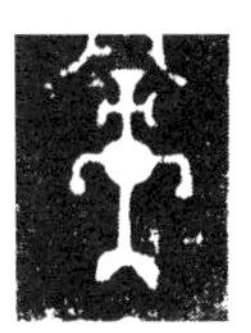
成 5353.2 殷

㝵鼎
成 987 殷

1060	1059
康	𡩦中

康丁器

𡩦中父乙爵

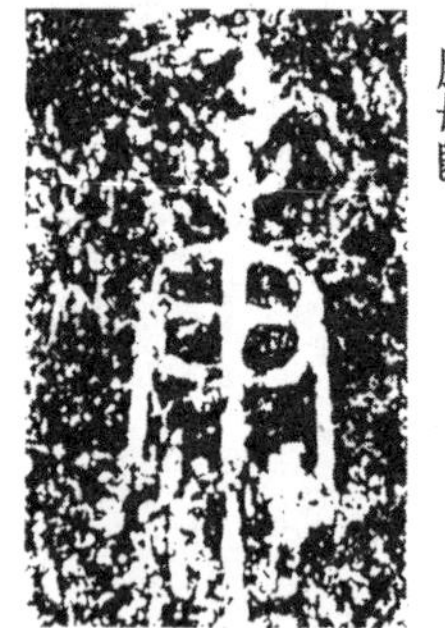

康母𣪘

成 3085 周早

康丁器

成 10537 𣪘

婦聿𡩦卣

成 5099.2 𣪘
參見 554

父己年𡩦觶

成 6498 周早

𡩦中父乙爵

成 8875 𣪘

𡩦兄癸爵

成 8742 𣪘

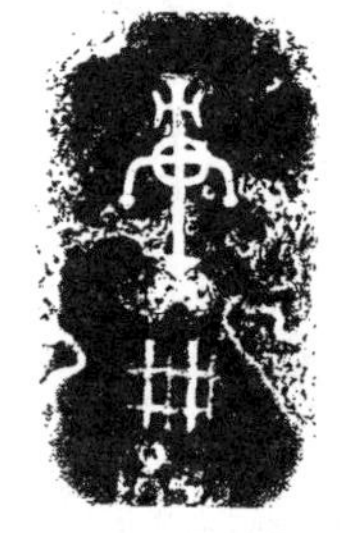

父庚鼎

新 1564 商晚

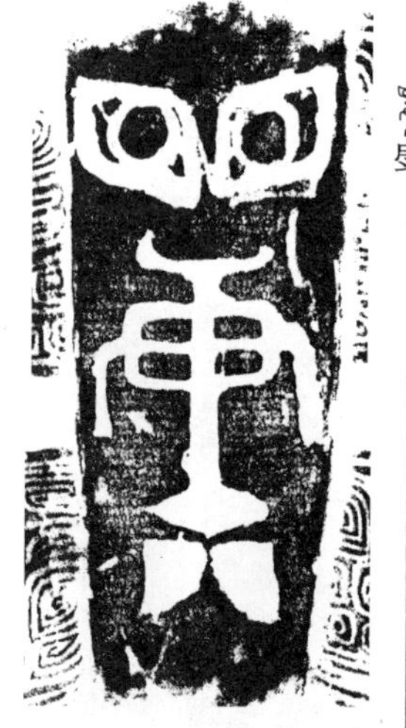

𡩦𣪘

中國法書選1·金文5

𡩦父戊𣪘

成 3190 周早

𡩦父乙卣

成 4935 周早

𡩦父戊爵

成 8525 周早

父庚鼎

新 1748 周早

1061 唐

唐子且乙爵

唐子且乙爵
成 8836 殷

唐子且乙爵
成 8835 殷

唐子且乙爵
成 8834 殷

1062 南

南單觚

南單觚

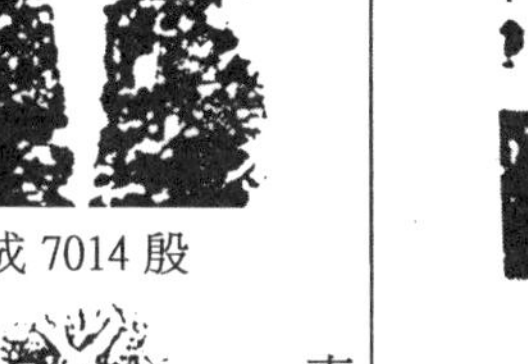
成 7014 殷

南單冓觚

成 7191 殷

南單母癸甗

新 1440 周早

南夒罍
新 1587 商晚
參見 722

1063 于

奄婦未于方鼎

奄婦未于方鼎
成 1905 殷

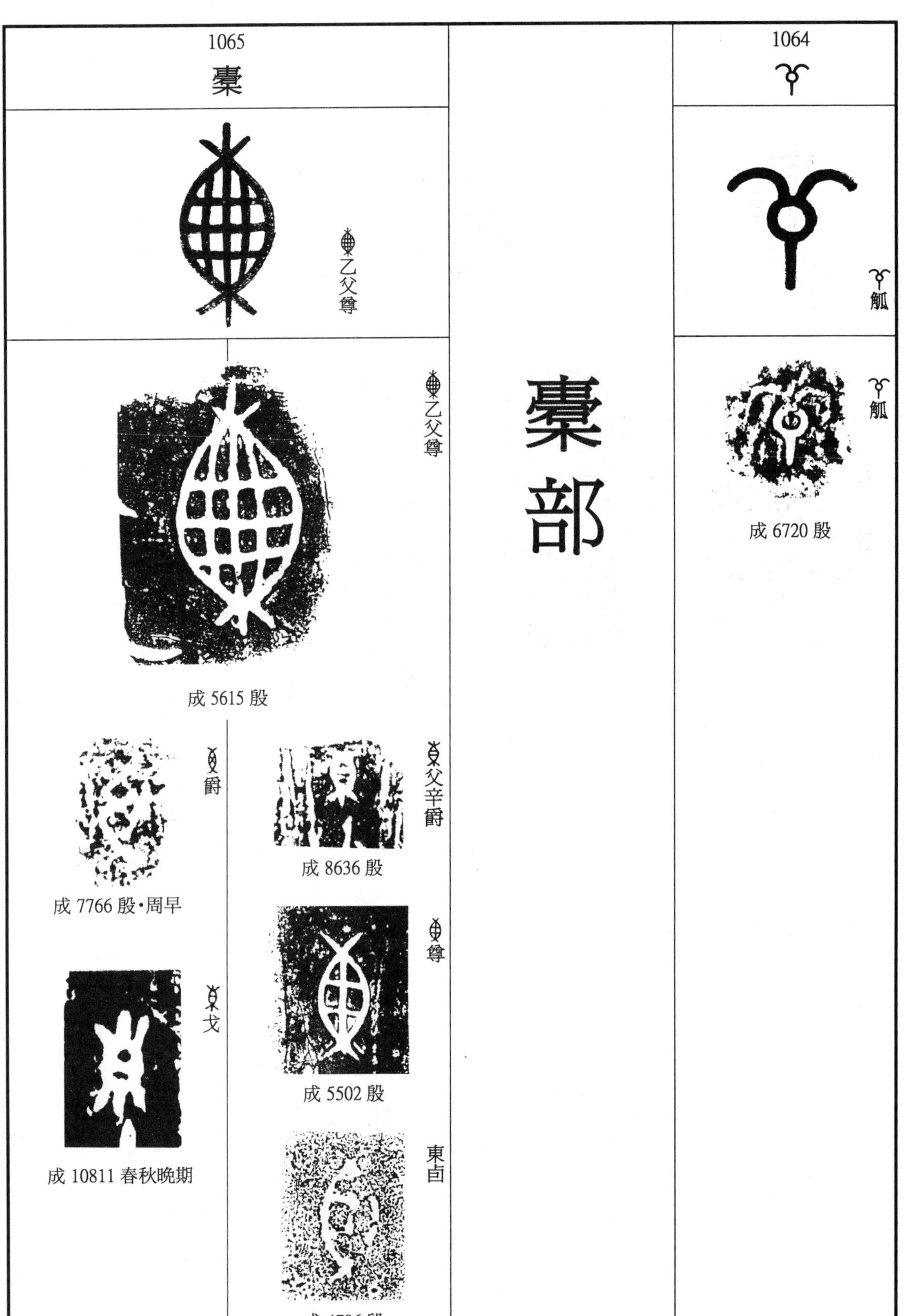

成 6720 殷
成 5615 殷
成 7766 殷·周早
成 8636 殷
成 5502 殷
成 10811 春秋晚期
成 4796 殷

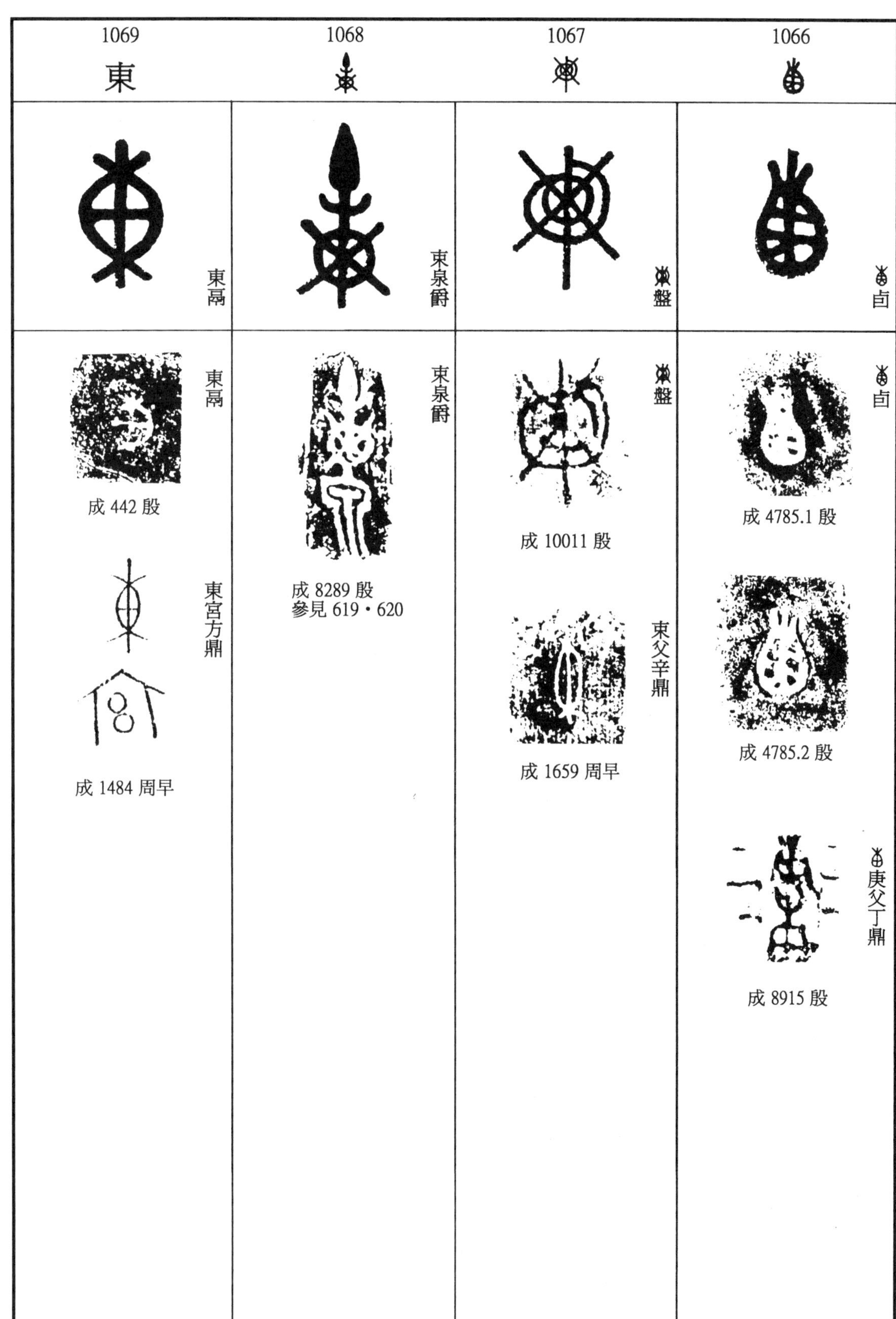

1069
東
東鬲
東鬲
成 442 殷
東宮方鼎
成 1484 周早
1068
東泉爵
東泉爵
成 8289 殷
參見 619・620
1067
盤
盤
成 10011 殷
東父辛鼎
成 1659 周早
1066
卣
卣
成 4785.1 殷
成 4785.2 殷
庚父丁鼎
成 8915 殷

1072		1071	1070
專		𡚸	𩎖
專鼎		𡚸爵	大𩎖父癸爵
壺 總 5602	鐃 成 362 殷	𡚸爵 成 7728 周早	大𩎖父乙爵 成 8864 殷
	鐃 成 363 殷		大𩎖父癸爵 成 8956 殷
	鐃 成 364 殷		
	專鼎 成 1100 殷		

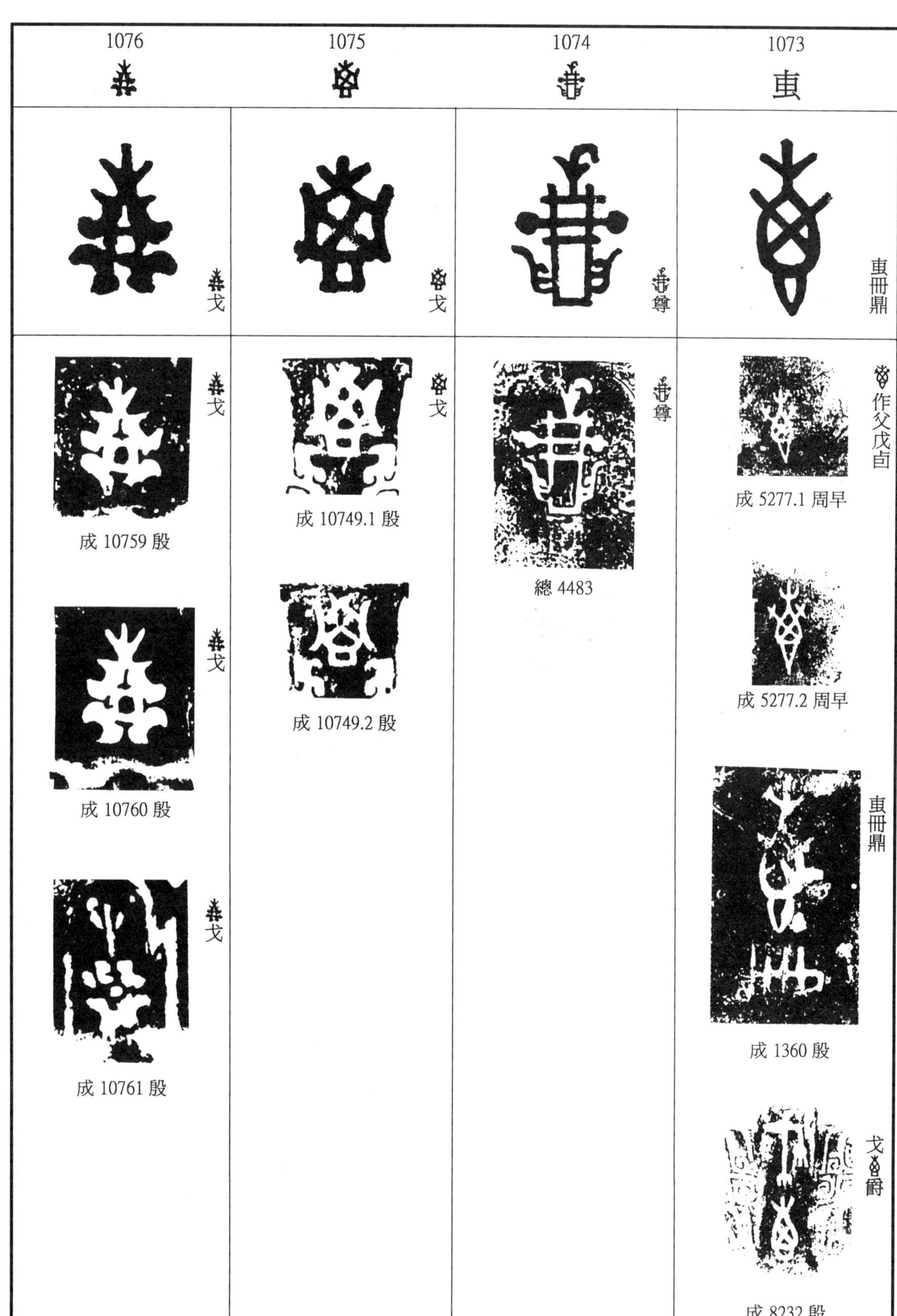

1076
戈
戈
成 10759 殷
戈
成 10760 殷
戈
成 10761 殷
1075
戈
戈
成 10749.1 殷
成 10749.2 殷
1074
尊
尊
總 4483
1073
叀
叀冊鼎
作父戊卣
成 5277.1 周早
成 5277.2 周早
叀冊鼎
成 1360 殷
戈爵
成 8232 殷

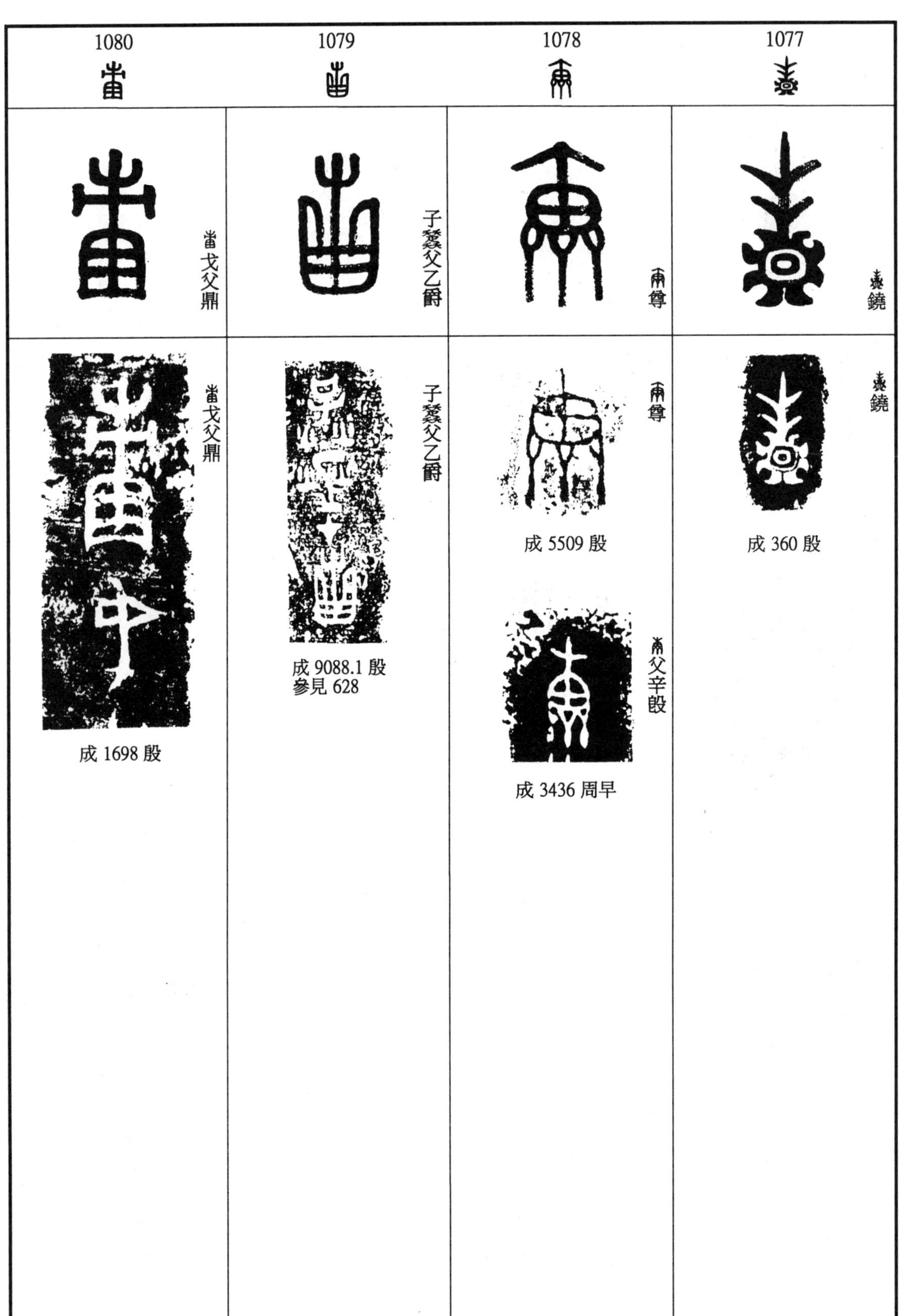

1080
戈父鼎
成 1698 殷
1079
子癸父乙爵
成 9088.1 殷
參見 628
1078
尊
成 5509 殷
父辛殷
成 3436 周早
1077
鐃
成 360 殷

宁部

1081

宁

宁觚

宁刀
成 11806 殷

宁觚
成 6625 殷

宁鼎
成 1166 殷

宁戈
成 10716.1 殷

成 10716.2 殷

父宁鼎
成 1367 殷

宁爵
錄 793 商晚

宁父乙爵
新 232 商晚

口宁器
新 178 商晚

宁觚
新 231 商晚

宁□卣
新 1092 商晚
參見 586

美宁鼎
成 1361 殷
參見 156

□未□爵
成 8801 殷
參見 補40

告宁鼎
成 1368 殷
參見 387

宁朋觚
成 7011 殷

□宁觚
成 7070 殷・周早

啓宁父戊爵
成 9014 殷

獸宁爵
成 8210 殷

1084 宄		1083 羚	1082 宁狽
宄觚		宁羊父丙鼎	宁狽父丁斝
貯罍 成 9750 殷 丁貯觥 成 9256 殷	宄鉞 成 11725 殷 貯爵 成 7650 殷 宄觚 成 6646 殷 貯爵 成 7651 殷	宁羊父丙鼎 成 1836 周早	宁狽父丁斝 成 9242 周早

1085

貯

貯冑

貯鐃

成 375 殷

貯冑

成 11885.1 殷

成 11885.2 殷

貯爵

新 614 商晚

貯冑

成 11886 殷

貯鼎

成 1167 殷

貯戈

成 10720 殷

1086

戈宁鼎

宁戈乙父甗

成 839 周早

戈宁鼎

成 1448 周晚

宁戈壺

新 687 周晚

新 687 周晚

宁戈觚

成 7009 殷

宁戈父丁爵

成 8914 殷

戈宁父丁盉

成 9376.1 殷

成 9376.2 殷

宁戈父丁𣪘

成 3317 周早

1087

矢宁鼎

矢宁爵

成 8243 殷

矢宁觚

成 7008 殷

宁矢觥

成 9258 殷

矢宁爵

成 8244 殷

矢宁爵

成 8244 殷

矢宁父乙方鼎

成 1825 殷

矢宁觚

成 7007 殷

矢宁鼎

成 1453 殷

宁戈冊鼎

新 686 周晚

𨒪父乙觥

成 9296.1 周早

成 9296.2 周早

𨒪作父乙尊

成 5944 周早

冊戈鼎

成 1761 周晚

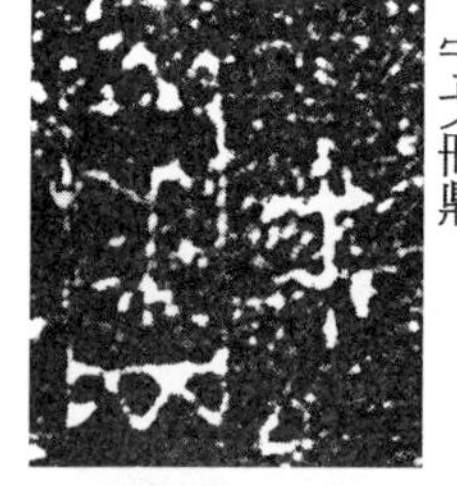

宁戈冊鼎

新 685 周晚

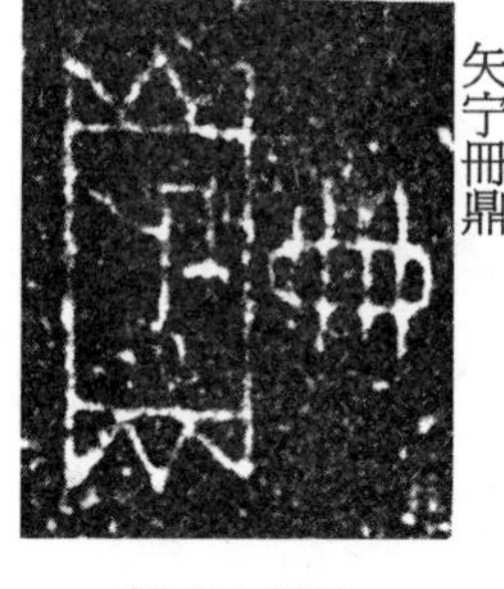

矢宁冊鼎

新 684 周早

1090	1089	1088	
劦宁鼎	酉宁鼎	𠨘作文考癸卣	
劦宁鼎 成 1365 殷 僕𪊨卣 新 1753 周早	酉宁鼎 成 1366 殷	𠨘作文考癸卣 成 5335.1 周早	矢宁鼎 錄 224 商晚 矢宁父丁斝 成 9229 周早 宁矢父丁殷 成 3318 周早

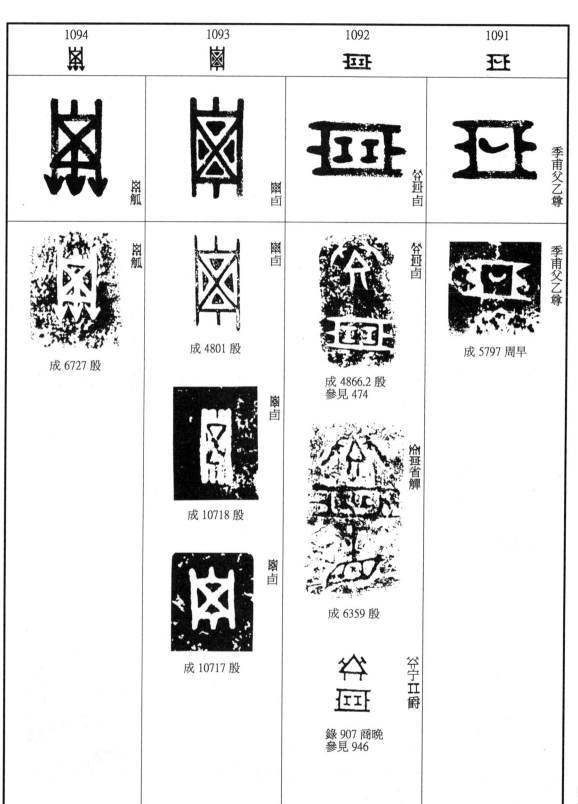

1094	1093	1092	1091
[illegible]觚	[illegible]卣	谷[illegible]卣	季甫父乙尊
[illegible]觚 成 6727 殷	[illegible]卣 成 4801 殷 [illegible]卣 成 10718 殷 [illegible]卣 成 10717 殷	谷[illegible]卣 成 4866.2 殷 參見 474 谷[illegible]省觶 成 6359 殷 谷宁[illegible]爵 錄 907 商晚 參見 946	季甫父乙尊 成 5797 周早

1095

鼎

卣

成 4799.1 殷

成 4799.2 殷

鼎

成 1165 殷

觶

成 6051 殷

斝

成 9139 殷

尊

成 5495 殷

瓿

成 9941.1 殷

成 9941.2 殷

觥

成 9250 殷

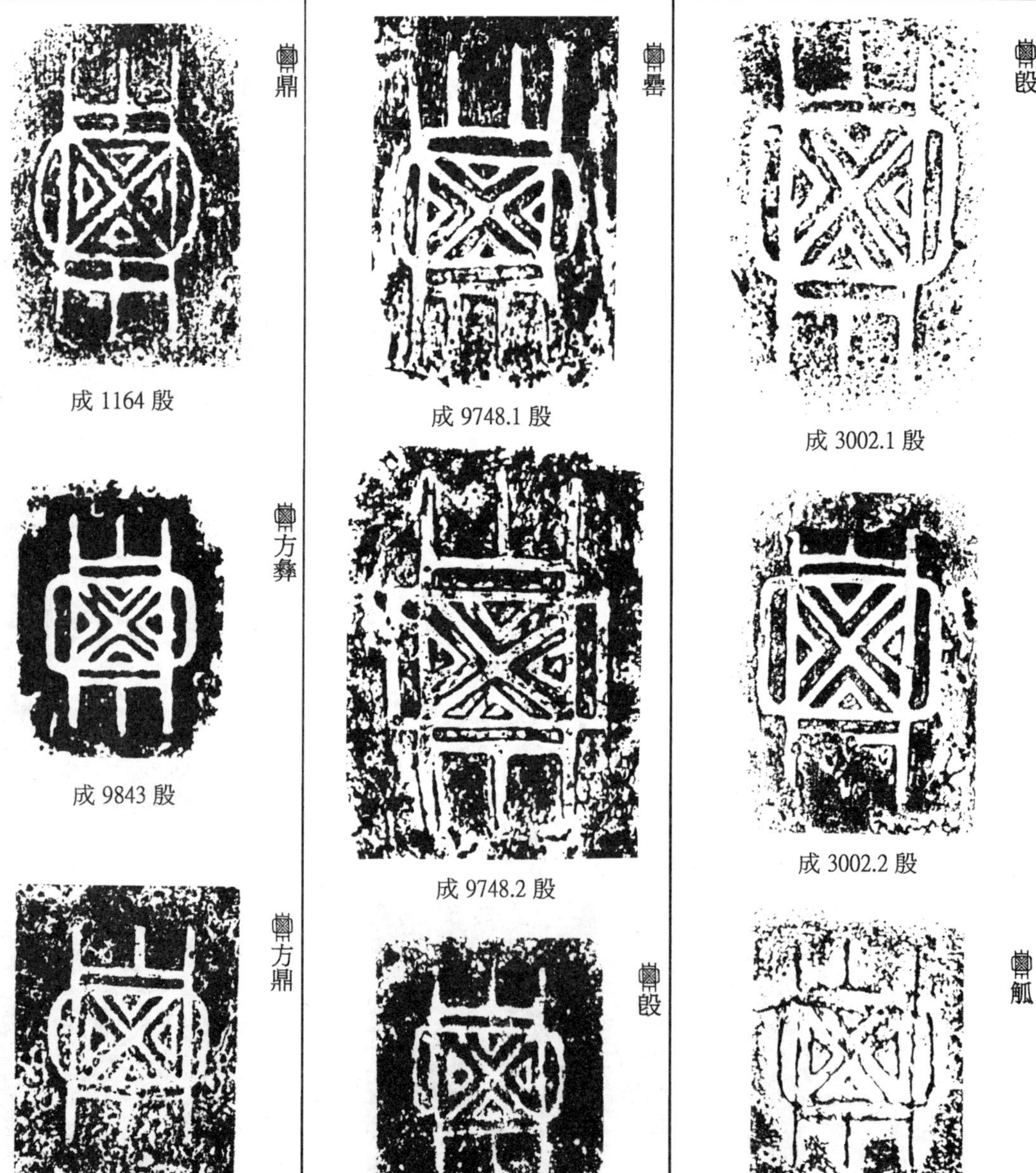

鼎

成 1164 殷

方彝

成 9843 殷

方鼎

成 1163 殷

罍

成 9748.1 殷

成 9748.2 殷

殷

成 3001 殷

殷

成 3002.1 殷

成 3002.2 殷

觚

成 6726 殷

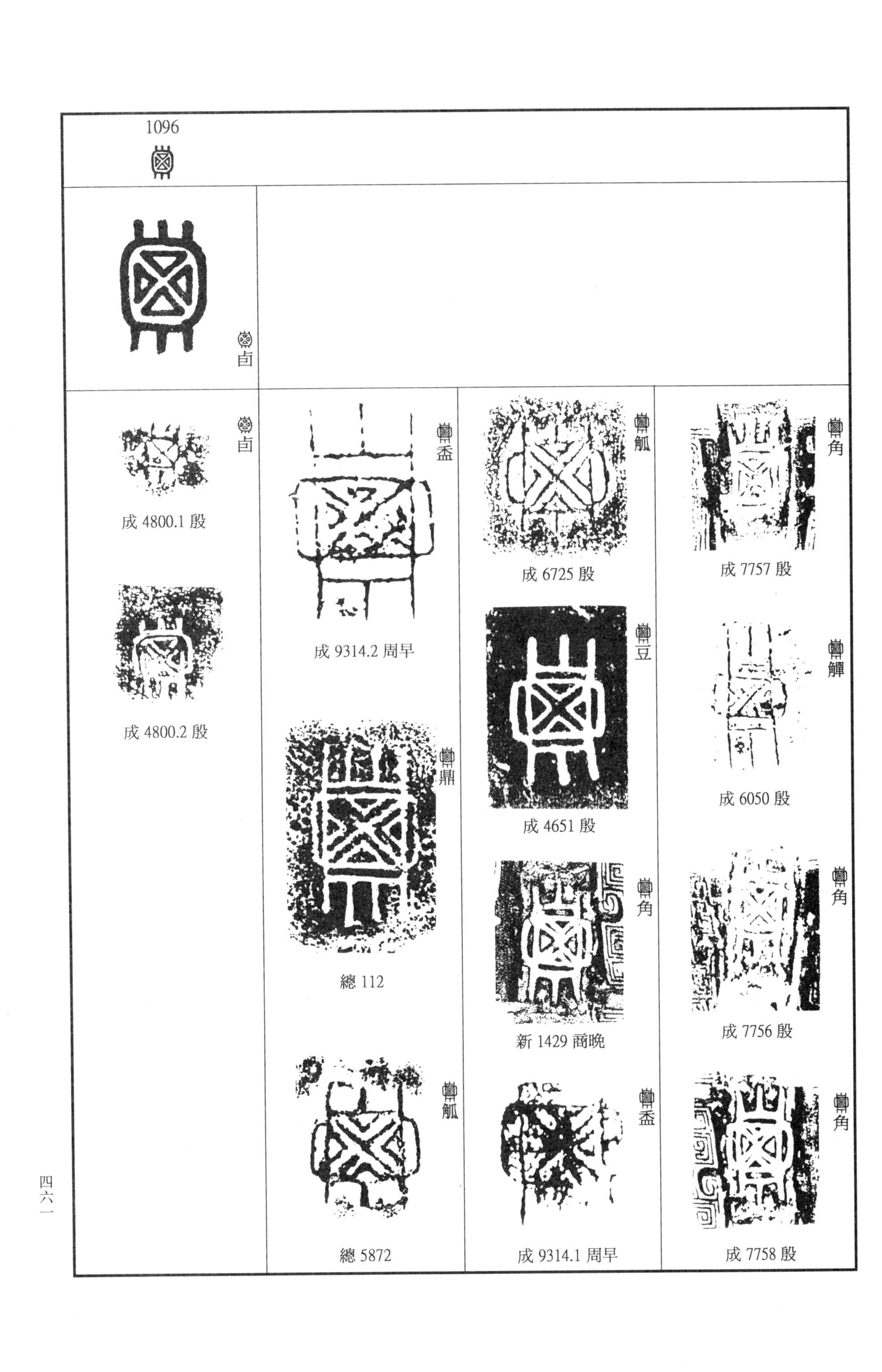

1096

卣

卣

成 4800.1 殷

成 4800.2 殷

盉

成 9314.2 周早

鼎

總 112

觚

總 5872

觚

成 6725 殷

豆

成 4651 殷

角

新 1429 商晚

盉

成 9314.1 周早

角

成 7757 殷

觶

成 6050 殷

角

成 7756 殷

角

成 7758 殷

1100 曲	1099	1098	1097
父丁爵	爵	斿爵	爵
父丁爵	爵	斿爵	爵
成 8501 殷	成 7759 殷	新 1570 商晚	成 7699 殷

中部

1103	1102	1101
衔天父庚爵	段	乃孫作且己鼎
父丁爵 成8502 周早 衔天父庚爵 成 9074 殷 參見補 45	段 成 3466 周早	乃孫作且己鼎 成 2431 殷・周早

1104

中

中父乙爵

中爵

中父乙爵

成 8414 殷

亞㠱止鐃

錄 115 商晚

亞㠱止鐃

錄 114 商晚

亞㠱止鐃

錄 116 商晚

中戈

成 10779 殷

中父丁盉

成 9405.1 殷

成 9405.2 殷

中父辛爵

成 8630 殷

中鐃

成 371 殷

中爵

成 7716 殷

中盉

成 9316 殷

中鐃

成 367 殷

中鐃

成 368 殷

中鐃

成 369 殷

中鐃

成 370 殷

1106 串	1105 仲	中
串斝	仲觶	中婦鼎
串斝 成 9150 殷	仲觶 成 6089 周早	殷 成 3028 周晚
串爵 成 7715 殷	仲觶 成 6088 周早	中作寶鼎 成 1957 周早
串父辛殷 成 3204 殷	中草斧 成 11780 殷	中婦鼎 成 1714周早
串爵 成 7714 殷		中鼎 成 1194 周早
		中觶 成 6087 周早

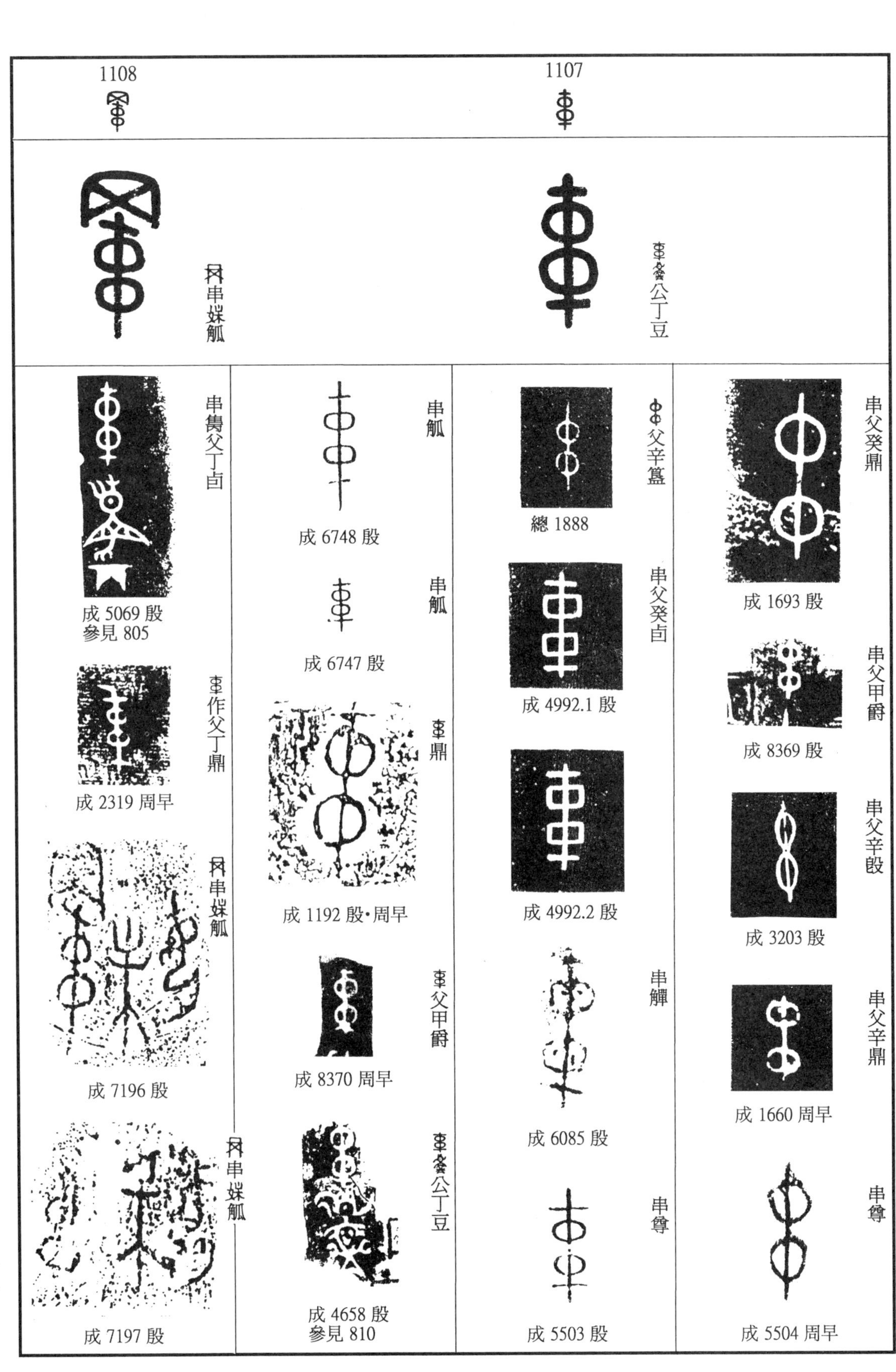

1108

1107

冎串妹觚

串𥃲公丁豆

串雋父丁卣

成 5069 殷
參見 805

串作父丁鼎

成 2319 周早

冎串妹觚

成 7196 殷

冎串妹觚

成 7197 殷

串觚

成 6748 殷

串觚

成 6747 殷

串鼎

成 1192 殷·周早

串父甲爵

成 8370 周早

串𥃲公丁豆

成 4658 殷
參見 810

串父辛簋

總 1888

串父癸卣

成 4992.1 殷

成 4992.2 殷

串觶

成 6085 殷

串尊

成 5503 殷

串父癸鼎

成 1693 殷

串父甲爵

成 8369 殷

串父辛𣪕

成 3203 殷

串父辛鼎

成 1660 周早

串尊

成 5504 周早

1112
1111
1110
1109
作且辛爵
爵
父辛觚
作父戊器
作且辛爵
爵
父辛觚
作父戊器
成 8846 周早
成 7730 殷
成 7151 殷
成 10569 殷
㫃部
1115
1114
1113
爵
方鼎
觚
爵
方鼎
觚
成 7771 殷
成 1233 周早
成 6645 殷

1118	1117	1116
旜	旋	㫃
旜爵	旋鼎	㫃乙[illegible]𣪘
旜爵 成 7646 𣪘	旋鼎 成 1051 𣪘	㫃乙[illegible]𣪘 成 3232 𣪘
旜爵 成 7647 𣪘	旋冑 成 11889 𣪘	
旜方彝 錄 989 商晚	婦旋觶 錄 653 商晚 參見 320	

1119

⿸广斷

亞⿱宀⿱㠯大皇⿸广斷卣

成 5100.2 殷

1120

⿰犬人

且乙卣

成 4890.1 殷

成 4890.2 殷

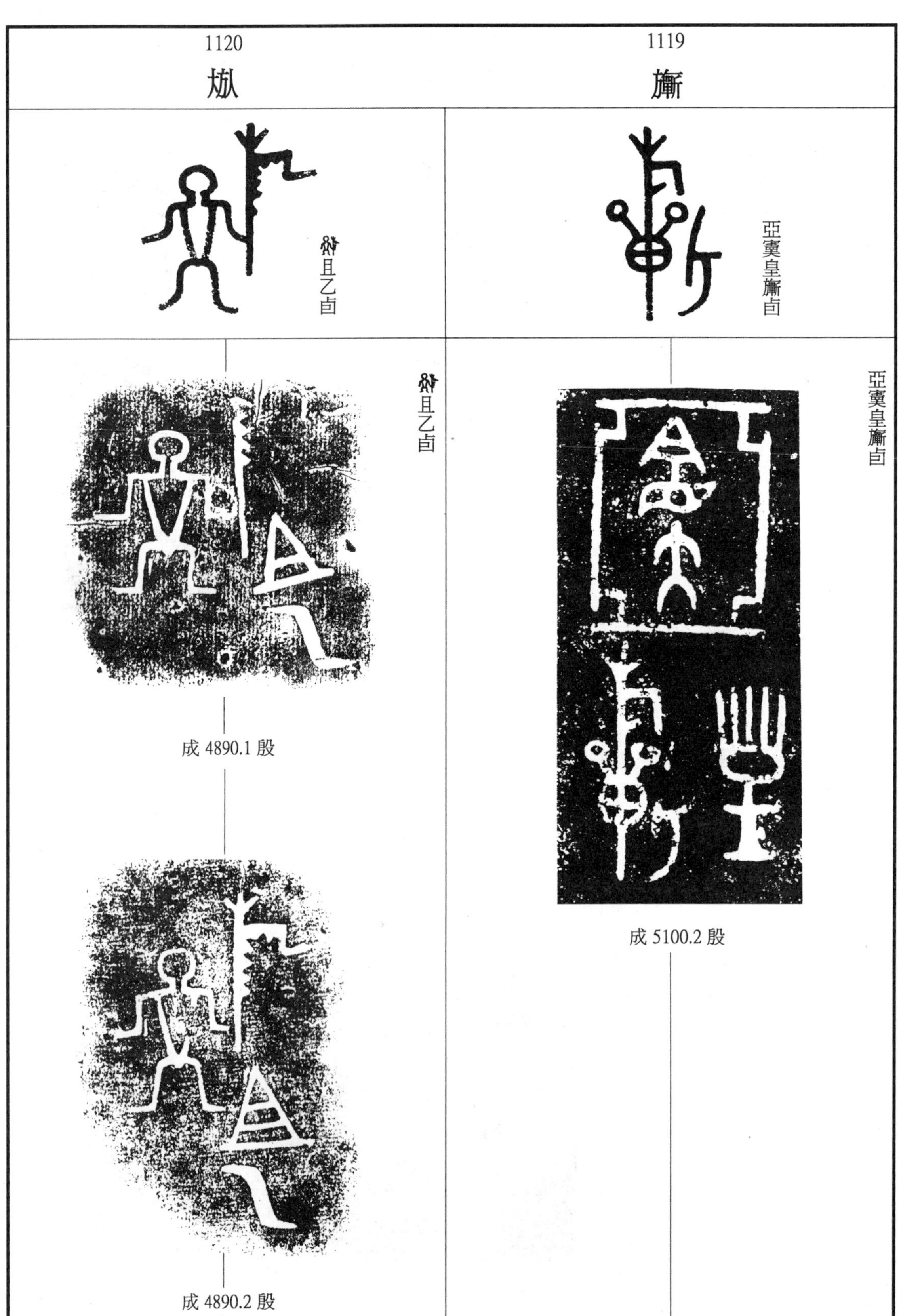

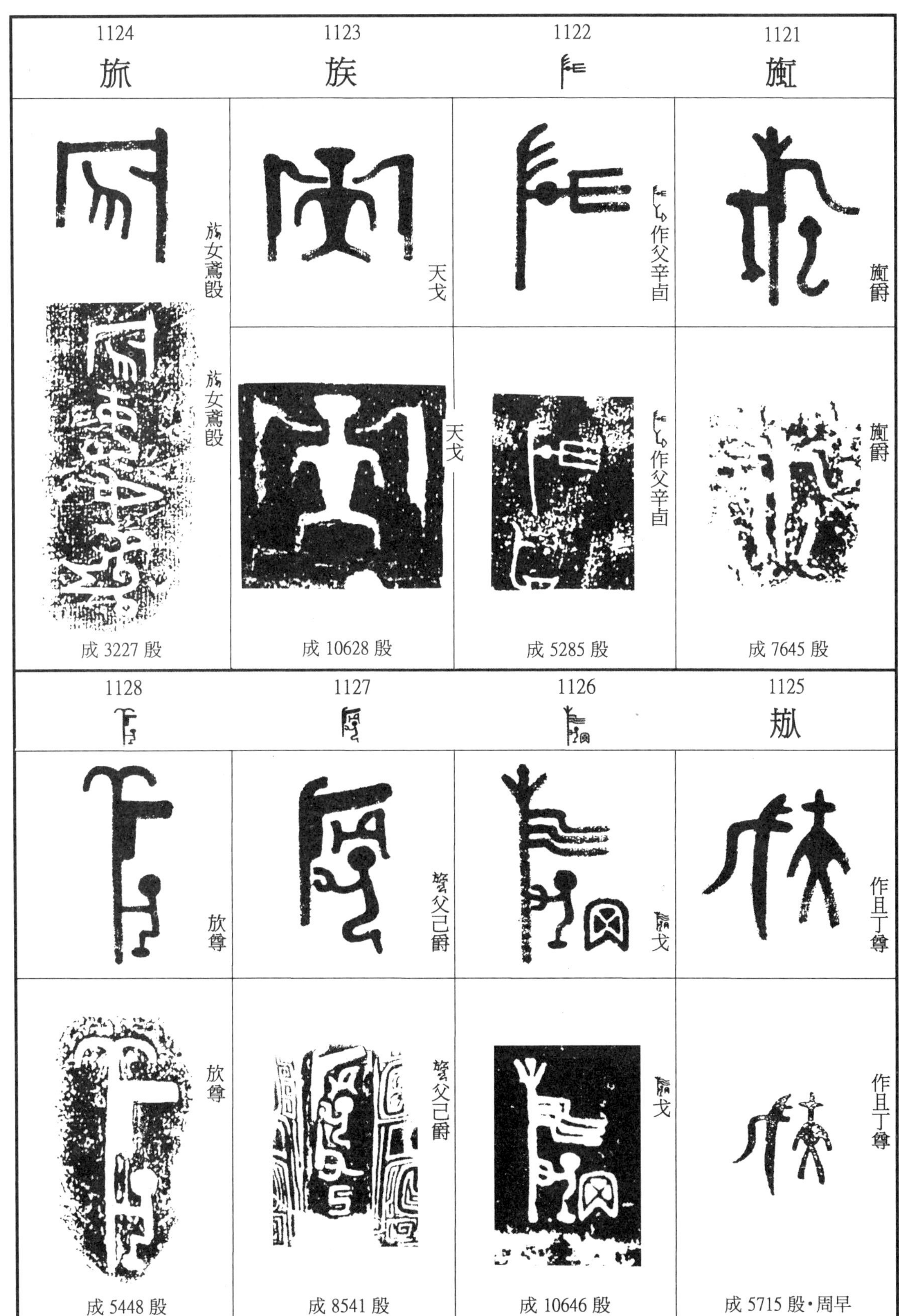

1124
旅
㫃女鳶毁
㫃女鳶毁
成 3227 毁
1123
族
天戈
天戈
成 10628 毁
1122
作父辛卣
作父辛卣
成 5285 毁
1121
旃
旃爵
旃爵
成 7645 毁
1128
放尊
放尊
成 5448 毁
1127
[illegible]父己爵
[illegible]父己爵
成 8541 毁
1126
[illegible]戈
[illegible]戈
成 10646 毁
1125
旅
作且丁尊
作且丁尊
成 5715 毁·周早

1129

⿸㫃昏

伯⿸㫃昏觶

伯⿸㫃昏觶

成 6477.1 周早

成 6477.2 周早

伯⿸㫃昏觶

成 6478.1 周早

成 6478.2 周早

1130

⿱斿皿

⿱斿皿鼎

且丁父癸卣

成 5265.2 殷

⿱斿皿鼎

成 1174 殷

⿱斿皿且庚父辛鼎

成 1996 殷

且丁父癸卣

成 5265.1 殷

⿱斿皿觚

成 6537 殷

⿱斿皿婦鼎

成 1344 殷

⿱斿皿婦方鼎

成 2368 周早

且丁方罍

總 5573

1133 旟		1132 箟	1131 放T
旟觚		箟爵	放T觚
旟方彝 新180 商晚	旟箕 新177 商晚 旟爵 新176 商晚 旟爵 新175 商晚 旟觚 新174 商晚	箟爵 新310 商晚	放T觚 成7022 殷

1134

斿

旅父辛鼎

斿爵

旅父辛鼎
成 1632 殷·周早

竹𠂤卣
成 4852.1 殷

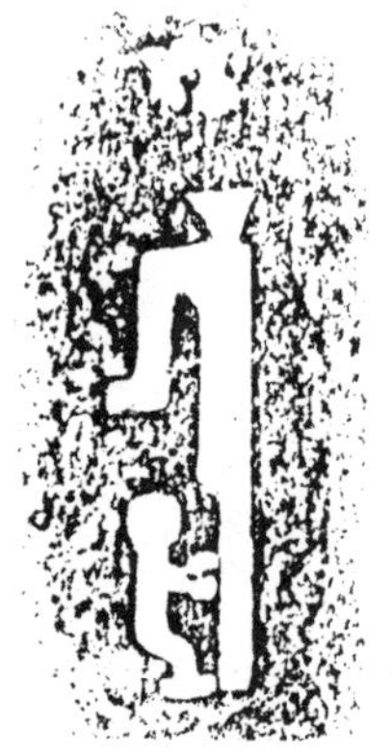
成 4852.2 殷

斿爵
新 1505 商晚

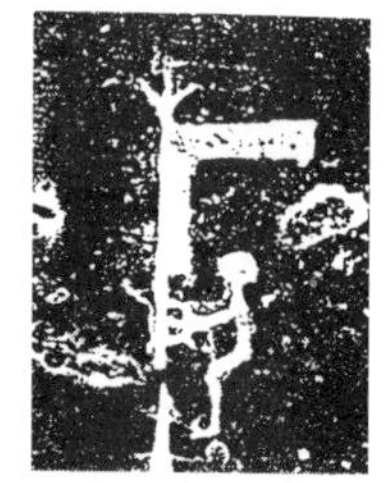
斿父癸壺
新 1443 周早

新 1443 周早

斿爵
新 1570 商晚

斿爵
成 7421 殷

旅觚
成 6534 殷

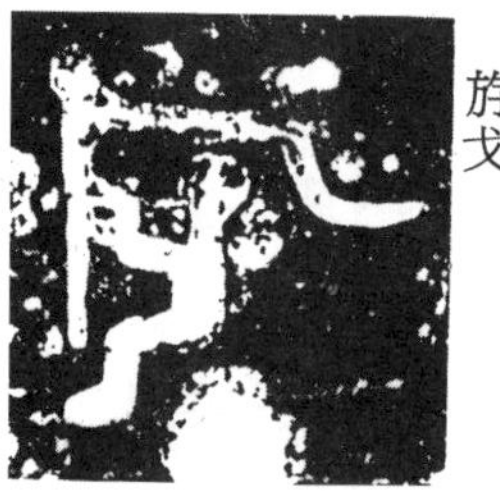
斿戈
成 10653 殷

斿器
成 10487 殷

斿爵
成 7422 殷

旅觚
成 6533 殷

旅觚
成 6532 殷

斿爵
成 7423 殷

1135

旅

旅觚

旅爵

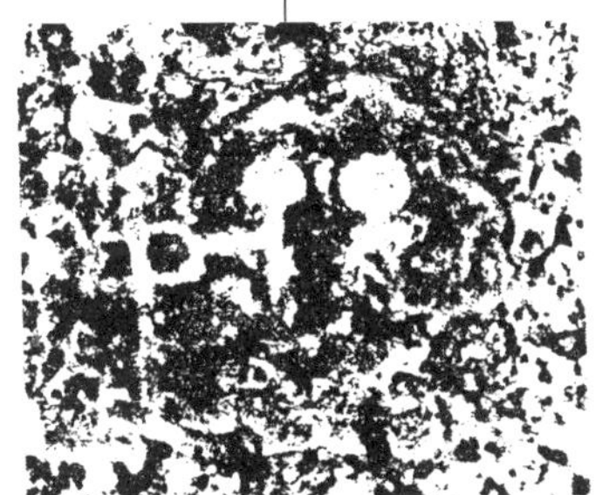
旅鼎
新 1641 商晚

旅觚
成 6535 殷

旅爵
成 7427 殷

歈作父癸𣪘
成 3660 周早

旅父己爵
新 1066 西周

旅爵
成 7425 殷

旅爵
成 7426 殷

旅父癸爵
成 8683 周早

旅父癸爵
成 8682 周早

旅觚
新 1430 商晚

旅觚
成 6536 殷

歈作父癸尊
成 5907 周中
參見補 02

歈作父癸卣
成 5315.1周早

旅爵
成 8179 殷

成 5315.2 周早

旅鼎
新 1642 商晚

旅父丁爵
成 8450 殷

㚔丙部

1136

㚔旅

㚔旅觚

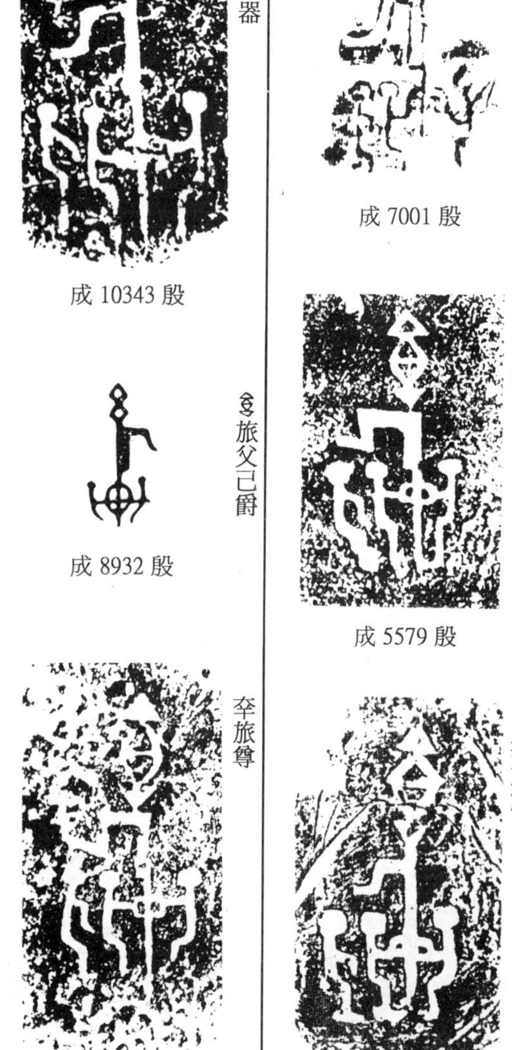

旅箙形器

成 10343 殷

㚔旅觚

成 7001 殷

旅父己爵

成 8932 殷

㚔旅尊

成 5579 殷

㚔旅尊

成 5578 殷

㚔旅觚

成 7000 殷

旅盤

成 10033 殷

成 10033 殷

旅且丁爵

成 8839 殷

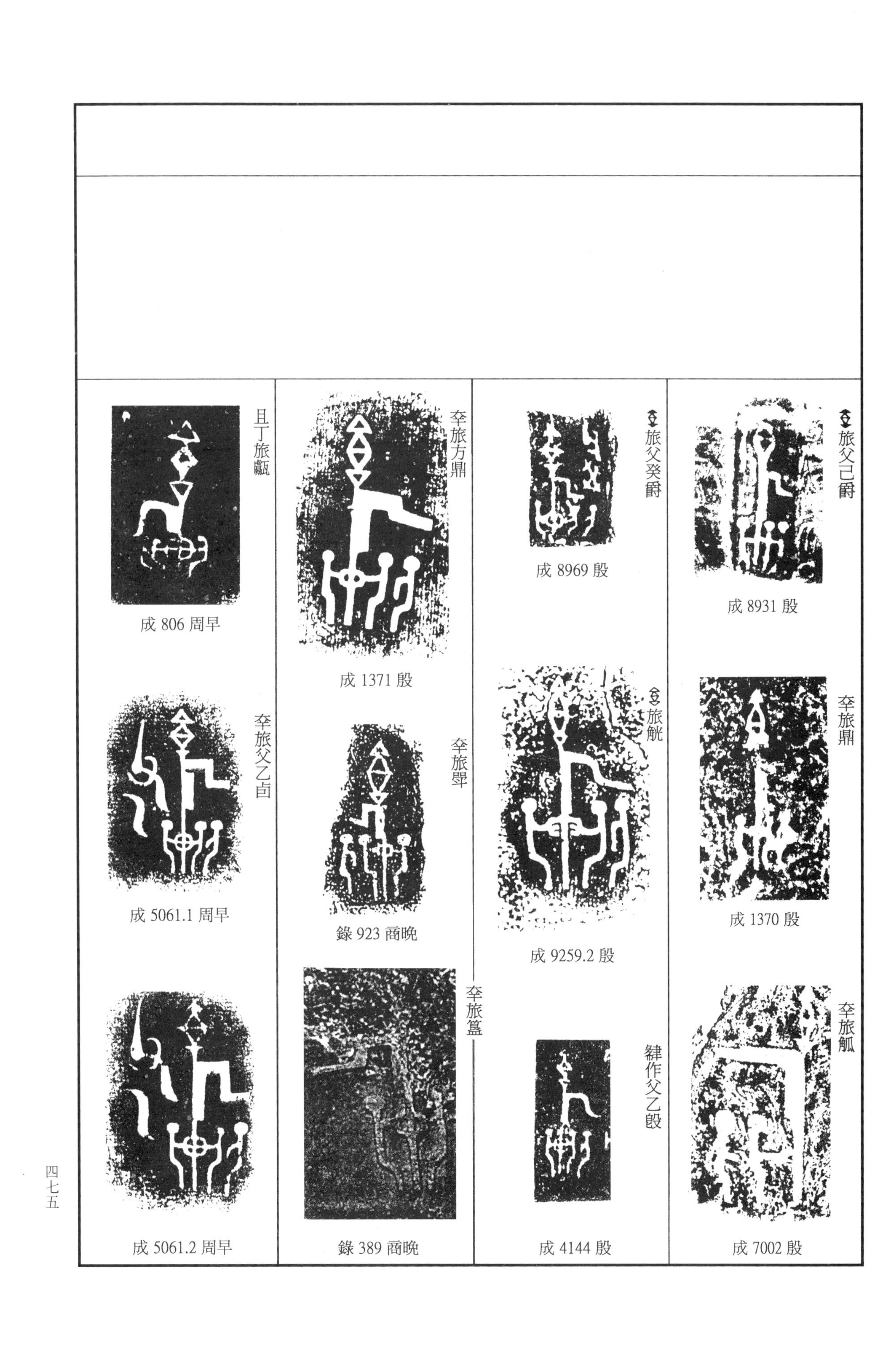

旅父己爵

成 8931 殷

卒旅鼎

成 1370 殷

卒旅觚

成 7002 殷

旅父癸爵

成 8969 殷

旅觥

成 9259.2 殷

肄作父乙毁

成 4144 殷

卒旅方鼎

成 1371 殷

卒旅斝

錄 923 商晚

卒旅簋

錄 389 商晚

且丁旅甗

成 806 周早

卒旅父乙卣

成 5061.1 周早

成 5061.2 周早

卒旅鼎

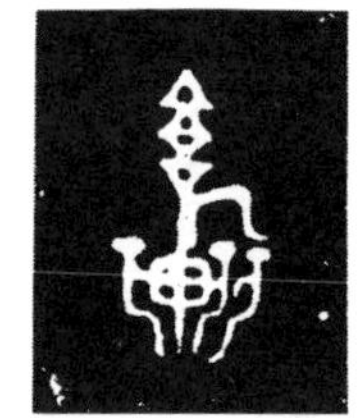

成 1369 周早

廣作父己毁

成 3611 周早

毁

成 3909 周早

卒旅父辛觚

成 7245 周早

卒旅父辛卣

成 5090.1 周早

成 5090.2 周早

卒旅父辛觚

成 7246 周早

卒旅父乙觚

成 7225 周早

卒旅父甲尊

成 5720 周早

卒旅祖丁簋

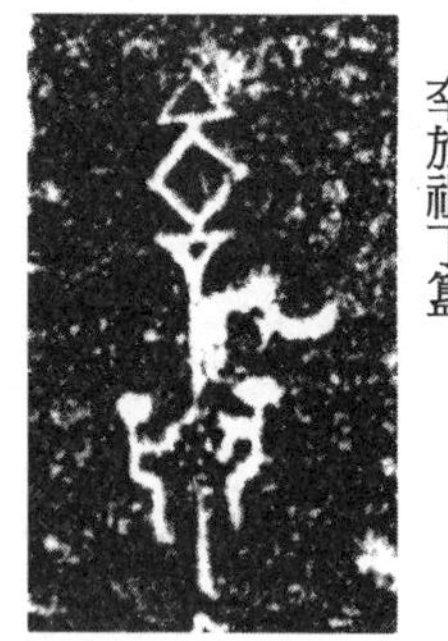

錄 409 周早

卒旅觶

成 6167 周早

旅父丁爵

成 8897 周早

且丁爵

總 3736

何爵

成 8152 殷
參見 233

卒父辛卣蓋

成 5084 殷
參見 751

1137
夲

父己爵

夲父丁觶

成 6262 周早

蘇匍壺

新 677 周中

[illegible]父辛方彝

成 9884 周中

[illegible]父辛方彝

成 9885 周中

圈□鼎

成 2471 西周

貞爵

成 8263 殷

父癸爵

成 8705 周早

父癸爵

成 8706 周早

夲父乙觶
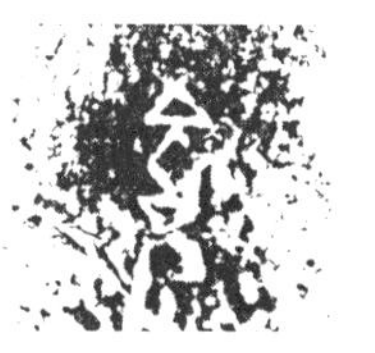
成 6225 周早

夲父乙鼎

成 1540 周早

[illegible]父辛觥

成 9292 周早

父己爵

成 8582 殷

夲觚

成 6627 殷

旅觥

成 9259.1 殷

夲方彝

錄 990 商晚

夲父庚鼎

成 1626 殷•周早

爵

成 7708 殷

爵

成 7707

夲觚

成 6626 殷

幸鉞

成 11733 殷

幸干首

成 11912 殷

1141	1140	1139	1138
斝	箙		卒箙
爵	荀父乙殷	輂作匕癸尊	父癸卒荀觚
爵 成 7709 殷	荀父乙殷 成 3302 殷	卒父戊觶 成 6397 殷	弓卒父癸尊 成 5758 殷
荀斝方觚 成 7188 殷	荀卣 錄 596 商晚	輂作匕癸尊 成 5893 殷	荀爵 成 8242 殷·周早
荀爵 成 8814 殷 參見 1257		輂作妣癸卣 成 5266.1 殷	父癸爵 成 8970 殷
荀斝爵 錄 896 商晚		成 5266.2 殷	父癸卒荀觚 成 7249 殷
		父戊爵 成 8526 周早	

1145	1144	1143	1142
執	[illegible]	[illegible]	[illegible]
執卣	執爵	[illegible]鼎	[illegible]父辛尊
執父乙爵 成 9003 周早 執卣 成 5391.1 周早 成 5391.2 周早	執爵 成 7400 殷 [illegible]父己盤 成 10043 周早 卒[illegible]父辛卣 新 1908 周早 新 1908 周早	[illegible]鼎 成 1032 殷	[illegible]鼎 成 1136 殷 [illegible]父辛尊 成 5661 周早

1146

廞

子廞圖卣

廞辰方彝
成 9859.1 周早

成 9859.2 周早

䰞作且乙尊
成 5891 周中

單作父乙尊
成 5920 周中

子廞圖尊
成 5682 殷·周早

子廞圖卣
成 5005.1 周早

成 5005.2 周早

子廞尊
成 5544 殷·周早

子廞父乙觶
成 6373 周早

䁯作父乙卣
成 5329.1 周早

成 5329.2 周早

子廞圖方彝
成 9870 殷

廞父乙乙鼎
成 1829 殷

子廞父丁卣
成 5070.1 殷

成 5070.2 殷

子廞鼎
成 1310 殷·周早

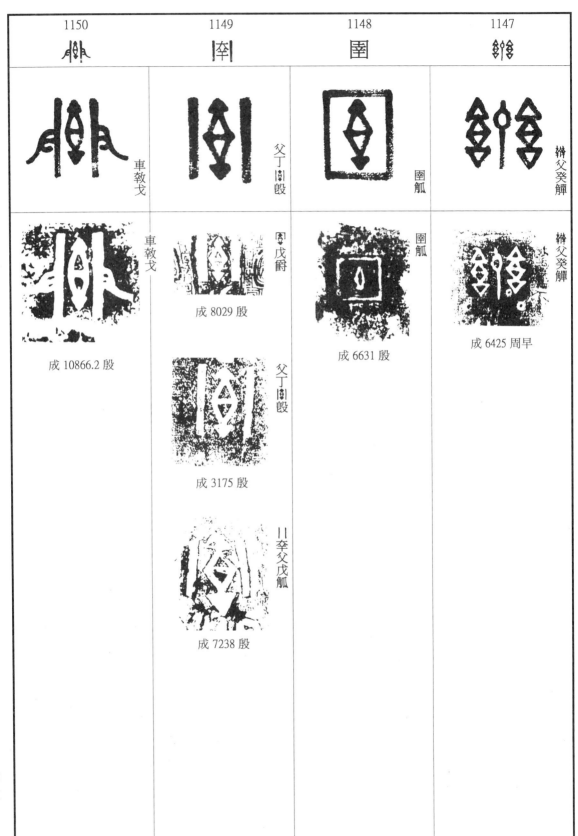

1150	1149	1148	1147
車敎戈	父丁𠙵殷	𠙵觚	𠙵父癸觶
車敎戈 成 10866.2 殷	𠙵戊爵 成 8029 殷 父丁𠙵殷 成 3175 殷 Ⅱ卒父戊觚 成 7238 殷	𠙵觚 成 6631 殷	𠙵父癸觶 成 6425 周早

1151

敎

令敎鉞

敎天爵

成 8141 殷

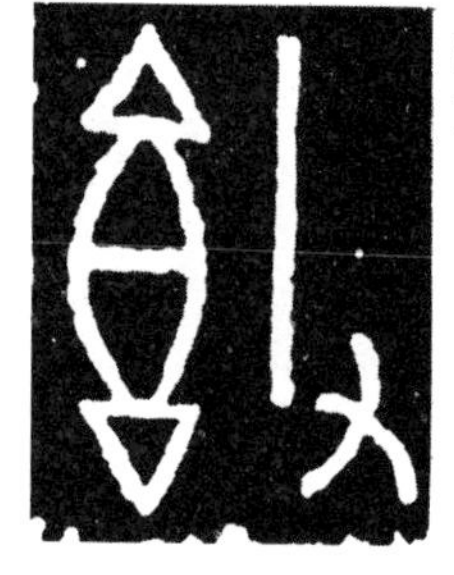

敎戈

成 10756 殷

[族徽]方罍

成 9774 殷

敎爵

成 7436 殷

[族徽]敎爵

成 8190 殷·周早

令敎鉞

錄 1248 周早

敎象鼎

錄 220 商晚

1152

𨻶

川敎觚

[𨻶]盤

成 10013 殷

敎戈

成 10757 殷

川敎觚

成 6943 殷

𨻶卣

成 4736 殷

[族徽]觥

總 4895

總 4895

敎戈

成 10755 殷

1153

⿱大殳

⿱大殳觚

⿱大殳殷

成 2966 殷

甲⿱大殳爵

成 8002 殷

庚⿱大殳觥蓋

成 9264 殷

⿱大殳爵

成 7465 殷

⿱大殳觚

成 6629 殷

⿱大殳殷

成 2964 殷

⿱大殳觚

成 6628 殷

⿱大殳方鼎

成 1092 殷

⿱大殳觶

成 6042.1 殷

成 6042.2 殷

⿱大殳觚

成 6630 殷

⿱大殳刀

成 11805 殷

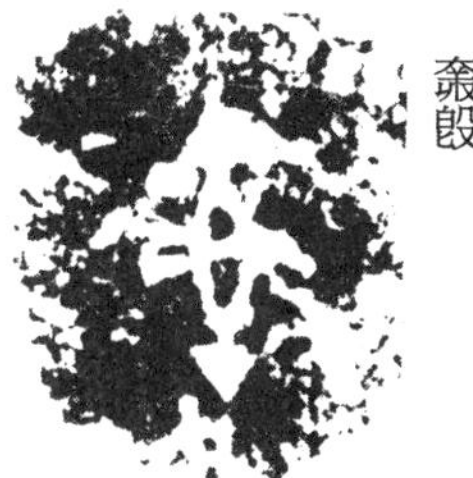

⿱大殳殷

成 2965 殷

⿱大殳卣

成 4735.1 殷

成 4735.2 殷

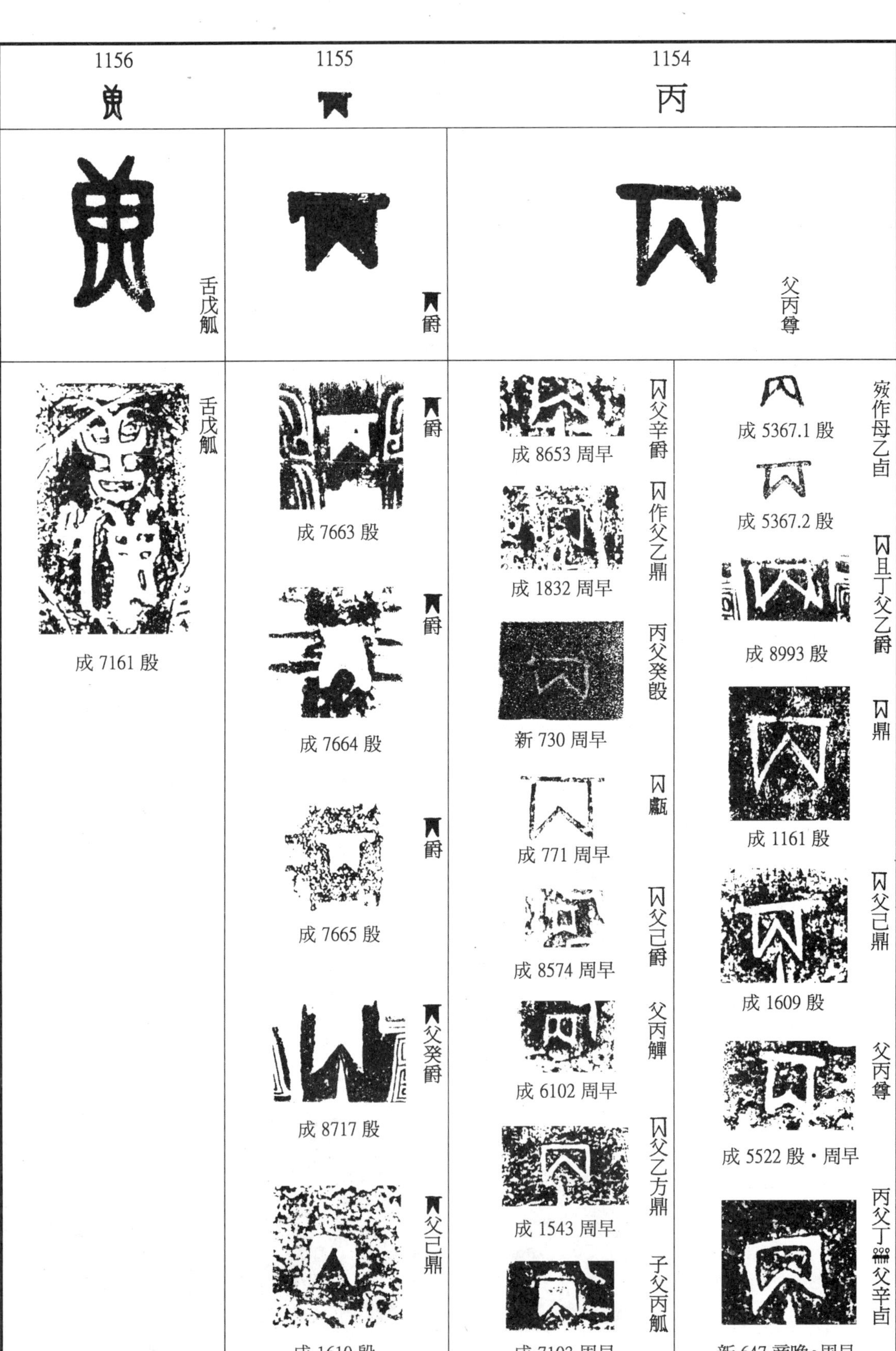

1156
1155
1154
丙
舌戊觚
爵
父丙尊
舌戊觚
成 7161 殷
爵
成 7663 殷
爵
成 7664 殷
爵
成 7665 殷
父癸爵
成 8717 殷
父己鼎
成 1610 殷
父辛爵
成 8653 周早
作父乙鼎
成 1832 周早
丙父癸殷
新 730 周早
甗
成 771 周早
父己爵
成 8574 周早
父丙觶
成 6102 周早
父乙方鼎
成 1543 周早
子父丙觚
成 7103 周早
作母乙卣
成 5367.1 殷
成 5367.2 殷
且丁父乙爵
成 8993 殷
鼎
成 1161 殷
父己鼎
成 1609 殷
父丙尊
成 5522 殷・周早
丙父丁龠父辛卣
新 647 商晚・周早

1157	1158	1159	1160
□	□	□	□
□戈	□父乙爵	駉作旅彝卣	月魚鼎
□戈 成 10775 殷 獸戈 錄 1079 周早	□父乙爵 成 8413 殷	駉作旅彝卣 成 5118.1 周早	月魚鼎 成 1766 周早·周中

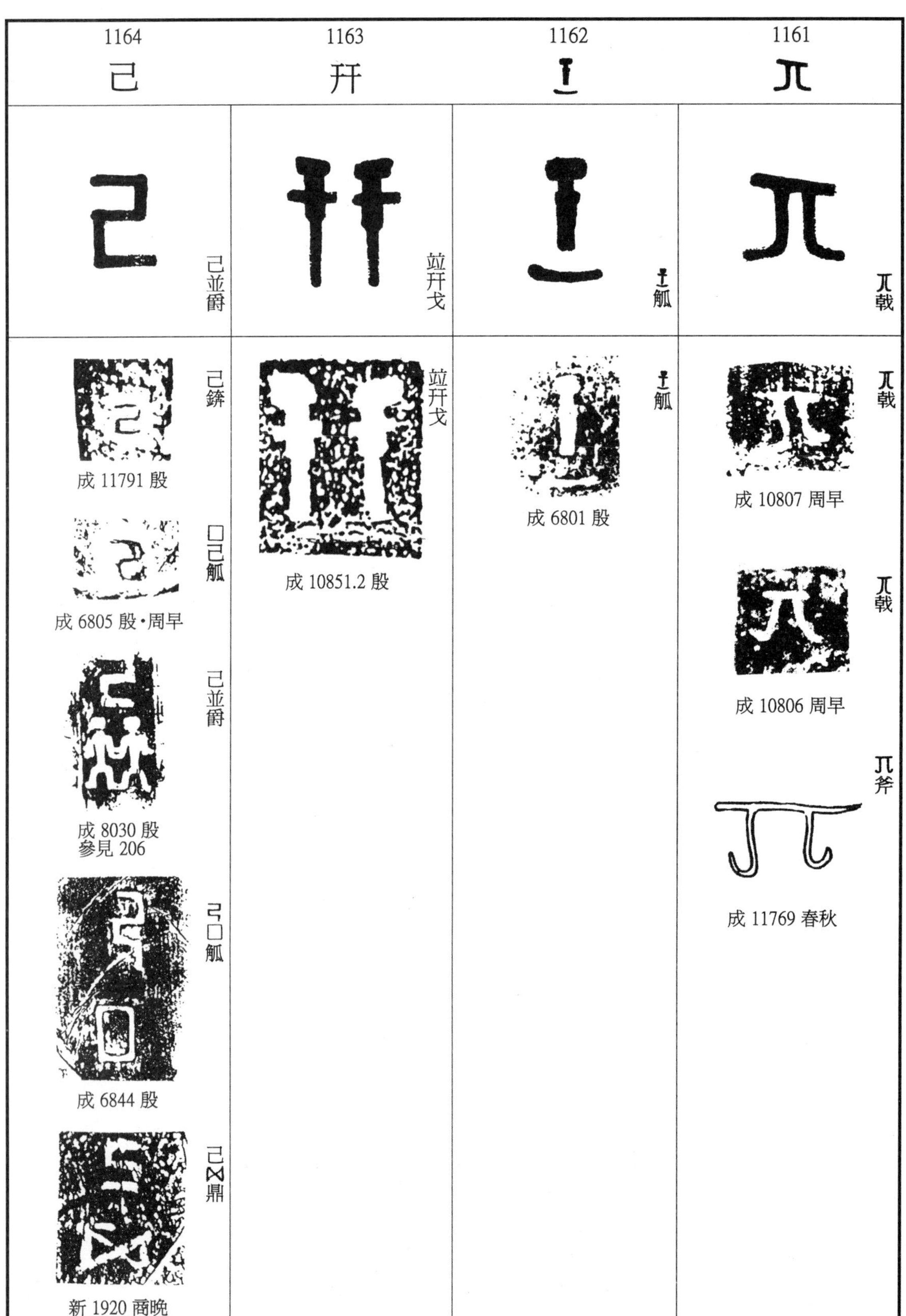

1161
成 10807 周早
成 10806 周早
成 11769 春秋
1162
觚
成 6801 殷
1163
幵
並幵戈
成 10851.2 殷
1164
己
己並爵
成 11791 殷
己觚
成 6805 殷·周早
己並爵
成 8030 殷
參見 206
觚
成 6844 殷
鼎
新 1920 商晚
參見 1322

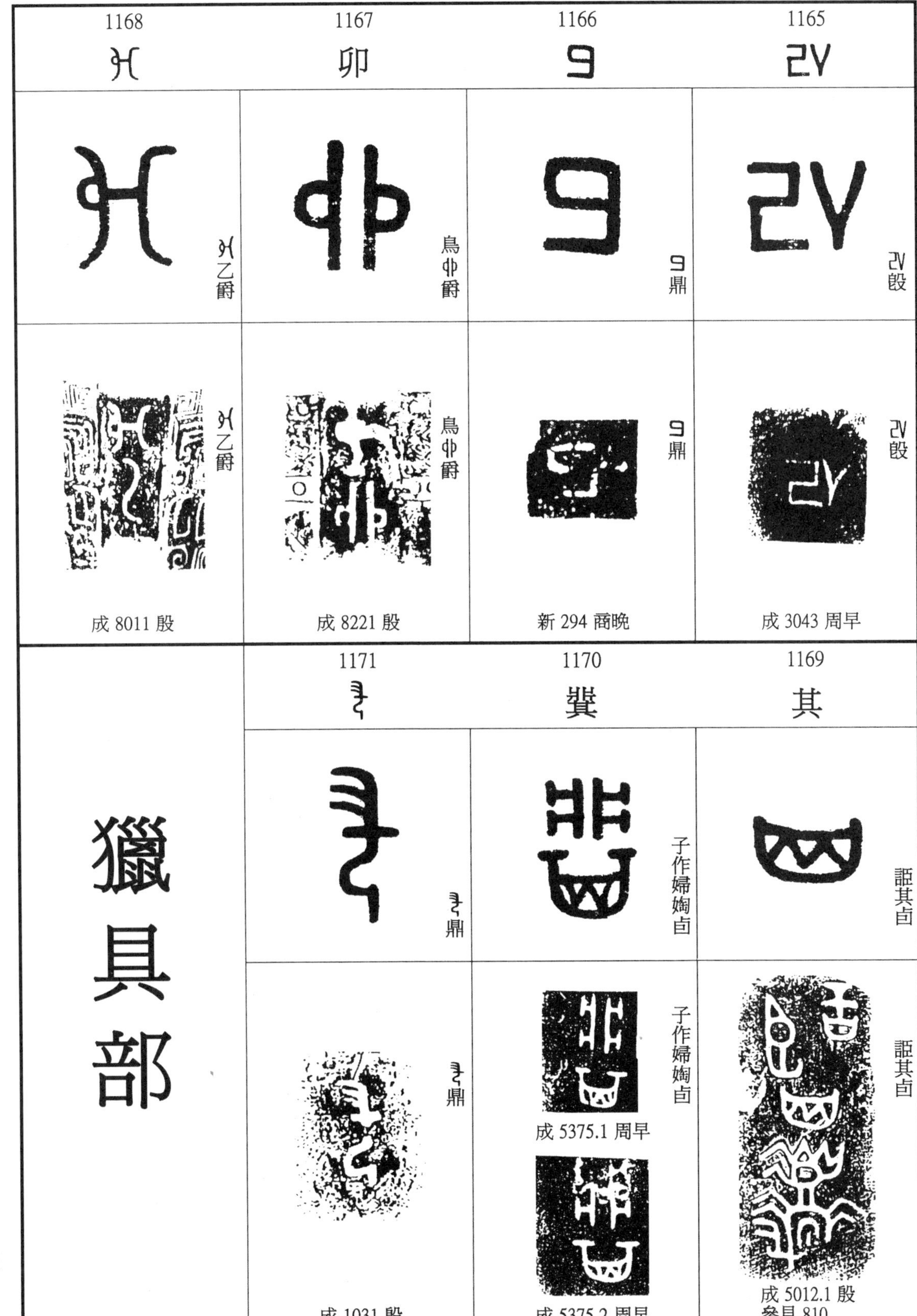

1168
1167
1166
1165
乙爵
鳥爵
鼎
𣪘
成 8011 𣪘
成 8221 𣪘
新 294 商晚
成 3043 周早
獵具部
1171
1170
1169
𢀜
其
鼎
子作婦𡠧卣
䛥其卣
成 5375.1 周早
成 1031 𣪘
成 5375.2 周早
成 5012.1 𣪘
參見 810

1172

單

單父丁斝

叔單𣪘

成 3624 周早

北單觶

成 6188 殷
參見 202

北單戈爵

成 8807 殷
參見 202

屰子干鼎

成 1718 殷

單子卣

成 5195.1 周早
參見 1187

成 5195.2 周早

單並爵

成 8180 殷

南單冓觚

成 7191 殷

南單母癸甗

新 1440 周早

西隻單卣

成 5007.1 殷
參見 787

單父丁斝

成 9212 殷

[illegible]作父甲卣

成 5308.1 周早

成 5308.2 周早

作從單尊

成 5701 周早

單爵

成 7648 周早

單爵

新 382 西周

1175
1174
1173
單盉
西單中父丁卣
子𠀠爵
陵父日乙罍
成 9816 周早
單鼎
成 1485 周中
單盉
成 9328 周中
妊甗
成 877 周中
簋
總 1746
參見 補22
西單中父丁卣
成 5156.1 段
成 5156. 2段
子𠀠爵
成 8761 段
子天單勺
新 1520 商晚
子單箕
新 1521 商晚
西單光父乙鼎
成 2001 段
參見 83
冬臣單觚
成 7203 段
西單𠀠爵
成 8808 段
參見 366
□西單爵
新1508 商晚
參見 789

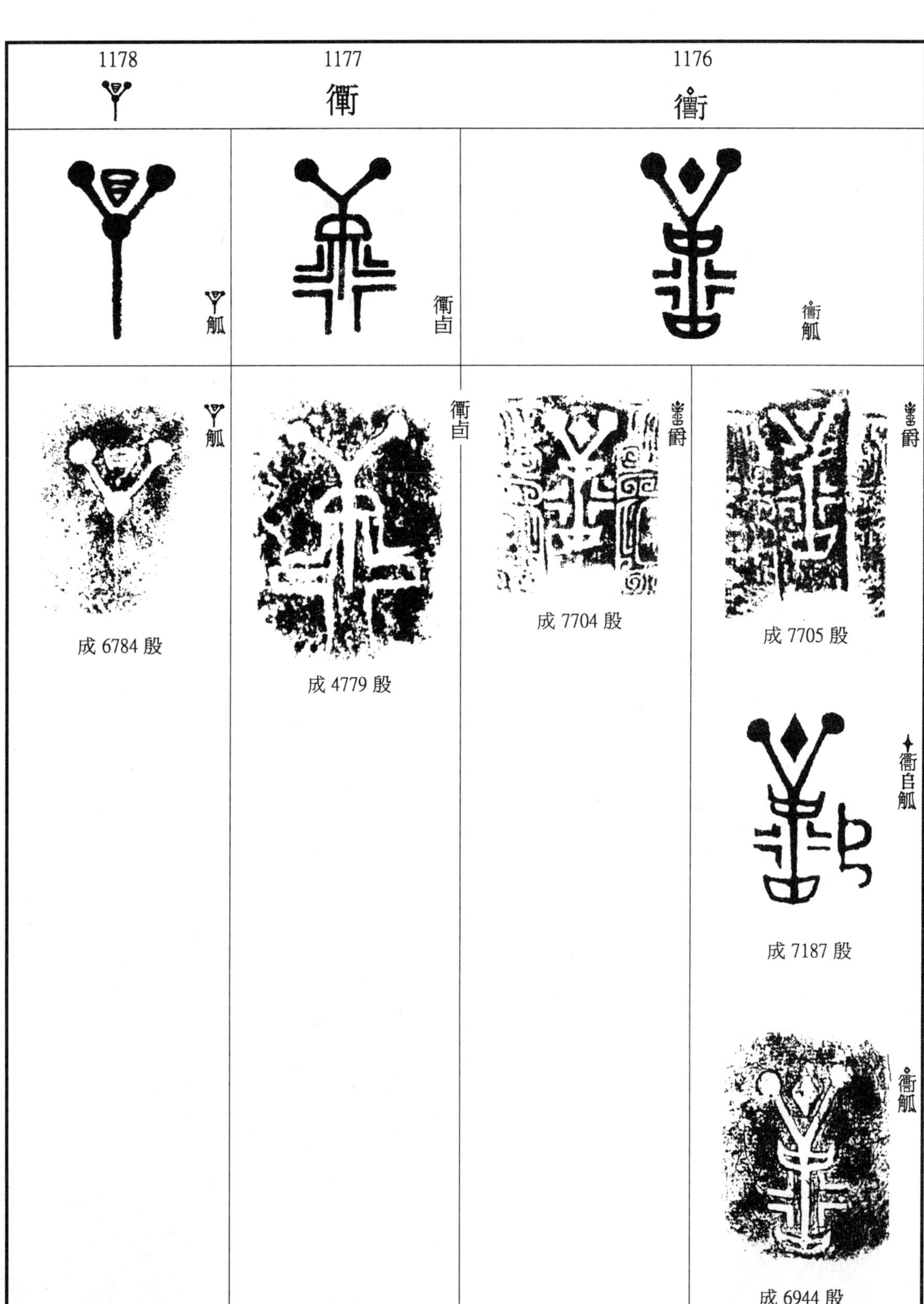
1178
1177
衠
1176
衢
觚
衠卣
衢觚
觚
衠卣
爵
爵
成 6784 𣪘
成 4779 𣪘
成 7704 𣪘
成 7705 𣪘
衢𠂤觚
成 7187 𣪘
衢觚
成 6944 𣪘

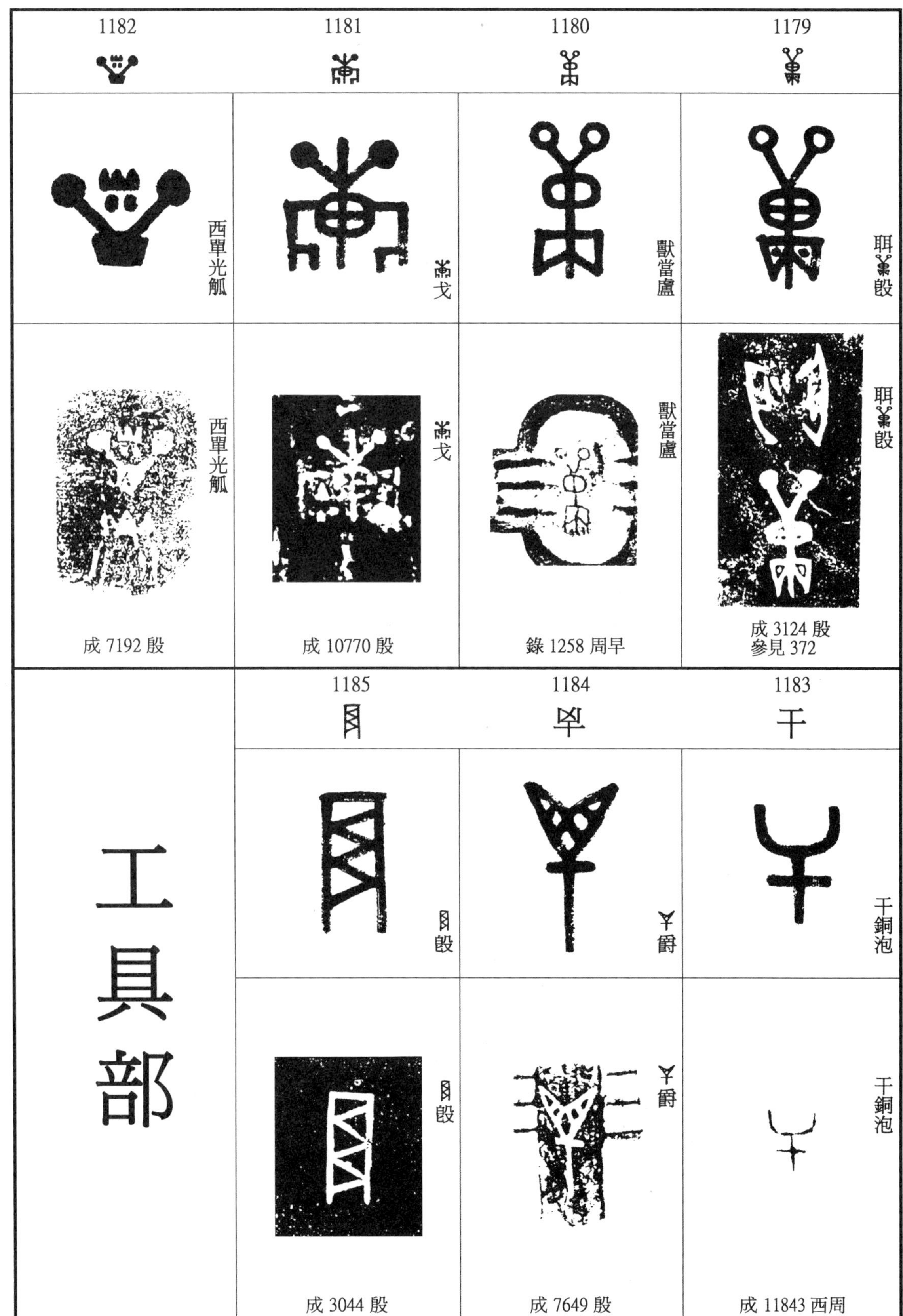
1179
聑
殷
成 3124 殷
參見 372
1180
獸當盧
錄 1258 周早
1181
戈
成 10770 殷
1182
西單光觚
成 7192 殷
工具部
1183
干銅泡
成 11843 西周
1184
爵
成 7649 殷
1185
殷
成 3044 殷

1186

工

工䖵爵

工䖵爵

成 8203 𣪘·周早

工口爵

成 8254 𣪘

子工父癸爵

成 9022 𣪘

嗣工丁爵

成 8792 周早

1187

子□爵

子□卣

成 4848.1 𣪘

成 4848.2 𣪘

子□乙酉爵

成 8987 𣪘

子□戈

成 10854 𣪘

子□爵

成 8111 𣪘

子□鄉爵

成 8765 𣪘

子□戈

成 10853.1 𣪘

成 10853.2 𣪘

子□鉞

成 11752.1 𣪘

成 11752.2 𣪘

子□乙觶

新 230 商晚

子□爵

新 229 商晚

1188

壬

壬冊父丁爵

父壬爵

成 7972 殷

父壬爵

成 7975 周早

壬冊父丁爵

成 8911 殷

子壬爵

成 8762 殷

壬止子段

成 3234 殷

壬亥爵

成 8149 周早

子壬萬爵

成 8764 殷
參見 837

壬甗觚

成 7021 殷

壬貯觥

成 9256 殷

壬啓爵

成 8274 殷

干子父戊尊

成 5800 周早

子壬單爵

成 8760 殷
參見 1172

子刀系壬段

新 1504 商晚
參見 873

壬方罍

成 9774 殷
參見 1151

1189

規

□干首

□干首

成 11913 殷

子□觚

成 6900 殷

子□觚

成 6901 殷

農具部

1190

力

力鼎

力鼎

成 1760 殷

力冊父丁觚

成 7233 殷

1191

劦

劦冊父丁觶

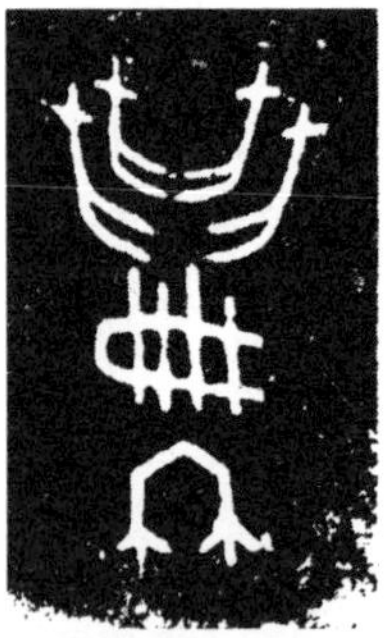

劦冊竹卣

成 5006.1 殷

成 5006.2 殷

劦冊父丁觶

成 6444 周早
參見 1349

1192

耒

耒父己尊

耒𣪘

耒作寶彝卣

成 5117.1 周早

成 5117.2 周早

耒父乙爵

成 8429 周早

耒父己爵

新 688 西周

耒罍

成 9758 周中

耒父癸爵

成 8689 殷

耒父己尊

成 5647 周早

己耒爵

成 8039 周早

𦘔作父己𣪘

成 3328 周早

耒作寶彝觶

成 6437 周早

耒父丁卣

成 4946.1 殷

成 4946.2 殷

耒父丁卣

成 4945 殷

耒父癸爵

成 8688 殷

耒𣪘

成 2969 殷

□竹且癸爵

成 8848 周早
參見 1349

劦闢父丁斝

成 9241 周早

鼎劦戈

成 10879.1 殷
參見 1000

1193

匕辛鏡

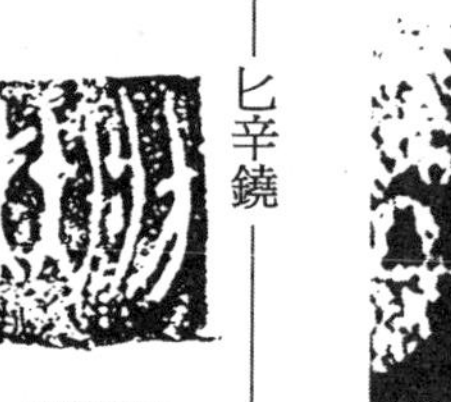

匕辛鏡

成 412 殷

耒父己鼎

成 1618 周中

[illegible]爵

成 8805 殷

耒觚

成 7202 殷

[illegible]方彝

成 9869 殷

1194

子[illegible]鼎

子[illegible]卣

成 4850.1 殷

成 4850.2 殷

子[illegible]鼎

成 1319 殷

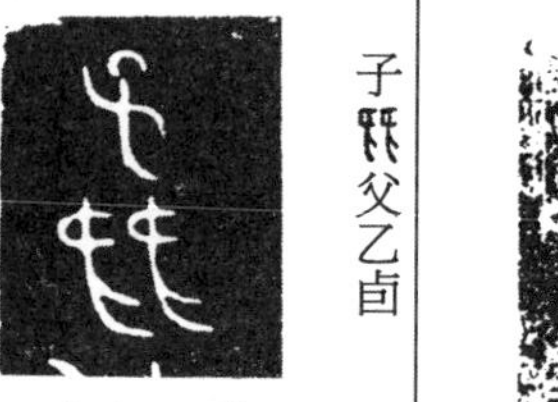

子[illegible]父乙卣

成 5057 殷

子[illegible]爵

總 4196

子[illegible]父丁簋

總 2001

子[illegible]父乙卣

中國法書選1・金文14

1197

豕形戈

新 1816 商晚

豕形戈

總 7282

1196

卪鉞

成 11755 𣪘

1195

耒耒

𣪘

成 3625 𣪘

1198

辰

辰父日觶

辰父乙觶

成 6239A 周早

臣辰𠂤父乙爵

成 5795 周早
參見 33

辰□爵

成 8297 殷

辰寑出𣪘

成 3238 殷
參見 541 殷

卜示部

1199

卜

卜鼎

卜冑

成 11891 殷

卜鼎

新 1303 商晚

卜盒觚

成 7036 殷

1200

団

弓日団觚

弓日団觚

成 7190 殷

弓日団觚

成 7189 殷

1203 爻	1202 祝	1201 示
爻觶	大祝禽方鼎	丁示觚
爻鼎 成 1212 殷；爻爵 成 7761 殷	大祝禽方鼎 成 1937 周早	丁卣 成 4797 殷
爻父丁觶 成 6263 殷；爻爵 成 7760 殷	大祝禽方鼎 成 1938 周早	丁示觚 新 1577 商晚
爻爵 成 7763 殷；爻爻盉 成 9322 殷		亞羊示爵 成 8785 殷
爻父乙殷 成 3163 殷；爻父丁爵 成 8505 殷		亞羊示觶 總 6343
爻父乙方鼎 成 1560 殷；爻尊 成 5506 殷		

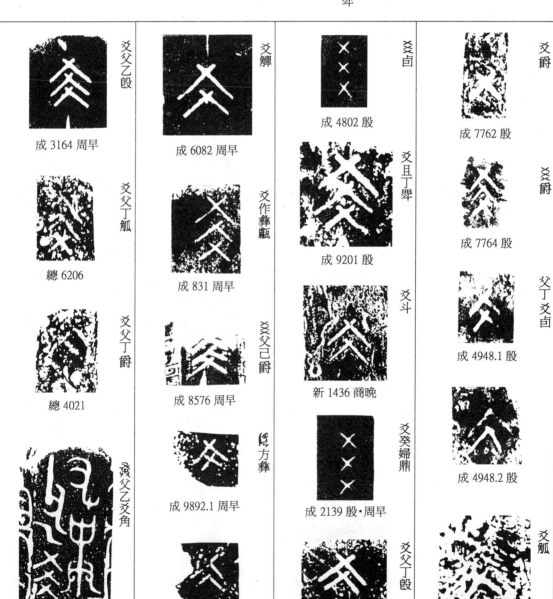

爻

爻且丁斝

爻父乙𣪘

成 3164 周早

爻父丁觚

總 6206

爻父丁爵

總 4021

[illegible]父乙爻角

成 8857 殷
參見 475

爻觶

成 6082 周早

爻作彝甗

成 831 周早

㸚父己爵

成 8576 周早

[illegible]方彝

成 9892.1 周早

成 9892.2 周早

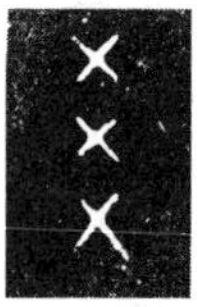

㸚卣

成 4802 殷

爻且丁斝

成 9201 殷

爻斗

新 1436 商晚

爻癸婦鼎

成 2139 殷·周早

爻父丁𣪘

成 3181 周早

爻爵

成 7762 殷

㸚爵

成 7764 殷

父丁爻卣

成 4948.1 殷

成 4948.2 殷

爻觚

成 6797 殷

1205 且

1204 巫

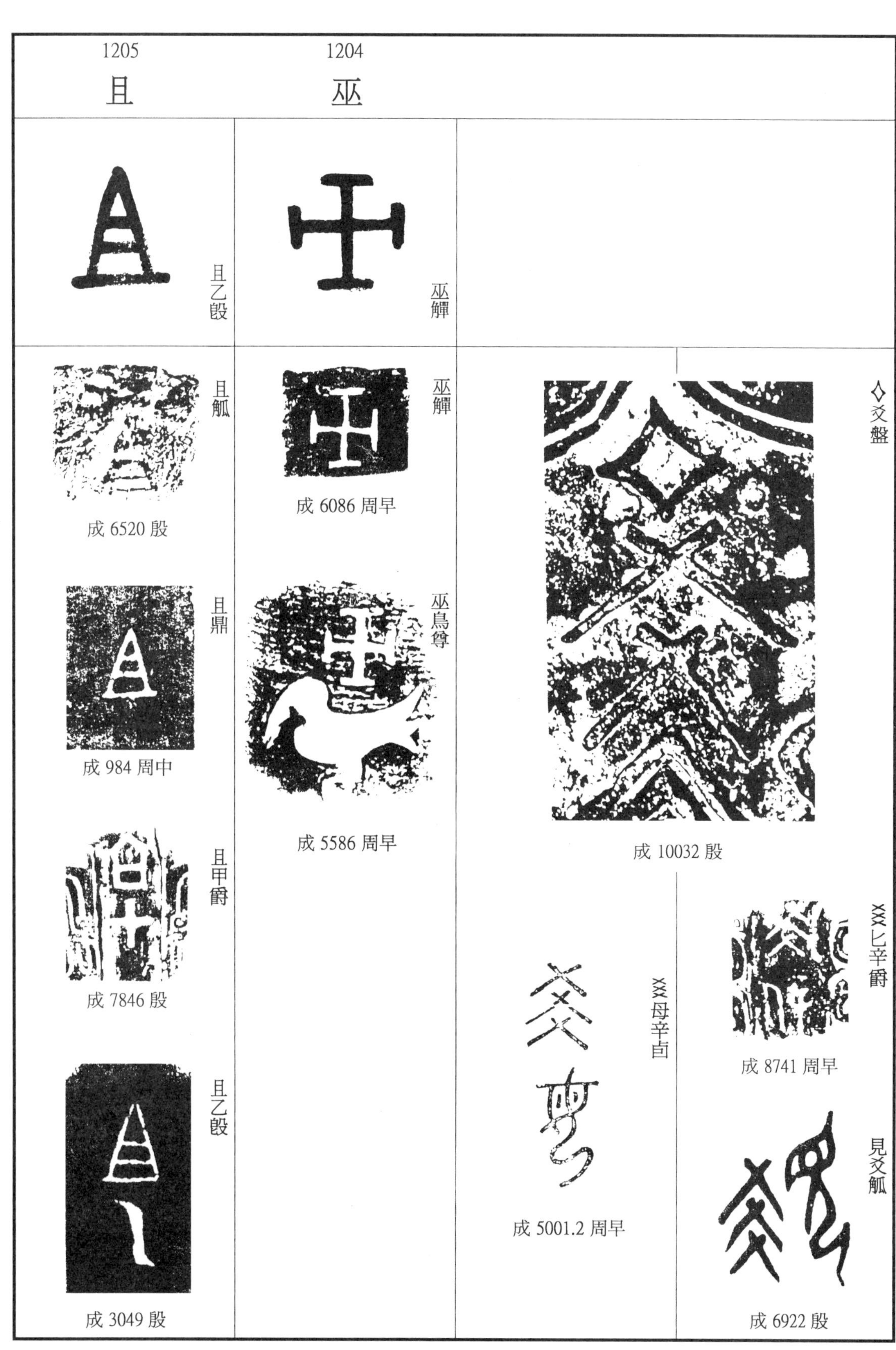

且乙毁
巫觶
且觚
成 6520 殷
巫觶
成 6086 周早
且鼎
成 984 周中
巫鳥尊
成 5586 周早
且甲爵
成 7846 殷
且乙毁
成 3049 殷
◇爻盤
成 10032 殷
爻爻匕辛爵
成 8741 周早
爻爻母辛卣
成 5001.2 周早
見爻觚
成 6922 殷

兵器 戈部

子且己卣

成 4894.2 殷

㸚且丁斝

成 9201 殷

鳥且犧尊

成 5514 殷

且辛卣

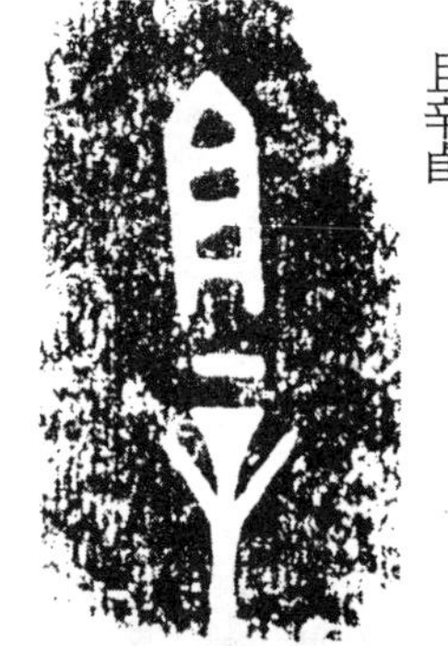

成 4821 殷

且壬尊

成 5512 周早

且癸尊

成 5513 殷·周早

且亣爵

成 8294 周早

且丙觶

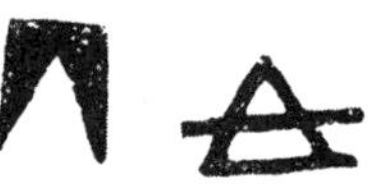

成 6092 周早

且丁觶

成 6094 周早

且戊尊

成 5510 殷

且己父癸鼎

成 1815 殷·周早

1206

戈

戈父丁段

戈段

成 3023 段

戈卣

成 4707 段

戈卣

成 4702.1 段

成 4702.2 段

戈鼎

成 1207 段

戈父丁段

成 3172 段

戈段

成 3019 段

戈鼎

成 1195 段

戈鼎

成 1196 段

戈鼎

成 1199 段

戈鼎

成 1197 段

戈甗

成 765 段

戈甗

成 766 段

戈鼎

成 1200 段

戈鼎

成 1203 段

戈殷

成 3022 殷

戈卣

成 4701.1 殷

成 4701.2 殷

戈尊

成 5469 殷

戈尊

成 5470 殷

戈尊

成 5471 殷

戈觶

成 6053 殷

戈觚

成 6687 殷

戈觶

成 6055 殷

戈觚

成 6688 殷

戈觚

成 6694 殷

戈父丁鼎

成 1599 殷

乙戈殷

成 3062 殷

乙戈觚

成 6826 殷

戈觚

成 6691 殷

己戈戈

成 10856 殷

戈且丁觚

成 7078 殷

戈觚

成 6692 殷

戈觚

成 6697 殷

戈爵

成 7621 殷

戈觚

成 6696 殷

戈觚

成 6693 殷

戈爵

成 7315 殷

戈爵

成 7626 殷

戈觚

成 6695 殷

戈爵

成 7619 殷

戈爵

成 7620 殷

戈爵

成 7622 殷

戈爵

成 7623 殷

戈戈

成 10733 殷

戈爵

成 7617 殷

戈爵

成 7616 殷

戈爵

成 7618 殷

戈爵

成 7625 殷

戈父己爵

成 8556 殷

戈爵

成 7627 殷

戈斝

成 9140 殷

戈父辛爵

成 8656 殷

戈乙爵

成 8014 殷

戈鉞

成 11729 殷

戈戈

成 10732 殷

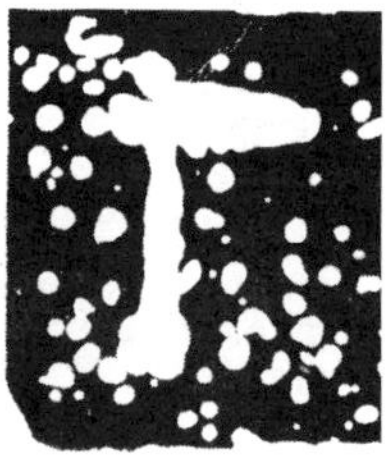

戈戈

成 10731 殷

戈父己爵

成 8555 殷

馬戈

成 10857.2 殷

馬戈

成 10858.2 殷

戈且辛鼎

成 1511 殷

戈戈

成 10733 殷

甗戈

成 10758 殷

戈觚

成 6689 殷

戈父癸觚

成 7155 殷

戈

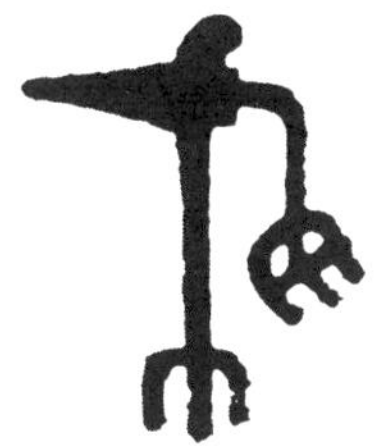

戈且己尊

戈鼎

成 1201 殷

戈父乙𣪘

成 3156 殷

戈卣

成 4703 殷

戈父乙爵

成 8408 殷

戈爵

成 7624 殷

戈且辛爵

成 8349 殷

戈父乙爵

成 8409 殷

戈父乙爵

成 8410 殷

戈父丁爵

成 8467 殷

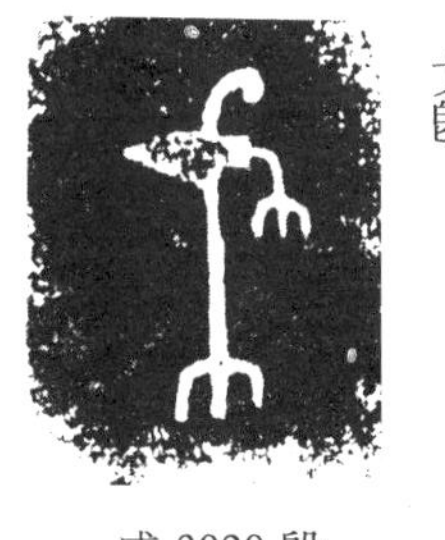

戈𣪘

成 3020 殷

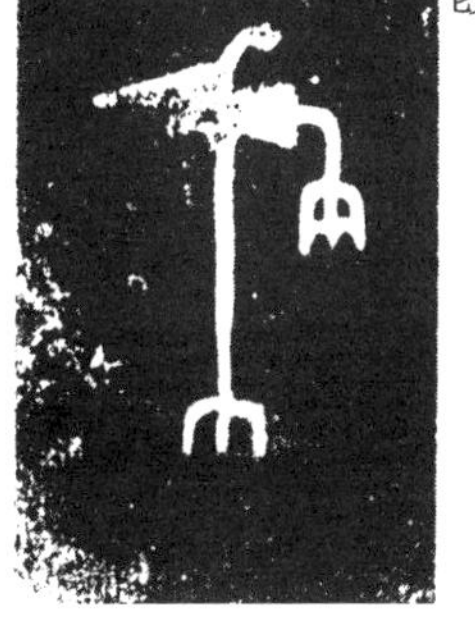

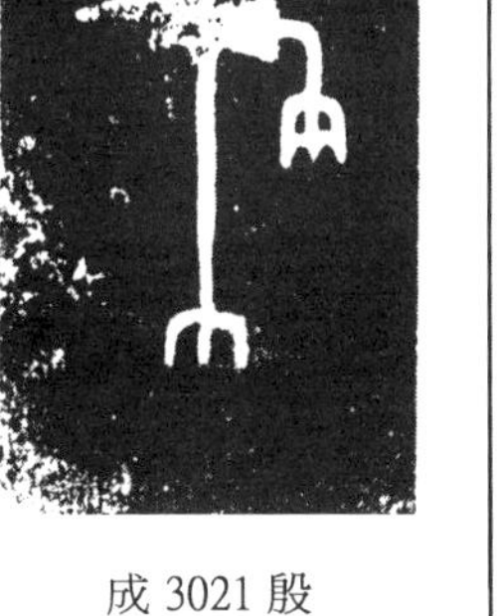

戈𣪘

成 3021 殷

戈尊

成 5468 殷

戈甗

成 767 殷

戈鼎

成 1202 殷

戈鼎

成 1204 殷

戈鼎

成 1206 殷

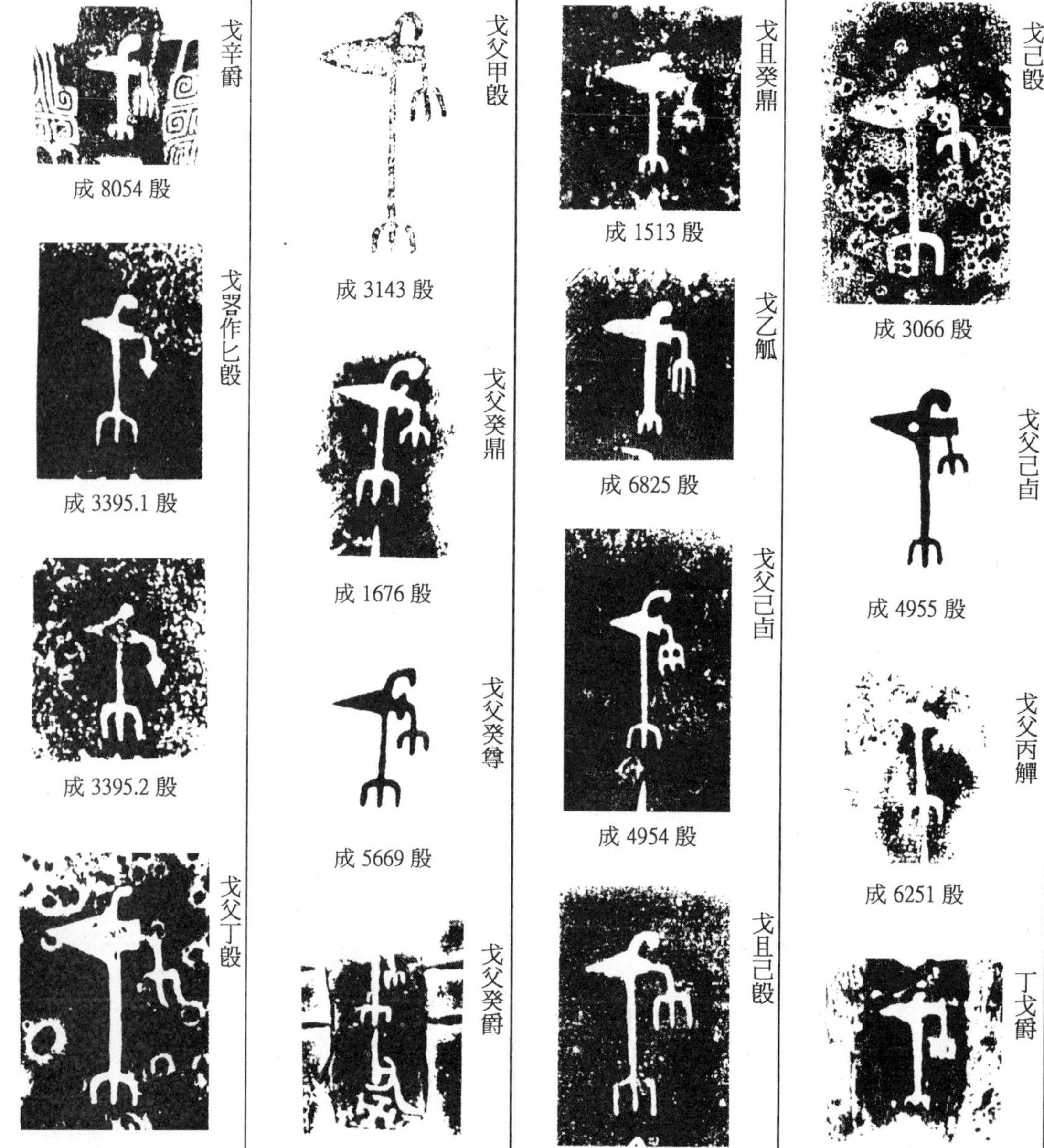

戈己𣪘
成 3066 殷

戈父己卣
成 4955 殷

戈父丙觶
成 6251 殷

丁戈爵
成 8026 殷

戈且癸鼎
成 1513 殷

戈乙觚
成 6825 殷

戈父己卣
成 4954 殷

戈且己𣪘
成 3139 殷

戈父甲𣪘
成 3143 殷

戈父癸鼎
成 1676 殷

戈父癸尊
成 5669 殷

戈父癸爵
成 8700 殷

戈辛爵
成 8054 殷

戈䍙作匕𣪘
成 3395.1 殷

成 3395.2 殷

戈父丁𣪘
成 3173 殷

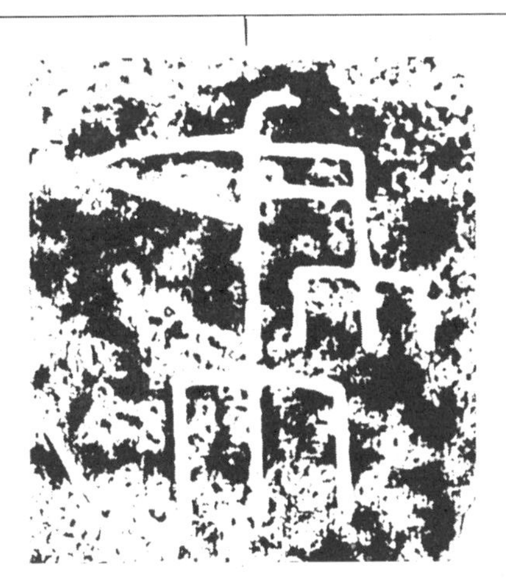
戈罍

成 9752 殷

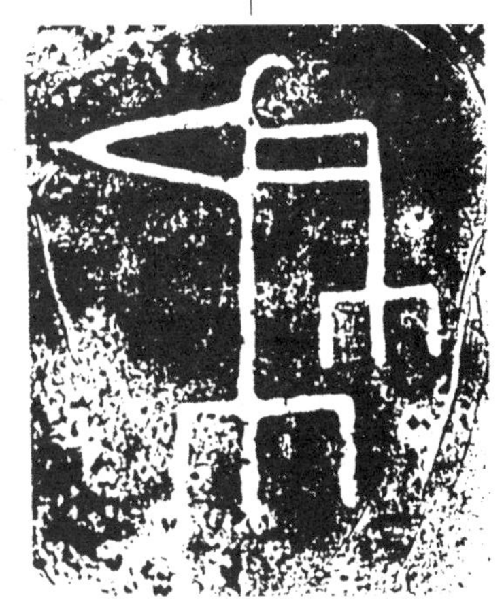
戈罍

成 9753 殷

戈戈

成 10729.1 殷

成 10729.2 殷

戈戈

成 10730 殷

戈方彝

成 9840 殷

戈方彝

成 9841.1 殷

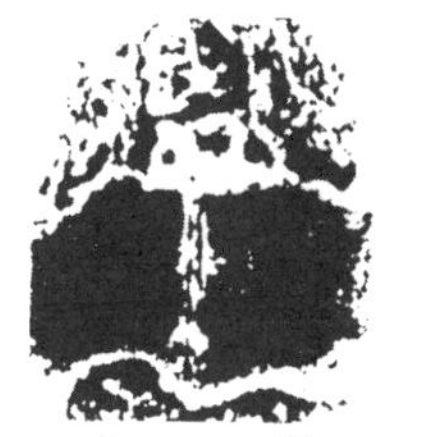
成 9841.2 殷

戈瓿

成 9946 殷

戈器

成 10489 殷

戈罍

成 9755.1 殷

成 9755.2 殷

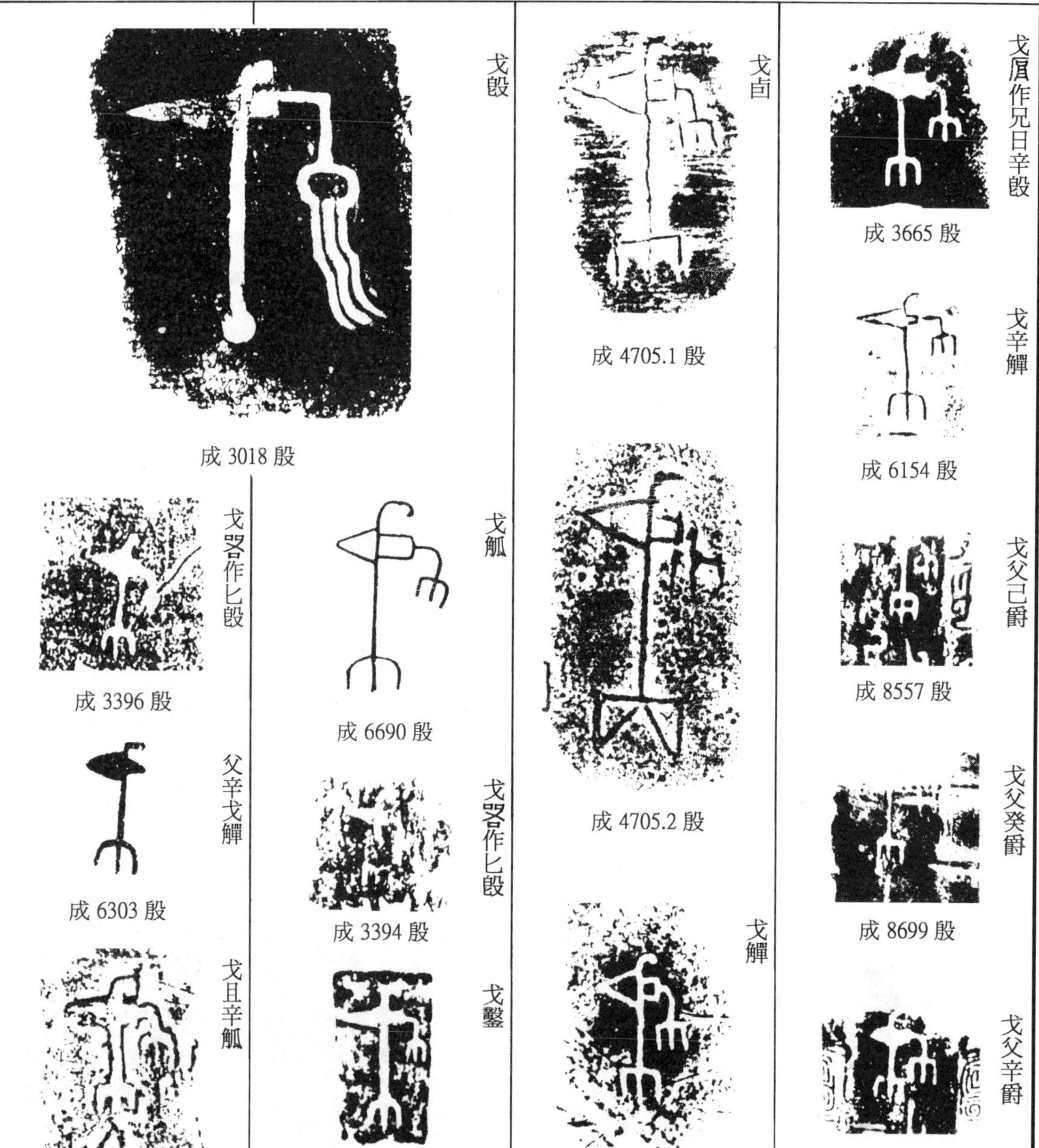

戈毁
成 3018 殷

戈㗊作匕毁
成 3396 殷

父辛戈觶
成 6303 殷

戈且辛觚
成 7083 殷

戈觚
成 6690 殷

戈㗊作匕毁
成 3394 殷

戈鑿
成 11798 殷

戈卣
成 4705.1 殷

成 4705.2 殷

戈觶
成 6054 殷

戈眉作兄日辛毁
成 3665 殷

戈辛觶
成 6154 殷

戈父己爵
成 8557 殷

戈父癸爵
成 8699 殷

戈父辛爵
成 8657 殷

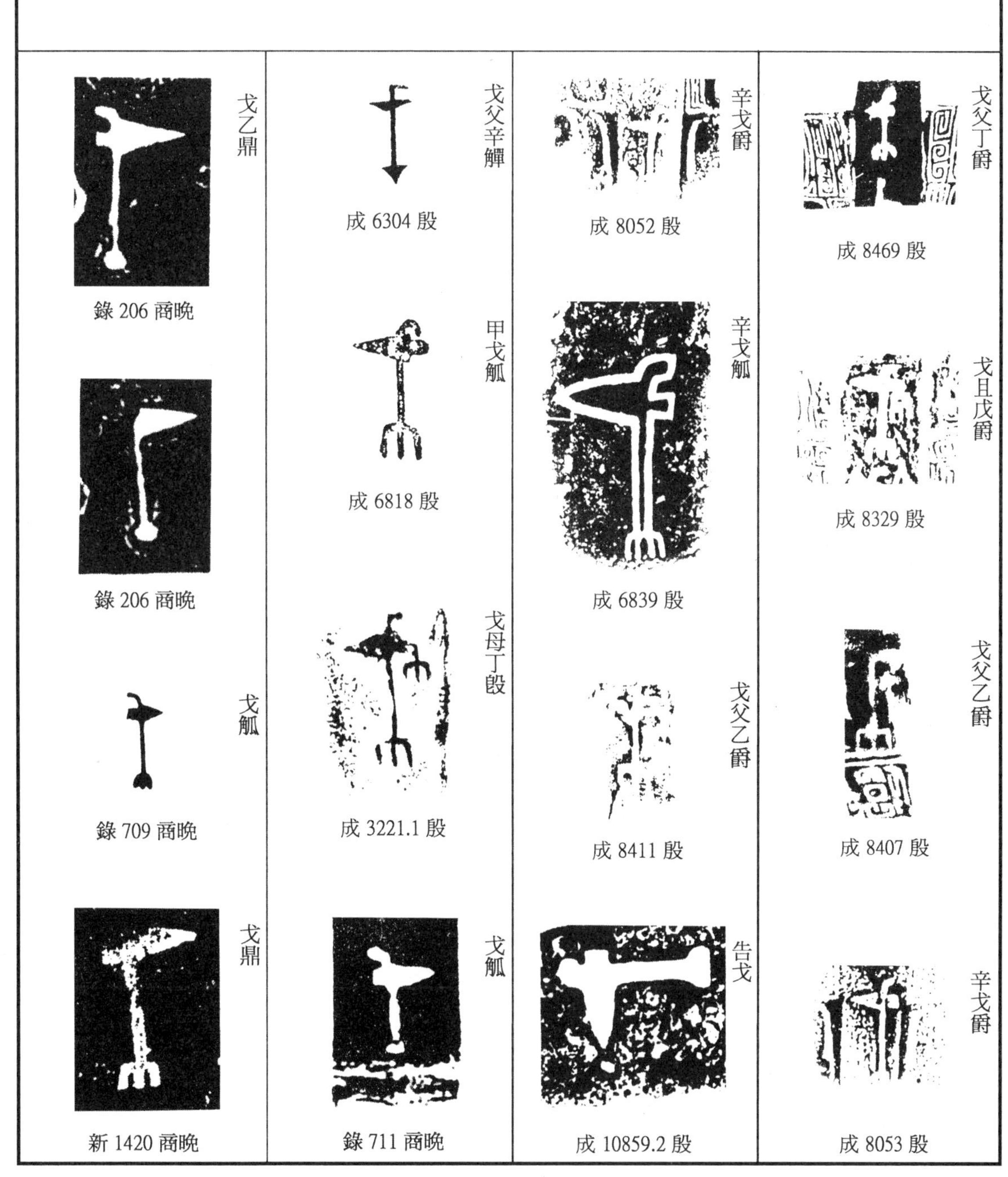

戈父丁爵
成 8469 殷
戈且戊爵
成 8329 殷
戈父乙爵
成 8407 殷
辛戈爵
成 8053 殷
辛戈爵
成 8052 殷
辛戈觚
成 6839 殷
戈父乙爵
成 8411 殷
告戈
成 10859.2 殷
戈父辛觶
成 6304 殷
甲戈觚
成 6818 殷
戈母丁段
成 3221.1 殷
戈觚
錄 711 商晚
戈乙鼎
錄 206 商晚
錄 206 商晚
戈觚
錄 709 商晚
戈鼎
新 1420 商晚

戈

戈卣

戈己鼎

新 1702 商晚

戈爵

錄 775 周早

戈母觶

成 6151 周早

戈父戊盉

新 781 商晚·周早

戈爵

新 1522 商晚·周早

戈祖丁爵

新 1840 商晚·周早

戈父乙尊

成 5624 周早

戈父乙爵

錄 869 商晚

戈己鼎

成 1293 殷·周早

戈且己觶

成 6209 殷·周早

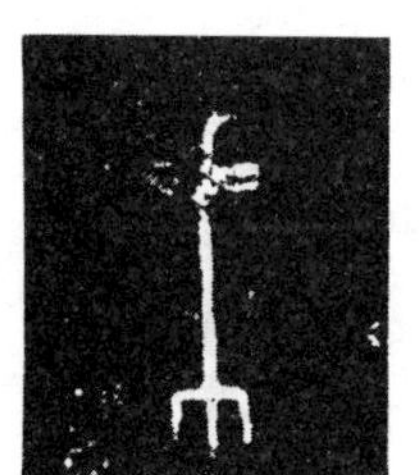

戈父己𣪘

新 790 商晚·周早

戈卣

新 1387 商晚

戈觶

錄 642 商晚

戈父辛盤

新 929 商晚

戈乙爵

錄 818 商晚

戈觶

錄 641 商晚

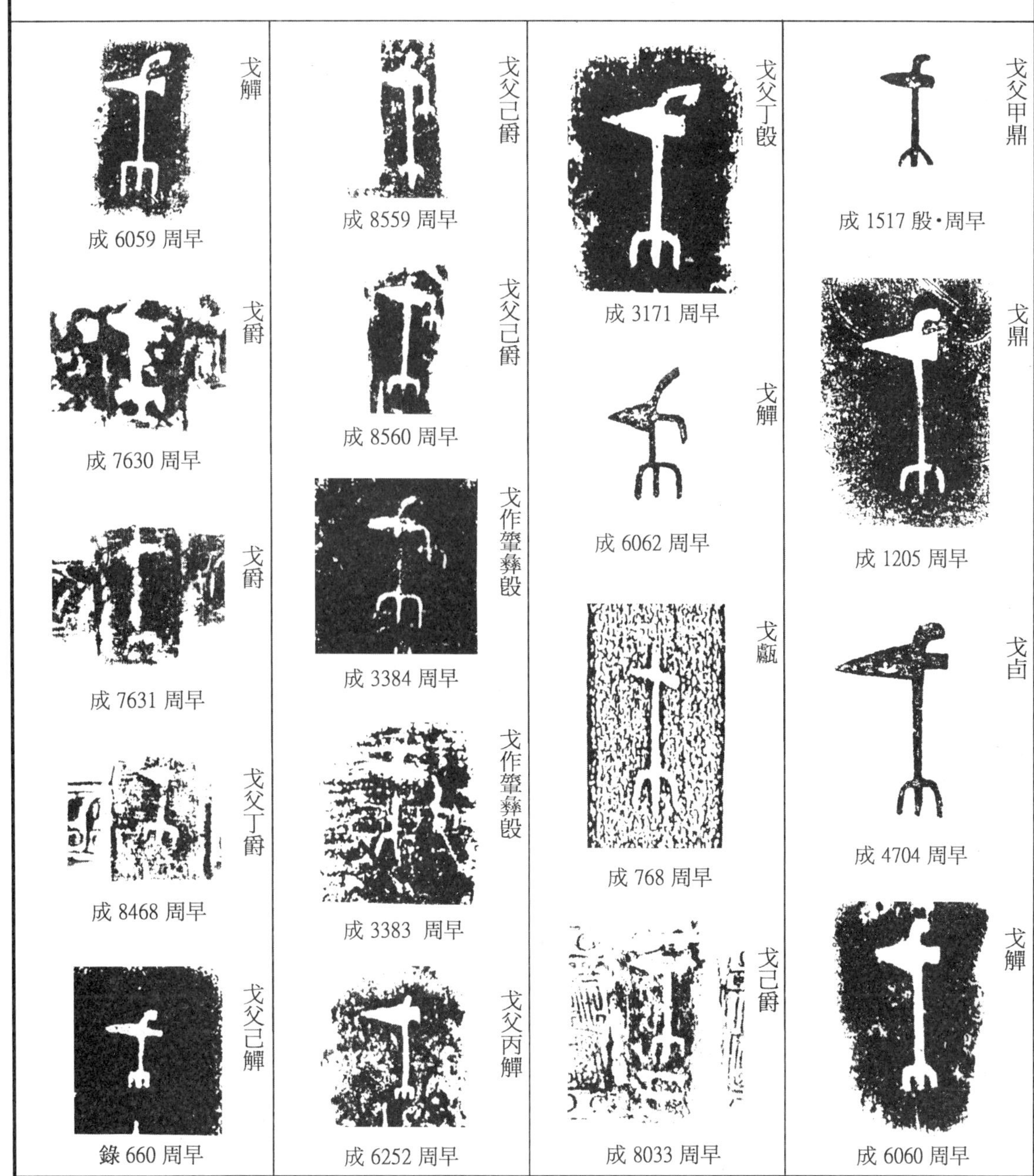

戈觶
成 6059 周早

戈爵
成 7630 周早

戈爵
成 7631 周早

戈父丁爵
成 8468 周早

戈父己觶
錄 660 周早

戈父己爵
成 8559 周早

戈父己爵
成 8560 周早

戈作肇彝𣪘
成 3384 周早

戈作肇彝𣪘
成 3383 周早

戈父丙觶
成 6252 周早

戈父丁𣪘
成 3171 周早

戈觶
成 6062 周早

戈甗
成 768 周早

戈己爵
成 8033 周早

戈父甲鼎
成 1517 殷·周早

戈鼎
成 1205 周早

戈卣
成 4704 周早

戈觶
成 6060 周早

戈

戈罍

戈父甲方鼎
成 1519 周早

戈父己鼎
新 670 周早

戈且己爵
成 8335 周早

戈父己觚
成 7135 周早

戈觶
成 6064 周早

凡器
成 10552 周早

戈罍
成 9754 周早

戈父癸觶
成 6336 周早

戈觶
成 6061 周早

戈丁斝
新 562 周早

戈父辛鼎
成 1639 周早

戈且癸鼎
成 1514 周早

戈觶
成 6063 周早

戈作旅彝卣
成 5141 周早

戈毁
新 1336 周早

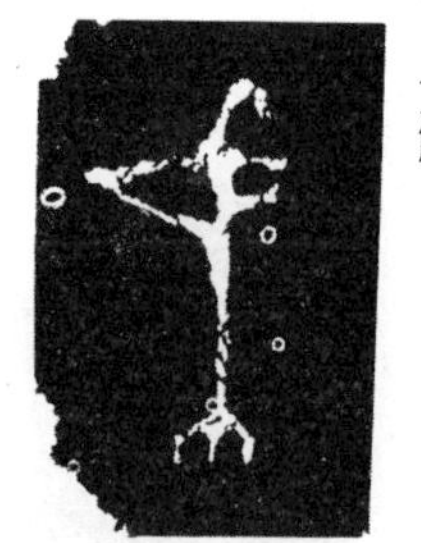
戈觶
新 811 周早

戈父己爵

成 8558 周早

戈父癸卣

錄 574 周早

錄 574 周早

戈父辛尊

錄 618 周早

作从彝卣

錄 583 周早

錄 583 周早

戈父戊盉

成 9355 周早

戈父爵

成 8237 周早

戈且辛觶

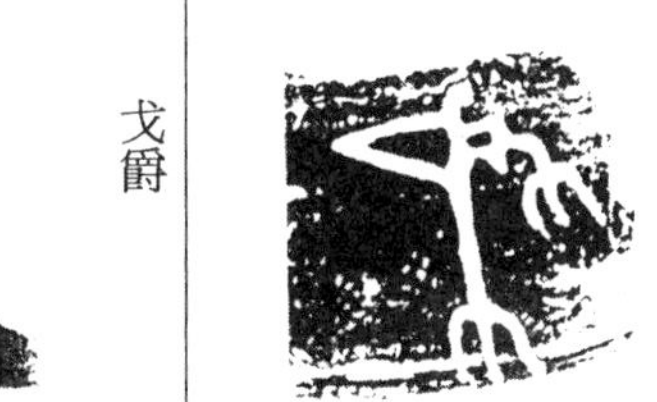

成 6211 周早

戈䍃作氒觚

成 7257 周早

戈䍃作乙盉

成 9381.1 周早

戈䍃作乂爵

成 8990 周早

戈觶

成 6058 周早

戈爵

成 7629 周早

戈卣

成 4709.2 周早

戈𣪘

成 3024 周早

戈鼎

成 1198 周早

戈父甲甗

成 807 周早

戈嚣卣

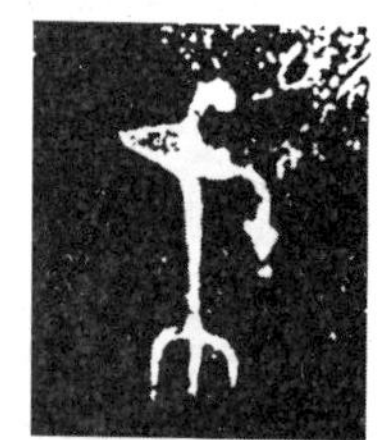

成 5112.1 周早

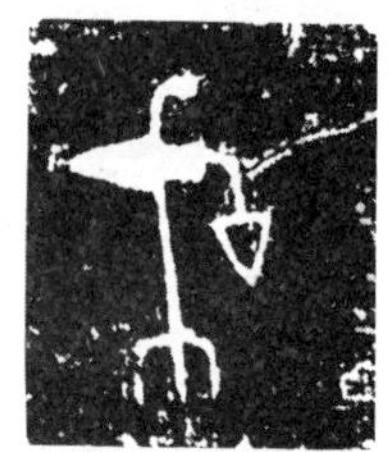

成 5112.2 周早

戈且己尊

成 5603 周早

戈父己鼎

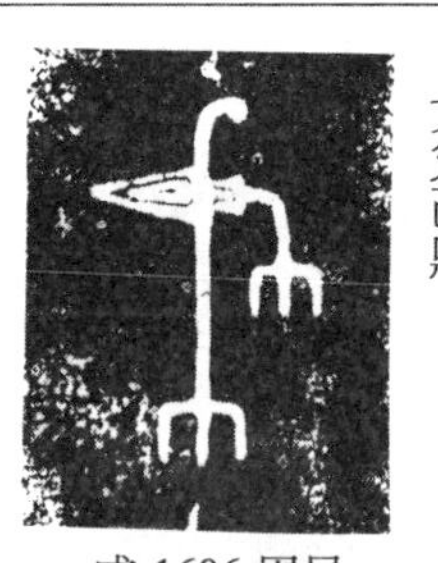

成 1606 周早

戈作父乙殷

成 3503 周早

戈作旅彝卣

成 5141 周早

作從彝戈尊

成 5771 周早

戈作旅彝尊

成 5773 周早

戈父甲方鼎

成 1518 周早

戈父辛鼎

成 1638 周早

戈卣

成 4706.1 周早

成 4706. 2 周早

戈卣

成 4708 周早

戈卣

成 4709.1 周早

戈卣

成 4710.1 周早

成 4710.2 周早

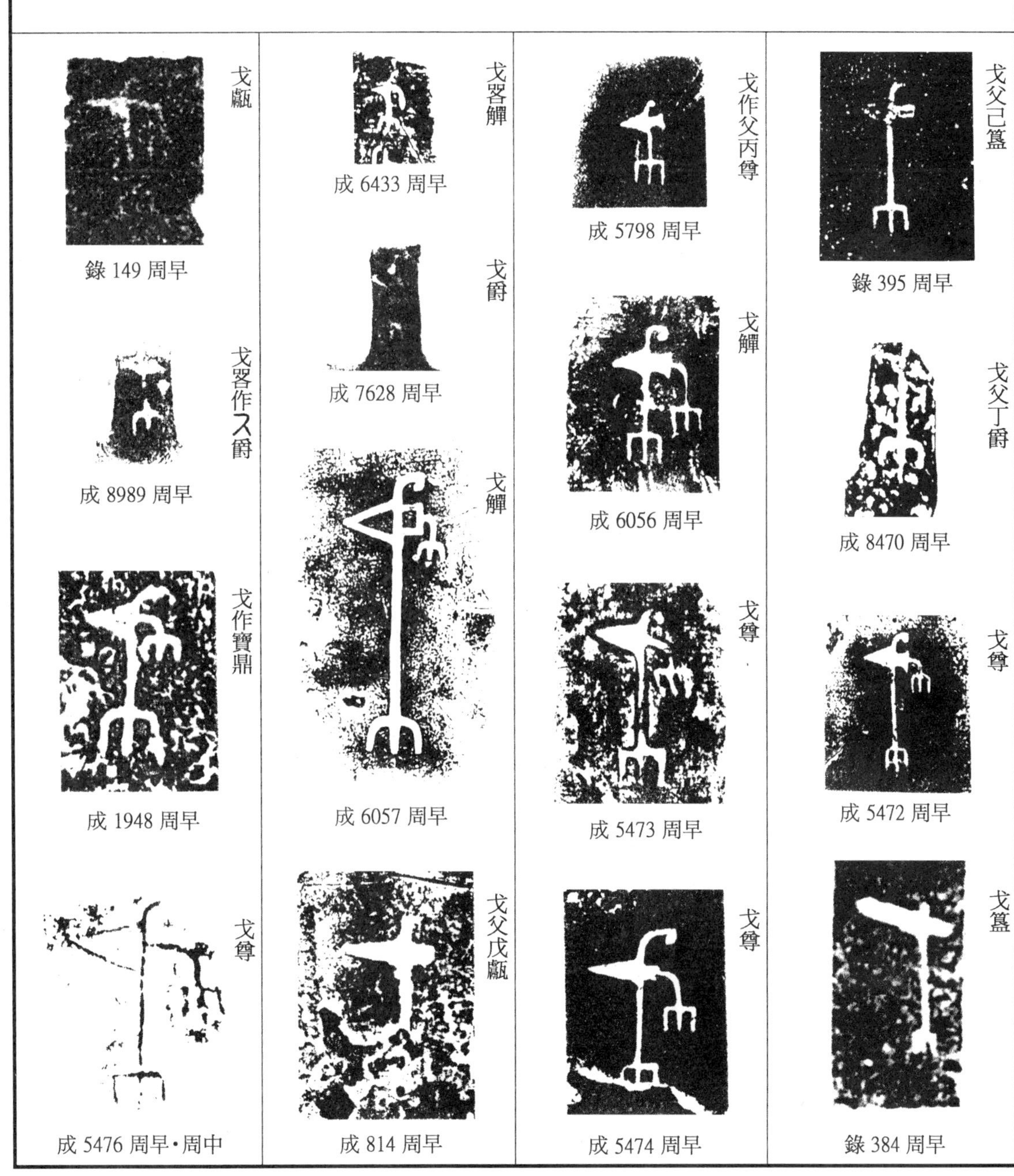

戈父己簋
錄 395 周早

戈父丁爵
成 8470 周早

戈尊
成 5472 周早

戈簋
錄 384 周早

戈作父丙尊
成 5798 周早

戈觶
成 6056 周早

戈尊
成 5473 周早

戈尊
成 5474 周早

戈罟觶
成 6433 周早

戈爵
成 7628 周早

戈觶
成 6057 周早

戈父戊甗
成 814 周早

戈甗
錄 149 周早

戈罟作乆爵
成 8989 周早

戈作寶鼎
成 1948 周早

戈尊
成 5476 周早·周中

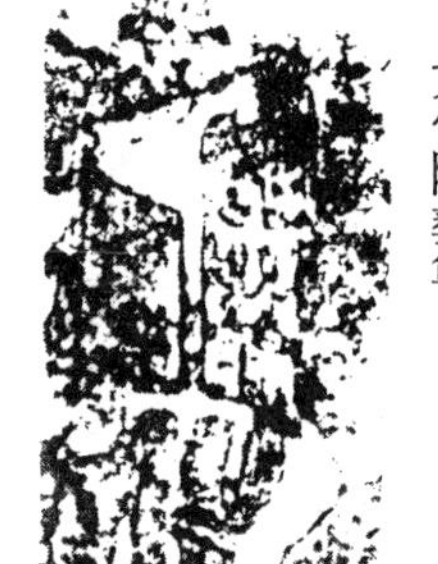

戈作隮彝尊

成 5772 周中

戈作寶鼎

成 1948 周中

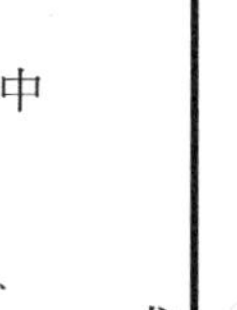

戈觶

錄 643 周中

戈觶

成 6066 周中

冶仲父己尊

成 5881.1 周中

成 5881.2 周中

蘇罍

成 9822 周中

戈尊

成 5475 周中

戈觶

成 6065 周中

戈觚

錄 710
參見補17·34

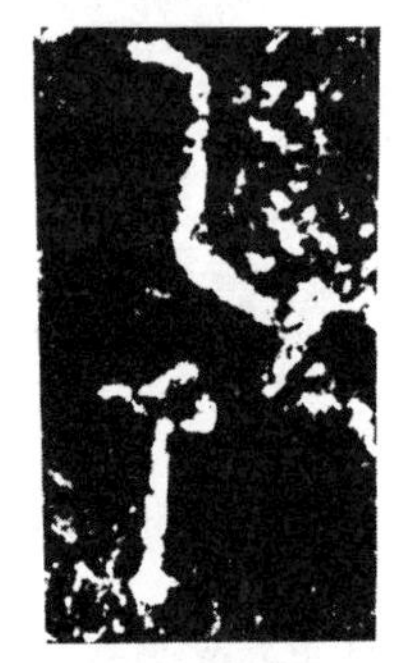

乙戈器

成 10509 殷

北單戈鼎

成 1748 殷
參見 203

礼父丁斝

成 9240 殷·周早
參見 93

戈[illegible]盉爵

成 8809 殷

戈父辛鼎

成 2406 周早

戈[illegible]爵

成 8232 殷

1207

軙

軙作父丁卣

軙作父丁卣

成 5272.1 周早

成 5272.2 周早

家戈父庚卣

成 5082.1 殷
參見 728

戈卣

成 4869 殷
參見 632

戈天爵

成 8142 殷

戈⊠甗

成 797 殷

戈⊠卣

新 780 商晚·周早

戈⊠卣

成 4854 周早

戈觚

成 7033 殷

工戈爵

成 8233 殷

工戈爵

成 8234 殷

戈匕辛鼎

成 1515 殷

1209 戎	1208 酖
乙戎鼎	酖毁

戎刀爵
成 8239 毁

戈亩器
成 10510 毁

乙戎鼎
成 1287 毁

𢦏作從彝卣
成 5124.1 周早

成 5124.2 周早

戈𠙵觚
成 7034 毁

酖父乙觶
成 6230 周早

駁卣
成 5380.1 毁

成 5380.2 毁

酖毁
成 3025 毁

1210

賊

賊己卣

賊己卣

成 4831 殷

己賊鼎

成 1294 殷

賊父乙鼎

成 1537 殷

賊父癸鼎

成 1695 殷

賊父癸爵

成 8704 殷

己賊卣

成 4829.1 殷

成 4829.2 殷

己賊卣蓋

成 4830 殷

賊己鼎

成 1295 殷

賊觚

成 6710 殷

1211

戓

戓鼎

戓觚

成 6713 殷

戓觚

成 6712 殷

戓鼎

成 1208 殷

戓觚

成 6711 殷

1212

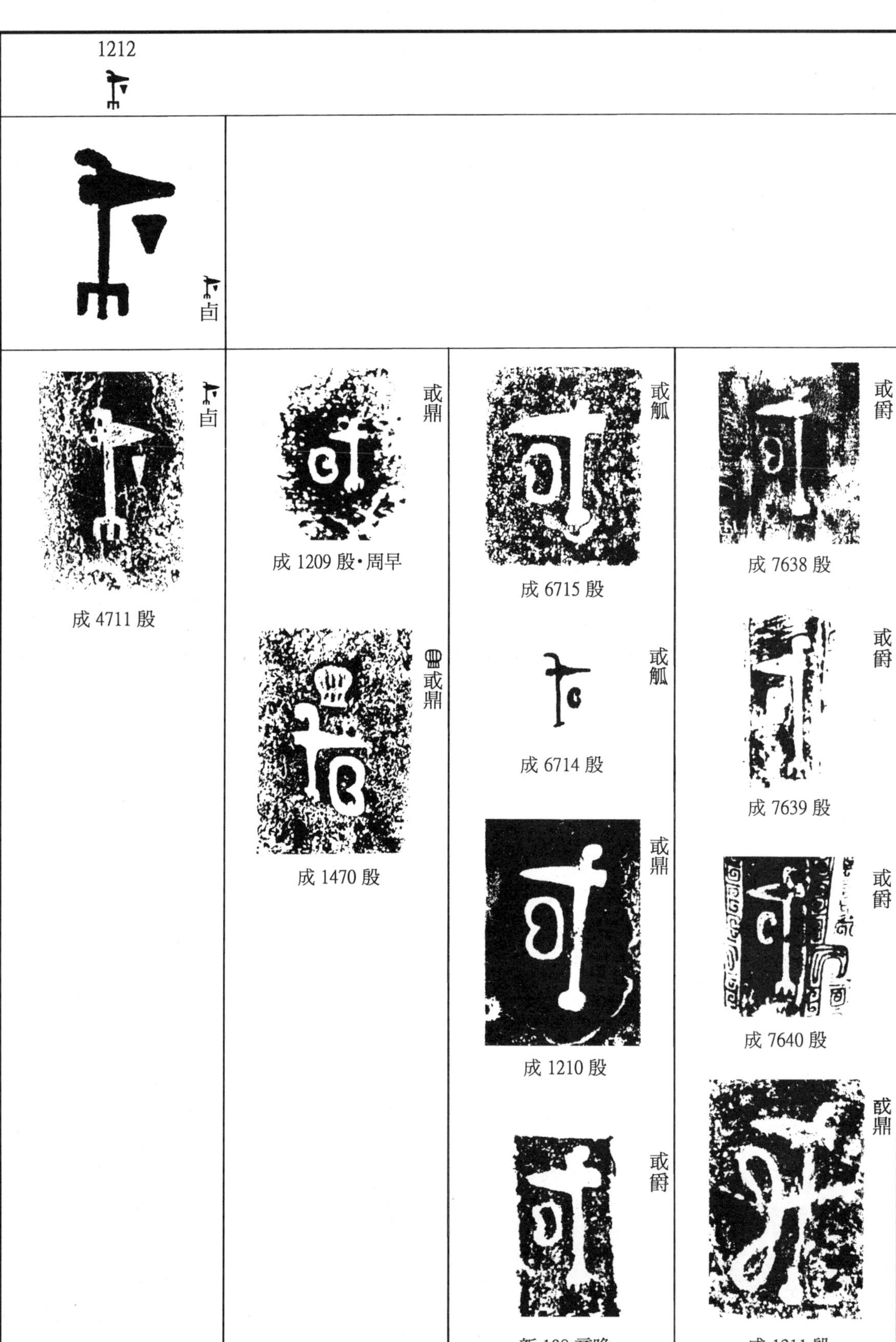

成 4711 殷

成 1209 殷•周早

成 1470 殷

成 6715 殷

成 6714 殷

成 1210 殷

新 108 商晚

成 7638 殷

成 7639 殷

成 7640 殷

成 1211 殷

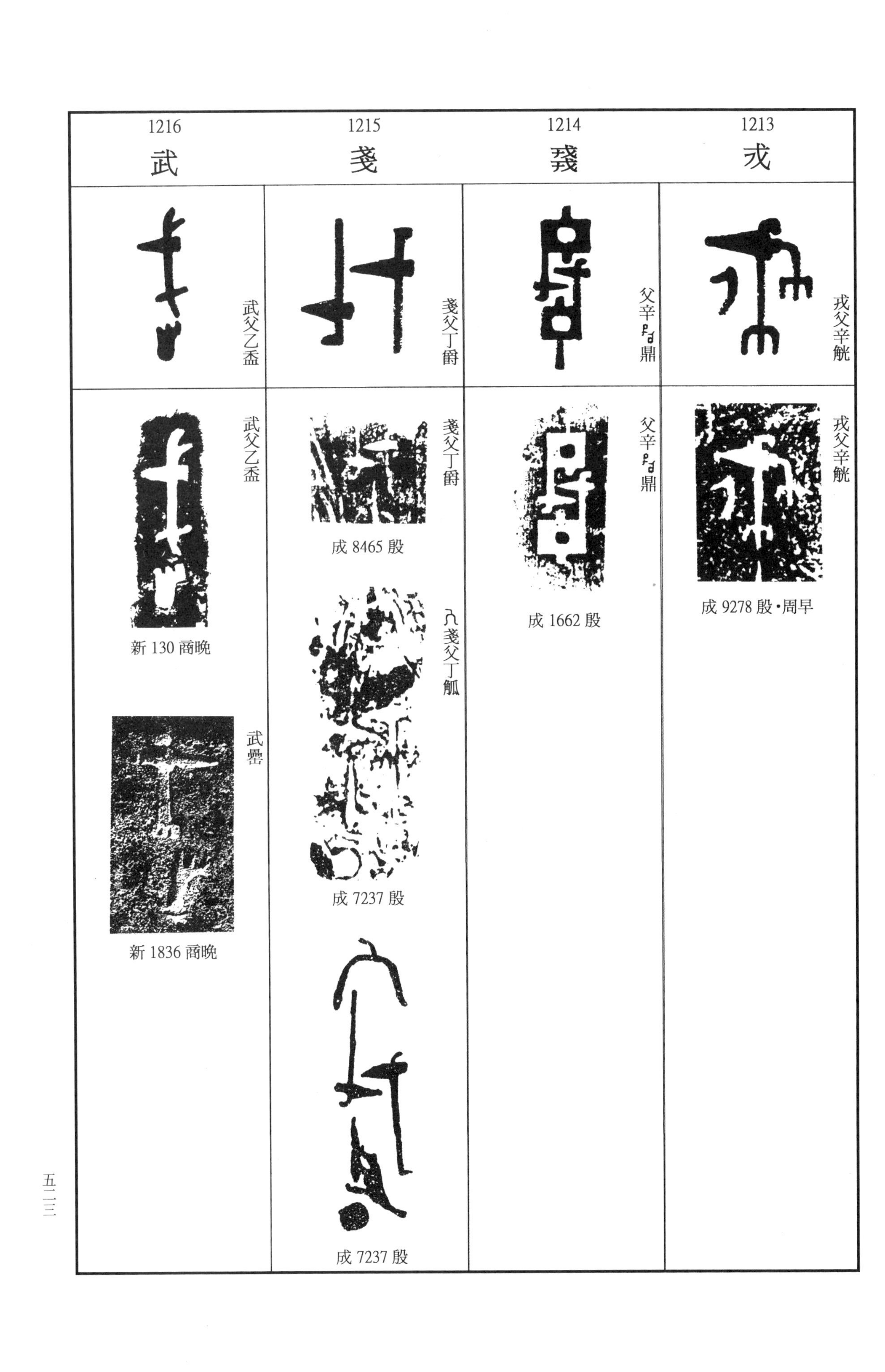

1213	1214	1215	1216
戎	[illegible]	戔	武
戎父辛觥	父辛[illegible]鼎	戔父丁爵	武父乙盉
戎父辛觥 成 9278 殷•周早	父辛[illegible]鼎 成 1662 殷	戔父丁爵 成 8465 殷	武父乙盉 新 130 商晚
		入戔父丁觚 成 7237 殷	武罍 新 1836 商晚
		成 7237 殷	

1217

父乙觶

父乙觶
成 6228 殷

父乙卣
成 4932.1 殷

成 4932.2 殷

父乙尊
成 5617 殷

父丁盉
新 845 商晚·周早

新 845 商晚·周早

1218

家戈爵

家戈爵
新 617 商晚

1219

且辛戉觚

爵
成 8154 殷
參見 161

且辛戉觚
成 7216 殷

旅爵
成 8179 殷

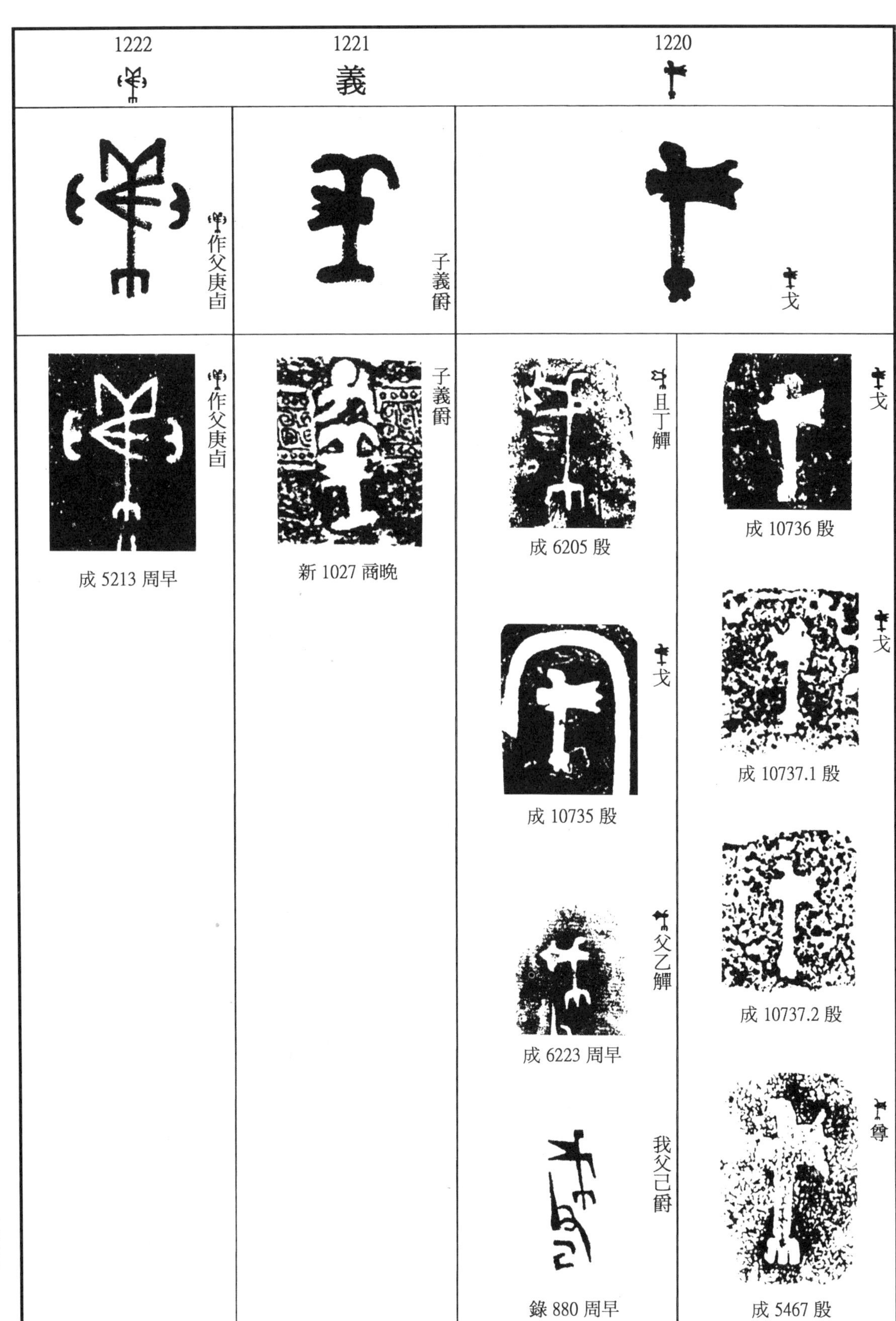
1222
1221
義
1220
作父庚卣
子義爵
戈
作父庚卣
成 5213 周早
子義爵
新 1027 商晚
且丁觶
成 6205 殷
戈
成 10736 殷
戈
成 10735 殷
戈
成 10737.1 殷
父乙觶
成 6223 周早
成 10737.2 殷
我父己爵
錄 880 周早
尊
成 5467 殷

1223	1224	1225	1226
亞子戈	奔者君父乙尊	鼎	觚
亞子戈 成 10844.2 殷	奔者君父乙尊 成 5945 周早	鼎 成 1218 殷・周早	觚 成 6719 殷

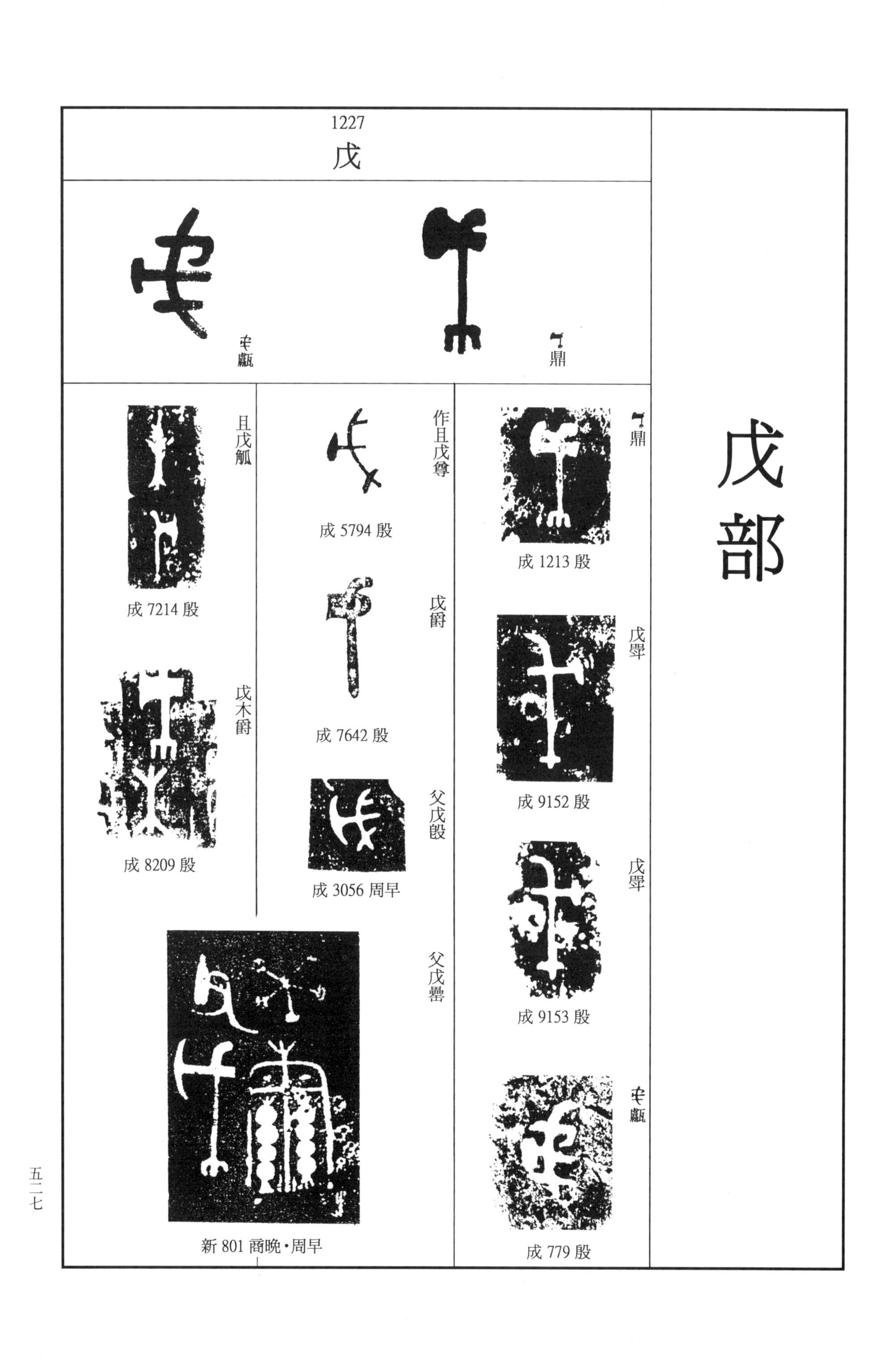

1227

戊

甗

鼎

且戊觚

成7214殷

戊木爵

成8209殷

作且戊尊

成5794殷

戊爵

成7642殷

父戊殷

成3056周早

父戊罍

新801商晚·周早

鼎

成1213殷

戊斝

成9152殷

戊斝

成9153殷

甗

成779殷

戊部

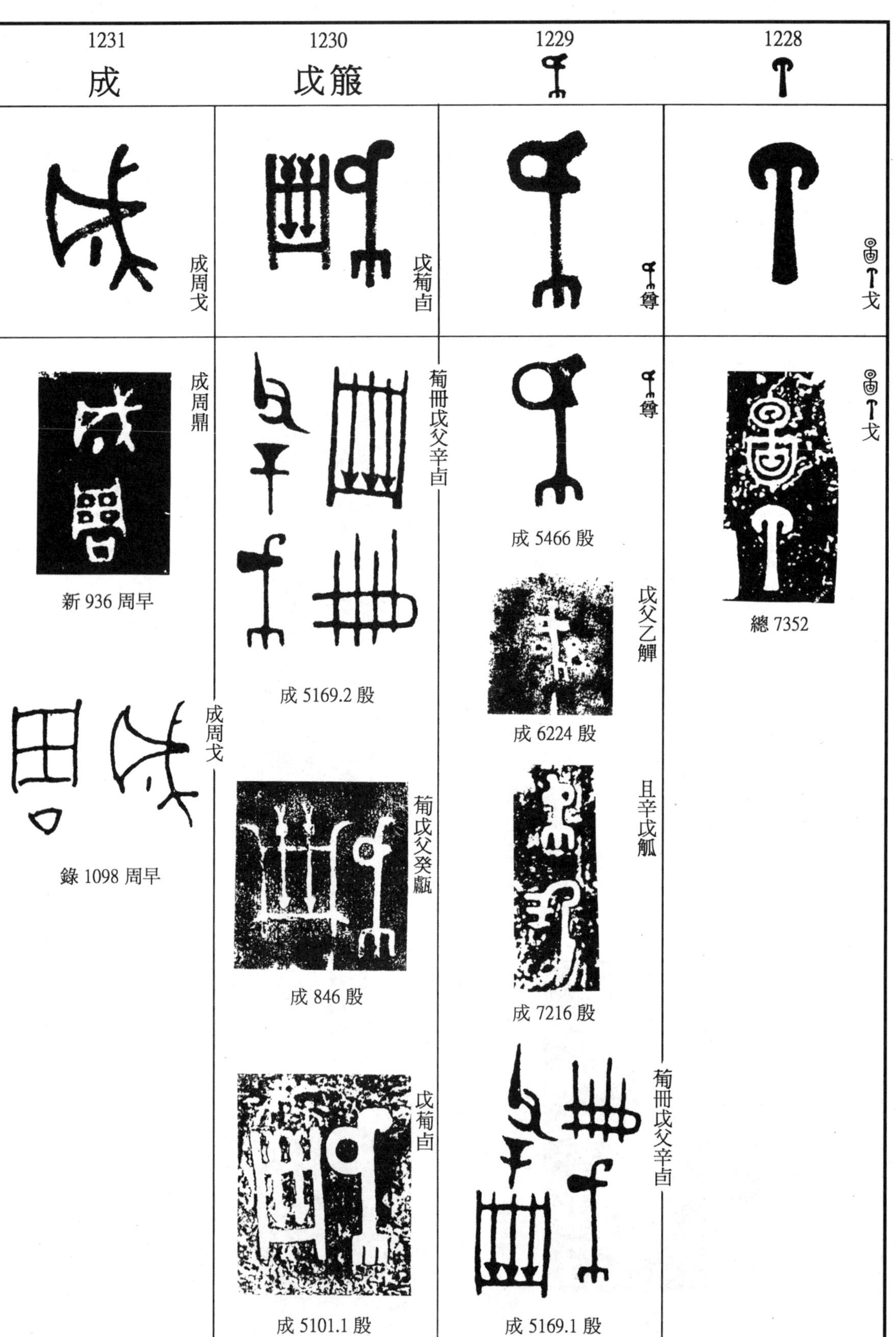

1231
成
1230
戉箙
1229
1228
戈
總 7352
尊
尊
成 5466 殷
戉父乙觶
成 6224 殷
且辛戉觚
成 7216 殷
葡冊戉父辛卣
成 5169.1 殷
戉葡卣
葡冊戉父辛卣
成 5169.2 殷
葡戉父癸甗
成 846 殷
戉葡卣
成 5101.1 殷
成周戈
成周鼎
新 936 周早
成周戈
錄 1098 周早

1232 咸

咸父乙𣪘

咸父乙𣪘
成 3150 殷

咸匕癸尊
成 5613 殷

咸爵
成 7641 殷

咸妹子作且丁鼎
成 2311 殷

咸父甲鼎
成 1520 周早
參見 補12

1233

葡父乙觶

葡父乙觶
成 6386 殷

父乙卣
總 5225

1234

父己盉

父己盉
成 9358 周早

1235

父癸爵

父癸爵
成 8707 殷

作父乙𣪘
新 1853 周早

1236

隹作父己尊

作父癸鼎

作父癸鼎

成 1901 周早

戉且乙卣

成 5047.1 殷

成 5047.2 殷

隹作父己尊

成 5901 周早

啓作且丁尊

成 5983 周早

啓卣

成 5410.1 周早

成 5410.2 周早

作父丁鼎

成 2319 周早

1237

父乙器

葡戉觶

錄 654 商晚

葡戉爵

錄 859 商晚

葡觶

成 6166 周早

父乙器

成 10532 殷

觥

成 9262.1 殷

成 9262.2 殷

戉戈

新 1335 周早

盾部

1238 王	1239	1240
豐王銅泡	乙殷	爵
豐王銅泡 成 11850 周早 參見 1056	乙殷 成 3061 殷	爵 成 7706 殷

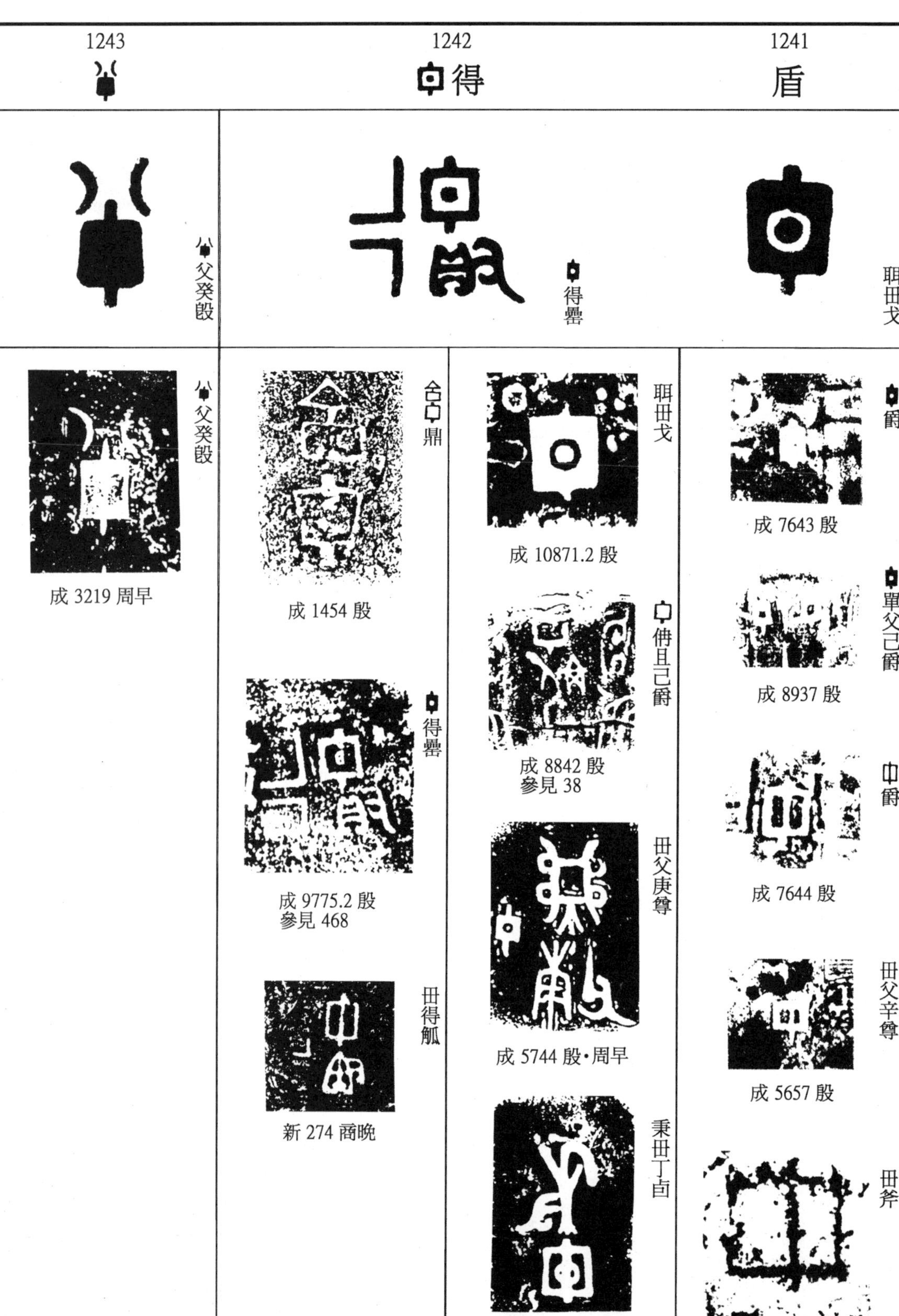

1243
1242
得
1241
盾
父癸㲃
得罍
琱田戈
父癸㲃
成 3219 周早
鼎
成 1454 殷
得罍
成 9775.2 殷
參見 468
田得觚
新 274 商晚
琱田戈
成 10871.2 殷
併且己爵
成 8842 殷
參見 38
田父庚尊
成 5744 殷·周早
秉田丁卣
成 5008 殷·周早
參見 426·1363
爵
成 7643 殷
單父己爵
成 8937 殷
中爵
成 7644 殷
田父辛尊
成 5657 殷
田斧
成 11767 殷

1244

父乙卣

父戊尊

成 5739 殷

父乙卣

新 1635 商晚

新 1635 商晚

父乙鼎

總 0359

作父乙觚

成 7265 殷

父乙卣

成 5060.1 殷

成 5060.2 殷

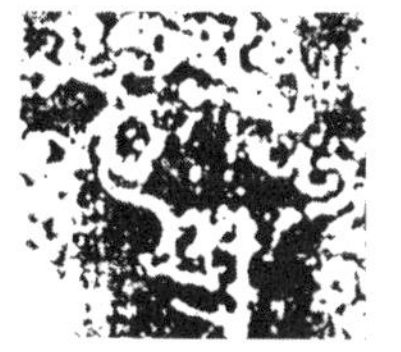

作父戊鼎

成 2011 殷

父戊卣

成 5076 殷

作父戊斝

成 9231 殷

父乙觚

成 7226 殷

父乙卣

成 5059.1 殷

成 5059.2 殷

觚

成 7030 殷

尊

成 5583 殷

父乙盉

成 9346.1 殷

成 9346.2 殷

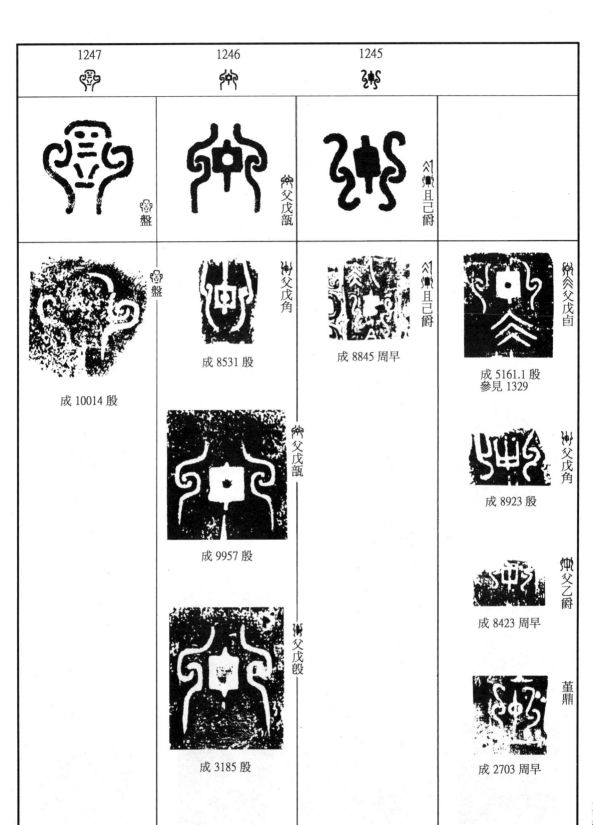

1247	1246	1245	
盤	父戊甗	且己爵	
盤 成 10014 殷	父戊角 成 8531 殷 父戊甗 成 9957 殷 父戊𣪕 成 3185 殷	且己爵 成 8845 周早	父戊卣 成 5161.1 殷 參見 1329 父戊角 成 8923 殷 父乙爵 成 8423 周早 堇鼎 成 2703 周早

1248	1249	1250	1251
古			
爵	乙觚	父乙觶	田父庚尊
爵 成 7703 殷·周早	乙觚 成 6829 殷	父乙觶 成 6231 殷	田父庚尊 成 5744 殷·周早

矢部

1252
矢

矢爵

矢戈
成 10773.1 殷

成 10773.2 殷

矢父癸爵
成 8701 殷

矢爵
成 7632 殷

矢爵
成 7633 殷

矢父癸觶
成 6333 周早

1253
矨

矨𣪘

矨鼎
成 1069 殷

矨父戊𣪘
成 3189 殷

矨𣪘
成 2956 殷

矨父戊觚
成 7123 殷

矨父己觚
成 7131.1 殷

成 7131.2 殷

矨爵
成 7451 殷

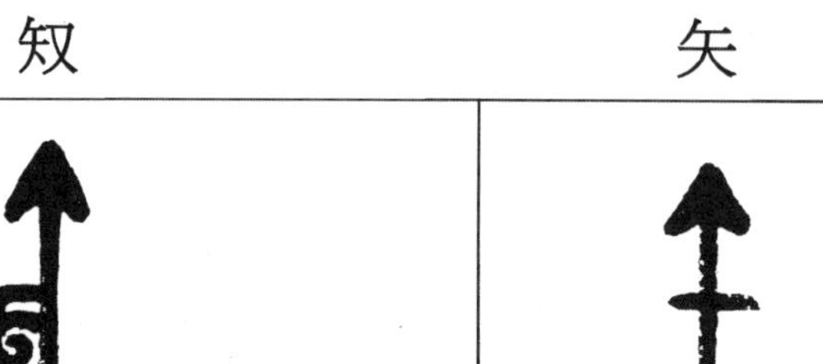

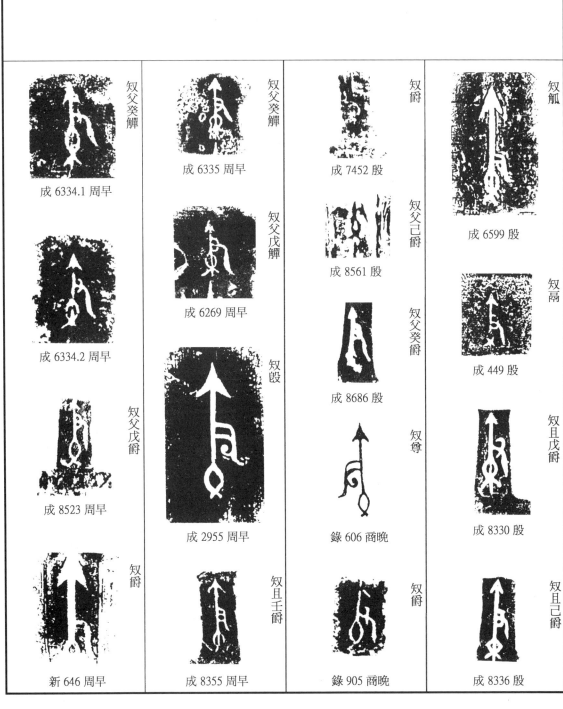

⿰矢又觚
成 6599 殷

⿰矢又鬲
成 449 殷

⿰矢又且戊爵
成 8330 殷

⿰矢又且己爵
成 8336 殷

⿰矢又爵
成 7452 殷

⿰矢又父己爵
成 8561 殷

⿰矢又父癸爵
成 8686 殷

⿰矢又尊
錄 606 商晚

⿰矢又爵
錄 905 商晚

⿰矢又父癸觶
成 6335 周早

⿰矢又父戊觶
成 6269 周早

⿰矢又𣪘
成 2955 周早

⿰矢又且壬爵
成 8355 周早

⿰矢又父癸觶
成 6334.1 周早

成 6334.2 周早

⿰矢又父戊爵
成 8523 周早

⿰矢又爵
新 646 周早

1255 侯		1254 昳	
子侯卣		昳爵	
作侯觶 成 6196 周早	医瓿 成 9943 殷	昳爵 成 7637 殷	知父丁爵 成 8466 周早
侯戟 成 10801 周早	子侯卣 成 4847.2 殷	罢弓形器 成 11868 殷	知父癸爵 成 8687 周早
侯戟 成 10794 周早	侯戟 成 10793 周早		知父戊爵 成 8524 周早
侯戟 成 10798 周早	侯戟 成 10799 周早		知父己觶 成 6284 周中
侯戟 成 10795 周早			

1257 箙	1256 兼		
葡鼎	父丙卣		
葡爵 成 7635 殷	父丙卣 成 5208.1 殷	郾侯尊 新 1585 商晚	侯戟 成 10796 周早
葡觶 成 6052 殷	成 5208.2 殷		侯戟 成 10797 周早
葡鼎 成 1215 殷			侯戟 成 10800 周早
葡鼎 成 1216 殷			康侯斧 成 11778 周早

箙

𦉢睪

葡盤

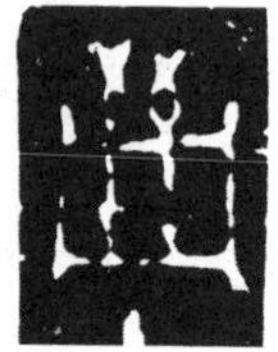
葡父乙鼎
成 1539 殷

葡父庚鼎
成 1625 殷

葡卣
成 4781 殷

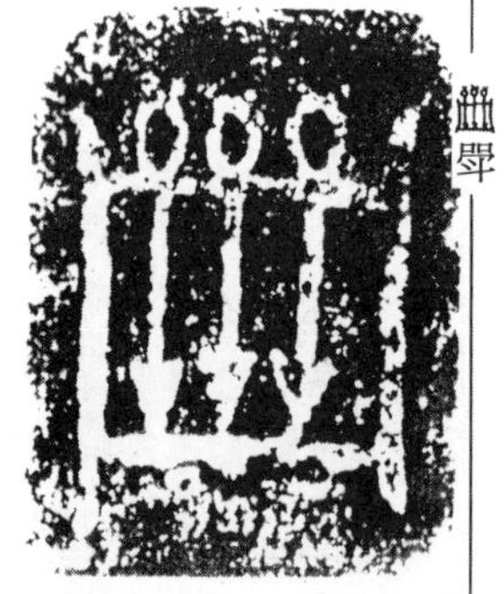
𦉢睪
成 9142 殷

葡父乙毁
成 3157 殷

葡鼎
成 1217 殷

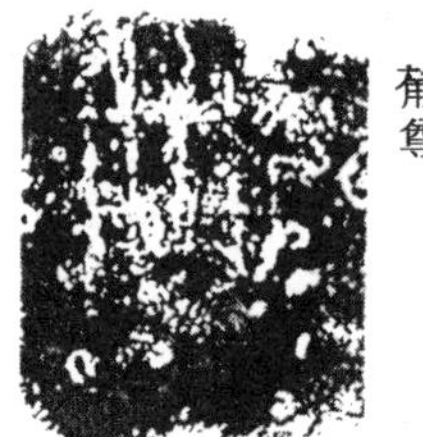
葡尊
成 5464 殷

葡爵
成 7636 殷

葡盤
成 10012 殷

葡卣
成 4780.1 殷

成 4780.2 殷

葡戈
成 10728.1 殷

成 10728.2 殷

箙

隹作父己尊

父癸卒葡觚
成 7249 殷
參見 1138

葡爵
成 8814 殷
參見 1141

◆ 斝箙爵
新 1847 商晚

葡父乙殷
成 3302 殷

葡觶
成 6166 周早
參見 1237

隹作父己尊
成 5901 周早
參見 1236

葡父己爵
成 8929 殷

葡爵
成 8240 殷

葡貝卣
成 4882.2 殷
參見 846

葡父辛尊
成 5748 殷

毌子弓葡卣
成 5142 殷

箙盂
新 1934 商晚

葡爵
成 8241 殷

葡壺
錄 947 商晚

矛斤辛部

1259	1258	
寅觚（黃觚）	斝	
殷 成 3045 殷 寅觚（黃觚） 成 6598 殷 寅鉞 成 11738 殷	斝 成 9141 殷	羊箙鼎 新 161 商晚 葡父乙觶 成 6368 殷 參見 1233 葡父乙盉 成 9370.2 殷 參見 80

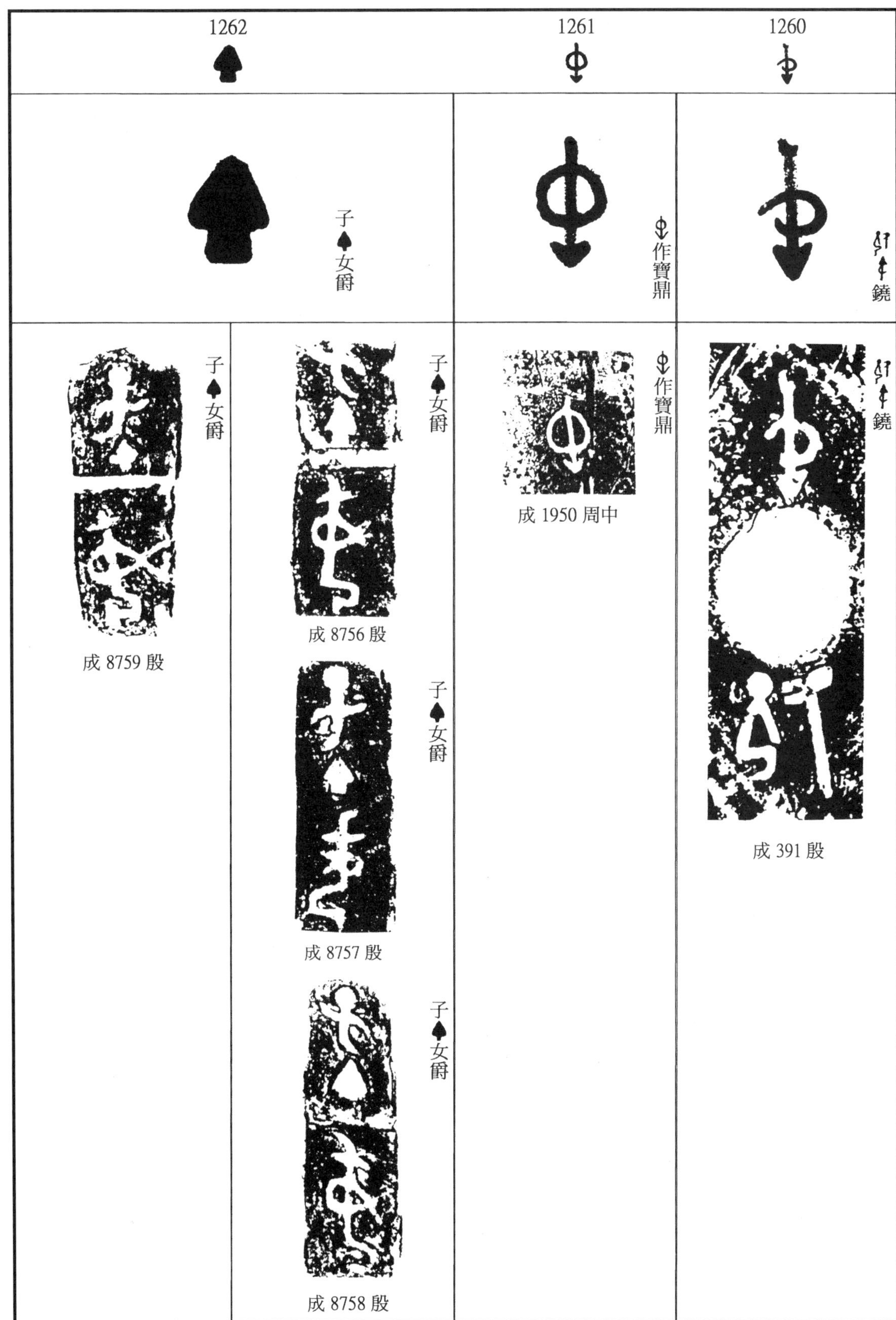
1262
1261
1260
子
女爵
作寶鼎
鐃
子
女爵
子
女爵
作寶鼎
鐃
成 1950 周中
成 8759 殷
成 8756 殷
成 391 殷
子
女爵
成 8757 殷
子
女爵
成 8758 殷

1263

朿

朿鼎

父乙朿觶

成 6242 周早

作且己甗

成 879 周早

原趠方鼎

成 2730 周早

作且己甗

成 878 周早

朿戈

成 10782 周早

朿父乙卣

成 4912 周早

弜作父乙甗

成 901 周早

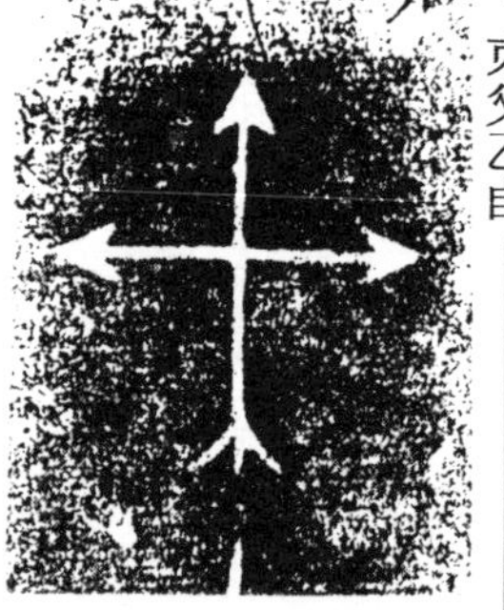

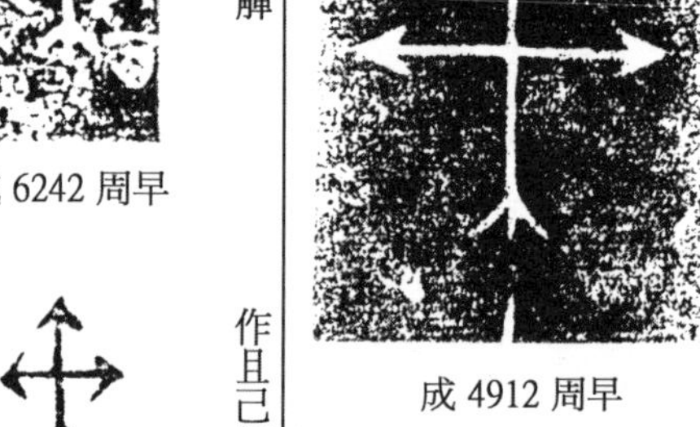

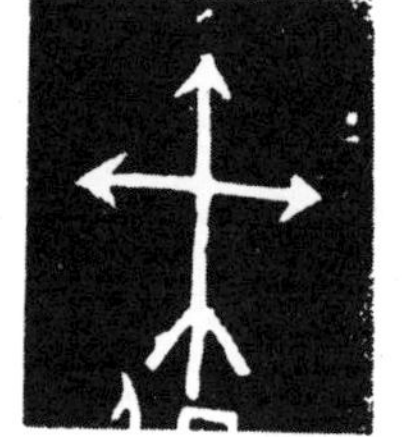

朿叔甗

成 896 周早

朿父辛觶

成 6317 周早

朿父丁卣

成 4944 殷

朿鼎

成 1246 殷

朿鼎

成 1247 殷

朿己爵

成 8035 殷

朿乙爵

成 8013 殷

朿鼎

成 1245 殷

朿觚

成 6744 殷

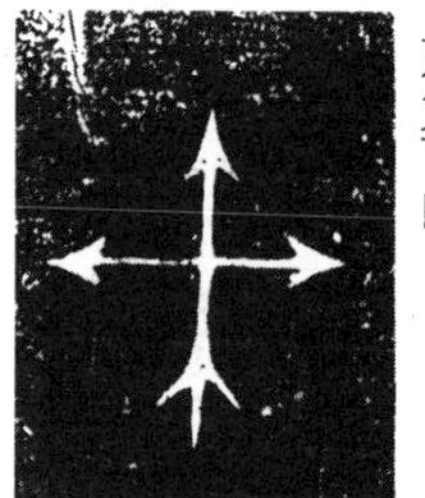

1265 癸	1264 ✢		
癸觚	✢父丁爵		
癸觶 成 6018 殷	✢父丁爵 成 8471 殷	朿戈 錄 1078 周早	黿乎毁 成 4158.1 周晚
癸斝 成 9154 殷	保✢爵 成 8170 殷	朿冊作父己鼎 成 2125 殷・周早	成 4158.2 周晚
癸觚 新 1516 商晚		朿叔卣 成 5303.1 周早	黿乎毁 成 4157.2 周晚
癸爵 成 7673 殷・周早		成 5303.2 周早	且辛父甲鬲 成 538 殷
父癸尊 成 5533 周早			
癸母鼎 成 1282 殷			

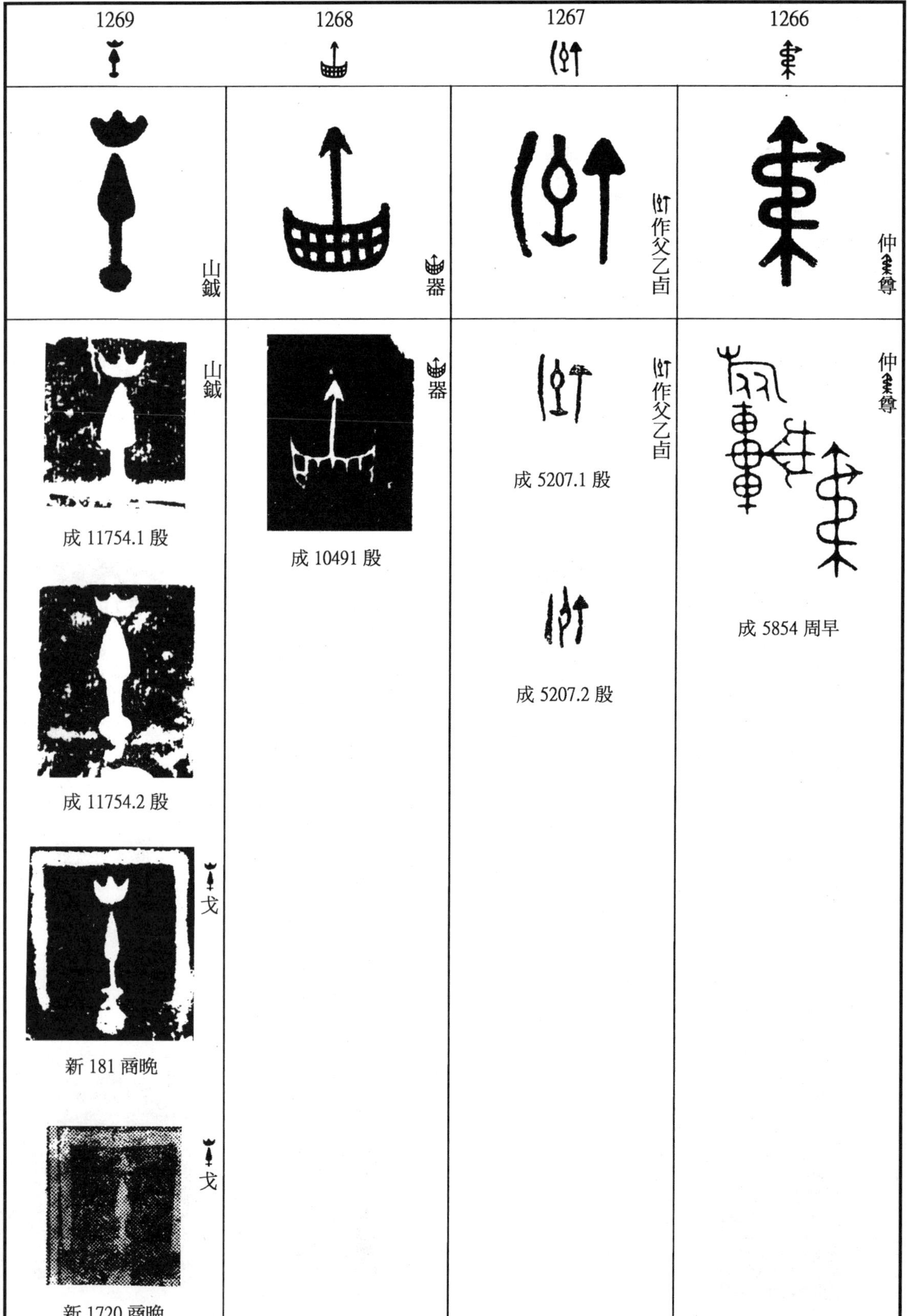
1269
1268
1267
1266
山鉞
器
作父乙卣
仲尊
山鉞
器
作父乙卣
仲尊
成 11754.1 殷
成 10491 殷
成 5207.1 殷
成 5854 周早
成 11754.2 殷
成 5207.2 殷
戈
新 181 商晚
戈
新 1720 商晚

1270

鼎

鼎

成 1752 殷

1271

息斤尊

息斤尊

1272

新

新邑戈

錄 614 商晚

新邑戈

成 10885 周早

1273

斨

斨戟

斨戟

成 10805 周早

1277	1276	1275	1274
⿱立丂	⿱立山	辛聿	辛
⿱立丂鼎	⿱立山觚	辛聿尊	辛觚
⿱立丂鼎 成 990 殷	⿱立山觚 成 6778 殷	父辛尊 成 5531 殷	辛爵 成 7671 殷
		且辛卣 成 4821 殷	辛鼎 成 989 殷
		辛聿尊 成 5555 殷	辛鬲 成 450 周早
			辛觚 成 6723 周早

弓部

1278

弓

弓鼎

弓父庚卣

成 4968.1 殷

成 4968.2 殷

弓觚

錄 707 商晚

弓父癸鼎

成 1678 周早

作旅弓卣

成 5033 周早

弓父癸爵

成 8703 周早

弓父癸觶

成 6332 周早

弓鼎

成 1214 周中

獸作父庚尊

成 5902 周中

弓鼎

新 651 周中

弓鼎

錄 195 周中

弓日団觚

成 7189 殷
參見 581

子彈盉

新 800 商晚·周早

父丙卣

成 5208.1 殷
參見 1256

1279

㢷

㢷爵

亞㢷鼎

成 1396 殷

亞㢷鐃

成 384 殷

㢷爵

成 7735 殷

弓䵼父庚爵

成 8939 周早

亞㢷鐃

成 383 殷

亞㢷鼎

成 1400 殷

㢷父乙爵

成 8416 殷

弓䵼且己爵

成 8843 殷

亞㢷鼎

成 1397 殷

亞㢷鼎

成 1393 殷

典㢷父丁觶

成 6393 殷

作公尊

成 5842 周早

參見 935

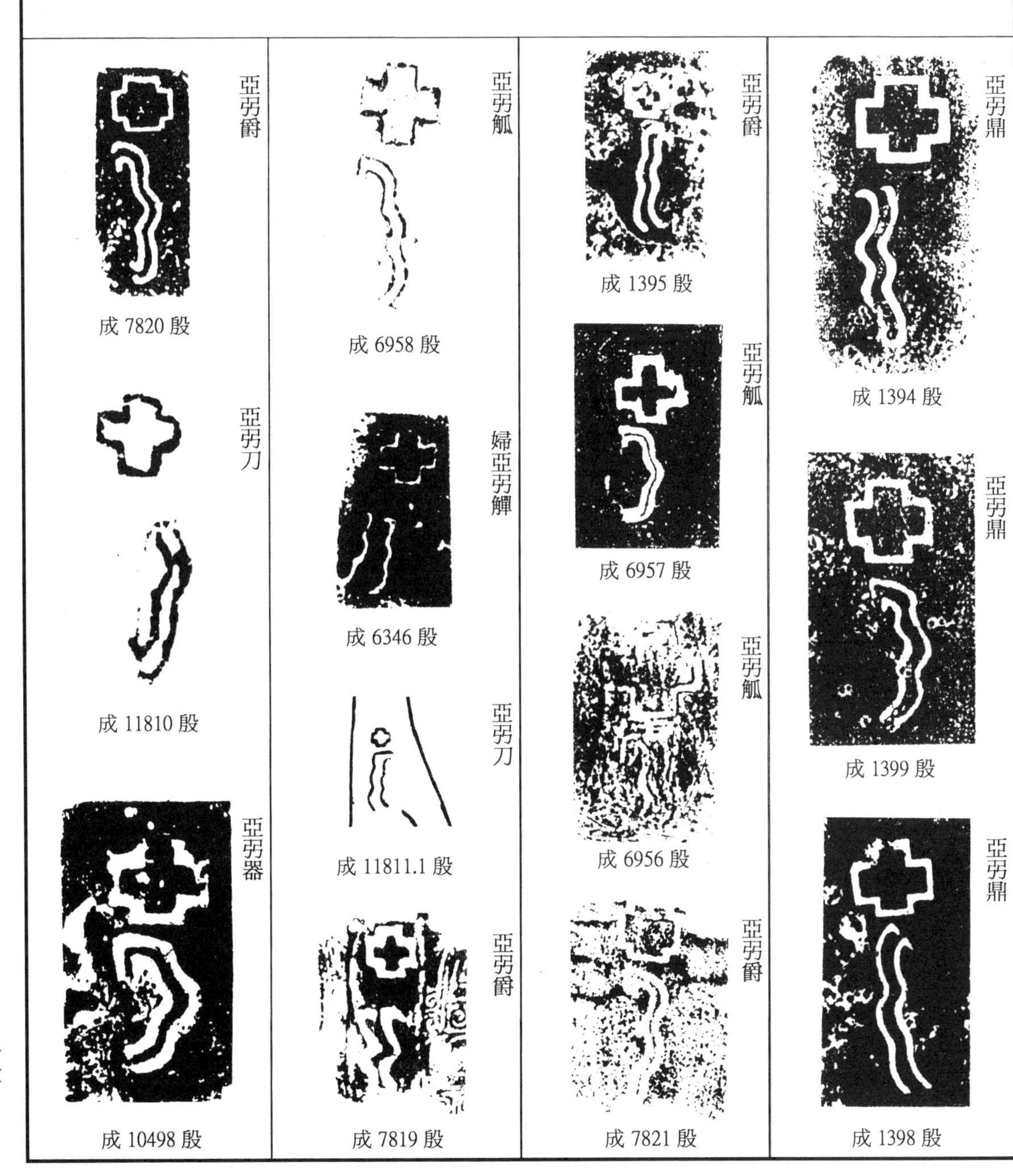

亞弜鼎
成 1394 殷

亞弜鼎
成 1399 殷

亞弜鼎
成 1398 殷

亞弜爵
成 1395 殷

亞弜觚
成 6957 殷

亞弜觚
成 6956 殷

亞弜爵
成 7821 殷

亞弜觚
成 6958 殷

婦亞弜觶
成 6346 殷

亞弜刀
成 11811.1 殷

亞弜爵
成 7819 殷

亞弜爵
成 7820 殷

亞弜刀
成 11810 殷

亞弜器
成 10498 殷

1282	1281	1280
射女𤰈	弢	弢
射女鼎	弢作肇毁	弢觶
𤰈女射鑑 成 10286 殷 射女鼎 成 1379 殷 射女觚 成 6878 殷 射女鼎 成 1377 殷 射女鼎 成 1378 殷	弢作肇毁 成 3236 周早	弢觶 成 6067 殷

1286	1285	1284	1283
[glyph]	張	[弓+斤]	射
[glyph]𣪕	耳張未𣪕	[glyph]冊[弓+斤]箕	射爵
[glyph]𣪕 新 1314 周中	耳張未𣪕 新 593 周早	[glyph]冊[弓+斤]箕 成 10395 殷 [glyph]冊[弓+斤]盤 成 10046 殷	射爵 成 7634 殷 射戟 成 10792 周早 䳄作父壬𣪕 成 3654.1 周早 成 3654.2 周早 射戈 成 10791 周早 丫射尊 成 5574 周早 參見 1732

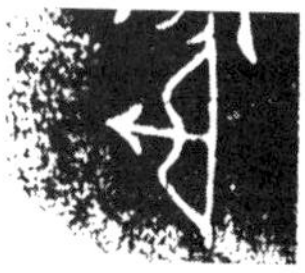

刀部

1287

刀

刀口爵

子父丁觚

成 7229 殷

子刀盤

成 10027 殷

子刀𣪘

成 3079 周早

子刀父辛方鼎

成 1882 殷

子刀父乙方鼎

成 1826 殷

子刀爵

成 8116 殷

子刀觶

成 6139 殷

刀爵

成 7610 殷

刀爵

成 7609 殷

刀口爵

成 8247 殷

子刀父乙爵

成 8861 殷

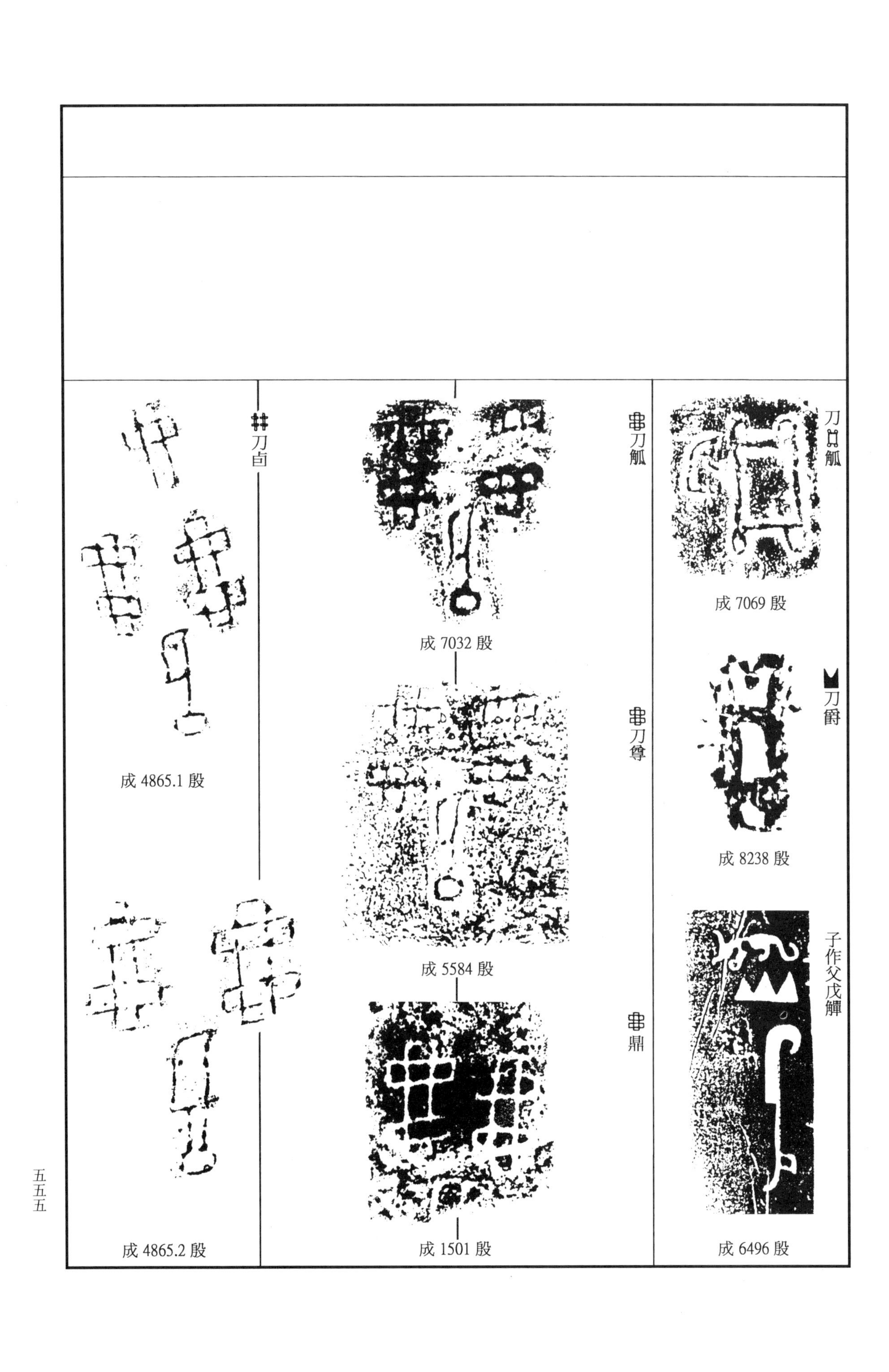

刀觚

成 7069 殷

刀爵

成 8238 殷

子作父戊觶

成 6496 殷

刀觚

成 7032 殷

刀尊

成 5584 殷

鼎

成 1501 殷

刀卣

成 4865.1 殷

成 4865.2 殷

1288

戈

成 10683 殷　戈

成 8239 殷　戎刀爵

1289

⿱穴刀

⿱穴刀察父辛觶

成 6418 周早　⿱穴刀察父辛觶

1290

刃

冬刃瓿

成 1451 殷　冬刃鼎

成 7023 殷　冬刃瓿
參見 618

1291

⿸厂子

⿸厂子作父己尊

成 1881 周早　子刀父辛鼎

成 5878 周早　⿸厂子作父己尊

成 5282.1 周早　⿸厂子作父己卣

成 5282.2 周早

成 1879 殷·周早　丁[illegible]父己鼎

1292

[illegible]

[illegible]父辛尊

[illegible]戈

成 10681 殷

[illegible]且癸觶

成 6212 殷

[illegible]冑

成 11879 殷

[illegible]父辛爵

成 8614 周早

[illegible]父辛尊

成 5656 周早

婦鳳觶

錄 671 商晚
參見 799

1293

扨

[illegible]母彝卣

且壬刀觚

成 7217 殷

小子夫父己尊

成 5967 殷

[illegible]母彝卣

成 5111.1 殷

1294

[illegible]

[illegible]父乙鼎

[illegible]母彝卣

成 5111.2 殷

[illegible]父乙鼎

成 1823 殷·周早

[illegible]丁方鼎

成 1756 周早

[illegible]卣

成 5016 殷

1297 囟	1296 劃	1295 則	
囟父癸卣	劃鼎	則作寶爵	
囟父癸卣 成 4989.1 殷	劃鼎 成 2072 周早	則作寶爵 成 8828 周中	𪩘卫𧮫殷 成 3241 殷 參見 453
成 4989.2 殷			
𠕁銴 新 1401 戰國			

1300		1299	1298
父丁鼎		刀	戈
卣 成 4883.1 周早 成 4883.2 周早 作父丁殷 成 3649 周早 參見 1313	從彝卣 成 5125.1 周早 成 5125.2 周早 鼎 成 1240 周早 父丁鼎 成 1861 西周	刀 成 11807 殷	戈 成 10685.1 殷 成 10685.2 殷

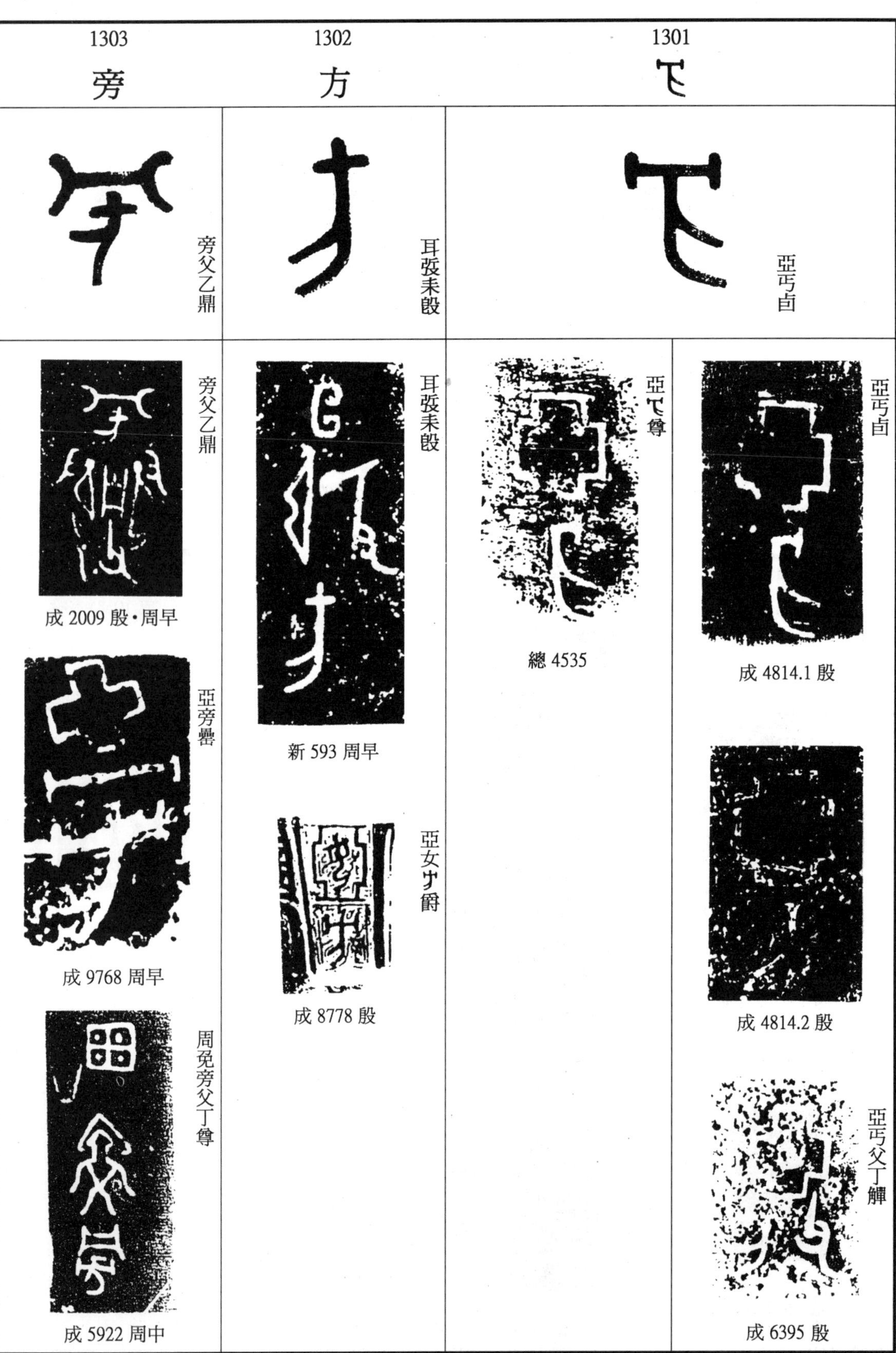

1303 旁	1302 方	1301 丂
旁父乙鼎	耳弜耒𣪕	亞丂卣
旁父乙鼎 成2009 殷·周早	耳弜耒𣪕 新593 周早	亞丂尊 總4535
亞旁罍 成9768 周早	亞女方爵 成8778 殷	亞丂卣 成4814.1 殷
周免旁父丁尊 成5922 周中		成4814.2 殷
		亞丂父丁觶 成6395 殷

1304

作

作父乙鼎

作父乙爵

成 8431 周早

乙鼎

成 1283 西周

作父丙觶

成 6253 周早

作父乙鼎

成 1564 西周

作父丁爵

成 8512 周早

作且辛盉

成 9336.1 周早

雜兵部

1305

克

克爵

克爵

成 7379 殷

克爵

成 7380 殷

克爵

成 7378 殷

1306	1307	1308	1309
子爵	子口爵	虎戈	爵
子爵 成 8102 段	子口爵 成 8768 段	虎戈 成 10860.1 段 參見 710	爵 成 7713 段 天爵 成 8153 段 疒乙段 成 3232 段

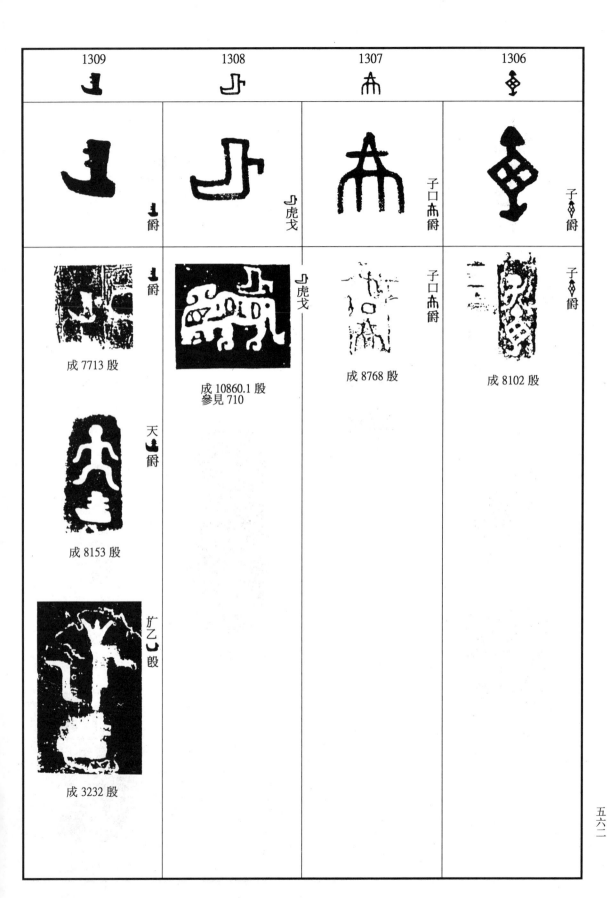

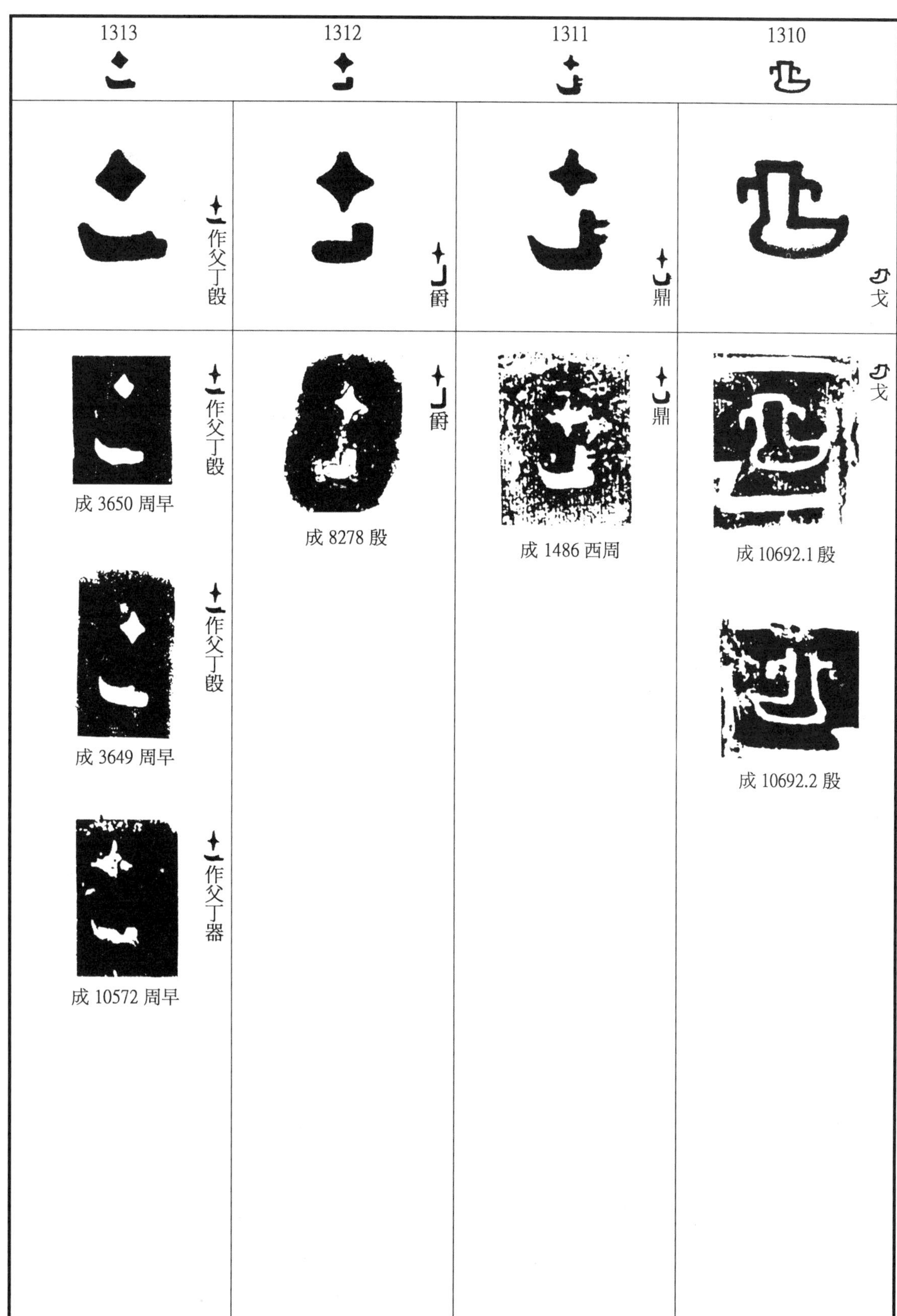

1313
作父丁𣪘
成 3650 周早
作父丁𣪘
成 3649 周早
作父丁器
成 10572 周早
1312
爵
爵
成 8278 殷
1311
鼎
鼎
成 1486 西周
1310
戈
戈
成 10692.1 殷
成 10692.2 殷

1317	1316	1315	1314
休作父丁毁	父丁鼎	父癸鼎	父戊爵
且辛毁 成 3141 殷	父丁鼎 錄 233 商晚	父癸鼎 成 1902 周早	父戊爵 成 8527 殷
休作父丁毁 成 3609 周中	父辛爵 錄 903 周早		㦰且庚毁 成 3865 周中

1318

令▮父辛卣

令▮父辛卣

成 5087.1 殷
參見 86

▮亞爵

成 8149 周早

1319

一

一冑

一冑

成 11893 殷

數字

1320

二

二冑

二冑

成 11894 殷

1321

五

五冑

五冑

成 11898 殷

五冑

成 11896 殷

五冑

成 11897 殷

五冑

成 11895 殷

1322

⋈

五

⋈鼎

X毁

成7750 周中

⋈鼎

成3758 周晚

仲⋈父毁蓋

成3759 周晚

仲⋈父毁

成3757 周晚

仲⋈父毁蓋

成797 殷
参見1206

戈⋈甗

新1920 商晚

己⋈鼎

成1234 殷·周早

⋈鼎

成5327.2 周早

伯㝬卣

成5249.1 周早

𨜚卣

成5249.2 周早

成7749 周早

⋈鼎

成3027 周早

X毁

新1678 春秋

五鼎

成3026 殷

X毁

成9105.1 殷

宰椃角

成6492.1 殷·周早

凡作父乙觶

成4793.1 周早

X卣

成4793.2 周早

1326 一六一	1325 十	1324 九	1323 八
一六一戈	十壺	九殷	八胄
一六一戈 錄 1075 周早 一六一戈 錄 1075 周早 一六一戈 錄 1074 周早	十壺 新 1418 商中	九殷 成 3035 殷	八胄 成 11899 殷

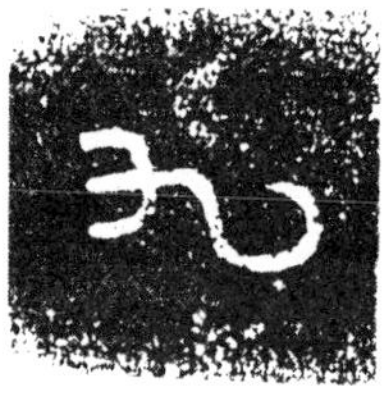

1330	1329	1328	1327
六一八六一一	六六六	六一七六一六	五八六
召卣	父戊卣	◇者方鼎	效父𣪘
召卣 成 4868 周早	父戊卣 成 5161.1 𣪘 成 5161.2 𣪘	◇者方鼎 新 652 周早	效父𣪘 成 3822 周早 效父𣪘 成 3823 周早

1331	1332	1333	1334
六六一六六一	六六一一六一	七六八六七五	七五六六六七
□甗	□盤	者◇鼎	□仲卣
□甗	□盤	者◇鼎	□仲卣
成 788 周早 錄 150	成 10019 周早	成 1757 周早	成 5020.1 周早

1338 八六七六七	1337 八一六	1336 八七六六六六	1335 七八六六六六
舣爵	𠓦盤	中方鼎	中方鼎
舣爵 錄950 商晚	𠓦盤 成1016 殷	中方鼎 成2785 周早	中方鼎 成2785 周早

冊亞 冊部

1339

冊

冊父乙卣

亳冊戈

成 10876 段

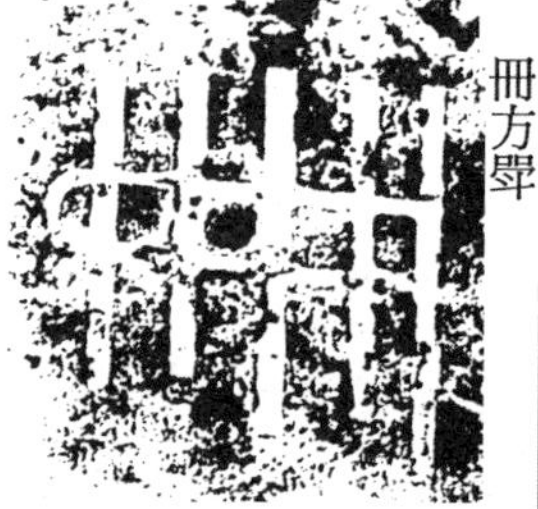

冊方斝

成 9147 段

冊戈

成 10765.1 段

成 10765.2 段

史冊戈

成 10875.1 段

□冊父丁爵

成 8913 段

冊尊

成 5463 段

冊觚

成 6624 段

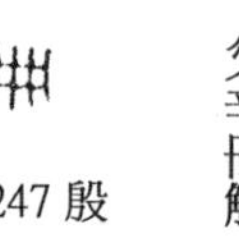

父辛冊觚

成 7247 段

冊父辛爵

成 8641 段

冊爵

成 7575 段

冊卣

成 4803.1 段

成 4803.2 段

冊父乙卣

成 4913.1 段

成 4913.2 段

冊鉞

成 11734 殷

成 11734 殷

冊戈

成 10766.1 殷

成 10766.2 殷

冊爵

成 7577 周早

冊爵

成 7576 周早

父己冊爵

成 8583 周早

作冊祝鼎

新 182 商晚
參見 73

□冊爵

成 8280 殷

□冊鼎

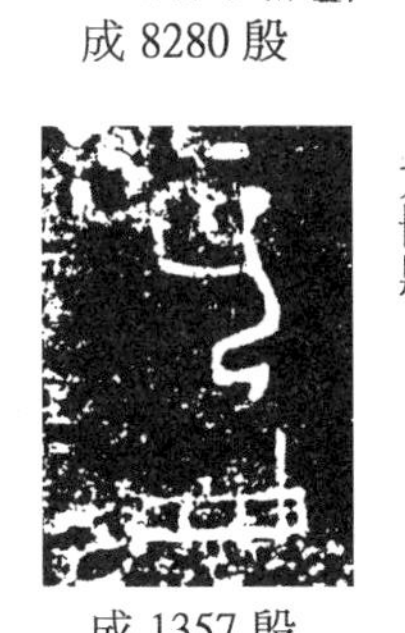

成 1357 殷

冊叧宅鼎

成 1737 殷

□父丁冊方鼎

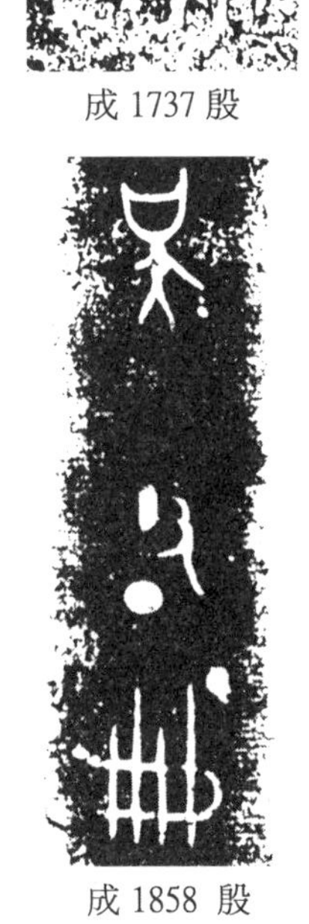

成 1858 殷

冊告卣

成 4872 殷

丁□冊木觚

成 7256 殷

子冊父辛鼎

成 2017 殷

冊㫃父甲觚

成 7222 殷

冊疋父乙觚

成 7224 殷

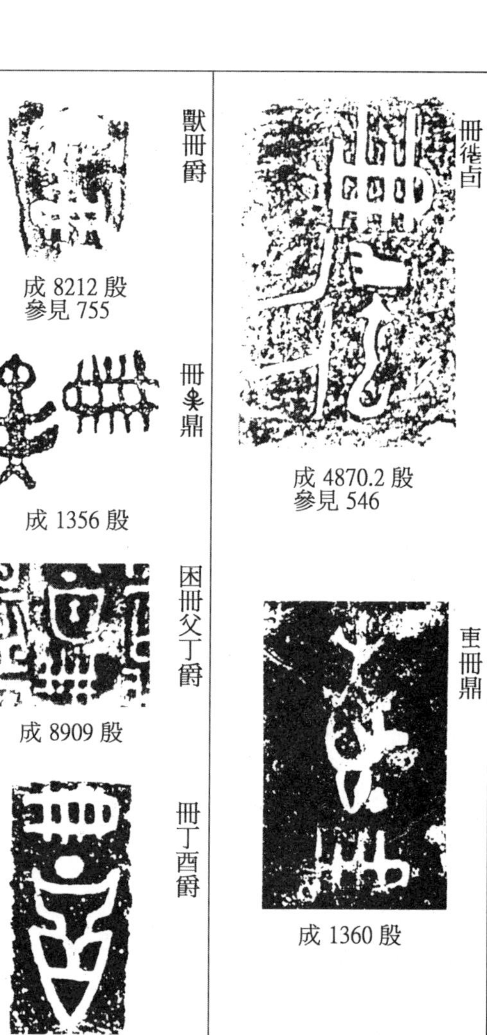

冊□卣

成 4870.2 殷
參見 546

車冊鼎

成 1360 殷

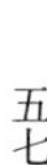婦毁

成 3687 周早

獸冊爵

成 8212 殷
參見 755

冊□鼎

成 1356 殷

困冊父丁爵

成 8909 殷

冊丁酉爵

成 8791 殷

壬冊父丁爵

成 8910 殷

即冊尊

錄 632 周早
參見 124

晨角

錄 914 周早

錄 914 周早

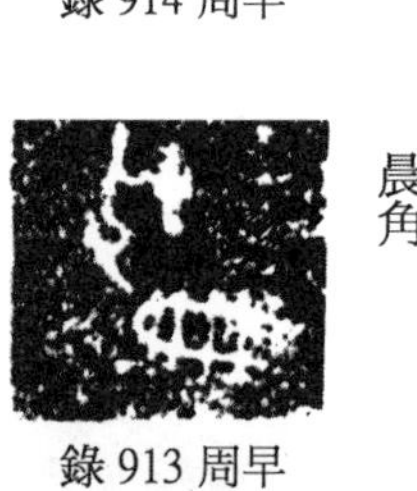

晨角

錄 913 周早

錄 913 周早

宁未父乙盉

成 9388.1 周早

成 9388.2 周早

宁冊父丁觶

成 6445 周早

冊宁父辛尊

成 5805 周早

1340

𢍶見冊

𢍶見冊罍

𢍶見冊鐃
成 402 殷

𢍶見冊鐃
成 400 殷

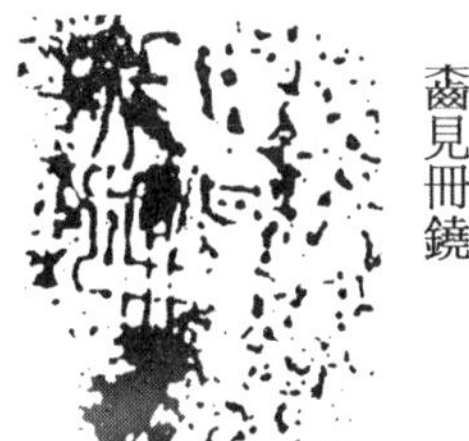
𢍶見冊鐃
成 401 殷

𢍶見冊罍
成 9792 殷

𢍶見冊尊
成 5694 殷

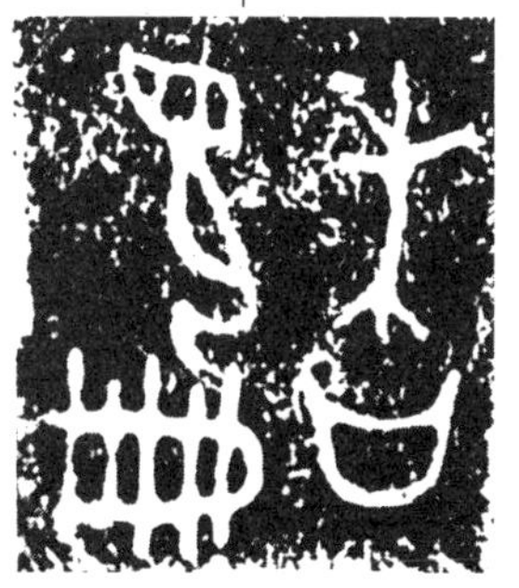
𢍶見冊戈
成 10952 殷

𢍶見冊鼎
成 1762 殷

冊戈鼎
成 1761 周晚

力冊父丁觚
成 7233 殷

束冊作父己鼎
成 2125 殷・周早

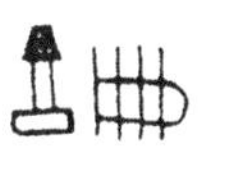
冊亯般卣
錄 590 商晚

1341

□亯冊

□亯冊觚

□冊亯觶

成 6358 殷

□亯冊觚

成 7167 殷

□亯冊觚

成 7169 殷

□亯冊觚

成 7168 殷

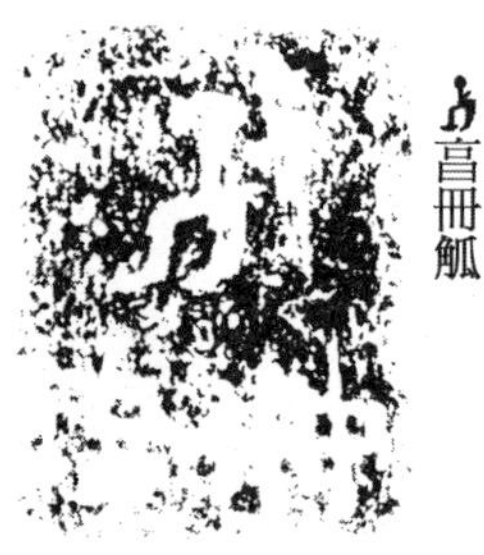

□亯冊觚

成 7170 殷

1342

□冊亯

□冊亯尊

冊亯□器

成 10526 殷

□冊亯尊

成 5689 殷·周早

冊亯□罍

新 1647 商晚

1343

大冊

大冊父己觚

大冊父己觚

成 7240 殷

1344

天冊

冊父癸卣

冊父癸卣

成 5173.1 殷

成 5173.2 殷

1345

冊

冊毁

允冊卣

成 5186.1 殷

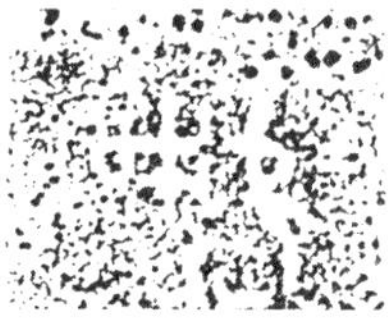

成 5186.2 殷

允冊丁觚

成 7176 殷

冊毁

成 3110 殷

褱作父丁尊

成 5921 周早

奪作父丁卣

成 5331.1 周早

成 5331.2 周早

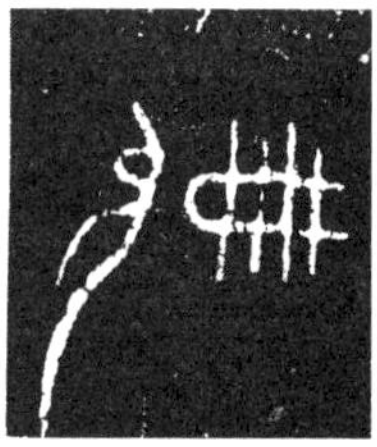

冊父乙毁

成 3304 周早

褱作父丁鼎

成 2366 周早

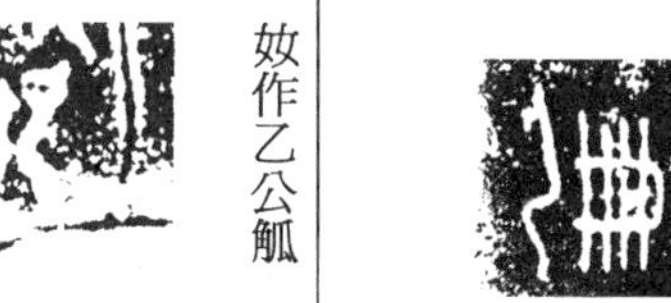

妏作乙公觚

成 7304 周早

冊父戊毁

成 3323 周早

奪作父丁卣

成 5330 周早

通□作父癸毁

成 3688.1 周早

成 3688.2 周早

允冊父癸鼎

成 1899 周早·周中

1346

[illegible]冊

[illegible]父癸鼎

[illegible]父癸鼎

成 2258西周

1347

木工冊

木工冊作母甲觶

木工冊作匕戊鼎

成 2246 周早

木工冊作母甲觶

成 6502 周早

𪓐作母甲尊

成 5929 周早

1348

雔冊

雔父戊罍

雔父戊罍

成 9817 周早

1349

劦冊

劦冊父丁觶

冊劦爵

成 8282 殷

劦冊父癸尊

成 5753 殷

劦冊父癸尊

成 5754 殷

冊劦父丁𣪘

成 3319 周早

1350

亳戈冊

乙亳戈冊觚

乙亳戈冊觚
成 7253 殷

亳戈冊父乙觚
成 7262 殷

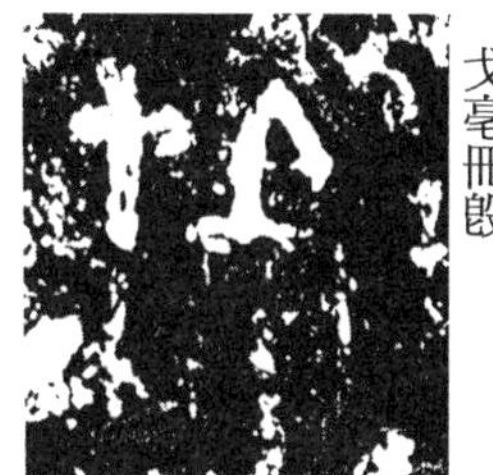
戈亳冊殷
成 3237 殷

戈亳冊父丁殷
成 3428 殷

耒冊父辛觚
成 7269 殷

冊𠣬𠓛觚
成 9283.1 殷

成 9283.2 殷

𠣬冊竹父丁卣
成 5158 周早

𠣬冊八辛鼎
成 1941 殷

冊𠣬父丁角
成 8912 周早

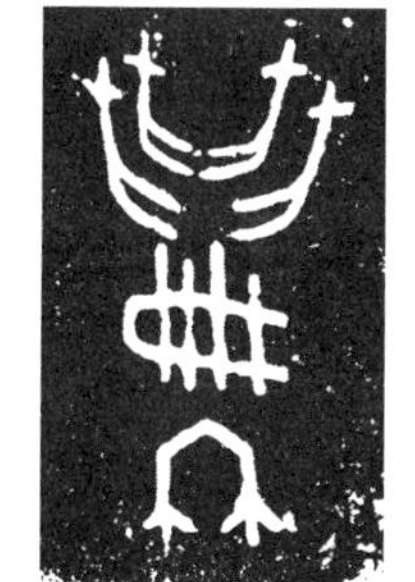
𠣬冊竹卣
成 5006.1 殷
參見 1191

𠣬冊竹父丁殷
成 3431 周早

𠣬冊父丁觶
成 6444 周早

1351 冊冊

冊光殷

冊光殷

成 3109 殷

亞夫父辛鼎

新 783 商晚·周早

冊䀠且癸方彝

成 9877 殷

作冊豊鼎

成 2711 殷

冊且丁角

成 8327 殷

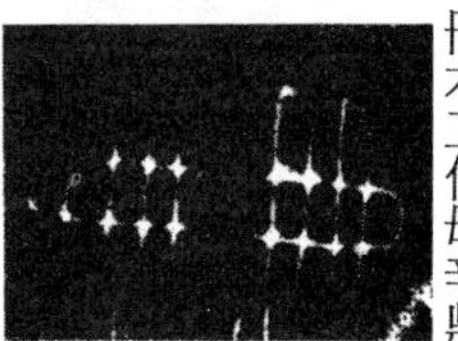

冊木工作母辛鼎

成 2328 殷·周早

冊爵

成 7578 周早

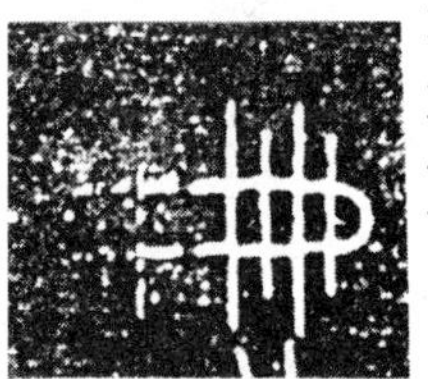

木工冊作母日甲殷

成 3666 周早

守冊父己爵

成 8935 周早
參見 883

1352 夫冊

夫冊鐃

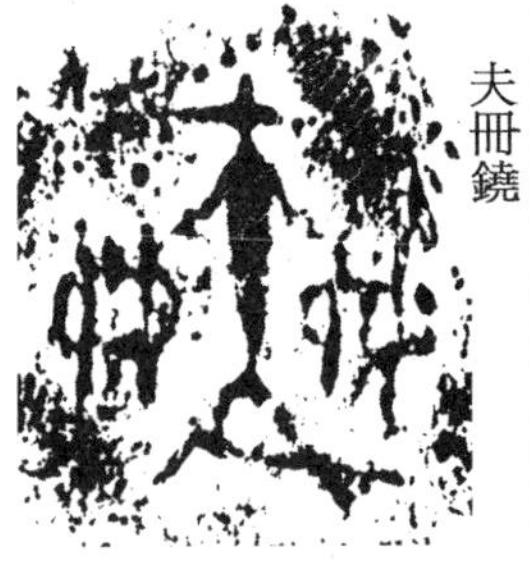

夫冊鐃

成 392 殷

1353 [illegible]冊

[illegible]冊父乙方鼎

[illegible]冊父乙方鼎

成 1821 殷

㪤父乙尊

成 5957 周早

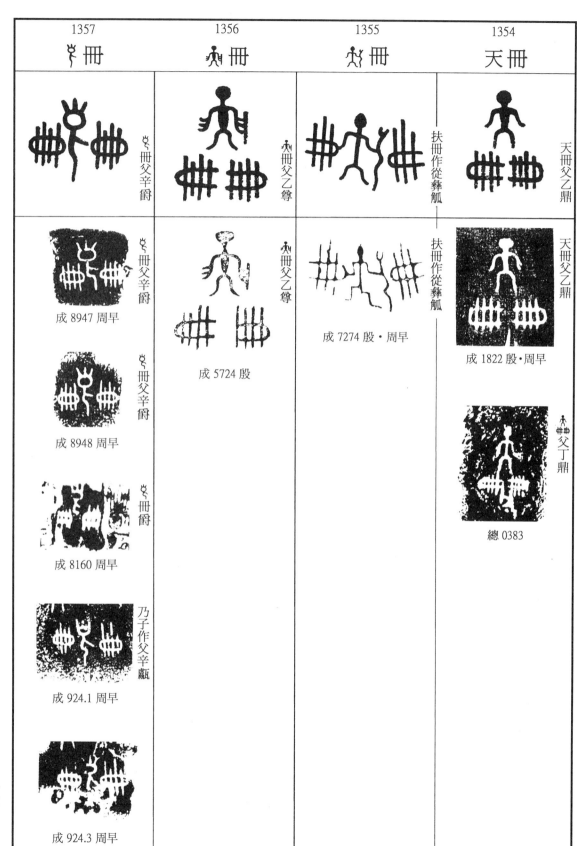

1357	1356	1355	1354
冊	冊	冊	天冊
冊父辛爵	冊父乙尊	扶冊作從彝觚	天冊父乙鼎
冊父辛爵 成 8947 周早	冊父乙尊 成 5724 殷	扶冊作從彝觚 成 7274 殷・周早	天冊父乙鼎 成 1822 殷・周早
冊父辛爵 成 8948 周早			父丁鼎 總 0383
冊爵 成 8160 周早			
乃子作父辛甗 成 924.1 周早			
成 924.3 周早			

且辛冊尊

成 5718 周早

□冊父甲爵

成 8851 周早

父辛□冊鼎

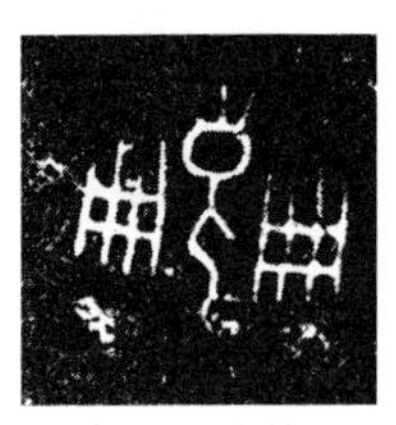

成 1887 周早

臣辰冊方鼎

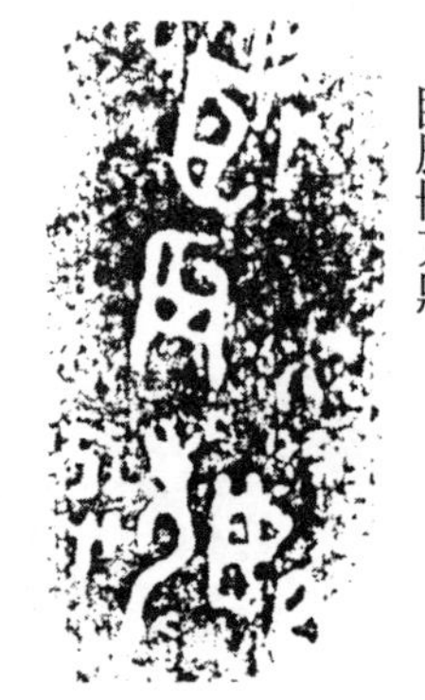

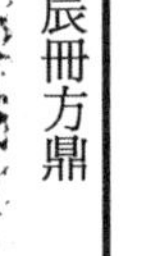

成 1942 周早

臣辰□冊父癸簋

成 3522.1 周早

成 3522.2 周早
參見 346

臣辰父癸尊

成 5838 周早

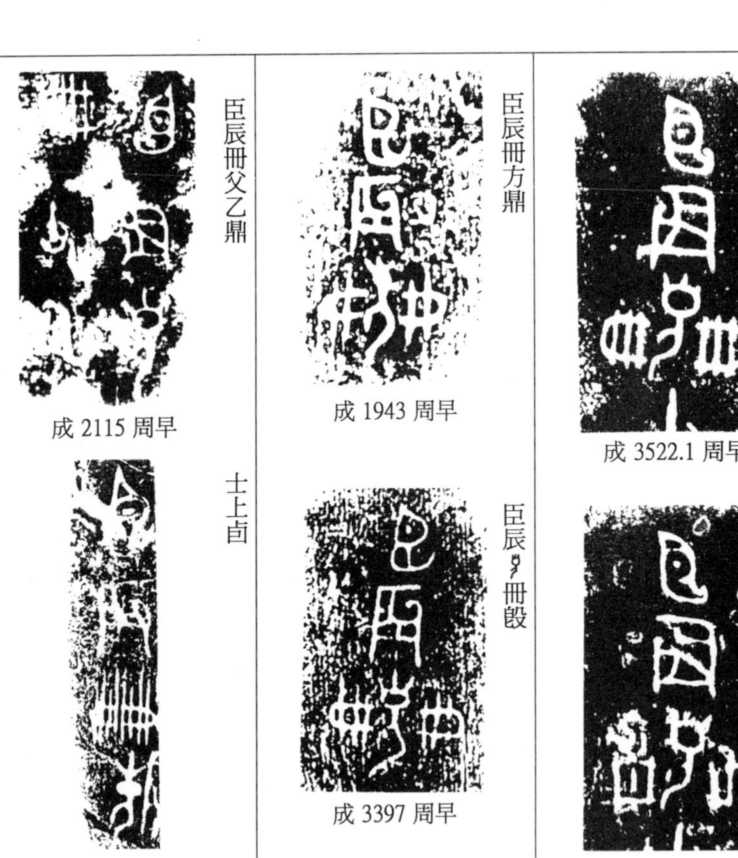

臣辰冊方鼎

成 1943 周早

臣辰□冊簋

成 3397 周早

臣辰冊父乙鼎

成 2116 周早

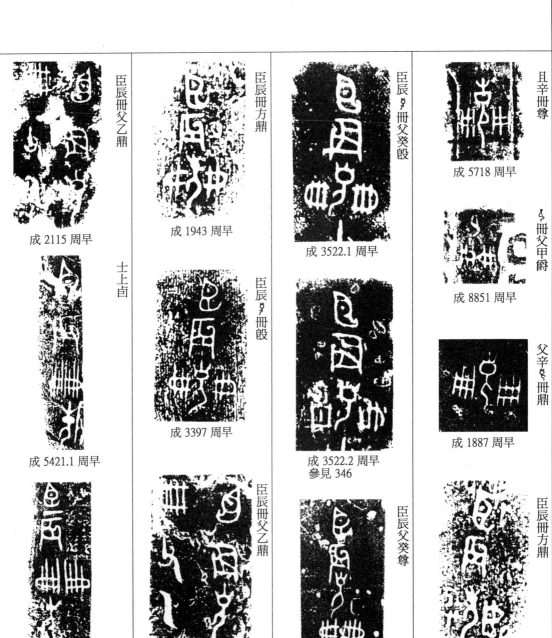

臣辰冊父乙鼎

成 2115 周早

士上卣

成 5421.1 周早

成 5421.2 周早

1359	1358
𠬝冊	辰冊

冊𠬝冊銅器

臣辰𠂤冊父癸𣪘

冊𠬝冊銅器

總 7951

臣辰𠂤冊父癸𣪘

成 3523.1 周早

成 3523.2 周早

口乍高𠂤日乙尊

總 4827

臣辰𠂤冊盉

成 9380 周早

臣辰父癸鼎

成 2135 周早
參見 33

士上尊

成 5999 周早

士上卣

成 5422.1 周早

成 5422.2 周早

1361 亞正冊	1360 䖵冊	
 作父戊觶	 䖵冊觚	 䖵冊父丁爵
 作父戊觶 成 6483 周早	 䖵冊觚 新 167 商晚  䖵父己尊 新 272 商晚  䖵嬰癸卣 成 5010.1 殷 參見 569	 䖵父丁爵 成 9072 殷

1364		1363	1362
木羊冊		秉冊	月冊
作冊折尊		秉冊𠁥父乙殷	冊☾觶
豐父辛爵 成 9080 周中	逹父己爵 成 9079 周早	秉冊𠁥父乙殷 成 3421 殷 參見 1241	冊☾觶 成 6172 殷
木羊冊父辛爵 成 9060 周中	作冊折觥 成 9303.1 周早		
豐父辛爵 成 9081 周中	成 9303.2 周早		
豐作父辛尊 成 5996 周中	折斝 成 9248.1 周早		
豐卣 成 5403.1 周中	成 9348.2 周早		
成 5403.2 周中	作冊折尊 成 6002 周早		

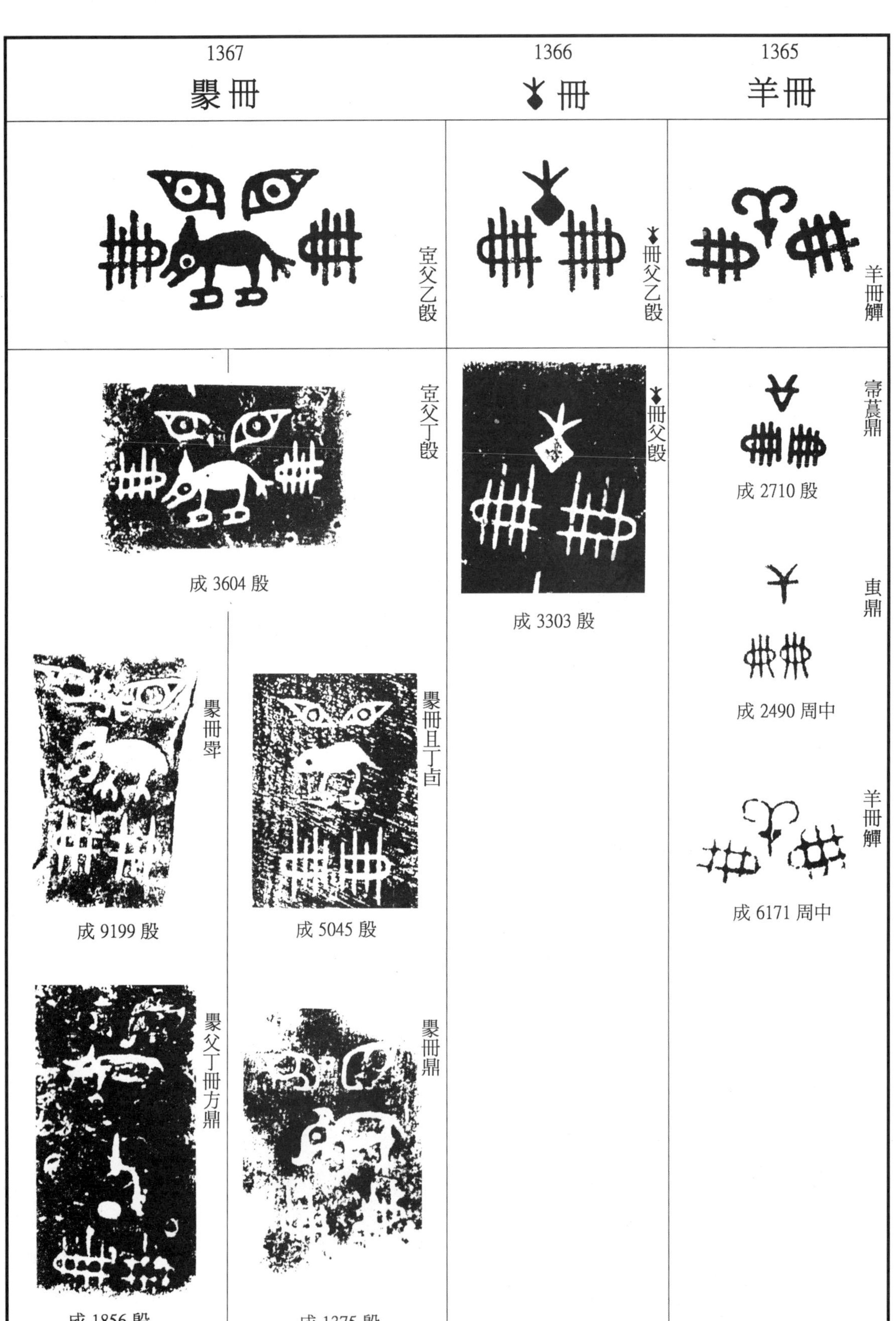

1367
⿱䀠豕冊
1366
□冊
1365
羊冊
宔父乙殷
□冊父乙殷
羊冊觶
宔父丁殷
成 3604 殷
□冊父殷
成 3303 殷
寍蓑鼎
成 2710 殷
叀鼎
成 2490 周中
⿱䀠豕冊斝
成 9199 殷
⿱䀠豕冊且丁卣
成 5045 殷
羊冊觶
成 6171 周中
⿱䀠豕父丁冊方鼎
成 1856 殷
⿱䀠豕冊鼎
成 1375 殷

⿱䀠豕冊

⿱䀠豕冊卣

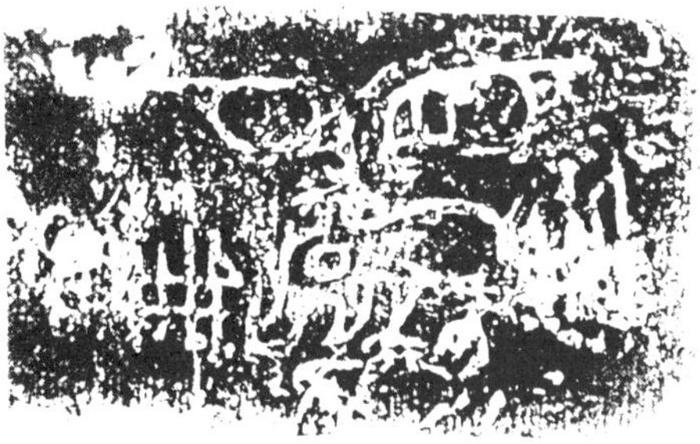

⿱䀠豕冊尊

成 5573 殷

⿱䀠豕冊且丁卣

成 9377.2 殷

⿱䀠豕冊且丁卣

成 5046.1 殷

⿱䀠豕冊卣

成 4871.1 殷

⿱䀠豕冊鼎

成 1376 殷

⿱䀠豕冊且丁卣

成 5046.2 殷

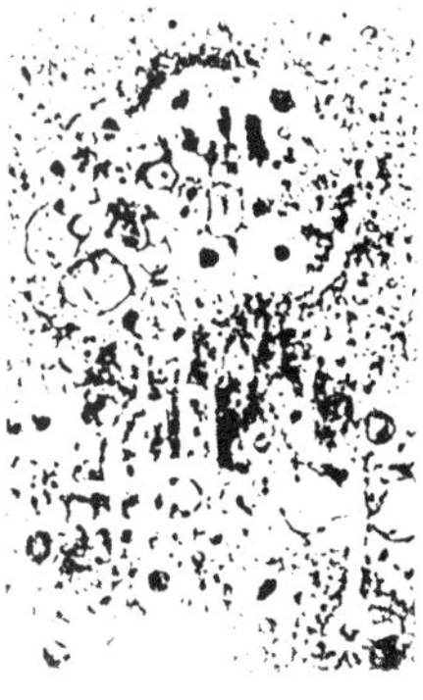

成 4871.2 殷

⿱䀠豕冊毁

成 3108 殷

⿱䀠豕冊父丁盉

成 9377.1 殷

㬜冊鼎

成 1374 殷

㬜冊鼎

成 1373 殷

㬜冊父丁觶

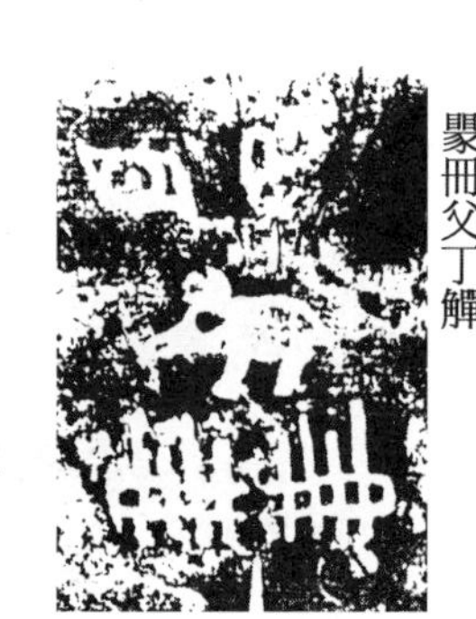

成 6390 殷

㬜父丁冊𣪘

成 3320 周早

㬜冊盤

成 10030 周早
參見 734

1368

⿱鳥内冊

⿱鳥内冊令方彝

矢令方尊

成 6016 周早

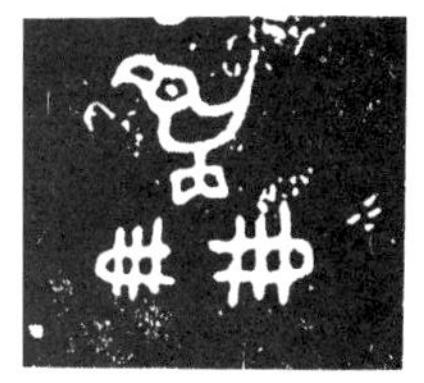

令盤

成 10065 周早

作冊大方鼎

成 2760 周早

[illegible]觶

成 6508 周早

作冊大方鼎

成 2761 周早

作冊大方鼎

成 2758 周早

作冊矢令毁

成 4301 周早

作冊大方鼎

成 2759 周早

⿱鳥内冊令方彝

總 4981

總 4981

1369

亯冊

亯冊父己尊

亯冊父己尊

成 5900 周早

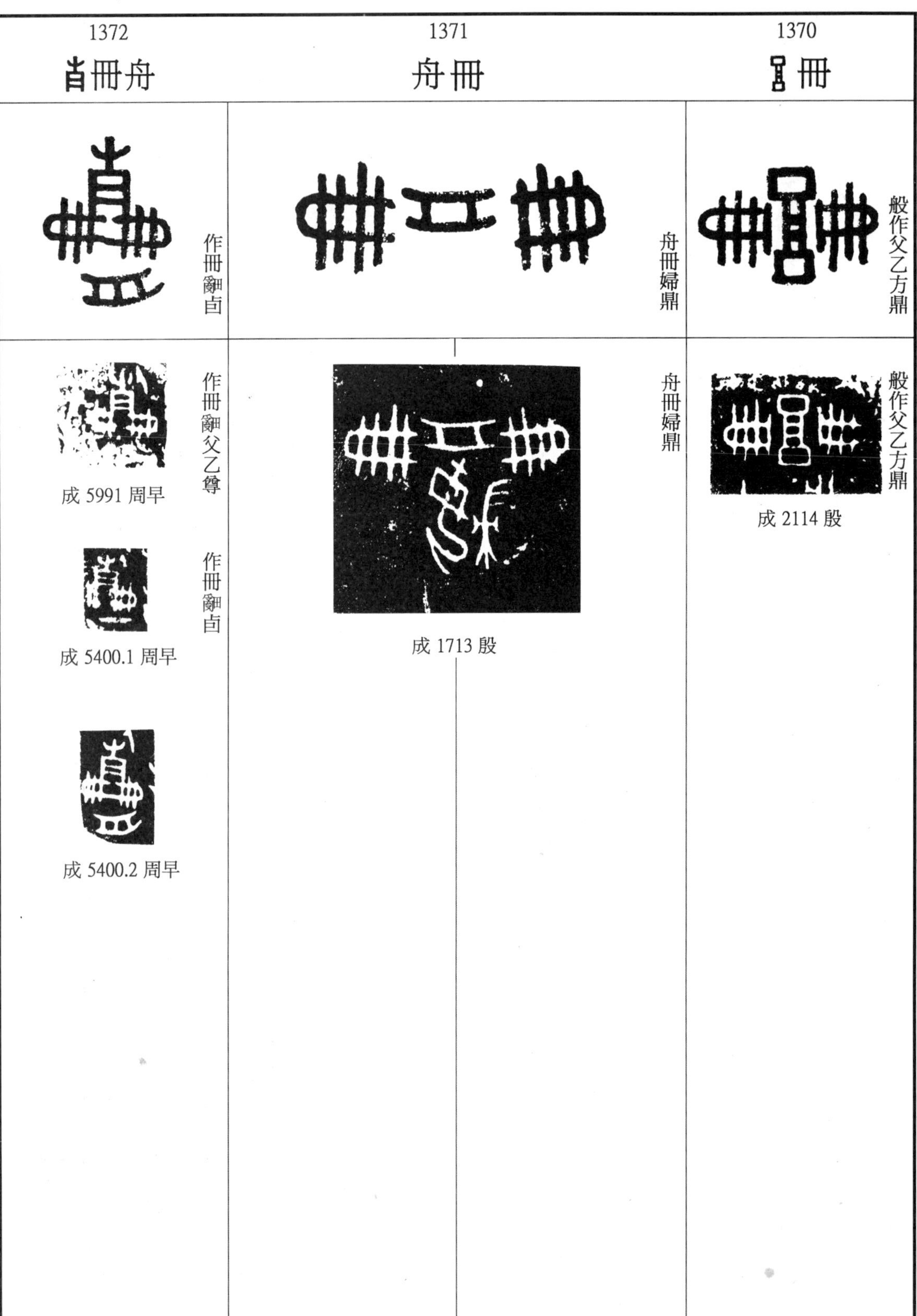

1372	1371	1370
㫗冊舟	舟冊	𠂤冊
作冊𠭯卣	舟冊婦鼎	般作父乙方鼎
作冊𠭯父乙尊 成 5991 周早	舟冊婦鼎 成 1713 殷	般作父乙方鼎 成 2114 殷
作冊𠭯卣 成 5400.1 周早		
成 5400.2 周早		

1373

𠩺冊

婦𠩺冊觶

𠩺冊父丁爵

成 8907 殷

宰梡角

成 9105.2 殷

𠩺冊觚

錄 738 商晚

冊𠩺父丁鼎

錄 264 商晚

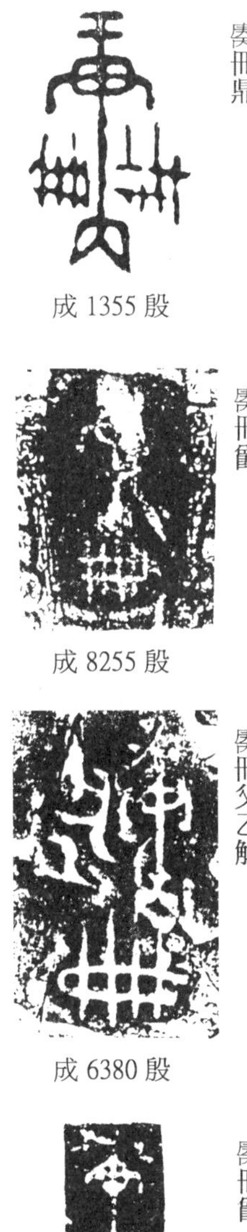

𠩺冊鼎

成 1355 殷

𠩺冊爵

成 8255 殷

𠩺冊父乙觶

成 6380 殷

𠩺冊爵

成 8256 殷

婦𠩺冊觶

成 6428 殷

𠩺冊觶

成 6994 殷

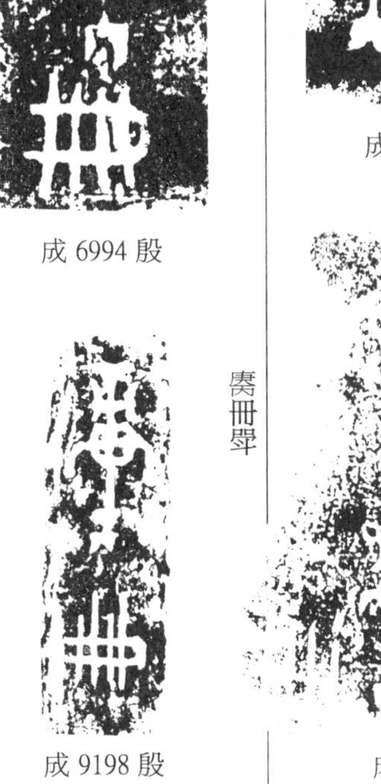

𠩺冊斝

成 9198 殷

𠩺冊父乙觚

成 7227 殷

冊𠩺父癸鼎

成 1897 殷

戣𠩺冊觚

成 7177 殷

1374

陸冊

陸冊父庚卣

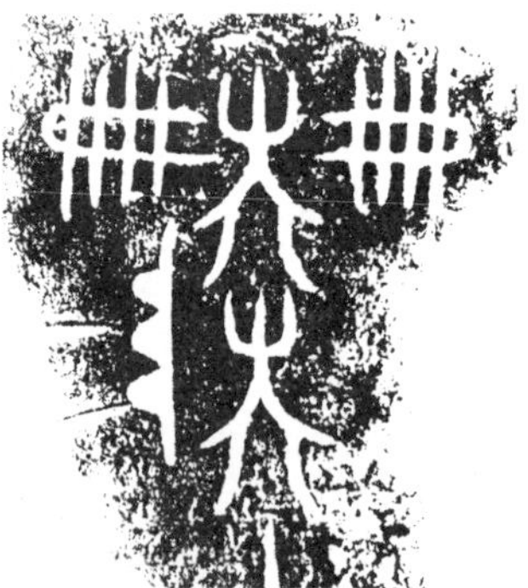
陸冊父庚卣

成 5081.1 殷

成 5081.2 殷

陸冊父甲卣

成 5050 殷

陸冊父乙卣

成 5052.1 殷

𡩜冊父丙爵

成 8883 周早

㪤㝯敎殷

成 3746 周早

朿冊父丁爵

成 8908 周早

𡩜冊父庚疋觚

成 7266 殷

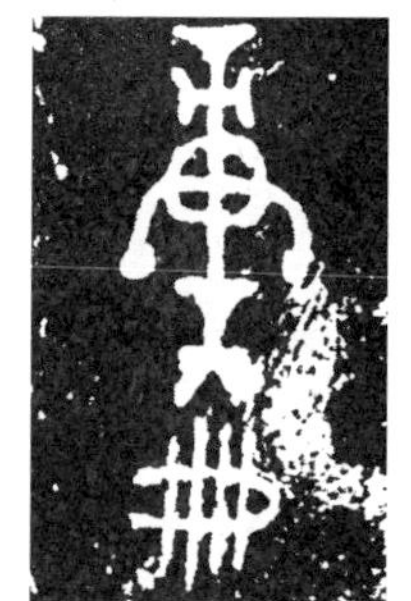
𡩜冊觶

新 1859 商晚

𡩜冊父庚角

錄 902 商晚

孎作父庚鼎

成 2578 殷・周早

1375

豆冊

豆冊父丁盤

豆冊父丁盤

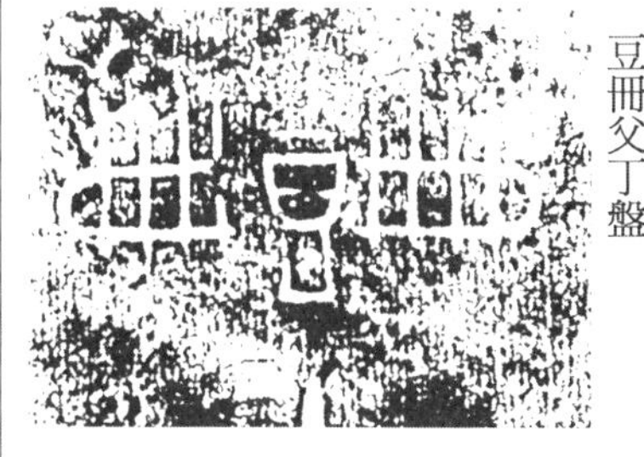

成 10051 殷

1376

工冊

天工冊父己毀

天工冊父己毀

成 3433 周早

工冊觚

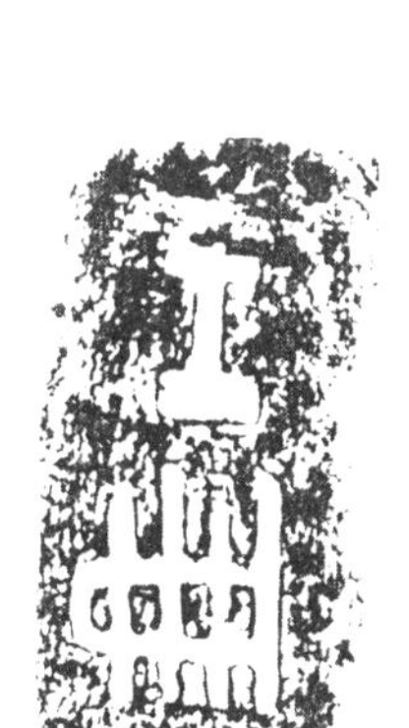

成 6993 殷

1377

戈冊北單

州子卣

州子卣

錄 604 商早

乍父辛簋

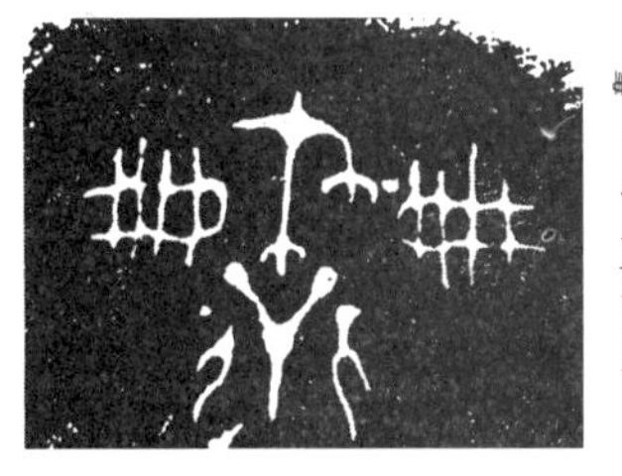

總 2336

1378	1379	1380	1381
弜冊	8冊	ꙅ冊	▭冊
冊弜且乙角	冊玄父癸簋	冊ꙅ父癸鼎	□冊父癸爵
冊弜且乙角 成 9064.1 殷	冊玄父癸簋 錄 411 商晚	冊ꙅ父癸鼎 成 1898 殷	□冊父癸爵 成 8975 周早 □冊父癸爵 成 8974 周早

亞部

1382

亞

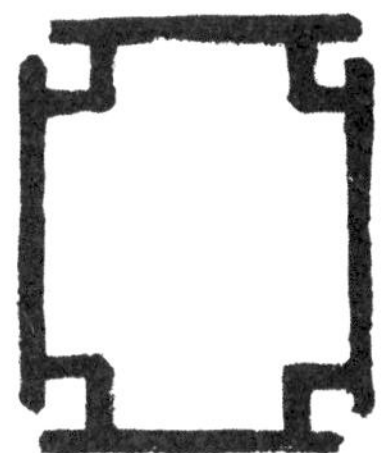
亞鼎

亞羊斝
錄 921 商晚

亞角
新 259 商晚

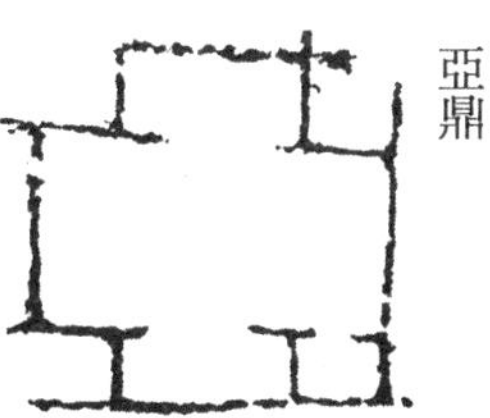
亞鼎
新 171 商晚

亞䑕罍
新 261 商晚

亞簋
錄 382 商晚

亞鼎
成 1147 殷

亞父乙爵
成 8406 殷

亞父辛器
成 10521 殷

亞父乙觚
成 7097 殷

亞父辛鼎
成 1631 殷

亞受戈
成 10843.2 殷

亞鼎
成 1145 殷

亞辛爵
成 7844 殷

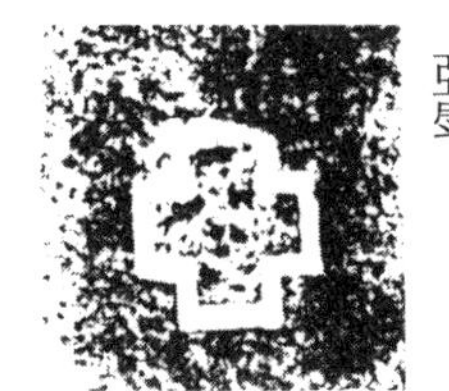
亞斝
成 9143 殷

亞觚

新 254 商晚

亞觚

新 255 商晚

亞且丁爵

成 8323 殷·周早

旝觥

成 9293.1 周早

成 9293.2 周早

亞父乙爵

成 8405 周早

亞鼎

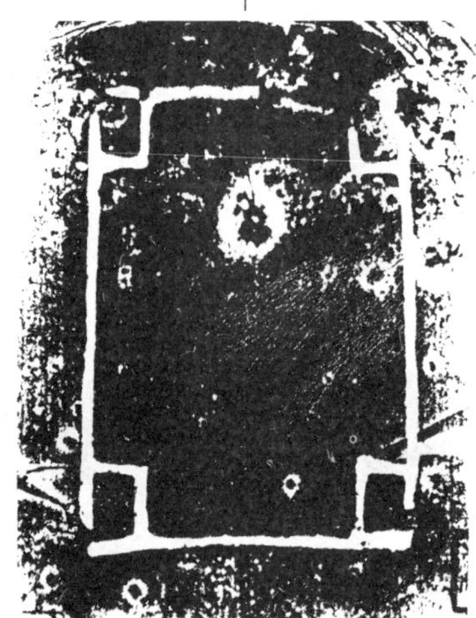

成 1146 周早

諫作父己觶

成 6499 周早

亞豚作父乙鼎

成 2315 周早

亞父丁殷

成 3182 周早

作父乙殷

成 3509 周早

亞父辛爵

成 8632 周早

亞父乙爵

成 8404 周早

亞作父乙觚

成 7290 周早

見作父己殷

成 3685 周早

敷作父辛卣

成 5287.1 周早

成 5287.2 周早

亞耳且丁尊

成 5865 周早

亞父丁觚

成 7105 周早

亞

亞鼎

亞鼎

成 1144 周中

亞□□𣪘

成 3245 周早

亞龠鼎

成 1416 殷
參見 599

䀠亞且癸鼎

成 1816 殷・周早

亞□父乙𣪘

成 3301 周早

明亞乙鼎

新 1527 商晚

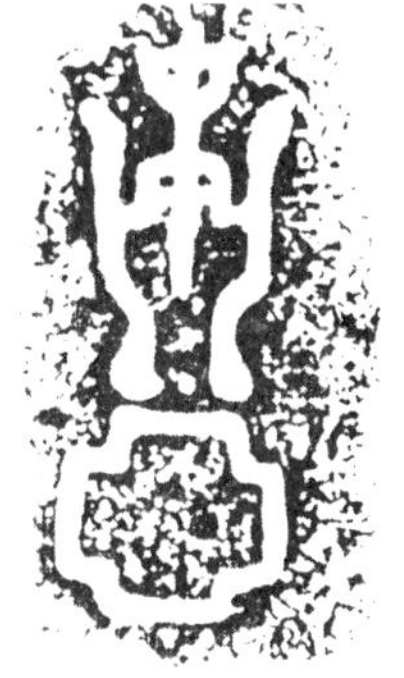

亞觚

成 6976 殷

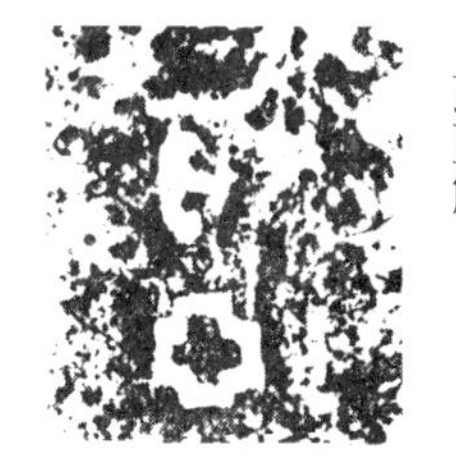

耳亞觚

成 6987 殷

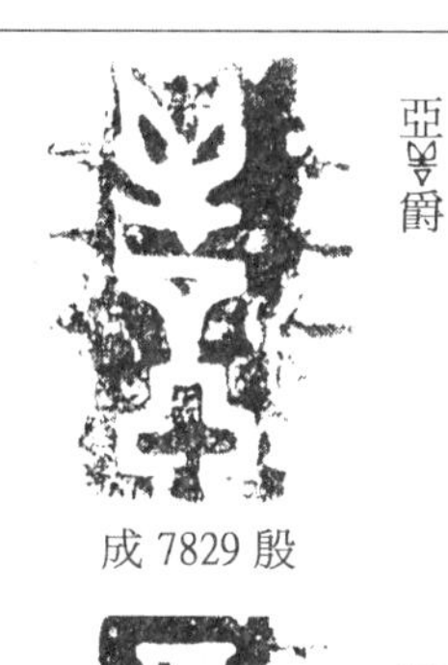

亞爵

成 7829 殷

亞爵

成 7826 殷

亞爵

成 7825 殷

亞爵

成 8774 殷
參見 1628

傳作父戊尊

成 5925 周早

亞窦觚

成 6984 殷

㢤䅂卣

成 5011.2 殷
參見 663

亞父丁爵

成 9007 殷

亞𠙵爵

成 7828 殷
參見383

夂亞觚

成 6985 殷

亞丏卣

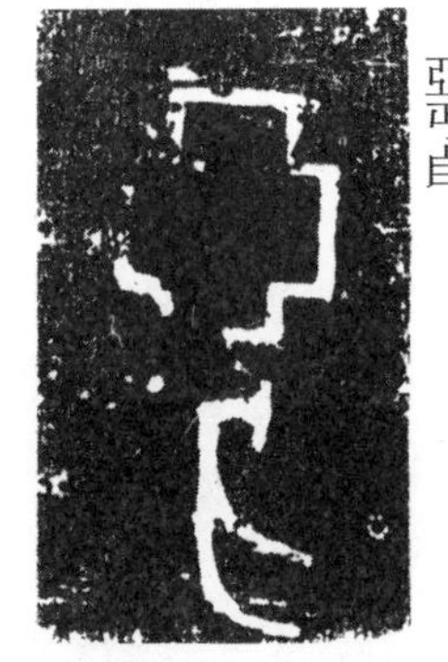

成 4814.1 殷

𠙵亞□○爵

成 8788 殷
參見補 10.4

亞長斝

新 125 商晚

亞申爵

錄 829 商晚

亞魚鼎

新 1425 商晚
參見427

作父辛方鼎

成 2322 周早

亞旁罍

成 9768 周早

作父乙鼎

成 2313 周早

亞形人體 人部

1385 亞併婣	1384 亞倗	1383 亞重
亞併婣鐃	亞倗爵	亞重觶
亞併婣鐃 成 406 殷	亞倗爵 成 7789 殷	亞重觶 成 6162 殷
亞併婣鐃 成 405 殷	亞倗戈 成 10838 殷	
亞併婣鐃 成 407 殷	亞倗鼎 新 1679 春秋	

1389	1388	1387	1386
亞黴父戊	亞黴	亞次	亞光
亞黴父戊鼎	亞黴爵	亞次馬豖斝	亞光𣪘
亞黴父戊鼎 成 1863 𣪘・周早		㠱亞次觚 成 7180 𣪘	亞光𣪘 成 3104 周早
亞乙黴爵 成 8779 𣪘	亞黴爵 成 7792 𣪘 亞黴爵 成 7791 𣪘 亞黴爵 成 7790 𣪘	亞次馬豖斝 成 9234 𣪘	

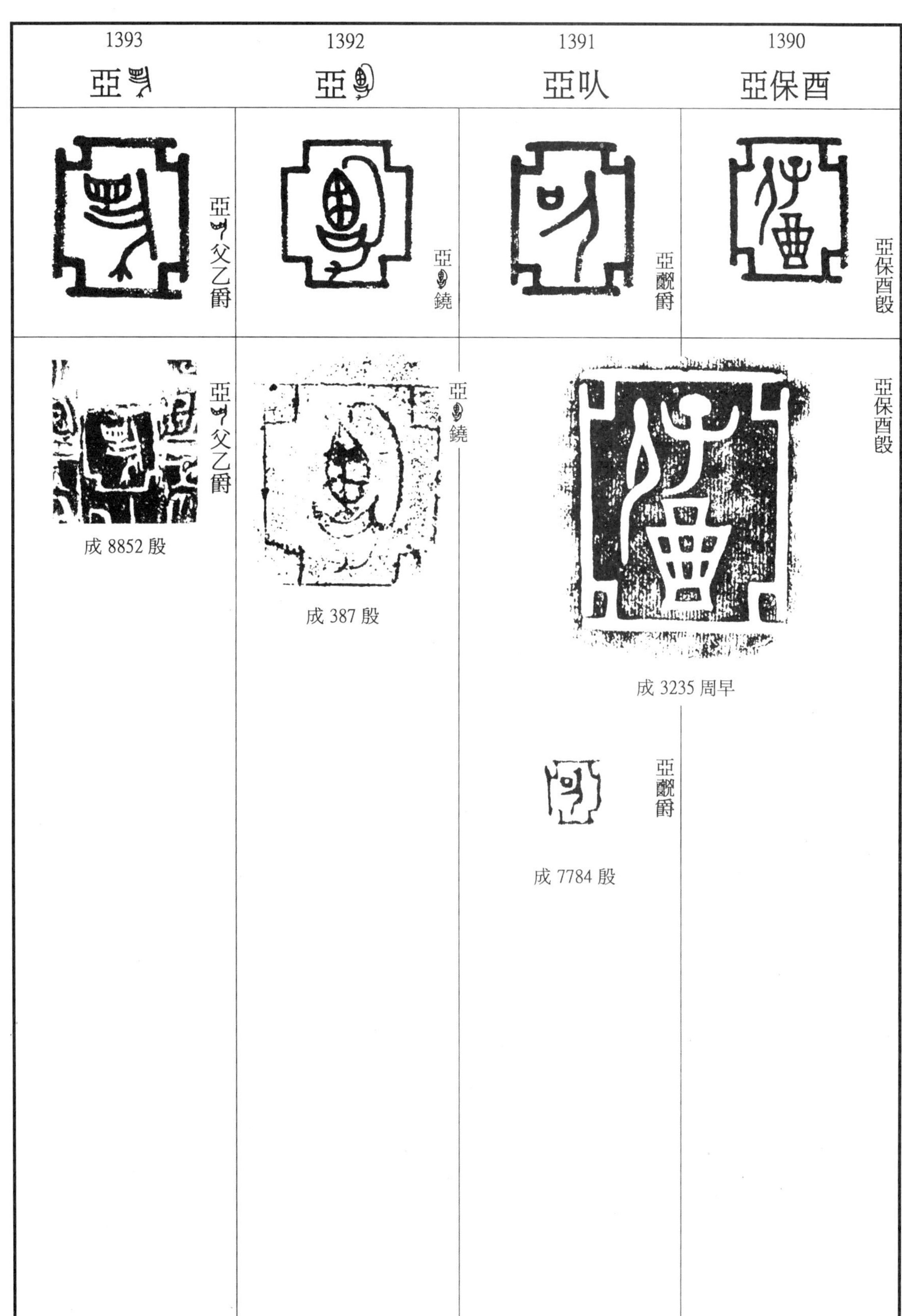

1393
亞
亞 父乙爵
亞 父乙爵
成 8852 殷
1392
亞
亞 鐃
亞 鐃
成 387 殷
1391
亞叺
亞 爵
亞 爵
成 7784 殷
1390
亞保酉
亞保酉設
亞保酉設
成 3235 周早

1394

亞[未識字]

亞[未識字]鼎

成 1446 殷

1395

亞[未識字]

亞口卣

成 4818 殷

1396

亞[未識字]

[未識字]鼎

成1419商晚

1397

亞[耒甹]

亞[耒甹]爵

成 7824 周早

卩部

1398 亞卩

亞卩觚

亞卩觚

成 7179 殷

1399 亞若

亞若父己觶

亞若父己觶

成 6409 殷

亞若觥蓋

成 9253 殷

我方鼎

成 2763.1 周早

成 2763.2 周早

亞若父己爵

成 8928 周早

1400

亞若癸

亞若癸觶

亞若癸觶

成 6430.1 殷

亞若癸戈

成 11114.2 殷

1401

亞若癸受丁旅乙止𠂤

亞若癸鼎

亞若癸𣪘

成 3713 殷

亞若癸鼎

成 2400 殷

亞若癸尊

成 5937 殷

亞若癸受丁旅乙止𠂤

亞若癸鼎

亞若癸觚
成 7308 殷

亞若癸方觚
成 7309 殷

亞若癸尊
成 5938 殷

亞若癸方彝
成 9887.1 殷

亞若癸鼎
成 2402 殷

亞若癸方彝
成 9886.1 殷

成 9887.2 殷

亞若癸鼎
成 2401 殷

成 9886.2 殷

1405	1404	1403	1402
亞𠂹其	亞[illegible]	亞印	亞[illegible]
亞𠂹其斝	亞□昊甗	戉甬鼎	亞[illegible]父辛爵
亞𠂹其斝 新 650 商晚・周早	亞□昊甗 成 828 周早	戉甬鼎 成 2694 殷	亞[illegible]父辛爵 成 8941 周早 亞[illegible]父辛爵 成 8942 周早

1406

亞䣄

亞䣄媯鐃

亞䣄鼎

成 1435 段

亞䣄方鼎

成 1438 段

亞䣄媯鐃

成 399 段

亞䣄方鼎

成 1445 段

亞䣄方鼎

成 1440 段

亞䣄鼎

成 1433 段

亞䣄卣

成 4807 段

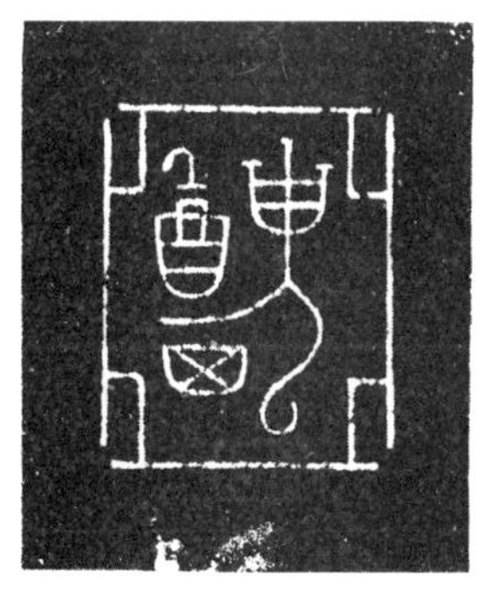

亞䣄方鼎

成 1439 段

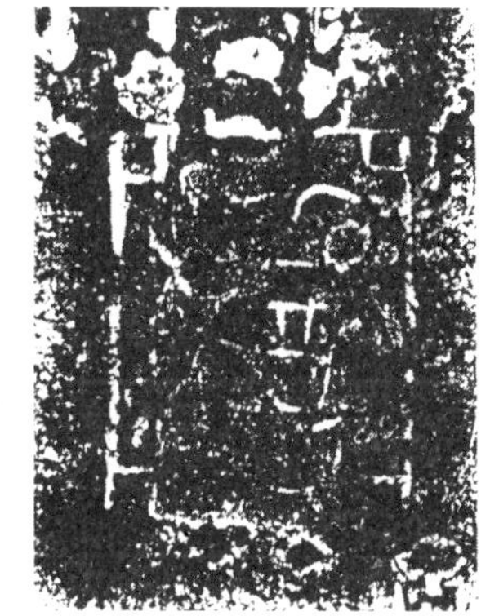

亞䣄鼎

成 1434 段

亞醜方殷

成 3098 殷

亞醜父丁尊

成 5735 殷

亞醜卣

成 4806 殷

亞醜卣

成 4808.1 殷

成 4808.2 殷

亞醜方觚

成 6970 殷

亞醜觚

成 6967 殷

亞醜斝

成 9159 殷

亞醜尊

成 5559 殷

亞醜矛

成 11438 殷

亞醜矛

成 11441.1 殷

成 11441.2 殷

亞醜斧

成 11777 殷

亞醜矛

成 11439 殷

亞醜矛

成 11440 殷

亞醜矛

成 11442 殷

亞醜鏟

成 11796 殷

父己亞醜方鼎

成 1867 殷

亞䤊

亞䤊父辛𣪘

亞䤊父辛卣

成 5085.1 𣪘

成 5085.2 𣪘

亞䤊卣

成 4810 𣪘

亞䤊方鼎

成 1437 𣪘

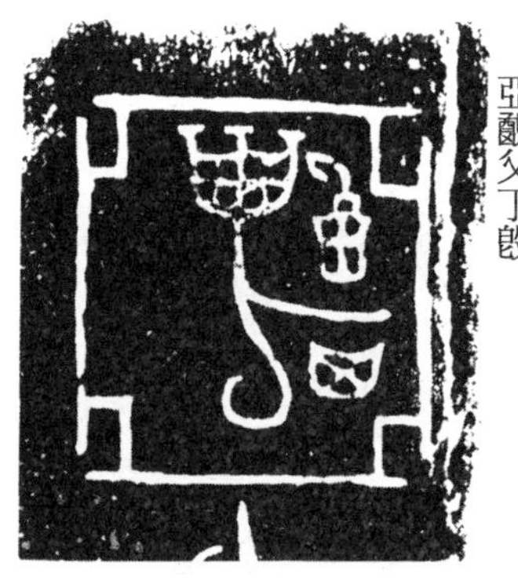

亞䤊父丁𣪘

成 3310 𣪘

亞䤊父辛𣪘

成 3333 𣪘

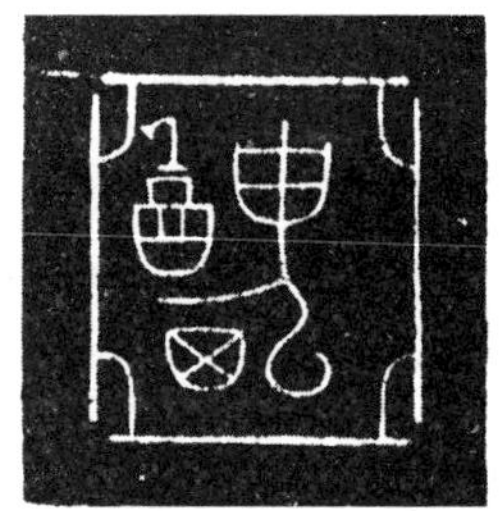

亞䤊方鼎

成 1441 𣪘

亞䤊方鼎

成 1443 𣪘

亞䤊爵

成 7786 𣪘

亞醜父辛殷

成 3331 殷

亞醜季作兄己鼎

成 2335 殷

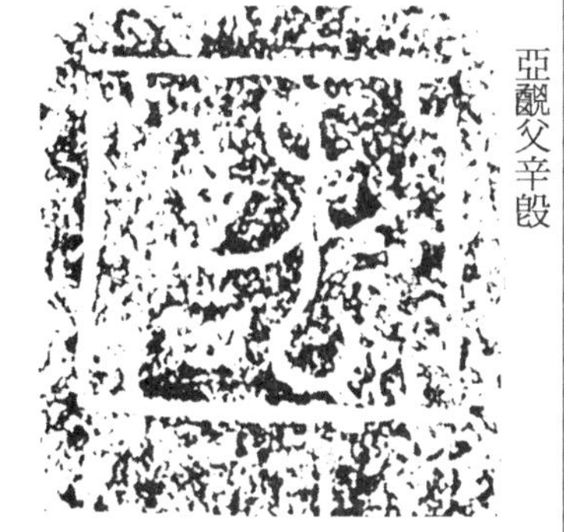

亞醜父辛殷

成 3332 殷

者姛方尊

成 5935 殷

者姛罍

成 9818.2 殷

亞醜殷

成 3096 殷

者姛方尊

成 5936 殷

亞醜觚

成 6969 殷

亞醜罍

成 9763 殷

亞醜鼎

成 1436 殷

亞醜母盉

成9366 殷

亞醜作季尊

成 5840 殷

亞醜𣪘

成 3099 殷

亞醜方彝

成 9850 殷

亞醜觶

成 6159 殷

亞醜作季卣

成 5238.1 殷

亞醜罍

成 9765.1 殷

亞醜方尊

成 5562 殷

亞醜戈

成 10839.1 殷

成 5238.2 殷

亞醜方彝

成 9849 殷

亞醜盉

成 9323 殷

成 10839.2 殷

亞醜尊

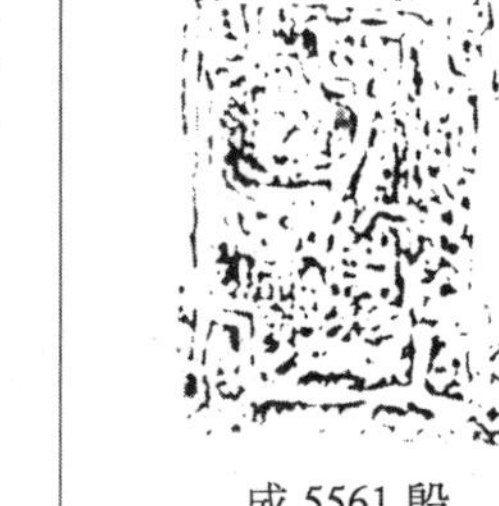

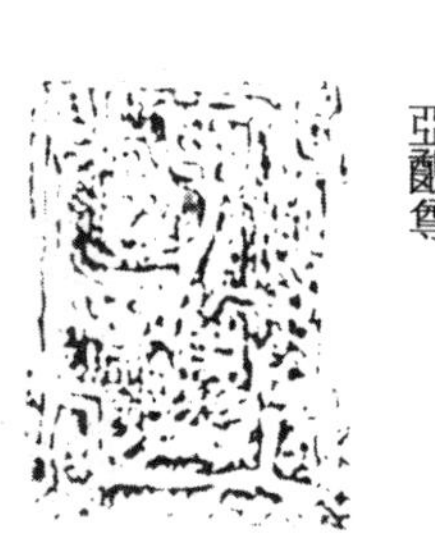

成 5561 殷

者姛爵

成 9090 殷

亞䤈

亞䤈觚

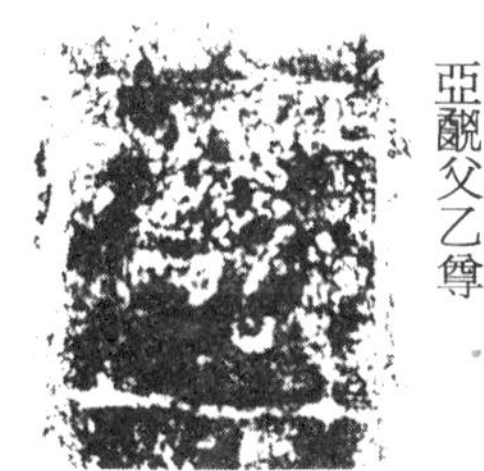
亞䤈父乙尊
成 5728 殷

亞䤈父丙爵
成 8882.1 殷

成 8882.2 殷

亞䤈方尊
成 5563 殷

亞䤈盉
成 9324.1 殷

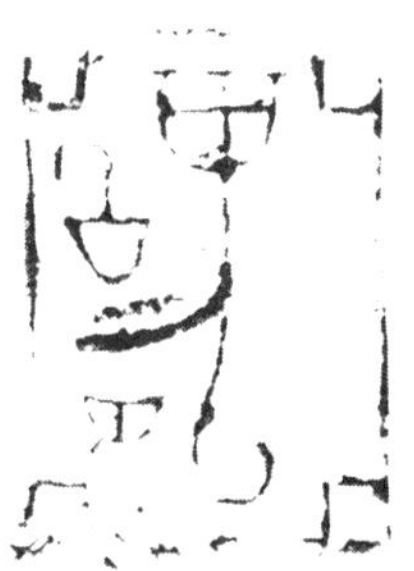
成 9324.2 殷

亞䤈父辛鼎
成 1884 殷

亞䤈爵
成 7783 殷

亞䤈父丙方鼎
成 1837 殷

亞䤈觚
成 6968 殷

亞䤈觶
成 6160 殷

亞䤈作季隮彝甗
成 886 殷

者女觥
成 9295.1 殷

成 9295.2 殷

亞䤈爵
成 7784 殷

亞䤈爵
成 7785 殷

亞醜罍

成 9766.1 殷

成 9766.2 殷

亞醜尊

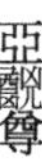

成 5560 殷

亞醜父丁盉

成 9373 殷

亞醜父乙鼎

成 1819 殷

亞醜罍

成 9765.2 殷

亞醜方彝

成 9848.1 殷

成 9848.2 殷

者姛罍

成 9819 殷

亞醜方鼎

成 1444 殷

亞醜方鼎

成 1442 殷

亞醜器

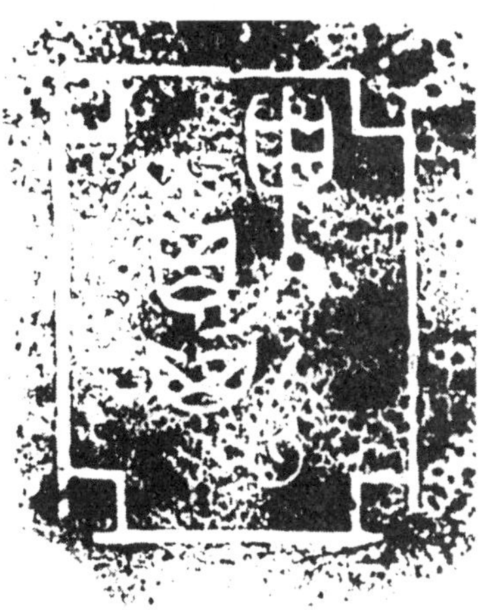

成 10497 殷

亞醜殷

成 3097 殷・周早

亞醜父丁觚

成 7230 殷

亞醜罍

成 9767.1 殷

亞醜卣

成 4809.1 殷

亞醜鉞

成 11743.2 殷

成 9767.2 殷

成 4809.2 殷

亞醜觶

新 1659 商晚

亞醜罍

成 9764 殷

亞醜鉞

成 11743.1 殷

亞醜觚

新 1658 商晚

亞醜錛

成 11797 殷

亞醜矛

成 11443 殷

亞醜觚

新 1049 商晚

亞醜罍

錄 979 商晚

亞醜尊

新 1662 商晚

亞醜害尊

新 1663 商晚

亞醜爵

新 1050 商晚

亞醜爵

成 7787 周早

亞醜𣪘

成 3095 周早

亞醜父乙尊

成 5894 周早

亞醜卣

總 5052

亞醜卣四

總 5055

總 5055

亞䤃杞婦卣
成 5097.1 𣪘

成 5097.2 𣪘

亞䤃尊
總 4513

亞䤃者姛匜
總 6815

亞䤃矛
總 7603

亞䤃尊
總 4514

亞䤃簋
總 1789

亞䤃壺
總 5613

亞䤃矛
總7604

亞䤃爵
總 3393

亞䤃矛
總 7605

亞䤃尊
總 4513

亞䤃簋
總 1787

亞䤃鼎
總 0187

1408 亞𨙫	1407 亞䰜父丁	
 者女觥	 亞䰜父丁方鼎	
 者女觥 成 9294.1 殷	 亞䰜父丁方鼎 成 1839 殷	 者姛罍 成 9818.1 殷
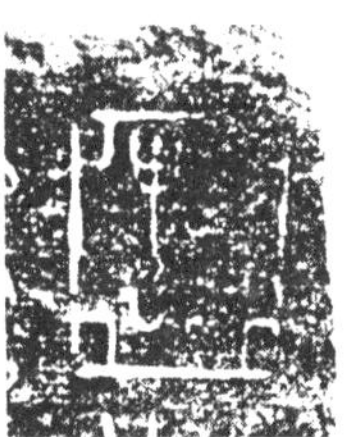 成 9294.2 殷	 亞䰜父丁方鼎 成 1840 殷	
 諸女甗 成 917 周早	 亞䰜父丁鼎 新 1644 商晚	

1409

亞𡭚

亞𡭚鐃

亞𡭚鐃

成 398 殷

大部

1410

亞大

亞大父乙觶

亞大父乙觶

成 6376 殷

亞大父乙觶

成 6375 殷

1411

亞天

亞天父癸尊

亞天父癸尊

成 5751 殷

亞天鼎

成 1408 殷・周早

亞天父辛爵

成 9016 周早

亞天父癸觶

錄 670 周早

1412
亞夫

亞夫盉

亞夫盉

成 9394 周早

亞夫魃爵

錄 895 商晚

亞夫父辛鼎

新783 商晚・周早

1413
亞[?]亯

亞[?]亯甗

亞[?]亯甗

成 9956 殷

1414
亞屰

亞屰父丁爵

亞屰父丁爵

成 8887 周早

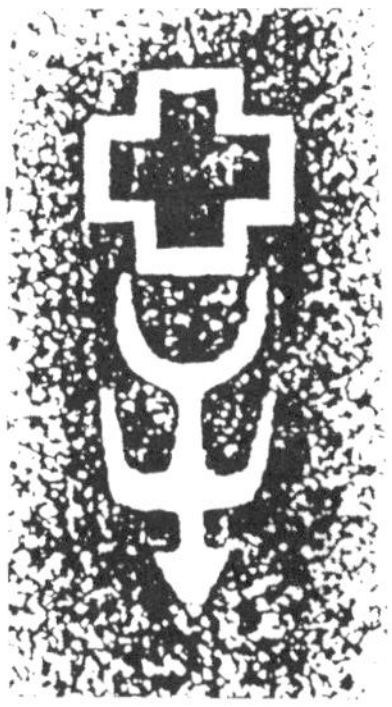

亞屰卣

成 4815.1 殷

參見 179

1417 亞趩	1416 亞夭	1415 亞奚	
亞趩尊	亞夭𣪘爵	亞奚卣	
亞趩鼎 成 1419 殷	亞夭𣪘爵 成 8781 殷	亞奚尊 成 5572 殷	
亞趩鼎 成 1420 殷		亞奚卣 成 4812.1 殷	
亞趩尊 成 5568 殷・周早			
亞趩父丁尊 新 1395 西周		亞奚段 成 3093 殷	成 4812.2 殷

1418

亞昊

亞昊斝

亞昊𣪘

亞昊鼎
成 1426 殷

亞昊鼎
成 1427 殷

亞昊鼎
成 1430 殷

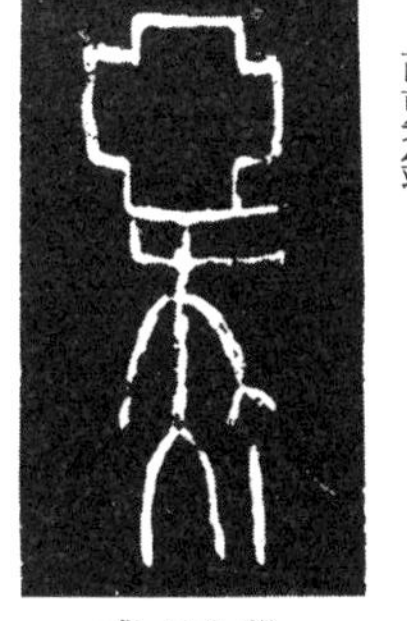
亞昊鈴
成 413 殷

亞昊鈴
成 415.1 殷

成 415.2 殷

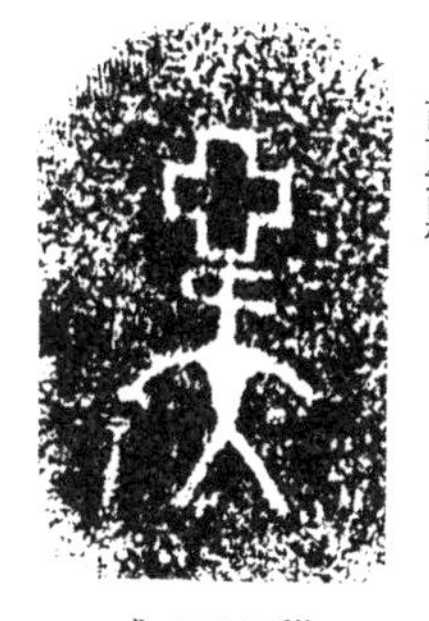
亞昊鼎
成 1428 殷

亞昊鐃
成 382 殷

亞昊鈴
成 414 殷

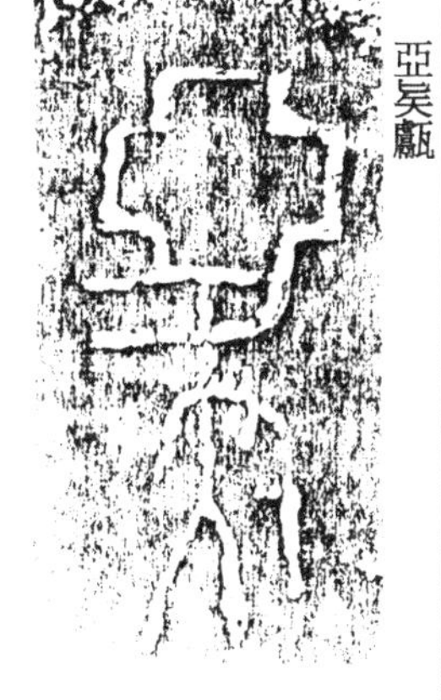
亞昊甗
成 789 殷

亞昊鼎
成 1429 殷

亞昊觶
成 6156 殷

亞昊𣪘
成 3092 周早

亞吴

亞吴方鼎

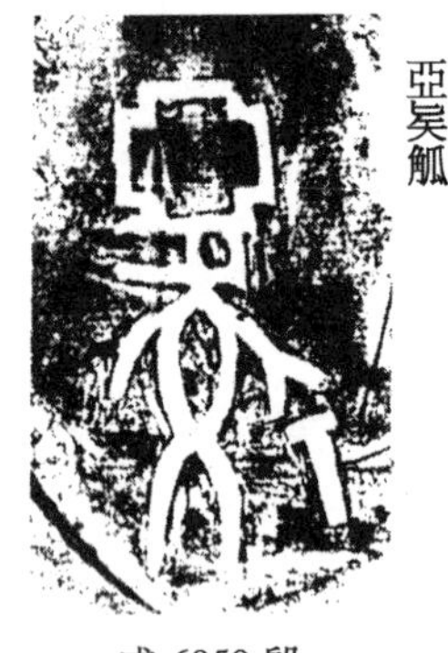
亞吴觚
成 6959 觚

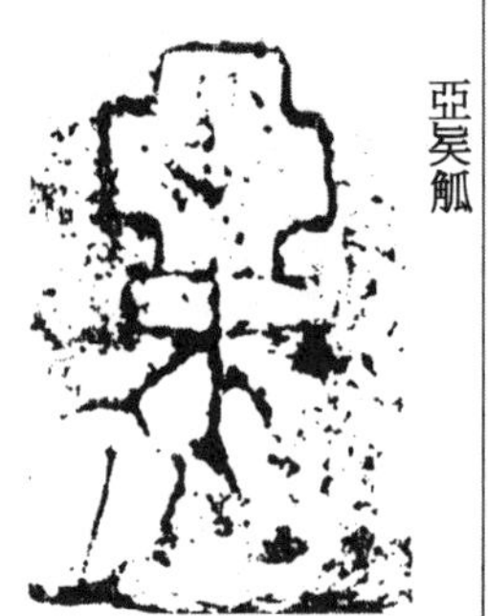
亞吴觚
成 6961 觚

亞吴觚
成 6962 觚

亞吴斝
成 9157 斝

亞吴斝
成 9158 斝

亞吴觚
成 6966 觚

亞吴方鼎
成 1432 鼎

亞吴爵
成 7772 爵

亞吴爵
成 7780 爵

亞吴爵
成 7776 爵

亞吴爵
成 7774 爵

亞吴斝

成 9156 殷

亞吴爵

成 7777 殷

亞吴矛

成 11436 殷

亞吴觚

成 6960 殷

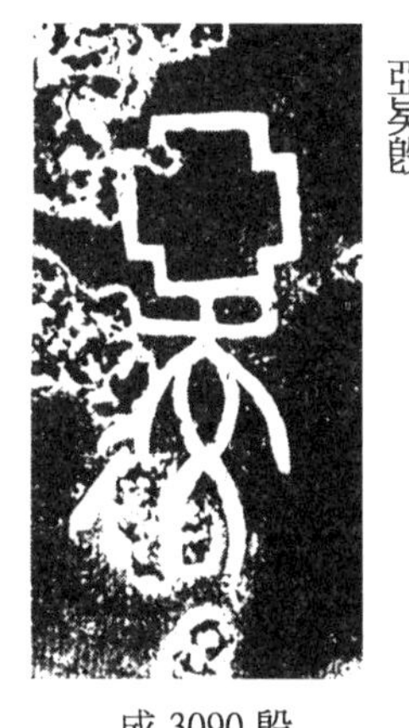

亞吴𣪘

成 3090 殷

亞吴觚

成 6963 殷

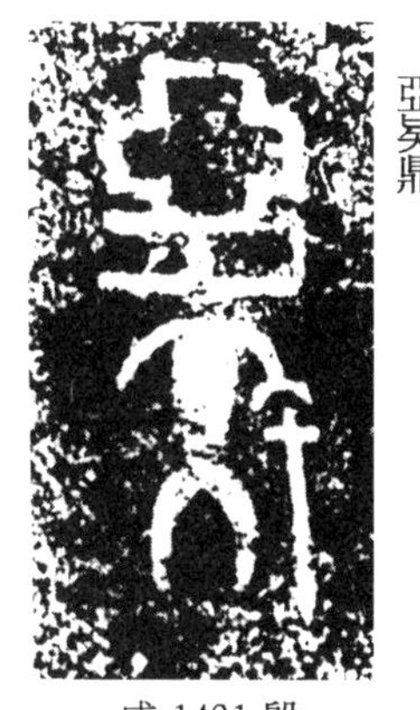

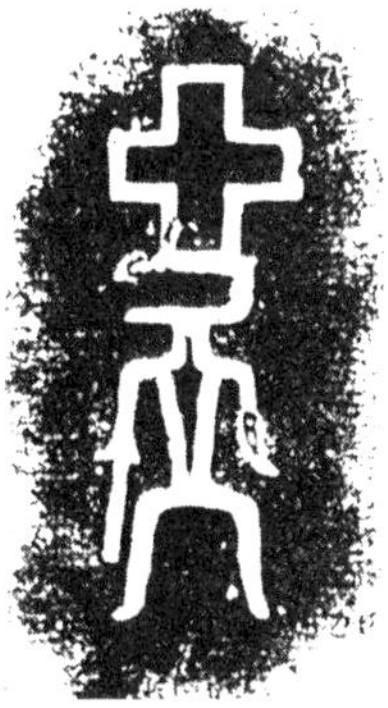

亞吴鼎

成 1431 殷

亞吴豆

成 4653 殷

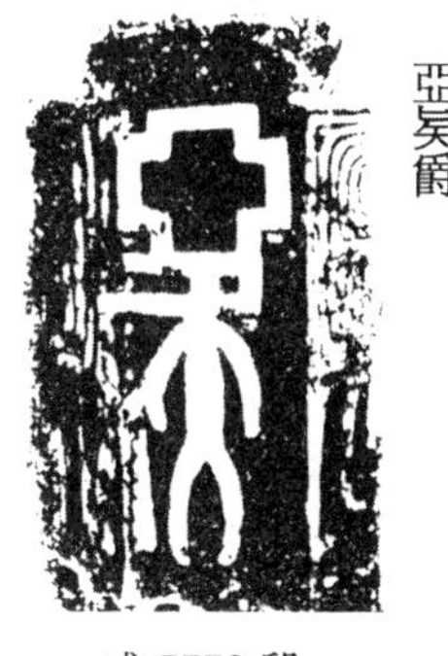

亞吴爵

成 7778 殷

亞吴爵

成 7775 殷

亞吴𣪘

成 3091 殷

亞吴尊

成 5570 殷

亞昊戈

成 10832.1 殷

成 10832.2 殷

亞昊戈

成 10836.1 殷

成 10836.2 殷

亞昊觚

成 6965 殷

亞昊戈

成 10835 殷

亞昊鉞

成 11744 殷

亞昊鏟

成 11795 殷

亞昊刀

成 11813 殷

亞昊耜

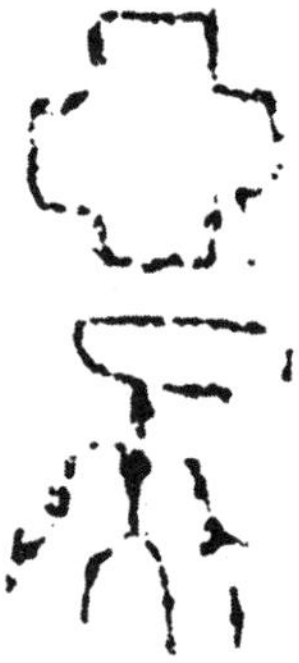

成 11831 殷

亞昊斧

成 11776 殷

亞昊矛

成 11437 殷

亞昊銅泡

成 11852 殷

亞昊銅泡

成 11853 殷

亞旲戈

成 10833 殷

亞旲矛

成 11435 殷

亞旲戈

成 10831.1 殷

成 10831.2 殷

亞旲鉞

成 11745.1 殷

成 11745.2 殷

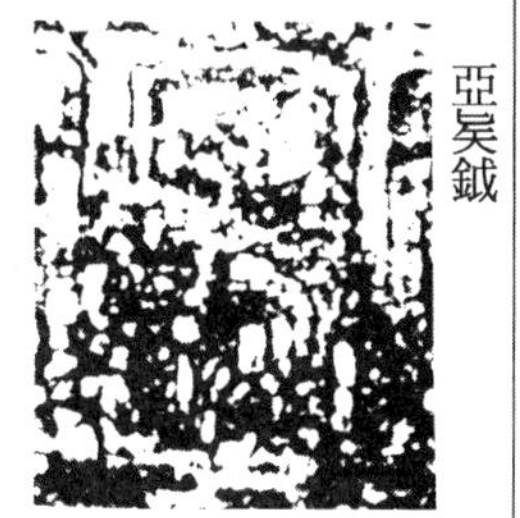

亞旲鉞

成 11746 殷

亞旲爵

成 7773 殷

亞旲觚

成 6964 殷

亞旲卣

成 4813.1 殷

成 4813.2 殷

亞旲斧

成 11775 殷

亞旲爵

成 7781 殷

亞旲戈

成 10834 殷

亞旲戈

成 10830.1 殷

成 10830.2 殷

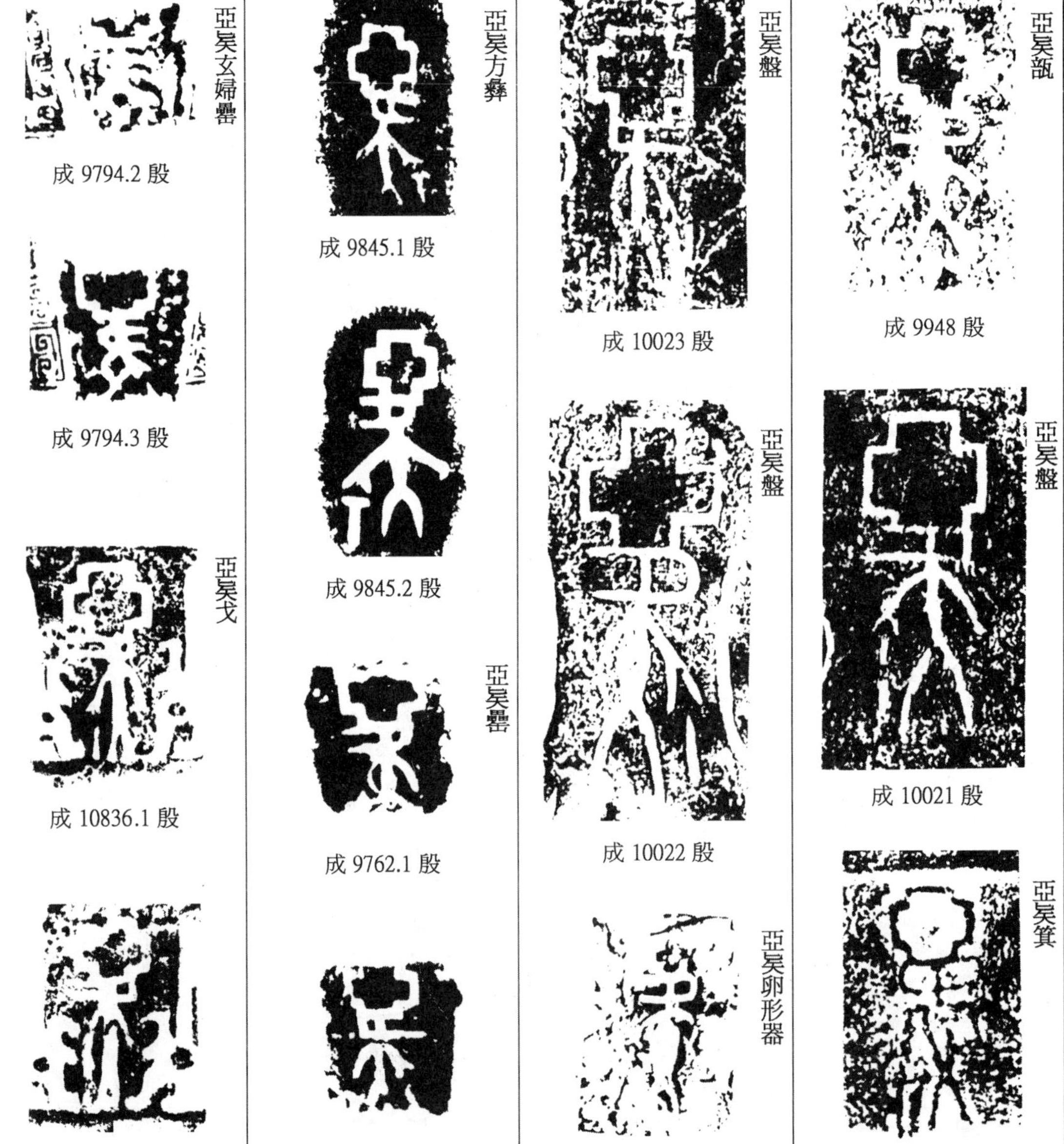

亞㠱玄婦罍
成 9794.2 殷
成 9794.3 殷
亞㠱戈
成 10836.1 殷
成 10836.2 殷
亞㠱方彝
成 9845.1 殷
成 9845.2 殷
亞㠱罍
成 9762.1 殷
成 9762.2 殷
亞㠱盤
成 10023 殷
亞㠱盤
成 10022 殷
亞㠱卵形器
成 10344 殷
亞㠱瓿
成 9948 殷
亞㠱盤
成 10021 殷
亞㠱箕
成 10393 殷

亞吴罍

成 9761 周早

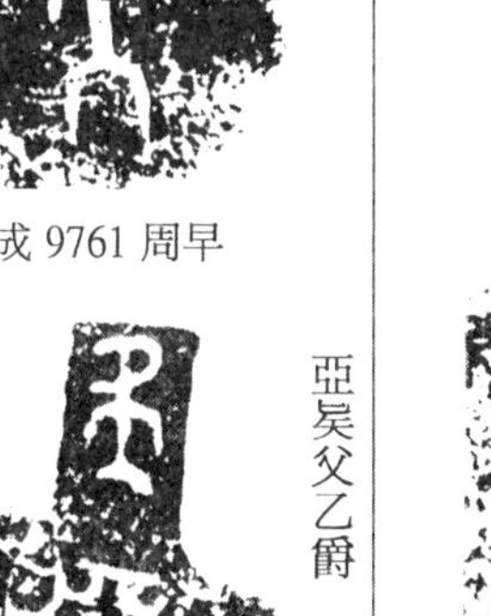

亞吴父乙爵

成 9000 周早

亞吴父乙爵

成 9001 周早

亞吴父乙爵

成 9002 周早

亞吴方彝

錄 991 商晚

亞吴爵

成 7779 殷·周早

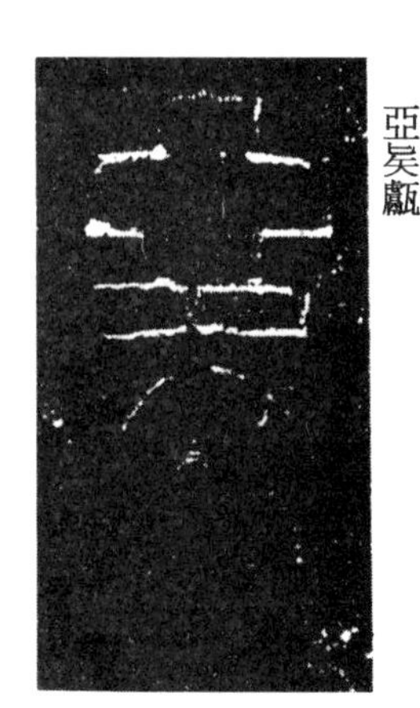

亞吴甗

錄 151 周早

亞吴鐃

成 380 殷

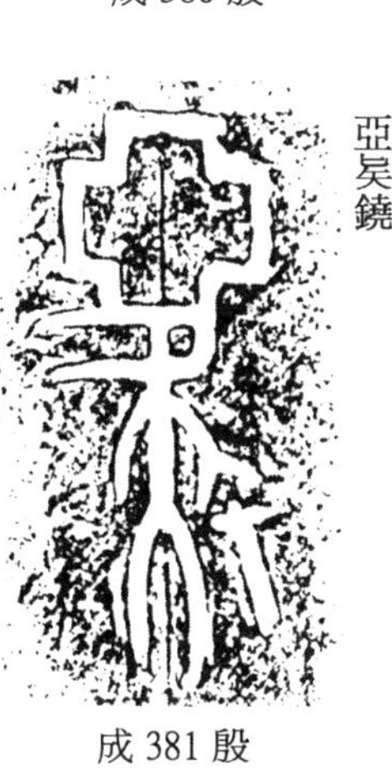

亞吴鐃

成 381 殷

亞吴爵

錄 824 商晚

亞吴矛

成 11433 殷

亞吴矛

成 11434 殷

亞吴銴

成 11794 殷

亞吴鑿

成 11801 殷

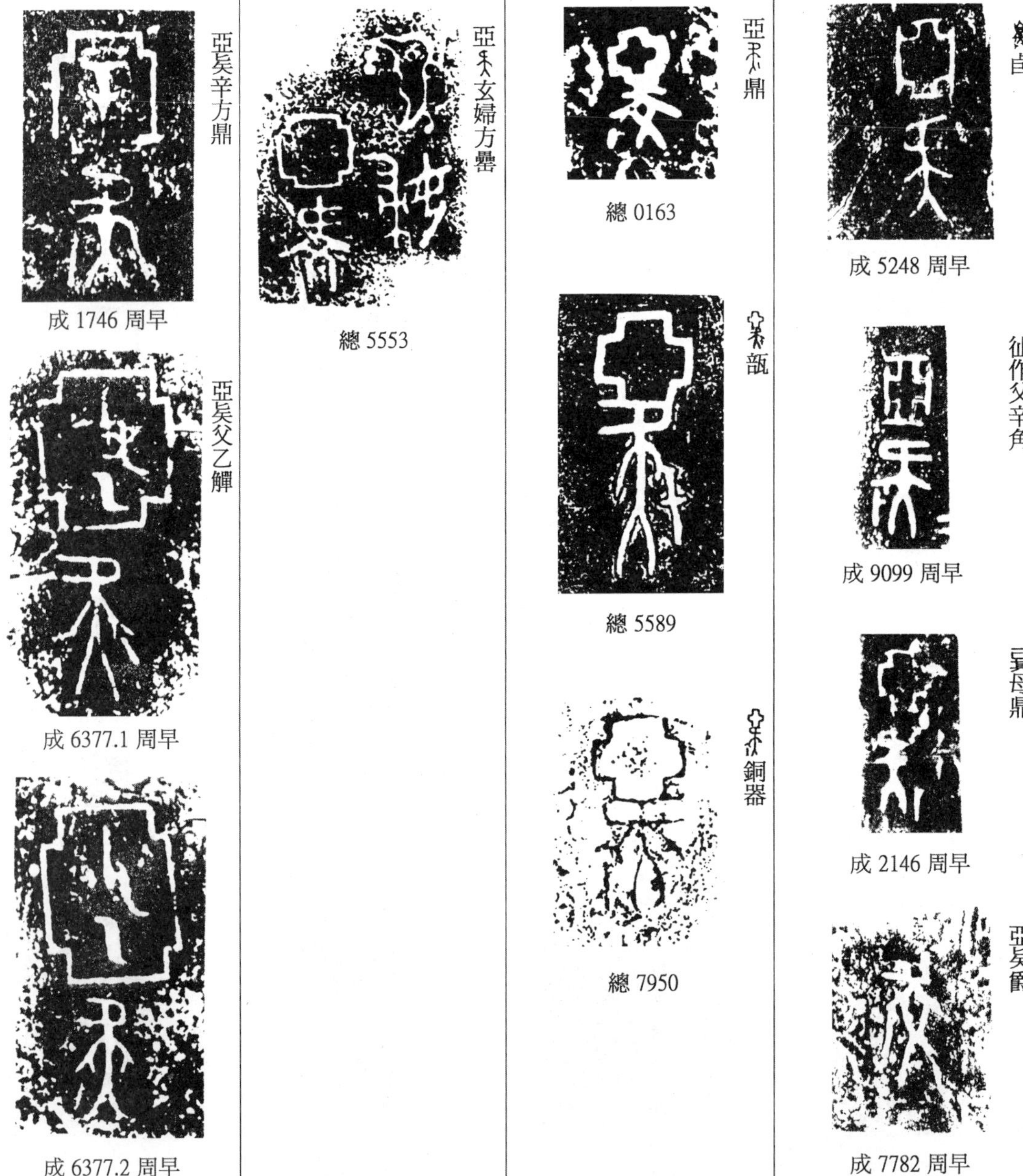

亞𡘋辛方鼎
成 1746 周早
亞𡘋父乙觶
成 6377.1 周早
成 6377.2 周早
亞𡘋玄婦方罍
總 5553
亞𡘋鼎
總 0163
𡘋瓿
總 5589
𡘋銅器
總 7950
𡘋卣
成 5248 周早
征作父辛角
成 9099 周早
𡘋母鼎
成 2146 周早
亞𡘋爵
成 7782 周早

亞吴父乙觶
成 6440 周早

亞吴父己觚
成 7241 周早

亞▢吴甗
成 828 周早

亞其卣
成 5015 殷

亞其吴作母辛卣
成 5294.1 殷

成 5294.2 殷

亞㠱吴作母辛卣
成 5293.1 殷

成 5293.2 殷

亞其吴作母辛卣
成 5292.1 殷

亞其吴作母辛卣
成 5292.2 殷

亞㠱吴㝵作母癸鼎
成 2262 殷

㝵作母癸尊
成 5888 殷

㝵作母癸觚
成 7297 殷

𩫏作母癸卣

成 5295.1 殷

成 5295.2 殷

亞㠱吳母癸爵

成 9075 殷

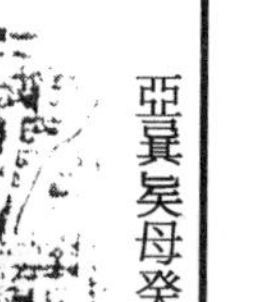

亞㠱吳母癸斝

成 9245 殷

𩫏作母癸觚

成 7298 殷

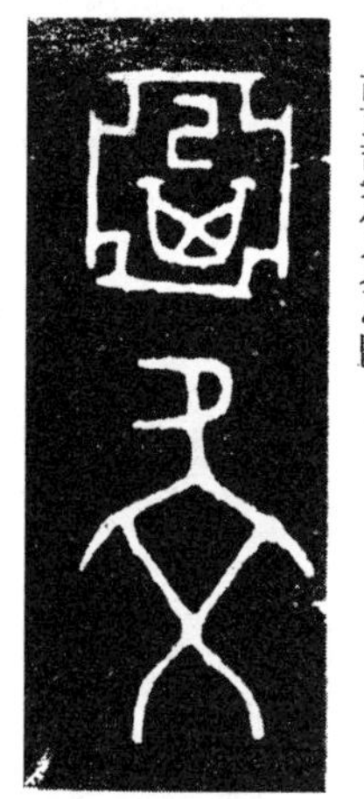

亞㠱吳作父乙𣪕

成 3505 周早

亞㠱吳鼎

成 2035 周早

亞㠱吳作母辛𣪕

成 3689.1 周早

成 3689.2 周早

亞㠱吳鼎

成 1745 周早

孝卣

成 5377 殷

亞吳匕辛觶

成 6464 殷

亞㠱侯吳父戊𣪕

成 3513 周早

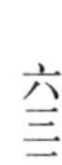

1420

亞𡨦

亞𡨦皇㢑卣

亞𡨦鐃

成 386 𣪘

亞𡨦角

成 7794 𣪘

亞𡨦鼎

成 1423 𣪘

亞𡨦角

成 7793 𣪘

亞𡨦矛

成 11444.2 𣪘

1419

亞𡨦吳父丁

亞𡨦父丁鼎

亞𡨦父丁鼎

總 0572

𡨦方鼎

成 2702 周早

亞㚔

亞㚔父丁卣

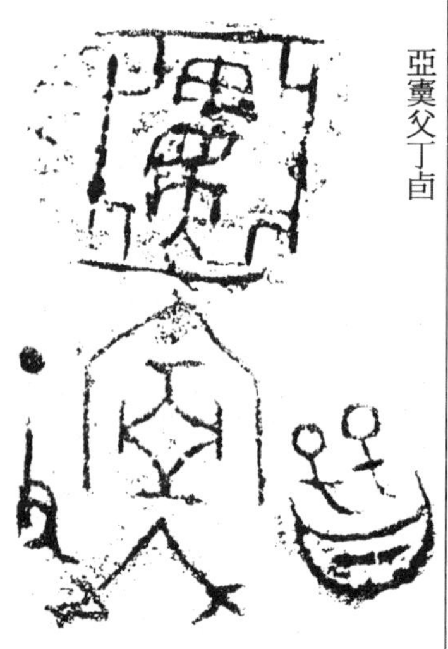
亞㚔父丁卣
成 5271.1 𣪘

亞㚔皇㫃卣
成 5100.1 𣪘

亞㚔觚
成 6986 𣪘

亞㚔觶
新 1709 商晚

成 5271.2 𣪘

成 5100.2 𣪘

亞㚔[illegible]方鼎
成 1944 𣪘

亞㠱

亞㠱[illegible]罍

亞㠱[illegible]罍

成 9793 殷

亞㠱鼎

成 2427 殷

亞㠱父丁觚

成 7293 殷

亞㠱鼎

成 2033 殷

亞㠱[illegible]爵

成 8777 殷

亞㠱鄉宁鼎

成 2362 殷

1421

亞㝃止

亞𪗴鼎

亞㝃止鐃

新 186 商晚

亞㝃止殷

新 195 商晚

亞𪗴鼎

成 1424 殷

亞㝃止鐃

錄 116 商晚

亞㝃止鐃

新 187 商晚

亞㝃止鼎

新 191 商晚

亞㝃止鼎

新 190 商晚

1424 亞嚢父丁	1423 亞𡗜	1422 亞㚔址
亞嚢父辛尊	亞𡗜觶	亞㚔址圓斝
亞嚢父辛尊 成 5746 周早	亞𡗜觶 成 6157 殷 𡗜作且乙觚 成 7261 周早	亞㚔址鼎 新 189 商晚 亞㚔址斝 新 221 商晚

兩人部

1425

亞並

亞夶父己毁

亞夶父己毁

成 3326 毁

1426

亞㠯

亞㠯鼎

亞㠯鼎

新 243 商晚
參見 201

亞㠯㠯方彝

新 262 商晚

1427

亞且辛

亞且辛觶蓋

亞且辛觶蓋

成 6371 周早

人與武器部

1428 亞𠘯	1429 亞伐	1430 亞弜
亞𠘯母乙鬲	亞伐卣	亞弜作父癸鼎
亞𠘯母乙鬲 成 505 殷	亞伐卣 成 4805.1 殷	亞弜作父癸鼎 新 923 商晚
	成 4805.2 殷	

女子部

1431 亞女	1432 亞[illegible]	1433 亞子
亞女ㄓ爵	亞[illegible]爵	亞子爵
亞女ㄓ爵 成 8778 殷	亞[illegible]爵 成 7830 周早	亞子爵 成 7788 殷·周早
女亞斝 成 9177 殷		

1434

亞□

亞孳父辛觶

亞孳父辛盉

成 9379 殷

亞孳父辛觶

成 6414 周早

亞孳父辛𣪕一

成 3334 周早

目部

1435

亞□

亞□卣

亞□卣

總 5051

總 5051

1436

亞□

亞□父己鼎

亞□父己鼎

成1865 殷

亞□父己鼎

成 1866 殷

1437

亞

[illegible]且辛卣

且辛禹方鼎

成 2111 殷

[illegible]且辛卣

成 5201.2 殷

[illegible]且辛卣

成 5201.1 殷

且辛禹方鼎

成 2112 殷

1438

亞𠂤

亞方鼎

亞方鼎

成 1759 周早

1439

亞矢望丩父乙

亞矢望父乙卣

亞矢望父乙卣

成 5206 殷

頁部

1440

亞䪼

盥父丁角

盥父丁角

成 9078 周早

口部

1441 亞告

亞告鼎

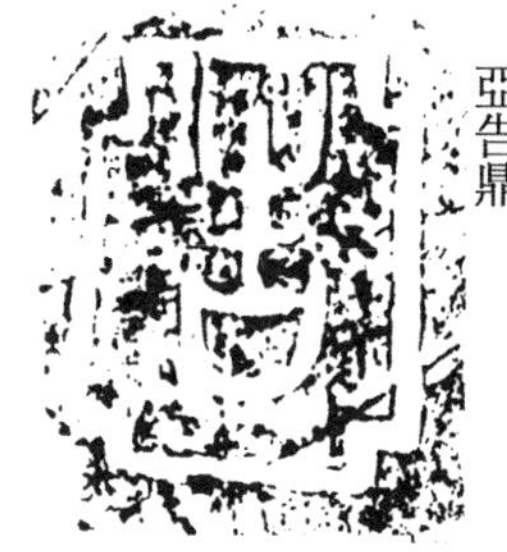
亞告鼎
成 1410 殷

亞告方觚
成 6972 殷

亞告殷
成 3094 殷

亞告爵
錄 828 商晚

亞告鼎
成 1411 殷

1442 亞□

亞□父辛爵

亞□父辛爵
成 8943 殷

1443
亞古

亞古父己盉

亞古父己觚
成 7239 殷

亞古父己角
成 8927 殷

作父己殷
成 3861.1 殷

成 3861.2 殷

亞古父己盉
成 9378.1 殷

成 9378.2 殷

1444
亞古乍父己彝

亞古父己卣

亞古父己卣
成 5215.1 殷

成 5215.2 殷

手部	1447 亞[illegible]	1446 亞葡	1445 亞弘
	亞[illegible]父戊爵	父已亞葡史鼎	亳作父乙方鼎
	亞[illegible]父戊爵 成 9011 周早	父已亞葡史鼎 成 2014 殷·周早	亳作父乙方鼎 成 2316 周早

<table>
<tr><th>1449
亞牧</th><th colspan="3">1448
亞又</th></tr>
<tr><td>
亞敄爵</td><td colspan="3">
敄亞又戈</td></tr>
<tr><td>
亞敄方觚
成 6973 殷

亞敄爵
成 7801 殷

亞牧父戊鬲
成 502 殷</td><td>
亞又方彝
成 9853 殷</td><td>
敄亞又戈
成 10949.1 殷

敄亞又戈
成 10948.1 殷

敄亞又戈
成 10947.1 殷</td><td>
敄亞又戈
成 10946.1 殷

敄亞又戈
成 10951.1 殷

敄亞又戈
成 10950.1 殷</td></tr>
</table>

1452

亞徵

亞徵鬲

亞徵鬲

成 456 殷

亞徵觶

成 6158.1 殷

成 6158.2 殷

1451

亞得父庚

亞得父庚鼎

亞得父庚鼎

成 1880 殷

亞得父庚鼎

新 271 商晚

1450

亞得

亞得父癸卣

亞得父丁盉

成 9375.1 殷

得父己甗

成 844 殷

何作丁辛觶

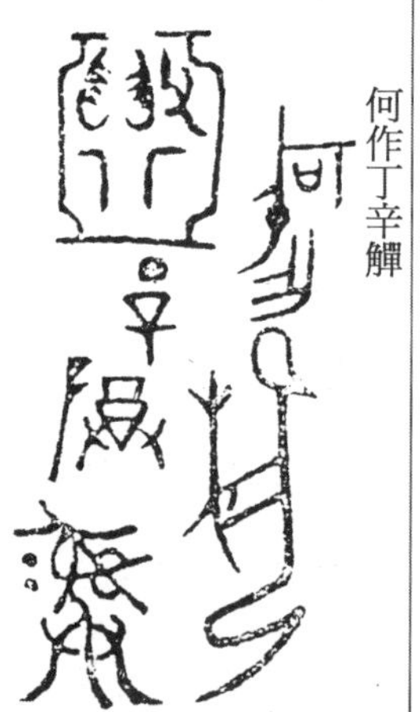

成 6505 殷

亞得父丁盉

成 9375.2 殷

亞得父癸卣

成 5094.1 殷

成 5094.2 殷

成 5094.3 殷

1453 亞攸

亞攸父乙鼎

亞攸戈
成 10845 殷

亞攸鉞
成 11742 殷

亞啓方彝
成 9847.2 殷
參見補 37

父乙告田卣
成 5347 殷

亞攸父乙鼎
成 1818 殷

亞攸父乙尊
成 5730 殷

亞攸戈
成 11010.2 殷

1454 亞攸父乙

亞攸父乙毀

亞攸父乙毀
成 3297 殷

亞攸父乙鼎
總 0533

1455 亞厷

亞厷父乙卣

亞厷父乙卣
成 5055.1 殷

成 5055.2 殷

亞厷方鼎
成 1409 殷

1456	1457	1458	1459
亞受	亞聿	亞登	亞𠬝
戊寅作父丁方鼎	亞聿父乙爵	亞登毁	亞𠬝女子鼎
戊寅作父丁方鼎 成 2594 毁	亞聿父乙爵 成 8858 毁	亞登兄日庚觚 成 7271 毁	亞𠬝父乙爵 成 8855 周早
亞受戈 成 10843.1 毁		亞登毁 成 3105 周早	亞𠬝父乙角 成 8856.1 周早
亞受爵 錄 830 周早			成 8856.2 周早
			亞𠬝女子鼎 成 1909 毁
			亞𠬝父乙爵 錄 898 周早

1461	1460
亞𢼸	亞北

肇家卣

北亞觚

肇家卣

成 5368 周早

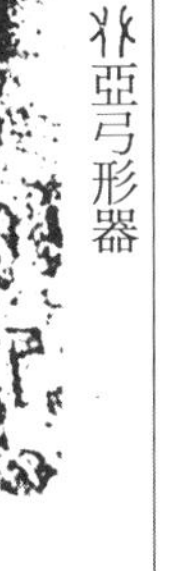
北亞弓形器

成 11873 殷

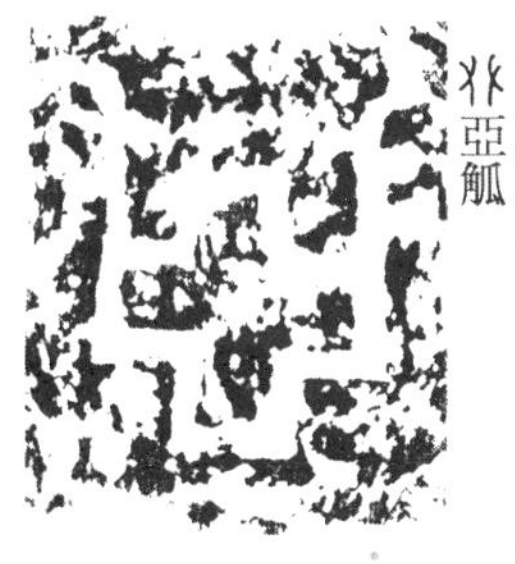
北亞觚

成 6977 殷

北亞鼎

成 1404 殷

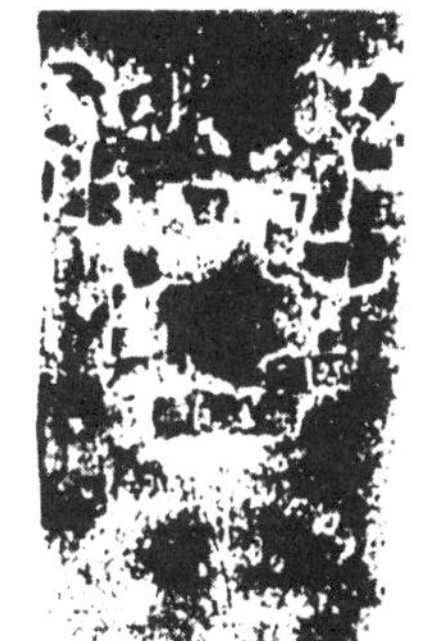

成 11873 殷

北亞觚

成 6979 殷

北亞爵

錄 831 周早

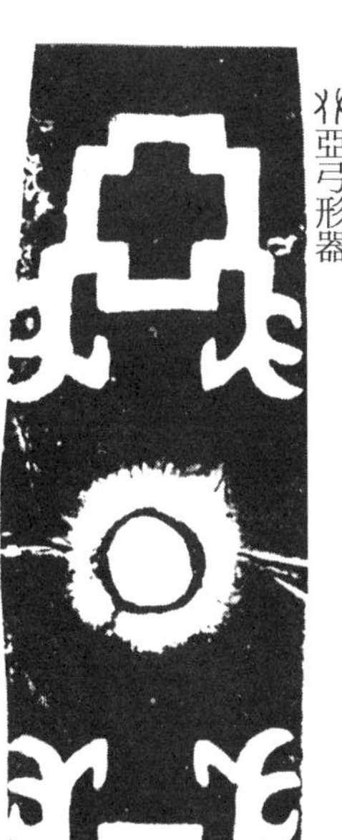
北亞弓形器

成 11872 殷

北亞觚

成 6978 殷

亞北爵

成 7816 殷

亞㠱

亞㠱卣

亞其觚

成 6950 殷

亞其觚

成 6952 殷

亞其觚

成 6946 殷

亞其觚

成 6947 殷

亞其觚

成 6953 殷

亞其斝

成 9163 殷

亞其觚

成 6954 殷

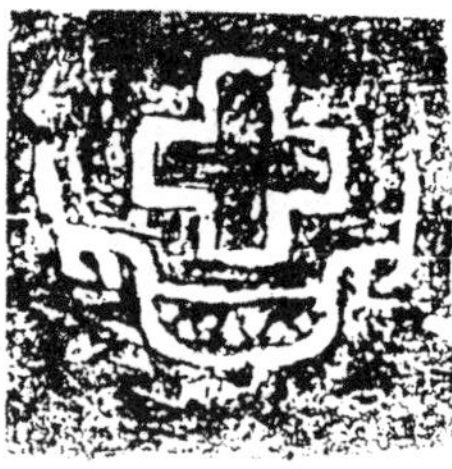

亞其觚

成 6951 殷

亞其觚

成 6948 殷

亞㠱卣

成 4817.1 殷

成 4817.2 殷

亞其爵

成 7839 殷

亞其爵

成 7840 殷

亞其爵

成 7834 殷

亞其爵

成 7843 殷

亞其爵

成 7841 殷

亞其爵

成 7838 殷

亞其爵

成 7832 殷

亞其爵

成 7833 殷

亞其爵

成 7835 殷

亞其爵

成 7836 殷

亞其爵

成 7842 殷

亞其爵

成 7837 殷

亞其爵

成 7831 殷

亞□爵

總 4011

1465 亞共叙父丁	1464 亞𢎛	1463 亞䀠
亞共父丁角	𥃲父丁罍	亞殸斝
亞共父丁角 成 9008.1 殷  成 9008.2 殷	𥃲父丁罍 成 9810 周早	 亞殸斝 成 9161 殷

1466

亞共且乙父己

亞共且乙父己卣

亞共且乙父己卣

成 5199.1 殷

成 5199.2 殷

1467

亞共父癸

亞共父癸𣪕

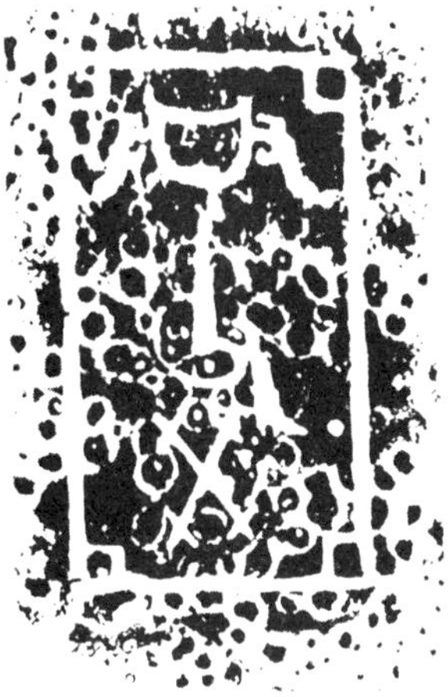

亞共父癸𣪕

成 3339 殷

亞共父癸鼎

成 1892 西周

1468

亞共覃父甲

亞共覃父甲鼎

亞共覃父甲鼎

成 1998 殷

1469

亞𠦪

亞𠦪爵

亞𠦪爵

成 7797 周早

1470

亞盥

亞盃觚

亞盥𣪘

成 3100 殷

亞盥鼎

新 136 商晚

亞𣍘卣

成 4819 殷

亞盥爵

成 7800 殷

亞盃觚

成 6991 殷

1471

亞𠙵

亞𠙵父丁甗

亞𠙵尊

成 5571 殷

亞𠙵父丁𣪘

新 1528 商晚

亞𠙵作父乙鼎

成 2248 周早

亞𠙵父丁甗

成 840 周早

1474 亞父	1473 亞𠤎	1472 亞[illegible]	
亞父鉞	亞𠤎父己鼎	亞[illegible]卑	
亞父鉞 成 11749 殷	亞𠤎父己鼎 成 1872 周早	亞[illegible]卑 成 9162 殷	亞[illegible]父乙盉 成 9371.1 周早
成 11749 殷			成 9371.2 周早
亞父鉞 成 11748 殷			亞[illegible]父丁觚 成 7232 周早
亞父鉞 成 11747 殷			

1476 亞父丁	1475 亞父乙		
 丏亞父丁甗	 亞矣父乙觶		
 丏亞父丁甗 成 841 周早	 亞矣父乙觶 成 6377.2 周早 參見 1418	 亞父乙卣 成 4933.1 殷  成 4933.2 殷  亞父乙觶 成 6232 周早	 亞□鼎 成 1403 殷•周早 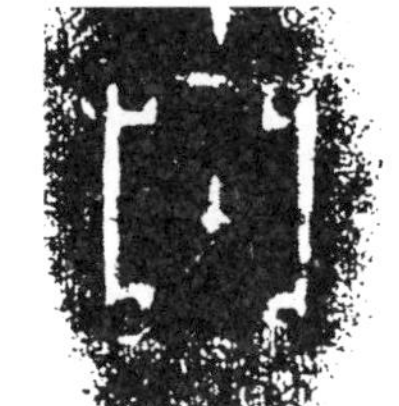 亞父丁毁 新 810 周早  亞父冊爵 成 8776 殷  亞父□爵 成 8775 殷

1477

亞父己

亞父己觚

亞父己觚

成 7126 殷

1478

亞父辛

亞父辛尊

亞父辛爵

成 8631 殷

亞父辛尊

成 5745 殷

亞父辛天觥

總 4912

總 4912

1479

亞父乙[illegible]莫

父乙莫觚

父乙莫觚

成 7263 殷

1480

亞父[illegible]乍父丁彝

亞父[illegible]鼎

亞父[illegible]鼎

新 787 商晚·周早

亞父[illegible]鼎

新 785 商晚·周早

足部

1483	1482	1481
亞𠂤父己	亞𠂤	亞止
亞𠂤父己卣	亞觚	亞止罍
亞𠂤父己卣 成 5079.1 周早 成 5079.2 周早	亞觚 成 6992 殷	亞止罍 成 9769 殷 亞止乍父丁卣 成 5332.1 周早 成 5332.2 周早

亞址

亞址罍

亞址觶

新 218 商晚

新 218 商晚

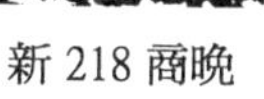

亞址尊

新 196 商晚

亞址盤

新 225 商晚

亞址角

錄 841 商晚

亞址斝

新 219 商晚

亞址尊

新 197 商晚

亞址罍

新 223 商晚

亞止角

錄 840 商晚

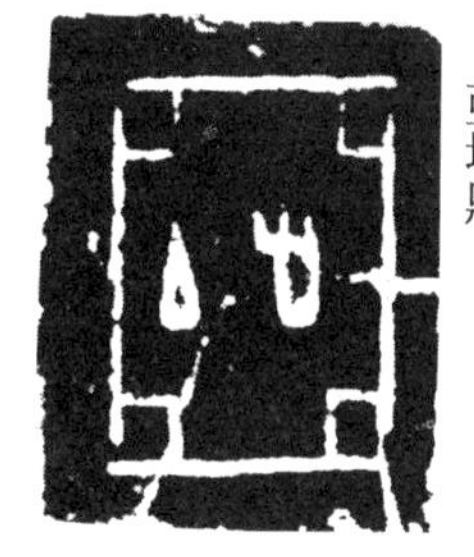

亞址鼎

新 194 商晚

亞址角

錄 832 商晚

亞址角

錄 835 商晚

亞址父己爵

成 8926 殷

亞址角

錄 838 商晚

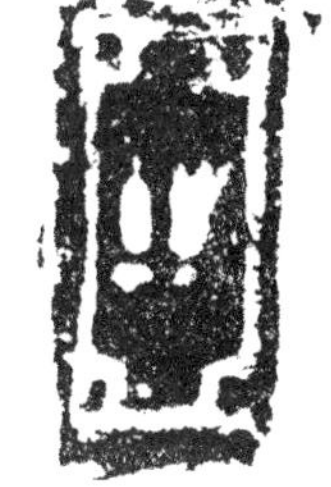

亞址角

錄 833 商晚

亞址角

錄 836 商晚

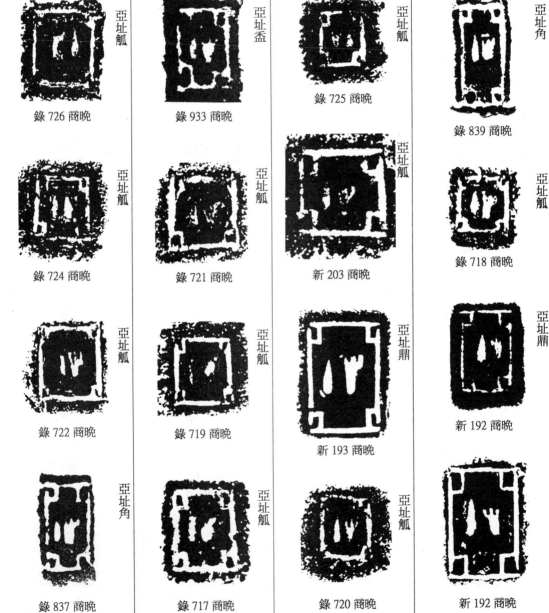

亞址角

錄 839 商晚

亞址觚

錄 718 商晚

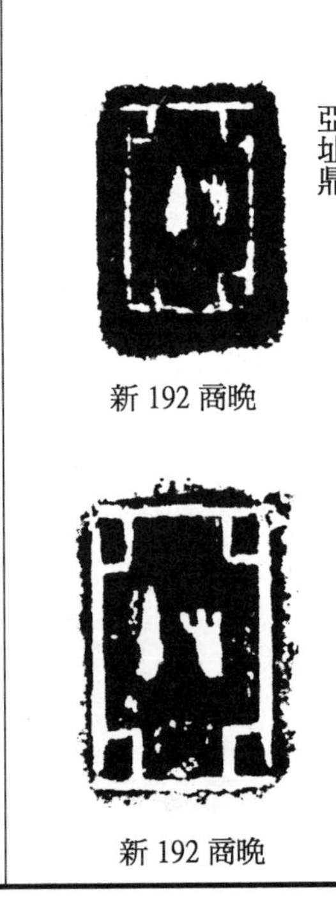

亞址鼎

新 192 商晚

新 192 商晚

亞址觚

錄 725 商晚

亞址觚

新 203 商晚

亞址鼎

新 193 商晚

亞址觚

錄 720 商晚

亞址盉

錄 933 商晚

亞址觚

錄 721 商晚

亞址觚

錄 719 商晚

亞址觚

錄 717 商晚

亞址觚

錄 726 商晚

亞址觚

錄 724 商晚

亞址觚

錄 722 商晚

亞址角

錄 837 商晚

1486 亞𠂤	1485 亞八𠂤		
 亞𠂤爵	 遽仲作父丁觶		
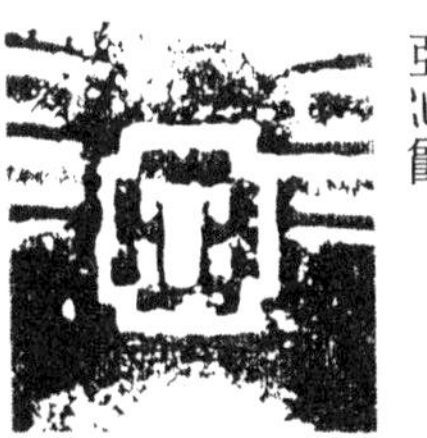 亞𠂤爵 成 7817 殷 亞𠂤爵 成 7818 殷	 遽仲作父丁觶 成 6495 周早	 兄觥 錄 930 商晚  亞址角 錄 834 商晚  中作匕己觶 成 6482 周早	 亞址卣 新 224 商晚  新 224 商晚  亞址斝 新 220 商晚  亞㝬址方鼎 錄 245 商晚

1487

亞豈

亞豈鼎

亞豈衎毀

成 3246 周早

亞豈衎爵

成 8784 殷

亞豈衎斝

成 9225 殷

亞豈盉

成 9326.1 殷

亞豈鼎

成 1743 周早

亞豈衎甗

成 827 周早

亞豈衎卣

成 5014.1 殷

亞豈盉

成 9326.2 殷

亞豈鼎

成 1744 周早

亞豈衎尊

成 5685 周早

成 5014.2 殷

亞豈衎爵

成 8783 殷

1488

亞豈父丁

亞豈父丁段

亞豈父丁段

成 3309 段

亞豈父丁鼎

成 1848 周早

亞豈衎觚

成 7185 周早

亞豈衎觚

成 7186 周早

1489

亞過

亞㕣爵

亞㕣爵

成 7815 殷

1490

亞此

亞此犧尊

亞此犧尊

成 5569.1 周早

成 5569.2 周早

亞形自然物

1491

亞正

作父戊觶

作父戊觶

成 6483 周早

1492

亞𣅜

亞𣅜左鐃

亞𣅜左鐃

成 403 殷

亞𣅜父乙觶

成 6378 周早

1496 亞⿰阝盧	1495 亞乙丁	1494 亞乙	1493 亞明
亞[illegible]鼎	亞乙丁鼎	亞乙毓爵	亞明鼎
亞[illegible]鼎 成 1421 殷 亞[illegible]鼎 成 1422 殷	亞乙丁鼎 成 1703 殷·周早	亞乙毓爵 成 8779 殷	亞明鼎 成 1414 西周

1497

亞陲

亞陲戈

亞陲戈

新 1850 商晚

亞形植物

1498

亞木

亞木守觚

亞木守觚

成 7181 殷

亞木守觚

錄 749 商晚

1499

亞□

亞□鼎

亞□戈

成 10837 殷

亞□觚

成 6974 殷

亞□鼎

成 1412 殷·周早

亞□且己爵

成 8844 周早

亞□父辛觶

成 6412 周早

1500 亞□

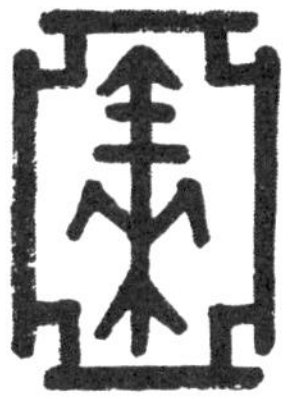

無憂作父丁卣

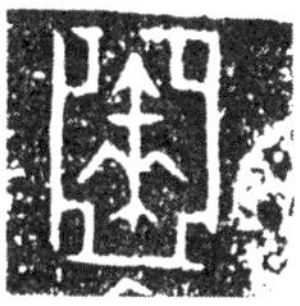

□㗊作父癸卣

成 5360.1 殷

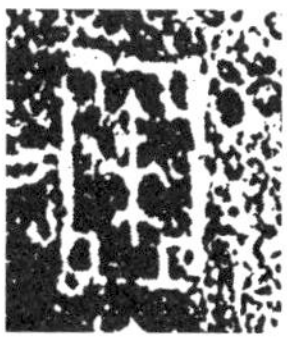

成 5360.2 殷

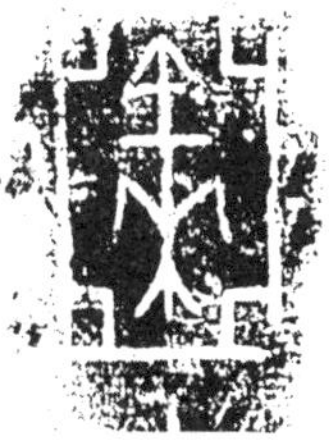

亞□父丁甗

成 842 周早

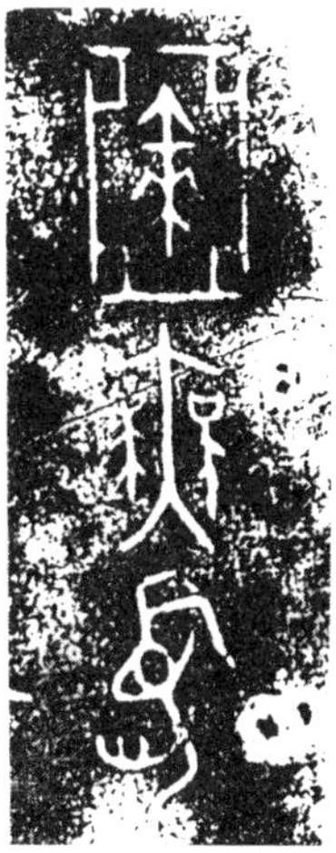

無憂作父丁卣

成 5309.2 周早
參見 698

1501 亞□

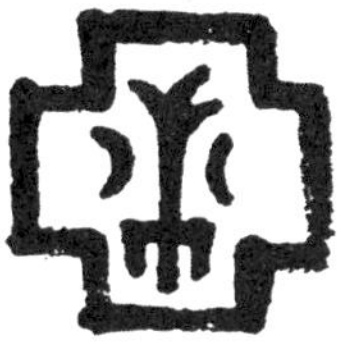

亞□觚

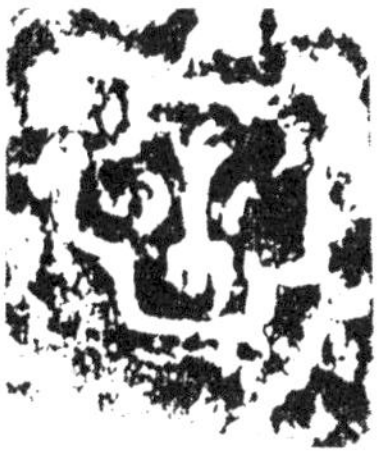

亞□觚

成 6975 殷

1502 亞□父己

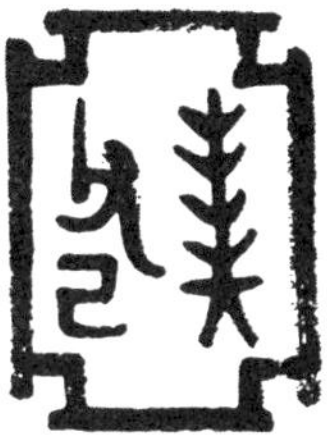

亞□父己觶

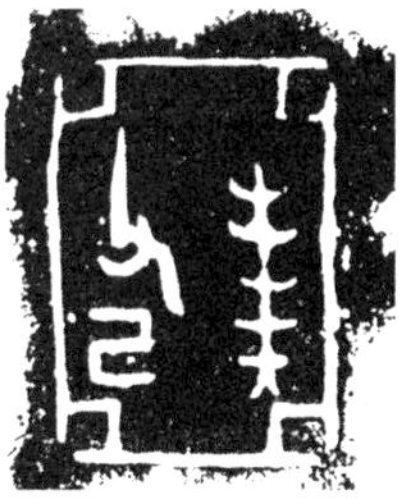

亞□父己觶

成 6403 周早

1503 亞羲

亞羲方彝

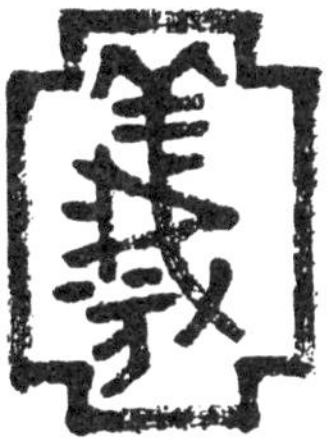

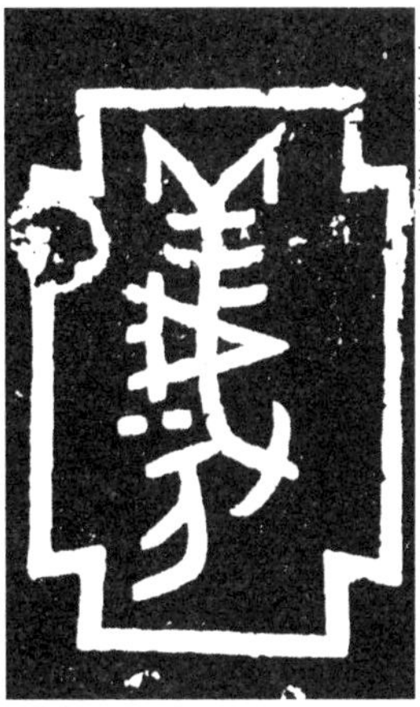

亞羲方彝

成 9852 殷

亞形動物 獸部

1504	1505	1506
亞[illegible]	亞白禾乍[illegible]	亞𦍌
亞夔鼎	亞伯禾鼎	亞𦍌鼎
亞夔鼎 成 1415 周早	亞伯禾鼎 成 2034 殷·周早	亞𦍌鼎 成 1405 殷

1509	1508	1507
亞歐	亞羊子祉父辛	亞絴乙
亞歐父乙鼎	亞子父辛尊	子商甗
亞歐父乙鼎	亞子父辛尊	子商甗
成 1820 殷	成 5836 殷	成 866 殷

1510 亞豕

亞獸父甲爵

亞獸父甲爵
成 8850 殷

亞獸爵
成 7804 殷

亞豕鼎
成 1401 殷

1511 亞彖

亞彖觚

亞彖觚
成 6983 殷

1512 亞其聿豕

亞聿豕父乙觶

亞聿豕父乙觶
成 6465 周早

亞其聿父乙觶
總 6556

1513 亞犬

亞犬父丁方鼎

亞犬父丁方鼎
成 1845 殷

亞犬父鼎
總 0506

亞犬戈
成 10840.1 殷

成 10840.2 殷

1514

亞獏

亞獏父丁鼎

四祀𠨘其卣
成 5413.1 殷

亞獏斝
成 9164 殷

亞獏父丁鼎
成 1844 殷

成 5413.2 殷

亞獏毀
成 3102 殷

亞獏父己鬲
成 503 殷

亞獏父子鼎
成 1841 殷

亞獏父丁鼎
成 1843 殷

亞獏父丁鼎
成 1842 殷

亞獏父辛卣

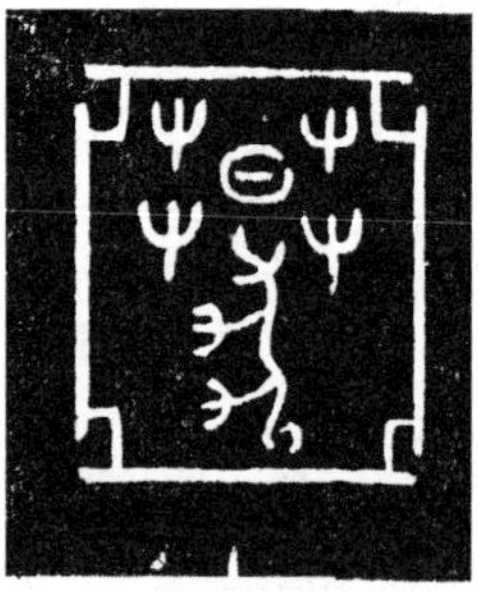

成 5086.1 殷

成 5086.2 殷

亞獏父丁尊

成 5736 殷

二祀𠨘其卣

成 5412.1 殷

成 5412.2 殷

亞獏父丁觚

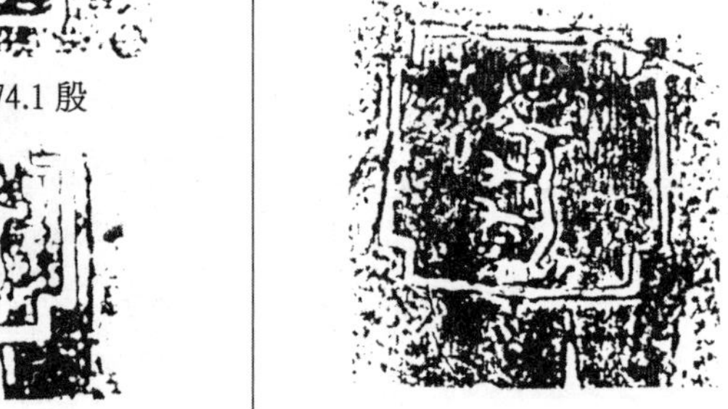

成 7231 殷

亞獏父丁爵

成 8894 殷

亞獏父丁爵

成 8895 殷

亞獏父丁盉

成 9374.1 殷

成 9374.2 殷

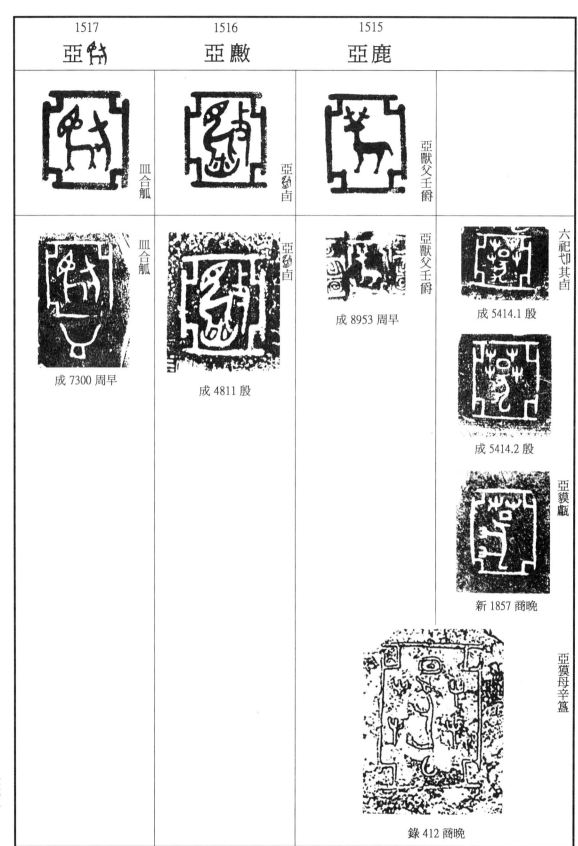

1517 亞□	1516 亞⿰鹿攵	1515 亞鹿	
皿合觚	亞□卣	亞獸父壬爵	
皿合觚 成 7300 周早	亞□卣 成 4811 殷	亞獸父壬爵 成 8953 周早	六祀𠨘其卣 成 5414.1 殷 成 5414.2 殷 亞獏甗 新 1857 商晚
		亞獏母辛簋 錄 412 商晚	

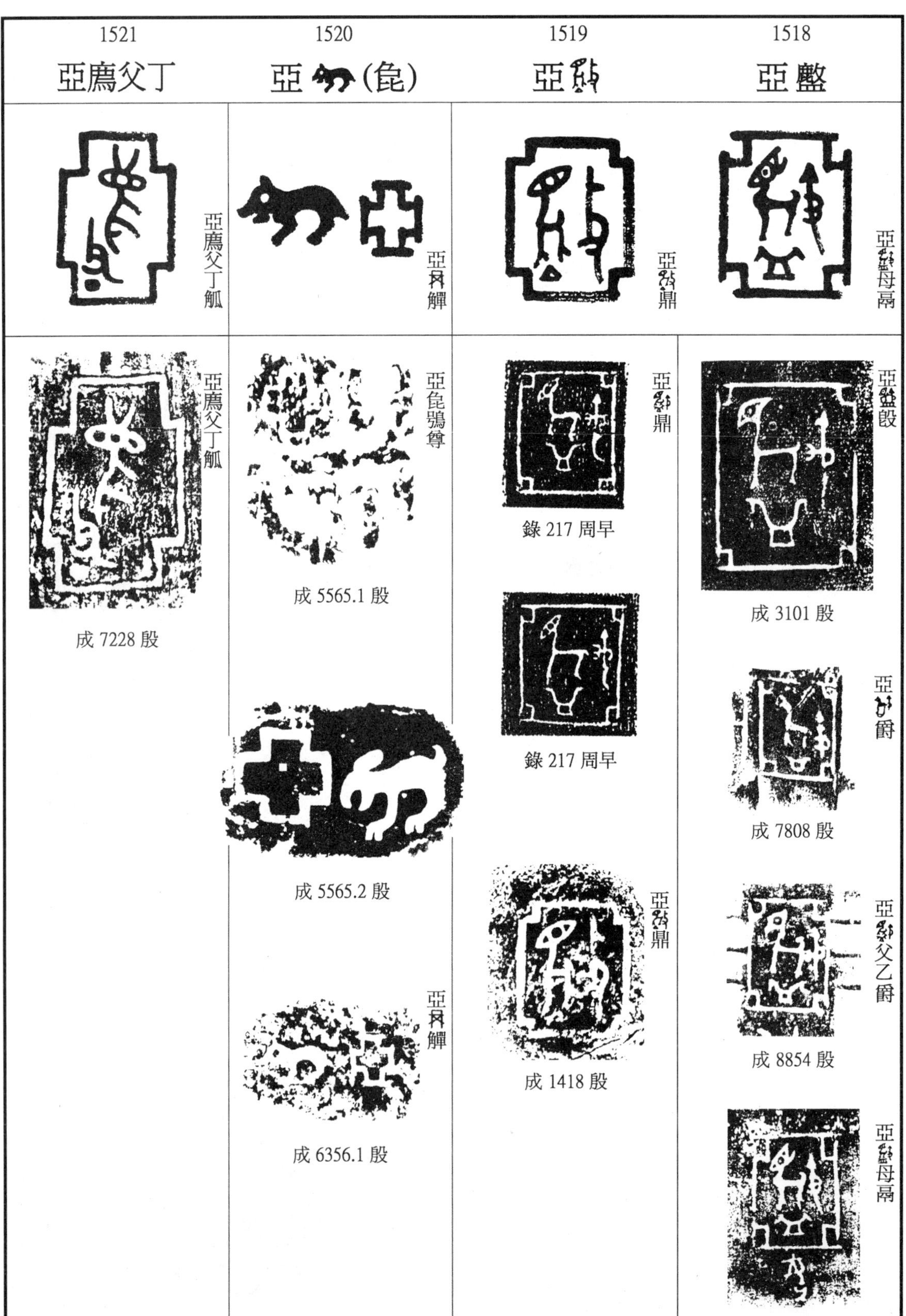

1521
亞鷹父丁
1520
亞(㲋)
1519
亞
1518
亞盤
亞鷹父丁觚
亞觶
亞鼎
亞母鬲
亞鷹父丁觚
成 7228 殷
亞㲋鴞尊
成 5565.1 殷
成 5565.2 殷
亞觶
成 6356.1 殷
亞鼎
錄 217 周早
錄 217 周早
亞鼎
成 1418 殷
亞殷
成 3101 殷
亞爵
成 7808 殷
亞父乙爵
成 8854 殷
亞母鬲
成 485 殷

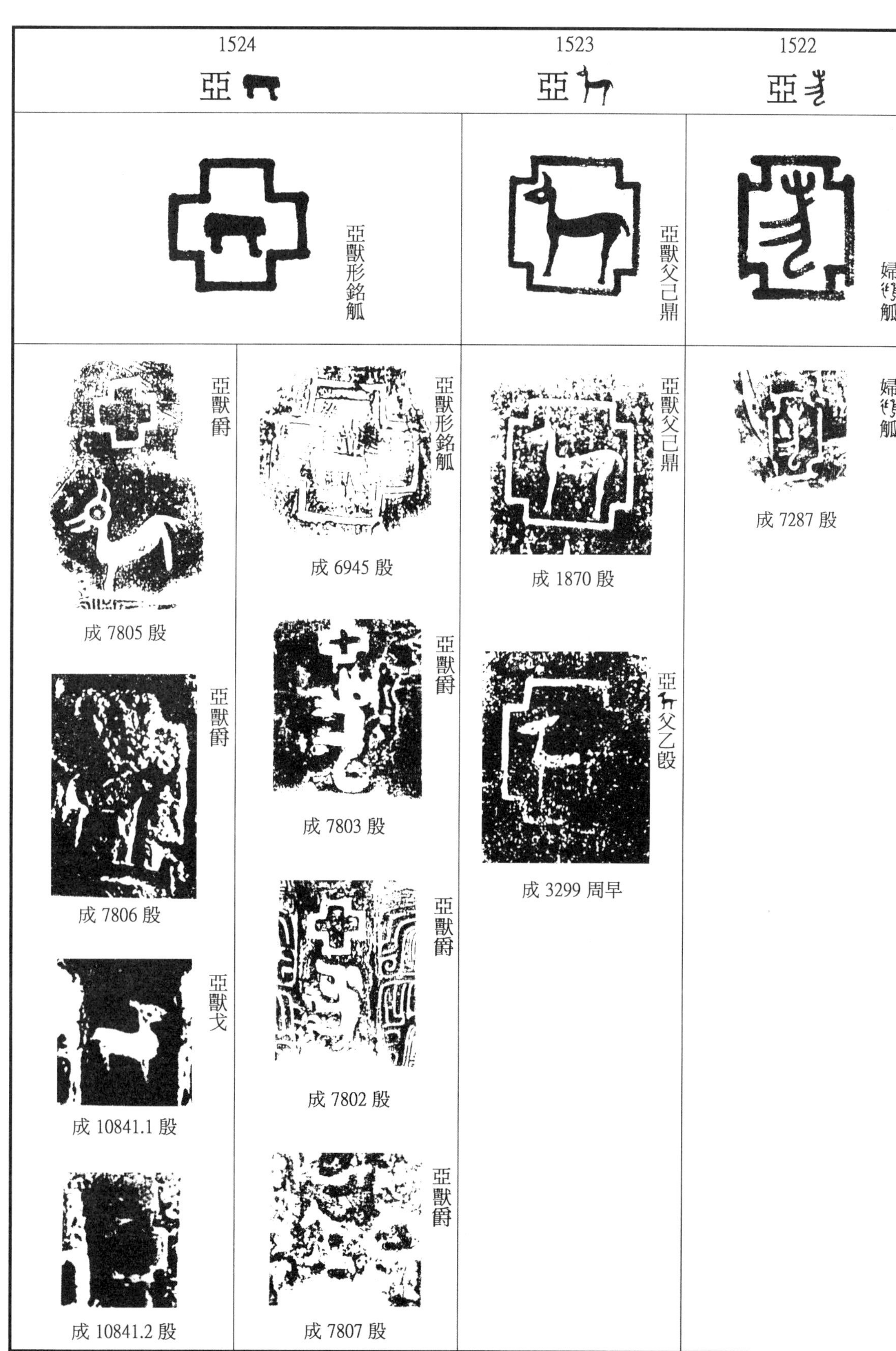

1522
亞
成 7287 殷
1523
亞
亞獸父己鼎
亞獸父己鼎
成 1870 殷
父乙殷
成 3299 周早
1524
亞
亞獸形銘觚
亞獸形銘觚
成 6945 殷
亞獸爵
成 7803 殷
亞獸爵
成 7802 殷
亞獸爵
成 7807 殷
亞獸爵
成 7805 殷
亞獸爵
成 7806 殷
亞獸戈
成 10841.1 殷
成 10841.2 殷

1525
亞[illegible]

亞[illegible]父乙爵

亞[illegible]父乙爵

成 8853 殷

禽鳥部

1526
亞雔

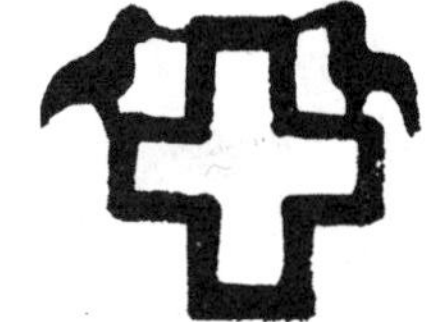

雔亞觚

亞雔觚

成 7810 殷

雔亞觚

成 6980 殷

亞雔觚

錄 727 商晚

亞鳥觚

新 610 商晚

1527
亞雀

亞雀父己卣

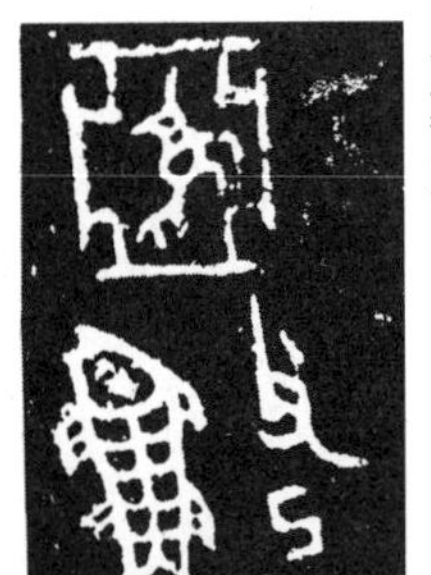

亞雀父己卣

成 5162.1 周早

成 5162.2 周早

1530 亞𩾏	1529 亞隻		1528 亞集
亞𩾏父乙𣪘	亞隻觶蓋		作文考父丁卣
亞𩾏父乙𣪘 成 3300 周早	亞隻爵 成 7813 𣪘	亞隻觶蓋 成 6165 𣪘	作文考父丁卣 成 5370 周早
	亞隻爵 成 7812 𣪘	亞隻觚 成 6981 𣪘	
	亞隻觚 錄 729 商晚	亞隻觚 成 6982 𣪘	
		亞隻爵 成 7811 𣪘	

1531	1532	1533	1534
亞雋	亞離	亞[illegible]	亞[illegible]
亞雋辛觚	亞離父乙尊	亞鳥[illegible]罍	亞[illegible]觶
亞雋辛觚 成 7277 殷	亞離父乙尊 成 5727 周早	亞鳥[illegible]罍 成 9959 殷	亞[illegible]觶 總 6343
	辛亞鳥[illegible]斝 成 9238 殷	亞鼻父丁器 成 10535 殷	

1535

亞鳥

亞鳥父甲鼎

亞鳥父甲鼎

成 1817 殷

亞鳥爵

成 7809 殷

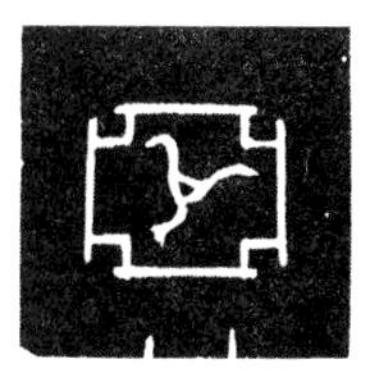

效作且辛尊

成 5943 周早

1536

亞鳥魚

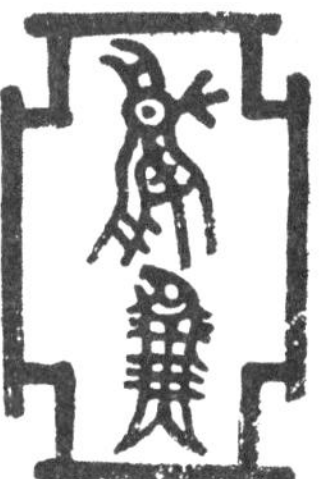

亞魚鼎

亞魚鼎

成 1741 殷

1537

亞鴍从父丁

亞鳥父丁盉

亞从父丁鬲

成 539 殷

亞鳥父丁盉

成 9403.1 殷

成 9403.2 殷

蟲魚龍部

1538

亞弔

亞弔觚

亞弔觚

成 6988 殷

1539

亞萬

亞萬父己鐃

亞萬父己鐃

成 411 殷

亞形建築

1542 亞龔	1541 亞魚	1540 亞䵷
亞龔父辛尊	亞魚父丁爵	亞䵷舟爵
亞龔父辛尊 成 5747 殷	亞魚父丁爵 成 8888 殷	亞䵷爵 成 7814 殷
亞龔父辛毁 成 3330 殷	亞魚父丁爵 成 8889 殷	亞䵷舟爵 成 8782 殷
	亞魚鼎 新 140 殷	
	亞□兄丁爵 成 8981 周早	

1546 亞高	1545 亞㠯	1544 亞宦寧趯父乙	1543 亞守
亞高作父癸毁	亞㠯䢅方彝	亞宦父乙卣	亞守鼎
亞高作父癸毁 成 3655 周早 𢻱父丁罍 成 9807 殷	亞㠯䢅方彝 新 262 商晚 亞㠯䢅爵 新 257 商晚	亞宦父乙卣 成 5203.1 殷 成 5203.2 殷	亞守鼎 成 1402 殷 亞守尊 成 5566 殷

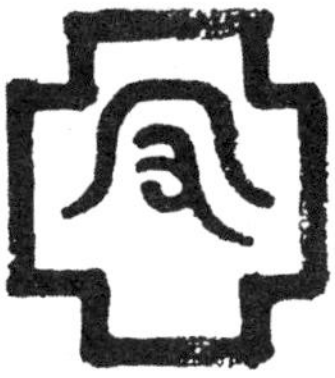

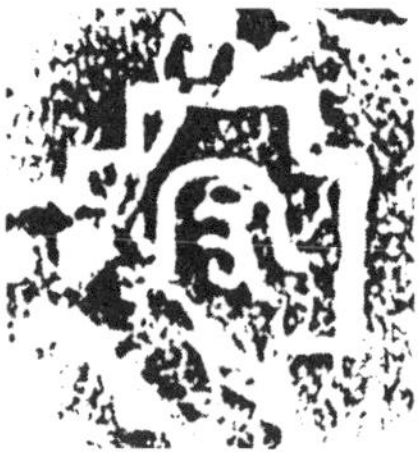

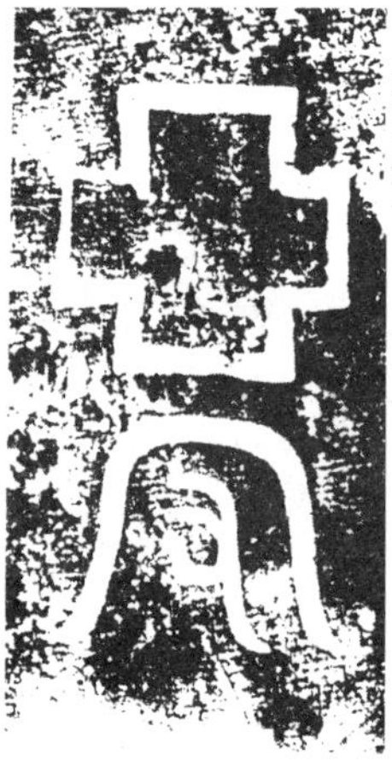

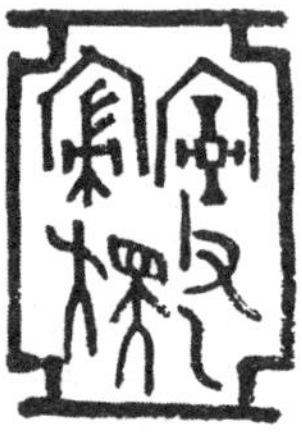

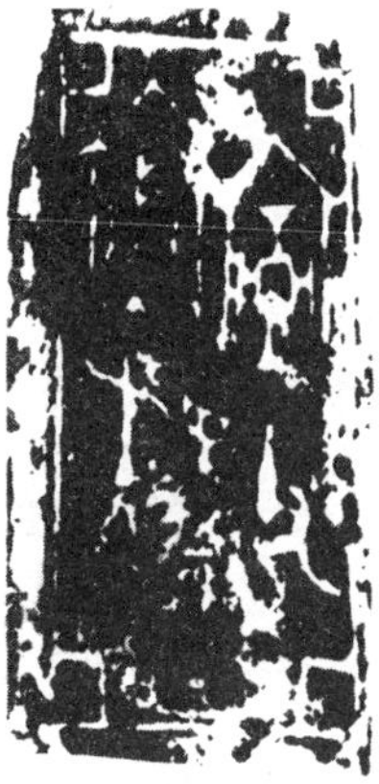

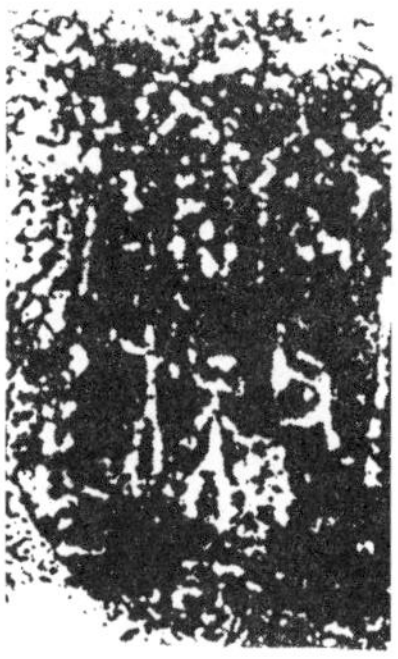

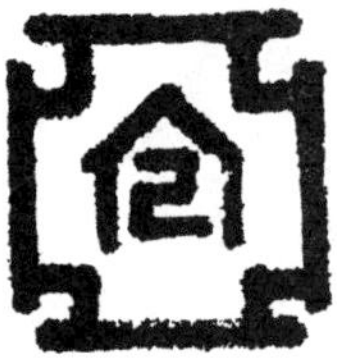

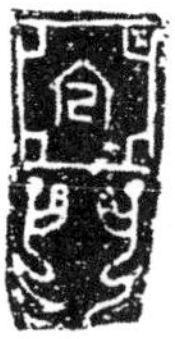

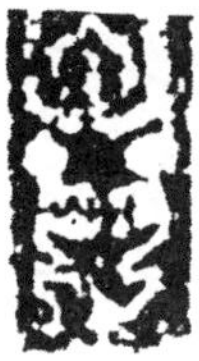

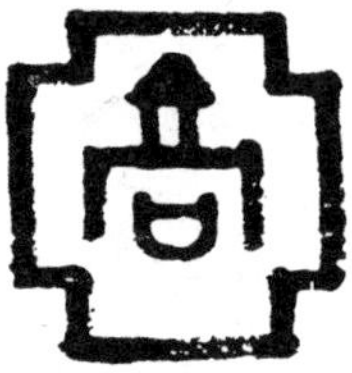

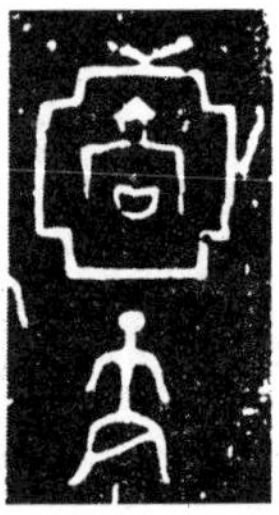

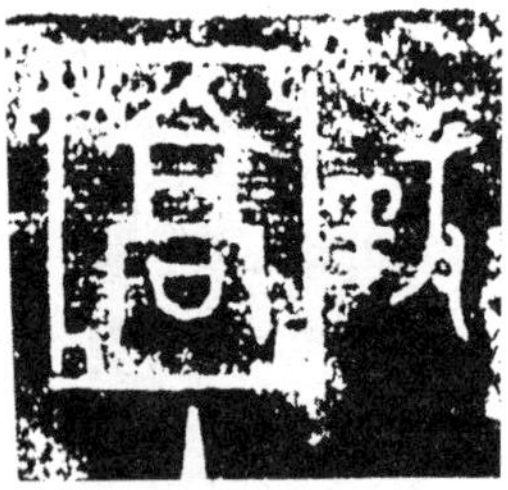

1547 亞[illegible]

亞[illegible]亢觚

亢父癸尊

成 5808 殷

亞[illegible]亢觚

成 7184 殷

1548 亞向

亞向父戊爵

亞向父戊爵

成 9010 殷

羗向觚

成 7306 殷

1549 亞井

亞井觶

亞井觶

成 6163 殷

1550 亞丁

□父癸爵

□父癸爵

成 9025 周早

亞丁丮觚

成 7182 殷

亞鼎鼎

新 1424 商晚

亞形車舟

1551

亞車丙

亞車邑甗

亞車邑甗

成 9958 殷

1552

亞[illegible]

亞[illegible]鼎

亞[illegible]鼎

成 1425 殷·周早

1553

亞舟

亞舟鼎

亞舟鼎

亞舟鼎

成 1407 殷

亞舟爵

新 1932 商晚

亞𠦪舟爵

成 8782 殷

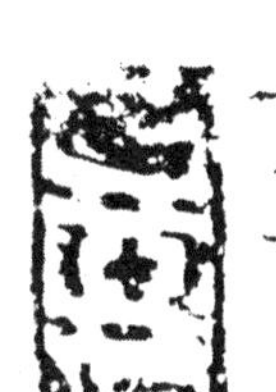
亞口爵

成 7822 殷

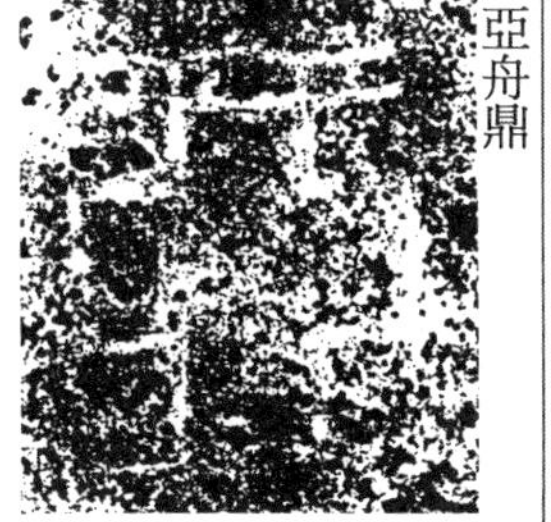
亞舟鼎

新 1643 商晚

亞舟鼎

成 1406 殷

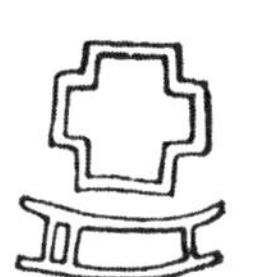
亞舟方彝

成 9846 殷

亞口爵

成 7823 殷

亞冊舟爵

成 8780 殷

1554

亞𩛥

亞𩛥暦作且己鼎

𦎫作又母辛鬲
成 688 周早

吴盉
成9407 周早

𡨦父辛鼎
總 0908

林亞𩛥卣
成 5013.1 殷

成 5013.2 殷

寠作父辛卣
成 5313 周早

父辛亞𩛥觶
成 6411 周早

亞𩛥父乙觶
成 6379 周早

吴盤
成10066 周早

林𡚬鬲
成 613 周早

亞𩛥父乙卣
成 5054.1 殷

成 5054.2 殷

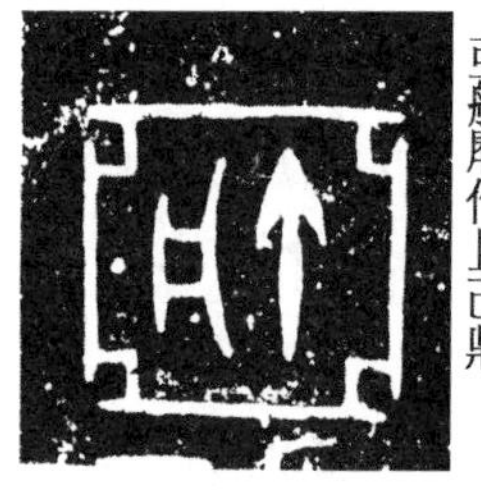
亞𩛥暦作且己鼎
成 2245 殷·周早

暦𣪘
新 1592 周早

亞形器物

1555

亞𩛟父庚保𢕌且辛

亞父庚且辛鼎

亞保且辛毁

成 3683 周早

亞父庚且辛鼎

成 2364 殷•周早

亞父庚且辛鼎

成 2363 殷•周早

1558 亞𩞄	1557 亞酉		1556 亞食
亞𩞄卣	亞酉觚		亞食父癸觶
亞𩞄卣 新 1649 商晚 亞𩞄卣 新 1649 商晚	亞酉父丁鼎 成 1847 殷	亞酉觚 成 6989 殷 亞酉觚 成 6990 殷 亞酉斝 成 9160 殷	亞食父癸觶 成 6421 周早
	亞酉觚 錄 730 商晚		

1559	1560	1561
亞共覃	亞辛共覃乙	亞覃乙丁辛甲共受
亞共覃父乙殷	亞辛共殘銅片	亞覃尊
亞共覃父乙殷 成 3419 殷	亞辛共殘銅片 成 10476 殷	亞覃尊 成 5911 殷
		亞覃尊 成 5949 殷

1562	1563	1564	1565
亞覃父丁	亞覃父乙	亞酉它	亞𠧟
亞父丁爵	亞父乙卣	亞它觥	亞𠧟父辛鼎
亞父丁爵 成 8890 毁	亞父乙卣 成 5053.1 毁	亞它觥 總 4922	亞𠧟父辛鼎 成 1883 毁·周早
	成 5053.2 毁	總 4922	亞𠧟父辛鼎 總 0549

1569	1568	1567	1566
亞[glyph]	亞[glyph]	亞[glyph]	亞[glyph]
亞[glyph]作父丁鼎	亞[glyph]父癸爵	亞[glyph]尊	亞[glyph]爵
亞[glyph]作父丁鼎 成 2317 周早	亞[glyph]父癸爵 成 8955 周早	亞[glyph]尊 成 5564 殷	亞[glyph]爵 成 8786 殷

1572 亞曩	1571 亞其父乙	1570 亞其	
𡜊作母癸卣	亞其父乙鼎	亞其㚔作母辛卣	
亞曩父己卣 成 5078.1 周早 成 5078.2 周早 亞曩父己尊 成 5742 周早 亞曩父己觶 成 6402 周早	亞其父乙鼎 新 591 周早	亞其㚔作母辛卣 成 5292.1 殷 參見 1418 亞囗其鬲 成 472 殷	亞其觚 成 6955 殷 亞其觚 成 6949 殷 亞其戈父辛卣 成 5168.1 殷 成 5168.2 殷

1574 亞曩侯父戊	1573 亞曩侯		
 亞曩侯吴父戊𣪘	 亞曩侯吴父乙𣪘		
 亞曩侯吴父戊𣪘 成 3513 周早	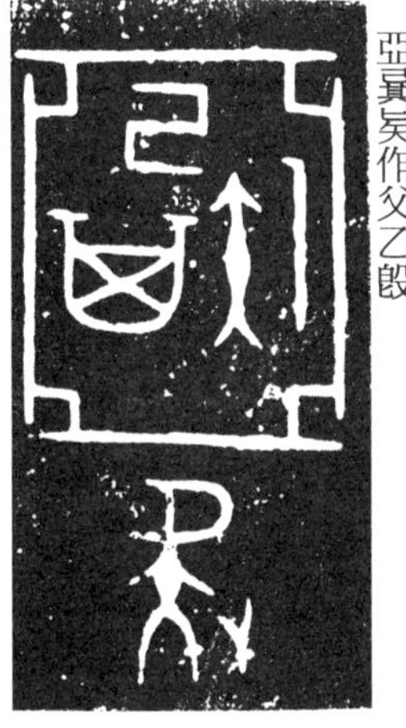 亞曩吴作父乙𣪘 成 3504 周早 參見 1418	 亞曩侯殘圜器 成 10351 周早  父丁亞曩尊 成 5923 周早  父丁亞曩尊 成 5924 周早  亞曩医乍父丁盤 總 6713  其侯亞吴父己器 成 10559 殷	 𡡗作母癸卣 成 5295.2 殷 參見 1418

1577	1576		1575
亞冀	亞冀		亞㠱侯匕辛
亞冀乙觚	 亞冀父己甗		 亞昊匕辛觶
 亞冀乙觚 成 7183 殷	 亞冀匕己觚 成 7219 周早	 亞冀父己鼎 成 1868 殷  亞冀父甲卣 成 5049.1 殷  成 5049.2 殷  亞冀父己甗 成 843 周早	 亞昊匕辛觶 成 6464 殷

1578 亞橐

亞東父丁殷

亞東父丁𣪘
成 3308 𣪘

亞叀觶
成 6161 𣪘·周早

1579 亞叀

亞叀作母丙鼎

作父辛鼎
成 2321 周早

亞叀作母丙鼎
成 2260 周早

1580 亞甾

亞甾觶

亞甾尊
成 5567 𣪘

亞甾觶
成 6164.1 𣪘

成 6164.2 𣪘

亞甾鬲
成 455 周早

1581 亞宁

亞宁父癸觚

亞宁父癸觚
成 7248 𣪘

1585	1584	1583	1582
亞旅乙止	亞㫃	亞干	亞▨
亞若癸戈	亞㫃父己觚	亞干爵	后[illegible]甗
亞若癸戈 成 11114.1 殷	亞㫃父己觚 成 7243 周早	亞干爵 成 8785 殷	后[illegible]甗 新 681 商晚

1587

亞旃

亞旃父辛尊

亞旃父辛尊

成 5926 殷

亞旃作父□甗

成 906 周早

亞旃𡩘尊

成 5684 周早

䝨作父丁觚

成 7307 殷

1586

亞旌

剌乍兄日辛卣

亞旌父丁角蓋

成 8893 周早

剌乍兄日辛卣

成 5338.1 殷

成 5338.2 殷

亞旌父己鼎

成 1871 殷

亞旌父丁鼎

成 1846 殷

1591	1590	1589	1588
亞𡴂	亞㚔	亞受[illegible]	亞旛妏父辛尊彝
亞𡴂婦觶	亞憂鼎	亞受方鼎	亞旛觚
亞𡴂婦觶 成 6347 周早	亞憂鼎 成 1742 周早		亞旛觚 成 7288 殷
			亞受方鼎 商代金文圖錄 23 商晚 成 1740

1592 亞𡗝

亞𡗝父己觶

亞𡗝父己觶

成 6404.1 殷

成 6404.2 殷

1593 亞𡗝父辛

亞𡗝父辛觶

亞𡗝父辛觶

成 6413 周早

1594 亞[illegible]

亞[illegible]作父己觶

亞[illegible]作父己觶

成 6484 殷

1595 亞卯

亞卯方鼎

亞卯方鼎

成 1413 殷

亞形兵器

1596	1597	1598
亞戈	亞戈父己	亞戔
亞戈鼎	亞戈父己鼎	冊弜且乙角
亞戈爵 成 7827 殷	亞戈父己鼎 成 1869 殷	冊弜且乙角 成 9064.2 殷
亞戈鼎 成 1447 殷		
亞戈父己𣪘 成 3327 周早		
亞戈父乙爵 成 8859 周早		
禽鼎 成 2486 周早・周中		

1602	1601	1600	1599
亞弜父癸	亞𠛬	亞辛	亞矢
亞弜父癸段	夾作父辛卣	亞旲辛方鼎	父乙亞矢段
亞弜父癸段 成 3338 殷	夾作父辛卣 成 5314.1 周早 成 5314.2 周早	亞旲辛方鼎 成 1746 周早	父乙亞矢段 成 3298 殷

1603

亞弜

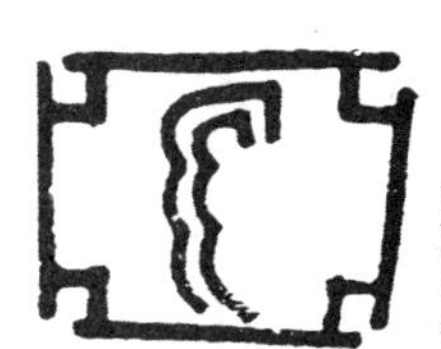

亞弜父丁斝

亞弜父丁角

成 8891 殷

亞弜父丁角

成 8892 殷

亞弜父丁斝

成 9228 殷

亞弜鼎

成 1394 殷

參見 1279

1604

亞爾

亞爾觚

亞爾觚

成 7178 殷

亞形附錄

1605

亞〔?〕

亞〔?〕黿□殷

亞〔?〕黿□殷

成 3393 殷

1606	1607	1608	1609
亞	亞	亞	
亞戈	亞父己爵	亞丁鼎	亞旅段
亞戈	亞父己爵	亞丁鼎	亞旅段
成 10844.1 殷	成 9015 殷	成 1758 殷	總 1948

亞形銘文

1612 亞守吴	1611	1610
亞守吴觚	𠂤殷	巫亞鼎
亞守吴觚 總 6121	𠂤殷 成 3749 周早	巫亞鼎 錄 227 商晚

1613

亞𠨍父乙殷

亞 辛巳御尋倉在小圃王光賞御𣥺貝用作父乙彝

成 3990 殷

1614

亞巂作且丁殷

亞 乙亥王賜雀舟𪓛玉十丰璋用作祖丁彝

成 3940 殷

1615

歸𠬝方鼎

唯八月辰在乙亥王在莽京王賜歸𠬝進金肆對揚王休用作父辛寶𩰫 亞束

成 2725 周早

1615.1

歸𠬝方鼎

唯八月辰在乙亥王在莽京王賜歸𠬝進金肆對揚王休用作父辛寶𩰫 亞束

成 2726 周早

1616

岡刼卣

亞　王征蓋賜网刼貝朋用作朕高祖寶尊彝

成 5383.1 周早

亞　王征蓋賜网刼貝朋用作朕高祖寶尊彝

成 5383.2 周早

1617

高卣

亞　唯十又二月王初饔旁唯還在周辰在庚申王飲
西宮烝咸釐尹賜臣唯小僰揚尹休高對作父丙
寶尊彝尹其亘萬年受厥永魯亡競在服㠱侯疑
其子子孫孫寶用

成 5431 周早

1618

亞又作父乙甗

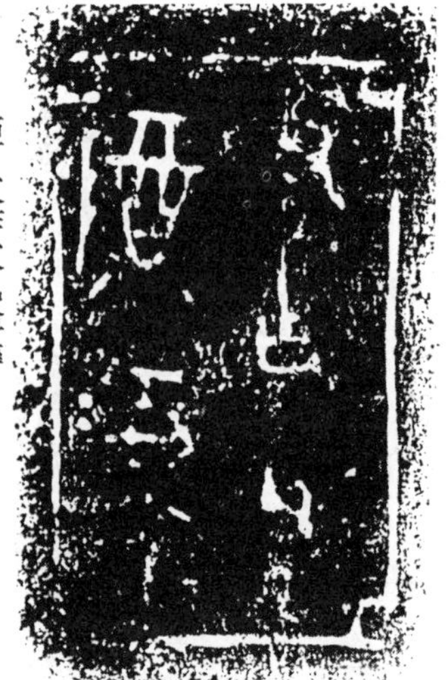

亞　父作父乙尊彝

成 903 周早

1619

犅伯読卣

亞 庚寅劉白読乍又丰寶彝才二月生

新 1588 商晚·周早

亞 庚寅劉白読乍又丰寶彝才二月生

新 1588 商晚·周早

1620

歸𡚸甗

歸𡚸作父辛寶尊彝 亞束

成 920 周早

1621

乍冊宅方彝

亞 寠室箙箙徽乍冊宅乍彝

總 4970

附錄

1624 凡	1623 長	1622 至
凡尊	亞長斝	至瓶
凡尊 成 5497 周早	長子鼎 新 543 周早 長子口卣 新 553 周早 長子口鼎 新 550 周早 參見 382 亞長斝 新 125 商晚	至瓶 新 1928 商晚

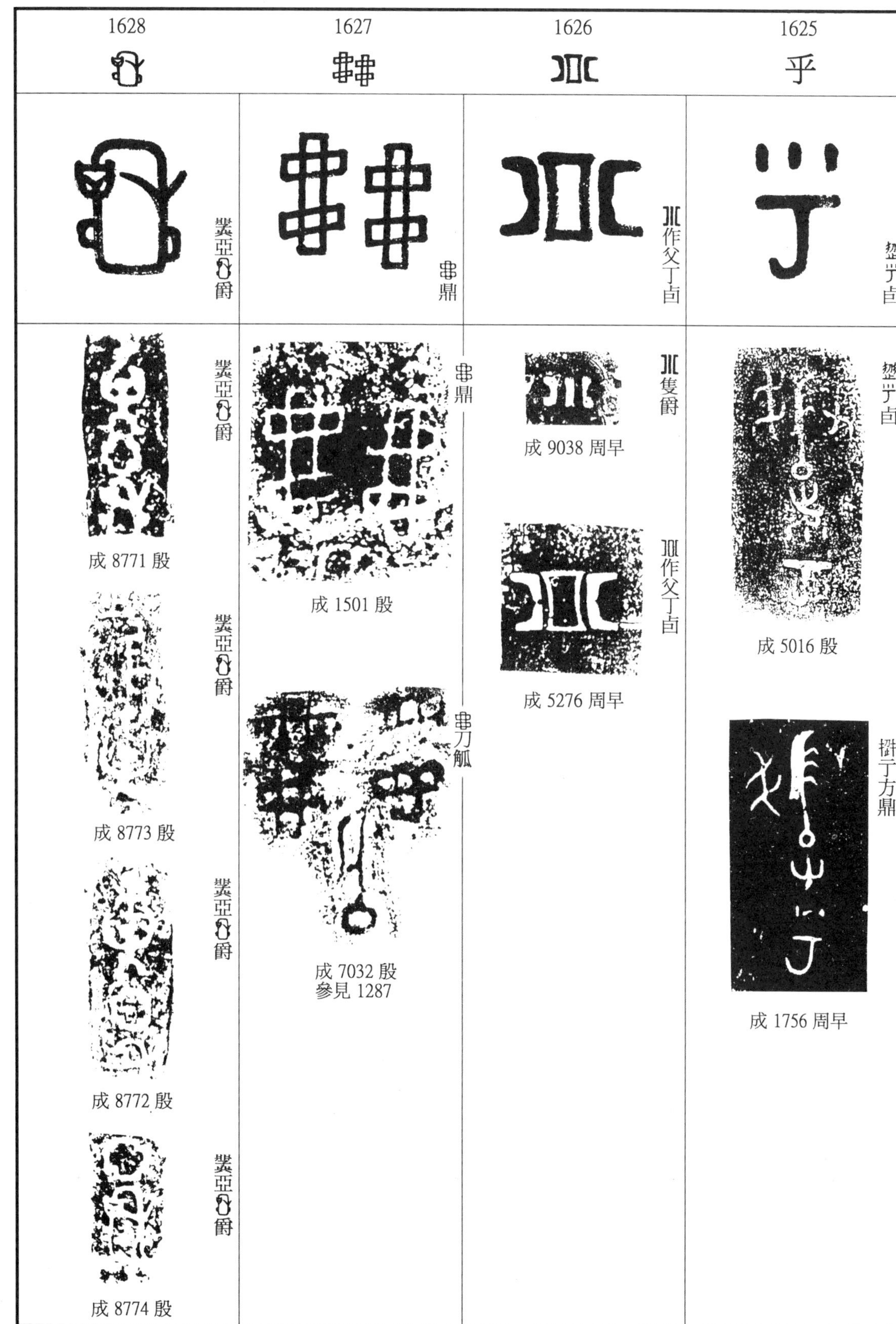

成 8771 殷
成 8773 殷
成 8772 殷
成 8774 殷
成 1501 殷
成 7032 殷
參見 1287
成 9038 周早
成 5276 周早
成 5016 殷
成 1756 周早

1632	1631	1630	1629
癸爵	叔鼎		戈
癸爵	叔鼎		戈
成 8064 殷	成 1733 周早	成 10877.2 殷	成 10877.1 殷

1636	1635	1634	1633
丙父丁父辛卣	觚	鼎	段
丙父丁父辛卣	觚	鼎	段
新 647 商晚·周早	成 6761 殷	成 1137 殷	成 3038 殷

1637	1638	1639	1640
西攵戈	𢦏殷	爵	戈
西攵戈	𢦏殷	爵	戈
成 10880 殷 參見 1015	成 3467 周早	成 8174 殷	新 814 周早

1641	1642	1643	1644
甗	非大卣		大殷
甗	非大卣		大殷
成 785 殷	成 4863.1 殷	成 4863.2 殷	成 2915 周早

1648	1647	1646	1645
之合頁	亞父辛尊	爵	戟
之合頁	亞父辛尊	爵	戟
成 12002 西周	成 5745 殷	成 7769 殷•周早	成 10804 周早

1652	1651	1650	1649
父辛甗	亞爵	爵	戟
父辛甗	亞爵	爵	戟
新 1703 商晚•周早	成 7829 殷	成 7723 殷	成 10803周早

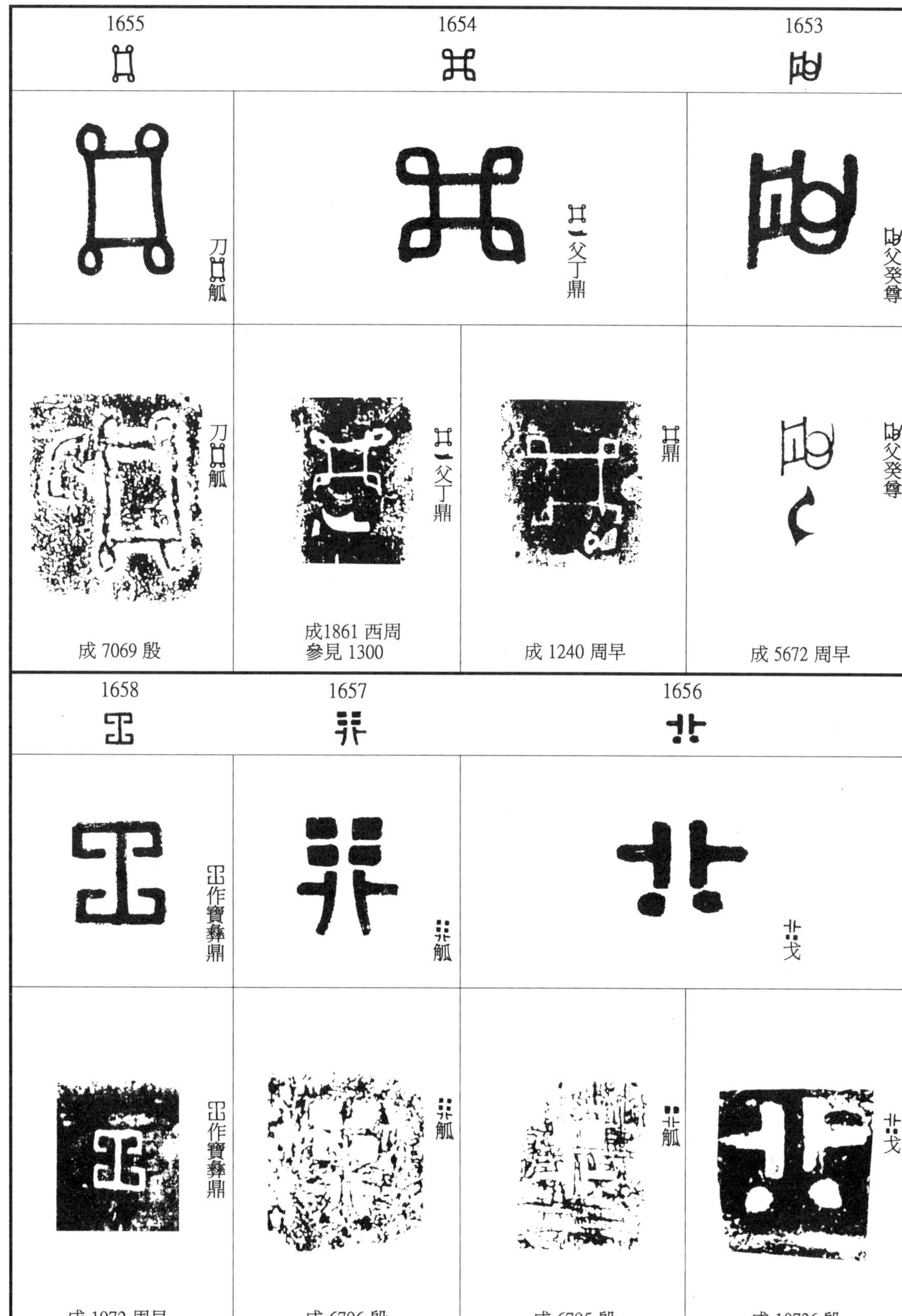

1655	1654		1653
刀𠀀觚	𠀀一父丁鼎		父癸尊
刀𠀀觚	𠀀一父丁鼎	𠀀鼎	父癸尊
成 7069 殷	成1861 西周 參見 1300	成 1240 周早	成 5672 周早

1658	1657	1656	
作寶彝鼎	觚	戈	
作寶彝鼎	觚	觚	戈
成 1972 周早	成 6796 殷	成 6795 殷	成 10726 殷

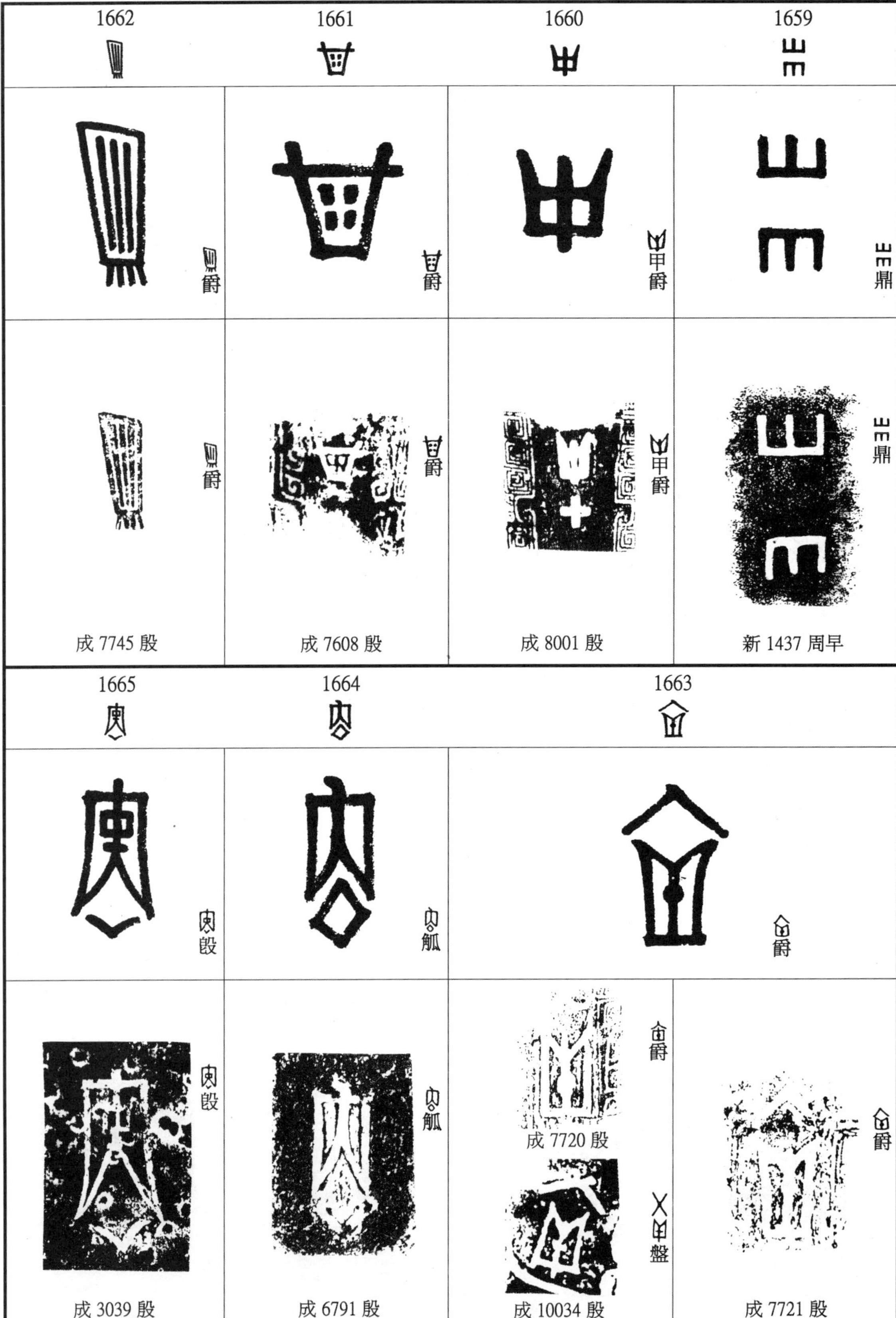
1662
1661
1660
1659
爵
爵
甲爵
鼎
爵
爵
甲爵
鼎
成 7745 殷
成 7608 殷
成 8001 殷
新 1437 周早
1665
1664
1663
毁
觚
爵
毁
觚
爵
成 7720 殷
盤
成 3039 殷
成 6791 殷
成 10034 殷
成 7721 殷
爵

1668
1667
1666
斲
父丁爵
子父甲盉
人貝爵
父丁爵
子父甲盉
卣
成 8906 周早
成 9387.2 殷
成 9387.1 殷
成 4875.1 殷·周初
1672
1671
1670
1669
方彝
斝
釜
戈
方彝
斝
釜
戈
成 9869 殷
參見 1192
錄 916 商晚
新 1402 戰國
總 7461

1676
1675
1674
1673
且己父己卣
力鼎
且己父己卣
力鼎
成 5145.2 殷
參見 255
成 1760 殷
1680
1679
1678
1677
父庚爵
觚
篡文
作父辛尊
父庚爵
觚
篡文
作父辛尊
成 9059 周早
成 6799 殷·周早
金文編附錄上 610
成 5834 周早

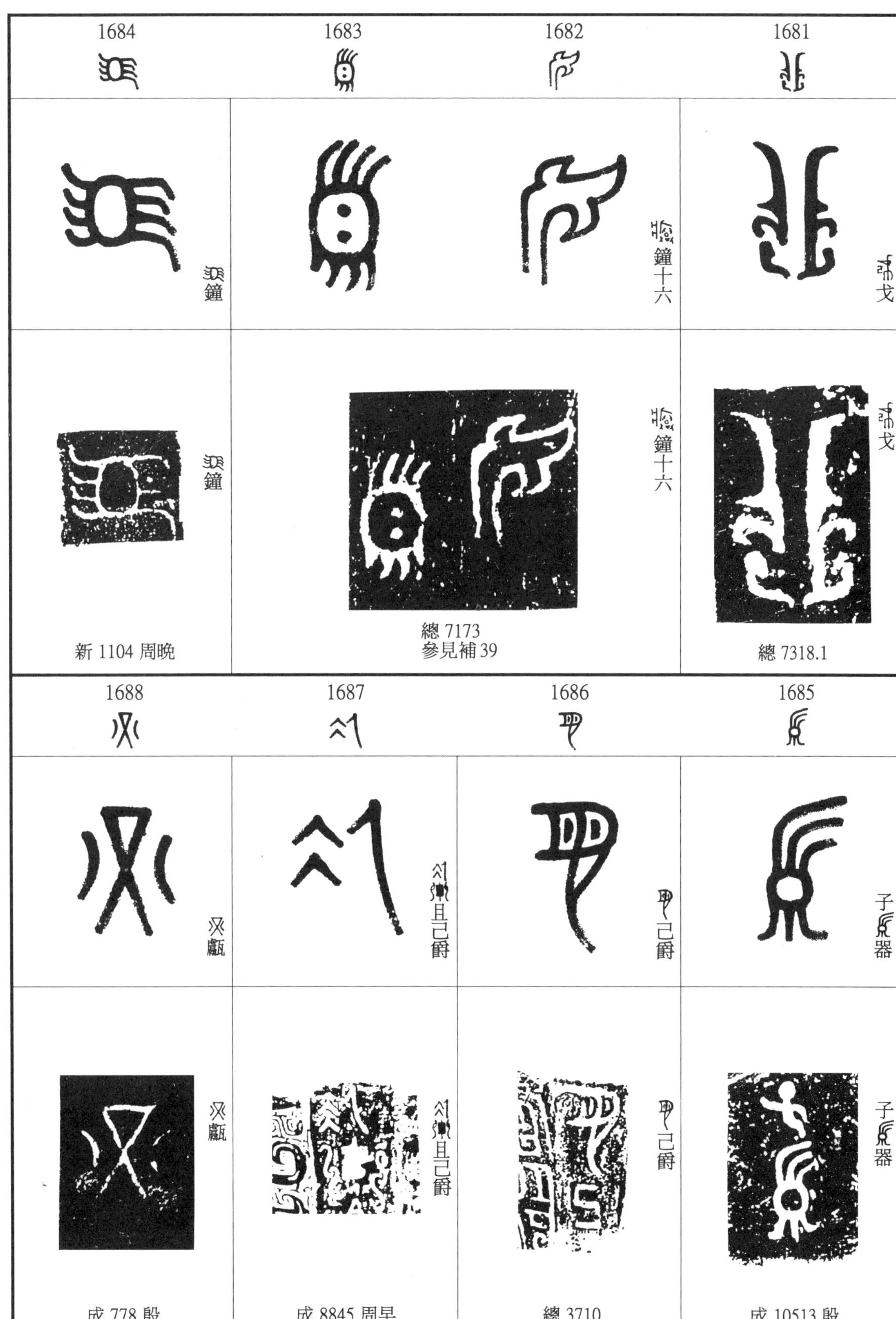
1684
1683
1682
1681
鐘
鐘十六
戈
鐘
鐘十六
戈
新 1104 周晚
總 7173
參見補 39
總 7318.1
1688
1687
1686
1685
甗
且己爵
己爵
子器
甗
且己爵
己爵
子器
成 778 殷
成 8845 周早
總 3710
成 10513 殷

1692
1691
1690
1689
戈
戈
戈觚
爵
成 7722 殷
成 10787 周早
成 10786 周早
成 7033 殷
錄 804 周早
1696
1695
1694
1693
保爵
父丁爵
爵
戈
成 8769 殷
參見 8
成 8503 殷
總 3366
總 7352

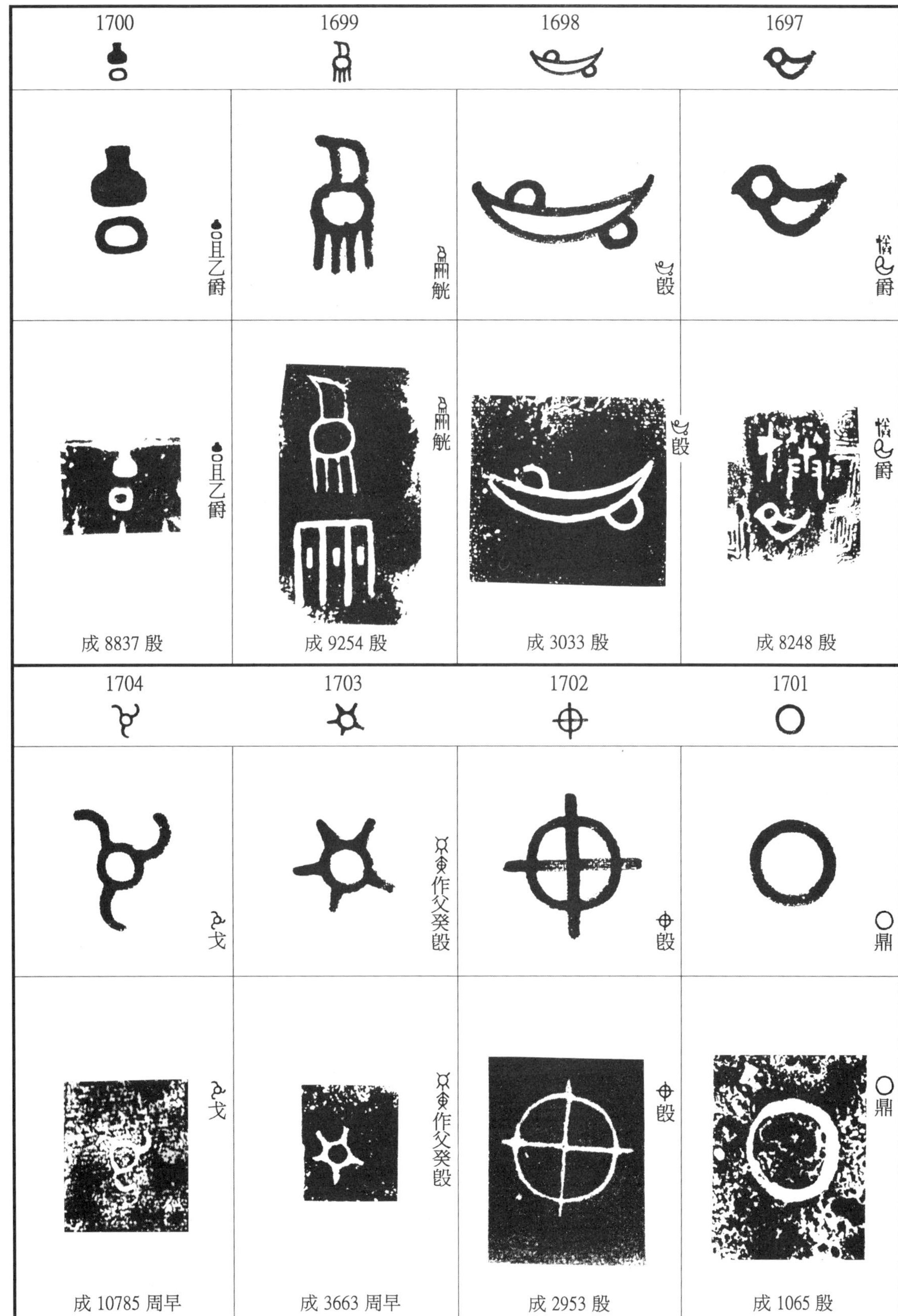
1697
爵
成 8248 殷
1698
殷
成 3033 殷
1699
觚
成 9254 殷
1700
且乙爵
成 8837 殷
1701
鼎
成 1065 殷
1702
殷
成 2953 殷
1703
作父癸殷
成 3663 周早
1704
戈
成 10785 周早

1706

1705

✱甗

✱婦觶

✱甗

成 804 殷

父戊罍

新 801 商晚·周早

✱婦觶

成 6147.1 殷

成 6147.2 殷

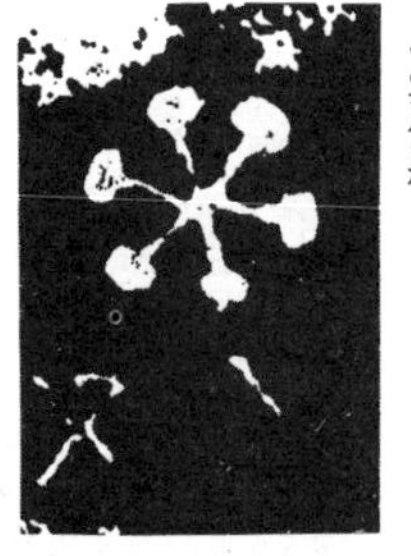

✱双鼎

錄 225 周早

✱觚

成 6927 殷
參見 551

小集母乙觶

成 6450.2殷
參見 784

✱作父癸觶

成 6426 殷

✱父乙斝

成 9206 周早

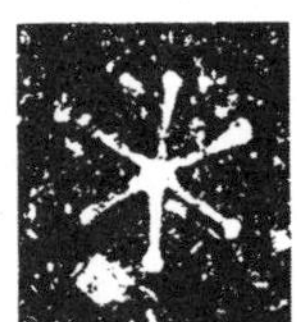

✱祖乙器蓋

新 1305 周早

✱作且癸卣

成 5307 周早

卡✱父丁爵

成 8905 周早

1707

冉

冉畢

冉殷

成 3010 殷

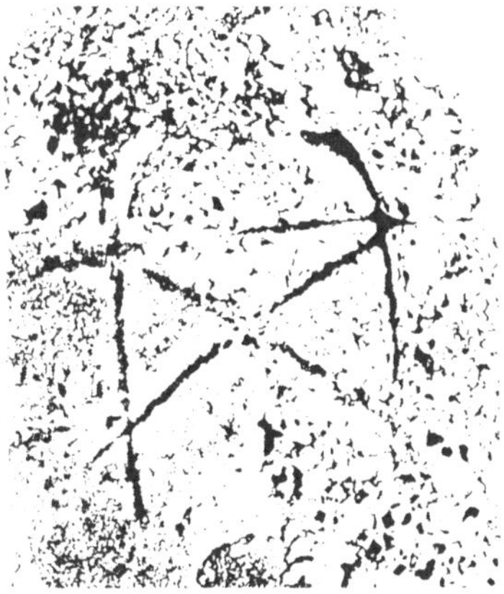

冉殷

成 3011 殷

冉戈

成 10715 殷

冉殷

成 3009 殷

冉鼎

成 1181 殷

冉殷

成 3008 殷

冉鼎

成 1180 殷

冉卣

成 4730.1 殷

成 4730.2 殷

冉甗

成 774 殷

冉鼎

成 1178 殷

冉鼎

成 1176 殷

冉鼎

成 1179 殷

丁冉方鼎

成 1386 殷

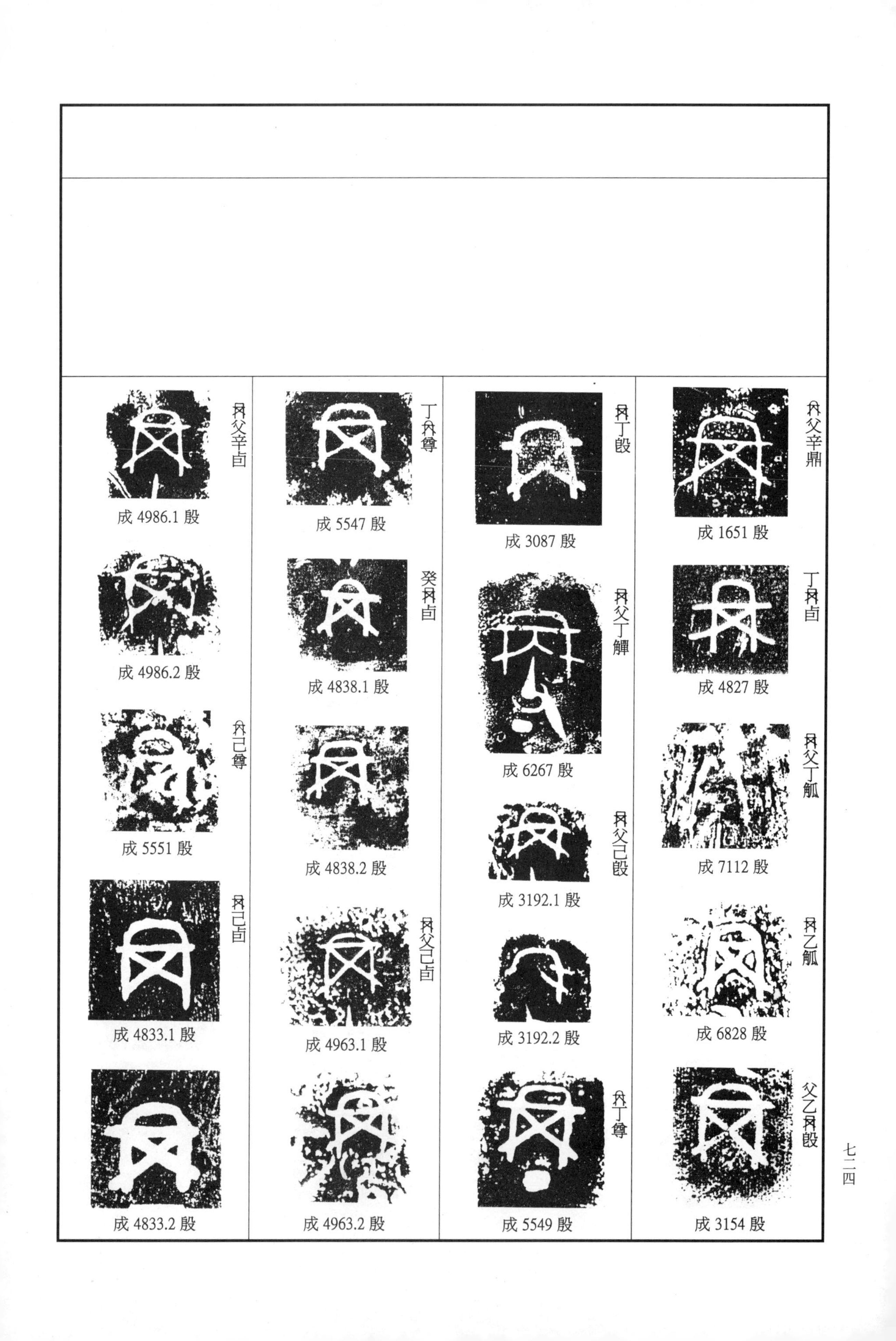

父辛鼎
成 1651 殷

丁卣
成 4827 殷

父丁觚
成 7112 殷

乙觚
成 6828 殷

父乙殷
成 3154 殷

丁殷
成 3087 殷

父丁觶
成 6267 殷

父己殷
成 3192.1 殷

成 3192.2 殷

丁尊
成 5549 殷

丁尊
成 5547 殷

癸卣
成 4838.1 殷

成 4838.2 殷

父己卣
成 4963.1 殷

成 4963.2 殷

父辛卣
成 4986.1 殷

成 4986.2 殷

己尊
成 5551 殷

己卣
成 4833.1 殷

成 4833.2 殷

□卣蓋

成 4728 殷

□卣

成 4729 殷

□卣

成 4731 殷

□卣

成 4727.1 殷

□卣

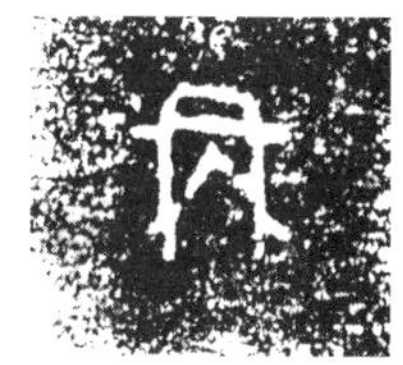

成 4727.2 殷

□斝

成 9155 殷

癸□毁

成 3089 殷

丁□尊

成 5548 殷

□父丁鼎

成 1575 殷

乙□毁

成 3086 殷

父乙□鼎

成 1545 殷

己□鼎

成 1388 殷

□辛鼎

成 1389 殷

己□毁

成 3088 殷

辛□卣

成 4834 殷

癸□方鼎

成 1392 殷

亞□觶

成 6356.2 殷

亞若癸觶

成 6430.2 殷

□父辛鼎

成 1652 殷

辛□爵

成 8056 殷

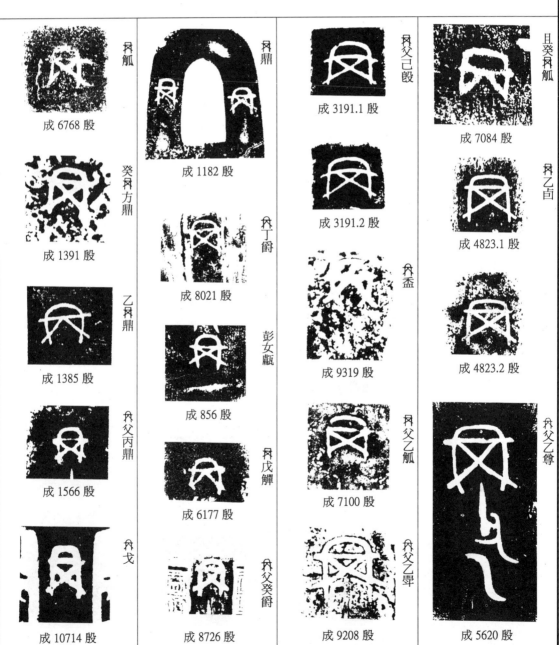

且癸□觚

成 7084 殷

□乙卣

成 4823.1 殷

成 4823.2 殷

□父乙尊

成 5620 殷

□父己毁

成 3191.1 殷

成 3191.2 殷

□盉

成 9319 殷

□父乙觚

成 7100 殷

□父乙斝

成 9208 殷

□鼎

成 1182 殷

□丁爵

成 8021 殷

彭女甗

成 856 殷

□戊觶

成 6177 殷

□父癸爵

成 8726 殷

□觚

成 6768 殷

癸□方鼎

成 1391 殷

乙□鼎

成 1385 殷

□父丙鼎

成 1566 殷

□戈

成 10714 殷

父己觶
成 6275 殷

乙觚
成 6827 殷

父癸尊
成 5671 殷

尊
成 5488 殷

丁爵
成 8019 殷

觶
成 6077 殷

爵
成 7674 殷

爵
成 7675 殷

丁爵
成 8024 殷

丁爵
成 8022 殷

爵
成 7680 殷

爵
成 7679 殷

爵
成 7682 殷

爵
成 7685 殷

辛鼎
成 1390 殷

父癸鬲
成 483.1 殷

成 483.2 殷

爵
成 7678 殷

丙卣
成 4824.1 殷

成 4824.2 殷

爵
成 7683 殷

乙尊
成 5546 殷

辛觶
成 6178 殷

丁觶
成 6176 殷

丁觚
成 6831 殷

乙爵
成 8007 殷

爵
成 7681 殷

乙爵
成 8008 殷

乙爵
成 8009 殷

父乙爵

成 8428 殷

癸爵

成 8062 殷

父丁爵

成 8481 殷

乙爵

成 8010 殷

癸爵

成 8061 殷

父癸爵

成 8724 殷

父己斝

成 9215 殷

父己爵

成 8570 殷

父戊爵

成 8532 殷

父癸爵

成 8725 殷

且丙爵

成 8321 殷

父癸爵

成 8723 殷

父辛爵

成 8644 殷

父己爵

成 8569 殷

父戊爵

成 8533 殷

父丁爵

成 8483 殷

父乙爵

成 8427 殷

辛斝

成 9188 殷

癸觚

成 6843 殷

父癸盉

成 9365.1 殷

成 9365.2 殷

父辛斝

成 9216 殷

父辛斝

成 9217 殷

且乙爵

成 8314 殷

己爵

成 8040 殷

父丁盉

成 9352 殷

辛爵

成 8057 殷

癸瓿

成 9954 殷

北子父辛卣

成 5165.2 殷

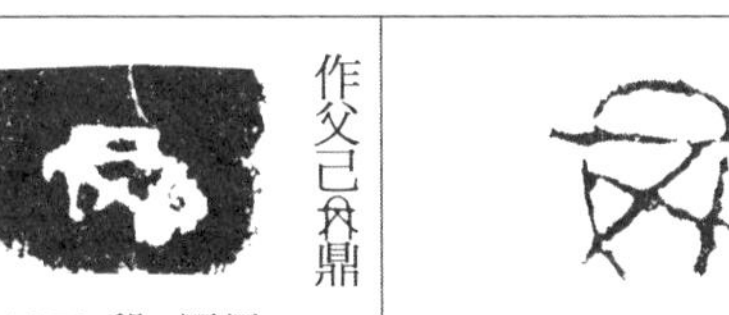

作父己□鼎

成 1878 殷·周早

□戈

新 1653 商晚·周早

□父乙甗

新 809 周早

□癸觶

新 825 周早

□祖丁毁

新 378 周早

□父丁卣

新 307 周早

□尊

成 5489 殷·周早

□鼎

成 1177 殷·周早

□爵

成 7684 殷·周早

□且丁尊

成 5600 殷·周早

丁□爵

成 8020 殷·周早

□瓿

成 9945 殷

□辛鼎

錄 211 商晚

□鼎

錄 203 商晚

□辛觚

新 1431 商晚

□簋

錄 381 商晚

丁□盤

成 10026.1 殷

成 10026.2 殷

□罍

成 9756 殷

□癸乙□方彝

成 9874.1 殷

成 9874.2 殷

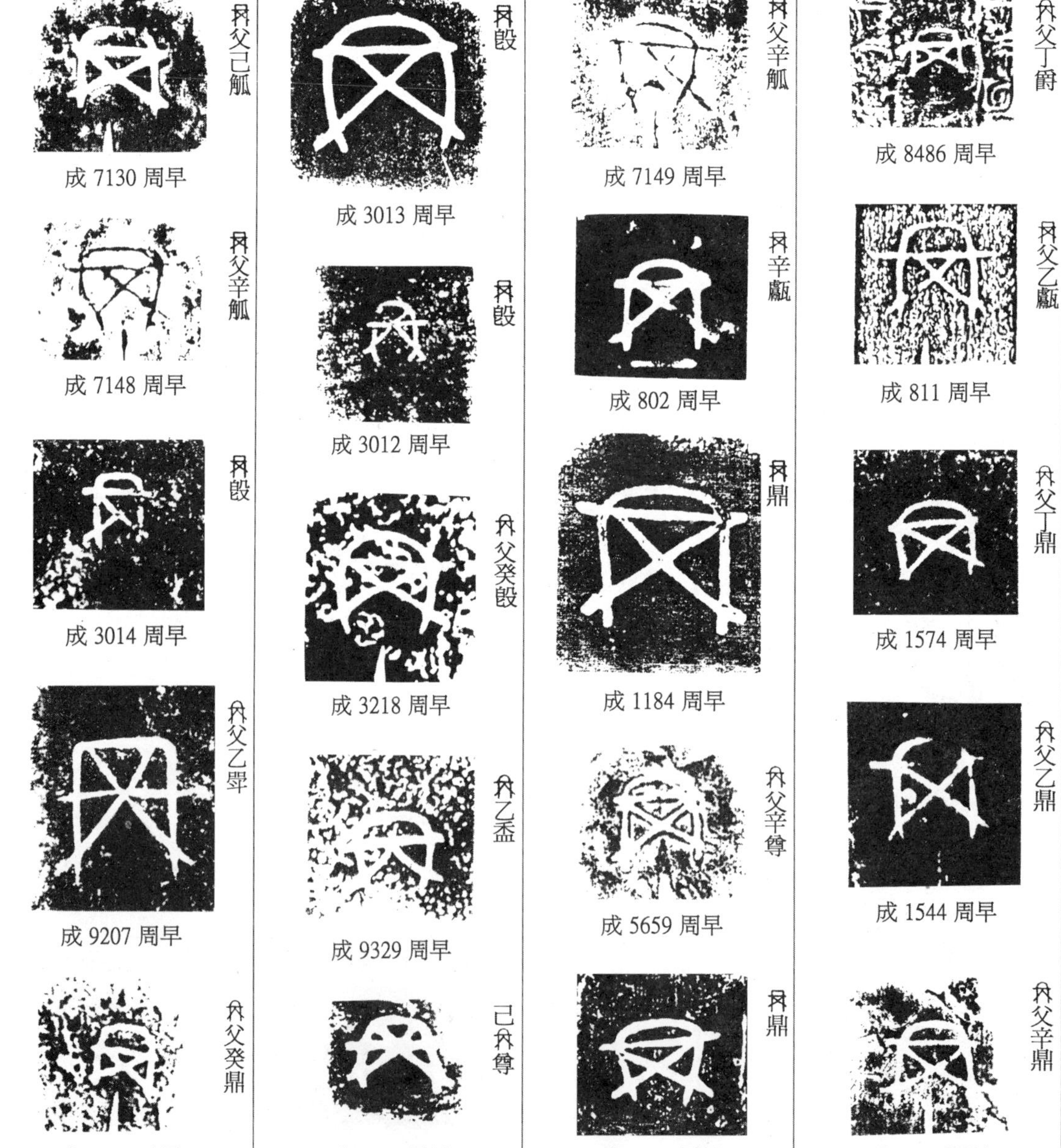

冉父己觚
成 7130 周早
冉父辛觚
成 7148 周早
冉毁
成 3014 周早
冉父乙斝
成 9207 周早
冉父癸鼎
成 1675 西周
冉毁
成 3013 周早
冉毁
成 3012 周早
冉父癸毁
成 3218 周早
冉乙盉
成 9329 周早
己冉尊
成 5553 周早
冉父辛觚
成 7149 周早
冉辛甗
成 802 周早
冉鼎
成 1184 周早
冉父辛尊
成 5659 周早
冉鼎
成 1185 周早
冉父丁爵
成 8486 周早
冉父乙甗
成 811 周早
冉父丁鼎
成 1574 周早
冉父乙鼎
成 1544 周早
冉父辛鼎
成 1650 周早

冄己尊
成 5552 周早

冄且辛尊
成 5607 周早

冄父甲觶
成 6214 周早

冄父乙簋
錄 393 周早

作且己冄尊
成 5866 周早

冄父丁觶
成 6268 周早

冄父癸觶
成 6340 周早

冄且丁觶
成 6204 周早

冄父丁觚
成 7111 周早

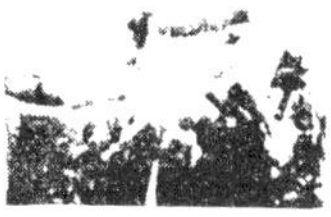
冄父丁爵
成 8484 周早

冄父乙卣
新 714 周早

冄父丁爵
成 8487 周早

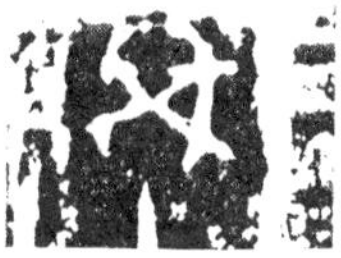
冄父辛爵
成 8648 周早

冄祖丁甗
錄 152 周早

冄觚
成 6770 周早

冄父乙甗
成 810 周早

冄觶
成 6078 周早

冄父辛爵
成 8647 周早

冄父丁觚
成 7113 周早

冄癸觶
錄 651 周早

冄父丁爵
成 8485 周早

□父己罍

成 9789 周早

□甗

成 775 周早

□父丁尊

新 377 周早

□父乙毁

新 713 周早

□作宗彝盉

成 9382 周早

□鼎

成 1183 周早

□父辛觥

成 9290 周早

□父己觶

成 6277 周早

作且己□尊

成 5866 周早

□父丁卣

錄 571 周早

□且庚爵

成 8342 周早

□觚

成 6769 周早

□觶

成 6080 周早

□觶

成 6079 周早

彭女彝鼎

成 1907 周早

彭女彝鼎

成 1908 周早

□父癸爵

錄 885 周早

彭女□觶

成 6352.1 周早

成 6352.2 周早

□父乙爵

成 8426 周早

□父己爵

成 8568 周早

□父丁爵

成 8482 周早

□爵

新 821 周早

□作旅彝卣

成 5120.1 周早

成 5120.2 周早

□父壬爵

成 8664 周早

□爵

成 7687 周早

□父癸器

成 10525 周早

□父乙卣

新 714 周早

己□鼎

成 1387 周早·周中

□尊

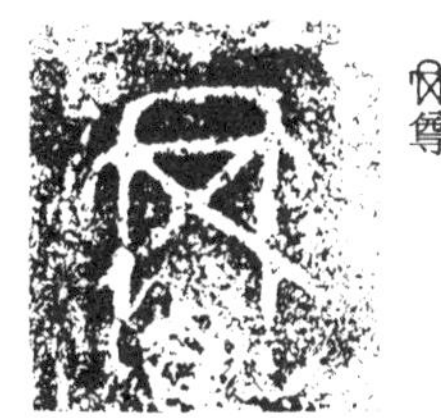

成 5490 周中

叔㝟殷

成 3694 周中

陕殷

成 3475 周中

□作父己觶

成 6407.2 周中

□觶

成 6081 周中

員作父壬尊

成 5966 周中

□作父己觶

成 6407.1 周中

□罍

總 5517

□觚

總 5865

□父辛卣

總 5165

卜□爵

成 8262 殷

□婦姃鼎

成 1709 殷·周早

冊劦□觥

成 9283.1 周早
參見 1349

1708

成 8261 周早

成 11869 殷

成 7676 殷

成 8480 殷

成 7677 殷

成 8023 殷

錄 817 商晚

新 1513 商晚

成 3315 周早

成 7063 殷
參見 843

成 847 周早

北子父辛卣

成 5165.1 殷

成 1384 殷
參見 815・816

父丁卣

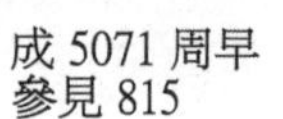

成 5071 周早
參見 815

1709

盉

父己觶

成 6276 周早

父癸鼎

成 1674 周早

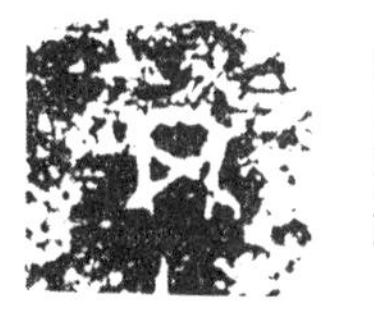

父癸觶

成 6341 周早

父辛鼎

成 1653 周早·周中

父丙爵

錄 873 周中

父辛觶

成 6312 周中

觚

成 6772 周早

觚

成 6771 周早

仲子作日乙尊

成 5909 周早

鼎

成 1186 周早

鼎

成 1187 周早

丙爵

成 8015 殷·周早

鼎

新 934 周早

盉

新 1444 周早

簋

錄 380 周早

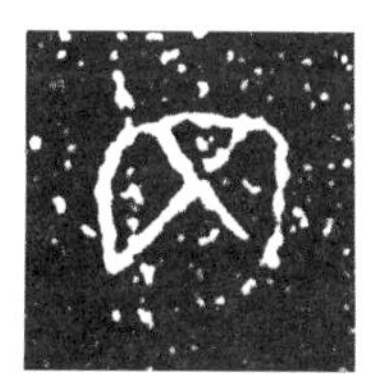

錄 380 周早

盉

成 9320.1 殷

成 9320.2 殷

父癸爵

成 8727 殷

父辛爵

成 8645 殷

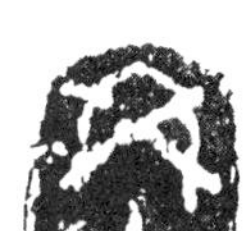

父己爵

成 8571 殷

毁

新 1304 商晚

1711

1710

冓

冓斝

冓斝

成 9239 周早

南單冓觚

成 7191 殷

成 1765 殷·周早

成 9194 周早

成 7065 周早

北子鼎

成 1719 周中

成 8813 殷

父乙爵

成 8873 殷

父乙鼎

成 1831 殷·周早

父乙毁

成 3862 周早

1714	1713	1712	
口	𡆥	𡆥	
口當盧	𡆥父丁罍	丁𡆥之觚	
口當盧 成 12075 周早	𡆥父丁罍 成 9811.1 周早 成 9811.2 周早	丁𡆥之觚 成 7200 周早 丁𡆥之爵 成 8794 殷 𡆥之爵 新 1507 商晚 丁𡆥之觚 新 1510 商晚	丁𡆥之爵 成 8793 殷 丁𡆥之觚 成 7199 周早 丁𡆥之觚 成 7198 周早

1715

鼎

殷

成 2994 殷

殷

成 2999 殷

尊

成 5487 殷

殷

成 2996 殷

殷

成 2998 殷

且丁殷

成 3135 殷

辛殷

成 3069 殷

殷

成 2995 殷

父辛殷

成 3199 殷

丙父己卣
成 4966 殷

丙卣
成 4717 殷

丙卣
成 4716 殷

丙殷
成 3000 殷

丙尊
成 5485 殷

丙觶
成 6074 殷

丙爵
成 7659 殷

丙爵
成 7655 殷

丙爵
成 7656 殷

丙觶
成 6073 殷

丙觚
成 6763 殷

丙尊
成 5486 殷

丙爵
成 7658 殷

丙爵
成 7662 殷

丙爵
成 7661 殷

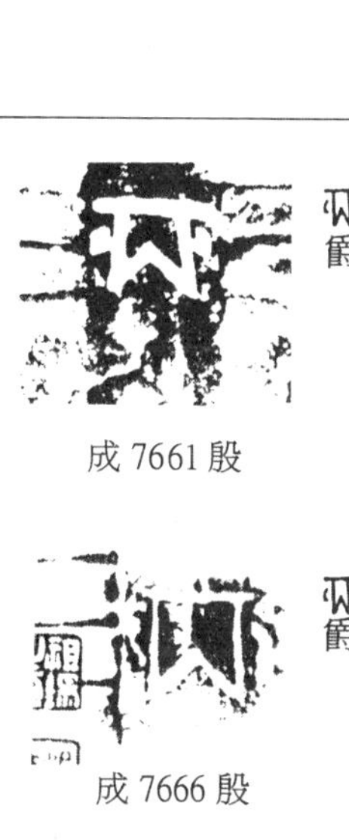
丙爵
成 7666 殷

丙爵
成 7660 殷

丁丙卣
成 4828.1 殷

成 4828.2 殷

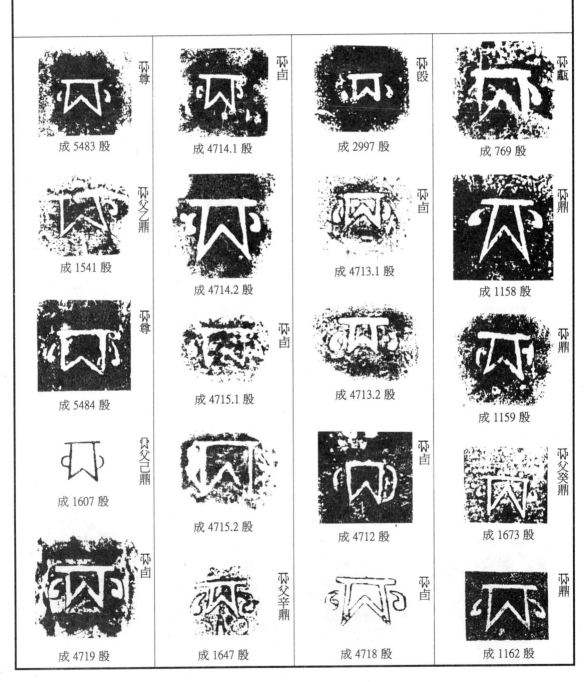

甗

成 769 殷

鼎

成 1158 殷

鼎

成 1159 殷

父癸鼎

成 1673 殷

鼎

成 1162 殷

𣪘

成 2997 殷

卣

成 4713.1 殷

成 4713.2 殷

卣

成 4712 殷

卣

成 4718 殷

卣

成 4714.1 殷

成 4714.2 殷

卣

成 4715.1 殷

成 4715.2 殷

父辛鼎

成 1647 殷

尊

成 5483 殷

父乙鼎

成 1541 殷

尊

成 5484 殷

父己鼎

成 1607 殷

卣

成 4719 殷

丙父乙卣蓋

成 4920 殷

丙父辛卣

成 4973.1 殷

成 4973.2 殷

且癸丙卣

成 4899.1 殷

成 4899.2 殷

丙己觥

成 9263.1 殷

成 9263.2 殷

邐方鼎（尹光方鼎）

成 2709 殷

毓且丁卣

成 5396.2 殷

丙乙爵

成 8006 殷

丙父戊尊

成 5641 殷

父辛丙觶

成 6306 殷

丙父癸尊

成 5673 殷

丙父已觚

成 7127 殷

丙乙爵

成 8005 殷

己丙爵

成 8041 殷

丙父辛爵

成 8650 殷

丙母己爵

成 8738 殷

丙且癸爵

成 8366 殷

丙父辛尊

成 5658 殷

丙父己爵

成 8572 殷

丙矛

成 11426.2 殷

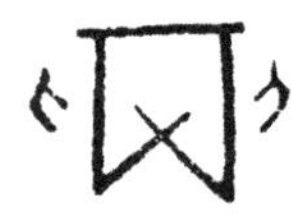

丙父己鬲

成 482 殷

丙盤

成 10015 殷

丙爵

新 1002 商晚

丙觚

新 1001 商晚

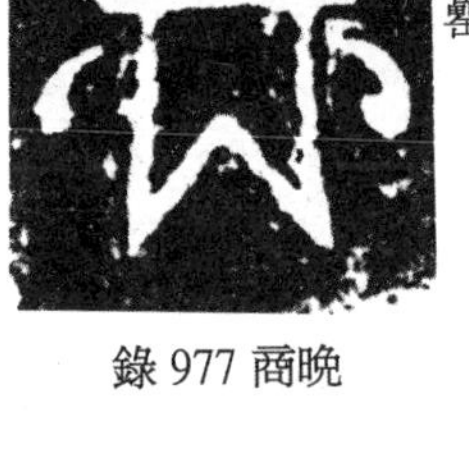

丙罍

錄 977 商晚

丙卣

新 997 商晚

丙鼎

新 1003 商晚

丙鼎

錄 200 商晚

丙簋

錄 378 商晚

丙觚

錄 713 商晚

丙爵

錄 799 商晚

丙殷

新 1426 商晚

丙簋

錄 377 商晚

丙爵

錄 800 商晚

丙爵

錄 801 商晚

父丁丙鼎

成 1576 殷·周早

丙卣

新 996 商晚

新 996 商晚

丙觶

錄 647 商晚

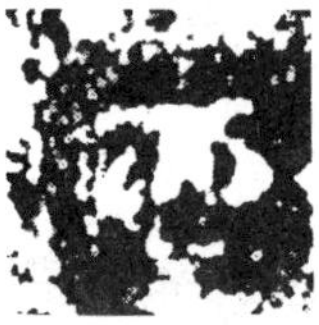

丙爵

新 1529 商晚

丙作且丁爵

成 8838 殷·周早

丙父丁卣

錄 570 周早

□鼎
錄 202 周早

□甗
成 770 周早

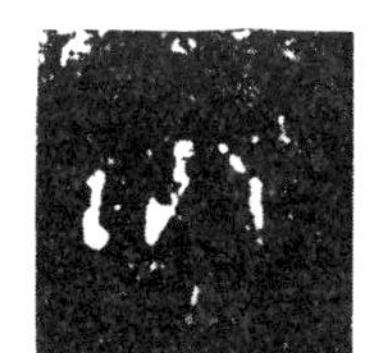

□父乙鼎
成 1542 周早

□爵
成 7667 周早

□父乙甗
成 808 周早

□觶
成 6076 周早

□父己觚
成 7128 周早

□父丁爵
成 8479 周早

□父己爵
成 8573 周早

□父辛爵
成 8651 周早

□父丙觶
成 6250 周早

□父丁觚
成 7110 周早

萬爵作兄癸卣
成 5397.2 周早

□父辛鼎
成 1646 周早

□父辛爵
成 8652 周早

□父辛爵
成 8649 周早

□父辛觶
成 6307 周早

□父辛卣蓋
成 4974 周早

□父癸𣪘
成 3217 周早

□鼎
新 719 周早

□父丁卣
錄 570 周早

□觶
成 6075 周早

1716

且癸尊

天爵

且癸尊

成 5611 殷

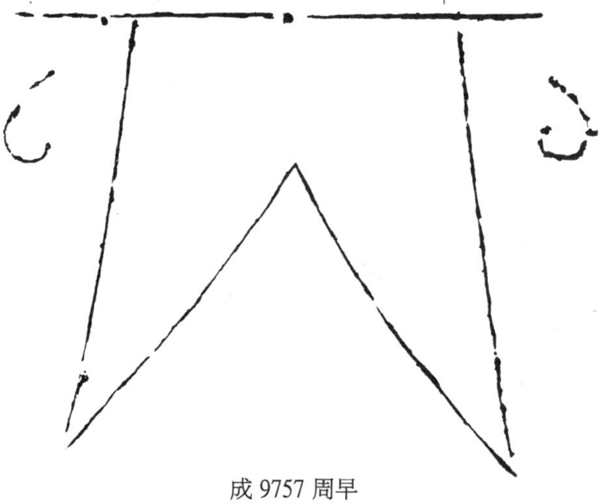

罍

成 9757 周早

丙木父辛卣

成 5166.1 殷

成 5166.2 殷

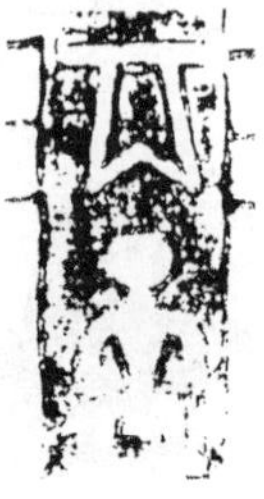

天爵

成 8144 殷

父己鼎

成 1611 殷

卣

錄 554 商晚

父癸鼎

錄 239 商晚

父辛觶

總 6494

父己卣

成 4965 殷

成 4965 殷

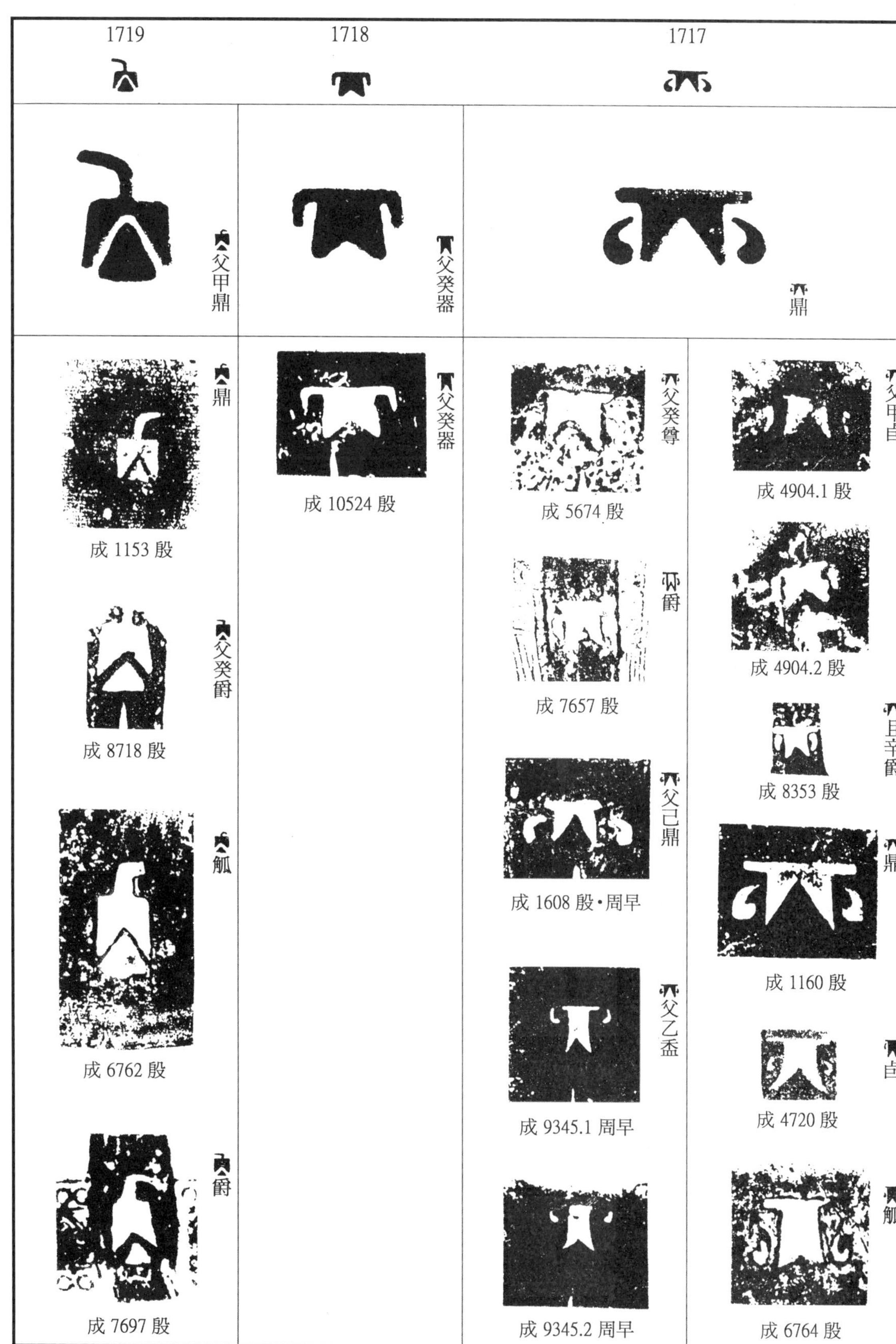

1719
1718
1717
父甲鼎
父癸器
鼎
鼎
成 1153 殷
父癸器
成 10524 殷
父癸尊
成 5674 殷
父甲卣
成 4904.1 殷
成 4904.2 殷
父癸爵
成 8718 殷
爵
成 7657 殷
且辛爵
成 8353 殷
觚
成 6762 殷
父己鼎
成 1608 殷・周早
鼎
成 1160 殷
父乙盉
成 9345.1 周早
卣
成 4720 殷
爵
成 7697 殷
成 9345.2 周早
觚
成 6764 殷

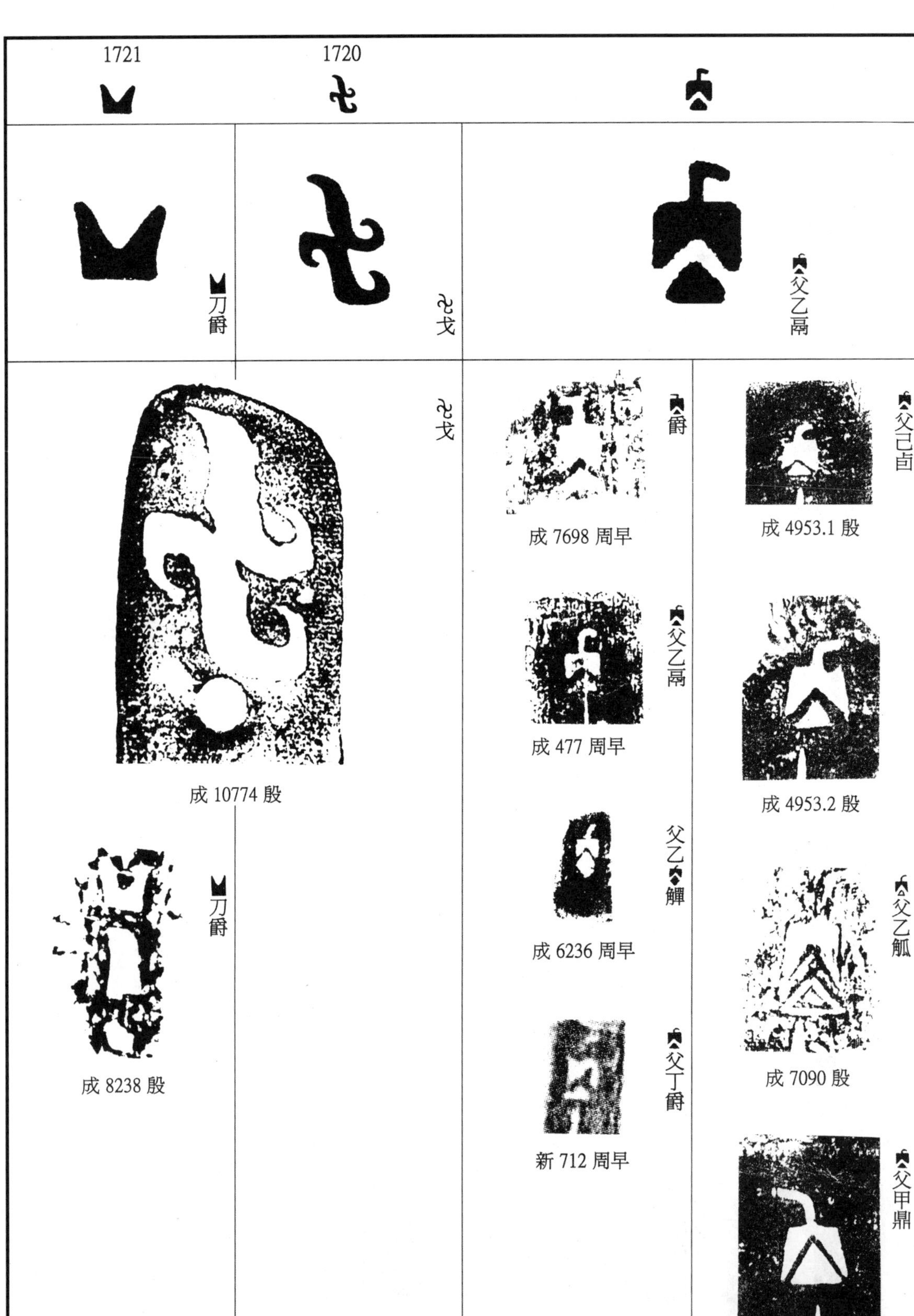

1721

刀爵

成 10774 殷

刀爵

成 8238 殷

1720

戈

戈

父乙鬲

爵

成 7698 周早

父乙鬲

成 477 周早

父乙觶

成 6236 周早

父丁爵

新 712 周早

父己卣

成 4953.1 殷

成 4953.2 殷

父乙觚

成 7090 殷

父甲鼎

成 1522 殷

1725	1724	1723	1722
觚	爵	鉞	作父己殷
觚 成 6800 殷 交觚 成 6924 殷	爵 成 8271 殷	鉞 新 1823 商晚 錄 1246	且甲觚 成 7027 殷 作父丁方鼎 成 1860 周早 盂卣 成 5399.2 周早 作父己殷 成 3515 周早

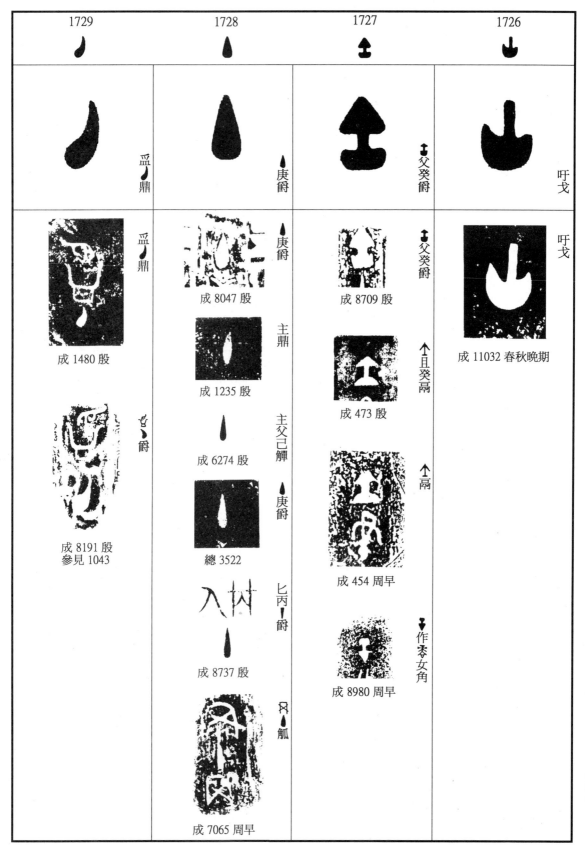

1729	1728	1727	1726
孟鼎	庚爵	父癸爵	吁戈
孟鼎 成 1480 殷 爵 成 8191 殷 參見 1043	庚爵 成 8047 殷 主鼎 成 1235 殷 主父己觶 成 6274 殷 庚爵 總 3522 匕丙爵 入 成 8737 殷 觚 成 7065 周早	父癸爵 成 8709 殷 且癸鬲 成 473 殷 鬲 成 454 周早 作夌女角 成 8980 周早	吁戈 成 11032 春秋晚期

1730

亞啓戈

戈

成 10610 殷

戈

成 10624.1 殷

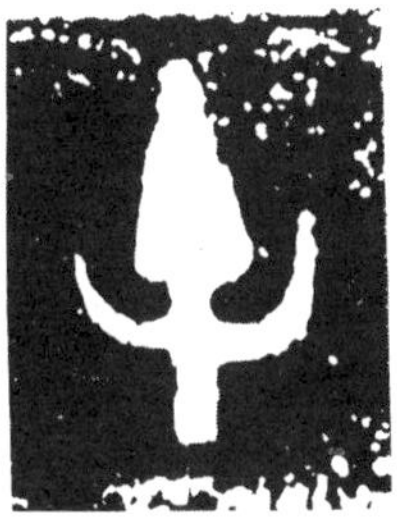

戈

成 10623 殷

戈

成 10618 殷

戈

成 10622 殷

戈

成 10624.2 殷

戈

成 10592 殷

戈

成 10627.1 殷

戈

成 10619.1 殷

戈

成 10625.1 殷

戈

成 10593 殷

成 10627.2 殷

成 10619.2 殷

成 10625.2 殷

戈

成 10608 殷

戈

成 10595 殷

戈

成 10621 殷

戈

成 10620 殷

戈

成 10597 殷

戈

成 10596 殷

戈

成 10594 殷

戈

成 10599 殷

戈

成 10598 殷

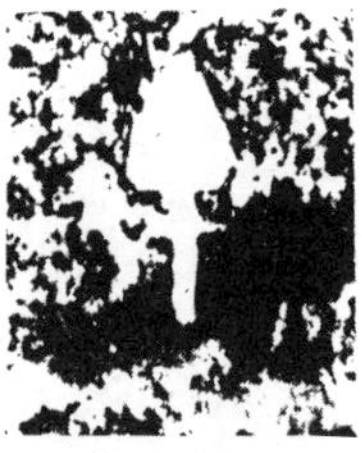

戈

成 10600 殷

戈

成 10601 殷

戈

成 10603.1 殷

成 10603.2 殷

戈

成 10604 殷

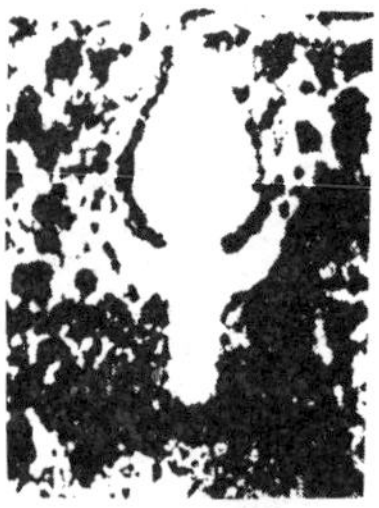

戈

成 10602.1 殷

成 10602.2 殷

戈

成 10605 殷

戈

成 10617 殷

戈

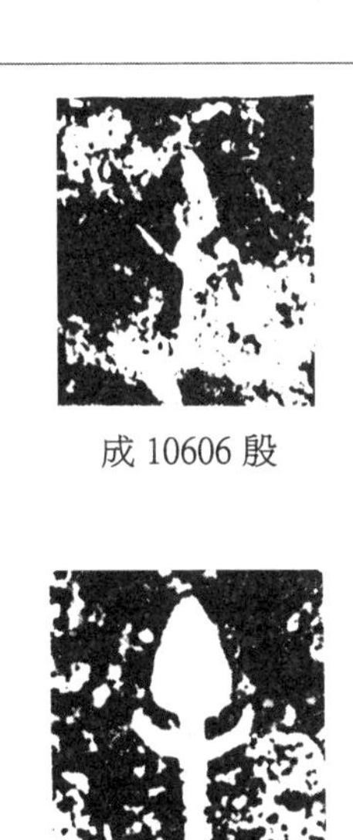

戈

成 10606 殷

亞啓戈

成 11010.1 殷

戈

成 10607 殷

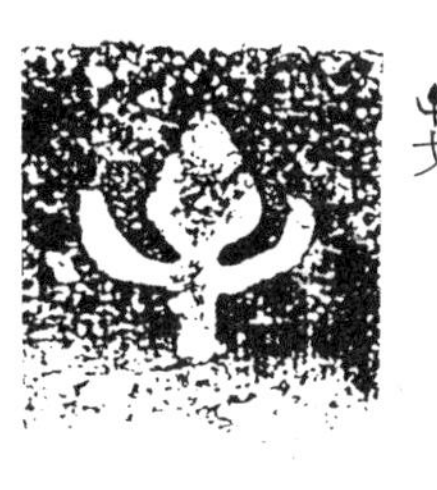

戈

新 1552 商晚

戈

成 10626.1 殷

成 10626.2 殷

戈

成 10614.1 殷

成 10614.2 殷

戈

成 10616 殷

戈

成 10611 殷

戈

成 10591.1 殷

成 10591.2 殷

戈

成 10613.1 殷

成 10613.2 殷

戈

成 10609 殷

戈

成 10615 殷

1731

鼎

甗

成 6767 殷

父丁爵

成 8491 殷

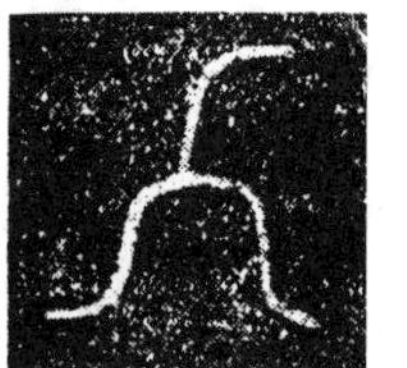

𣪕

成 2992 殷

卣

成 4764 殷

尊

成 5494 殷

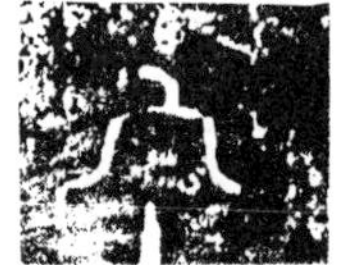

父乙觶

成 6234 殷

且丙觶

成 6202 殷

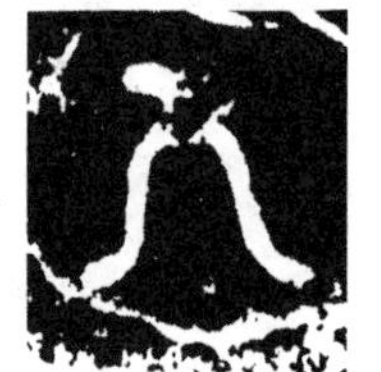

父乙罍

成 9786 殷

父己甗

成 7129 殷

且癸爵

成 8365 殷

父己爵

成 8575 殷

爵

成 7690 殷

爵

成 7692 殷

甗

成 6766 殷

甗

成 6765 殷

父丁器

成 10519 殷

𣪕

成 2990 殷

𣪕

成 2991 殷

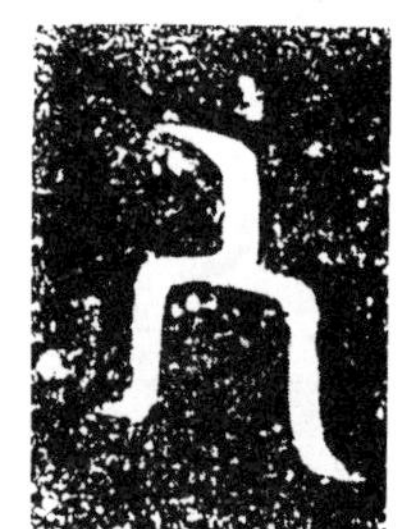

卣

成 4765 殷

尊

成 5493 殷

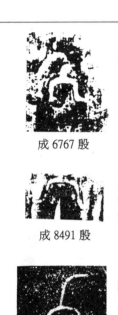

□爵

成 7689 段

□鼎

成 1157 段

□盉

成 9321 段

□爵

成 7688 段

□爵

成 7691 段

□且乙爵

成 8317 段

□父辛觶

成 6308 段

□父辛爵

成 8654 段

□父丁段

成 3174 段

父乙□觶

成 6233 段

□父辛段

成 3205 段

□父庚爵

成 8591 段

□父乙觚

成 7098 段

□父癸盉

成 9363 段

□父癸爵

成 8729 段

□父己卣

成 4962.1 段

成 4962.2 段

□且乙爵

成 8316 段

□父乙段

成 3152 段

丁觚
成 6832 殷

爵
錄 798 商晚

父辛尊
錄 619 商晚

己鼎
新 133 商晚

器蓋
新 148 商晚

父辛尊
新 1821 商晚

觚
新 134 商晚

鼎
成 1155 殷·周早

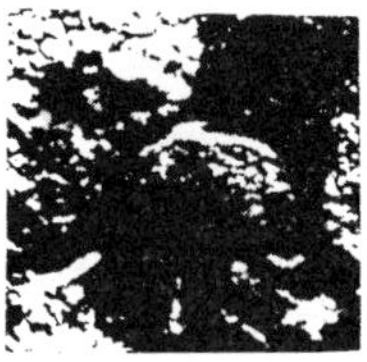

父癸鼎
成 1672 殷·周早

卣
新 792 商晚·周早

新 792 商晚·周早

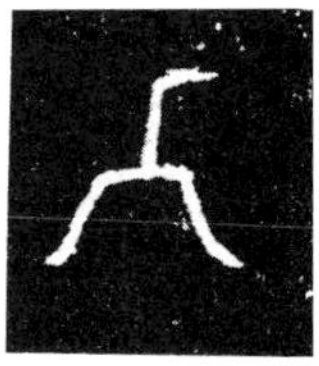

卣
新 793 商晚·周早

己爵
成 8037 殷·周早

父己觶
成 6278 周早

父辛卣
成 4982.1 周早

成 4982.2 周早

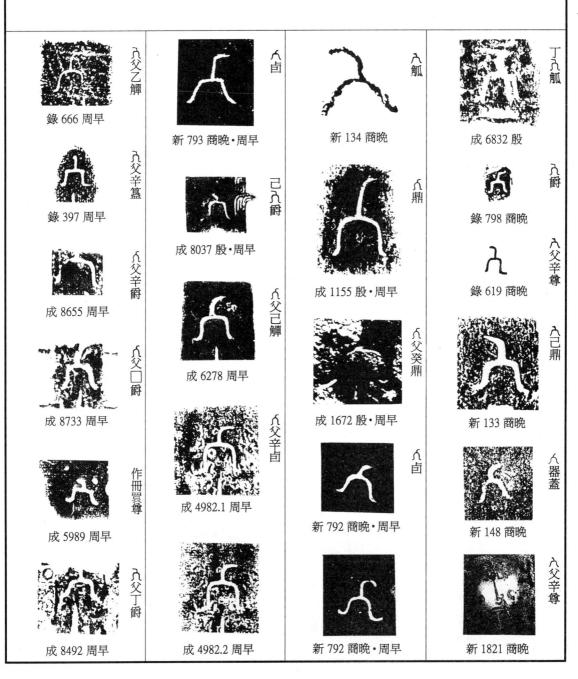

父乙觶
錄 666 周早

父辛簋
錄 397 周早

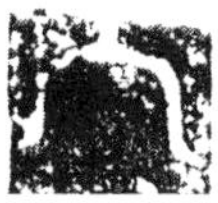

父辛爵
成 8655 周早

父□爵
成 8733 周早

作冊睘尊
成 5989 周早

父丁爵
成 8492 周早

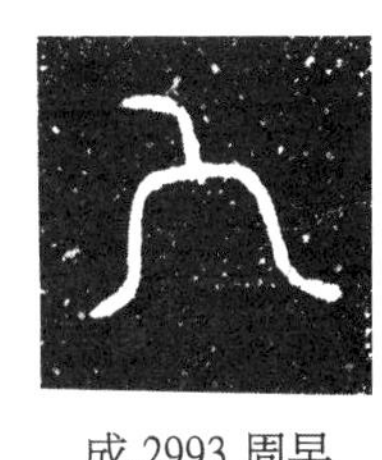
□殷
成 2993 周早

□爵
成 7694 周早

□爵
成 7693 周早

□卣
成 4766 周早

乙父□甗
成 812 周早

己□爵
成 8038 周早

□且丙爵
成 8320 周早

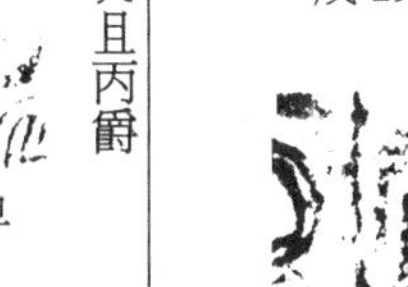
□父辛觶
成 6309 周早

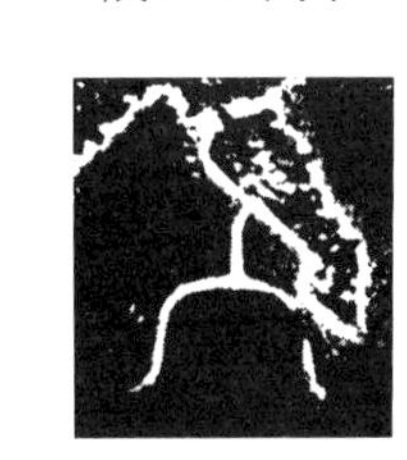
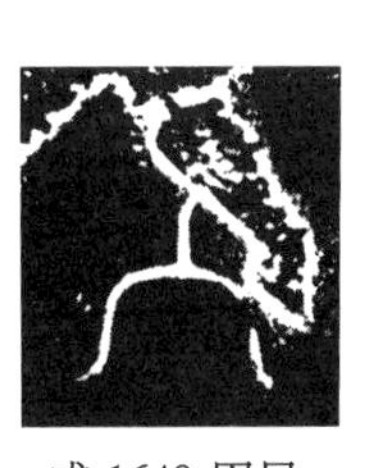
□父辛鼎
成 1649 周早

□甗
成 783 周早

且辛□尊
成 5608 周早

□鼎
成 1154 周早

□鼎
成 1156 周早

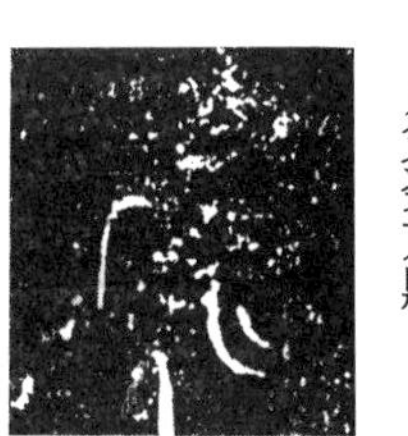
□父癸方鼎
成 1671 周早

□爵
成 7695 周早

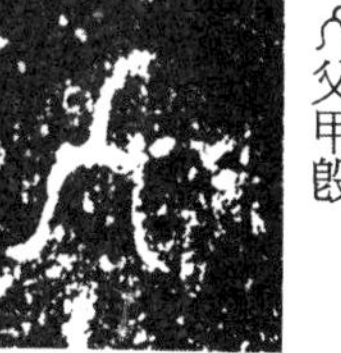
□父甲殷
成 3144 周早

□父丁卣
成 4940.1 周早

成 4940.2 周早

□父乙卣
成 4921.1 周早

成 4921.2 周早

猷卣
成 5254 周早

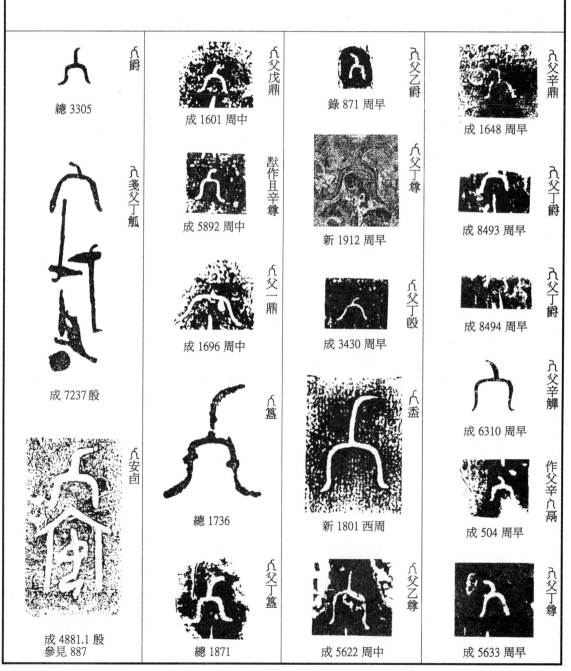

父辛鼎

成 1648 周早

父丁爵

成 8493 周早

父丁爵

成 8494 周早

父辛觶

成 6310 周早

作父辛□鬲

成 504 周早

父丁尊

成 5633 周早

父乙爵

錄 871 周早

父丁尊

新 1912 周早

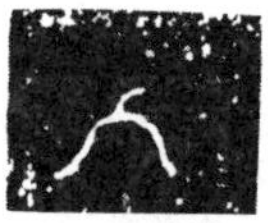

父丁𣪘

成 3430 周早

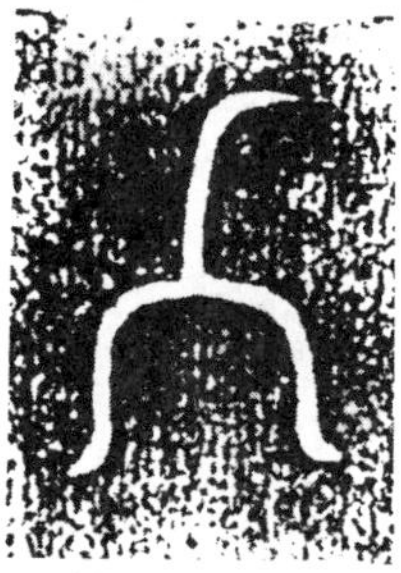

盉

新 1801 西周

父乙尊

成 5622 周中

父戊鼎

成 1601 周中

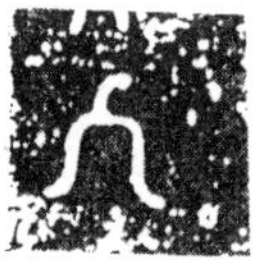

猷作且辛尊

成 5892 周中

父一鼎

成 1696 周中

簋

總 1736

父丁簋

總 1871

爵

總 3305

戔父丁觚

成 7237 𣪘

安卣

成 4881.1 𣪘
參見 887

1732

爵

鼎

鼎
成 1040 西周

射爵
成 8246 周早

射尊
成 5574 周早

射作⿰阝尊甗
成 848 周早

父己觶
成 6271 殷

爵
成 7710 殷・周早

爵
成 7711 殷・周早

父丁方鼎
成 1593 周早

且己斝
成 9203 殷

父辛爵
成 8643 殷

且己觚
成 7080 殷

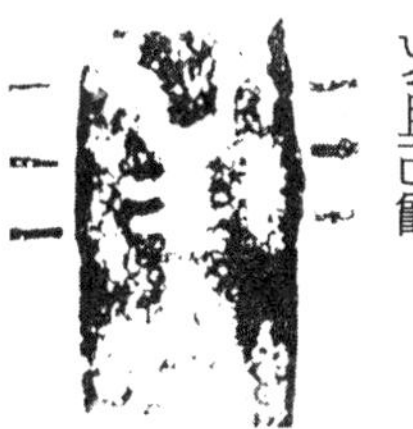
且己爵
成 8333 殷

斝
成 9110 殷

爵
成 7712 殷

且己爵
成 8334 殷

女段
成 3084 殷

鼎
成 1041 殷

且戊觶
成 6208 殷

1733	1734	1735	1736
父丁觶	作父己尊	父丁爵	戈
父丁觶 成 6256 殷	薛日癸尊 成 5928 周早	父丁爵 成 8495 周早	戈 錄 1077 周早
父癸爵 成 8714 殷	作父己尊 成 5831 周中	父丁罍 成 9787 周早	

1737

辛父卣

辛父卣

成 4983 殷

父辛卣

錄 573 商晚

父辛卣

新 846 商晚・周早

父丁爵

成 8496 周早

父丁爵

總 3836

父丁爵

總 3837

1738

觚

觚

新 1846 商晚

1739

父壬觶

父壬觶

成 6322 周早

1740

爵

爵

成 7696 殷

□爵

成 8272 殷

戈

成 10669 殷

爵

總 3322

1741

鼎

尊

鼎

成 1169 殷

鼎

成 1170 殷

鼎

成 1172 殷

鼎

成 1171 殷

觚

成 6756 殷

爵

成 7768 殷

尊

成 5482 殷

𣪕

成 3007 殷

觚

成 6755 殷

斝

成 9137 殷

父癸鼎

成 1681 殷

斝

成 9138 殷

鼎

成 1173 殷

父丁方鼎

成 1581 殷

尊

成 5480 殷

旅婛尊

成 5686 殷

1743	1742		
𤰔父乙觶	𤰔尊		
𤰔父乙觶 成 6237 殷	父丁𤰔尊 成 5634 殷	𤰔爵 成 7767 殷	𤰔尊 成 5481 殷
父乙𤰔盉 成 9347.1 周早	𤰔戜鼎 成 1470 殷	𤰔父丁觶 成 6266.1 周早	𤰔父乙觶 成 6238.1 殷
成 9347.2 周早		成 6266.2 周早	成 6238.2 殷
		魁父卣 成 5243.1 周早	𤰔且己父辛卣 成 5146.1 殷
		成 5243.2 周早	成 5146.2 殷

1747	1746	1745	1744
殷	父丁爵	亞其爵	母辛鬲
殷	父丁爵	亞其爵	母辛鬲
新 1698 春秋早期	成 8504 周早	成 7831 殷	成 484 殷

1751	1750	1749	1748
殷	皿爵	辟卣	且庚爵
殷	皿爵	辟卣	且庚爵
成 3042 殷	錄 863 商晚	錄 599 周早	成 8341 殷

1755	1754	1753	1752
父辛爵	父乙爵	作父己殷	且乙爵
父辛爵	父乙爵	作父己殷	且乙爵
成 8634 殷	成 8419 周早	成 3515 周早	成 8992 周早

1759	1758	1757	1756
父己爵	父癸爵	父辛尊	山 父辛斝
父己爵	父癸爵 成 8715 殷 爵	父辛尊	山 父辛斝
成 8546 殷	成 7755 殷	成 5802 殷	成 9232殷

1762		1761	1760
門父辛觶		段	卣
新 1165 商晚（門父辛觶）	成 3040 殷（段）	成 3036 周中（段）	總 5105（卣）

1766	1765	1764	1763
父庚卣	作寶爵	亞爵	作尊方鼎
新 715 周早（父庚卣）	成 8985 周早（作寶爵）	成 8786 殷（亞爵）	成 1767 周早（作尊方鼎）

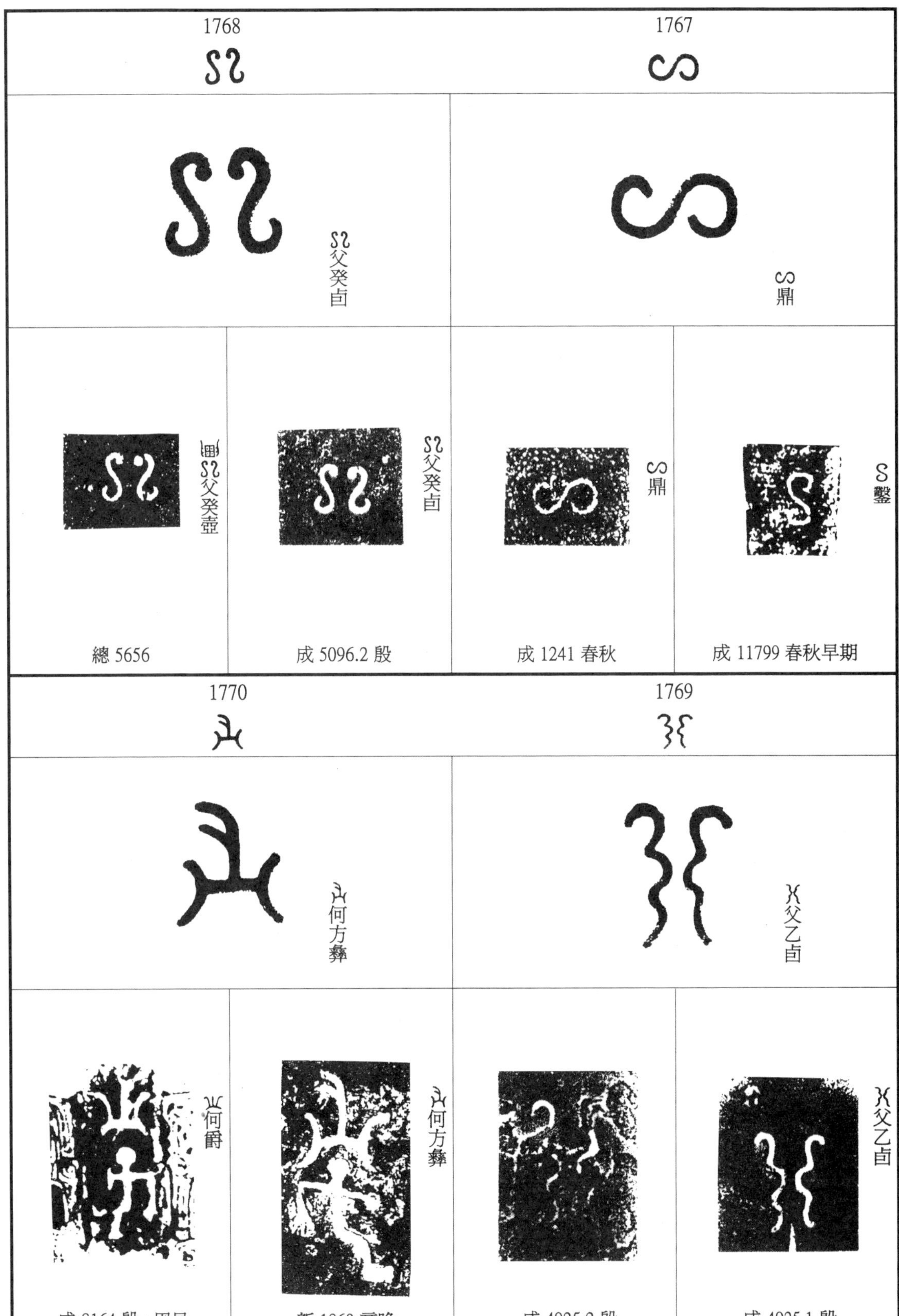
1767
鼎
鼎
鑿
成 1241 春秋
成 11799 春秋早期
1768
父癸卣
父癸壺
父癸卣
總 5656
成 5096.2 殷
1769
父乙卣
父乙卣
成 4925.2 殷
成 4925.1 殷
1770
何方彝
何爵
何方彝
成 8164 殷·周早
新 1860 商晚

1774	1773	1772	1771
且丁爵	卑	鼎	父癸觚
且丁爵	卑	鼎	父癸觚
成 8325 周早	成 9151 殷	成 1242 周早	成 7159 殷

1778	1777	1776	1775
鎛	且爵	冑	亞辛爵
鎛	且爵	冑	亞辛爵
新 114 商晚	成 8294 周早	成 11887 殷	成 8799 殷

1782	1781	1780	1779
作父辛卣	劦冊八辛鼎	爵	
作父辛卣	劦冊八辛鼎	爵	
成 5285 殷	成 1941 殷	新 1035 商晚·周早	

1786	1785	1784	1783
且丁觶	爵	天爵	父己爵
且丁觶	爵	天爵	父己爵
成 6206 殷	成 8245 殷	成 8143 殷·周早	成 8580 周早

1787	1788	1789	1790
父丁罍	爵	共父庚觚	父癸尊
父丁罍	爵	共父庚觚	父癸尊
新 293 商晚	錄 803 商晚	錄 753 商晚	成 5672 周早

1791	1792	1793	1794
方彝	壺文	爵	▼甲爵
方彝	壺文	爵	▼甲爵
新 1845 周中	金文編附錄上 335	錄 791 商晚	成 7999 殷・周早

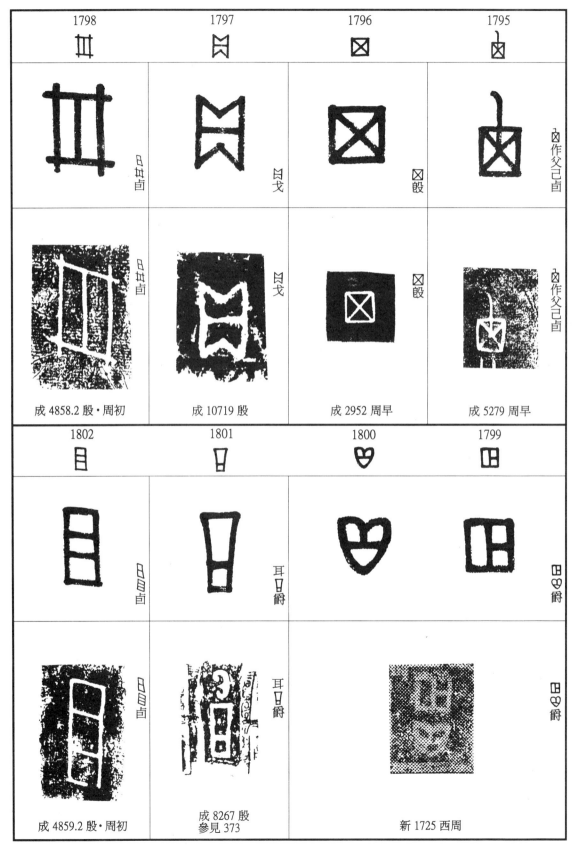

1798	1797	1796	1795
日井卣	日戈	㓞殷	𠓞作父己卣
日井卣	日戈	㓞殷	𠓞作父己卣
成 4858.2 殷·周初	成 10719 殷	成 2952 周早	成 5279 周早

1802	1801	1800	1799
日目卣	耳日爵		田𢀛爵
日目卣	耳日爵		田𢀛爵
成 4859.2 殷·周初	成 8267 殷 參見 373	新 1725 西周	

1806	1805	1804	1803
告田爵	田父癸爵	㓚兄日壬尊	日廾卣
告田爵 成 8266 殷 羊田尊 成 5585 殷·周早 參見 705	田父癸爵 成 8720 周早 田父癸爵 成 8721 周早	㓚作兄日壬卣 成 5339.1 殷 成 5339.2 殷 㓚兄日壬尊 成 5933 周早 [glyph]乍兄日壬壺 總 5708 總 5708	日戈 成 10771 殷 日戈 成 10772 殷 日廾卣 成 4858.1 殷·周初 日目卣 成 4859.1 殷·周初

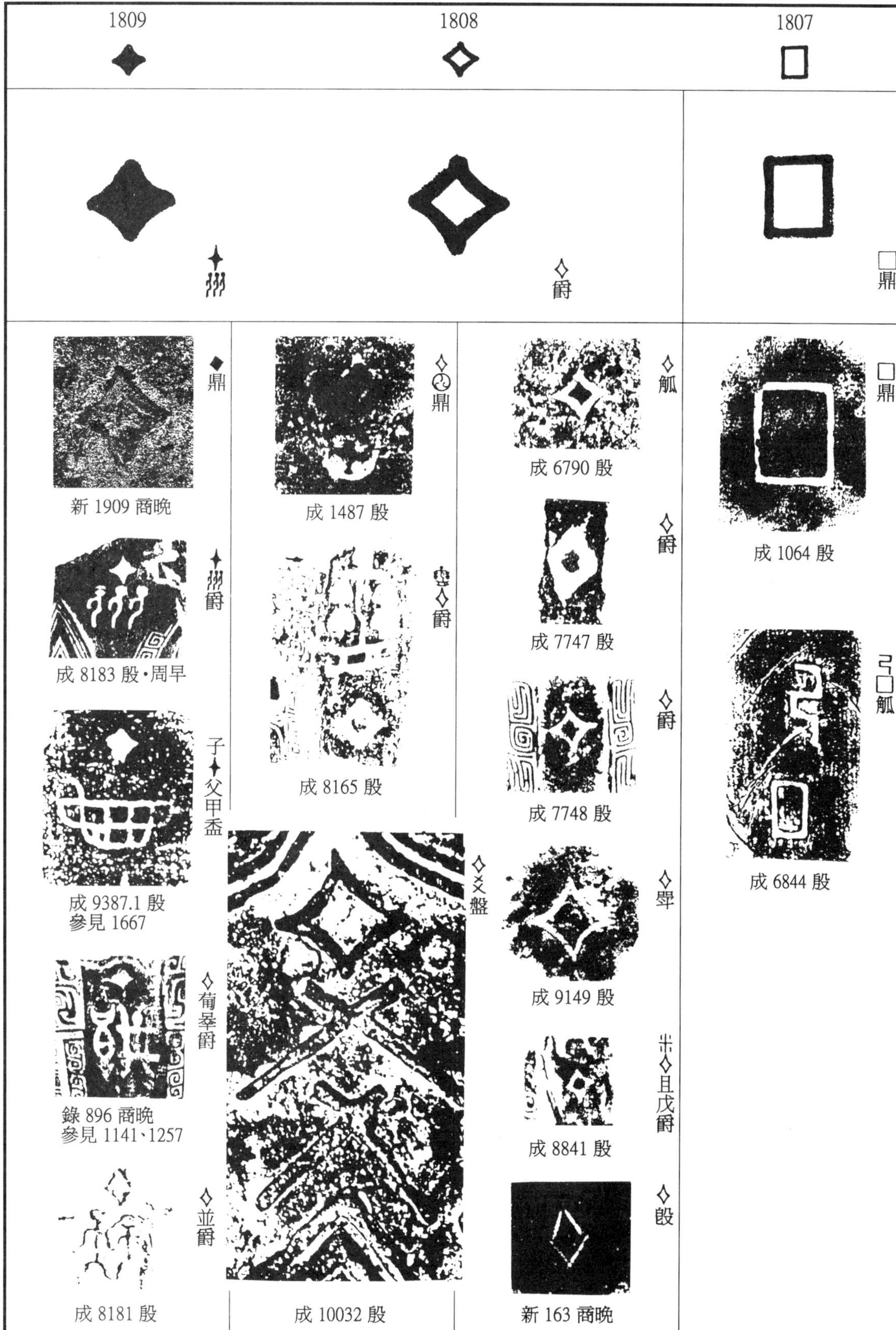

1809　1808　1807

新 1909 商晚

成 8183 殷·周早

成 9387.1 殷
參見 1667

錄 896 商晚
參見 1141、1257

成 8181 殷

成 1487 殷

成 8165 殷

成 10032 殷

成 6790 殷

成 7747 殷

成 7748 殷

成 9149 殷

成 8841 殷

新 163 商晚

成 1064 殷

成 6844 殷

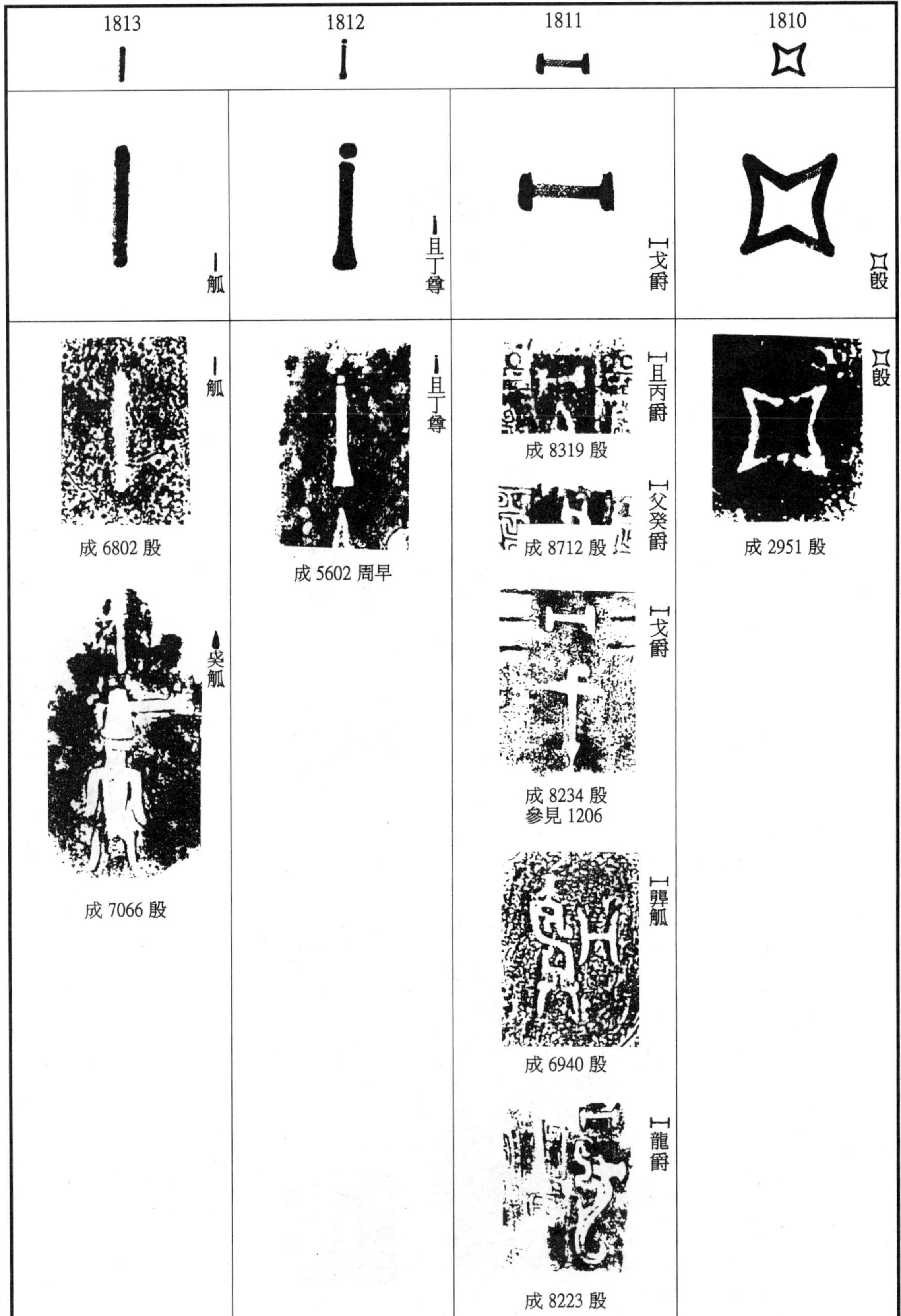

1813
1812
1811
1810
觚
且丁尊
戈爵
𣪕
觚
成 6802 𣪕
且丁尊
成 5602 周早
且丙爵
成 8319 𣪕
父癸爵
成 8712 𣪕
戈爵
成 8234 𣪕
參見 1206
𢍜觚
成 6940 𣪕
龍爵
成 8223 𣪕
𣪕
成 2951 𣪕
癸觚
成 7066 𣪕

1817	1816	1815	1814
亼爵	爵	子父丁罍	共鼎
亼爵 成 8270 殷	爵 成 7752 殷	子父丁罍 成 9799.1 殷	共鼎 錄 178 商晚
	陽仲孝段 成 3918 周中	友敄父癸觚 成 7303 殷	又父乙觶 成 6387 周早
		戉觚 成 6936 殷	

1821	1820	1819	1818
斧	方鼎	甗	丁L爵
斧 成 11768 周早	方鼎 成 1238 殷 簋 錄 386 周晚	甗 成 780 殷	丁L爵 成 8790 殷

1822	1823	1824	1825
爵	葡爵	父癸爵	鼎
爵 成 7724 殷	葡爵 成 8240 殷 盤 成 10034 殷	父癸爵 成 8710 殷 作父乙觶 成 6467 周早	鼎 成 1239 周早

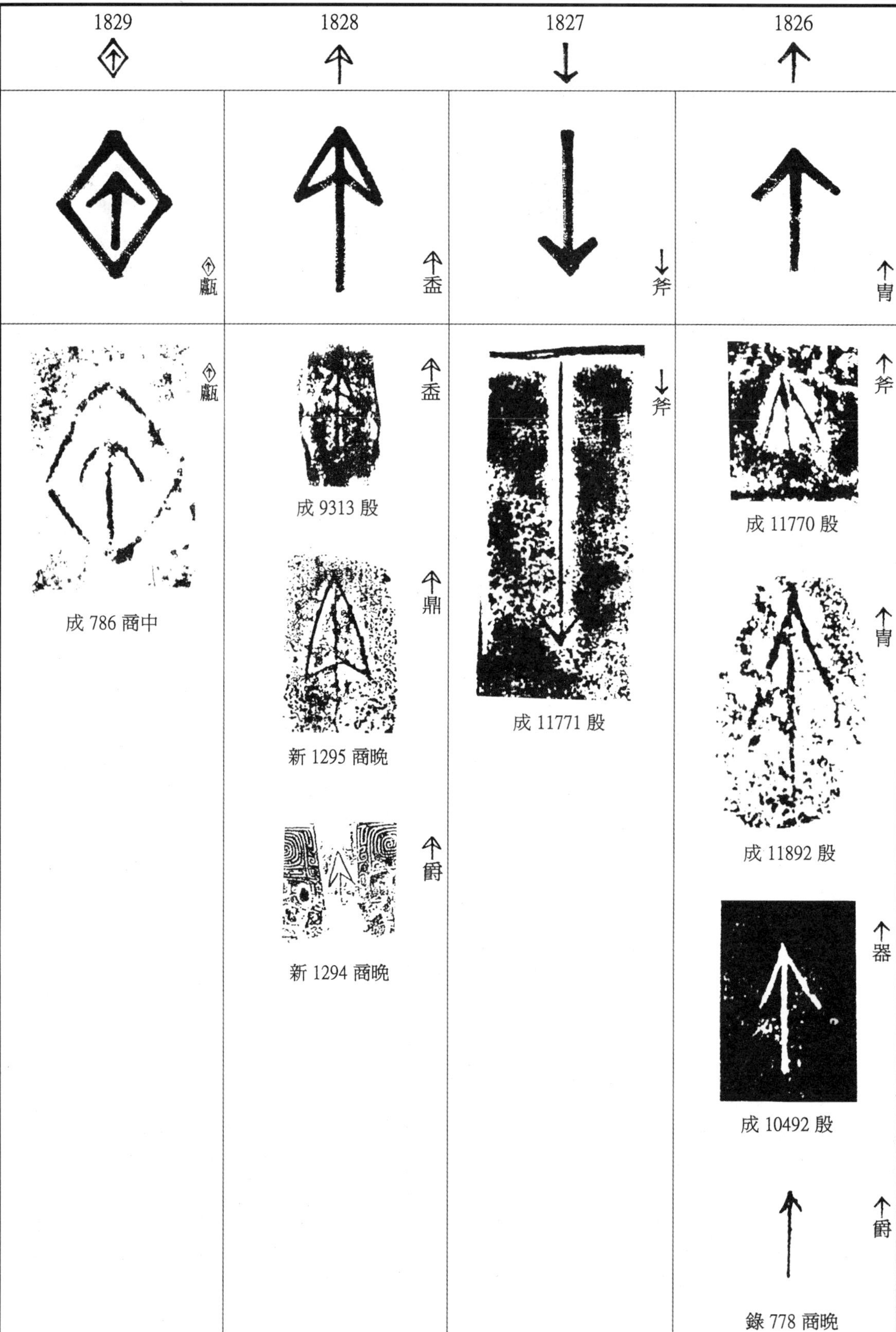

成 786 商中

成 9313 殷

新 1295 商晚

新 1294 商晚

成 11771 殷

成 11770 殷

成 11892 殷

成 10492 殷

錄 778 商晚

1830

父戊爵

父戊爵

成 8535 殷

1831

天斧

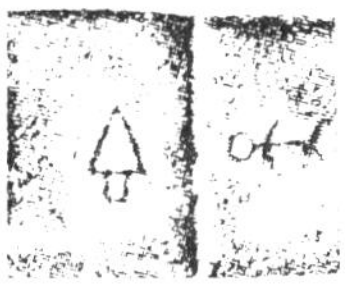

天斧

新 665 商晚

1832

匕田斝

匕田斝

成 9227 殷

爵

成 8261 周早

1833

父癸爵

父癸爵

成 8713 殷

1837	1836	1835	1834
且癸爵	師目鼎	乀觶	乃子作父辛甗
且癸爵 成 8364 周早	師目鼎 成 2557 周中 叔口父鼎 錄 345 周晚 叔昏父鼎 新 375 周晚 孟[illegible]鼎 成 2202 西周	乀觚 成 6803 殷 乀觶 成 6084 周早 保子達𣪕 成 3787.1 周晚 成 3787.2 周晚	乃子作父辛甗 成 924.2 殷 [illegible]卣 成 5354.1 周早 成 5354.2 周早

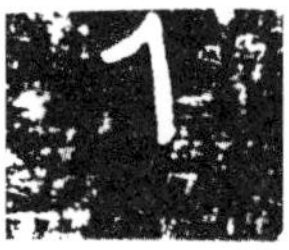

1840 丙	1839 㐺	1838 尸	
父丙卣	爵	尸作父己卣	
父丙卣 成 5208.1 殷 參見 1256 方彝蓋 成 9883 殷	爵 成 8183 殷·周早	尸作父己卣 成 5280.2 殷 參見 141 戊尸䀇父己甗 新 791 商晚·周早	補

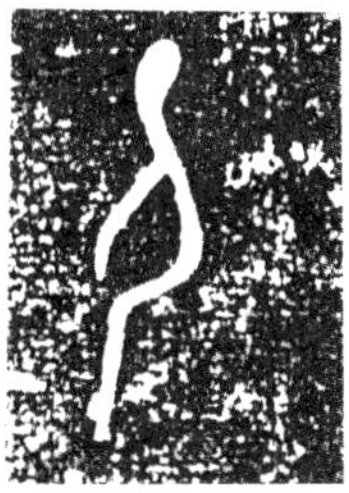

1841	1842	1843	1844
吴	䶌	㤘	坆
吴父辛觶	䶌父丁段	母㚒觚	羊己坆爵
吴斧 成 11763 段; 吴父辛觶 成 6298 段	䶌父丁段 成 3178 段	母㚒觚 成 6875 段	羊己坆爵 成 8796 段

1845	1846	1847	1848
吚	▼	朩	大
冈吚父乙爵	乙▼車方鼎	母𢆶朩帚方彝	司銜天父庚爵
冈吚父乙爵 成 8873 段	乙▼車方鼎 成 1702 段	母𢆶朩帚方彝 成 9873.2 段 參見 891	司銜天父庚爵 成 9074 段

且丁爵

01
總 3738
參見 15 倗

倗母鼎

01.1
新 1417 西周
參見 15 倗

䣄作父癸段

02
成 3662 周早
參見 1135 旅

祖辛邑父辛云鼎

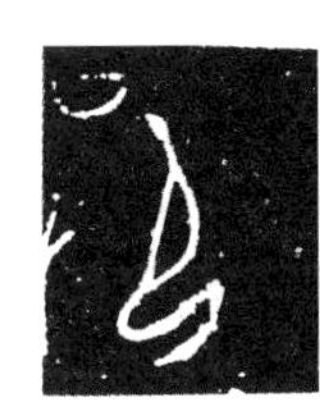

03
新 137 商晚
參見 77 邑

切爵

04
錄 763 商晚
參見 107 㳄

屰目父癸爵

05
成 8965 周早
參見 179 屰

藝父乙觚

06
新 1660 商晚
參見 97 埶

兔鼎

07
錄 171 商晚
參見 163 兔

䍜觚

08
新 1648 商晚
參見 44 䍜

鄉宁爵

09
新 1428 商晚
參見 208 鄉宁

並匕乙爵

10
成 8736 段
參見 12 匕

㸚匕辛爵

10.1
成 8741 周早
參見 12 匕

史姚庚觶

10.2
新 834 周早
參見 12 匕

匕乙爵

10.3
成 8735 段
參見 12 匕

亞匕辛尊

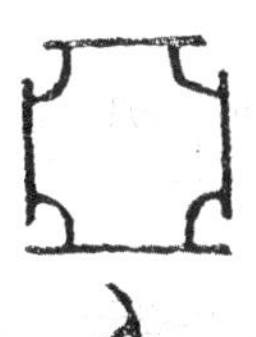

10.4
成 5612 段
參見 12 匕·1382亞

亞㠱匕己觚

10.5
成 7219 周早
參見 12 匕

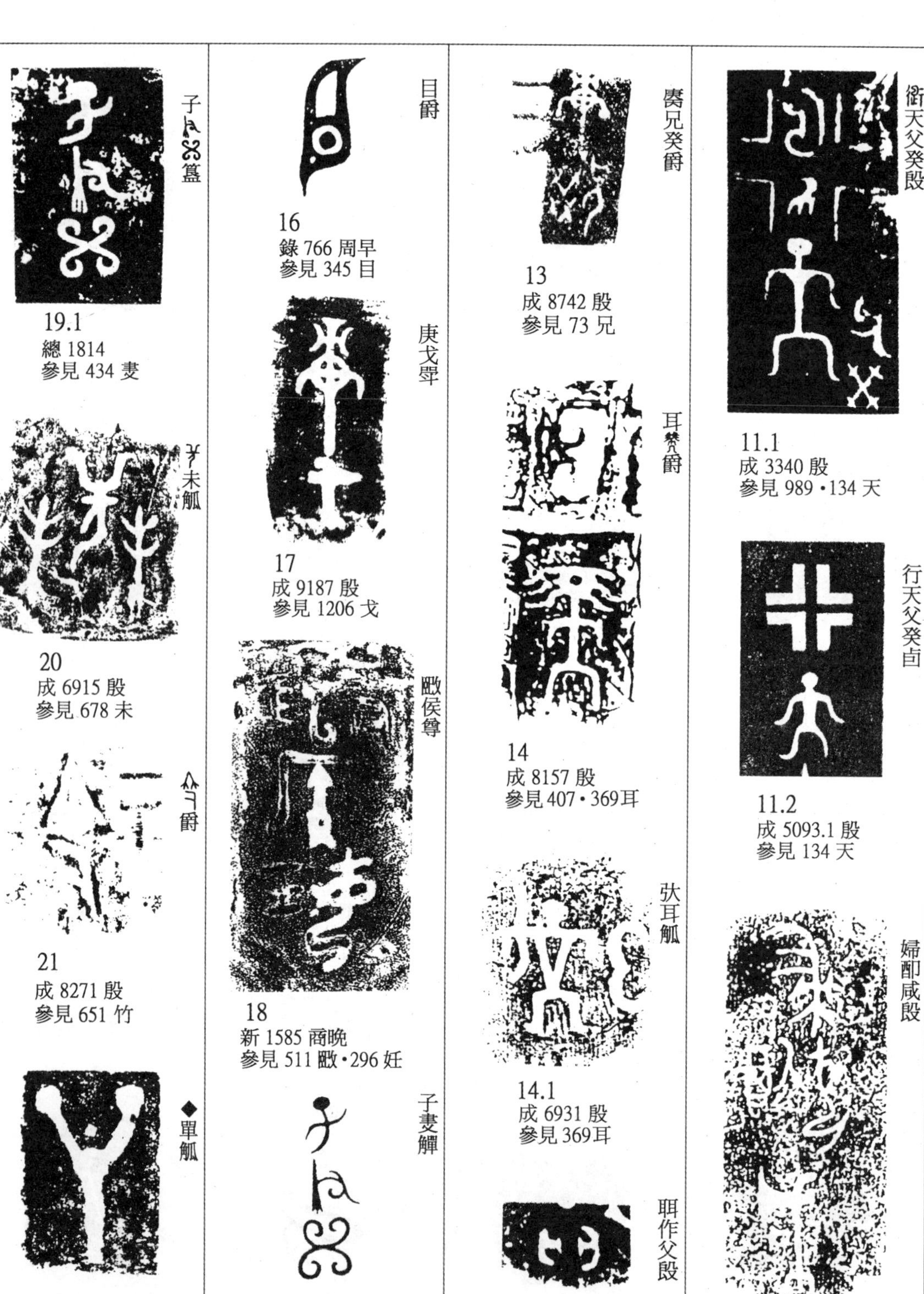

衜天父癸段

11.1
成 3340 段
參見 989・134 天

行天父癸卣

11.2
成 5093.1 段
參見 134 天

婦酮咸段

12
成 3229 段
參見 1232 咸

寏兄癸爵

13
成 8742 段
參見 73 兄

耳焚爵

14
成 8157 段
參見 407・369 耳

𢎗耳觚

14.1
成 6931 段
參見 369 耳

聑作父段

15
成 3425 周早
參見 372 聑

目爵

16
錄 766 周早
參見 345 目

庚戈斝

17
成 9187 段
參見 1206 戈

毆侯尊

18
新 1585 商晚
參見 511 毆・296 妊

子妻觶

19
錄 656 周早
參見 434 妻

子妻簋

19.1
總 1814
參見 434 妻

子未觚

20
成 6915 段
參見 678 未

竹丁爵

21
成 8271 段
參見 651 竹

◆單觚

22
新 164 商晚
參見 1175

七八二

羊父庚鼎

23
成 1627 殷・周早
參見 702 羊

犬父甲觚

24
新 1519 商晚
參見 742 犬

叔父乙鬲

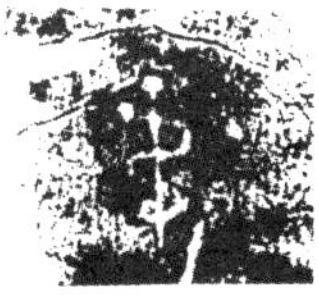

25
成 475 周早
參見 830 朿

朿叔卣

25.1
成 5303.1 周早
參見 830 朿

朿叔卣

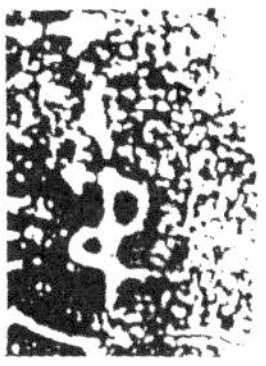

25.2
成 5303.2 周早
參見 830 朿

畢戈

26
成 10705 殷
參見 832 畢

齊婈□爵

27
成 8754 殷
參見 298 婈

亞㐬婈尊

27.1
成 5686 殷
參見 298 婈

䵼罍

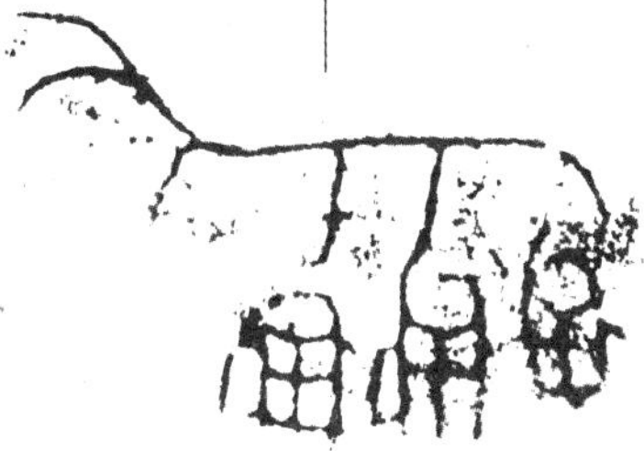

28
成 9744 殷
參見 843 䵼

弇罍

29
成 9743 殷
參見 841 弇

臣辰冊典父癸鼎

30
新 1684 周早
參見 950 典

亞婦丁尊

31
新 849 商晚
參見 1025 亞

𠬝北子甗

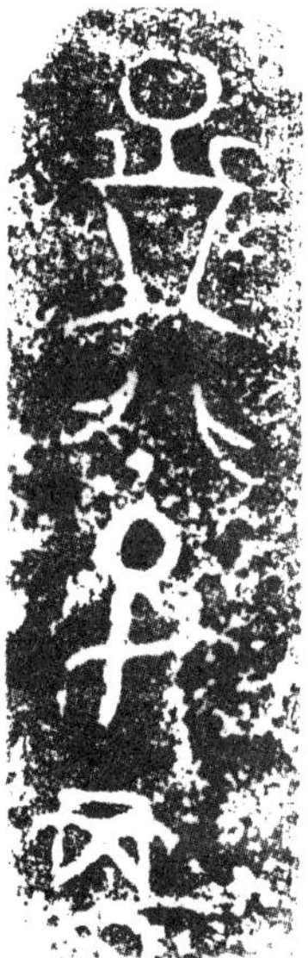

32
成 847 周早
參見 202 北

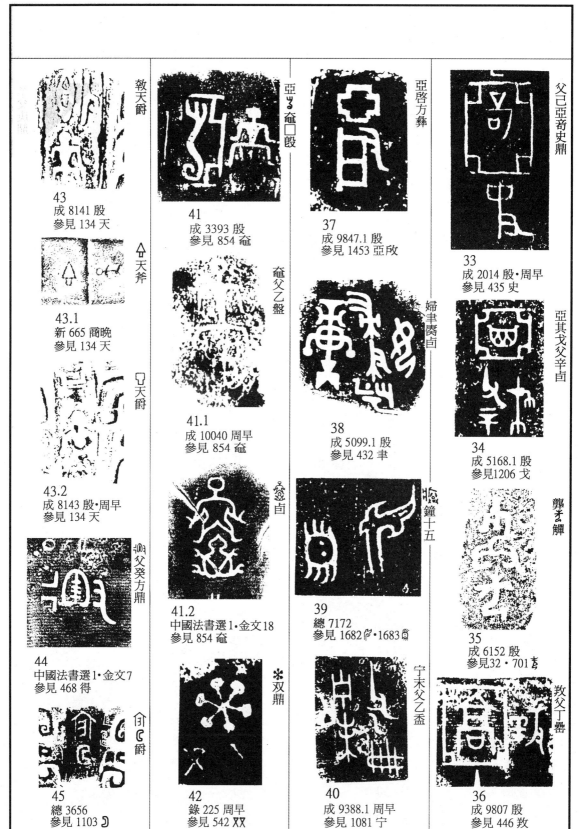

父己亞啇史鼎

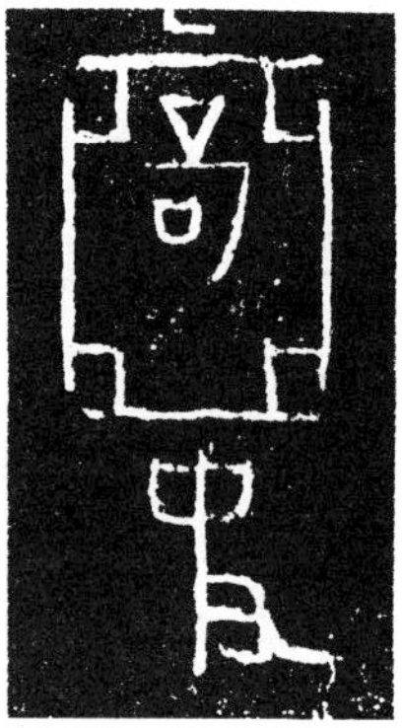

33
成 2014 殷•周早
參見 435 史

亞其戈父辛卣

34
成 5168.1 殷
參見1206 戈

龏[illegible]觶

35
成 6152 殷
參見32・701 [illegible]

敄父丁罍

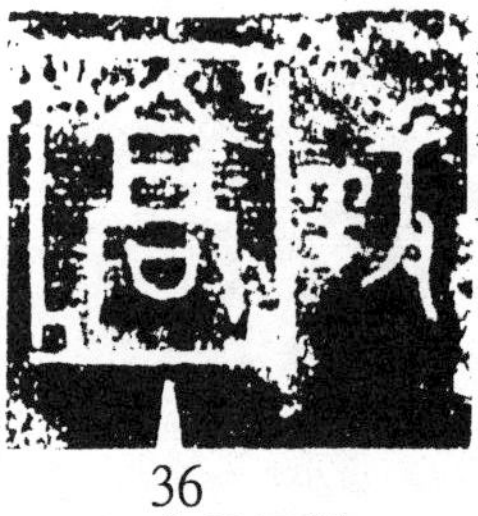

36
成 9807 殷
參見 446 敄

亞啓方彝

37
成 9847.1 殷
參見 1453 亞攸

婦聿㝱卣

38
成 5099.1 殷
參見 432 聿

[illegible]鐘十五

39
總 7172
參見 1682[illegible]•1683[illegible]

宁未父乙盉

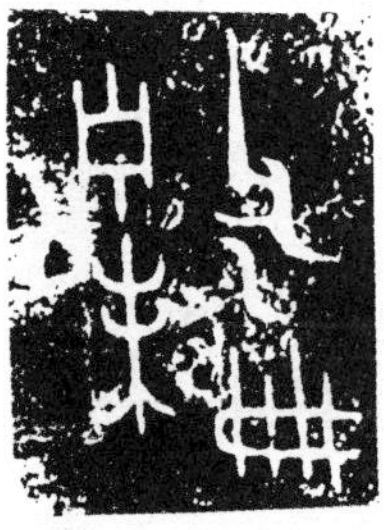

40
成 9388.1 周早
參見 1081 宁

亞[illegible]奄□𣪘

41
成 3393 殷
參見 854 奄

奄父乙盤

41.1
成 10040 周早
參見 854 奄

[illegible]卣

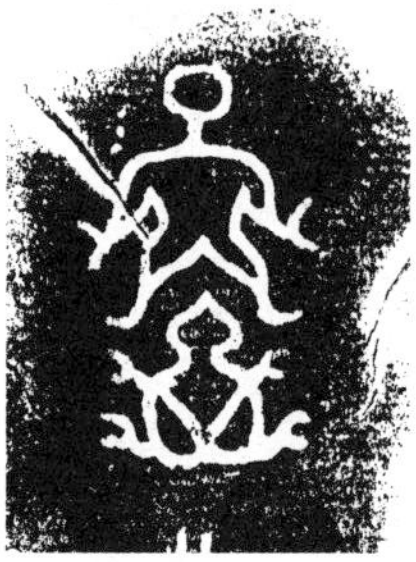

41.2
中國法書選1•金文18
參見 854 奄

[illegible]双鼎

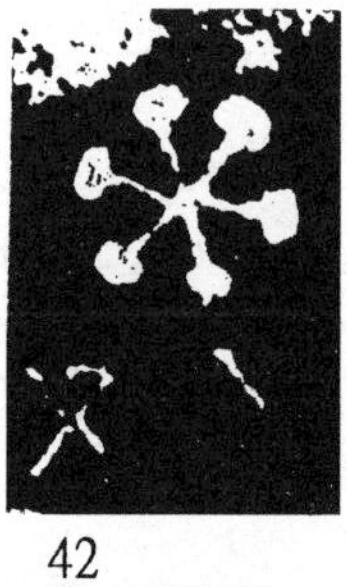

42
錄 225 周早
參見 542 XX

敄天爵

43
成 8141 殷
參見 134 天

[illegible]天斧

43.1
新 665 商晚
參見 134 天

[illegible]天爵

43.2
成 8143 殷•周早
參見 134 天

[illegible]父癸方鼎

44
中國法書選1•金文7
參見 468 得

[illegible]爵

45
總 3656
參見 1103 [illegible]

引用書目

1 嚴一萍　金文總集　藝文印書館　一九八三年

2 羅振玉　三代吉金文存　中華書局　一九八三年

3 中國社會科學院考古研究所　殷周金文集成　中華書局　一九八四至一九九四年

4 容庚　金文编　中華書局　一九八五年

5 渡邊隆男　中國法書選一　株式會社二玄社　一九九〇年

6 張光遠　商代金文圖録　國立故宫博物院　一九九五年

7 劉雨・盧岩　近出殷周金文集録　中華書局　二〇〇二年

8 鍾柏生・陳昭容・黄銘崇・袁國華　新收殷周青銅器銘文暨器影彙编　藝文印書館　二〇〇六年

參考書目

1 郭沫若　殷周青銅器銘文研究　人民出版社　一九五四年

2 中國社會科學院考古研究所　甲骨文编　中華書局　一九六五年

3 島邦男　殷墟卜辭綜類　汲古書院　一九七七年

4 高明　古文字類编　中華書局　一九八〇年

5	丁山	甲骨文所見氏族及其制度	中華書局	一九八八年
6	徐中舒	甲骨文字典	四川辭書出版社	一九八九年
7	高明論著選集	第二屆國際中國古文字學研討會論文集	香港中文大學語言文學系	一九九三年
8	阮元	積古齋鐘鼎彝器款識	中國書店	一九九六年
9	東漢許慎撰 段玉裁注	說文解字注	天工書局	一九九六年
10	戴家祥·馬承源	金文大字典	學林出版社	一九九九年
11	殷蓀·馮宏偉	商周金文百種	上海書畫出版社	二〇〇〇年
12	季旭昇	《金文總集》與《殷周金文集成》銘文器號對照表	藝文印書館	二〇〇〇年
13	中國社會科學院考古研究所	殷周金文集成釋文	香港中文大學中國文化研究所	二〇〇一年
14	張亞初	殷周金文集成引得	中華書局	二〇〇一年
15	李先登	夏商周青銅器文明探研	科學出版社	二〇〇一年
16	鍾柏生	古文字與商周文明	中央研究院歷史語言研究所	二〇〇二年
17	劉正	金文氏族研究	中華書局	二〇〇二年
18	中國社會科學院考古研究所	殷墟花園莊東地甲骨	雲南人民出版社	二〇〇三年

筆畫索引

冂部

29
30
30
31
31
659
31
31
33
37
39
39
39
42
42
42
42
43
45

43
43
43
43
43
43
44
606
44
44
606
44
44
619
620
44
38

大部

55
55
55
55
56
56
58
58
58
58
58
58
58
59
59
59
60 621
60
60
61
61
61
62
62
62
62
63
63
63
64
64
64
779
64
69
90
90
90
91
67

兩人部

91
98
99
99 580
100
100
100 638
100
100
100
100
101
101
101
101
101
101
101
102
102
102

人與武器部

106
106
106
106
107
107
107
107
108
114
114
115 116
116
117
117
117
117
117
581

117 581 639 639 117 118 118 118 118 118 119 119 120 120 576 120/576 120 121 121 122

122 122 女部 126 126 126 127 640 127 127 129 130 138 139 139 139 140 780 140 780

子部 147 641 147 148 149 149 149 目部 151 151 152 152 152 153 153 153 641 641 642

643 155 156 耳部 164 口部 167 644 646 172 173 176 176 780 177 575 須臣部 179 179 180

心部 182 182 手部 184 187 208 208 210 211 211 211 212 212 213 213 656 216 217 217

217 217 218 651 220 220 220 221 221 221 221 221 222 222 222 223 223 223 223 223

223 223 224 224 224 224 224 225 225 225 225 225 651 654 225 656 225 225 226 226

657 657 226 227 227 228 201 202 足部 230 660 660 231 663 663 231 233 235 235 247

247 247 247 247 246 自然物 日部 248 248 月部 249 250 旬雨部 252 252 252 土𠂤玉部 255 255 山部

257 257 257 水部 262 262 263 火部 264 264 265 265 植物 屮部 266 267 267 267 268 669

268 268 268 268 禾部 271 21 271 271 271 271 272 669 272 586 273 木部 276 278 668

279 279 279 279 279 552 280 281 動物 夔部 282 670 牛部 284 羊部 286 287 虎部 290 291 豕部 293

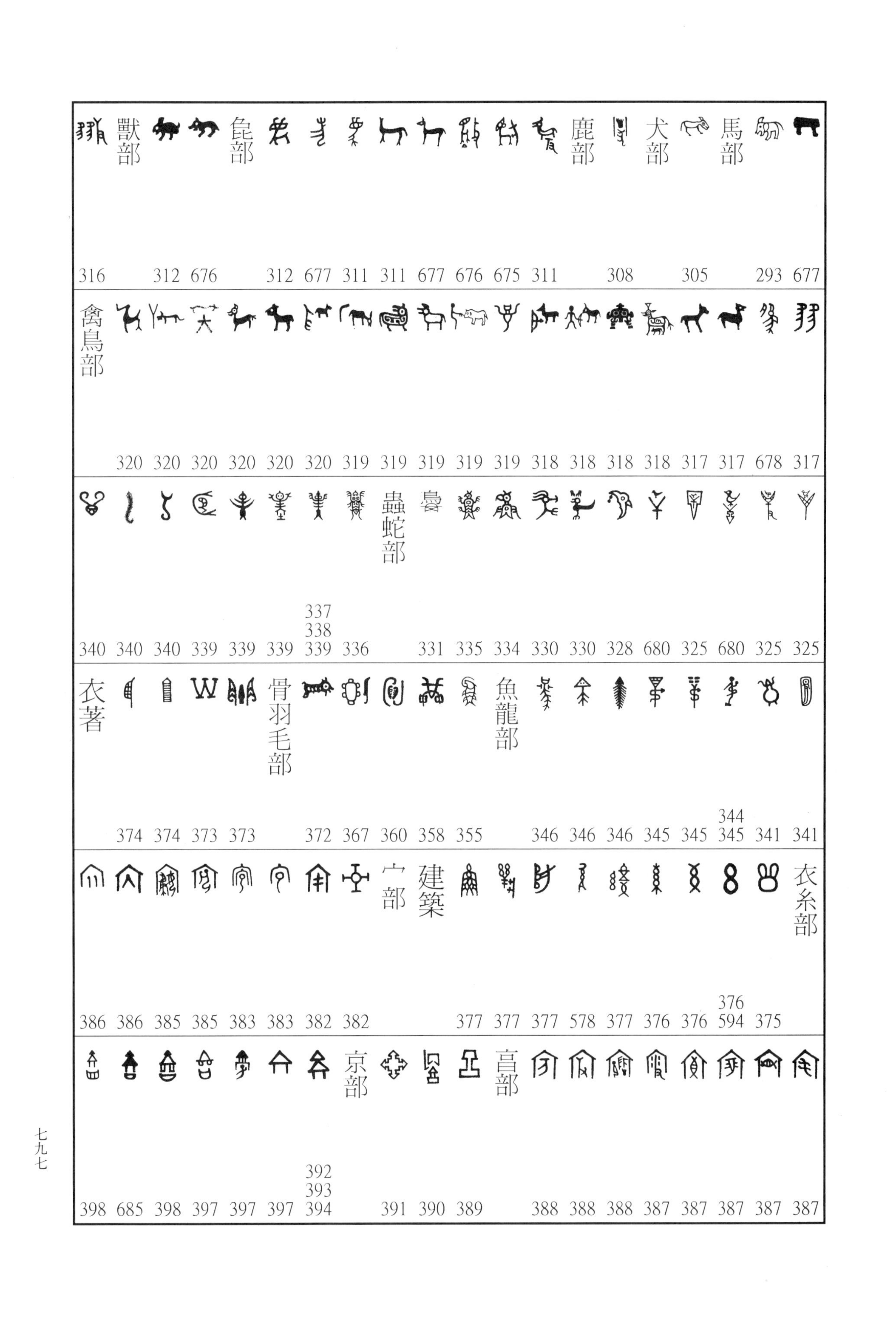

677 293 馬部 305 犬部 308 鹿部 311 675 676 677 311 311 677 312 彘部 676 312 獸部 316

317 678 317 317 318 318 318 318 319 319 319 319 319 320 320 320 320 320 320 禽鳥部

325 325 680 325 680 328 330 330 334 335 331 蟲蛇部 336 337 338 339 339 339 339 340 340 340

341 341 344 345 345 345 346 346 346 魚龍部 355 358 360 367 372 骨羽毛部 373 373 374 374 衣著

衣糸部 375 376 594 376 376 377 578 377 377 377 建築 宀部 382 382 383 383 385 385 386 386

387 387 387 387 387 388 388 388 亯部 389 390 391 京部 392 393 394 397 397 397 398 685 398

398 399 399 399 399 399 399 399 590 㐭部 400/783 400 井部 400 400 400 400 401 401 401 門戶部 402

田域 田口部 406 406 156 407 407 407 409 車舟 行部 418 686 418 器物 食器部 424 425 425 426

426 426 426 427 427 427 酒器部 430 430 431 431 432/433/434/783 434 95 232/434 435 435 435 435 437

429 430 693 水器部 438 440 693 440 440 441 441 441 441 693 442 693 442 樂器部 448 櫜部

449 449 449 450 451 451 451 452 452 452 697 452 宁部 455 456 457 457 457 458 458

458 458 459/460/461 461 462 462 698 462 462 462 462/784 中部 155 465 465 466 466 466 466 466

466 466 申 446

㫃部

469 469 469 700 469

夲丙部

478 700 478 479 479 481 481 484 484 485

485 485 485 486 486 487 487 487 487 巽 696

獵具部

489 489 489 782 490 491 491 491 491 491

577 590

工具部

152 492 493 471

農具部

496 496 497 497

卜示部

498

兵器

戈部

522 524 524 524 525 525

526 526 526 526

戉部

528 528 529 529 529 530 530 531 531

盾部

532 532 533 534 534

534 535 535 535

矢部

539 542 542

矛斤辛部

543 543 543 545 546 546 546 546 547 547 547

弓部

553

刀部

556 559 559 559 560

雜兵部

562 562 562 562 563 563 563 563 564 564 564

564 565 數字 567 冊亞 亞形附錄 705 706 706 附錄 711 711 711 712 712 712 705 712 712 118

712 712 712 713 713 713 713 705 713 713 713 713 713 713 714 714 714 714 714 714

715 715 715 715 715 715 298 716 716 716 716 716 716 716 717 717 717 717 717 717

717 718 718 718 718 718 718 718 718 719 719/784 719/784 719 719 719 719 719 720 720 720

720 720 720 720 720 721 721 721 253 721 721 721 721 721 410 722 722 734 735/736 736

737 737 738–744 744 745 745 745/746 746 746 747 747 747 747 701 748 748 748 748 749/750/751 752–756

762 762 762 762 762 762 762 762 761 761 760 759 759 759 759 758 758 758 758 757

594
766 765 765 765 765 764 764 764 764 764 764 764 763 763 763 763 763 763 763 763

768 768 767 767 767 767 767 767 767 767 766 766 766 766 780 766 766 705 704 766

594 161
770 770 770 770 769 769 769 769 769 769 769 769 780 768 768 768 768 768 768 768

201
776 775 775 775 775 774 774 774 774 773 773 773 773 772 772 772 772 771 771 771

232
780 784 778 737 778 778 778 777 777 777 777 776 776 776

後記

余一九五九年生於臺灣寶島，彰化鹿港人，字崇義，自幼喜好書畫。「人生有夢最美」，可是我這個「夢」却令我深陷古文字的牢籠，多年來過着没有假日更没有玩樂的生活，全心全意投入族徽圖形之意象編寫。因爲我没有文學家的筆鋒、哲學家的思維、史學家的眼光，只得在赤貧的環境中努力追尋，尤幸上蒼憐惜我，生命中出現了許多貴人默默的幫助我。

回首一九九四年偶然機會接觸圖形文字那份親和力深深感動了我，每個圖形文字彷彿訴説着遠古故事，其造型古樸、典雅，也印證了「書畫同源」。一般人只知道圖形文字、圖畫文字，這個名詞却少有機會瞭解這一類豐富多彩的圖形資料。有關許慎説文解字的造字法則讓愛好古文字者受益良多，如果加入筆者彙編的這本「商周圖形文字編」，也許更能窺探商周早期造字的風貌與古代社會的人文生活。古聖先賢用自然物造字的思路法則「借物象形」因此從摸索到彙編完成，十幾年來投入圖形文字的搜集，抱着「獨樂不如衆樂」的心情，神遊在古文字的領域中，發現每一個圖形文字都藴含着强烈的生命力，有一股振撼靈魂的攝受力，希望能和大家一起分享古文字之美。

生性酷愛大自然之美的我，總是偷得浮生半日閒去畫室跟着啓蒙恩師許意、周海山、高華山老師學習書畫、古文字書法，透過空中教學及各類講座增廣見聞，跟隨馬叔禮教授修習中國古典文學，也經常到臺灣師範大學人文教育研究中心進修藝術課程、中文系旁聽尤信雄、許錟輝、季旭昇教授的課，獲得許多老師指導與鼓勵。十餘年來習書作畫成了我精神上的寄託更是我生活中的一部份，無奈現實生活中仍不得不爲了五斗米折腰，藝術工作總因此受阻而中斷，最後爲能全心全意投入族徽圖形文字的編寫，我毅然决定結束經營多年的服裝公司。

話説編纂此書的過程，起源是經由地球出版社魏成光老師的介紹，讓我認識生命中的貴人　王寧教授、謝清俊教授，兩位恩師十年來的栽培、指導才有今日的我，尤其是王寧教授如母親般切的照顧、鼓勵並且推薦我到北京師範大學漢字所高研班學習，開啓了我智慧的另一扇窗，讓我浸沐在書法泰斗啓功先生以及秦永龍、倪文東教授之門下，又將此書取名爲「商周圖形文字編」及幫助我找到北京文物出版社出書，蘇士澍社長建議我將圖形文字編輯成工具書，更具有意義和價值。

爲了這本書可説是日夜顛倒、食不知味，許多人陪着我重復多次修正，改了又改，真是牽一髮而動全身，猶如孕育嬰兒般艱辛，因在編輯上最大的困難是資料收集不易、圖形文字鑑定、各家考據説法不一、目録歸類難以安排以及古文字在電腦中的缺字極多，往往爲了一個字重復推敲，不得不先整理、歸納，首先將收集的圖形拓片分類、編排、剪貼先保留一份完整的原稿，再由圖形部份剪貼出來，以自然分類法編列，用書法摹寫一本「圖形字根」分成十三類再把目録手稿完成分别次序編列出來，作爲自己的初稿範例，礙於自己才疏學淺，只好求助於北京大學高明教授及臺灣季旭昇教授。高明教授一頭雪白銀髮、八十歲之高齡，却仍與季旭昇教授不厭其煩地對每個圖形仔細查看，幫我調整、修改目録；對目次、内文一字一句鉅細靡遺地幫我訂正；又指導我相關事宜，海峽兩岸的兩位恩師是這本書的大功臣。特别感謝臺灣中央研究院資訊科學研究所在電腦軟件技術上鼎力相助幫忙完成目録頁面排版及造字，尤其感謝莊德明先生與趙苑曲小姐，只要內文缺字就好像展現神通造字供我編排。

感恩海峽兩岸的學者、專家以及親朋好友的鼓勵與支持。也感謝北京師範大學民俗典籍文字研究中心、藝術與傳媒學院書法系、臺灣中央研究院資訊科學研究所、歷史語言研究所金文工作室、國家數位典藏通訊、臺灣師範大學中文系、北京文物出版社全體同仁及臺灣大潤發流通事業股份有限公司商品處等多方面幫助與支持，感謝在電腦影像技術上幫助我的團隊：周曉文老師、邱雪清、黃仁杰、黃冠晟、李依柔、李建伸、吳佳芳、以及幫忙校對的陳思穎、呂婉甄等人。因爲大家的熱心幫助，今日此書方能順利出版。

筆墨難以形容我對紅塵的愛，將此書獻給我的母親、獻給中華民族、獻給社會、獻給指導過我的恩師。最後我要感謝我偉大的母親及家人多年來支持與幫助我無怨無悔的付出，讓我無後顧之憂投入工作。從懵懂無知到尋得自我方向，讓我從逆境中走出來，隱藏在我心中的「願」，就是能做些有意義的事來回饋社會。如今，面對寶貴文化遺產，希望此書的發行，能給所有愛好圖形文字的朋友一點有意義、有價值的參考資料；爲民族傳承略盡一點綿薄之力。

由於本人水平有限，書中難免有不足及錯誤之處，煩請各界學者、專家指正、見諒！

西元二〇〇六年十一月　歲次丙戌年孟冬　王心怡　於臺北養性齋

（注）傳統民間以爲古文字圖騰皆出自上古伏羲畫八卦演譯文字之意象，余乃轉借古聖先賢之圖像文字，故以此「崇羲」爲號，尊崇伏羲。